PRIVATE
INTERNATIONAL
LAW

제2판

국제사법

안 춘 수

法 文 社

제2판 머리말

이 책은 2017년 법문사에서 출간된 필자의 '국제사법' 교과서를 수정·증보한 것이다. 원래는 70회 생일에 즈음하여 필자가 생산한 글들을 모아 정리하는 계획의 일부로 준비를 하고 있었으나, 국제사법이 개정됨에 따라 출간을 앞당기게 되었다. 수정·증보를 함에 있어서는 국제사법의 개정에 맞추어 국제관할 부분을 대폭 고쳐 썼으며, 그 밖의 영역에서는 새로 나온 판례를 중심으로 한 판례의 보완에 중점을 두었다. 그러나 앞서 지면 관계상 불가피하게 설명이 축소되었던 부분도 가능한 범위에서 보완을 하였다.

2022년 국제사법이 전면 개정되었다. 그런데 이번 개정의 중요 내용은 지금까지 없었던 국제재판관할의 구체적 기준에 관한 명문의 규정을 두는 것으로, 준거법 지정에 관한 규정에 있어서는 몇 군데에서 법문의 자구를 수정하는 것에 그치고 있다. 그러므로 이번의 개정은 실질적으로 국제재판관할법의 제정이라 할 수 있다.

2001년의 국제사법 개정 전에는 몇몇 법률관계에 있어서 예외적으로 우리 법원에 국제재판관할이 있는 경우를 규정한 것으로 해석되는 조문이 섭외사법에 산재되어 있을 뿐이었다. 즉 국제재판관할에 관한 원칙적·일반적 규정이 섭외사법과 민사소송법 어디에도 없어, 국제재판관할에 관한 판단 기준은 오롯이 판례와 학설에 맡겨져 있었다. 그리하여 섭외사법을 전면 개정하는 것을 목표로 한 구국제사법을 준비하는 과정에서 국제사법에 국제재판관할에 관한 규정을 포함시키는 것이 논의되었는데, 당시에는 아직 국제재판관할의 기준에 관한 논의가 성숙되지 못한 면이 있을 뿐 아니라 준거법의 결정과 적용에 관한 규범(저촉규범)의 체계라 할 국제사법에 국제재판관할에 관한 규정을 두는 것은 규범 체계적으로 타당하지 못하다는 반론도 있어 구국제사법 제2조에서 국제재판관할의 판단에 관한 기본원리를 선언하는 것에 그쳤었다. 그리고 이번 개정에서 국제재판관할 결정의 기본원리뿐 아니라 구체적 기준에 관한 상세한 규정을 신설하게 된 것이다.

이번의 개정으로 우리 국제사법은 독특한 체계를 가지게 되었으며, 이로 인해 적어도 우리나라에서는 국제사법의 개념에 대한 이해에도 변화가 있어야 한다는 주장도 충분히 가능하지 않을까 생각된다. 법규범의 기능과 그에 따른 체계화라는 관점에서 출발하여 저촉규범과 실질규범으로 구별하는 전통적 이해에 따르면 국제재판관할은 민사절차법의 영역에 속하고, 민사절차법은 민사실체법과 함께 실질법에 속하기 때문이다. 요컨대 현행 국제사법은 저촉규범뿐 아니라 부분적이기는 하지만 국제민사소송 절차에 관한 실질적 기준도 포함하게 되고, 따라서 더 이상 저촉규범이라는 개념만으로는 설명하기 어렵게 되었다.

그러나 필자는 여기서도 저촉규범과 실질규범을 구별하는 원래의 편제 원리를 그대로 유지하였다. 즉 현행 국제사법 제1장 총칙이 제1절 목적(제1조), 제2절 국제재판관할(국제관할에 관한 일반규정: 제2조-제15조)과 제3절 준거법(준거법의 지정과 적용에 관한 총칙적 규정: 제16조-제23조)으로 편제되어 있고, 제2장 이하 사항별 각칙 규정에서도 이러한 구조(개별적 사항에 관한 국제재판관할 규정과 준거법 규정)가 유지되고 있는 것에 비하여, 본서에서는 기본적으로 먼저 준거법의 지정과 적용에 관한 총론적 논의와 개별적 사항을 차례로 검토하고 국제재판관할 문제는 국제민사절차법의 일환으로 뒤에 다루면서 총칙적 규정과 각칙적 규정을 일괄하여 검토하였다. 국제 민·상사 분쟁의 해결이라는 실무적 관점에서 보면 문제가 제기되는 시간적 순서에 따라 국제재판관할(국제민사절차법)−준거법의 지정과 적용(저촉법)−외국판결의 승인·집행(국제민사절차법)이라는 체계로 정리하는 것도 하나의 대안이 될 수 있지만, 본서는 관련되는 각 규범의 체계적 위치에 대한 이해라는 관점을 중시한 것이다.

본문에 판례 원문을 소개함에 있어, 예컨대 '당원(또는 대법원) 0000. 00. 00 선고 xxxx다yyyyyyy 판결 참조'의 형태로 판례 원문에 제시되어 있는 선례는 따로 색인처리를 하지 않았다. 이에 비해 소개된 판례와 관련이 있으나 판례 원문에 제시되지 않은 (대부분 뒤에 나온) 판례의 소개는 '동지 대법원 0000. 00. 00 선고 xxxx다yyyyyyy 판결' 또는 '참조 대법원 0000. 00. 00 선고 xxxx다yyyyyyy 판결'의 형태로 하였고 이에 대하여는 색인처리를 하였다.

2023년 1월

안 춘 수

머 리 말

대학에서 30년 가까이 국제사법과 민법의 강의를 한 지금도 국제사법은 참 어렵다. 돌이켜보면 나에게 있어 국제사법은 한 번도 만만한 적이 없었다. 대학생 시절, 선배로부터 사법시험 선택과목으로 추천을 받고 황산덕·김용한 선생의 교과서를 통해 처음 접한 국제사법은 이유도 모른 채 어렵기만 했던 것으로 기억되고, 독일에서 박사학위논문을 준비하면서 접한 국제사법 논의는 그때까지 나에게 익숙했던 법학적 사고방식과 너무 달라 당혹스러웠다. 논의 중에는 과연 그것을 법학이론으로 받아들여야 할지 혼란스러워 공부 자체가 회의적으로 다가온 적도 있었다. 그 후 실체법에 대한 비교법적 연구와 법제사적 안목을 넓힘으로써 국제사법 논의에 대한 이해의 폭을 점차 확장할 수 있었지만 학문이론(Wissenschaftstheorie)적으로 국제사법에 어떻게 접근해야 하는 것인지는 아직도 혼란스럽다는 고백을 하지 않을 수 없다.

국제사법이 어렵게 느껴지는 데에는 몇 가지 원인이 있다고 생각되는데 이는 국제사법의 학문적 특성과도 관련되어 있다. 먼저 국제사법 논의에서 해결되어야 할 과제는 실체법 이론, 특히 법해석학에 의해 해결되어야 할 과제와는 전혀 다른 내용을 갖는다. 근래에 들어 저촉법적 문제의 해결도 궁극적으로 정의 관념에 기초한다는 점에서 실체법과 다르지 않다는 생각이 널리 받아들여지고 있지만, 그 정의의 내용이라는 것은 전혀 다르다. 이처럼 해결되어야 할 과제가 다름에 따라 그 해결을 위한 접근방식과 논리구조 사이에도 상당한 차이가 있을 수밖에 없다. 그런데 법학도가 국제사법과 처음 접할 무렵에는 이미 실질법(실체법과 절차법) 이론의 논리구조에 상당히 익숙해져 있고, 그리하여 새로운 국제사법의 논리구조에 적응하는 데 어려움을 느낀다. 그리고 실체법적 분쟁에 있어서는 그에 적용될 판단의 기준이 기본적으로 법질서라는 하나의 틀로 주어져 있고 따라서 해결방법도 원칙적으로 그 틀의 범위를 벗어나지 않는 것에 비하여 국제사법 논의의 대상이 되는 사항에 있어서는 그러한 틀이 존재하지 않는 경우가 적지 않다. 이러한 상황이 실체법적 사고방식에 익숙한 사람에게는 매우 혼란스러울 수 있다. 나아가 국제사법 논의에서 해결되어야 할 과제가 우리에게는 아주 생소한 외국의 법제도와 관련되어 제기되는 경우가 적지 않고, 이로 인해 제시된 어떤 해법의 의미를 제대로 이해하고 평가하는 것이 쉽지 않다.

마지막 관점은 일정한 시간의 투자와 노력이 있어야 해결될 수 있는 것이지만 앞의 두 관점은 국제사법 논의의 특성과 사고방식을 전환할 필요성에 대한 바른 인식만으로도 이미 절반은 해결될 수 있다. 나머지 절반은, 모든 학문이 그러하듯이, 국제사법의 기능과 역사적 산물로 형성된 기본원리를 정확하게 이해하는 데서 시작하여 관련되는 논의 사이의 상호관계를 체계적으로 파악해 나가면 잘 해결될 것으로 믿는다.

이 책의 제1편은 국제사법 공부의 기초가 되는 배경지식에 해당하는 사항을 담고 있으며, 특히 첫 장은 국제사법을 처음 공부하면서 가졌던 어려움에 대한 기억을 토대로 국제사법의 존재근거와 기능을 초학자들이 쉽게 이해하도록 한다는 의도에서 편입시켰다. 제2편에서는 국제사법 이론 일반에 관한 논의를 담고 있으며, 그 의미는 민법총칙편을 생각하면 이해하기 쉬울 것이다. 제3편은 각 독립적 저촉규정에 관한 해설을 담고 있고, 제4편에서는 국제민사절차법을 간략히 정리하였다. 그리고 집필 방향의 관점에서 보면 제1편과 제2편에서는 배경지식과 기초이론을 정리한다는 시각에서 이론서적인 요소를 강조한 반면 제3편과 제4편은 기본적으로 법적용의 실제를 고려한 주석의 형식을 취하였다.

이 책은 대학에서의 강의안을 기초로 제1편과 제2편의 이론적인 사항을 보완하여 한권의 책으로서의 체계를 갖추도록 한 것이다. 좀 더 일찍 출간하는 것을 계획한 바도 있으나 예기치 못한 건강상의 문제로 많은 시간이 지체된 늦둥이로, 이 책이 세상에 태어날 수 있도록 도와준 법문사에 진심으로 감사의 마음을 전한다. 특히 출판에 많은 도움을 주신 장지훈 부장님, 정서되지 않은 부분이 많은 원고를 정리해주신 편집부 김용석 과장님과 직원분 들게 깊이 감사드리고, 박사학위 논문 준비에 바쁜 중에도 세심하게 교정을 본 석지윤 조교에게도 고마움을 전한다.

이 책이 국제사법을 공부하는 분들께 조금이나마 도움이 되기를 희망하며, 부족한 부분은 앞으로 보완할 것을 약속드린다.

2017년 1월

안 춘 수

차 례

제1편 총 설

제2편　국제사법의 총론적 과제

제3편 개별적 법률관계의 준거법

제4편　국제민사절차법

제1장　총　　설　　　　　　　　　　　　　　(359~361)

제2장　국제관할　　　　　　　　　　　　　　(362~418)

찾아보기

단축인용된 참고문헌

[국내문헌]

김연/박정기/김인유, 국제사법, 제3판, 법문사, 2014(김/박, 국제사법, 면으로 인용).

박상조/윤종진, 현대국제사법, 한올출판사, 1998(박/윤, 국제사법, 면으로 인용).

서희원, 신고판 국제사법, 일조각, 1994(서희원, 국제사법, 면으로 인용).

석광현, 국제민사소송법, 박영사, 2012(석광현, 국제민사소송법, 면으로 인용).

신창선/윤남순, 국제사법, 제2판, 도서출판 fides, 2016(신창선, 국제사법, 면으로 인용).

신창섭, 국제사법, 제3판, 세창출판사, 2015(신창섭, 국제사법, 면으로 인용).

이호정, 국제사법, 경문사, 1985(이호정, 국제사법, 면으로 인용).

장문철, 국제사법총론, 홍문사, 1996(장문철, 국제사법, 면으로 인용).

최공웅, 국제소송, 육법사, 1994(최공웅, 국제소송, 면으로 인용).

한복룡, 국제사법, 수정판, 충남대학교출판문화원, 2013(한복룡, 국제사법, 면으로 인용).

황산덕/김용한, 신국제사법, 박영사, 1987(황산덕/김용한, 국제사법, 면으로 인용).

법무부, 국제사법 해설, 2001(법무부, 국제사법 해설, 면으로 인용).

[국외문헌]

溜池良夫, 국제사법강의, 유비각, 동경, 1993(溜池良夫, 국제사법강의, 면으로 인용).

石黑 一憲, 국제사법, 신세사, 동경, 1994(石黑, 국제사법, 면으로 인용).

An, Choon-Soo, Internationales Schuldvertragsrecht, Dissertation, 1989(An, Internationales Schuldvertragsrecht로 인용).

von Bar, Christian, Internationales Privatrecht, Band 1(1987) Band 2(1991), C.H.Beck, München(von Bar, IPR, Band로 인용).

Collier, John G., Conflict of Laws, 2nd Ed., Cambridge University Press, 1994(Collier, Conflict로 인용).

Dicey, Albert V./Morris, John H. C., Conflict of Laws, Volume 1, 2, 2. Ed., Sweet & Maxwell, London, 1993(Dicey/Morris, Volume으로 인용).

Ehrenzweig, Albert A., Private International Law, General Part, 2nd Edition, New York, 1972(Ehrenzweig, Private로 인용).

Ferid, Murad, Internationales Privatrecht, 3., Aufl., Alfred Metzner Verlag, Frankfunrt am Main, 1986(Ferid, IPR로 인용).

Firsching, Karl/von Hoffmann, Bernd, Internationales Privatrecht, 4., Aufl., C.H.Beck,

München, 1995(Firsching/von Hoffmann, IPR로 인용-).

von Hoffmann, Bernd/Thorn, Karsten, Interantionales Privatrecht, 8., Aufl., C.H.Beck, München, 2006(Hoffmann/Thorn, IPR로 인용-).

Kegel, Gerhard, Internationales Privatrecht, 7., Aufl., C.H.Beck, München, 1995(Kegel, IPR로 인용-).

Kegel, Gerhard/Schurig, Klaus, Interantionales Privatrecht, 9., Aufl., C.H.Beck, München, 2004(Kegel/Schurig, IPR로 인용-).

Kropholler, Jan, Internationqles Privatrecht, 2., Aufl., J.C.B. Mohr, Tübingen, 2006 (Kropholler, IPR로 인용-).

Lüderitz, Alexander, Internationales Privatrecht, 2. Aful., Alfred Metzner Verlag, 1992 (Lüderitz, IPR로 인용-).

Paul Heinrich Neuhaus, Die Grundbegriffe des Internationalen Privatrechts, 2. Aufl., J.C.B.Mohr, Tübungen, 1976(Neuhaus, IPR로 인용-).

Raape, Leo/Sturm, Fritz, Internationales Privatrecht, Band I, Verlag Franz Vahlen, München, 1977(Raape/Sturm, IPR로 인용-).

Scoles, Eugene F./Hay, Peter, Conflict of Laws, 2nd Edition, West Publishing Co., St. Paul, Minn., 1992(Scoles/Hay, Conflict로 인용-).

Siegel, David D., Conflicts, 2nd Ed., West Publishing Co., St. Paul, Minn., 1994(Siegel, Conflict로 인용-).

Smith, Raymond, Conflict of Laws, Cavendish Publishing, London, 1993(Smith, Conflict 로 인용-).

Münchener Kommentar Bürgerliches Gesetzbuch, C.H.Beck, München: 2. Aufl.(Band 7: 1990), 6. Aufl.(Band 10, 11: 2015)(MK, Band, Aufl. Rn. Art.로 인용-).

제1편

총 설

제 1 장

섭외적 생활관계와 국제사법

Ⅰ. 섭외적 생활관계의 법적 문제

1. 섭외적 사건과 그 해결방법

법의 규율을 받는 생활관계, 즉 법률관계가 둘 이상의 나라와 관련이 된 경우가 있다. 예컨대 대한민국 사람이 프랑스 사람과 혼인을 하거나, 대한민국 회사가 독일 수입상에게 물건을 수출하는 경우 등이다. 이처럼 국제적 요소를 갖는 사법적 생활관계를 보통 섭외적 생활관계(법률관계) 또는 국제적 생활관계(법률관계)라 하고, 이로부터 발생한 법적 분쟁을 섭외사건 혹은 국제사건이라 하여 사안이 오직 한 나라와만 관련된 이른바 순수 국내사건(이하 국내사건이라 한다)과 구별한다.

섭외적 사건도 화해를 통해서 당사자가 자치적으로 분쟁을 해결할 수 있고 이것이 불가능한 때에는 소송이 분쟁해결의 기본적 수단이지만 중재 등 대체적 분쟁해결 수단을 이용할 수 있는 것은 순수 국내사건의 경우와 다르지 않다. 그러나 섭외적 사건은 순수국내사건에서는 볼 수 없는 여러 가지 법적 문제를 수반한다.

2. 국제적 분쟁의 특수성

1) 서

당사자의 국적, 거래 객체의 소재지와 이동 등 사안이 한 나라와만 관련된 국내 사건의 경우에는 관련된 나라의 법원에서 그 나라의 법에 따라 재판하는 것에 의문이 없다. 그러나 섭외적 사건의 경우에는 사정이 전혀 다르다. 예컨대 중국인과 일본인이 결혼해서 대한민국에서 살다가 이혼을 하려고 하거나, 앞의 대한민국 회사가 독일 회사에 수출을 하는 예에서 당사자 사이에 대금의 지급에 관한 분쟁이 발생하여 재판을 통해서 이를 해결할 수밖에 없게 되었다고 가정하자. 이 경우 소를 제기하여 자기의 권리를 보호받고자 하는 당사자는 우선 어느 나라의 법원에 제소할 것인가를 생각해야 한다. 한 나라의 법원이 지구상에서 일어나는 모든 민사분쟁에 대하여 일방 당사자의 요청만 있으면 재판을 한다는 것은 비현실적이며 규범적으로도 바람직하지 않고, 그리하여 모든 나라는 자국과 일정하게 관련이 되어 있는 사안에 대하여만 재판을 하는 한편, 사안의 성질에 따라서는 반드시 자국 법원에서 재판을 받도록 할 수도 있기 때문이다. 따라서 당사자는 먼저 어느 나라가 당해 사건에 대하여 재판을 할 수 있는가 내지는 그 나라에서의 재판을 강제하고 있는가를 알아야 하고, 만약 여러 나라에서 당해 사건에 대하여 재판을 할 수 있는 경우라면(즉 여러 나라가 재판관할을 가지고 있다면) 어느 나라에서 소를 제기하는 것이 가장 유리한지도 고려해야 한다.[1] 그러면 한 나라의 재판관할의[2] 범위는 어떻게 결정되는가? 이것이 이른바 국제(재판)관할의 문제이다.

여기서 대한민국 회사가 우리 법원에 소를 제기하였고 우리나라 법원의 국제관할이 인정된다고 가정하자.[3] 그러면 본안심리를 해야 하는 우리 법원은 이 사안에

---

1) 어느 나라에서 소를 제기하는가는 여러 가지 면에서 큰 의미를 갖는다. 우선 현실적·경제적으로 소송지에 따라 소송수행상의 편의와 비용이 달라진다. 그리고 현재 국제적으로 통일된 저촉규범이 없어서 소송지에 따라 그 사안에 적용되는 법이 달라지고 그로 인해 소송의 승패가 달라질 수 있다. 나아가 소송지가 어딘가에 따라 한 나라에서 내려진 판결이 다른 나라에서도 승인되어 효력을 인정받고 나아가 집행까지 될 수 있는지도 달라질 수 있다.

2) 관할(jurisdiction)은 포괄적인 개념으로서 입법관할과 집행관할 또는 입법관할·재판관할·집행관할로 나누어 설명하는 것이 보통이다. 그러나 여기서는 국가주권의 한 내용인 사법권을 행사하는 권능, 즉 재판관할만을 의미한다.

3) 우리 법원의 관할이 인정되지 않으면 법원은 소송요건의 불비를 이유로 본안심리에 들어가지 않고 소를 각하하게 된다.

당연히 우리나라의 법을 적용하여 재판하나 아니면 이 사안과 관련이 있는 나라[4] 가운데 한 나라 또는 그 밖의 어떤 나라의 법을 선택하여 적용하는가? 만약 소송지(법정지)인 우리나라의 법이 당연히 적용되는 것이 아니라면 이 사안에 적용될 법은 어떤 기준에 따라 결정되는가? 이 문제 역시 사안이 갖는 국제적 요소로 인하여 발생하는데 이것이 바로 준거법(즉 섭외적 생활관계에 적용될 법)의 문제이다.

여기서는 국제관할 및 준거법 문제와 함께 몇 가지 국제사건의 특수성을 간단히 소개하고 자세한 것은 해당 항목에서 설명한다.

2) 국제재판관할(권) 문제

재판권Gerichtbarkeit, 즉 재판을 할 수 있는 권능은 국가의 고유한 주권의 한 내용으로서 모든 나라는 자국의 영토 내에서는 자유롭게 재판을 할 수 있는 것이 원칙이다. 그러나 재판권에는 국제법상의 제한이 따른다. 예컨대 대한민국 국민이 외국에서 사업을 해서 소득을 내자 그 나라가 세금을 부과한 경우와 같이 한 국가의 주권적 행위는 다른 나라에 의한 재판의 대상이 되지 않으며(주권면제·국가면제), 국가원수와 외교사절 및 외국 공관 등도 다른 나라의 재판권의 범위에 들어가지 않는다(외교상의 재판면제).

그러면 이러한 국제법상의 제한에 해당하지 않는 사건 모두에 대해 모든 나라가 재판권을 행사하는 것이 가능하고 바람직한가? 이에 대하여는 사안과 일정한 관계가 있는 때에만 재판하는 것이 국가적으로나 당사자의 이익의 면에서나 타당하다는 데 널리 견해가 일치하고 있다. 여기서 국제관할의 기준, 즉 무엇을 기준으로 한 나라가 재판을 할 사안의 범위를 정하나라는 문제가 제기된다.

이에 관하여는 현재 범세계적인 효력을 갖는 규범은 존재하지 않고, EU 등 일부 지역의 통일조약 및 양자 간 조약만 존재하며, 이에 해당하지 않는 경우에는 각국이 국내법인 (민사)절차법의 일환으로 그 기준을 정하고 있다. 하지만 이에 관한 포괄적이고 구체적인 내용의 성문법을 가진 나라는 아직 많지 않아 다수의 나라에서는 이 문제가 여전히 학설과 판례에 맡겨져 있다. 그리하여 예컨대 조리에 따르거나(섭외사법 하에서의 학설과 판례) 또는 국내토지관할기준을 원용하여(EU 조약이

---

4) 앞의 예에서 계약이 대한민국 기업이 참가한 벨기에의 세계무역박람회에서 체결되었다고 한다면 이 계약은 최소한 대한민국, 독일, 벨기에와 관련되어 있다고 할 수 있다.

적용되지 않는 분야에 관한 독일의 학설·판례) 국제관할 문제를 해결하는 것이다. 우리나라도 2022년 국제사법 개정에서 비로소 국제재판관할에 관한 상세한 규정을 두게 되었고, 구국제사법만 하더라도 실질적 관련성이라는 추상적 기준을 선언한 규정(제2조)이 있을 뿐이었다.

3) 준거법 문제

순수 국내사건과 달라서 국제적 민사사건에 대하여는 언제나 법정지의 법을 적용하여 재판하는 것은 타당치 않다는 것에 대한 공감대가 오래전부터 존재해 왔다. 사법(私法)의 기능이 당사자 사이의 이해관계를 공평하게 조절하는 것이라 할 때 이를 실현하기 위해서는 사안과 보다 밀접하게 관련되어 있는 나라가 있으면 그 외국의 법을 적용할 필요가 있다는 것이다. 그러면 국제사건에 적용될 법(이를 준거법이라 한다)을 정하는 기준은 무엇인가? 즉 어떤 원칙과 기준에 따라 준거법을 정해야 하나?

이에 관하여도 범세계적인 통일규범은 아직 없고, 각국이 국내법으로 준거법결정규범(저촉규범·충돌규범)을 두고 있는 실정인바, 국제적으로 이러한 규범은 다양한 용어로 불리고 있는데, 우리나라를 포함하여 대륙법계에서는 흔히 국제사법이라 칭해지고 있다.

4) 외국판결의 승인 및 집행 문제

섭외적 분쟁은 어느 한 나라에서 판결이 내려져 확정되는 것만으로는 완전히 해결될 수 없는 경우가 있다는 특성을 갖는다. 위의 예에서 우리 법원이 당사자의 합의에 따라(제45조 참조) 우리나라의 법을 적용하여[5] 재판을 하였고 거기서 한국 회사가 승소하였다고 하자. 그럼에도 불구하고 만약 독일 수입상이 대금을 지급하지 않으면 우리 회사는 독일 수입상의 재산을 경매(강제집행)하고 그 매각대금으로부터 자기 권리의 만족을 얻을 수밖에 없다. 그러므로 만약 독일 수입상이 우리나라에 재산을 가지고 있지 않은 때에는 그가 재산을 가지고 있는 다른 나라에서 우리 법원의 판결이 효력을 인정받고 나아가 이를 토대로 강제집행까지 할 수 있는 경우가

---

5) 이에 관하여는 제3편 제3장 II. 채권계약 참조.

아니라면 우리나라에서의 재판은 실질적으로 큰 의미가 없고,[6] 분쟁도 최종적으로 해결되었다고 할 수 없다. 즉 대한민국 회사는 독일 수입상이 재산을 가지고 있는 다른 나라에서 다시 소송을 해야 한다. 그러면 한 나라 법원의 판결은 다른 나라에서도 효력을 가질 수 있는가?

현재에는 대부분의 나라에서 원활한 국제거래를 보장하기 위해 일정한 요건 아래 외국판결의 효력을 인정하고(승인) 나아가 집행까지 할 수 있도록 하고 있다.

5) 중재 문제

섭외적 사안의 경우에는 중재를 통한 분쟁 해결에서도 특수한 문제가 있다. 유효한 중재계약이 존재하면 법원의 재판을 통해서 분쟁을 해결하는 것이 불가능한 것이 보통이다. 즉 중재계약은 어느 나라의 법정 국제재판관할을 배제하는 소송법적인 효력이 있다. 그런데 중재에 관한 약정은 대개 거래조건의 일부로서 합의된다. 여기서 중재계약 자체의 성립·방식·허용범위(유효성)·효력의 기준이 되는 법은 어느 나라의 법인가 하는 문제가 제기된다. 즉 소송법적인 효력을 갖는 중재약정에 대하여도 당사자 사이의 사적 거래의 준거법이 적용되나 아니면 독자적으로 중재계약의 준거법이 정해져 하나, 만약 후자라면 중재계약의 준거법을 정하는 기준은 무엇인가 문제되는 것이다. 나아가 중재절차를 정하는 기준은 무엇인가,[7] 사안에 대한 실체적 판단은 무엇을 기준으로 해야 하나,[8] 외국중재판정의 승인과 집행 등의 문제도 있다.

6) 국가를 상대로 한 분쟁의 특수성

사기업과 어느 국가 사이의 거래에서 발생하는 분쟁에 관하여는 아직 보편적 구속력이 있는 해결제도가 없는바, 국제적 투자에 관한 특별중재기관으로서 ICSID가 있는 정도다. 그리하여 대개의 분쟁은 중재를 통하여 해결되는데, 국가법원의 재판을 통한 분쟁 해결에는 국가의 당사자적격 문제 등 어려움이 있기 때문이다.

---

6) 소멸시효의 중단과 관련하여 의미를 가질 수는 있다.
7) 중재기관의 독자적인 중재절차 규범을 따를 수 있나 아니면 어느 나라가 되었든 국가의 법에 따라야 하나, 후자라면 어느 나라의 법에 따라야 하나 등.
8) 관습이나 일반 법원리에 따라도 되나 아니면 반드시 어느 나라의 법을 적용해야 하나, 만약 후자라면 적용될 법은 어느 나라의 저촉규범에 따라 정해지나 등.

그러나 중재의 경우에도 상대방 국가가 일방적으로 국내법을 변경하는 데 따른 문제 등 특수한 논점이 제기될 수 있다.

3. 정   리

이상의 섭외적 사건에 특수한 문제 중 국제재판관할과 외국판결의 승인·집행은 국제민사절차법의 영역에 속하는 것이고, 준거법을 결정하는 문제가 국제사법의 대상이 된다는 것이 전통적인 견해이다. 그리고 두 법 영역에는 이론적으로 해결하기 어려운 문제가 다수 있는데, 그중 국제재판관할(권) 문제가 현실적으로 의미가 크다. 우선 현실적·경제적으로 소송지에 따라 소송수행에 있어서의 편의와 비용이 달라진다. 그리고 현재 국제적으로 통일된 저촉규범이 없기 때문에 소송지에 따라 준거법이 달라져 결국 소송의 승패에도 영향을 미칠 수 있다. 나아가 소송지가 어딘가에 따라 한 나라에서 내려진 판결이 다른 나라에서도 승인되어 효력을 인정받고 나아가 집행까지 될 수 있는지도 달라질 수 있는 것이다.

그러므로 섭외적 사건의 경우에는 이러한 문제가 모두 고려되어야 하는데, 이를 위해서는 저촉법, 절차법뿐 아니라 실체법도 포함하여 외국법에 관한 지식이 필요하다. 그리고 분쟁을 해결함에 있어 많은 특수성이 수반되는 국제적 생활관계에서는 분쟁이 발생하는 것을 방지하고 분쟁이 발생하는 상황에 대한 사전 준비를 한다는(예 중재합의; 관할합의; 준거법 합의 등) 두 가지 관점의 예방법학이 다른 어느 분야에서보다도 큰 의미를 갖는다.

Ⅱ. 국제민사소송법과 국제사법의 의의 및 기능

1. 국제민사소송법

국제민사소송법 내지 국제민사절차법을 독자적인 학문 분야로 인식하여 연구를 시작한 것은 그리 오래되지 않았으며, 주된 논의의 대상은 국제재판관할의 기준 및 외국판결의 승인·집행의 요건과 절차에 관한 규율의 문제이다. 재판은 국가 주권의 작용이기 때문에 한 나라의 법원은 자국법에 정해진 재판절차만을 따르고, 섭외적 사건이라 하여도 이에 관한 특별한 재판절차가 마련되어 있는 것은 아니기 때문에 재판절차 그 자체에 있어서는 섭외사건과 국내사건 사이에 차이가 없는 것이다.

그러나 광의로는 국제재판관할 및 외국판결의 승인·집행 외에 국제중재에 관한 규정을 포함하여 국제민사절차법이라 부르기도 한다.

2. 국제사법

전통적으로 국제사법은 섭외적 생활관계에 적용되는 법(즉 준거법)의 결정 및 준거법의 적용과 관련된 문제(준거법의 내용 확정, 해석원리, 관습법의 처리 등등의 문제)를 규율하는 규범의 체계로 이해되어왔다. 현재 각 나라는 구조와 내용에 있어서 서로 상이한 법체계를 가지고 있어(법의 지역적 충돌) 동일한 사안이라도 어느 나라의 법이 적용되느냐에 따라 재판의 결과가 달라질 수 있다. 그리하여 순수 국내사건과는 달리 섭외적 요소를 가지고 있는 사안의 경우에는 소가 제기된 나라(소송지·법정지)의 법원이 당연히 자기 나라의 법을 적용하여 재판을 해도 좋다고는 할 수 없다. 왜냐하면 사안이 가지고 있는 다른 나라와의 관련성에도 불구하고 법정지의 법만을 적용하면 당사자 간의 이해관계가 공평하게 조절될 수 없고, 나아가 생활관계의 안정을 기할 수 없다는 불합리가 발생하기 때문이다. 여기서 어떤 경우에 법원은 법정지법을 적용하고 어떤 사안에는 외국법을 적용하며, 외국법을 적용하는 경우에는 내용을 달리하는 (관련된) 여러 나라의 법 중에서 무엇을 기준으로 당해 사안에 적용되어야 할 법(준거법)을 결정하는지가 문제된다.[9] 바로 이러한 문제에 대하여 답을 제공하여 주는 것이 국제사법이다.

따라서 국제사법은 섭외적 생활관계에 적용될 준거법을 결정하여 주는 법이라고 정의할 수 있다. 그리고 이를 통하여 국제사법은 첫째로 법의 지역적 충돌 문제

---

9) 이러한 문제설정은 자칫 법의 지역적 충돌 문제가 먼저 법정지법이 적용되어야 할 경우인지를 판단하고 이를 부인하는 때에는 다시 어떤 외국법이 적용되어야 하는지를 따지는 두 단계의 사고과정을 통하여 해결되는 것으로 이해될 수 있으나 실제로는 그렇지 않다. 국제사법은 당해 사안이 어느 나라와 가장 밀접한 관계를 가지고 있는지를 기준으로 혹은 법정지법을, 혹은 특정 외국의 법을 준거법으로 지정하게 되는 것이다. 그리고 보다 본질적으로는 국제사법의 적용범위, 즉 (순수 국내사건에는 법정지법이 당연히 적용되고) 섭외적 요소를 갖는 생활관계에만 국제사법이 적용되는 것인가 아니면 순수 국내사건에도 국제사법이 적용되고 따라서 순수 국내사건에 법정지법이 적용되는 것도 당연히 그러한 것이 아니라 '순수 국내사건에는 법정지법이 준거법이 된다'는 (숨어있는) 국제사법상의 원칙에 따른 결과로 이해할 것인가를 놓고 견해가 나뉘고 있다(Kegel, IPR, S. 5 참조). 이론적으로 볼 때 후자가 논리구성의 치밀성에서 우수하다 하겠으나 준거법 문제가 현실화하여 체감되는 것은 섭외적 사건의 경우이므로 실제적으로는 큰 차이가 없다. 따라서 여기서는 초학자의 이해의 편의를 위하여 전자의 입장에서 설명하기로 한다.

를 해결한다. 섭외적 사건의 경우에는 사안과 관련이 있는 나라가 최소한 둘 이상이 있게 되는데, 국제사법은 사안과의 거리 내지 관련성을 기준으로 내용이 다른 여러 법체계 중 사안에 적용될 법을 지정함으로써 이 충돌을 해결하는 것이다. 둘째로 국제사법은 사인 간의 이해관계를 공평하게 조절하는 기능도 갖는다. 준거법을 결정하는 기준인 사안과의 관련성은 원칙적으로 국가의 입장 내지 이익이 아니라 당사자의 이익의 관점에서 판단되는 것이다. 다만 여기서 문제되는 당사자이익은 실체법적 이익이 아니라 어느 한 나라의 법이 적용되는 것에 관한 이익이라는 점에서 특수성이 있고, 이를 국제사법적 이익이라 부른다(제1편 제3장 참조). 셋째로 국제사법은 법의 충돌을 해결하고 당사자의 국제사법적 이익을 공평하게 조절하는 것을 통하여 국제적 거래의 안정성을 확보하여 줌으로써 국제교류를 촉진하는 기능도 갖는다고 이해된다.

> 서울고등법원 1994. 3. 4. 선고 92나61623 판결 한국법에 의하여 설립된 회사들 사이에 체결된 보증계약이라 하더라도 그 보증계약이 미합중국 뉴욕주에서 뉴욕주법에 따라 체결된 것이고, 보증대상인 주채무도 외국회사가 채권자와 사이에 뉴욕주법에 따라 체결한 계약으로 인하여 부담하는 채무라면 이는 섭외적 생활관계를 내용으로 하는 것인바, 보증계약의 내용으로 그 보증이 뉴욕주법에 따라 규율, 해석, 이해되며 채권자가 뉴욕주 통일상법전에 따라 보증인에 대한 권리 및 구제책을 보유하는 것으로 약정하고 있다면 그 준거법은 미합중국 뉴욕주법.
>
> 서울지방법원 동부지원 1999. 10. 8. 선고 98가합17242 판결 청구원인은 국내 기업의 외국 현지법인과 그 대표이사 사이의 법률관계에 관한 것으로 국내 기업과 그 대표이사에 관한 법률관계와 달리 취급할 합리적인 이유는 없다 할 것이어서 이를 섭외적 생활관계로 보기 어렵다.[10]
>
> 대법원 2006. 5. 26. 선고 2005므884 판결 미합중국 국적을 보유하고 대한민국에 거주하는 부부인 원·피고가 모두 대한민국에 상거소常居所를 가지고 있을 뿐 아니라 종전 주소지인 미합중국 미주리 주의 법에 따른 선택에 의한 주소domicile of choice를 대한민국에 형성하였으므로 대한민국의 법률인 민법은 원·피고 사이의 이혼, 친권자 및 양육자지정 등 청구 사건에 대하여 충분한 관련성을 구비한 준거법으로 볼 수 있어 국제사법 제8조 제1항이 적용되지 않는다.[11]

---

10) 이 사안에서 법원은 결국 사안의 국제성을 부인함으로써 우리나라의 법을 적용하고 있다. 국제성을 널리 인정하는 흐름을 고려할 때 타당한 접근방법이라 할 수 있을지 매우 의문이다.

11) 당사자의 국내 거주 형태를 평가함에 있어 법원은 미주리 주의 법에 따라 domicile of choice로 보았

대법원 2008. 1. 31. 선고 2004다26454 판결 국제사법 제1조가 '이 법은 외국적 요
소가 있는 법률관계에 관하여 국제재판관할에 관한 원칙과 준거법을 정함을 목적
으로 한다'고 규정하고 있으므로, 거래 당사자의 국적·주소, 물건 소재지, 행위지,
사실발생지 등이 외국과 밀접하게 관련되어 있어 곧바로 내국법을 적용하기보다는
국제사법을 적용하여 그 준거법을 정하는 것이 더 합리적이라고 인정되는 법률관
계에 대하여는 국제사법의 규정을 적용하여 준거법을 정하여야 한다.

대법원 2014. 12. 11. 선고 2012다119443 판결 외국적 요소가 있는지 여부는 거래
당사자의 국적뿐만 아니라 주소, 물건 소재지, 행위지, 사실발생지 등이 외국과 밀
접하게 관련되어 있는지 등을 종합적으로 고려하여야 한다.

3. 성질과 체계적 위치 비교 및 관계

국제민사소송법과 국제사법의 성질 내지 체계적 분류에 관하여는 대립하는 견
해들이 존재하고, 특히 국제사법의 성질에 관하여는 역사적으로 심한 논란이 있었
다. 여기서는 현재의 지배적인 견해에 기초하여 간단히 정리한다.

1) 국제법·국내법 여부

국제사법이 국제법인가 아니면 국내법인가 하는 것이 한때 크게 다투어졌지만
지금은 국내법으로 이해되고 있다. 국제사법이 관련된 여러 주권국가 중 어느 나라
의 법이 적용되는지를 정하는 것이므로 국제법이라고 생각할 여지도 없지 않으나,
당사자의 (국제사법적)이익의 조절이라는 기능적 관점과 통일적인 국제적 규범 없이
각 나라가 독자적인 저촉규범을 두고 있는 법 현실을 중시하여 국제법으로 보지
않는 것이다. 이에 비하여 근래에 개념이 정립된 국제민사소송법이 국내법이라는
것에 대하여는 견해가 일치되어 있다고 할 수 있다. 다만 조약이나 협약이 있는 경
우에는 국제법인 것은 물론이다.

2) 공법·사법 여부

국제민사소송법은 절차를 규율하는 규범이고 수범자가 법원이라는 점 등에서
공법으로 분류하는 데 어려움이 없다. 이에 비해 국제사법의 경우에는 수범자는 법

다. 그러나 국내의 거주 형태를 평가함에 있어 외국의 법을 따른 근거가 무엇인지 의문인바, 사안은
반정의 법리에 따라 설명하는 것이 타당한 경우이다.

원이지만 기능적 관점에서는 사적 이익의 조절이 중요하여 역사적으로 공법설과 사법설의 대립이 없지 않았다. 그러나 지금은 다수가 기능의 면을 중시하여 사법으로 이해하고 있다.

3) 실질법과 저촉법

국제민사소송법은 법적 판단을 필요로 하는 절차 문제에 관한 실체적 기준을 직접 제시한다(절차의 직접규율). 이에 비해 국제사법은 실체적 판단의 기준을 직접 제시하지 않고 단지 실체적 당부를 판단하는 기준이 될 법이 어느 나라의 법인지를 말해줄 뿐이다. 즉 실체적 문제를 간접적으로 규율하는 데 그친다. 그러므로 직접규율이냐 간접규율이냐 하는 시각에서 보면 국제민사소송법은 민법과 상법 등 실체법과 같다. 그리고 사안에 적용될 준거법을 말하여 주는 규범을 저촉법(저촉규범) 내지 충돌법(충돌규범)이라 하고, 사안을 (실체적으로나 또는 절차적으로) 직접 규율하는 규범을 사항규정 또는 실질규정이라 하여 구별하는 경우에는, (국제민사소송법을 포함한) 절차법은 실체법과 함께 실질법이 되고 국제사법은 저촉법이 된다.

4) 관 계

이처럼 국제민사소송법과 국제사법은 체계적 관점에서 보면 전혀 다른 영역에 속한다. 그러나 실무적 관점에서 보면 두 법은 국제적 분쟁의 해결에서 하나의 세트를 형성한다. 즉 재판을 통해 섭외적 사건이 해결되는 과정에서 제기되는 문제를 시간적 순서에 따라 정리하면 먼저 국제관할이 문제되고 이어서 준거법 문제가 등장한다. 그 후 법원은 준거법을 적용하여 실체적 판단을 하게 되는데, 이 과정은 법의 해석·적용이라는 큰 틀에서는 국내사건과 차이가 없지만 몇 가지 섭외적 사건에 특유한 문제가 제기된다. 그리고 섭외적 사안에서는 경우에 따라 외국판결의 승인·집행이 마지막으로 문제되는 경우가 있다. 결국 국제민사소송법에서 시작하여 국제사법을 거쳐 다시 국제민사소송법의 관점으로 되돌아오는 것이다. 이에 착안하여 국제사법을 광의로 이해하면서 준거법 문제 외에 국제재판관할과 외국판결의 승인·집행까지 이 범주에 포함시키려는 입장도 있으며, 더 나아가 다시 국제중재까지 함께 논하는 문헌도 없지 않다.

본서에서도 실제적인 필요에 응하여 제4편에서 민사절차법이라는 제목 아래 국제재판관할과 외국판결의 승인·집행 문제를 다루고는 있으나, 기본적으로 법의 목적과 기능에 따라 국제사법과 국제절차법을 체계적으로 분류하는 전통적인 이해에 따르는 것이 타당하다고 본다.

4. 우리 국제사법의 입법태도

우리 국제사법 제1조에서는 이 법의 목적이 '외국과 관련된 요소가 있는 법률관계에 관하여 국제재판관할과 준거법을 정'하는 데 있다고 선언하고 있다. 그리고 제1장 총칙 편에서는 제1절 목적에 이어 제2절에 국제재판관할에 관한 일반규정 (제2조-제15조)을, 제3절에 저촉규범에 관한 총칙적 규정(제16조-제23조)을 두고 있다. 이어서 국제사법 각칙에 해당하는 제2장 이하에서도 개별적 법률관계별로 정리된 각 장의 제1절에 국제재판관할에 관한 규정을 두고 제2절에서 준거법을 규정하고 있다.

이처럼 우리 국제사법은 (법을 목적과 기능에 따라 체계적으로 분류하는 전통적인 시각에서 볼 때) 국제민사소송법에 속하는 요소와 저촉법에 속하는 요소를 모두 가지고 있다. 그리고 결과적으로 종래 국제민사소송법의 중요 내용으로 이해되었던 사항의 일부(국제재판관할)는 국제사법에서 규율되고, 다른 일부(외국판결의 승인·집행)는 민사집행법에서 규율되는 상황이 되었다. 국제사법의 개정에서 이러한 접근방법이 채택됨에 있어서는 현실적으로 불가피한 면이 있다거나 실무적으로 장점이 있다는 인식이 강하게 작용한 바 있으나, 앞으로도 분명한 호·불호, 찬·반의 의견이 있을 수 있는 부분이다. 나아가 적어도 우리 국제사법은 더 이상 저촉규범으로 정의할 수 없다는 주장도 충분히 가능하게 되었다.

본서에서는 국제재판관할 문제를 제4편 민사절차법에서 일괄적으로 설명함으로써 원칙적으로 종래의 이해에 따른 체계를 유지하고 있다.

Ⅲ. 국제사법의 성질

국제사법은 섭외적 생활관계의 준거법을 결정하여 주는 법이라고 하였다. 즉 둘 이상의 나라와 관련되어 있는 생활관계에 어느 나라의 법이 적용되는가를 결정하여 주는 법이 국제사법이다. 국제사법의 이러한 기능에서 출발하여 법의 효력의 체계적 구조라는 관점에서 접근을 하면 국제사법은 서로 충돌하고 있는 각 나라의

제 1 편 제 2 편 제 3 편 제 4 편 해 설

법의 적용범위를 정하여 주는 규범이고 따라서 모든 나라의 실질사법 위에 존재하는 것(상위규범)으로 이해될 수도 있다. 그리고 이러한 접근방식이 국가주권사상과 결부되면서[12] 자연스럽게 국제사법은 국제법이라고 하는 이론(국제법설)이 탄생하였다. 즉 법은 국가의 주권적 행위의 산물인바, 각 주권국가의 법의 적용 범위를 정하여 주는 기능을 갖는 국제사법은 국제법으로서의 성질을 갖는다는 것이다. 그리하여 이 학설에서는 우리가 보통 국제법이라 부르는 규범은, 국가 또는 국가와 유사한 지위를 갖는 국제기구가 주체로 되어 있는 공법적 관계를 규율하는 초국가적 규범으로서, 국제공법이라 할 것이고, 이에 대하여 둘 이상의 나라와 관련된 사법적 생활관계를 간접적으로 규율하는 초국가적 규범이 바로 국제사법이라고 한다.

이 국제법설에 의하면 예컨대 우리 법원이 어떤 섭외적 생활관계에 대하여 우리나라 법이 아니라 어떤 외국의 법을 근거로 하여 재판하는 경우 이는 국제법의 명령에 따른 것이고, 우리 법원에 그러한 명령을 하는 규범(저촉규범)은 국제법의 일부를 이루게 된다. 그러므로 우리나라의 국제사법도 국제법 자체이거나 아니면 우리 입법자가 국제법상의 의무를 이행하기 위해 국제법에서 이미 정해진 내용을 국내법화한 것이라 하여야 할 것이다. 즉 현재 거의 모든 나라가 가지고 있는 저촉규범이 만들어지기 전부터도 국제사법은 이미 국제법으로서 존재하고 있는 것이다.[13] 그러나 바로 이러한 점으로 인하여 국제법설은 비판을 받고 있다. 현재 각국의 저촉규범은 그 내용이 서로 일치하지 않는다. 물론 법의 지역적 충돌 문제에 관한 국가 간 협약이 없는 것은 아니지만, 이러한 협약은 특정 분야로 국한되어 있으며 그 체약국에 대하여만 구속력을 갖는다. 다시 말하여 법의 지역적 충돌 문제에 관한 포괄적이고 범세계적인 성문의 국제규범은 존재하지 않는 것이 현실이다. 그리고 채권계약에 있어서 당사자자치를 인정하고, 물권관계(특히 부동산의 경우)에는 목적물의 소재지법을 적용하며, 법률행위의 방식에 행위지법의 선택적 적용을 인정하는 등 오랜 시간에 걸쳐 확립된 동일한 내용의 저촉규범이 전 세계적으로 효력을 가지고 있는 예가[14] 있지만 이것 역시 국제관습법으로 볼 수 없다. 왜냐하면 이와 다른 저촉규범을 두어서는 안 된다는 국제법상의 의무에 대한 인식이 결여되어

---

12) 이에 관하여는 제1편 제2장 Ⅶ. 참조.
13) 그리하여 현재에는 국제법설이라는 명칭보다는 선험적 국제사법이론이라 하는 것이 타당하다는 주장도 있다(Ferid, IPR, S. 49).
14) 이 밖에 공서조항의 허용과 소송절차는 법정지법에 따른다는 원칙도 여기에 포함시킬 수 있다.

있기 때문이다.

　그리하여 현재에는 영미법계에서는 물론[15] 대륙법계에서도 국제사법을 국제법
으로 보는 (또는 국내법에 앞서 선험적으로 존재하는 규범으로 이해하는) 견해는 찾아보
기 어렵게 되었다. 즉 한 나라의 법원이 섭외적 요소를 가진 사안에 외국법을 적용
하는 것은 그 나라의 국내법질서에 속하는 충돌규범의 명령에 따른 것이지 국제법
(또는 초국가적 규범)상의 의무에 구속되기 때문이 아니다(국내법설).

　그러나 국제사법을 국내법으로 이해하는 것이 법 현실에 부합하는 것이기는 하
지만 이로써 모든 문제가 해결되는 것은 아니다. 첫째로, 국내법설에 따르면 각국
의 입법자는 실질규범에 있어서뿐만 아니라 저촉규범에 있어서도 원칙적으로 초국
가적인 구속을 받지 않는다. 그리고 이러한 독립성은 법 개념의 적용에 있어서도
인정된다. 즉 섭외적 요소를 갖는 사안을 규율하는 데 있어서 자국의 법 개념을 사
용할 수도 있고 외국의 법 개념을 사용할 수도 있다. 여기서 이른바 성질결정
Qualifikation; characterization의 문제가 발생한다.

　둘째로, 국제법설에 의하면 한 나라의 법원이 외국법을 적용하는 이유는 그렇게
하는 것이 국제법상의 의무에 부합되기 때문이라고 할 수 있다. 그러나 이러한 설
명을 할 수 없는 국내법설에서는 외국법 적용의 근거에 대하여 새로운 이론적 기
초를 제시하지 않으면 안 되며, 종래 국제사법학의 기본문제의 하나인 이 문제가
새로운 의미를 갖게 된다.

　셋째로, 국내법설이 현재 각국의 국제사법의 내용이 일치하지 않는 점을 이론적
으로 잘 설명할 수는 있지만 이러한 현상과 이것이 과연 바람직한 것인가는 별개
의 문제이다. 왜냐하면 국제사법의 국내법적 성질로부터 나오는 저촉규범의 상대화
는 성질결정 문제를 발생시킬 뿐만 아니라 파행적 법률관계가 발생하는 원인이 되
기 때문이다. 여기서 꼭 국제법설에 전적으로 따르지는 않더라도 초국가적 입장에
서 저촉규범을 해석하고 발전시키려는 접근방법을 다시 평가할 필요가 있다. 그리
고 현시점에서 국제법설이 거부되고 있기는 하지만 국제법으로부터 국제사법의 내
용에 대한 일정한 한계를 도출하려는 시도가[16] 계속되는 것도 국제사법의 상대화

---

15) 영미법계에서는 국제사법을 국제법으로 보는 생각이 애초부터 없었다.
16) 예컨대 외국법의 적용을 원칙적으로 배제하는 것은 허용되지 않는다, 특정 국가의 법을 원칙적으로 배
　제하는 것은 허용되지 않는다, 외국법의 내용을 확정하는 것이 어렵다는 등 단순히 편의성만을 이유로
　외국법의 적용을 배제할 수 없다, 사안이 법정지와 최소한 어느 정도 긴밀하게 관련된 때에만 법정지

에 따르는 문제점을 최소화하려는 노력의 하나로 이해될 수 있을 것이다.[17]

Ⅳ. 실질법의 통일과 국제사법의 통일

1. 서: 국제민사분쟁 해결의 이상

국제민사분쟁 해결의 이상으로는 공정성, 효율성, 그리고 경제성 세 가지를 드는 것이 보통이다. 그리고 공정성이라는 개념에 기본적으로 사적 이익의 공정한 조절이라는 관점에서 본 구체적 타당성이 포함되어 있는 것은 물론이지만, 이와 함께 사적 생활관계의 안정성 및 국제교류의 활성화도 포함된다고 이해된다. 그런데 특히 마지막 두 관점이 실현되기 위해서는 어디서 재판을 받던 동일한 결론에 도달할 것(이를 보통 외적 판단의 일치라고 표현한다)이 요구된다. 그러면 외적 판단의 일치를 저해하는 것은 무엇인가? 그것은 물론 나라마다 서로 다른 법체계를 가지고 있기 때문이고, 세계적으로 실체법과 절차법이 통일되면[18] 이상은 실현될 수 있다. 그리고 설령 실체법이 통일되지 않더라도 각국의 저촉법이 통일된다면 동일한 사안에 대해서는 어디서나 같은 법이 적용될 것이기 때문에 이상에 한 발 더 다가갈 수 있다.[19] 그리하여 실체법 내지 저촉법의 통일은 많은 사람에게 있어 하나의 목표가 되어 있고 이를 위한 노력도 계속 이어지고 있지만 그 성과는 아직 부분적인데 그치고 있다.

2. 통 일 법

외적 판단의 일치를 달성하기 위한 가장 효과적인 방법은 실질법을 통일하는 것이다. 하지만 서로 다른 문화와 역사를 토대로 형성·발전되어 온 실질법을 통일하는 것은 절차법에서는 물론 실체법의 영역에서도 결코 쉬운 일이 아니다. 그리

법을 적용할 수 있다, 한 나라의 법에 따라 이미 취득한 사권이 법정지에서도 인정되는 것인 때에는 이를 보호할 의무가 있다는 주장이 있다.

17) 국제사법을 국내법으로 보는 때에는 다시 공법인가 사법인가가 문제될 수 있다. 그러나 현재 국제사법은 공공의 이익을 추구하는 것이 아니라 개인 간의 이익을 조절하는 것을 목표로 한다는 것을 근거로 사법으로 보는 것이 (대륙법계에서의) 통설이다.

18) 실체법이 통일되더라도 절차가 서로 다르면 동일한 결론에 이르기 어려운 경우가 많다.

19) 엄밀히 말하면 뒤에서 살펴볼 성질결정의 문제로 인하여 어려움이 따른다.

하여 실체법의 영역에서는 사실상 UN-통일매매법과 통일 어음·수표법 정도가 범지구적인 통일규범이라 할 수 있다. 그러나 지역적으로는 실체법의 통일에 있어 진척이 없지 않은바, 특히 EU의 사법의 통일 내지 상호적응을 위한 노력의 결과물은 의미 있는 성과라 할 수 있다.

절차법의 영역에서도 지역적 차원에서는 의미 있는 성과를 찾을 수 있는데, 특히 국제관할에 관한 EU의 루가노협약 등은 주목할 만하다.

저촉법도 세계적 차원의 통일은 지지부진한 상태를 면하지 못하고 있다. 다만 1930년 어음, 1931년 수표에 관한 통일 저촉법 조약은 많은 나라가 가입을 했을 뿐 아니라 우리나라처럼 직접 가입은 하지 않았다 하더라도 두 조약에 기초한 저촉법 규정을 두고 있는 나라가 많아 큰 범위에서 통일을 말할 수 있다. 그 밖에 의미 있는 성과는 EU에 의한 지역적 통일에서 찾을 수 있는바, 채권계약의 준거법에 관한 로마협약 및 이를 계승한 EU의 명령인 이른바 ROM Ⅰ, 법정채권관계의 준거법에 관한 ROM Ⅱ, 가족법 분야의 개별적 통일규범이 중요하다.

제1편 제2편 제3편 제4편 색인

제 2 장

국제사법의 역사

국제사법의 생성 및 발전에 관하여는 아직 명확히 밝혀지지 않은 사항이 많이 남아있다. 그리고 시대적 구분에 있어서도 견해가 일치되어 있지 않다. 그리하여 여기서는 비교적 다툼이 적은 사항을 토대로 국제사법 이론 및 방법론의 변천을 기준으로 하여 현재의 국제사법을 이해하는 데 필요한 범위 내에서 간단히 서술하는 것으로 그친다.

I. 고대에서 12세기까지

고대 그리스에서는 완전한 속인주의가 지배하였다. 공동체간의 접촉·교류가 거의 없는 상태에서, 다른 공동체에 속하는 사람에 대하여는 적으로서 권리보호를 인정하지 않았던 것이다. 즉 권리는 자기가 속하는 공동체 내에서만 인정받을 수 있었다. 그리하여 한 공동체의 법원은 그 공동체에 속하는 사람에 대하여 그 공동체의 법을 적용하여 재판하면 그만이었고, 따라서 어느 공동체의 법이 적용되는가 하는 법의 충돌 문제는 발생할 여지가 없었다.

그 후 그리스의 도시국가가 발전하고 도시 간의 교류가 증가하면서 외인에 대한 권리보호가 점차 인정되었다.[1] 그러나 이 경우에도 법원은 법정지법을 적용하

---

1) 외인에 대한 권리보호는 두 가지 방법으로 실현되었다. 그 하나는 도시 간 계약에 따른 보호였고, 다른 하나는 외인에게 법정지 도시에 속하는 지인의 도움을 받을 수 있도록 하는 것이었다.

였는데, 여러 도시국가의 법이 내용상 서로 일치하는 부분이 많아서 어느 도시의 법이 적용되어야 하는가는 그리 문제되지 않았다.

로마법도 처음에는 기본적으로 그리스와 동일한 발전과정을 거쳤다. 그런데 로마에서는 외국인이 관여된 사안만을 다루는 외인법원이 있었고, 이 법원은 마치 상거래에 있어 중립지역과 같았다. 즉 로마법도 상대방의 법도 아닌, 그들이 생각하기에 모든 문명 민족에 공통되는 법에 따라 재판을 하였다. 그리하여 로마에는 두 실질법 체계가 존재하게 되었는데, 하나는 로마시민에게 적용되는 시민법ius civile이고 다른 하나는 외국인 사이 또는 로마시민과 외국인 사이의 관계에 적용되는 이른바 만민법ius gentium이다. 그런데 제국 내의 모든 자유인에게 로마 시민권이 부여되면서 시민법의 특질은 의미를 상실하게 되었고, 이로써 만민법이 통일실질법으로 발전하게 되었다.

따라서 로마법에서도 저촉규범이 발달할 여지가 적었던 것은 분명하다. 다만 만민법이 기본적으로 상거래를 중심으로 발전됨으로 인해 가족법의 영역에서는 저촉규범이 생성될 여지가 남아 있었던바, 과연 로마법에서 진정한 저촉규범이 발달하였느냐에 관하여는 심하게 다투어지고 있다.[2]

로마의 통일실질법에 의한 지배는 게르만의 민족대이동과 더불어 급속히 붕괴하였다. 당시 게르만법에서는 종족법에 기초한 속인주의가 지배하고 있었으며, 로마 영토로 이주한 후에도 게르만인은 이 전통을 고수하였다. 그리하여 로마제국의 영토 내에는 다양한 게르만 종족법과 함께 로마법이 병존하게 되었고, 민족이동 초기에는 한 사람이 어디에 있던 자기가 속하는 종족의 법에 따라 대우를 받을 수 있는 권리를 인정하였다. 반면 종족법 사이의 충돌 문제를 해결할 체계적인 저촉규범은 아직 생성되지 않았다.

그러나 이렇게 부활하였던 속인주의 원칙은 민족이동이 끝나갈 무렵 일정한 영토를 확보한 (도시)국가의 형성과 더불어 여러 종족이 단일체로 융화되면서 종말을 고하게 되었다. 즉 종족법이 지역법(국가법)으로 대체되고, 그가 어느 종족 출신인가는 더는 법적 의미를 가질 수 없게 되었다. 이제는 그가 속하는 지역(국가)의 법에 따라야 하게 된 것이다(속지주의). 그런데 그가 속하는 지역(국가)의 법에 따라야

---

2) Ferid, IPR, S. 44; Kegel, IPR, S. 126 f. 참조.

하는 것은 개인뿐 아니라 법원도 마찬가지였다. 즉 법원은 절차적 문제에서뿐 아니라 실체적 문제에 있어서도 법정지법(lex fori)에 구속되었다(법정지법주의). 그 결과 각 도시국가의 법원은 법정지의 법에 복종하는 내국인에 대하여 법정지법을 적용하여 재판을 하는 것이 원칙이었고, 따라서 어느 지역(국가)의 법을 적용하여야 하나라는 저촉법적 문제가 제기될 수 있는 여건이 아직 성숙되지 않았다.

Ⅱ. 저촉법적 문제의 인식

이러한 엄격한 법정지법주의는 13세기에 들어 북부 이탈리아의 많은 도시국가를 중심으로 세계무역이 발전하면서 더 이상 유지될 수 없게 되었다. 자치권을 획득한 도시국가들은 'statuta'라 불리는 독자적인 법체계를 가지고 있었는데, 이런 상황에서 도시국가 사이에 물적 거래와 인적 교류가 증대하자 자국법에 복종하는 자만이 재판을 받을 수 있도록 하여서는 도시국가 간의 거래에 있어 자국인의 이익 보호는 물론 안정되고 원활한 거래라는 사회적 요청도 충족시킬 수 없게 되었다. 그리하여 외국인에게도 피고가 되거나 소송을 제기하는 것이 허용되었고 그에 따라 내용을 달리하는 statuta 상호 간의 관계라는 문제가 제기되었다. 즉 다른 내용의 법에 복종하는 사람이 관여된 소송에서도 법정지법이 적용되는가, 만약 당연히 적용되는 것이 아니라면 어느 법을 적용하여야 하나라는 문제가 제기된 것이다. 이제야 비로소 오늘날과 같은 법의 저촉 문제가 제대로 인식된 것이고, 엄격한 법정지법주의 대신에 계약은 그 체결지의 법의 지배를 받고, 물건은 그 소재지의 법의 지배를 받는다는 등 부분적으로 오늘날의 쌍방적 저촉규범에 해당하는 원칙도 형성되었다. 그리하여 당시의 북부 이탈리아의 도시국가는 근대적 국제사법의 발상지로 평가되고 있다.[3]

그런데 당시의 일반적 사조는 모든 문제를 로마 원전에 근거하여 설명하려는 것이었고, 이에 따라 학자들은 법의 저촉 문제에 대한 해답 역시 로마법에서 찾으려 하였다. 그러나 이미 설명한 바와 같이 로마법에는 완성된 저촉규범 체계가 없었기 때문에 주석학파Schule der Glossatoren에 속하는 학자들은 법의 저촉에 관한 체계

---

3) Kegel, IPR, S. 129 f. 참조.

적 이론을 도출해 내지는 못하였다.[4]

Ⅲ. 법규분류학파(Statutenlehre)

1. Bartolus와 Baldus

주석학파에서 제기된 법의 저촉 문제에 관하여 최초로 이론적 체계를 갖춘 해법을 제시한 것은 후기주석학파Postglossatoren; Kommentartoren에 속하는 Bartolus1314-1357와 Baldus1327-1400에 의하여 대표되는 법규분류학파이다. Bartolus는 법의 충돌과 관련하여 ㉠ 한 도시국가의 Statuta가 국내의 외국인에게도 적용되는가, ㉡ 한 도시국가의 Statuta가 외국에서 발생한 사건에도 적용되는가라는 두 개의 문제를 제기하고, a) 모든 법규범에는 그 성질에 따른[5] 고유한 적용 범위가 정해져 있으며,[6] b) 사람들은 특정 Statuta와의 관련성을 창출함으로써 스스로 그 법의 지배범위에 들어가게 된다고(임의복종) 하여 법규분류학파의 이론적 기초를 제공하였다. 그리고 그의 제자 Baldus는 법규범을 크게 사람에 관한 것, 물건에 관한 것 및 행위에 관한 것으로 나누어 법규분류학파의 기본 틀을 마련하였다.

이렇게 형성된 법규분류학파의 이론체계의 골자는 다음과 같다. ① 사람에 관한 법(인법)은 어디든지 사람을 따라다니며 적용되며, 거주지Domizil, Wohnsitz를 선택함으로써 사람에 대한 문제에 관하여 그곳의 법에 복종하게 된다. ② 물건에 관한 법(물법·부동산법)은 오직 당해 도시국가의 영역 내에 존재하는 부동산에 대하여서만 적용되며,[7] 부동산 권리에 관하여는 목적물의 소재지법에 임의로 복종하는 것을 인정하였다. ③ 행위에 관한 법은 계약, 불법행위 등 그 종류를 묻지 않고 당해 도시국가에서 발생한 모든 행위에, 그리고 영역 내에서 발생한 행위에 대하여만 적용된다고 한다. 그런데 행위에 관한 법이라고 하지만 사실은 사람 및 부동산에 관한 것으로 분류되지 않는 모든 법규범이 여기에 포함되므로 행위법이란 하나의 혼합개념이다. 이로부터 후에 statuta personalia(人法), statuta realia(物法 내지 부동

---

4) Ferid, IPR, S. 46 참조.
5) 이와 관련하여 그는 법규범의 성질이 법문의 형식에 의해 결정된다고 하였다.
6) 그는 법규를 크게 어디든지 사람을 따라다니며 적용되는 법(사람에 관한 법)과 오직 당해 도시국가의 영역 내에 존재하는 부동산에 대하여서만 적용되는 물건에 관한 법(부동산법)으로 나누었다.
7) 이에 비해 동산은 사람에 부속하는 것으로서 인법의 적용대상으로 보았다.

제1편 제2편 제3편 제4편 부록 색인

산법), 그리고 statuta mixta(혼합법)이라는 삼분법 개념이 나오게 되었다.

2. 법규분류학파의 계승

법규분류학파의 사고방식은 그 후 오랫동안 여러 나라에 영향을 미쳤는데, 법의 충돌에 관한 논의의 중심지가 지역마다 다른 내용의 관습법이 적용되어 법의 충돌 현상이 극심하였던 프랑스로 옮겨지면서 프랑스학파에 의해 계승되었다. 그 대표자로는 Charles Dumoulin1500-1566과 Bertrand d'Argentré1519-1590을 들 수 있는데, 이 두 사람은 기본적으로 법규분류학파의 이론체계를 따르면서도 서로 대립하는 정치적 입장으로 인하여 상당히 다른 견해를 주장하였다.

Dumoulin은 정치적으로는 왕과 교회의 싸움에서 왕의 편에 섰으며, 학문적으로는 로마법을 프랑스의 보통관습법으로 대체하고 장기적으로 사법을 통일시킬 것을 주장하였다. 그리고 법의 충돌 문제에 있어서도 봉건법Lehnsrecht의 영향이 강한 지역관습법의 적용을 제한하는 쪽으로 기울었다. 특히 부부재산제와 관련하여 그는 재산(부동산)이 어디에 있던 부부의 최초의 주소지법이 적용되어야 한다고 주장하였고, 그 근거로 부부가 주소지법에 복종할 것을 (적어도 묵시적으로) 합의한 것으로 보아야 한다고 하였다. 그리하여 Dumoulin은 많은 사람들에 의해 (채권)계약에 적용될 법을 당사자가 선택할 수 있다는 이른바 당사자자치 원칙의 창시자로 평가되어 왔으나[8] 지금은 이를 부인하는 견해가 우세해지고 있다.[9] 당시 파리의 관습법에 따르면 부부간의 재산 관계에는 재산공동제가 적용되었다. 그런데 Dumoulin은 이 부부재산공동제를 조합계약으로 보았고 이 계약은 다른 지역에 있는 부동산에 대하여도 효력을 갖는 것으로 이해하였다.[10] 그리고 부부가 파리에 최초의 주소지를 둠으로써 묵시적으로 파리의 법에 따른 부부재산계약을 체결했다고 본 것이다. 즉 Dumoulin이 묵시적으로 합의되었다고 한 것은 저촉법적 준거법 선택이 아니라 사실은 파리 관습법의 내용에 따른 실질법적 계약인 것이다.[11] 이렇게 볼 때 부부재산제에는 부부의 최초 주소지법이 적용되어야 한다는 것이 Dumoulin의 생각의

---

8) Raape/Sturm, IPR, S. 407 참조.
9) Ferid, IPR, S. 48; Kegel, IPR, S. 136.
10) 즉 재산공동제에 관한 관습법은 인법으로서 다른 지역에 있는 부동산에도 적용되어야 하는 것으로 본 것이다.
11) von Bar, IPR, Band 1, S. 378 참조.

핵심이었고, 다만 이를 설명하기 위하여 당사자의 임의복종이라는 개념을 도입한 것으로 보려는 견해가[12] 설득력 있는 것으로 생각된다.

d'Argentré는 Dumoulin과는 반대로 정치적으로 교회의 편에 서 있는 봉건법 옹호자였다. 그리하여 지역 관습법의 적용범위를 확대하는 것이 왕권을 약화시키면서 지역 귀족의 영향력을 강화하는 데 도움이 된다고 생각한 d'Argentré는 법의 충돌문제와 관련하여서도 법의 속지성을 강조하는 이론을 구축하여 부동산이 소재하고 있는 지역의 관습법의 지배를 받는다lex rei sitae는 것을 저촉법의 기본 원칙으로 삼았다. 그리고 그의 공적의 하나로 평가되는 3분법의 완성도 이와 관련된 것은 물론이다. Baldus가 법규범을 사람에 관한 것, 물건에 관한 것 및 행위에 관한 것으로 나눈 이후 법규의 분류에 관하여 다양한 견해가 주장되었고 그 기준도 매우 불분명한 상태였다. 그러던 것을 d'Argentré는 사람에 추급하는 효력을 갖는 인법의 범위를 가능한 한 축소시킬 수 있는 새로운 기준에 따라 인법, 물법, 혼합법으로 정리하여 삼분법을 재구성한 것이다. 즉 그에 의하면 토지와 아무런 관련이 없는 권리나 신분적 지위, 능력에 관한 규범만이 인법으로 인정되고, 부동산과 관련이 되는 한 계약, 부부재산제, 상속, 유언 등에 관한 규정도 소재지법 원칙이 지배하는 물법으로 분류된다. 그리고 사람과 토지 모두에 관련된 행위에 관한 규범으로서 혼합법을 인정하였지만 그 예로 인지를 허락한 영주의 지배권을 벗어난 지역에 있는 부동산에 대하여는 (피인지자의)상속권이 인정되지 않는 경우의 인지에 관한 규정을 제시함으로써 결과적으로는 혼합법의 경우에도 소재지법 원칙에 따라야 한다고 주장하였다.

d'Argentré의 3분법은 그 후 법규분류학파에 속하는 거의 모든 사람들에 의하여 채용된 반면 부동산 소재지법의 적용 범위를 확장시키려는 시도는 프랑스에서도 성공을 거두지 못하였다. 다만 그의 속지주의적 경향은 후에 Paul Voet1619-1667, Ulich Huber1636-1694, Johanes Voet1647-1714 등 네덜란드학파에 큰 영향을 미쳤다.[13] 그런데 이 무렵에는 국가주권사상과 관련하여 국제사법이론에 있어 새로운

---

12) Gamillscheg, Der Einfluß Dumoulings auf die Entwicklung des Kollisionsrechts, Berlin · Tübingen, 1955, S. 115, 121 ff. 참조.

13) 이들은 공히 법의 충돌 문제에 있어서 속지주의를 절대적 원칙으로 삼았지만 법률행위의 방식에 관하여 Johanes Voet는 다른 두 사람과 달리 행위지법만을 고집하지 않고 부동산 소재지법 또는 표의자의 주소지법에 따를 수 있다고 하였다.

문제가 제기되었다. 종래 큰 저항감 없이 다른 나라의 법을 상호간에 인정하고 또 적용하게 했던 계기가 된 것은 종교적·법적 공통성의 기초가 되는 로마제국의 개념이었다. 하지만 국가주권사상이 성숙되면서 법의 충돌은, 이제는 더 이상 공통되는 법적 기초를 갖지 않는, 다른 힘(나라)과의 관계에서 자국법의 효력 범위를 한계지으는 문제로 인식되었고, 따라서 외국법을 적용하는 것은 자국의 주권을 제한하는 것으로 이해되었으며, 그 정당성을 설명해줄 새로운 이론적 근거가 필요하게 되었다. 이 문제에 관하여 Paul Voet는 최초로 자연법상의 예양comitas 개념을 도입하였고, Huber는 국제예양 개념을 매개로 법규분류학파와 주권사상을 결합시킨 국제사법이론 전개하여 다음의 세 가지 명제로 요약하였다.

ㄱ 한 나라의 법은 그 영토 내에서만 효력을 가지며 그 나라의 모든 신민을 구속한다.

ㄴ 한 나라의 영토 내에 있는 자는 모두 그 나라의 신민이다.

ㄷ 한 나라의 주권과 시민의 권리가 영향을 받지 않는 범위에서 통치자는 (상호주의에 입각한) 예양에 따라 다른 나라의 법률에 효력을 인정할 수 있다.

이러한 네덜란드학파의 국제예양 이론이 유럽대륙에서는 많은 추종자를 얻지 못하였지만, 영미법계(특히 미국)의 국제사법에 큰 영향을 미쳤다.

Ⅳ. 영미법계

로마법의 영향권 밖에 머물러 있던 영국에서는 오랜 기간에 걸친 판례의 집적을 통하여 이른바 Common Law라는 독자적인 법체계가 형성되었는데, 이것은 말 그대로 하나의 통일법이다. 따라서 내부적으로 법의 지역적 충돌이 크게 문제될 소지가 없었다. 그리고 당시 농경사회였던 섬나라 영국은 인적으로나 경제적으로나 다른 나라와의 교류가 많지 않았고 또 소는 청구권(당시의 개념에 따르면 소권)의 기초가 되는 사실이 발생한 곳에서 제기하는 것이 소송법상의 원칙으로 되어 있었기 때문에 영국 법원이 외국에서 발생한 사건에 대하여, 그것도 외국법을 적용하여 재판을 한다는 것은 받아들이기 어려운 생각이었다. 이처럼 내부적으로나 외부적으로나 저촉법이 발전할 수 있는 토대가 아직 마련되지 않은 상황에서 자연스럽게 '영국 법원은 영국에서 발생한 사건만을 재판하며 영국 법원에 관할권이 있으면 언제나 영국법을 적용한다'는 원칙이 확립되었고 이 원칙은 오랫동안 유지되었다. 즉 관할권 문제(소송법)와 법의 충돌 문제(저촉법)가 분화되지 않은 채 머물러 있었던 것이다. 그러나 내부적으로 스코틀랜드와의 관계에서 법의 충돌이 문제된 것을 시작으로 17세기에 들어 외국과의 교류가 증가하면서 법정지법주의가 완화되어 계약에 체결지법을 적용하는 등 점차 외국법을 적용하고 외국판결도 승인하게 되었다. 그리고 18세기 중엽 법정지법주의를 극복하는 과정에 있던 영국 실정에 잘 맞는 네덜란드학파의 사고방식이 네덜란드에서 공부한 스코틀랜드 법률가들에 의하여 소개되면서 국제예양론에 입각한 국제사법 이론이 발전하게 되었는데, 특히 Huber 의 영향이 컸다. 하지만 이로써 법의 충돌 문제를 소송법적으로 해결하는 접근방식이 완전히 포기되지는 않았고, 이혼, 친권, 입양, 부양 등 여러 분야에서는 지금도 영국의 관할권이 인정되면 영국법을 적용하고 있다.[14]

관할권을 기준으로 법의 충돌 문제를 해결하는 영국의 전통을 이어받은 미국에서 국제사법 이론이 본격적으로 논의되기 시작한 것은 Joseph Story1779-1845 이후라 할 수 있다.[15] 연방최고법원 판사이며 비교법학과 사법의 통일에 헌신한 학자로서 그는 미국과 영국은 물론 유럽대륙의 판례를 분석·정리하면서, 국가주권 사상에 기초한 Huber의 속지주의 원칙과 국제예양론에 충실한 국제사법 이론을 전개하였다. 그러나 그는 판례를 분석하는 데 있어 그 시대의 유럽대륙에서처럼 법규의 성질에 따라 분류한 것이 아니라 행위능력, 혼인, 이혼, 채권계약, 동산, 부동산 등으로 정리하였다. 이러한 분야별 접근방법은 기본적으로 오늘날의 국제사법과도 일치하는 것으로 법률관계의 성질을 출발점으로 하는 국제사법체계를 주창한 Savigny 에게도 영향을 주었다.

V. 법규분류학파의 극복과 Savigny 이후

법규분류학파의 특징을 한마디로 말한다면 법규의 성질을 출발점으로 삼고 있다는 것이다. 즉 모든 법규범에는 그 성질에 따른 고유한 지역적 적용 범위가 정해져 있다는 전제하에, 한 법규범의 성질을 밝힘으로써 법의 충돌 문제를 해결하고자

---

14) Dicey/Morris, Volume 1, p. 4 참조.
15) Scoles/Hay, Conflict, pp. 5-6 참조.

하는 것이다. 이처럼 법규의 성질로부터 그 적용 범위를 도출해 내려는 법규분류학파의 국제사법 체계에서는 저촉규범이 오늘날 우리가 말하는 실질규범에 내포되어 있는 것이고, 이에 대한 예외로서 장소는 행위의 방식을 지배한다는 원칙 정도가 있을 뿐이다. 그리고 이러한 생각은 계몽군주에 의한 사법의 법전화 과정에서[16] 채용됨으로써 그 절정기를 맞게 되었다.

따라서 여기서는 관련된 실질규범의 분류가 무엇보다도 중요한데, d'Argentré 이후 19세기 초까지 인법·물법·혼합법으로 나누는 것이 일반화되어 있었다. 하지만 하나의 실질규범을 삼분법의 세 범주 중 어느 하나로 배정하는 기준에 관하여는 다양한 견해가 주장되었다. 예컨대 법문의 구성형식을 기준으로 삼는 이가 있는가 하면[17] 형식보다는 내용과 목적을 중요시하는 견해가 있었고, 인법의 범위를 확대하려는 입장과 물법의 범위를 확대하려는 입장이 대립하기도 하였다. 그리하여 법규의 적용범위 결정은 매우 혼란한 상태에 있었고, 이러한 혼란은 결국 법규분류학파의 종말을 가져왔다.

법규분류학파의 국제사법체계를 전혀 새로운 개념의 국제사법체계로 대체하는 이론은 혼란이 특히 심하였던 독일로부터 나왔다. 먼저 Carl Georg von Wächter 1797-1880는 독일의 모든 법규분류학파의 주장을 철저하게 분석하면서, 첫째, 3분법만으로는 개별 사안을 충분히 고려하면서 법의 충돌 문제를 합리적으로 해결할 수 없고, 둘째, 분류기준이 불명확하며, 셋째, 3분법을 엄격히 적용하는 경우 부분적으로 자의적인 기준에 따라 해결할 수밖에 없는 충돌이 발생할 수 있다는 점을 들어 법규분류학파를 비판하였다. 그리고 판사가 어떤 나라의 법에 따라 사건을 판단하여야 하나라는 질문에 앞서 이 질문(어느 법이 재판의 기준이 되는가)에 대한 답을 어디로부터 구하여야 하는지가 먼저 문제된다고 하고, 이것은 당연히 법정지의 (성문법 또는 관습법상의) 국제사법이라고 하여, 법정지 국제사법에 의하여 어떤 나라의 법이 부름을 받기 전에는 그 자체로서 지역적 적용 범위가 문제되는 특정된 실질규범이 있을 수 없다는 것을 명확히 하였다.[18]

---

16) 1756년의 독일 바이에른 민법전, 1794년의 프로이센의 일반란트법, 1804년의 프랑스 민법전, 1811년의 오스트리아 민법전 등이 있다.

17) 예컨대 Baldus는 '장자가 유산을 상속한다'라고 되어 있으면 장자의 지위에 관한 규정으로 보아 인법으로 분류하고, '유산은 장자에게 귀속된다'라고 되어 있으면 이는 재산의 귀속을 정한 것으로 보아 물법으로 분류하여야 한다고 하였다.

　이처럼 Wächter가 법규분류학파에 치명적인 일격을 가하기는 하였지만, 스스로 새로운 구체적 대안을 제시하지는 못하였다. 그러다 그의 논문이 발표된 후 7년여가 지난 1849년 Friedrich Karl von Savigny1779-1861의 현대로마법체계 제8권의 출간과 더불어 법규분류학파는 완전히 극복되었고, 동시에 오늘날에도 유럽대륙과 우리나라를 비롯한 많은 다른 나라에서 국제사법의 근간이 되어 있는 새로운 국제사법 체계의 기초가 완성되었다.

　먼저 Savigny는 외국법 적용의 근거로서 네덜란드학파와 마찬가지로 국제예양을 들었다. 그러나 그가 말하는 국제예양은 단순한 관대함의 표현이라거나 언제든지 변동될 수 있는 자의적인 것이 아니라 상호 교류하는 국가의 국제법적 공동체 개념에서 도출되는 국제법상의 의무로 이해되어 있다.[19] 그에게 있어서 법의 충돌 문제의 해결이란 더 이상 서로 대립하는 주권국가 사이의 관계에서 자국법의 효력 범위를 제한하는 것이 아니고 따라서 주권의 한계를 설정한다는 관점도 큰 의미를 갖지 못하였다. 상호 교류하는 국가의 국제법적 공동체라는 관점에서 본 국제사법의 이상은 어느 나라에서 재판이 이루어지든 동일한 실질규범이 적용되도록 하는 것이었고, 이를 위해서는 외국의 법도 당연히 인정하고 적용하여야 한다는 것이다.

　그리고 Savigny는 모든 법규범에는 그 성질에 따른 지역적 적용 범위가 정해져 있음을 전제로 당해 사건에 어떤 법규범이 적용되기를 의욕하고 있는가를 묻는 법규분류학파의 사고방식을 배척하였다. 즉 더는 법규의 성질을 출발점으로 삼지 않은 것이다. 법규의 성질 대신에 그는 생활관계의 성질로부터 출발하여 당해 생활관계의 성질상 그 본거Sitz가 어디에 있다고 평가할 것인가를 묻고, 그 본거가 되는 곳의 법을 적용하여야 한다고 하였다. 즉 하나의 생활관계가 그 성질로부터 볼 때 가장 밀접하게 관련되어 있는 장소의 법을 적용하자는 것이다. 그리고 그는 권리능력 · 행위능력 등 인격과 관련된 문제 및 가족법상의 신분과 관련되는 문제의 본거지는 당사자의 주소지라 하였고, 물권 관계의 본거지로는 물건의 소재지를 들었으며, 채권법상의 의무에 관하여는 이행지를 본거지로 보았다.

---

18) von Bar, IPR, Band 1, S. 398 f. 참조.

19) Savigny가 상호 교류하는 국가의 국제법적 공동체라는 개념을 통해 외국법을 적용하는 것이 주권개념에 의하여 방해받는 것을 극복하려 한 것은 분명하지만, 과연 그가 국제사법을 국제법적으로 이론구성하여 외국법 적용의 의무까지 인정하려 한 것인지에 관하여는 다툼이 있다(Lorenz, Zur Struktur des internationalen Privatrechts, Berlin, 1977, S. 41 f. 참조).

제1편　제2편　제3편　제4편　에필로그

Savigny에 의해 법의 충돌 문제를 해결하기 위한 출발점이 법규범의 성질로부터 생활관계(법률관계)의 성질로 바뀜으로써 개개 법규범의 형식과 내용이 어떠한지 묻지 않고 개별 사안이 가장 밀접하게 관련되어 있는 곳의 법을 재판의 기준(준거법)으로 지정하는 현대적 국제사법 체계의 기초가 완성되었다. 그리고 그 후 얼마 안 되어 Mancini1817-1888는 민족적 단체로서의 국가를 강조하는 국제사법 이론을 제시하였다. 그는 민족적 단체로서의 국가만이 생명력 있는 단일체로서 국제법의 주체가 되고 또 개인 활동의 터전도 된다고 하여, 사인 간의 생활관계에 그가 속하는 국가(본국)의 법을 적용할 국제법상의 의무를 인정하였다. 그의 이러한 주장과 그를 뒤이은 이탈리아학파의 노력의 결과, 프랑스 민법전에서 처음 채용되었던 국적주의가 유럽대륙의 법전과 다수의 조약에서 종래의 주소지주의를 대신하여 채용되게 되었다. 그리고 이탈리아 학파의 또 하나의 공적은 사법 규범을 사적 이익에 봉사하는 것과 공적 이익에 봉사하는 것으로 나누어 전자에는 국적주의가 적용되지만 후자는 본래의 공법과 함께 한 나라의 공적 질서ordre public를 규율하는 것으로서 속지적 성질을 갖는다고 하여 공서 이론을 발전시킨 것이다.

Savigny와 Mancini의 국제주의적 접근은 프랑스의 Antoine Pillet1857-1926에게 영향을 미쳤다. 그러나 19세기 말 민족주의가 팽배한 가운데 각국에서 저촉규범을 포함한 법전화가 진행되면서 국제사법은 국내법이라는 이론이 급속히 확산하였고, 이후 한동안 국제법론과 국내법론이 대립하였다. 이러한 가운데 Ernst Rabel 1874-1955은 국제사법에 채용된 개념이 나라마다 다른 현실과 국제주의적 사고방식의 요청 사이를 이어주는 방법으로 비교법적 검토를 통하여 국제사법 자체의 입장에서 성질결정을 할 것을 주장하여 이른바 제3의 학파를 형성하였다.

Ⅵ. Savigny의 국제사법체계에 반대하는 흐름

1. 미국 국제사법이론의 독자적인 발전

1) 개 관

1834년 네덜란드학파의 사상을 계승한 Story가 국내외의 판례를 분석·정리하여 체계화한 국제사법 주석서를 발간한 이후 그의 국제사법 이론은 미국 국제사법 발전에 커다란 영향을 미쳤으며 19세기가 끝날 때까지 미국 법원에 의해 널리 채용되었다. 그리고 그에 의해 미국에 도입된 유럽대륙의 전통적인 국제사법 체계는, 비록 외국법 적용의 근거에 관한 Story의 국제예양론이 Beale의 기득권설에 의해 대치되고 이는 다시 Cook의 지역법이론에 의해 비판을 받는 등 중간에 큰 이론적인 변화를 겪기는 하였지만,[20] 1950년대까지 그 근간을 유지할 수 있었다.[21] 그러나 실용주의적 사고방식에 익숙한 미국의 학자들이[22] 전통적인 국제사법 체계를 배격하고 전혀 새로운 방법론을 주창하면서 미국에서는 국제사법학이 새로운 전기를 맞게 되었다.

전통적 국제사법 체계의 특징을 요약하면, ㉠ 각 나라의 실질사법의 규정 형식이나 내용이 어떠한지를 묻지 않고, ㉡ 문제된 생활관계의 성질을 기초로 하여, ㉢ 당해 생활관계와 가장 밀접한 관련이 있는 나라 내지는 지역을 찾아내어 그곳의 법을 준거법으로 지정한다는 것이다. 그리고 예컨대 '물권관계에는 (물건에 대한 지배 문제는 그 물건이 소재하고 있는 나라와 가장 밀접하게 관련되어 있으므로) 소재지법을 적용한다'는 식의 체계화된 개별적 법 선택 규범(국제사법 각론)을 마련해 놓고 있다. 따라서 이에 따르면 법의 충돌 문제는 공식화된 일정한 사고 과정을 거치기만 하면 자동적으로 해결된다.

그런데 20세기에 들어 사회구조가 급격히 변화하면서 소비자 보호, 약자 보호 등 새로운 사회적 쟁점이 제기되었고, 국가의 기능에 있어서도 개인 간의 관계에 국가가 직접 개입하여 사회적 정의를 실현해야 한다는 적극적인 면이 강조되었다. 그리하여 사법 영역에도 한 나라의 상황에 맞추어진 사회적·정책적 가치판단이 포함되어 있는 강행규범이 증가하는 등 많은 변화가 있었다. 그에 따라 각 나라의 사법의 체계가 기본적으로 대등한 것이며 따라서 상호 대체성을 갖는다는 전통적

---

20) Beale은 1934년의 1차 Restatement of Conflict of Laws의 보고자였는데 종래의 국제예양론을 비판하고 기득권설을 주장하였는바, 1차 리스테이트먼트는 그의 기득권이론을 바탕으로 하고 있다. 그러나 이 이론은 보다 속지주의에 철저한 Cook의 지역법설에 의해 다시 비판을 받았다. 이 두 가지 학설에 관하여는 다음의 외국법적용의 근거에 관한 이론 참조.

21) Scoles/Hay, Conflict, pp. 11-15, 32.

22) 미국에서 국제사법이 독자적인 발전을 하게 된 배경으로는 그들의 실용주의적 사고방식 외에도 미국이 이른바 불통일법국가로서 주마다 법의 내용이 다름으로 인하여 미국법과 다른 나라 법 사이의 충돌보다 각 주 법 간의 충돌이 먼저 문제되었고, 법원과 학자들이 실정법에 구애됨이 없이 구체적 타당성에 초점을 맞춘 이론을 자유롭게 전개할 수 있었다는 것도 들 수 있다(von Bar, IPR, Band 1, S. 424 이하 참조).

국제사법 체계의 이념적 전제의 타당성이 의문시되었다. 뿐만 아니라 경직되고 기계론적인, 특히 광범위한 외국법 적용의 가능성을 열어놓고 있는 전통적 저촉규범 역시 현실주의적이고 실용적인 사고방식을 가지고 있는 미국 법학자의 눈에는 시대에 뒤진 것으로 비추어졌다. 이러한 시대적 · 사상적 상황을 배경으로 하여, 특히 불법행위법과 계약법을 중심으로, 준거법을 결정하는 단계서부터 구체적 타당성을 고려하여 준거법을 선택하는 새로운 접근방법이 구축되어야 한다는 생각에서 공통점을 가지고 있는, 가히 혁명적이라 할 수 있는 여러 이론이 미국에서 주장되었다.

2) 비교우선원칙론(principles of preference)

이 이론을 주창한 David F. Cavers1902-1988는 처음에는 전통적 국제사법의 준거법선택 방식이 (직접 재판의 기준이 되는) 법규범의 선택rules-selecting이 아니라 단지 특정 지역 내지 나라(즉 법역)의 선택jurisdiction-selecting에 지나지 않음을 비판하였다. 그리고 정당한 재판이라는 본래의 목표에 도달할 수 있기 위해서는 ㉠ 사건의 사실관계를 면밀하게 분석하고, ㉡ 관련된 주(나라)의[23] 법규범을 그 적용의 결과에 주목하면서 비교하며, ㉢ 사건 당사자의 이익 및 사회 정책적 관점을 고려할 때 그 결과가 정당한지를 평가함으로써 준거법을 선택하여야 한다고 하여[24] 구체적 타당성Einzelfallgerechtigkeit에 초점을 맞춘 실질법적 정의를 법 선택의 기준으로 삼을 것을 주장하였다.[25] 그러나 그 후 그는 한 걸음 후퇴하여 여러 주(나라)의 법이 충돌하는 경우 법원은 특별히 설정된 주제(국제)적 목표에 일치하거나 아니면 상이한 규범목적을 합리적으로 조정하는 일반적 기준을 제공해 주는(어떠한 경우 어느 주의 법이 다른 주의 법에 우선하여 적용되는가를 말해주는) 우선의 원칙을 발견하여야 하고,[26] 일반화가 불가능한 사건에서는 상대적으로 좋은 결과로 이끄는 법을 적용하여야 한다고 하였다.[27] Cavers의 수정된 접근방법은, 애초의 철저한 개별 사례별

---

23) 원래 이 이론은 미국 각 주의 불법행위법과 계약법의 충돌문제를 해결하기 위해 제안된 것이었다.
24) Cavers, A Critique of the Choice-of-Law Problem, Hav. L. Rev. 47 (1933/34), pp. 173-208.
25) 요컨대 가장 좋은 결과를 가져오는 법을 적용해야 한다는 것이다. 이로 인하여 그가 가장 좋은 법을 적용할 것을 주장한 것으로 이해되기도 하였다(Raape/Sturm, IPR, S. 9 참조).
26) 그 예로서 그는 불법행위법 및 계약법에 대한 일곱 가지의 매우 상세한 원칙을 제안하였다. 그 하나를 요약하면 무능력, 부주의, 무지, 교섭력의 열세 등으로 인한 불리한 계약으로부터 약자를 보호하기 위하여 계약자유를 제한하거나 재산의 이전을 제한하는 법을 한 나라가 두고 있는 경우, 그 법은 보호의 대상인 자가 그 나라에 살고 있으며 보호대상인 재산이 그 나라에 있는 경우에 적용되어야 한다고 하였다.

문제해결 방식에서 다소 후퇴하여, '실질법규범의 해석을 통하여 그 적용 범위를 발견'하는 하나의 일반원칙을 찾아야 한다는 것으로 요약될 수 있을 것이다.[28]

3) 국가이익분석론(Governmental Interest Analysis)

이 이론의 핵심은 모든 법은 일정한 목적 내지 정책policy를 가지고 있는바, 한 사건에 있어서 어떤 주(나라)가 자기의 정책을 관철하는 데 대하여 정당한 이익을 가지고 있는가를 기준으로 준거법을 결정하여야 한다는 것으로, Brainerd Currie 1912-1965에 의하여 주장되었다.[29] 그는 ㉠ 사안과 관련된 주(나라)가 어떤 법을 통하여 이루고자 하는 목적governmental policy을 조사하고, ㉡ 그 주(나라)가 당해 사건에 있어서 그 목적을 관철하는 데 대하여 어떤 합리적인 공공의 이익governmental interest를 가지고 있는가를 살펴야 한다고 하였다. 그 결과 어느 한 주(나라)만이 정당한 이익을 가지고 있는 것으로 드러날 때에는(이른바 부진정한 법의 충돌false conflict)[30] 그 주(나라)의 법을 적용한다. 그러나 만약 법정지와 다른 주(나라)가 공히 자국법의 적용에 이익을 가지고 있으면 법정지법이 우선하며, 법정지 외의 주(나라) 사이에만 이익이 충돌하거나 어느 주(나라)도 자국법의 적용에 대하여 이익을 가지지 않는 때에도 법정지법이 적용된다고 한다.[31] 이러한 Currie의 주장은 신이론 중에서도

---

27) Cavers, The Choice-of-Law Process, 1965, p. 63, 86.
28) Kegel, IPR, S. 161 참조.
29) Currie, Selected Essays on the Conflict of Laws, 1963, pp. 178, 183-185.
30) 이러한 경우에 대하여 그는 관련된 주(나라)의 법의 내용이 다르더라도 주(나라) 간에 정책 내지 이익 상의 충돌이 없으므로 진정으로 법의 충돌이 문제되는 것이 아니라고 한다.
31) Currie의 국가이익분석론을 평가함에 있어 그의 최대의 공적은 바로 이른바 부진정한 법의 충돌을 발견한 것이라고 한다(신창선, 국제사법, 75면; 溜池良夫, 국제사법강의, 54면; Scoles/Hay, Conflict, p. 17: 단 Scoles/Hay의 저서에서는 법의 내용이 동일한 경우도 부진정한 법의 충돌에 포함시키고 있다). 왜냐하면 종래에는 관련된 나라의 법의 내용이 다른 때에는 언제나 법의 저촉이 발생하여 국제사법적 문제가 제기된다고 한 것에 비하여 Currie의 이론에 따르면 오직 진정한 법의 충돌(true conflict)의 경우를 해결하는 것으로 국제사법학의 관심이 옮겨지게 되었기 때문이라고 한다. 그러나 이러한 이해에는 문제가 있다. Kegel이 지적하고 있는 바와 같이(Vaterhaus und Traumhaus, FS. für Beitzke, 1979, S. 568 f.) 부진정한 법의 충돌의 개념 자체에 대하여 견해가 대립하고 있다. 그리고 Currie와 같이 부진정한 법의 충돌을 법의 내용이 다르더라도 국가 간의 법적용에 관한 이익의 충돌이 없는 경우로 이해한다면(Cavers도 같다), 보는 관점에 따라서는, 그가 말하는 부진정한 법의 충돌의 경우에도 국제사법적 문제가 전혀 해소되지 않는다. 왜냐하면 국제사법의 목표는 궁극적으로는 (국가이익이 아니라) 사적 이익의 공평한 조절에 있는데, 당사자이익의 관점에서 보면 실질법의 내용이 다른 한 주(나라) 간에 정책 내지 이익의 충돌이 없더라도 어느 법이 적용되는가는 여전히 중요한 문제일 수밖에 없기 때문이다. 오히려 Currie의 이론은 목적과 기능에 있어서 국제사법과 섭외공법을 혼동한 것이라는 비판을 면하기 어려울 것이다.

가장 급진적이라 할 수 있으며, 그리하여 비판도 가장 많이 받았다.[32]

4) 보다 좋은 법의 원칙(better law approach)

이 이론은 Robert A. Leflar에 의해 주장되었다.[33] 그는 전통적 저촉규범, 특히 성질결정 등 총론적 원리들이 진실로 중요한 문제를 숨기는 트릭에 불과할 뿐이라고 비판하고, 법의 충돌 문제는 구체적 사건에 있어서 무엇이 정당한 결과인가라는 관점에서 진정으로 중요한 정책적 고려사항을 종합적으로 형량하여 개별 사안별로 case-by-case 해결할 수밖에 없다고 보았다. 그리고 그는 준거법 선택에 영향을 미치는 중요한 고려사항으로서 ㉠ 결과의 예견가능성, ㉡ 주제적·국제적 질서의 유지, ㉢ 법관 업무의 단순화, ㉣ 법정지의 국가적 이익의 증진과 함께 ㉤ 보다 더 좋은 법의 적용 등 다섯 가지를 제시하였다. 그리고 한 법규범이 사회·경제법학적 기준에서 볼 때 다른 것에 비해 우수하다는 것이 결코 준거법으로 선택되어야 할 이유의 전부라고는 할 수는 없지만 중요한 고려사항의 하나인 것에는 의문의 여지가 없다고 강조하였다. 그에 따르면 국제사법은, 이제는 더 이상 규범적 성질을 갖지 않는, 하나의 법 발견의 방법Methode der Rechtsfindung으로 변질된다.[34]

5) 법정지법이론(lex fori theory)

이 이론은 유럽의 사상과 미국의 현실주의 양자로부터 영향을 받은 Albert A. Ehrenzweig1906-1974가[35] 주장하였고, 그 출발점은 각 주(나라)의 법보다 상위에 있는 저촉규범superlaw은 없으며, (전통적 이론에서 생각하고 있는) 이른바 쌍방적 저촉규정도 현실적으로 존재하지 않는다는 생각이다.[36] 이처럼 Superlaw의 존재를 부

---

32) Vgl. Kegel, IPR, S. 161, 162.
33) Choice-Influencing Considerations in Conflicts Law, N.Y.U. L. Rev. 41, 1966, pp. 267, 282-304; Conflicts Law: More on Choice-Influencing Considerations, Cal. L. Rev. 54, 1966, pp. 1584-1585; American Conflicts Law, 4th ed., McDougal & Felix, 1986, pp. 277-279, 290-303.
34) Sonnenberger, MK, 7권, 2판, Rn. 23 zu Einleitung.
35) Ehrenzweig, Private, pp. 75-112.
36) 그러나 다음에 살펴보는 바와 같이 그는 (최소한 그의 완성된 형태의 이론구성에서는) 외국법이 우선적으로 적용될 가능성을 전제로 하고 있으므로 이를 간단히 '법정지법주의'로 평가하는 것은 가혹한 것이며, 앞에 소개된 이론들이 하나의 새로운 접근방법을 세우고자 한 것에 비하여 그는 진정한 국제사법이론을 제시한 것이라 할 수 있다(Ferid, IPR, S. 54; Scles/Hay, Conflict, p. 20).

인하는 경우 국제사법의 법원(法源)은 각 주(나라)의 법이라는 것이 논리적 귀결이
다. 즉 섭외적 사건의 준거법은 법정지의 저촉규범에 의해 정해지는 것이다. 여기
까지는 Ehrenzweig의 이론도 전통적인 이론과 크게 다를 것이 없다. 다만 미국이
불문법 국가인 것을 고려하여 ㉠ 법정지법이 적용되는가 아니면 어떤 외국법이 적
용되는가는 법정지의 진정한 저촉규범true rules, 즉 제정법 또는 판례에서 명시적으
로 정해진 규범formulated rules 또는 판례의 해석을 통하여 얻어지는 규범unformulated
rules이 있으면 이에 따라 결정되어야 한다는 것을 법 선택choice of law의 제일 원칙이
라고 설명하였다. 문제는 진정한 저촉규범이 없을 경우인데,[37] 이러한 경우 법의
선택은 ㉡ 일차적으로 법정지 실질법의 바탕에 놓여 있는 정책에 따라 결정되어야
한다고 한다. 즉 법정지 실질법의 해석을 통하여 법정지법이 적용되는가 아니면 외
국법이 적용되는가 선택하게 된다. 그런데 쌍방적 저촉규범은 사실상 불가능하므로
이 경우의 해석의 목적은 법정지 실질법의 적용이 배제될 수 있는지를 판단하는
데 있다. ㉢ 그리고 만약 해석의 결과 어떤 결론에 도달하지 못하면(법정지법 또는
외국법이 적용되어야 한다는 결론에 도달하지 못하면) 법정지의 실질법이 보충적으로
적용된다residuary law.

　Ehrenzweig의 이론에 있어서 두 번째 단계mandatory rule와 세 번째 단계는 사실
상 구분하기 어려우며, 법정지 실질법이 그 적용배제의 가능성을 명시적으로 밝혀
놓는self-limitation 경우는 거의 없으므로 결과적으로는 대부분의 경우 법정지 실질법
이 적용될 것이다. 그러나 이 경우에도 외국법이 하나의 사실local data로서는 고려될
수 있다고 한다. 그리고, 자기 이론에 따를 경우 재판관할과 준거법이 일치되지 않
으면 예견가능성과 구체적 타당성이 보장되기 어렵다는 점을 고려하여,[38] 보통법상
의 부적절한 법정지 이론forum non convenience을 원용하여 자의적인 법정지 사냥forum
shopping을 (통한 준거법 선택을) 방지할 것을 주장하였다. 즉 당해 사건에 자기 주(나
라)의 법을 적용하여 재판하는 것이 적절한 주(나라)만이 재판관할을 갖도록 하자
는 것이다. 바꾸어 말하여 자국법을 해석한 결과 외국법을 적용해야 하는 때에는
forum non convenience에 해당하여 재판을 할 수 없다는 것이다.[39]

---

37) 미국은 이러한 경우가 많다.
38) Scoles/Hay, Conflict, p. 22 참조.
39) Ehrenzweig, Wirklichkeiten einer "Lex-Fori-Theorie", FS für Wengler, Bd. II, 1973, S.
　　251-268.

2. 영향과 평가

1) 미 국

앞에 소개된 이론은 모두 준거법 결정에 관해 보다 나은 접근방법approach을 발견함으로써 전통적 국제사법 체계, 즉 1차 리스테이트먼트restatement의 저촉규법rule과 결별하려는 시도 속에서 나온 것이다. 그리고 Currie의 국가이익분석론을 제외하면 지나친 경직성도 지나친 유연성도 모두 배제하고 실질법의 내용과 목적을 분석하여 외국법이 적용되어야 할 적절한 경우를 정하기 위한 공식을 발견하려 했다는 점에서 공통점을 갖는다.[40]

이러한 신 이론의 접근방식은 법원에도 많은 영향을 미쳤는데, 1차 리스테이트먼트의 규칙을 배척한 선구자는 Babcock v. Jackson 사건에 대한 1963년의 뉴욕 주 최고법원의 판결이라고 평가된다.[41] 이 판결에서 법원은 '사고발생지를 제외하고는 모든 점에서 뉴욕 주와 관련되어 있는 이 사건에 대한 온타리오 주의 이익은 아주 적으며, 온타리오 주의 책임제한법의 목적이 운전자와 승객이 담합하여 보험금을 청구하는 사기를 방지하려는 것에 있는 바 이 법은 온타리오 주 밖에 있는 당사자 및 보험회사에 대하여는 관심을 가지고 있지 않다'고 하여 당시의 전통적 국제사법이론 및 1차 리스테이트먼트에서 채용하고 있던 불법행위지(온타리오 주)법을 배척하고 뉴욕 주의 법을 적용하였다. 그리고 그 후, 물론 여전히 1차 리스테이트먼트를 따르고 있는 주가 남아있기는 하지만, 불법행위법과 계약법 분야에서는 새로운 접근방법 중의 하나를 채용하거나 또는 복합적으로 채용하는 예가 많이 나타났다.[42]

또한 새로운 이론에서 주장된 법의 목적과 내용 및 이익의 분석이라는 접근방

---

40) Scoles/Hay, Conflict, pp. 33-34.
41) Court of Appeals of New York, 1963 12N.Y.201, 473, 191 N.E. 2d 279.
　　사안은 뉴욕 주에 사는 Jackson 부부와 Babcock이 자동차로 여행을 하던 중 캐나다의 온타리오 주에서 Jackson의 과실로 인해 교통사고가 발생하였고, 이때 부상을 입은 Babcock이 뉴욕 주에서 불법행위를 이유로 손해배상청구의 소를 제기한 사건이다. 쟁점은 온타리오 주의 법에 의하면 호의동승의 경우 일체의 책임이 면제되는 데 대하여 뉴욕 주의 법에는 이러한 책임제한이 없는바, 과연 어느 법에 따라야 하는 가라는 것이었다.
42) 자세한 것은 Scoles/Hay, Conflict, pp. 569-611(불법행위), 691-697(계약) 참조. 특히 뉴욕 주 법원의 불법행위의 준거법에 관한 판례의 변천에 관하여는 pp. 612-625 참조.

법은 1971년에 미국법률협회American Law Institute에 의해 채택된 2차 리스테이트먼트 restatement에서 제시하고 있는 세 가지 기본요소의 하나인 정책적 원칙에도 반영되었다.

2차 리스테이트먼트는 대륙법계의 국제사법처럼 명백한 저촉규범rule를 제시하고 있는 것이 아니라 그 당시의 여러 가지 학설을 참조하여 절충한 준거법 선택의 지침만을 제시하고 있다.[43] 그리고 이 지침은 ㉠ 정책적 원칙(§ 6), ㉡ 가장 중요한 관련성the most significant relationship, ㉢ 연결요소connecting factors라는 세 가지 요소를 축으로 하고 있다. 예컨대 불법행위로 인한 권리와 의무는 사건의 쟁점과[44] 가장 관계가 큰 나라의 법에 따라 결정되는데(§ 145 (1)), 쟁점에 적용될 법(결국 쟁점과 가장 깊이 관련된 나라)을 결정하기 위해 § 6 (2)의 정책적 원칙을 적용함에 있어서는 침해가 발생한 장소, 침해의 원인이 된 행위가 이루어진 장소, 당사자의 주소나 거소 등 § 145 (2)에서 제시하고 있는 불법행위에 있어서의 개별적 연결요소를 참작하여야 한다. 요컨대 개별적 연결요소를 고려하여 정책적 일반원칙을 적용할 때 쟁점과 가장 중요하게 관련되어 있다고 판단되는 나라의 법이 적용되어야 한다는 것이다. 그리고 § 6 (2)에서는 준거법의 결정에 있어 정책적 원칙으로서 고려되어야 할 사항으로 ㉠ 주제적 및 국제적 질서의 필요성, ㉡ 법정지의 관련 정책, ㉢ 다른 관련 국가의 관련 정책 및 쟁점의 판단에 대한 이익, ㉣ 정당한 기대의 보호, ㉤ 특정 법 분야의 바탕에 놓여 있는 기본 정책, ㉥ 결과의 확실성, 예견가능성 및 통일성, ㉦ 준거법의 결정 및 적용에 있어서의 용이성을 들고 있다.

이처럼 새로운 이론이 미국의 국제사법에 큰 영향을 미친 것이 사실이지만, 새로운 접근방식에 수반되는 문제점으로 인하여 처음부터 많은 비판에 부딪혔다.[45] 국가이익분석론과 법정지법이론은 뉴욕 주 법원의 예에서 볼 수 있는 것처럼 법정지법 경향homeward trend을 제도화하여 국제적 접촉이 증가하고 있는 시대를 맞이하여 법정지 사냥을 통한 법선택이라는 결과를 초래했다는 비판을 받고 있다. 그리고 다양한 형태의 형량적 접근방법weighing approach에 있어서는 공통적으로 법원에게 사

---

43) Scoles/Hay, Conflict, pp. 33-34.
44) 2차 리스테이트먼트의 접근방법은 계약이면 계약, 불법행위면 불법행위 전체를 지배할 어느 법을 선택하는 것이 아니라 그 사건에 있어서의 쟁점에 관계되는 법을 선택하는 것이다(Scoles/Hay, Conflict, p. 35).
45) Scoles/Hay, Conflict, pp. 32-33, 38-40; Collier, Conflict, pp. 385-386 참조.

실상 해결할 수 없는 부담을 지우는 것이라는 비판이 있으며, 이와 함께 better-law-approach는 또 다른 형태의 법정지법주의라는 지적도 받고 있다. 나아가 전체적으로 볼 때 구체적 타당성만이 지나치게 강조됨으로써 국제사법의 또 다른 목표, 즉 법체계로서의 저촉규범의 통일성과 안정성이 희생되고 있다고 한다. 그리하여 학자에 비해 보수적이고 실험정신이 부족한 법원으로서는 여전히 1차 리스테이트먼트의 규칙을 따르는 예가 적지 않다. 뿐만 아니라 학계에서도 당분간은 여러 가지 접근방법이 공존하겠지만 장래의 목표는 어디까지나 잘 정제된 규범principled rules의 발전에 있다는 주장이 힘을 얻고 있다.[46] 즉 혁명적 접근방법이나 절충적인 2차 리스테이트먼트로는 법의 충돌 문제를 완전히 해결할 수 없으므로 사안별 판단에 그치는 것이 아니라 선결례로서의 가치를 가질 수 있는 판단의 기초를 제공해 주는(따라서 예견가능성이 확보되는) 저촉규범으로 나가야 한다는 것이다.

2) 유 럽

미국에서 나타난 새로운 조류는 유럽의 학자에게도 많은 영향을 미쳤다. 예컨대 Friedrich K. Juenger와[47] Von Konrad Zweigert는[48] 종래의 기계적인 준거법 결정방법을 비판하고 실질법적 정의를 강조하면서 better-law-approach를 도입할 것을 주장하였다. 그리고 Erik Jayme[49]는 Ehrenzweig의 법정지법론 및 local-data-theory의 도입을 제안하였고, Christian Joerges[50]는 국가이익분석론을 옹호하였다. 그 밖에 사법(私法)과 국가의 기능이 변화하면서 공법과 사법, 국가와 사회의 구분은 허물어졌으며, 이에 따라 전통적 국제사법 체계의 이념적 기초인 각국 사법체계의 등가성과 국제사법의 비정치성 및 가치중립성도 더 이상 유지될 수 없으므로 준거법 선택에 있어서도 공동체의 이익을 함께 고려해야 한다고 하는 등 국제사법의 정치화를 주장한 Rudolf Wiethölter,[51] Heinrich Kronstein,[52] Ekard

---

46) Scoles/Hay, Conflict, pp. 41-44.
47) Möglichkeiten einer Neuorientierung des IPR, NJW 1973, S. 1521ff; Zum Wandel des Internationalen Privatrechts, 1974, S. 35 ff..
48) Zur Armut des Internationalen Privatrechts an Sozialen Werten, RabelsZ 1974, S. 435 ff..
49) Ausländische Rechtsregeln und Tatbestand inländischer Sachnorm, GS für Ehrenzweig, 1976, S. 35 ff..
50) Zum Funktionswandel des Kollisionsrechts, 1971, S. 156 ff..
51) Vorschläge und Gutachten zur Reform des deutschen Internationalen Erbrechts, 1969, S. 142; Begriffs- und Interessenjurisprudenz, FS für Kegel, 1977, S. 213 ff..

Rehbinder[53] 등 이른바 정치화학파Politisierungsschule[54]에 속하는 견해도, 정확히 미국의 어느 이론을 따른다고 할 수는 없지만, 미국의 새로운 이론에 영향을 받은 것으로 평가된다.

그러나 유럽에서 정치화학파의 주장은 미국의 새로운 접근방법과 함께 국제사법이론의 발전사 속에서 일시적으로 한 장을 장식했던 시도 중의 하나로 평가되고 있고,[55] 이러한 평가가 나오게 된 결정적 계기로는 두 가지를 생각할 수 있다. 첫째, 유럽공동체의 계약적 채권관계에 적용될 법에 관한 로마협약1980이 구체적 사안의 특성을 참작하여 연결점(가장 밀접한 관련이 있는 나라)을 찾도록 하고, 소비자계약, 근로계약에 관한 특칙 및 이른바 간섭규정의 적용에 관한 규정을 두는 등 종래의 경직된 준거법 결정 원칙과는 많은 차이가 있으면서도 기본적인 접근방법에 있어서는 전통적 국제사법 체계를 따르고 있다는 것이다. 둘째, 비교적 최근에 이루어진 국제사법 입법 내지 개정에[56] 있어서도 연결점이 다양화되고 법원의 판단에 따른 예외적 연결 가능성을 인정하는 등 많은 변모는 있었지만 미국의 새로운 접근방식이 채용되지 않았다는 것이다. 특히 독일의 경우에는 정부의 국제사법 개정에 관한 이유서에서[57] ㉠ 미국 법원이 채용한 새로운 이론, 특히 국가이익분석론과 보다 나은 법 이론이 실무상 안정적으로 정착되지 못했고, ㉡ 유럽과는 다른 미국식 전통에 기초한 새로운 접근방법이 독일법의 개정에 있어서도 기초로 삼을 수 있을 만한 체계적으로 완성된 대안을 제시하지 못하였으며, ㉢ 국제사법의 개정에 있어서도 다양한 생활관계를 안정적으로 규율하는 것이 고려되어야 할 것인바, 개별 사안에 있어서의 이해관계의 조절(구체적 타당성)만을 강조하는 법규정을 만드는 것은 법적용의 예견가능성과 일관성에 대한 당사자의 이익을 저해한다는 이유에서 새로운 방법론의 도입을 명시적으로 거부하였다.

많은 학자들도 주 사이의 법의 충돌이 우선 문제가 되는 미국과 달리 한 나라의 법원이 관련된 여러 외국의 법의 목적과 이익을 비교하고 형량하여 공정한 결

---

52) Recht und Wirtschaftliche Macht, 1962, S. 313.
53) Zur Poltisierung des Internationalen Privatrechts, JZ 1973, S. 151 ff..
54) Ferid, IPR, S. 56 이하 참조.
55) von Bar, IPR, S. 424 참조.
56) 1978년의 오스트리아 국제사법 제정, 1986년의 독일 국제사법 개정과 1987년의 스위스 국제사법의 새로운 제정을 들 수 있다.
57) Deutshcer Bundestag Drucksache 10/504 (1983), S. 25 f..

제1편 제2편 제3편 제4편 예선

과를 도출해 낸다는 것이 실무상 불가능하여 결국에는 법정지법을 적용하게 될 것이라는 점, 국제사법의 목표는 사적 이익의 증진에 있지 국가이익의 증진이 아니라는 점, 예견가능성이 저해된다는 점을 들어 신이론을 비판하고, 전통적 이론체계가 이를 완전히 포기해야 할 만한 결함을 가진 것이 아니므로 현재 필요한 것은 부족한 점을 보충하여 발전시키는 것이라고 주장하고 있다.[58]

3) 결 론

현재 전통적인 국제사법 체계와 미국의 새로운 접근방법 사이에는 큰 차이가 있다. 그리고 이러한 차이의 근본 원인은 전통적 이론에서 기본으로 삼고 있는 쌍방적 저촉규정에 의하여 촉발된, 국제사법은 법체계 위의 법이라는 관념, 외국법을 적용하는 근거, 실질법과 저촉법 사이의 구별 등의 문제에 있어서 현저한 이해의 차이가 있다는 데 있다.[59] 그러나 다음과 같은 이유에서 기본적으로 전통적인 이론이 타당한 것으로 생각된다.

국제사법이 추구하는 바는, 법정지 실질사법과 마찬가지로, 궁극적으로 개인 간의 이해관계를 공평하게 조절하는 것이다. 따라서 국제사법이 국내법이라는 입장에서 보면 만약 법정지 실질법을 적용하여 이해관계의 공평한 조절이라는 목표가 달성될 수 있다면 외국법의 적용은 문제되지도 않을 것이다.[60] 그러나 한 나라에서 다양한 모습의 섭외적 사건까지 모두 규율할 수 있는 실질법체계를 구축하는 것이 현실적으로 불가능하기 때문에 일정한 경우에는 불가피하게 외국법을 적용하는 것이다. 따라서 비록 법정지 법원으로 하여금 관련된 여러 나라 중 한 나라의 법을 적용토록 국제사법에서 규정한다 하더라도 여기에 각 나라의 입법권(주권)의 범위에 한계를 설정한다는 의도는 없으며 그렇게 할 수도 없는 것이다. 요컨대 쌍방적 저촉규정이 법 위의 법이라는 개념 내지는 국가주권과 필연적으로 결부된다는 생각은 기본적으로 타당치 않다.

---

58) Collier, Conflict, pp. 385-386; Lorenz, 앞의 책, S. 52 이하, 87 이하, 106 이하. Kegel, IPR, S. 161 ff.; Kegel, Vaterhaus, S. 559 f.; Neuhaus, Neue Wege im Europäischen Internationalen Privatrecht?, RabelsZ 1971, S. 401 이하; Schurig, Kollisionsnorm und Sachrecht, 1981, S. 51 이하, 136-137, 166 이하, 270 이하; Krppholler, IPR, S. 76; Frisching/von Hoffmann, IPR, S. 58; von Bar, IPR, Bd. I, S. 432 이하.

59) von Bar, IPR, S. 434 참조.

60) 이는 물론 현재의 지배적 견해인 국제사법 국내법설의 입장에서 본 것이다.

그리고 국제사법을 이렇게 이해할 때 국제사법과 실질법은 각기 특유한 수단을 적용하기는 하지만 동일한 목표를 추구하는 것이다. 즉 국가가 아니라 개인 간의 이익을 공평하게 조절하는 데 있어 각기 다른 수단을 적용하면서 역할분담을 하는 것이다. 따라서 국제사법도, 실질사법과 마찬가지로, 법적용에 관한 국가의 이익이 아니라 생활관계의 특성, 당사자의 욕구 및 정당한 기대에 초점을 맞추어야 하는 것은 당연하다. 이러한 시각에서 보면 국가와 사회의 분리, 공법과 사법의 구별은 포기되어야 할 것이 아니라 오히려 더욱 유지되어야 할 사항이다.[61] 왜냐하면 이러한 구분을 전제로 할 때 비로소 개인에 의한 국경을 넘는 거래를 규율하는 문제에 있어 국가주권의 관념이나 국가의 법적용상의 이익 등에 장애를 받지 않고 접근할 수 있기 때문이다. 다시 말하여 국가주권의 관점에서 볼 때 한 나라의 법원이 외국의 사법을 적용하는 것이 법정지의 사법을 적용하는 것과 근본적으로 아무런 차이가 없다는 것을 인정할 수 있는 것이다. 만약 이를 부인한다면 당사자의 욕구 및 정당한 기대를 중심으로 한 저촉법적 고려는 처음부터 불가능하게 되고, 자국법 우월사상 내지 자국의 이익보호에 치우쳐 모든 경우에 법정지법을 적용하게 되는 결과가 될 것이다.

또한 한 국가의 특정한 법정책적 이익에 초점을 맞추어 개인의 법률관계도 규율하는 법(소위 간섭규정 내지는 국제적 강행규정)이[62] 국가기능의 변화와 함께 증가하고 있으므로 쌍방적 저촉규정을 기본으로 하는 전통적 국제사법 체계를 포기해야 한다는 주장 역시 설득력이 없다.[63] 물론, 이미 Savigny도 지적하였듯이, 이른바 간섭규정은 대체성이 없고 따라서 법의 목적과 내용을 묻지 않고 그 적용 범위를 정한다는 것은 불가능하다. 즉 법률관계의 성질이 아니라 문제의 규정 자체를 출발점으로 하여 그 적용 범위를 논하는 것이 합리적인 것이 사실이다.[64] 그러나 이러한 법이 증가한다고 하여 국제사법의 궁극적 목표까지 사적 이익의 조절로부터 국가이익의 조절로 변화되는 것은 아니다. 그리고 국제사법 차원에서의 사적 이익의 조절은 법률관계의 성질로부터 출발하여 준거법을 결정할 때 가장 원만히 달

---

61) 동지 Von Bar, IPR, S. 437-438.
62) 국가 · 사회 · 경제에 있어서의 정책적 질서구조의 추구라는 공적 이익을 위하여 제정된 이른바 사회법 및 경제법으로 분류되는 분야가 여기에 해당한다.
63) Kropholler, IPR, S. 18 참조.
64) Kropholler, IPR, S. 17; Neuhaus, IPR, S. 32-33; Sonnenberger, MK, 7권, 2판, Rn. 30 zu Einleitung.

성될 수 있다(국제사법상 이익론 참조). 따라서 간섭규정의 존재가 국제사법에서 갖는 의미는, 법률관계의 성질을 출발점으로 하는 기본적인 준거법과는 별도로, 당해 법률관계에 영향을 미치는 간섭규정도 고려하여야 할 필요가 있다는 정도일 뿐이고, 전체적으로 전통적 국제사법 체계를 포기해야 할 이유까지는 되지 않는 것이다.

Ⅶ. 외국법 적용의 근거에 관한 이론

국제사법은 사안이 가지고 있는 다른 나라와의 관련성에도 불구하고 언제나 법정지의 법만을 적용하는 것은 불합리하다는 생각에 기초하여 탄생하였다.[65] 그런데 연혁적으로 볼 때 외국법을 적용하는 것에 대하여는 많은 의문이 제기되었으며 법이론적으로도 그렇게 당연한 것만은 아니다.[66] 법규범은 일정한 가치판단을 포함하고 있고 그 가치판단은 국가에 의한 주권행사의 한 형태로 내려진다는 점, 법 효력의 체계적 구조 등을 생각하면 오히려 한 나라의 법원은 자국법만을 적용하여야 한다는 주장이 있을 수도 있고,[67] 실제로 공법 및 절차법에 관하여는 이것이 원칙으로 되어 있다. 이렇게 보면 실질사법에 관해서만 예외가 인정되는 것인데 그러면 외국법의 적용을 인정하는 근거는 무엇인가 하는 의문이 제기되는 것이다.

이 문제는 국제사법의 규범적 기초에 관한 것으로서 그 자체만으로도 의미가 크고 오래전부터 논의되어 왔지만, 새로운 이론의 도전과 국가기능 및 사회의 변화에 대응하여 전통적 국제사법의 규범적·방법론적 기초를 재정립하는 것과 관련하여 새삼 관심을 끌고 있다.[68]

---

65) Dicey/Morris, Volume 1, p. 5 참조.
66) Collier, Conflict, pp. 377-378.
67) 그러나 순수 국내사건에 법정지법이 적용되는 것조차도 당연히 그러한 것이 아니라 '순수 국내사건에는 법정지법이 준거법이 된다'는 (숨어있는) 국제사법상의 원칙에 따른 결과라는 유력한 견해가 있어 국제사법의 적용범위, 즉 섭외적 요소를 갖는 생활관계에만 국제사법이 적용되는가 아니면 순수 국내사건에도 국제사법이 적용되는 것으로 이해할 것인가를 놓고 견해가 나뉘어 있다(vgl. Kegel, IPR, S. 5).
68) Von Bar, IPR, S. 432 이하; Lorenz, 앞의 책, S. 15, 55 이하; Schubert, Internationale Verträge und Eingriffsrecht, RIW, 1987, S. 729 이하.

1. 절차에 적용되는 법

실체적 판단의 기준이 되는 실체법의 경우와 달리 재판절차에 적용되는 법에 대하여는 '한 나라의 법원의 절차는 법정지의 법lex fori에 따른다'는 원칙이 확립되어 있다.[69] 법정지법이 적용되는 절차에 관련된 법에는 소송요건의 하나인 국제재판관할 및 기타 소송요건에 관한 규정과 증거조사에 관한 규정도 포함된다. 외국법이 준거법인 경우, 법정지의 어떤 규정이 절차에 관한 규정으로서 준거법과 무관하게 적용되는지 아니면 실체법 규정으로 적용되지 않는지는 기본적으로 법정지의 법에 따른다. 드물지 않게 준거법국의 어떤 규정이 절차에 관한 규정인지 아니면 실체법 규정인지를 판단하는 것이 문제될 수 있는데, 이는 이른바 이차적 성질결정의 한 경우이다.

> 대법원 1988. 12. 13. 선고 87다카1112 판결 욜단국 은행이 국내법원에 내국회사를 상대로 한 대여금청구소송을 제기한 경우 그 준거법이 행위지법인 욜단국법이 된다고 하더라도 그 재판의 소송절차에 관하여는 당연히 국내의 재판절차법규가 적용되는 것이고 증거의 증거능력에 관한 규정은 위와 같은 재판절차법규에 해당되는 것이므로, 구두증거의 증거능력을 제한한 욜단국법은 적용될 수 없다.

> 대법원 2015. 2. 26. 선고 2012다79866 판결 소송촉진 등에 관한 특례법(이하 '특례법'이라고 한다) 제3조 제1항에서 정하는 법정이율에 관한 규정은 비록 소송촉진을 목적으로 소송절차에 의한 권리구제와 관련하여 적용되는 것이기는 하지만 절차법적인 성격을 가지는 것이라고만 볼 수는 없고 그 실질은 금전채무의 불이행으로 인한 손해배상의 범위를 정하기 위한 것이므로(대법원 1997. 5. 9. 선고 95다34385 판결, 대법원 2011. 1. 27. 선고 2009다10249 판결 등 참조), 본래의 채권채무관계의 준거법이 외국법인 경우에는 위 특례법 규정을 적용할 수 없다고 해석함이 상당하다(대법원 2012. 10. 25. 선고 2009다77754 판결 참조).

> 대법원 2015. 5. 28. 선고 2012다104526,104533 판결 계약의 해제·해지로 인하여 발생한 손해배상채권이 회생채권인지는 도산법정지법인 (우리나라의: 필자 주) 채무자 회생 및 파산에 관한 법률에 따라 판단되어야 하지만, 계약의 해제·해지로 인한 손해배상의 범위에 관한 문제는 계약 자체의 효력과 관련된 실체법적 사항으로서 도산전형적인 법률효과에 해당하지 아니하므로 국제사법에 따라 정해지는 계약의 준거법이 적용된다.

---

69) Ferid, IPR, S. 70 참조.

※ **기타판례** 서울지방법원 동부지원 1999. 10. 8. 선고 98가합17242 판결; 대법원 2006. 5. 26. 선고 2005므884 판결; 대법원 2008. 1. 31. 선고 2004다26454 판결; 대법원 2014. 12. 11. 선고 2012다119443 판결

2. 연혁적 검토

국제사법 발전사에서 외국법 적용의 근거가 처음으로 언급된 것은 Bartolus와 Baldus 등 최초로 저촉법이론을 체계적으로 정립한 초기의 법규분류학파에 의해서인데, 이들은 외국법을 적용하는 근거로서 당사자가 그 외국의 법에 자발적으로 복종하였기 때문이라고 하였다(임의복종).[70] 그러나 국가주권사상이 성숙하면서 외국법 적용의 근거에 관한 이론은 큰 변화를 겪게 되었다. 종래 유럽대륙에서 큰 저항감 없이 다른 나라(도시국가)의 법을 상호 간에 인정하고 또 적용할 수 있었던 것은 모든 나라에 대하여 종교적·법적 공통성의 기초를 제공해 주는 지주로서 로마제국의 개념이 배후에 존재하고 있었기 때문이었다. 그러나 국가주권사상이 성숙하면서 그때까지 모든 나라들을 대등한 로마제국의 일원으로 생각하게 하던 기반이 허물어졌고, 로마법도 모든 나라에 공통되는 상위법원으로서의 효력을 상실하게 되었다. 그리하여 법의 충돌이 이제는 더 이상 공통되는 법적 기초를 갖지 않는 다른 힘(나라)과의 관계에서 자국법의 효력 범위를 한계짓는 문제로 인식되었고, 따라서 외국법을 적용하는 것을 설명할 새로운 이론적 근거를 찾아야 하게 되었다.

이 문제에 관하여 최초로 해답을 제시한 것은 Paul Voet1619-1667인데 그는 자연법상의 예양comitas[71] 개념을 도입하였다. 그리고 이러한 생각은 Huber를 거쳐 영미의 국제사법에 계수되었으며, 네덜란드학파와 Story의 국제예양론은 생활관계의 성질을 출발점으로 하는 현대적 국제사법 체계를 완성한 Savigny에까지 이어졌다.[72]

3. 국제사법의 본질론과의 관계

준거법의 지정이라는 국제사법의 기능을 중심으로 하여 접근을 하면 국제사법

---

70) Vgl. Ferid, IPR, S. 46-47.
71) 따라서 외국법을 적용할 국제법상의 의무는 아직 인정되지 않았고, 결국은 상호주의적 배려가 내적 기초로 되어 있다(vgl. Kegel, IPR, S. 138).
72) Savigny 이론의 해석에 관하여는 앞의 연혁편 참조.

은 모든 나라의 실질사법 위에 존재하는 상위규범이라 볼 수도 있고, 이러한 접근 방식이 국가주권사상과 결부되면서 국제사법은 국제법이라고 하는 이론이 탄생하 였다는 것은 국제사법의 성질을 논하면서 설명하였다.

국제법설에 의하면 예컨대 우리의 국제사법은 우리 입법자가 국제법상 의무를 이행하기 위해서 국제법에서 이미 정해진 내용을 국내법화한 것이라 하여야 할 것 이다. 그리고 외국법 적용의 근거도 명확해진다. 왜냐하면 우리 법원이 국제사법에 서 정한 바에 따라 어떤 섭외적 생활관계에 대하여 우리나라 법이 아니라 외국의 법을 근거로 하여 재판하는 경우에도 이는 궁극적으로 국제법의 명령에 따른 것이 기 때문이다.

그러나 한 나라의 법원이 섭외적 요소를 가진 사안에 외국법을 적용하는 것은 국제법(또는 초국가적 규범)상의 의무에 구속되기 때문이 아니라 그 나라의 국내법 질서에 속하는 충돌규범의 명령에 따른 것이라고 이해하는 국제사법 국내법설이 득세하게 되면서 외국법 적용의 근거는 이제 한 나라의 입법자는 어떠한 근거에서 자국법이 아니라 외국법을 적용할 것을 명령하는 것인가라는 새로운 모습을 갖게 되었다.

4. 학   설

이처럼 외국법 적용의 근거 문제가 애초에는 국가주권사상과 외국법을 인정하 고 적용할 현실적 필요성 내지 정당성 사이에 형성된 긴장관계를 해소시키는 문제 로 이해되었고, 자국 주권의 제한을 설명하기 위한 여러 가지 이론이 주장되었다. 그러나 근래 국제사법, 따라서 외국법 적용의 문제는 국가주권과 아무런 관계가 없 다는 이론도 주장되고 있는바, 아래에서 간단히 제반 학설을 살펴보기로 한다. 다 만 국제사법의 본질을 국제법으로 보는 견해에 대하여는 다시 언급하지 않는다.

1) 국제예양설

외국법 적용에 관하여 국제법상의 의무와 결부되지 않은, 다시 말하여 국제법설 적 기초를 갖지 않는 예양론을 처음 주장한 것은 네덜란드학파이며 이 이론이 영 미법계에 미친 영향에 관하여는 이미 언급하였다. 그러나 법규분류학파의 이론체계 가 극복된 후에도 외국법의 적용을 설명할 수 있는 원리로서 국제예양이 종종 인용되고 있다.[73] 특히 Niboyet1866-1952는 국가주권 및 이에 따른 법의 속지성을 강조하면서 외국법의 적용은 단지 국제예양상의 요청일 뿐이라고 하였다.[74]

그러나 국제법적 의무와 단절된 예양이 외국법 적용의 규범적 근거가 될 수 있을지는 의문이다. 왜냐하면 법적 의무가 수반되지 않는 예양은 Savingy가 말한 바와 같이 단순한 관대함의 표현이거나 자의적인 태도일 뿐이기 때문이다. 특히 국내법설의 입장에서 보면 외국법 적용의 근거는 국제사법의 입법근거로 이어지는데 관대함의 표시 내지는 다른 나라도 유사한 조치를 취할 것이라는 상호주의적 기대를 가지고 이를 설명하려는 것은 설득력이 없다 하겠다.[75]

2) 승인설

이 설에서는 저촉규범(외국법의 적용)을 병존하고 있는 여러 법체계Rechtsordnungen를 인정하는 데서 나온 결과로 본다.[76] 즉 국제사법은 한 나라가 다른 나라에서 만들어진 법에 대하여 생활관계를 공정하게 판단할 수 있는 기준으로서의 적격성을 인정한다는 것의 법적 표현이라는 것이다.

이 견해의 논리에 따르면 외국법도 생활관계를 공정하게 규율하고 있기 때문에 법정지에서도 적용한다는 것이 된다. 요컨대 현존하는 다수 법체계 간의 등가성이 외국법 적용의 근거가 되는 것이다. 그리고 이러한 논리 속에는 (최소한 사법 영역에서는) 외국법을 적용하는 것이 크게 법정지의 주권을 제한하는 것이 아니라는 생각도 들어 있다는 점에서 다음에 살펴볼 국가주권론과 분리된 이론에 접근되어 있다.

그러나 법체계의 등가성이 곧 외국법 적용의 근거가 될 수는 없을 것이다. 왜냐하면 법체계의 등가성이 인정됨으로써 외국법에 대한 불신에서 오는 심리적으로 불안감 내지는 거부감이 해소되어 외국법의 적용을 쉽게 할 수 있는 여건이 마련된다고는 할 수 있겠지만 외국법 적용의 당위성까지 여기에 포함되어 있지는 않기 때문이다. 그리고 섭외적 요소를 가지고 있는 어떤 사안에 법정지법을 적용한다고 하여 그것이 곧 외국법을 법으로 인정하지 않는 것을 의미하지는 않는다. 즉 외국

---

73) Scoles/Hay, Conflict, p. 12: Dicey/Morris, Volume 1, p. 5.
74) Firsching/von Hoffmann, IPR, S. 55 참조.
75) Dicey/Morris,Volume 1, p. 6.
76) Schurig, Kollisionsnorm und Sachnorm, Struktur, Standort und Methode des internationalen Privatrechts, Berlin, 1981, S. 51 이하, 56.

법의 적용을 설명하기 위해서는 등가성 외에 다른 무엇이 필요하다.[77] 요컨대 법체계의 등가성을 인정하는 것은 외국법의 적용을 인정하기 위해서 필요한 하나의 상황적 요건은 되지만 적용근거 자체는 되지 못한다고 할 것이다.

3) 외국법적용 부인설(기득권이론과 지역법이론)

지리적·역사적 특수성으로 인하여 영국과 미국에서는 국제사법의 발전이 유럽대륙과는 다른 길을 걷게 되었고,[78] 특히 한 주권국가가 다른 나라의 법을 적용한다는 것을 납득하는 데 어려움을 겪었다. 그리하여 주권사상과 외국법도 최소한 고려는 하여야 할 필요성을 조화시키기 위한 이론에 있어서도 기득권이론과 지역법이론이라는 독특한 견해가 주장되었는데, 이는 한마디로 외국법도 재판에서 고려는 할 수 있지만 적용은 하지 않는다는 것으로 요약될 수 있다.[79]

기득권이론은 영국의 Dicey가 최초로 주장하고 미국의 Beale이 이어받아 발전시킨 이론이다. 그리고 그 내용은 한 나라에서 행하여진 행위로 인하여 그 나라의 법에 따라 어떤 권리가 발생하면 그 권리의 존재는 어디에서나 인정되고, 그 권리에 대하여는 모든 나라가 자국의 법에 따른 보호를 부여하여야 한다는 것으로 요약될 수 있다.[80]

이 이론에 의하면 외국법에 따라 발생한 권리를 보호하는 나라로서는 외국법을 적용하는 것이 아니라 단지 외국법에 의할 때 일단 유효한 행위의 효력 등 법률효과를 다시 법정지에서 문제삼지 않을 뿐인 것이 된다. 그럼에도 불구하고 이 이론은 외국법에 역외적 효력을 부여하는 결과를 초래하여 법원의 권위의 원천인 지역법local law에 대한 관계에서 외국법에 보다 큰 비중을 두고 있다는 비판을 내부로부터 받았고, 그리하여 보다 속지주의에 충실한 견해로서 Cook을 대표로 하는 지역법이론이 나오게 되었다.

지역법이론에 의하면 외국법에 대한 고려는 자국법에 따른, 그러나 내용에 있어서는 외국법에 의하는 경우와 유사한 별개의 권리보호를 부여하는 방식으로 이루

---

77) Vgl. Schubert, 앞의 논문, S. 739.
78) 특히 미국의 경우 독자적인 법을 가지고 있는 다수의 주가 결합되어 있는 나라로서 오랜 시간 저촉법 이론의 중점은 국제사법보다는 이른바 준국제사법에 놓여 있었다.
79) Kegel, IPR, S. 151-152 참조.
80) Scoles/Hay, Conflict, pp. 13-14 참조.

어진다. 즉 법원은 사안이 갖는 외국적 요소를 고려하여 외국법의 예에 따라 잠정적으로 실질사법을 창설하고 그 잠정적인 자국법을 적용한다는 것이다.[81] 이에 따르면 외국법이 '적용'되는 경우란 없고 단지 필요에 따라 자국법(지역법local law)에 받아들여질 뿐이다. 그리하여 국제사법도 준거법을 지정하는 것이 아니라 당해 외국법에 상응하는 법정지의 실질법을 생산하는 기능을 갖게 된다.[82]

기득권이론과 지역법이론은 외부로부터는 물론 내부적으로도 외국법의 적용 문제에 있어서 국가주권론을 지나치게 강조하여 균형을 잃고 있다는 비판을 받았고, 특히 지역법이론이 생각하는 국제사법은 더 이상 국제사법이라 할 수 없을 만큼 생소한 개념이라 할 수 있다.[83] 나아가 법원이 실제로 행하는 바에 따라 이론을 구성한다는 법현실주의적 슬로건과는 달리 지역법이론은 외국법의 적용과 주권론을 무리하게 결합하려 한데서 초래된 추상개념의 조작과 같은 인상을 피할 수 없다.[84]

4) 국가와 사회 구분설

이 견해의 핵심은 국가주권론과의 관계 속에서 외국법 적용의 근거를 묻는 형태의 문제설정 방식 자체가 타당치 않다는 것이다. 즉 이러한 문제설정은 (국제법설의 입장에서든 국내법설의 입장에서든) 근대 시민사회가 성립된 이후 법질서와 자유시민의 관계를 설정함에 있어서 국가와 사회가 엄격하게 구별되어 왔다는 사실을 간과하고 있는 데서 나온 오류라는 것이다.[85] 그리고 국가와 사회를 분리하여 생각하지 않는 한 국제사법이 국내법이라는 설명은 외국법 적용의 근거와 관련하여 헤어날 수 없는 미궁에 빠질 수밖에 없다고 하면서 다음과 같이 주장하고 있다.

국제사법과 실질사법은 공히 국가에 의해 제정된 것이다. 그러나 사법의 기능은 시민으로 하여금 바로 그 국가의 구속을 받지 않고 자유인으로서 사회에서 활동할 수 있게 해주는 데 있다. 그리고 이러한 자유는 내부적(국내적)으로뿐만 아니라 국제적인 생활관계에 있어서도 인정된다. 따라서 당해 생활관계가 법정지 국가의 관

---

81) Ibid.
82) Kegel, IPR, S. 152 참조.
83) Von Bar, IPR, S. 426-427.
84) 이것이 계기가 되어 미국에서는 외국법 적용의 근거를 설명하기 위해 힘을 낭비할 필요가 없다는 실용주의적인 주장이 힘을 얻었고, 이러한 분위기 속에서 전통적인 국제사법 체계를 위협하는 새로운 문제설정과 방법론이 나오게 되었다(Kegel, IPR, S. 161 참조).
85) Von Bar, IPR, S. 128.

여 없이 발생한 것이기 때문에 법원이 어떤 사안에 외국법을 적용하는 경우에도 법정지의 주권이 영향을 받는 일은 없으며, 바로 이러한 이유에서 법정지의 국제사법도 외국의 법을 적용하도록 한 것이다.

이 견해의 논리에 따르면 사법은 자유로운 개인 사이의 이해관계를 조절하는 것을 목적으로 하고 있고 따라서 사법의 규율에 맡겨진 생활관계에는 외국법을 적용하여도 국가주권이 영향을 받지 않는다는 것이 외국법 적용의 근거가 된다. 그러나 이러한 논리에는 승인설에 대해 지적한 바와 같은 결함이 있다고 생각된다. 즉 외국법을 적용하여도 법정지의 주권이 영향을 받지 않는다는 것은 외국법 적용의 가능성 및 정당성 문제를 주권 문제로부터 분리하여 논의하여야 한다거나 또는 주권 문제로 인하여 외국법을 적용하지 못할 이유는 없다는 것까지만 말할 뿐 외국법 적용의 규범적 근거는 되지 못하는 것이다. 물론 이론적 가능성이 인정되고 현실적으로 필요하다는 것 외에 다른 어떤 근거가 더 필요한가 하는 반론도 있을 수 있지만, 만약 국제사법을 두어 일정한 경우에는 외국법을 적용하도록 해야 할 당위성이 결여되어 있으면 국제사법을 두고 안 두고는 입법자의 재량에 맡겨지게 되고 국제사법이 존재하는 한 법원은 그에 따라 외국법을 적용하여야 한다는 것으로 끝나고 말 것이다.

5) 국제사법적 정의설

이 견해의 출발점은 실질사법과 국제사법 모두 사적 정의에 봉사하지만 등가성이 인정되는 실질사법적 정의에 우선하는 국제사법적 정의가 따로 있다는 것이다. 각 나라의 법이 다름으로 인해 동일한 사안이라도 어느 나라의 법이 적용되느냐에 따라 재판의 결과가 달라질 수 있다. 그리하여 어느 나라의 법이 적용되는지에 관하여 여러 가지 이익이 대립할 수 있는데 국제사법의 입장에서 보면 이러한 경우 실질적으로 가장 좋은 법을[86] 적용하는 것이 정의는 아니라고 한다. 오히려 실질법의 내용과 관계없이 법의 적용 자체에 관한 이익, 즉 한 나라의 법이 적용되는 것에 대한 이익과 다른 한나라의 법이 적용되는 것에 관한 이익의 형량을 통하여 장소적 관점에서 가장 좋은 법을 적용하는 것이 국제사법적 정의라는 것이다. 그리고

---

86) 대개는 법정지법이 이에 해당한다고 생각하게 될 것이다.

국제사법은 바로 이 국제사법적 정의를 실현하기 위하여 존재한다는 것이다.[87]

이 견해에 따르면 일정한 경우에는 법정지법이 아니라 외국법을 적용하는 것이 정의에 부합하기 때문에 외국법을 적용하는 것이 된다. 따라서 다른 견해와 달리 현실적 필요성과 이론적 가능성 외에 외국법 적용(국제사법)의 규범적 기초를 제시하였다는 점에서 의의가 있다. 그러나 이 견해에 대하여는 왜 외국법을 적용하는 것이 정의인가, 보다 본질적으로는 왜 실질법적 정의에 우선하는 국제사법적 정의가 존재하는가를 설명하지 못한다는 비판이 있다.[88]

6) 평등의 원칙설

이 견해에서는 한 나라의 법체계에 있어 최상위에 있는 헌법상 원칙의 하나인 평등의 원칙을 국제사법의 기초(따라서 외국법 적용의 근거)로 본다.[89] 즉 평등의 원칙은 동일한 것은 동일하게 대우하고 상이한 것은 상이하게 대우할 것을 요구하는 바, 섭외적 요소(이질적 요소)를 가지고 있는 사안에 법정지법이 아니라 외국법을 적용하는 것은 바로 다른 것은 그에 상응하여 다르게 취급하라는 원칙에 따라 이질적 요소를 고려한 결과라는 것이다.

이 견해에서 주장되고 있는 내용은 다음과 같은 점에서 다른 학설이 갖지 못하는 장점을 갖고 있다. 첫째로 이 견해에서는 헌법-국제사법-실질사법의 순서로 내려가는 규범 간의 완벽한 서열체계 속에서 국제사법의 기능과 그에 따른 국제사법적 정의의 존재 및 그 내용을 설명할 수 있다. 즉 전통적인 국제사법에서는 실질사법의 내용을 묻지 않고 사안이 어느 나라와 가장 밀접하게 관련되어 있는가(외국과의 관련성: 이질적 요소)를 기준으로 하여 적용될 준거법을 지정하여주고 있는바, 이는 헌법상의 평등의 원칙과 부합된다는 것이다. 다시 말하여 실질사법의 내용을 묻기 이전에(실질법적 정의에 우선하여) 적용될 법과 관련하여 대립하고 있는 여러

---

87) Kegel, IPR, S 106 이하.

88) Schubert, 앞의 논문, S. 740.

89) Lorenz, 앞의 책, S. 60. 그에 앞서 Wengler는 그의 논문 Das Gleichheitsprinzip im Kollisionsrecht 에서 평등의 원칙이 국제사법에서 갖는 의미를 정리하였는데, 그는 섭외적 사안의 경우에는 ㉠ 실질법 체계 사이의 관계와 관련하여, ㉡ 당사자에 대한 대우와 관련하여, 그리고 ㉢ 생활관계의 처리와 관련하여, 헌법상 평등의 원칙에 대한 위반이 문제될 수 있음을 지적하였다(in Eranion in Honorem G. S. Maridakis, Vol. III, 1964, S. 323 ff.). 하지만 그는 직접 평등의 원칙을 국제사법의 기초로 적시하지는 않았다.

가지 이익을 장소적 관련성에 따라 조절하는 것(국제사법적 정의)은 보다 상위규범인 (헌법상의) 평등의 원칙이 요구하는 바라는 이론구성이 가능해지는 것이다.

둘째로 이 견해는 국제사법의 입법과 적용에 있어서 자의를 배제할 수 있다. 왜냐하면 평등의 원칙은 법의 내용이고, 법이기 위해서는 자의가 배제되어야 하기 때문이다.[90] 다시 말하여 평등의 원칙에 부합되는 판단이 되기 위해서는 판단을 내리기에 앞서 반드시 사안을 다른 사안과 비교하고 동일한 대우 또는 차이 나는 대우로 이끄는 기준을 탐구하는 과정을 거쳐야 하는바, 이 과정에서 자의가 배제되는 것이다.

셋째로 이 견해는 국내법인 국제사법에 보편성을 부여할 수 있는 요소를 가지고 있다. 동일한 것은 동일하게, 다른 것은 다르게라는 평등의 원칙은 대부분 나라의 헌법에 공통되는 보편적인 법원칙이라 할 수 있다. 이러한 보편적인 법원칙이 국제사법의 기초가 됨으로써 각 나라의 국제사법은 공통성을 갖게 되는 것이다.[91] 따라서 국제사법의 국제법성이 부인되고 있는 지금 보편성을 갖춘 국제사법을 위하여 이러한 이론구성이 갖는 의미는 크다 하겠다.

그러나 이 견해에 대하여는 다음과 같은 비판도 있다. 첫째로 평등의 원칙은 평등과 불평등에 관한 실질적이고 구체적인 기준을 갖지 못하는 형식적 작용원칙이기 때문에 이 원칙을 적용하기 위해서는 복잡한 가치판단의 과정을 거쳐야 하는바, 동일하지 않은 것(외국과의 관련성이라는 이질적 요소를 가지고 있는 사안)을 동일하게 (순수 국내사건과 같이) 대우(법정지법을 적용)하는 것이 그 자체로 언제나 정의에 반하는 것은 아니라는 것이다.[92]

둘째로 저촉규범에 의하면 외국법이 적용되어야 하는 경우 중에는 (평등의 원칙에 기초를 둔) 저촉규범을 적용한 결과가 평등의 원칙과 동일한 서열에 있는 법정지의 다른 법원칙이나 남녀평등과 같은 특수한 형태의 평등의 원칙과 충돌되는 상황이 발생할 수 있다는 난점이 있다는 것이다.[93] 즉 국제사법의 기초를 최상위규범에 둠으로써 이른바 공서조항이 문제되는 경우 해결할 수 없는 최상위규범 사이의 충돌상황이 발생할 수 있다는 것이다.[94]

---

90) Schubert, 앞의 논문, S. 740.
91) Lorenz, 앞의 책, S. 63.
92) Schurig, 앞의 책, S. 56.
93) Schurig, 앞의 책, S. 56.

셋째로 이 견해가 보편성 내지 국제성을 갖는 국제사법을 가능하게 할 수 있다는 판단은 옳지 않다고 한다. 왜냐하면 국제사법은 실질사법상의 체계개념에 의존할 수밖에 없고 그리하여 실질사법이 통일되지 않는 한 보편적인 국제사법은 달성될 수 없기 때문이라고 한다.[95)]

5. 결   론

국제사법 이론에서 기본문제의 하나인 외국법 적용의 근거를 대상으로 하여 국제사법이론의 생성 이후 지금까지 논의가 계속되어 왔고 그동안에 다양한 이론이 주장되었지만 아직도 다툼의 끝은 보이지 않는다. 이러한 상황에서 일부 국제사법이론의 체계화보다는 변화된 사회와 법현실에 대처할 수 있는 실제적이고 기능적인 저촉규범을 창출하자는 실용주의적 경향이 등장하였고, 그리하여 시스템화되어 있는 전통적 국제사법이론을 위협하는 새로운 방법론도 제시되었다.

그러나 법학에 있어서 논리적 체계성이라는 것은 불가결한 요소라고 생각된다. 법규범에는 가치판단이 내포되어 있는바, 하위규범은 상위규범에 충돌하지 않아야 하고, 동일한 서열에 속하는 규범이나 제도 간에도 서로 모순되는 점이 없어야 한다. 다시 말하여 하위규범에서 내려놓은 가치판단은 상위규범상의 가치판단으로부터 논리적으로 추론될 수 있어야 하며, 관련되는 두 제도상의 가치판단이 상호간에 논리적으로 설명될 수 있어야 한다. 따라서 법규범은 하나의 완성된 논리체계를 이루게 되고, 이러한 법을 대상으로 하는 법학이 일관된 이론적 체계성을 갖추어야 하는 것은 당연한 것이다.

이러한 관점에서 볼 때 현재로서는 마지막에 소개한 평등의 원칙설이 가장 우수하다고 할 수 있다. 이 이론에 대한 비판은 평등의 원칙설이 가지고 있는 한계를 지적한 것일 뿐 치명적인 오류를 입증한 것은 아니며, 지적된 부분적 한계에도 불구하고 전체적으로는 기존의 어떤 이론보다도 체계상의 결함이 적기 때문이다.

---

94) 그 밖에 국제사법의 기초를 최상위규범에 둠으로써 공서위반을 이유로 외국법의 적용을 배제하여야 하는 경우가 지나치게 제한되는 것은 아닌가도 문제시될 수 있을 것이다.

95) Schubert, 앞의 논문, S. 741 참조.

제 **3** 장

국제사법의 정의(正義)와 이익론

Ⅰ. 국제사법의 정의

한 나라의 법원이 언제나 법정지법만을 적용하게 되면 사안이 외국과 관련되어 있는 때에는 당사자 사이의 이해가 공평하게 조절되지 못하는 경우가 발생할 수 있다. 다시 말하여 섭외적 생활관계를 공정하게 규율하기 위해서는 외국의 법을 적용해야 하는 경우가 있는 것이다. 이것이 국제사법이 있어야 하는 규범적이면서 실질적인 이유이다. 즉 국제사법은 바로 '준거법의 지정'을 통하여 사인 간의 법률관계를 공정하게 규율하는 데 기여하는 것이다.

이처럼 국제사법의 궁극적 목표는 사적 이익을 공평하게 조절하는 데 있으며, 이러한 점에서는 기본적으로 실질사법과 다를 것이 없다. 그런데 국제사법과 실질사법은 이해관계를 조절함에 있어서 서로 다른 역할을 분담하고 있고, 그리하여 다른 모든 법 분야와 마찬가지로 국제사법도 그 자체의 정의를 가지고 있다.[1] 즉 실질사법이 누구에게 무엇을 주는 것이 정당한가를 일정한 기준에 따라 판단하여 직접 생활관계를 규율하는 데 비하여, 국제사법은 내용을 달리하는 여러 나라(지역)의 법체계 중 어느 것을 적용하는 것이 정당한가를 기준으로 준거법을 지정함으로써 간접적으로 생활관계를 규율한다. 그리고 준거법을 지정함에 있어서는 일차적으로

---

1) Kegel, IPR, S. 106-107; Neuhaus, IPR, S. 42.

(원칙적으로) 실질법의 내용이 어떠한지는 묻지 않는다. 오히려 각 나라의 실질사법이 내용에 있어서 동등한 가치를 가지고 있다는 생각을[2] 바탕으로 하여 장소적 관점에서 가장 좋은 법을 선택하는 것이다. 그리고 여기에는 장소적으로 가장 좋은 법이 실질적으로도 가장 좋은 법이라는 추정도 내포되어 있다.[3] 왜냐하면, 법과 사회 및 그 사회 속에서의 인간의 생활은 서로 영향을 미치는 상호 의존적인 관계에 있기 때문에, 법 내용의 선악을 판단할 보편적·절대적 기준을 마련하는 것도 어렵거니와, 설령 추상적으로 어떤 법의 내용이 가장 좋다고 하더라도 그 법을 적용하는 것이 진정으로 이해관계를 공평하게 조절하는 것은 아니기 때문이다.[4] 예컨대 우리나라에서 소가 제기되었다는 것을 제외하면 모든 면에서 甲이라는 나라와만 관련된 사건의 경우, 우리나라 또는 제3국의 법이 내용에 있어 가장 좋다고 하여 甲국 법을 제쳐놓고 우리 법 또는 제3국의 법을 적용할 수는 없는 것이다. 요컨대 내용의 선악을 떠나서 어떤 나라의 법을 적용하는 것이 정당한가를 생각하는 것이 필요하고,[5] 국제사법은 바로 이러한 관점에서 (법의 적용과 관련된) 사적인 이해관계를 조절하는 것이다. 그리하여 국제사법에서는 지역적으로 가장 좋은 법(das räumlich beste Recht),[6] 사건과 가장 밀접한 관련이 있는 나라(지역)의 법, 사건에 가장 알맞은 법이 적용되도록 하는 것이 바로 정의다(국제사법적 정의).[7]

그러나 저촉법적 판단에 있어서 실질법의 내용과 재판의 결과를 전혀 고려하지 않는 것은 아니다. 지역적으로 가장 좋은 법이 실질적으로도 가장 좋은 법이라는 것은 번복이 가능한 추정일 뿐이다. 따라서 이러한 추정이 잘못된 것인 경우, 예컨

---

2) Neuhaus, IPR, S. 43 참조.

3) Von Bar, IPR, S. 435.

4) Kegel, IPR, S. 106 f..

5) 이를 가리켜 국제사법적 정의가 실질법적 정의에 우선한다고 표현하기도 하고(Kegel, IPR, S. 107 참조) 또는 국제사법과 실질사법 모두 동일한 목적(사적 이익의 공평한 조절)을 추구하기 때문에 국제사법적 정의와 실질법적 정의 사이에 기본적으로는 아무런 차이가 없고 다만 적용하는 수단이 다를 뿐이라고 하는 견해도(von Bar, IPR, S. 435-436) 있다. 사견으로는 원리적으로 두 번째 견해가 타당하다고 생각하지만 실질적으로 중요한 것은 국제사법의 작용 원리를 이해하는 것이며 그것으로 족하다.

6) Kegel, IPR, S. 106; von Bar, IPR, S. 435 참조. 여기서 말하는 '지역적으로 가장 좋은 법'이란 행위지, 이행지 등 사안의 '장소적 특성'에서 볼 때 가장 밀접한 법이라는 개념(신창선, 국제사법, 98면; Neuhaus, IPR, S. 165; Kropholler, IPR, S. 25, FN. 4 참조)이 아니고, 사안의 제반 상황을 볼 때 여러 나라 중 사안과 '사회적으로' 가장 밀접하게 관련된 지역(나라)의 법이라는 의미이다.

7) 이것이 내용상의 법적 이상으로서의 국제사법의 정의이다. 이 밖에도 예를 들어 법적 안정성과 예견가능성은 법이 추구하는 보편적 이상의 하나로서 법의 (형식적) 정의이고, 이는 국제사법이라고 하여 다를 것이 없다.

대 준거법을 적용한 결과가 실질법적 정의의 상대성을 인정하더라도 도저히 받아
들이기 어렵거나 둘 이상의 준거법의 내용이 서로 충돌되는 경우, 실질법적 정의를
실현하기 위해서 결과를 수정할 수 있는 수단도 국제사법 이론에는 준비되어 있다.
즉 일차적으로는 지역적으로 가장 좋은 법을 준거법으로 정하지만 다음 단계에서
는 준거법을 적용한 결과를 심사하여 필요한 경우에는 준거법의 적용을 배제하거
나(공서규정) 또는 모순을 제거하는(적응 Anpassung, Angleichung) 등의 방법을 통하여 수
정하게 된다. 이처럼 국제사법은 각 단계마다 나름대로의 방법론과 수단을 가지고
사적 이익의 공평한 조절이라는 사법의 궁극적 목표를 추구하는 것이다.

II. 이 익 론

한 사안이 여러 나라와 관련된 경우, 예를 들어 우리나라에 주소를 둔 영국인과
프랑스인이 로마에서 한 혼인의 효력이 문제되는 때에는 지역적으로 가장 좋은 법
을 결정하기가 쉽지 않다. 그리하여 결국에는 남편의 국적, 부인의 국적, 혼인 거행
지, 공통의 주소(일상거소), 법정지 등 각 관련 요소의 의미와 가치를 남녀평등, 파
행적 법률관계의 방지, 예견가능성 등 여러 가지 관점에서 평가하여 준거법을 선택
할 수밖에 없다. 이처럼 저촉규범에서 고려하여야 할 제반 사항을 이익법학의 방법
론에 따라 탐구하는 것이 국제사법상의 이익론이다.[8] 그런데 이렇게 발견된 이익
사이에는 경중의 차이가 있으며, 여러 이익이 한 방향(어떤 동일한 관련요소·연결점)
을 가리키기도 하지만 때로는 여러 이익이 충돌하여 불가피하게 가장 비중이 큰
이익 하나만이 관철되는 경우도 있다. 아래에서는 독일의 대표적인 이익법학자인[9]
Kegel 교수의 이익분석 및 분류를 기초로 간단히 이익론을 소개하기로 한다.[10]

---

8) Kegel, IPR, S. 107, 109 이하 참조.
9) Kegel, IPR, S. 108-122 참조.
10) 구태여 이익법학의 이름을 빌리지 않고 저촉규정의 형성에 있어 고려되어야 할 사항을 준거법 지정의
    원리로서 정리하는 경우도 있다. 그러한 예로는 Neuhaus, IPR, S. 160 이하 참조.

1. 국제사법적 이익

1) 당사자이익(Parteiinteressen)

당사자이익이란 널리 사건의 당사자가 어떤 한 나라(지역)의 법이 적용되는 것에 대하여 갖는 이익을 말한다. 그런데 당사자가 어떤 나라(지역)의 법이 적용되는 것에 대하여 이익을 갖는 이유는 경우마다 다를 수 있어 당사자이익이 지지하는 관련요소(연결점)는 사안에 따라 다를 수 있다.

보통의 경우 사람들은 자기와 친숙한 법(자기와 밀접하게 관련되어 있고 가장 잘 알고 있는 법)이 적용되기를 원한다. 이러한 당사자이익이 의미하는 바는 그가 속한 나라의 법 또는 그가 살고 있는 나라의 법을 적용하여야 한다는 것이고, 관련요소(연결점)로서는 국적과 주소(일상거소)가 이 이익의 지지를 받는다. 자기와 깊이 관련되어 있는 법의 적용에 대한 당사자의 이익은 오늘날 인격적 요소가 강한 법률관계에 있어서 널리 고려되고 있다. 나아가 불법행위에 있어서 가해자와 피해자의 국적(주소)이 동일한 경우 예외적으로 본국법(주소지법)에 따르도록 한다면[11] 이 역시 당사자이익을 우선적으로 고려하는 것이다. 그러나 '속하는 나라'를 지시하는 연결점의 선택에 있어서는 국적주의와 주소지주의가 대립하고 있다. 또한 국적을 달리하는 사람 사이의 혼인의 경우처럼 당사자이익이 충돌하는 때에는 각 당사자에 대하여 그의 본국(또는 주소지)법을 적용하거나, 한 당사자의 이익을 우선시키거나, 또는 적절한 제3의 연결점을 찾아내기도[12] 한다. 특히 세 번째 방법은 한 당사자의 이익을 우선시키는 경우 남녀평등에 위배되는 등 문제가 발생하는 것을 피하기 위해 많이 채택되고 있다.[13]

그리고 당사자는 거래를 함에 있어서 여러 가지 이유에서[14] 어느 한 나라의 법을 염두에 두거나 적용되기를 원하는 경우가 있다. 이러한 당사자의 이익은 채권계약 분야에서 널리 인정되고 있으며(당사자자치Parteiautonomie), 부당이득, 불법행위 등 다른 분야로의 확장가능성이 활발하게 연구되고 있고, 우리 국제사법에서는 사후적

---

11) 미국, 독일 등 많은 나라가 이렇게 하고 있고, 우리 국제사법도 이를 채용하고 있다(제32조 2항).
12) 국제사법 제37조 2호.
13) Kegel, IPR, S. 109 참조.
14) 예컨대 계약책임을 가장 합리적으로 규율하고 있다고 생각하거나, 국제재판관할합의를 했거나, 또는 그 나라의 중립적 위치 등.

당사자자치를 인정하고 있다.

그 밖에 당사자는 단순히 거래상의 편의 때문에 어떤 법이 적용되는 데 대하여 이익을 가질 수도 있다. 그리고 이러한 이익은 법률행위의 방식과 관련하여 장소는 행위를 지배한다locus regit actum는 원칙으로 받아들여지고 있다(행위지법lex loci actus, 제31조 2항, 제63조 2항).

2) 거래이익(Verkehrsinteressen)

거래이익이란 준거법을 정함에 있어서 거래의 편의성과 안전성을 제고하여 국제거래가 활성화되도록 하여야 한다는 사회적 요청을 의미한다. 따라서 거래이익은 당사자이익과 일치하는 면도 있지만(거래의 편의성) 때로는 충돌하는 경우도 있다(거래의 안전성).

법률행위의 방식에 있어서 효력의 준거법lex causae; Wirkungsstatut과 행위지법을 선택할 수 있도록 하는 것은 거래의 편의와 안전을 도모하는 전형적인 예라 할 수 있으며 이는 당사자이익과도 일치한다. 그리고 행위능력을 원칙적으로 당사자의 본국법에 따르게 하되(^{제28조}) 행위 당시 양 당사자가 동일한 국가에 있는 경우에는 행위자의 본국법에 따르면 행위능력이 없지만 행위지의 법에 따르면 행위능력이 인정되는 경우 행위능력자로 다루는 것도(^{제29조}) 거래이익을 고려한 결과이다. 이 경우는 행위지에서의 거래안전을 위하여 당사자이익을 희생시킨 예가 된다.

그 밖에 물권관계에 관하여 실질 문제와 방식을 구분하지 않고 소재지법에 따르도록 한 것과(^{제33조}) 불법행위 등 법정채권관계에 원칙적으로 행위지법을 적용하는 것도($^{제50조 이하}$) 거래이익을 중시한 것이다. 그러나 불법행위와 부당이득에 관하여 예외 없이 행위지법이 적용되도록 하는 것은 지나치게 행위지의 거래이익만을 고려한 것으로 부당하다는 비판을 받았고,[15] 우리 국제사법도 이런 비판을 받아들여 연결점을 다양화하고 있다.

3) 질서이익(Ordnungsinteressen)

질서이익이란 실효성 있는 법질서에 대한 요청을 말한다. 따라서 질서이익은 간

---

15) 독일의 처리방식에 관하여는 Kegel, IPR, S. 110-111 참조.

접적으로는 당사자이익과 거래이익에도 기여한다. Kegel 교수는 명확성, 법적 안전성, 결과의 예견가능성, 일관성 등 모든 법에 공통되는 것 외에 국제사법에서 추가적으로 요구되는 질서이익의 요소로서 다음과 같은 것을 들고 있다.

(1) 국제적 판단의 일치

현재로서는 실질사법뿐 아니라 국제사법도 나라에 따라 그 내용이 다르다. 그리하여 어느 나라에서 소송이 제기되느냐에 따라 준거법이 달라질 수 있고 그 결과 하나의 생활관계에 대한 법적 판단이 나라에 따라 달라질 수 있다. 예컨대 甲·乙 간의 혼인이 한 나라에서는 유효한 것으로 다루어지고 다른 나라에서는 무효로 취급될 수 있다(이른바 착란적 법률관계의 발생). 그러나 이러한 현상은 바람직하지 않으므로 어느 나라에서 재판이 이루어지든 동일한 결과가 나오도록(국제적 판단의 일치) 하여야 할 필요성이 크다.

국제적 판단의 일치에 도달하기 위한 가장 좋은 방법은 두말할 것도 없이 통일 국제사법을 만드는 것이다. 그러나 다방면의 노력에도 불구하고 완전한 국제사법의 통일은 현실적으로 어려우므로 가능한 한 많은 나라에서 이미 보편화되어 있는 연결원칙을[16] 채용하도록 하는 것이 차선책이 될 수 있다. 그리고 현재의 상황에서는 반정도(제2편 제2장 Ⅶ. 참조) 제한된 범위에서지만 국제적 판단의 일치에 도움이 된다.

(2) 내부적 판단의 일치

하나의 사안에 여러 나라의 법이 적용될 경우, 때로는 법규범이 충돌하여 생활관계를 모순이나 흠결 없이 통일적으로 규율할 수 없게 되는 상황이 발생할 수 있다. 이러한 결과를 방지하기 위해서는 적용되는 법이 가능한 한 그 자체로서 완전한 체계를 가지고 있을 것이 요청되고 이것이 바로 질서이익의 한 요소인 내부적 판단의 일치라는 것이다.

내부적 판단의 일치가 달성되기 위해서는 가능한 한 하나의 생활관계에 한 나라의 법이 적용될 수 있도록 저촉규범을 만들고, 상호 의존적인 관계에 있는 문제에는 동일한 준거법지정의 원리를 적용하는 것이다. 예를 들어 계약의 성립과 효력(계약에 따른 권리·의무) 문제에 동일한 법을 적용하도록 하고, 혼인의 신분적 효력,

---

16) 물권관계에 관하여 소재지법을 적용하고, 법률행위의 방식은 행위지법에 따르게 하는 것이 좋은 예이다.

재산적 효력, 이혼, 친자관계에 동일한 연결점을 적용하는 것이다.

내부적 판단의 일치는 선결문제의 해결에서도 큰 의미를 갖는다(제2편 제2장 II. 선결문제 참조). 그러나 다른 국제사법적 이익과의 관계에서 불가피하게 내부적 판단의 일치가 희생되는 경우가 있을 수 있고, 그 결과 발생하는 법규범의 적극적 또는 소극적 충돌을 해결하는 것이 이른바 적용문제(제2편 제3장 III.)이다.

(3) 현실적 판단

재판에서 내려진 결론이 실현될 수 없다면 그 재판은 효과적인 분쟁해결과 권리구제의 수단이 될 수 없고(제1편 제1장 및 제4편 제3장 참조), 따라서 관철 가능성이 없는 재판은 피할 필요가 있다는 것이다. 예컨대 외국에 있는 물건의 인도를 청구하는 사건에서, 우리나라의 판결이 소재지에서 승인되고 필요한 경우에는 강제집행에 의해 판결내용이 실현될 가능성이 없는 경우에는 재판을 하지 않는다는 것이다.

재판의 현실성이 저촉법적 차원의 노력만으로 확보될 수 있는 것은 물론 아니다.[17] 그러나 어떤 법을 적용하느냐 하는 것도 판결이 외국에서 승인되는 데 영향을 미칠 수는 있고, 예를 들어 물권관계에 목적물의 소재지법을 적용하여 그곳의 질서이익을 충분히 고려하는 것은 현실적 판결에 도움이 된다. 그리고 미승인국가의 법일지라도 사실상 그 나라에서 효력을 가지고 있는 때에는 이를 적용하는 것도 재판의 현실성을 고려한 것이라 할 수 있다.

(4) 법 발견의 용이성과 법정지법

법정지의 법에 있어서는 법원이 이를 알고 있어야 한다는 것을 원칙으로 할 수 있다. 그러나 외국법의 경우에는 그 내용을 확정하는 것이 어렵고, 그 나라에서와 동일하게 해석·적용하는 것은 더욱 어렵다.[18] 다시 말하여 외국법의 경우에는 잘못 적용할 위험성이 상존하는 것이다. 그러나 법을 올바로 적용하는 것은 질서이익의 측면에서뿐 아니라 당사자이익의 관점에서도 중요하다. 즉 사안과 가장 밀접한 관계를 가지고 있는 나라의 법을 잘못 적용하는 것보다는 다소 관련성이 적지만 법정지의 법을 올바로 적용하는 것이 재판 결과의 정당성을 확보하는 데 도움이 될 수 있는 것이다. 여기서 저촉법적 판단에 있어서 법정지법과 외국법에 동일한

---

17) 외국판결의 승인·집행 가능성에 영향을 미치는 사항은 대부분 소송법적인 문제이다.
18) 바로 이것이 법원으로 하여금 의식적·무의식적으로 법정지법 경향을 갖게 하는 가장 중요한 원인이다.

척도를 적용하는 것이 과연 타당한가 하는 의문이 제기된다.[19]

그러나 이에 관하여는 현재 견해가 대립하고 있는바,[20] 생각건대 법 발견의 이익을 전면에 내세우는 것은 법원의 법정지법 경향을 공식화하는 것으로 폐해가 우려되고, 법정지법을 우선시키는 경우 국제적 판단의 일치가 저해된다. 그러나 직접반정에 있어서 논리적으로 무한히 계속되는 준거법 교환의 고리를 단절하는 논거로서는 의미를 부여할 수 있다.

2. 실질사법적 이익

실질사법과의 역할 분담에 따른 국제사법 고유의 정의를 실현하기 위해서, 준거법을 지정하는 단계에서는 실질법의 내용이 어떠한지는 묻지 않는 것이 원칙이다. 그러나 국제사법의 궁극적 목표인 사적 이익의 공평한 조절이 지역적으로 가장 좋은 법을 적용하는 것으로 끝나는 것은 물론 아니다. 즉 준거법으로 외국법을 적용한 결과가 실질법적 정의 관념에 심히 위배되는 때에는 이를 수정할 필요가 있다. 이것을 가리켜 국제사법에 있어서의 실질법적 이익이라고 하며, 이를 관철하기 위한 수단이 공서규정(제23조)이다.

그러므로 실질사법적 이익과 국제사법적 이익은 서로 긴장관계에 서 있다. 즉 실질사법적 이익이 강조될 때에는 국제사법적 정의가 후퇴하고, 국제사법적 이익이 강조될 때에는 실질법적 정의가 희생되는 것이다. 그런데 실질사법적 이익에 있어서 판단기준은 어디까지나 법정지법상의 정의 관념이고, 그 결과 국제사법에서 실질법적 이익이 지나치게 강조되면 적절한 경우에는 외국법을 적용한다는 이상이 실현될 수 없다. 여기서 공서조항의 운용 방향이 문제되는바, 공서조항은 어디까지나 예외조항으로서 엄격하게 해석·적용할 필요가 있다.

3. 국가이익

널리 국제사법에서 국가이익이라 하는 것은 한 나라가 자국법이 적용되는 것에 대하여 갖는 이익을 의미한다. 그런데 사법체계의 등가성과 실질사법적 이익에 따른 결과의 수정가능성을 생각하면, 사적 이익의 조절을 목표로 하는 순수한 사법에

---

19) 이에 관한 자세한 것은 Kropholler, IPR, S. 41 이하; Neuhaus, IPR, S. 67 이하.
20) Kegel, IPR, S. 115; Kropholler, IPR, S. 43 이하 참조.

있어서는 법적용에 관한 국가의 이익은 크게 문제될 것이 없다 할 것이다.[21] 그러나 이와는 달리 집단적 정책과 질서, 공공이익의 실현에 목적이 있는 공법의 경우에는 어느 나라의 법이 적용되는가를 정함에 있어서 국가이익이 중요한 의미를 갖는다.

이처럼 사법과 공법에 있어서는 고려되어야 하는 이익에 큰 차이가 있는 만큼 법의 충돌 문제를 해결하는 방법도 다르다. 즉 사법에 있어서는 법률관계의 성질을 기초로 하여 지역적으로 가장 좋은 법을 선택하는 데 비하여, 공법은 법규범 자체로부터 그 적용 범위를 결정하는 것이 합리적이거나[22] 어쩌면 불가피하다. 그러나 국제사법에서 순수하게 공법의 충돌이 문제되는 경우는 거의 없고, 예컨대 적국과의 교역을 금지하거나, 소유권을 제한하거나, 금전채권의 지급을 유예하는 등 어떤 정치적·사회적 또는 경제적 목적에서 국가가 사인 간의 법률관계에 개입하는 경우, 즉 이른바 간섭규정 내지는 국제적 강행규정의 적용이 문제된다.

국가기능의 변화에 따라 간섭규정이 증가하는 현상을 근거로 사법의 기능이 사적 이익의 조절에서 사회적 형성의 수단으로 옮겨졌다고 이해하는 입장에서는 국제사법상의 준거법결정 원리도 이에 상응하게 근본적으로 달라져야 한다고 할 것은 물론이다. 그러나 앞에서 말한 바와 같이 기본적인 준거법의 결정 및 적용과는 별도로 간섭규정을 특별연결하는 등 다른 방법을 강구하는 것이(제2편 제2장 Ⅷ. 참조) 타당하다 할 것이다.

---

21) 이 점에서 전통적인 국제사법 이론과 미국의 새로운 접근방법(예컨대 국가이익분석론) 사이에 근본적인 차이가 있다는 것은 앞에서 설명하였다.
22) Neuhaus, IPR, S. 29 ff..

제 4 장

국제사법의 법원(法源)

국제사법이 본질에 있어서 국내법이라고 이해되고 있으므로 그 법원도 일반적인 국제법에서 찾을 수는 없다. 그리하여 현재로서는 국제사법의 법원이 모든 나라에서 대부분 내국법인 제정법과 관습법 내지는 판례법(내지는 법관법)의 형태로 존재한다. 그러나 법정지 사냥을 통한 법의 선택이라는 폐해를 방지하고 국제사법의 이상의 하나인 국제적 판단의 일치를 실현하기 위해서 저촉규범을 통일시키려는 노력의[1] 결과 다자간 또는 양자간 조약이 증가하면서 이러한 조약도 국내법에 우선하거나 국내법과 동등한 지위에 있는[2] 중요한 국제사법의 법원이 되고 있다.

I. 국제사법

우리나라의 경우 현재 가장 중요한 국제사법의 법원은 2022년 개정된 국제사법이고, 그 전신은 2001. 4. 7. 전부 개정되어 같은 해 7. 1. 발효된 "국제사법"(구국제사법)인데, 구국제사법 전에는 1962. 1. 15. 제정·공포된 "섭외사법"이 있었다.

---

1) 국제사법의 통일을 위하여 노력해 온 대표적인 국제기구로 헤이그 국제사법회의를 들 수 있다.

2) 이러한 조약은 이른바 law making treaties로서 대부분 그 자체만으로 체약국에서 당연히 적용되는 것은 아니고 조약에 관한 비엔나조약과 각국의 국내법에서 정한 절차를 거쳐 국내적 효력이 부여되어야 하므로, 일반적으로 승인된 국제법규(헌법 제6조 제1항)와는 다르다. 그리고 조약과 국내법 간의 관계는 조약에서 이를 정한 때에는 그에 따르게 되지만 그렇지 않은 때에는 국내법에 따라 결정된다. 이에 관한 자세한 것은 Firsching/von Hoffmann, IPR, S. 12-13; 장준혁, 헤이그 국제사법회의 가입과 관련된 여러 논점들, 국제사법연구 제2호, 1997, 38-40면 참조.

섭외사법은 해방 이후 일본법의 교육을 받은 실무자가 주축이 되어 입법을 위한 기초작업을 진행시키고 있던 중[3] 5.16 후의 어수선한 분위기 속에서 졸속으로 처리되어 만들어진 것으로, 어음과 수표 등 구 상법전에 산재하던 상사에 관한 저촉규정을 모아 제3장에 규정한 것을 제외하면 실질적으로 1912년 이후 우리나라에 의용 적용된 일본 구법례의[4] 틀을 크게 벗어나지 못하였다. 그리고 일본 구법례는 19세기 말의 국제사법 이론에 기초하여 만들어진 독일민법시행법EGBGB 초안1896에 포함되어 있던 저촉규정을 모델로 하였다. 그런데 충분한 이론적·실무적 검토가 아직 이루어지지 않은 문제에 대하여는 앞으로의 학설과 판례의 발전에 맡기고 입법을 자제한 독일과는 달리 일본에서는 그 타당성에 대한 검증이 아직 끝나지 않은 학설도 과감히 수용하여 실정법에서 규정한 경우가 많았다.[5] 그리하여 일본에서는 우리나라에서 섭외사법이 제정되기 전부터 이미 구법례의 문제점에 대한 지적과 비판이 많이 제기되고 있었다. 그럼에도 불구하고 이를 답습하여 새로운 국제적 흐름과 이론의 발전을 제대로 소화하여 반영하지 못한 섭외사법에 대하여는 당연히 입법 초부터 많은 비판이 있었다.[6]

특히 문제가 된 몇 가지를 살펴보면, 1) 제1조 목적 규정에 들어 있는 이른바 섭외적 생활관계의 정의가 애매하면서 지나치게 좁다는 점, 2) 주로 채권계약과 관련되는 제9조의 법률행위의 성립 및 효력의 준거법에 관한 규정으로는 현대의 다양화된 거래 유형 및 소비자보호 등 새로이 등장한 법적 쟁점 사항을 바르게 해결할 수 없고 실제로 많이 문제되는 대리의 준거법에 관한 규정이 없는 점, 3) 제11조 이법지역자 사이의 법률행위에 관한 규정의 내용이 활발하고 안정적인 국제거래에 장애가 될 수 있다는 점, 4) 제13조에서는 이른바 법정채권관계를 하나로 묶어 그 준거법을 정하고 있는바, 이는 각 채권관계의 특성을 전혀 고려하지 않은, 지나치게 경직된 것임은 물론 여기에서 채택된 연결점도 정당하다 할 수 없고,[7] 특히 다양한 형태로 나타나는 현대적인 불법행위(예컨대 제조물책임, 국경을 넘는 공해책임)에 탄력적으로 대응할 수 없게 되어 있다는 점, 5) 가족법 분야에서 남녀평

---

3) 황산덕, 엄숙한 태도로 입법을 하라, 사상계, 1958년 12월호 참조.
4) 일본의 法例는 1990년에 개정되었다.
5) 그 예는 반정, 공서, 채권계약에서의 당사자자치, 물권관계, 계약 외적 채권관계 등 아주 많다.
6) 김 진, 섭외사법의 공포를 보고, 고시계, 1962년 2월호 참조.
7) 이 점은 특히 부당이득과 불법행위에서 문제가 된다.

등에 위배되는 저촉규정이 상당수 있다는 점, 6) 제9조와 상사에 관한 적용순위를 규정하고 있는 제28조 사이의 관계설정에 모순이 있다는 점, 7) 다양한 형태의 이른바 다국적 기업 내지 법인이 활발하게 활동하고 있는 현재에 상사회사의 행위능력을 규정하고 있는 제29조만 가지고는 기업 내지 법인의 활동과 관련하여 발생하는 문제를 합리적으로 해결할 수 없다는 점 등을 들 수 있다.

2001년의 국제사법 개정에서는 이러한 비판을 토대로 하여 섭외사법을 전면적으로 개정하였고, 따라서 변화된 내용도 앞에 든 비판에서 지적된 것이 주가 된다. 그리고 하나의 특징으로는 국제재판관할에 관한 규정($\frac{제2}{조}$)을 두고 있는 것을 들 수 있다. 그러나 이른바 국제적 강행규정에 관한 제7조는 개정 당시부터 논란이 가장 많은 규정의 하나로서 많은 문제점이 지적되었고, 국제재판관할에 관한 규정 역시 추상적 원리를 선언한 데 그치는 것으로 흐름에 뒤지는 것이라는 지적이 있었다.

2022년의 국제사법 전면 개정은 그 실질에 있어 국제재판관할법을 제정하는 것이 목적이었고, 그에 따라 국제재판관할에 관한 세부적이고 구체적인 기준을 제시하는 일반규정과 특별규정이 대폭 보완된 반면, 준거법의 지정과 적용에 관한 사항에 있어서는 기존 규정의 극히 일부에 대한 자구 수정과 위치변경에 그치고 있다.

Ⅱ. 관습법 내지 법관법

우리나라에는 본래적 의미의 관습법인 저촉규범은 전무하다. 성문법국가의 경우 일반적으로 관습법은 성문법이 존재하지 않는 영역에서 오랫동안 계속된 관행 또는 일관된 판결이 사회로부터 법으로서의 확신을 얻음으로써 형성된다. 그러나 국제사법의 경우에는 관습법의 형성에 있어서 계속된 관행은 사실상 의미가 없고 판례를 통해 형성된 관습법만이 문제가 되는데, 우리나라에는 많은 문제점을 가지고는 있지만 상당히 포괄적인 성문법이 일찍부터 있었을 뿐 아니라 근래까지 섭외적 사건이 자주 문제되지도 않았기 때문에 관습법이 형성될 여지가 크지 않았던 것이다.

그런데 오랜 기간 섭외적 사건이 자주 문제되어 온 나라에서도 국제사법 분야에서 엄격한 의미의 관습법이 제대로 형성되지 못한 예를 찾는 것이 어렵지 않다. 그리고 그 이유는 아이러니컬하게도 국제사법이 아직 발전 중에 있는 분야라는 데 있다. 예컨대 독일의 경우 1986년에 민법시행법EGBGB의 국제사법편이 개정되기 전에는 말할 것도 없고 개정 후에도 성문 저촉규범에 흠결이 많아, 그 해결은 학설과 판례에 맡겨져 있었다. 그리하여 얼핏 판례를 통한 관습법이 많이 형성되었을 것으로 예상할 수도 있을 것이다. 그런데 학설상 이론이 발전하거나 새로운 유형의 사건이 발생하면서 종래의 연결원칙을 벗어나는 판결이 드물지 않게 발생하여,[8] 독일 판례가 취한 연결원칙 가운데는 성문 저촉법과 마찬가지로 법원을 구속하는 관습법이라고 평가하기에는 무리가 있는 것이 많다고[9] 이해되고 있다.[10] 즉 하나의 원칙이기는 하되 더 많은 예외가 인정될 가능성이 있는, 그리하여 일관성이 부족한 열린 원칙이라는 것이다. 그리하여 독일의 경우 판례상의 연결원칙에 대하여는 의도적으로 '판례를 통해 형성된 관습법'과는[11] 구별되는 개념으로서 법관법이라는 용어를 많이 쓰고 있다.[12]

여기서 더 많은 예외가 인정될 가능성이 있다는 의미에서 일관성이 부족하고, 그리하여 법으로서의 확신이 없어 관습법이 되지 못하는 이른바 법관법의 법원성을 인정할 수 있느냐는 분명히 문제가 된다. 그러나 어느 분야보다도 성문법에 흠결이 많으며 또한 많은 변화가 예상되었던 국제사법에서는 이러한 법관법 형태의 연결원칙이 없이는 살아갈 수 없었던 것도 사실이다.[13] 다시 말하여 시각을 바꾸어 보면 법관법은 그것이 관습법으로 발전하여 자기 속에 갇힌 것이 아니라 열린 원칙으로 남아있었기 때문에 사회 속에 살아있는 법일 수 있었던 것이다. 요컨대 이론적인 문제야 어찌 되었든 당분간은 열린 원칙인 법관법이 사실상 중요한 법원일 수밖에 없는 분야가 남아있다. 그리고 이러한 사고방식은 우리 국제사법의 흠결을

---

8) 그 좋은 예가 국제불법행위법이다. 판례는 오랫동안 행위지법을 적용하여 왔지만 개별 사안에 있어서의 구체적 타당성을 위하여 예컨대 공통의 거소지법을 적용하는 예가 나타났고, 행위지의 개념에도 변화가 있었다.
9) 예컨대 동산물권에 있어서의 소재지법, 불법행위에 있어서의 행위지법 원칙 등.
10) Firsching/von Hoffmann, IPR, S. 10 f..
11) 그 예로는 부동산물권에 있어서의 소재지법, 채권계약에 있어서의 당사자자치를 들 수 있다.
12) 그러나 이 용어에 있어서는 주의할 것이 있다. 독일의 경우 국제사법 외의 다른 분야에서는 법관법이라는 용어가 판례를 통해 형성된 관습법을 의미하는 경우가 많으며, 국제사법에 있어서도 판례상의 연결원칙을 관습법으로 보는 경우에는 구태여 양자를 구분하지 않는다. 그리고 법관법은 판례법과 구별할 필요가 있다. 판례법이라는 용어는 선결례의 구속력이 인정되는 불문법국가에서의 법원으로서의 판례를 지칭하는 것이다. 그러나 독일은 성문법국가로서 판례는 법원이 되지 못하므로 독일에서 말하는 법관법을 판례법과 같은 것으로 이해하는 것은 옳지 않다.
13) 우리나라에서의 좋은 예로 대리의 준거법에 관한 대법원의 판결을 들 수 있는데 이에 관하여는 후술한다.

보충하는 데 있어 시사하는 바가 크다고 생각된다.

Ⅲ. 조   약

조약에 대하여 살펴보면, 현재 우리나라는 직접 국제사법의 통일을 목적으로 하는 조약에 가입한 바는 없다. 다만 우리가 가입하고 있는 무국적자의 법적 지위에 관한 UN-협약(1954년 뉴욕) 제12조와 난민의 법적 지위에 관한 UN-조약(1951년 제네바) 제12조[14]에 속인법에 관한 규정이 들어 있다. 하지만 우리나라가 1997년 8월 헤이그 국제사법회의에 45번째 회원국으로 가입하였고 그 목적이 개별조약에 가입하는 것을 준비하는 데 있는 만큼 앞으로 다수의 헤이그 국제사법회의의 개별조약에도 가입할 것으로 예상된다. 이 경우에는 우리나라에서도 국내법 외에 조약이 중요한 국제사법의 법원이 될 것이다. 여기서 헤이그 국제사법회의의 조약에 국한하지 않고 광의의 국제사법에 관한 중요하고 우리에게도 참고가 될 만한 조약을 소개하면 다음과 같다.

1. 저촉법의 통일을 목적으로 하는 조약

- 혼인체결에 관한 법률의 저촉을 규율하기 위한 헤이그 조약(1902)
- 국제어음법에 관한 제네바 조약(1930)
- 국제수표법에 관한 제네바 조약(1931)
- 국제동산매매계약에 적용될 법에 관한 헤이그 조약(1955. 6. 15)
- 子를 부양할 의무에 적용될 법에 관한 헤이그 조약(1956. 10. 24)
- 미성년자의 보호에 관한 관청의 관할 및 준거법에 관한 헤이그 조약(1961. 10. 5)
- 유언의 방식에 관한 헤이그 조약(1961. 10. 5)
- 교통사고에 적용될 법에 관한 헤이그 조약(1971. 4. 4)
- 가족적 부양의무에 적용될 법에 관한 헤이그 조약(1973. 10. 2)
- 제조물책임에 적용될 법에 관한 헤이그 조약(1973. 10. 2)
- 국제채권계약에 적용될 법에 관한 유럽공동체 협약(1980. 6. 19)

---

14) 이 조약은 난민의 법적 지위에 관한 제네바 의정서(1967년)에 의해 보완되고 있었는데 우리나라는 이 의정서에도 가입하였다.

2. 실질법의 통일을 목적으로 하는 조약

- 어음법의 통일에 관한 제네바 조약(1930)
- 수표법의 통일에 관한 제네바 조약(1931)
- 국제물품매매계약에 관한 UN-협약(1980. 4. 11. 비엔나)

3. 국제민사절차법에 관한 조약

- 민·상사사건에 관한 법원의 관할권과 판결의 집행에 관한 브뤼셀 협약
  (1968. 9. 27)
- 민·상사사건에 관한 법원의 관할권과 판결의 집행에 관한 루가노 협약
  (1988. 9. 16)
- 이혼 및 별거의 승인에 관한 헤이그 조약(1970. 6. 1)
- 민·상사사건에 관한 재판상 및 재판 외의 문서의 외국에서의 송달과 고지
  에 관한 헤이그 조약(1965. 11. 15)
- 민·상사사건에 관한 외국에서의 증거조사에 관한 헤이그 조약(1970. 3. 18)
- 외국 중재판정의 승인 및 집행에 관한 UN-협약(1958. 6. 5. 뉴욕)
- 국제상사중재에 관한 유럽공동체 협약 (1961. 4. 12. 제네바)

제1편 제2편 제3편 제4편 총설

제 **5** 장

국제사법과 헌법의 관계

국제사법과 헌법과의 관계 문제는 아직 많은 나라에서 논의되고 있지는 않다.[1] 그러나 이 문제가 현대 국제사법을 이해하고 앞으로의 전개 방향을 점쳐보는 데 있어 의미가 크다고 생각되므로 여기서 관점을 완전히 달리하는 미국과 독일에서의 논의내용을 간단히 살펴보기로 한다.

I. 미국에서의 논의

미국에서는, 미국이 법을 달리하는 여러 개의 주로 구성된 연방국가라는 국가조직상의 특성으로 인하여, 국제사법과 헌법의 관계도 주 사이의 법의 충돌을 해결하는 문제를 중심으로 하여 논의되고 있다. 즉 연방최고법원U.S. Suprreme Court은 연방헌법상의 충분한 신뢰와 신용Full Faith and Credit의 원칙과[2] 적정한 절차Due Process의 원칙을[3] 근거로 각 주가 주제적 사건에 자기의 법을 적용하는 데 일정한 한계가

---

1) von Bar에 따르면 이 문제가 주로 미국, 독일, 이탈리아에서 논의되고 있으며, 1980년대 중반에 캐나다에서도 일부 논의가 시작되었다고 한다(IPR, S. 208 참조).

2) 연방헌법 Art. IV § 1: Full Faith and Credit shall be given in each State to the public Acts, Records, and judicial Proceedings of every other State...... .

3) 제14 수정헌법조항(Amendment XIV): No State shall make or enforce any law which shall abridge the privileges or immunities of citizens of the United States; nor shall any State deprive any person of life, liberty, or property, without due process of law; nor deny to any person within its jurisdiction the equal protection of the laws.

있다고 하는바, 그 요건과 두 조항의 관계가 주된 논의의 대상이 되고 있다.[4] 그런데 시간이 흐르면서 이에 관한 연방최고법원의 입장이 많이 바뀌고 있다.

오래된 판례에서는 충분한 신뢰와 신용 조항을 기초로 다른 주가 그 주의 법이 적용되는 데 대하여 가지고 있는 이익이 법정지 주가 자기 법을 적용하는 데 대하여 가지는 이익보다 클 때에는 다른 주의 법을 적용해야 한다고 하였다.[5] 그리고 이러한 연방최고법원의 판결은 주 법원에 대하여 대립하는 각 주의 이익을 비교·형량하여 가장 큰 이익을 가지고 있는 주의 법을 적용할 적극적인 의무를 부과하는 것으로서, 이는 적정한 절차 조항이 단지 일정한 경우 법정지의 법을 적용하지 못하도록 하는 소극적인 의무를 부과하는 것과 다르다고 이해되었다.[6] 즉 충분한 신뢰와 신용 조항이 법의 선택에 있어서 보다 더 제한적으로 작용한다는 것이다.

그러나 근래의 판례에서는 충분한 신뢰와 신용 조항을 통하여 주 사이의 대립하는 이익을 조절하려는 종래의 시도를 포기하고, 이 조항 역시 법정지 주법의 적용에 대한 소극적인 제한을 설정하는 방향으로 운용되고 있다.[7] 그 결과 두 헌법조항은 법의 선택을 제한하는 효과에 있어서 차이가 없게 되었다. 그리고 근래에는 두 조항이 공히 주제적 법률관계에 있어서 한 주의 법이 합헌적으로 적용되기 위해서는 그 주와 당해 사건 사이에 중요한 관련성significant relationship이 있어야 한다는 쪽으로 법의 선택을 제한하고 있다.[8] 그리하여 이제는 법의 선택에 대한 헌법적 제한 문제는 한 주가 그 주의 법이 적용되기에 충분할 만큼 사건과 관련되어 있는지에 대해 심사하는 것이 되었다.[9]

이처럼 미국에서의 준국제사법과 헌법의 관계에 대한 논의는 다른 주의 법을 적용하여야 할 연방헌법상의 의무와 그 요건으로 요약될 수 있다. 그러므로 논리적으로 한 나라의 법과 다른 나라의 법이 충돌하는 경우에 대하여는 직접 인용되기 어렵다. 미국에서는 다른 나라와는 달리 먼저 주간의 법의 충돌이 문제되었고 그리하여 법의 저촉에 대한 이론도 주제사법에서 출발하여 국제사법 쪽으로 전개되었

---

4) Scoles/Hay, Conflict, pp. 78-109 참조. 따라서 엄격한 의미에서는 국제사법과 헌법과의 관계라기보다 미국 각 주의 준국제사법과 연방헌법과의 관계의 문제라고 할 수 있다.
5) Bradford Eletric Light co. v. Clapper, 286 U.S. 135, 52 S.Ct. 571, 76 L.Ed. 1026(1932).
6) Scoles/Hay, Conflict, p. 79.
7) Carroll v. Lanza, 394 U.S. 408, 75 S.Ct. 804, 99 L.Ed. 1183(1955) 참조.
8) Allstate Insurance Co. v. Hague, 449 U.S. 302, 101 S.Ct. 633, 66 L.Ed.2d. 521(1981).
9) Scoles/Hay, Conflict, p. 79.

기 때문에 미국의 접근방법 중에는 아직 국제사법 이론으로서 수용하기에 적절치 못한 것이 있는바, 이 문제가 그 좋은 예라 하겠다. 다만 한 주가 다른 주의 법을 적용하는 근거를 연방헌법에서 찾을 수 있다는 관념을 한 나라가 다른 나라의 법을 적용할 근거를 법정지의 헌법에서 찾을 수 있다는 것으로 확대할 수 있다면 일반적인 국제사법 이론으로 발전될 수는 있을 것이다.

Ⅱ. 독일에서의 논의

독일에서는 국제사법과 헌법과의 관계가 크게 세 가지 방향에서 논의되고 있다. 첫째는 국제사법의 기초를 헌법, 특히 헌법상 평등의 원칙에서 찾을 수 있는가 하는 것이다. 둘째는 헌법이 저촉규범, 보다 정확하게는 연결점의 선택에 미치는 영향의 문제이다. 그리고 세 번째는 독일 저촉규범에 의해 준거법으로 지정된 외국법이 독일 헌법에 위반되는 경우 그 적용을 배제할 수 있는지와 만약 이를 긍정한다고 하는 경우 법의 공백을 처리하는 방법의 문제이다.

이 세 가지 문제에 있어서 국제사법과 헌법은, 미국에서 국가조직상의 관점이 문제되었던 것과는 달리, 헌법상의 기본권을 매개로 하여 서로 관련을 갖게 되는데, 다분히 이론적인 문제인 첫 번째 관점은 이미 외국법 적용의 근거에 관하여 설명하면서 앞에서 설명하였다(평등의 원칙설). 이에 비해 두 번째와 세 번째 관점은 이론적으로뿐만 아니라 실제적으로도 매우 중요한 문제로서 1986년의 독일 국제사법 개정의 중요한 원인이 되었다.

국제사법과 헌법의 관계에 대하여는 이미 1950년대부터 많이 논의되어 왔다. 그런데 초기에는 국제사법이 실질법의 내용을 묻지 않고 지역적으로 사건과 가장 밀접한 법을 지정해 주는 형식적인 질서규정으로서 가치중립적이기 때문에 국제사법은 본질적으로 헌법과 문제될 것이 없다고 하는 것이 지배적인 견해였다.[10] 즉 입법자가 저촉규정에서 어떠한 연결점을 택하든 거기에는 어떤 가치판단도 포함되어 있지 않기 때문에 헌법상의 가치, 특히 기본권과의 충돌이 문제될 여지가 없다는 것이다. 그리고 가치중립적인 국제사법은 헌법의 하위에 있기는 하지만 헌법의

---

10) 이에 관한 자세한 것은 Ferid, Wechselbeziehungen zwischen Verfassungsrecht und Kollisionsnorm, FS für Dölle Ⅱ, 1963, S. 119 ff. 참조.

장소적·인적 효력 범위를 한계짓는 기능을 갖는다고 보았다.[11] 즉 독일 헌법상의 기본권은 독일법이 준거법인 경우에만 효력을 가질 수 있다는 것이다. 왜냐하면 헌법에서 내려진 가치판단은 그 나라의 법에 있어서만 기준이 될 수 있을 뿐이므로, 법정지 국제사법에 의해 (법정지 헌법의 통제를 받는 법정지 실질사법이 아니라) 다른 나라의 실질사법이 준거법으로 정해질 만큼 사안이 법정지와 관계가 적을 때에는 그 사안의 판단에 있어서 법정지 헌법상의 가치에 대해 더 이상 말할 수 없기 때문이다.[12]

그러나 혼인법 분야에서 남편의 본국법을 준거법으로 하는 것의 정당성에 대한 논의가 진행되면서 일부 상황이 달라졌다. 즉 부인은 자기에게 가장 잘 알려져 있고 또 가장 익숙한 법으로서 자신의 본국법이 적용되는 것에 대하여 정당한 이익을 가지고 있기 때문에 남편의 본국법을 적용하도록 하는 것은, 그 법이 부인의 본국법에 비하여 부인에게 유리한 경우에 있어서도, 남편을 일방적으로 우대하는 것으로서 남·여 평등의 원칙에서 볼 때 부당하다는 것이다.[13] 이와 같이 저촉규범의 형성, 특히 연결점의 선택이 사적 이익의 조절 문제와 직결된다는 점에서 국제사법도 가치중립적인 것이 아니라 국제사법 차원의 고유한 정의를 고려하지 않을 수 없고, 따라서 국제사법 역시 헌법상 (남·여)평등의 원칙으로부터 자유로울 수 없다는 견해가 유력하게 되었다.[14] 하지만 독일 국제사법에 의해 준거법으로 지정된 외국 실질법이 독일 헌법과 합치되는지를 심사하여야 한다는 주장은[15] 당시로서는 아직 학설과 판례로부터 많은 찬동을 얻지 못하였다.

그러나 1971년 독일 연방헌법재판소는 유명한 스페인인 사건Spanierbeschluß에서[16]

---

11) Vgl. BGHZ 41, 136＝NJW 1964, 976; BGHZ 42, 7＝NJW 1964, 2013.
12) 이러한 견해를 가장 최근까지 주장한 예로서는 Schwind, Verfassung und internationales Privatrecht-Unzeitgemäße Betrachtung zu einem zeitgemäßen Thema-, Gedächtnisschrift für Ehrenzweig, 1976, S. 124 f..
13) Makarov, Die Gleichberechtigung der Frau und das IPR, RabelsZ 17(1952), S. 385.
14) Beizke, Grundgesetz und Internationalprivatrecht, 1961; Gamillscheg, Gleichberechtigung der Frau und Reform des internationalen Eherecht, RabelsZ 33(1969), S. 656.
15) Sonnenberger, Die Bedeutung des Grundgesetzes für das deutsche Internationale Privatrecht, Diss. 1962, S. 113 이하.
16) 사안은 다음과 같다. 미혼인 스페인 국적의 남자가 독일에서 독일법에 따라 혼인하고 또 이혼을 한 독일 국적의 여자와 혼인을 하고자 하였다. 그러나 그 당시 이혼 및 중혼을 금지하고 있던 스페인법으로 인하여 독일에서 혼인하는데 필요한 혼인능력증명서를 스페인 관청으로부터 발급받지 못하였고, 이에 독일 법원에 혼인능력증명서의 제출을 면제해 달라는 신청을 하였다. 이에 대해 독일 법원은 독일 국제사법(舊 Art. 13 I EGBGB)에 의하면 혼인의 실질적 요건은 각 당사자의 본국법에 따르도록 되어

㉠ 헌법의 하위에 있는 국내법인 독일 국제사법의 규정은 기본권을 침해하여서는 아니 되며, ㉡ 독일 국제사법에 의해 준거법으로 지정된 외국 실질법을 적용한 결과가 독일 헌법상의 기본권과 합치되지 않으면 적용할 수 없다고 하였다.[17] 그리고 혼인의 실질적 요건에 관하여 각 당사자의 본국법을 적용하도록 한 독일 국제사법 규정이 헌법에 위배되지 않지만, 일체의 이혼을 금지하고 나아가 외국에서 외국법에 따라 이루어진 이혼까지 인정하지 않음으로써 이혼한 자와의 혼인을 중혼으로서 막고 있는 (당시의)스페인 법은 독일 헌법에서 불가침의 기본권으로 인정하고 있는 혼인의 자유를 침해하고 있으므로 적용할 수 없다고 하였다. 나아가 이러한 경우에 외국법의 적용을 배제하는 이론적 원리로서 기본권 자체로부터 직접 지정된 준거법의 적용을 배제하는 규범(이른바 국제기본권법[18])을 도출해 내거나 아니면 간접적으로 공서조항을 통하여 적용을 배제하는 두 가지 가능성을 제시하였다.

20세기의 가장 중요한 국제사법 판결로 이해되고 있는[19] 이 헌법재판소 결정의 내용은 ① 독일 입법자가 국제사법 규정의 형성, 특히 연결점을 선택하는 데 있어서 기본권을 침해해서는 아니 된다는 것과 ② 법원은 외국법의 적용 결과가 기본권을 침해하는 때에는 이를 적용하여서는 아니 된다는 것으로 요약될 수 있다.[20] 이 결정 이후 독일에서는 혼인 및 이혼에서 夫를 우선시키거나 친자관계에서 父를 우선시키는 다수의 저촉규범이 연이어 위헌결정을 받았으며,[21] 기본권도 독일의 공서(舊 Art. 30 EGBGB의 선량한 풍속)에 속하는 것으로 이해되었다.[22] 그리고 1986년의 독일 국제사법 개정에서는 헌법재판소에서 밝힌 바에 따라 양성평등의 원칙에 부합되도록 저촉규정을 수정하고, Art. 6 EGBGB(공서)에서도 특히 외국법의 적용 결과가 기본권과 합치되지 않는 경우에는 적용될 수 없음을 명확히 하였다.

있고, 독일법에 의하면 여자에게는 혼인 장애사유가 없지만 스페인법에 의하면 남자에게 혼인 장애사유가 있다 하여 신청을 기각하였다. 그러자 두 남녀는 독일 법원이 이혼을 금하는 스페인법을 적용하여 신청을 기각함으로써 독일 헌법상 보장된 혼인의 자유권을 침해하였다 하여 헌법소원을 제기하였다.

17) BverfG Beschluß vom 1971. 5. 4, BverfGE 31, 58=NJW 1971, 1509=RabelsZ 36(1972), 145.
18) Kegel, IPR, S. 382 참조.
19) von Bar, IPR, S. 210; Ferid, IPR, S. 83 참조.
20) 따라서 우리나라의 일부 문헌에서 독일 연방헌법재판소의 이 결정이 마치 준거법을 결정하는 단계에서부터 실질법의 내용을 고려하여야 한다든지 또는 실질규범에 (명시적으로 또는 묵시적으로) 표현된 (국가)이익의 분석을 통하여 적용될 법을 결정하자는 미국의 새로운 방법론과 동일한 선상에 서 있는 것으로 이해하려는 것은 타당치 않다.
21) von Bar, IPR, S. 211-212 참조.
22) BGH 60, 68; Kegel, IPR, S. 382.

　　국제사법을 국내법으로 이해할 때, 그리고 국제사법이 더 이상 형식적인 질서규정으로서 가치중립적일 수 없다고 할 때,[23] 국제사법도 최상위 규범인 헌법에 내포되어 있는 가치판단에 위반할 수 없다는 것은 어느 면 당연한 논리적 귀결이라고 할 수 있다. 그러나 외국법이 법정지 헌법상의 기본권과 합치되지 않음을 이유로 그 적용이 배제된다고 하는 것에는 외국법의 적용을 극도로 제한하여 국제사법의 존재의의를 위태롭게 하고, 나아가 일국의 정의 관념을 다른 나라에 강요하는 것이라거나 독일 헌법의 효력 범위를 부당하게 확장하는 것이라는 국제적 비난을 받을 수 있다는 위험이 내재되어 있는 것을 부인할 수 없다. 그럼에도 불구하고 독일에서 이러한 상황이 현실로 나타나지 않은 계기는 법원이 전통적으로 공서조항의 예외규정적 성질에 충실하게 이 규정을 엄격히 적용하여 왔다는 데 있다.[24] 이러한 점들은 우리에게도 많은 것을 시사하는 것이라 하겠다.

---

23) 현재 이를 부인하는 견해는 찾아볼 수 없다.
24) Ferid, IPR, S. 86 참조.

제2편

국제사법의 총론적 과제

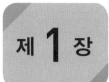

제 **1** 장

국제사법의 기본원칙과 저촉규정

Ⅰ. 기본원칙

1. 서   설

앞에서 국제사법의 의의를 설명하면서 국제사법은 섭외적 생활관계에 적용될 법(준거법)을 지정하여 주는 규범이라고 하였다. 그리고 기능적으로 볼 때 국제사법은 관련된 여러 법체계 중에서 하나 또는 둘 이상의 법을 준거법으로 지정함으로써 사인 간의 법률관계를 공정하게 규율하는 데 기여하는 것과 동시에 법의 지역적 충돌 문제를 해결한다는 것도 설명하였다. 그러면 국제사법이 이러한 기능을 수행하는 데에 있어서 따르고 있는 기준은 무엇인가? 다시 말하여 국제사법이 섭외적 사건의 준거법을 지정하는 원리는 무엇인가? 그리고 이러한 원리와 저촉규정의 구조 사이에는 어떠한 관계가 있는가? 이 장에서는 이러한 문제를 간단히 살펴본다.

2. 기본원리의 역사성: 사비니 체계와 미국 이론의 대립[1]

국제사법의 역사를 살펴보면서 알 수 있었듯이 준거법을 결정하는 원리(법의 지역적 충돌을 해결하는 원리)는 역사적으로 많은 변천을 거치며 발전하여 왔다. 그리

---

1) 이 문제는 국제적 강행규정 개념의 정립 및 법규분류학파적 방법론의 부활과 연관되어 있으며, 특히 국제적 강행규정에 있어서도 쌍방적 저촉규정의 틀을 유지할 수 있는지가 관심사가 된다.

하여 현재에는 크게 두 가지 흐름이 상호 간에 자극을 주고 영향을 받으면서 대립하고 있는데 그 하나는 대륙법계에 속하는 대부분의 나라에서 기본원리로서 채용되어 있고 우리 국제사법에도 중대한 영향을 미친 전통적인 국제사법 체계이고, 다른 하나는 전통적인 Savigny의 국제사법 체계에 반대하는 미국의 새로운 접근방법이다. 그러나 미국의 새로운 접근방법은 미국이 판례법 국가이면서 동시에 법을 달리하는 여러 주로 구성되어 있다는 특수한 상황 속에서 생성된 것으로서[2] 미국에서는 몰라도 다른 나라에서는 이를 응용하기에 어려움이 있다. 그리고 전통적 이론이 규범화되면서 지나치게 경직되어 있어 구체적 타당성의 관점에서 볼 때 문제가 있다는 점을 지적한 공적은 인정되지만, 법의 저촉 문제를 해결(준거법을 결정)하는 데에 있어 지나치게 법의 목적을 중시하고 국가이익을 강조하여 국제사법 본연의 임무인 국제사법 차원에서의 사적 이익의 조절이 경시되고 있으며, 규범rules, Normen이라기보다는 구체적 타당성을 중시하는 하나의 방법론으로서 예견가능성에 문제가 있음과 동시에 아직 전통적인 원리를 완전히 대체할 수 있는 체계를 확립하지 못하고 있다.[3] 따라서 앞으로는 우리 국제사법을 이해하는데 중요한 Savigny의 전통적 국제사법 체계를 중심으로 논의를 진행한다.

3. 전통적 국제사법 체계의 기본 원리

전통적 국제사법 체계에서의 준거법 지정 원리를 한마디로 요약한다면 법률관계의 중점, 즉 법의 규율대상인 생활관계의 중점이 놓인 장소(나라)를 발견하는 것이다. 다시 말하여 문제가 되고 있는 사안이 어느 지역 내지 나라와 가장 밀접하게 관련되어 있는가를 찾아 그곳에서 통용되는 법을 적용토록 하는 것이다. 그리고 구체적으로 법률관계의 중점의 발견은 어떤 성질의 법률관계(예컨대 불법행위)에 있어서 당사자의 국적이나 주소, 물건의 소재, 행위가 일어난 곳 등 사안의 장소적 관련 요소가 가지고 있는 의미와 가치를 평가하여 그 가운데 가장 중요한 하나(여기서는 행위지)를 선택하는 과정을[4] 거쳐 이루어진다. 이처럼 기본적으로 관련된 나라의 관련 법규범의 성질이[5] 아니라 법률관계의 성질에서 출발하여 어떤 사안에 지

---

2) 제1편 제2장 Ⅵ. 1 및 제5장 Ⅰ.; von Bar, IPR, Band I, S. 423-424, 432-433 참조.
3) 제1편 제2장 Ⅵ. 2. 참조.
4) 이 평가과정에서 당사자이익, 거래이익, 질서이익 등 제반 이익의 분석이 중요한 역할을 하게 된다.
5) 법규분류학파의 접근방식. 미국의 새로운 접근방법도 이와 유사한 면이 많다(von Bar, IPR, Band I,

역적으로 가장 좋은 법체계를 연결하여 줌으로써 실질법의 내용과는 무관한, 어떤 법이 적용되는 것 자체에 대한 사적 이익을 일차적으로 조절하는 것이(국제사법의 정의) 가능하게 된다.[6] 그리고 이러한 기본원칙은 직접적으로 전통적 국제사법상 저촉규정의 구조를 결정하고, 성질결정 · 연결점 · 반정 · 적응문제 · 공서조항 등 국제사법에 있어서의 일반이론 역시 이 기본 원칙과 불가분의 관계에 있다.

Ⅱ. 저촉규정의 의의와 종류

1. 의   의

국제사법은 앞에서 설명한 원리에 따라 섭외적 생활관계의 준거법을 지정하는 것과 관련된 여러 규정을 두고 있다. 널리 이러한 규정을 통틀어, 직접 생활관계를 규율하는 실질사법상의 규정(실질규정 · 사항규정)에 대비하여, 저촉규정 내지 충돌규정 또는 법적용규정이라고[7] 부른다. 그리고 저촉규정의 특징은 준거법의 결정에 필요한 요소만 들어 있고, 직접적인 가치판단(실체적 당부)의 기준은 포함하고 있지 않다는 것이다(생활관계의 간접적 규율). 그런데 준거법을 지정하는 방법에는 여러 가지가 있으며, 그에 따라 국제사법상 각 규정의 기능에도 차이가 있기 때문에 저촉규정은 여러 기준에 따라 다양하게 분류될 수 있다.

2. 종   류

1) 독립적(자족적) 저촉규정과 비독립적(비자족적) 저촉규정

이 구별은 어떤 저촉규정이 그 자체만으로 준거법을 결정하기에 충분한지 여부에 따른 것이다. 그리고 독립적 저촉규정이란 그 법문에 특정한 법률관계의 준거법을 결정하는 데 필요한 기본 요소가(이에 관하여는 후술한다) 모두 갖추어져 있는 저촉규정을 말하며, 주된 저촉규정이라고도 한다. 예컨대 국제사법 제63조 1항은 '혼인의 성립요건은 각 당사자에 관하여 그 본국법에 따른다'라고 되어 있어 이 문언

S. 427 이하 참조).
6) 제1편 제3장 Ⅰ. Ⅱ.; Kegel, IPR, S. 106 참조.
7) 국제사법 문헌에는 연결규정이라는 용어도 자주 쓰이는데 이 용어는 준거법 지정의 기술적 측면을 강하게 표현하는 것으로 저촉규정과 동의어로 이해하여도 좋다(Kropholler, IPR, S. 103 참조).

만으로도, 비록 제22조(반정)와의 관계에서 최종적인 것은 아니라 할지라도, 특정한 법률관계에 적용될 법이 결정될 수 있으므로 독립적 저촉규정이다.

이에 비해 국제사법 제22조 1항은 어떤 법률관계에 대해 외국법을 적용하도록 하는 우리 국제사법 규정 및 당해 문제에 우리나라 법을 적용하도록 한 외국 국제사법 규정과 결합되어서야 비로소 우리나라 법을 준거법으로 지정하게 되므로 이른바 비독립적 저촉규정이다. 그 밖에 국제사법 제16조(본국법) 및 제23조(공서)도 비독립적 저촉규정이라 할 수 있다.

2) 일방적(일면적) 저촉규정과 쌍방적(전면적) 저촉규정

독립적 저촉규정 중에는 오직 한 나라의 법(실제적으로는 예외 없이 법정지법)만을 준거법으로 지정하는 경우와 자국법은 물론 외국법도 준거법이 될 수 있도록 일반적으로 규정하는 경우가 있다. 여기서 보통 전자를 일방적 저촉규정, 후자를 쌍방적 저촉규정이라고 한다. 그런데 우리 국제사법에는 본래적 의미의 일방적 저촉규정은 없다고 할 수 있으며, 다만 예외적으로 우리 법의 적용 범위를 확장하는 기능을 갖는 이른바 배제규정 내지는 확장규정으로서의 성질을 갖는 일방적 저촉규정인 제27조 2항(실종선고 등)과 제75조 2항(후견)이 있을 뿐이다(후술).

일방적 저촉규정은 보통 '사안이 법정지와 어떠어떠한 관련성을 가지고 있는 때에는 법정지법이 적용된다'는 형식으로 되어 있다. 그리하여 그 규정에서 정하고 있는 법정지법 적용의 요건이 갖추어지지 않은 섭외적 법률관계의 준거법에 대하여는 답을 줄 수 없다.[8] 즉 법의 충돌을 해결하는 방법으로서는 매우 불완전한 것이다. 그럼에도 불구하고 한때 국제사법은 원칙적으로 일방적 저촉규정 체계를 가져야만 한다는 주장이 있었고,[9] 개정 전의 독일 국제사법도 원칙적으로 이에 따르고 있었다. 그 이유는 국내법인 법정지의 국제사법에서 외국법의 적용 범위를 결정하는 것은 외국 주권을 침해하는 것으로 생각하였기 때문이다. 그러나 국제사법의 궁극적 목표는 개인 간의 이해관계를 조절하는 것으로서 국제사법적 정의에 따라 준거법을 정하는 문제는 외국의 주권과 아무런 관계가 없다는 생각이 확산하면서

---

8) 일방적 저촉규정의 좋은 예인 독일의 구 민법시행법(EGBGB) 제14조는 '독일인 부부간의 신분적 법률관계는 부부가 외국에 주소를 두고 있는 경우에도 독일법에 따른다'라고 되어 있어, 예컨대 독일에 주소를 둔 외국인 부부간의 관계에 적용될 법이 무엇인지를 직접 밝히고 있지 않다.

9) 이러한 주장에 대하여는 Kegel, IPR, S. 235-236 참조.

부터 주권의 충돌 문제는 더 이상 쌍방적 저촉규정 체계의 국제사법을 발전시키는 데 장애가 되지 않는다. 그 결과 대륙법계에서는 현재 본래적 의미의 일방적 저촉규정은 사실상 사라졌고, 남아있는 것은 쌍방적 저촉규정 체계 아래서 원칙적으로는 외국법이 준거법이 되어야 하는 경우이지만 내국인 우대 또는 법정지의 거래질서를 보호하기 위하여 예외적으로 외국법의 적용을 배제하거나(배제규정: 국제사법 제27조 2항, 제75조 2항, 제82조 3항, 섭외사법 제6조 2항[10]) 또는 원칙적 준거법과 함께 법정지(우리나라)의 법도 적용되도록 하는(확장규정: 다툼의 여지가 있으나 국제사법 제52조 4항) 형태로서만 존재하는 것이 보통이다.[11]

그런데 이른바 배제규정은 법정지법이 적용될 경우를 일반적으로 정하는 것이 아니라 특별한 경우에만 예외적으로 법정지법을 적용하도록 하고 있다. 이러한 의미에서 보면 이 규정은 일방적 저촉규정으로서도 완전한 것이 못 되고 따라서 불완전 일방적 저촉규정이라 하여야 할 것이다.[12] 이와는 반대로 외국법을 준거법으로 지정은 하되 법정지와 일정한 관계가 있는 특별한 경우에 한하여 외국법을 지정하는 독립적 저촉규정을 불완전 쌍방적 저촉규정이라 하는데, 우리 국제사법에는 그런 예가 없다.

3) 배제규정과 공서조항

앞에서 설명한 것처럼 배제규정은 원칙적으로는 외국법이 준거법으로 적용되어야 할 것임에도 이를 배제하고 법정지법을 준거법으로 적용하도록 하는 규정이다. 그리하여 일견 배제규정은 배척조항 또는 유보조항이라 칭해지기도 하는 공서조항과 사실상 같은 것으로 이해되기 쉽다. 그러나 양자는 여러 면에서 차이가 있다.

첫째로 준거법 지정의 형식에서 볼 때 배제규정은 일방적 저촉규정으로서 독립적 저촉규정의 한 종류인 것에 대하여, 공서조항은 비독립적 저촉규정이다. 둘째로 목적에서 볼 때 배제규정은(확장규정도 마찬가지다) 대개 내국인을 우대하거나 법정

---

10) 현재는 거래안전보호도 쌍방적인 것으로 개정되었다.

11) Firsching/Hoffmann, IPR, S. 156. 그러나 배제규정 및 확장규정은 일방적 저촉규정과는 다른, 특별한 성질의 별개의 종류로 이해하는 견해도 있다(von Bar, IPR, Band I, S. 13-14). 이 견해에 따르면 원칙적인 준거법으로서 법정지법을 지정하는 저촉규정만이 일방적 저촉규정이라 할 것인데, 이 문제는 옳고 그름의 문제가 아니라 관점의 문제라 하겠다.

12) Vgl. Kegel, IPR, S. 229.

지 거래의 안전을 보호하는 것이 목적인 반면, 공서조항에 있어서는 법정지의 양보할 수 없는 실질법적 정의가 외국법 적용의 결과 침해되는 것을 막기 위한 것이다.[13] 셋째로 효과의 면에서 볼 때 최소한 배제규정에서 구체적으로 정해진 요건의 범위 내에서는 문제된 법률관계의 준거법은 처음부터 법정지법이다. 이에 비해 공서조항의 경우에는 엄격히 말하여 외국법이 처음부터 준거법으로서 탈락하고 당연히 법정지법이 적용되는 것이 아니다(후술).

Ⅲ. 독립적 저촉규정의 구조

전통적 국제사법의 준거법 지정의 원리를 기술적으로 간단히 표시하면 ㉠ 어떤 지역적 관련요소(예컨대 소재지)를 매개로 하여 ㉡ 법의 규율대상인 하나의 생활관계(예컨대 물권관계)에[14] 대해 ㉢ 특정한 나라(정확히는 그 나라 또는 장소에서 효력을 가지고 있는 법체계)를 대응시켜 연결하는 것이라 할 수 있다. 그리하여 저촉규정을 연결규정이라고도 부른다. 그런데 일견 국제사법적 판단에 있어서의 출발점은 법의 규율대상인(즉 법적 판단을 필요로 하는) 구체적인 생활관계이고 도달점은 어떤 특정 국가의 법이 그 생활관계에 적용된다는 것이지만, 자세히 살펴보면 준거법의 결정은 저촉규정의 형성과 적용의 두 단계의 연결과정으로 나뉘어 이루어진다.[15] 먼저 입법자가 저촉규정을 형성하는 단계에서는 입법 기술상의 이유에서 단지 추상적으로 어떤 법률관계(예컨대 물권관계)에 대하여 (그 성질에서 볼 때 가장 중요하다고 평가

---

13) 예컨대 성년 연령을 20세로 할 것인가 22세로 할 것인가는 실질법적 정의의 문제가 아니고 따라서 국제사법 제23조를 근거로 22세를 성년 연령으로 하는 외국법의 적용을 배제할 수는 없다. 그러나 섭외사법 제6조 2항에서는 21세로서 본국법에 따르면 미성년자인 외국인이 우리나라에서 한 법률행위에 관해서는 우리 법에 따라 성년자로 인정되었었다. 이처럼 이 규정은 실질법적 정의와는 무관하게 오직 우리나라의 거래안전을 추구하는 것이다.

14) 법에 의한 규율의 범위 밖에 놓여 있는 단순한 사회적 생활상의 관계와 구분하여 법의 규율대상인 생활관계라는 것을 표현하고자 할 때 보통 법률관계라는 용어를 쓴다. 그러나 법률관계가 법에 의하여 비로소 형성되는 것으로 이해하는 견해도 있다. 예컨대 실수로 남의 집 창유리를 깬 것은 분명히 법의 규율대상이 되는 생활관계이지만 그 자체로서는 하나의 사실관계일 뿐이고 이 생활관계를 법적으로 파악한 불법행위(관계)만을 법률관계라 해야 한다는 것이다(하나의 생활관계가 법적으로는 계약관계로 파악됨과 동시에 불법행위(관계)로도 파악되는 경우가 있을 수 있다는 것을 생각하면 이해에 도움이 될 것이다). 사실관계와 법률관계를 구별하는 것은 저촉규정의 연결대상이 무엇인가에 관한 논의를 이해하는 데 도움이 되고, 엄격히 말한다면 후자가 타당하지만 편의상 특별히 필요한 경우가 아니면 앞으로는 법의 규율대상인 생활관계도 법률관계로 표현하기로 한다.

15) Ferid, IPR, S. 30 참조.

되는) 어떤 지역적 관련요소(여기서는 소재지)를 연결시켜 놓을 뿐이고, 구체적으로 어느 나라의 법이라고까지 지정하지는 않는다. 그러면 법을 적용하는 단계에서 법원은 그 지역적 관련요소(여기서는 소재지)를 매개로 하여 구체적인 특정 사안과 특정된 어느 지역(나라)를 연결한다. 즉 현재 그 물건이 존재하고 있는 나라를 찾아냄으로써 어느 나라의 법(정확하게는 물권법)이 적용되어야 하는지를 인식하게 된다.[16] 따라서 독립적 저촉규정이라 할 수 있기 위해서는 법원이 두 번째 단계의 연결과정을 수행하는 데 필요한 모든 기본적 요소를 포함하고 있어야 한다. 그리고 이러한 기본적 요소에 대한 이론적 분석이 저촉규정의 구조론이다.

저촉규정도 실질규정과 마찬가지로 하나의 법규범이다.[17] 그러므로 독립적 저촉규정도 '--- 하면 --- 하다'는 형태, 즉 구성요건과 법률효과의 구조를 가지고 있다. 다만 법률효과의 면에서는 직접 실질적 판단(예컨대 소유권 변동, 손해배상책임의 발생 등)을 하는 것이 아니라, 실질적 판단의 기초가 될 법체계(준거법)를 지정할 뿐이라는 점에서 실질법규정과 다르며, 이에 관하여는 다툼이 없다.

그런데 그 밖에 무엇이 법률효과의 면에 속하고, 무엇이 구성요건 요소에 속하는지에 대하여는 여러 학설이 주장되고 있다. 일설에 의하면[18] 구성요건에는 최소한 ㉠ 실질사법적(판단을 필요로 하는) 사실관계(예컨대 권리 승계의 원인이 될 수 있는 자연인의 사망[19]), ㉡ 이 사실관계를 규율하는 실질법규범(예컨대 상속법규범), ㉢ 실질사법적 사실관계를 특정한 나라에 연결시켜주는 지역적 관련요소(이를 연결점이라고 하는데 여기서는 피상속인의 국적), ㉣ 실질법규범을 특정한 나라에 연결시켜주는 연결점(이것 역시 피상속인의 국적인데 이 연결점의 실질적 의미는 피상속인의 사망 당시 본국에서 상속법이 효력을 가지고 있어야 한다는 것이다)의 네 가지 요소가 포함되어야 하고, 이 구성요건이 충족되면 그 법률효과는 저촉규정의 구성요건에 나타난 실질사법적 사실관계(권리 승계의 원인인 자연인의 사망)가 저촉규정의 구성요건에서 지정

---

16) von Bar, IPR, Band I, S. 454-455 참조.

17) 한때 저촉규정은 구체적인 내용의 명령과 금지를 포함하고 있지 않으므로 그 자체만으로는 법규범이 아니라는 견해가 있었으나 현재 이러한 견해는 극복되었다(Lüderitz, IPR, S. 29-30 참조).

18) 이호정, 국제사법, 100면; Kegel, IPR, S. 237.

19) '사망으로 인한 권리의 승계'라 설명하는 분도 있으나 이는 부정확하다. 이 표현은 이미 사실관계의 적시를 넘어 일정한 범주의 법적 관점을 나타내기 때문이다. 그러므로 단순히 '재산을 남기고 사망함'이라 하거나 그 사실관계로부터 사법적 판단의 대상이 되는 법적 관점이 나오고 그것이 재산의 승계 문제라는 것까지 나타내고자 하면 여기서와 같이 표현하는 것이 합리적일 것이다.

하고 있는 실질사법규범(피상속인의 사망 당시 본국의 상속법규정)의 지배를 받게 되는 것이라고 한다.

그러나 구성요건 요소로 연결대상과 연결점만을 드는 견해가[20] 있는가 하면, 연결점은 저촉규범의 법률효과를 보다 구체적으로 결정하는 데 기여하는 것이므로 법률효과로 보아야 한다고 하여 연결대상만을 구성요건으로 보는 견해도[21] 있다.

생각건대 법률효과의 발생을 위하여 필요한 전제조건은 모두 구성요건으로 보는 것이 타당하므로 연결점은 구성요건 요소라 해야 할 것이고,[22] 이러한 관점에서 보면 첫 번째 견해가 모든 전제요건을 세밀히 분석하여 제시하고 있다는 점에서[23] 우수하다. 그러나 저촉규정에 명시된 종류의 실질법규정(위의 예에서는 상속법)이 연결점이 지시하는 (나라의) 법체계 내에 존재하고 있다는 사실은 너무나 당연한 전제조건으로서 구태여 구성요건요소로 거명할 필요는 없다고 생각한다.[24] 나아가 이를 생략하는 것이 저촉규정의 구조에 대한 이해를 쉽게 하고, 법률관계를 그 성질에 따라 분류하고, 각 법률관계에 대해 연결점을 매개로 준거법을 지정하는 실정법상의 저촉규정의 외형과도 일치한다. 따라서 저촉규정의 구성요건 요소로는 연결대상과 연결점 두 가지만을 드는 것이 어느 면에서는 합리적이라 하겠다.

그런데 저촉규정의 연결대상이 구체적으로 무엇인가, 예컨대 사실관계인가, 법률관계인가, 법적 쟁점인가, 그것도 아니면 적용될 실질법규정인가 대하여는 아직도 많은 견해가 대립하고 있다.[25] 그리고 이 문제는 매우 이론적이고 어려운 과제로서 다음에 살펴 볼 성질결정 문제와도 관련이 된다. 그러나 이러한 견해의 차이가 저촉규정을 적용하는 데 있어서 실질적 차이를 가져오지는 않는다. 구태여 따진다면 이러한 견해 대립에 관하여는 저촉규범을 적용하는 단계에서 제기되는 관점과 저촉규범의 구조분석에서 제기되는 관점을 구별하는 데서 이해의 단초를 찾을 수 있을 것이다. 법을 적용하는 단계에서의 관심사는 어떤 구체적인 사실관계(예컨대 독일 국적을 가진 甲의 사망)를 해당 저촉규정에 제시된 연결점(예를 들어 국적)의

---

20) Firsching/Hoffmann, IPR, S. 236.
21) Kropholler, IPR, S. 104-105.
22) Firsching/Hoffmann, IPR, S. 154 참조.
23) Kegel 교수의 저서를 읽는 경우 그의 이러한 세밀한 분석을 전제로 하지 않으면 여러 곳에서 이해에 어려움이 따를 수 있다.
24) Neuhaus, IPR, S. 103 참조.
25) Kegel, IPR, S. 238; von Bar, IPR, Band I, S. 454 참조.

도움을 받아 특정한 나라(여기서는 독일)의 특정한 성질의 실질법규범(예를 들어 상속법, 혼인법, 권리능력에 관한 법 등)에 연결하는 것이고, 이러한 관점에서는 연결대상이 사실관계인지 아니면 그로부터 제기되는 상속이나 혼인관계 등 법률관계 내지 권리능력의 존부 등 법적 문제인지가 의미를 가질 수 있다. 반면 저촉규범의 구조라는 관점에서는 실제의 개별적 저촉규정의 형식과 내용이 관건인바, 실제 저촉규정은 일정한 법 개념으로 표현된 어떤 성질의 법률관계 내지 법제도에 대하여 이와 가장 밀접하게 관련된 나라를 지시해 줄 수 있는 지역적 관련요소(연결점)를 제시하는 구조로 되어 있기 때문에, 구성요건 요소로서의 연결대상은 법률관계 내지 법제도라 하여야 할 것이다.

이렇게 이해할 때 '상속은 사망 당시 피상속인의 본국법에 따른다'는 국제사법 제77조 1항의 구성요건요소는 연결대상인 상속관계와 연결점인 피상속인의 국적이며, 법률효과는 피상속인이 사망 당시 국적을 가지고 있던 나라의 (상속)법이 적용된다(준거법이 된다)는 것이다.[26]

Ⅳ. 저촉규정의 형성과 적용

1. 저촉규정의 입법과 적용의 기술

전통적인 저촉규범을 형성함에 있어서는 ㉠ 법적 판단의 대상이 될 수 있는 법률관계 및 제도 등을 능력, 물권관계, 불법행위, 가족적 신분관계 등 그 성질에 따라 분류하여 체계적으로 정리하고, ㉡ 그 각각에 대해 당사자가 속하는 곳(능력과 가족적 신분관계 문제), 소재지(물권관계), 행위지(불법행위 문제) 등 그 관계의 중점이 있는 곳을 말해줄 수 있는 장소적 요소를 발견하여, ㉢ 그 장소적 요소를 매개로 적용될 법을 지시해 주는 입법기술이 적용된다. 이 과정 중 첫 단계가 연결대상을 형성하는 과정이고 두 번째 단계에서 연결점이 채택되는 것은 물론이다. 이런 과정을 통해 앞에서 예로 든 '상속은 사망 당시 피상속인의 본국법에 따른다'는 것과 같은 독립적 저촉규정이 형성되는 것이다.

---

26) 다만 여기서는 반정 문제를 고려하지 않았다. 반정까지 고려한다면 법률효과는 피상속인이 국적을 가지고 있던 나라의 법체계가 국제사법(정확하게는 관련된 저촉규정)까지 포함하여 적용된다는 것이다.

그리고 이러한 저촉규정을 적용한다는 것은 결국 해당 연결점이 실현된 나라(장소)를 찾음으로써(연결점의 확정) 적용될 법이 구체적으로 어느 나라(예컨대 독일)의 법인지를 판단하는 것이다.

2. 저촉규정의 적용: 사고의 진행

이상의 설명을 토대로 저촉규정을 적용하여 준거법을 결정하는 과정을 논리적 순서에 따라 정리하면 다음과 같다.

1단계　우선 법적인 문제를 내포한 생활관계의 구체적 내용을 확정하여야 한다(예컨대 A가 甲 부동산을 X 국에 남기고 사망하였고, B와 C가 그 부동산의 소유권에 대하여 다툼).

2단계　해결되어야 할 법률적 문제가 저촉규범상의 연결대상 체계 중 어디에 해당하나 확정하여야 한다. 예컨대 위의 예에서 B와 C의 甲 부동산의 소유권에 대한 다툼이 저촉규범 체계상 물권 문제에 해당하나 아니면 상속 문제에 해당하나가 정해져야 적용될 저촉규정이 어느 것인지를 알 수 있기 때문이다. 이 과정에서 뒤에 살펴볼 이른바 일차적 성질결정이라는 어려운 문제가 발생한다.

3단계　해결되어야 할 법률적 문제의 체계적 위치(즉 성질)가 정해지면 그 법적 문제를 연결대상으로 하고 있는 저촉규정을 탐색하게 된다. 예컨대 위의 예에서 다툼이 상속 문제라고 판단을 하였으면 상속에 관한 저촉규정을 찾아야 하는 것이다.

4단계　3단계에서 정해진 저촉규정에서 채용되어 있는 연결점이 무엇인지를 탐색한다. 우리의 예에서 연결점은 피상속인의 사망 당시의 국적이다.

5단계　연결점이 어느 나라 내지 장소에 실현되어 있는지를 확정해야 한다. 즉 위의 예에서 A가 사망 당시 어느 나라의 국적을 가지고 있었는지를 확정하는 것이다. 이 단계에서 연결점에 따라서는 둘 이상의 나라에서 연결점이 실현되어 있거나(예컨대 이중국적자) 어느 나라에서도 실현되지 않는 문제(예컨대 무국적자)가 발생할 수 있다(연결점의 적극적·소극적 충돌 문제).

6단계　연결점이 실현되어 있는 나라 내지 장소(예컨대 독일)가 정해지면 그곳의 국제사법에 의하더라도 동일한 결론에 이르게 되는지를 살펴야 한다. 한 나라(A국)의 국제사법에 의하면 B국의 법이 준거법이 되지만, B국의 국제사법에 의하면 A

국이나 제3국의 법이 준거법으로 지정되는 경우, 일정한 범위에서 B국 국제사법의 입장이 존중될 수 있기 때문인데, 이것이 이른바 반정의 문제이다.

7단계 이상의 과정을 거치면 최종적으로 특정한 나라의 법이 준거법으로 확정된다. 우리의 예에서는 독일법이 준거법이 되는데, 정확히 말하면 독일의 모든 법이 아니라 연결대상인 상속 문제에 관한 법만이 준거법으로 지정된다.

제1편 제2편 제3편 제4편 국제사법 일반이론

제 2 장

준거법의 지정

I. 성질결정

1. 문제의 소재와 의의

성질결정(佛: qualification; 獨: Qualifikation; 英美: classification · characterization) 은 독일의 Kahn과 프랑스의 Bartin이 이미 백여 년 전에 각 나라의 저촉규범에서 사용하고 있는 체계개념(법개념)이 다름으로 인하여 발생하는 문제를[1] 지적한 후 국제사법 총론의 중요한 과제의 하나로서 계속 논의되어 왔다. 하지만 아직도 그 개념, 대상 등에 대하여 견해의 일치를 보지 못하고 있다.[2] 그런데 이런 다툼의 원인의 일부는 성질결정이라는 관점이 준거법을 지정하는 과정 중 어느 단계에서 어떤 형태로 제기되는가에 대한 검토가 충분히 이루어지지 않았었다는 것에 있다는 것을 부인하기 어렵다.[3] 따라서 여기서는 개념을 정의하기보다는 문제의 소재를 파악하는 데 중점을 두고 설명한다.

전통적 국제사법의 (독립적)저촉규정은[4] 그 구성요건 요소로서 연결대상과 연결

---

1) 자세한 내용은 서희원, 국제사법, 53면 주 1), 2) 참조.
2) Kropholler, IPR, S. 113 이하; Neuahus, IPR, S. 113-114, 118 이하 참조.
3) Vgl. von Bar, IPR, S. 499-500; Sonnenberger, MK, 7권 2판, Rn. 339, 343-344 zu Einleitung.
4) 주의할 것은 성질결정이 전통적 국제사법 체계에서만 문제되는 것은 아니라는 것이다(따라서 박상조·윤종진, 국제사법, 77면의 미국에 대한 설명 부분의 표현은 지나친 것이다). 다시 말하여 미국의 새로운 방법론에서도 성질결정 문제를 완전히 피해 갈 수는 없다. 다만 논의의 초점이 대륙법계와 상

점을 가지고 있다고 하였다. 그런데 저촉규정상 연결대상은 바로 법률관계이며 이 법률관계는 일정한 범위의 생활관계를 포섭할 수 있는 체계개념(법개념: 예컨대 행위능력, 법률행위, 물권, 채권계약, 혼인, 상속, 해상운송 등)을 통해 표현되어 있다. 그리고 국제사법에는 이런 형태의 저촉규범이 체계적으로 정리되어 있다. 이런 의미에서 국제사법은 저촉규정들의 체계라 할 수 있다.[5]

그러므로 법을 적용하는 단계에서 어떤 구체적인 섭외적 생활관계의 준거법을 알려면 먼저 그 생활관계에 법정지 국제사법의 어떤 (독립적)저촉규정이 적용되는가를 판단해야 한다. 그리고 이 판단은 당해 사실관계가 (법적으로 파악할 때) 국제사법상 어떠한 체계개념(법개념)으로 표현된 법률관계로 분류되는가를 밝힘으로써 이루어진다. 이처럼 구체적 생활관계를 특정한 저촉규정(의 구성요건에 나타난 체계개념)에 포섭시키는 과정Subsumtion이 성질결정의 첫 번째 요소인데(일차적 성질결정), 이것이 처음에 성질결정의 문제로서 제기된 관점이고 우리나라에서 이른바 '법률관계의 성질결정'[6]이라고 부르는 것이다. 그런데 구체적인 생활관계가 어떤 저촉규정에 포섭되는가를 판단하기 위해서는 먼저 그 저촉규정상 체계개념의 포섭범위를 알아야 한다. 그러므로 이 단계에서의 성질결정은 저촉규정 구성요건인 연결대상이 갖는 개념체계상의 위치를 밝히는 문제와 불가분의 관계에 있다. 그리하여 첫 번째 성질결정을 법정지 저촉규정상의 체계개념을 해석하여 그 포섭범위를 밝히고 다른 저촉규정과의 경계를 설정하는 것이라고 설명하기도 한다.[7]

당히 다른 것은 사실이다. 예컨대 종래 대륙법계에서 중시하였던 이른바 '법률관계'의 성질결정(1차적 성질결정) 문제가, 구체적 사안에서의 '쟁점'을 중심으로 법의 목적과 국가이익의 분석에 초점을 맞춘 미국의 새로운 접근방법에서는, 그 의미가 많이 퇴색되었다(장문철, 국제사법, 89-90면 참조). 반면 대륙법계에서는 성질결정의 대상에서 제외되고 있는 연결점이(Firsching/Hoffmann, IPR, S. 198에서는 연결점은 오직 해석될 뿐이라고까지 말한다) 미국에서는 성질결정의 중요한 대상으로 논의되고 있다. 그리고 2차적 성질결정에서는 주로 민사실체법과 민사절차법의 구별이 중요한 문제로 논의되고 있다. 이에 관한 자세한 것은 Scoles/Hay, Conflict, pp. 51-67 참조.

5) von Bar, IPR, Band I, S. 455 참조.
6) 우리나라에서는 예외 없이 이 용어를 쓰고 있다.
7) 신창선, 국제사법, 115-116면 참조. 나아가 연결대상은 해석의 객체이고, 법률관계(내지 법적 문제)는 성질결정의 객체가 된다는 견해도(Kropholler) 있다. 그러나 이런 구별에는 문제가 있다. 어떤 법적 문제가 어느 저촉규정의 적용 범위에 들어가나(즉 법률관계의 성질에 따른 분류)는 저촉규정상의 연결대상의 개념이 정해지기 전에는 판단할 수 없기 때문이다. 그러므로 오히려 법률관계의 성질결정에는 저촉규정상 연결대상에 대한 해석이 포함되는 것으로 이해되어야 할 것이다. 성질결정과 그에 논리적으로 선행하는 해석을 구분하는 견해(Sonnenberger, MK. 7권, 2판, Rn. 346 zu Einleitung)는 이런 관점을 제시한 것으로 이해될 수 있다.

이러한 첫 번째 성질결정(포섭과정)이 끝나면 당해 저촉규정에 제시되어 있는 연결점을 매개로 하여 어느 법체계(어느 나라의 법)가 준거법이 되는지를 결정하게 된다.[8] 그런데 법정지 저촉규정에 의해 준거법으로 지정되는 것은 정확하게 말하여 어느 나라의 법체계 전체가 아니라 법정지의 당해 저촉규정상의 체계개념에 해당하는 법규정(예컨대 계약관계를 규율하는 법규정)이다.[9] 그러므로 연결점이 지시해 주는 특정 법체계 중 어느 규정 내지 제도가 저촉규정상의 체계개념에 해당하는지를 다시 판단해야 한다. 즉 이번에는 내국 또는 외국의 실질법규정을 법정지 저촉규정상의 체계개념에 포섭시키는 과정이 필요하다. 이것이 성질결정의 두 번째 요소이며(이차적 성질결정), 혹자는 이것만을 본래의 성질결정의 문제로 보기도 한다.[10]

이처럼 저촉법적 판단의 과정을 전체적으로 보면 위치와 순서를 달리하여 두 번의 성질결정이 이루어져야 한다.[11] 그리고 이때 문제가 되는 것은 과연 어느 나라의 체계개념(또는 무엇)을 기준으로 성질결정을 해야 하느냐는 것이다.

■ 구별되어야 할 사항 ■

성질결정의 문제와 유사하지만 구별되어야 할 경우가 있다.

첫째는 외국법이 준거법인 사안에 법정지인 우리나라 절차법상의 어떤 제도나 규정이 적용될 수 있는지가 문제되는 경우이다. 예컨대 외국법이 준거법인 금전채무의 불이행으로 인한 손해배상을 청구하는 사안에서, 우리나라의 소송촉진등에관한특례법상의 법정이율에 관한 규정이 실체법 규정이기 때문에 적용될 수 없나 아니면 절차법 규정으로서 적용되어야 하나가 문제될 수 있다(대법원 1997. 5. 9. 선고 95다34385 판결). 그리고 이를 판단하기 위해서는 그 규정에 대한 성질결정이 필요하다고도 이해할 수 있으나 엄밀히 말해 이는 절차는 법정지법에 따른다는 원칙을 적용하는 과정에서 발생하는 법정지법의 해석의 문제일 뿐 일차적 성질결정과 이차적 성질결정 어디에도 속하지 않는다. 이 사건에서 판례는 실체법 규정으로 해석하여 적용을 하지 않았다. 다만 외국에서 소송이 제기

---

8) 그것은 법정지의 법일 수도 있고 외국의 법일 수도 있다. 그리고 외국법의 경우에는 반정과 관련하여 실질법만일 수도 있고 외국의 국제사법까지 포함될 수도 있다.

9) 여기서는 일단 반정 문제는 논외로 한다.

10) Raape/Sturm, IPR, S. 279; Sonnenberger, MK, 7권, 2판, Rn. 362 이하.

11) 우리나라에서는 성질결정 문제에 관해 논하면서 타이틀로 법률관계의 성질결정이라는 용어를 쓰고 있다는 것은 앞에서 설명하였다. 그리고 대부분 첫 번째의 성질결정에 대해서만 설명하고 있다. 다만 이호정, 국제사법, 102면 이하에서는 제목은 관례에 따라 같이 사용하고 있지만 서술 내용은 두 단계의 성질결정을 모두 포괄하고 있다.

되고 우리나라 법이 준거법인 경우라면 외국법원에서는 2차적 성질결정의 문제가 되는 것은 물론이다.

둘째는 준거법이 우리나라 법이거나 어떤 외국법인 상황에서, 다른 나라의 법에 따른 어떤 사항이 준거법상의 구성요건을 충족시키는지가 문제되는 경우이다. 예컨대 다른 나라에서의 소의 제기가 준거법상 소멸시효의 중단사유인 소제기에 해당하는지 (^{부산고등법원 2001. 2. 2.}
^{선고 99나5033 판결 참조}), 또는 다른 나라에서 받은 공증이 준거법상의 공증방식의 요건을 충족시키는지가 문제될 수 있다. 이 관점 역시 일차적 성질결정과 이차적 성질결정 어디에도 속하지 않으며, 문제의 본질은 요건사실의 등가성을 인정할 수 있느냐에 있다.[12]

2. 성질결정 기준이 문제되는 유형

성질결정의 개념 및 대상을 어떻게 이해할 것인지와는 관계없이, 성질결정이 현실적으로 문제되는 것은 구체적인 생활관계와 관련되어 어떤 법적 문제Rechtsfrage가 제기되었을 때이다. 그런데 각 나라의 법체계가 서로 다르기 때문에 제기된 법적 문제가 나라에 따라 그 체계적 위치를 달리 할 수 있다. 예를 들면, 스웨덴 국적의 A가 독일의 베를린에 토지를 유산으로 남기고 사망하였는데 그에게는 일가친척이 없었고, 그리하여 스웨덴 정부가 유산에 대한 권리를 주장하고 나섰다. 그런데 상속인 없는 유산에 대한 국가의 권리가 독일법에서는 진정한 상속권으로 되어 있는 것에 비하여[13] 스웨덴의 경우에는 상속법에서 상속인이 없는 유산은 국가에 귀속된다고 하고 있지만 이는 물권법상의 선점권으로서의 성질을 갖는다.

여기서 독일(법정지) 국제사법을 보면, 물권 관계에는 소재법이 적용된다는 것이 오래전부터 관습법으로 확립되어 있었고(우리는 국제사법 제33조 참조), 상속 관계에는 피상속인의 본국법이 적용된다는 규정이 있다(우리는 국제사법 제77조 참조). 그러면 독일 법원은 상속인 없는 유산에 대한 국가의 권리가 문제되는 이 생활관계를 어느 나라의 법을 기준으로 하여 성질결정을 하여야 하는가? 즉 스웨덴 실질법의 체계개념에 따라 물권 관계로 보고 물권에 관한 저촉규정을 적용하여야 하는가 아니면 독일 실질법의 체계개념에 따라 상속 문제로 보고 상속에 관한 저촉규정을 적용하여야 하는가[14]? 그것도 아니면 제3의 어떤 기준에 따라 성질결정을 하여야

---

12) 방식의 등가성 문제에 관하여는 An, Internationales Schuldvertragsrecht, 140면 이하 참조.

13) 즉 국가는 상속인과 동일한 권리와 의무를 지게 된다.

14) 이러한 문제설정은, 관점을 달리하여 보면, '저촉규정상의 상속이라는 체계개념에 상속인 없는 유산에

하는가? 이 예는 두 나라의 실질법체계가 다름으로 인하여 우선 일차적 성질결정의 기준이 문제되는 경우이다. 그러나 실질법상 체계개념의 차이는 이차적 성질결정에서도 문제가 될 수 있다.

예를 들어 현재 서울에 일상거소(또는 주소)를 두고 있는 미국 국적의 B에 대하여 미국 테네시 주의 어느 도시가 지급지로 되어 있는 약속어음상의 채무를 이행하라는 소가 서울지방법원에 제기되었는데, B가 어음채무의 소멸시효가 완성되었다고 항변한다고 하자. 국제사법 제83조 1항에 따르면 B의 어음상 의무에 대하여는 소멸시효 문제까지 포함하여 지급지인 테네시 주 법이 적용되어야 하고, 그에 따르면 B의 주장대로 소멸시효가 완성되었다. 그러나 원고가 우리나라와 달리 테네시 주에서는 소멸시효가 소송법에서 제소배제 사유의 하나로 규정되어 있기 때문에 우리 법원은 이 규정을 적용할 수 없다고[15] 주장하는 경우, 이 규정은 우리의 체계개념에 따라 실체법규정으로 보아야(테네시 주의 시효규정이 적용됨) 하는가 아니면 테네시 주의 체계개념에 따라 절차법규정으로 보아야(테네시 주의 시효규정을 적용할 수 없음) 하는가[16]?

하지만 성질결정이 가장 문제되는 것은 법정지법에 없는 외국의 제도를 기초로 어떤 청구를 해오는 경우이다. 예를 들어 이슬람교도인 독일 국적의 M(남)과 역시 이슬람교도인 이스라엘 국적의 F(여)가 10만 마르크의 'mahr'(혼인에 즈음하여 남편이 부인에게 지급하기로 약속한 금전, Morgengabe)를[17] 합의하였다. 그들은 독일에서 혼인을 한 후 우리나라로 이주하여 살다가 이혼을 하게 되었다. 이에 F가 M에게 10만 마르크 중 합의에 따라 혼인시 지급한 2만 마르크를 제하고 남은 8만 마르크의 지급을 소구하였다. 이 사안에는 국제사법의 어떤 규정이(제65조: 부부재산제? 제66조: 이혼? 제73조 2항: 이혼시의 부양?) 적용되어야 하고, 그것을 판단하는 기준은 무엇인가? 그리고 만약 우리나라 법이 준거법으로 지정된다고 한다면[18] 우리 가족법상의

대해 국가가 물권법적인 선점권을 주장하는 경우도 포함되는가'의 형태로 바꾸어 놓을 수 있다. 그러면 성질결정 문제는 법정지 저촉규정을 해석하여 그 적용 범위를 결정하는 문제가 된다.

15) 소송절차는 법정지의 절차법에 따른다는 것이 각국에서 일반적으로 인정되고 있는 국제절차법의 원칙이다.

16) 이 외에도 영미법계 국가와의 관계에서는 일정한 가액을 초과하는 때에는 계약증서에 대해서만 증거능력을 인정하는 규정이 절차법 규정인가 아니면 방식에 관한 실체법 규정인가가 종종 문제된다.

17) 이는 혼인에 앞서 장래의 신랑과 신부가 혼인 후 신랑이 신부에게 지급할 것을 약정한 금전이다. 혼인 직후 합의된 금액의 극히 일부만이 지급되고 나머지는 이혼이나 남편의 사망시 지급하게 된다. 그리하여 이 제도가 갖는 의미 내지 기능은 아주 다양하다.

어떤 제도에 관한 규정이 적용되어야 하며 그것을 판단하는 기준은 무엇인가?

이 밖에도 드물기는 하지만 법정지 국제사법의 체계개념이 법정지 실질법의 체계개념과 일치하지 않아서 성질결정이 문제되는 경우도 있을 수 있다.[19]

3. 해결방안

1) 법정지 실질법설

법정지의 실질법이 성질결정의 기준이 되어야 한다는 견해이다.

Kahn과 Bartin에 의해 이 해법이 제시된 이래 다수의 학자와 독일의 판례가 이를 성질결정의 원칙으로 삼고 있다.[20] 그리고 그 논거로서 과거에는 국제사법이 법정지의 국내법이고 법정지 스스로 준거법을 지정하는 것이므로 법정지 저촉규정의 체계개념도 당연히 법정지 실질법에서와 동일하게 이해되어야 한다고 하거나,[21] 외국법을 적용하는 것은 자발적으로 주권의 일부를 포기하는 것이므로, 그 한계는 마땅히 법정지법이 결정하여야 한다고[22] 하였다. 그러나 지금은 성질결정이 법정지 각 저촉규정의 적용 범위를 정하는 문제이므로 논리적으로 당연히 법정지 실질법에 따르는 것이 원칙이라고 한다.[23] 다만 조약상의 저촉규정을 적용하는 경우에는 조약에서 정한 바에 따르거나 비교법적 해석을 하여야 하고, 반정 여부를 판단하기 위하여 어느 외국의 저촉규정을 해석하는 경우에는 그 나라의 실질법에 따라야 한다고 한다.

이 견해의 논리를 충실히 따르면 앞의 첫 번째 예에는 상속에 관한 저촉규정이 적용되어야 한다.[24] 그리고 두 번째 예에서는 미국 소멸시효 규정이 실질법규정으

---

18) 1차적 성질결정을 어떻게 하든, 즉 제65조, 제66조, 제73조 중 어떤 조항을 적용하든 결과적으로 제64조 2항에 따라 우리나라의 법이 준거법이 된다.

19) Firsching/Hoffmann, IPR, S. 198; Kegel, IPR, S. 245-246 참조. 현행 국제사법하에서는 민법 제9조(성년후견개시심판), 제12조(한정후견개시심판) 등과 국제사법 제62조 및 제76조 사이의 결어긋남이 문제될 수 있을 것이다.

20) Neuhaus, IPR, S. 123; Firsching/Hoffmann, IPR, 202; Kropholler, IPR, S. 121. 판례에 관하여는 Kegel, IPR, S. 246 참조. 우리나라에서는 신창선, 국제사법, 117, 120면. 그러나 신창선 교수는 실질적으로는 법정지법설의 외형과 이익분석설의 내용을 결합하자는 것으로 보인다.

21) Kahn(Kegel, IPR, S. 247 참조).

22) Bartin(Kegel, IPR, S. 247-248 참조).

23) Firsching/Hoffmann, IPR, S. 202; Neuhaus, IPR, S. 123.

24) 그러나 그 결과는 매우 복잡해진다. 이 견해대로라면 독일 법원은 피상속인의 본국법인 스웨덴법을 적용해야 할 것이다. 그런데 스웨덴 실질법에서는 상속인 없는 유산에 대한 국가의 권리가 물권법상의

로 성질결정되고 따라서 우리 법원은 이를 적용하게 된다(소멸시효 완성 인정). 세 번째 예에서는 우리 민법에 이런 제도가 없으므로 성질결정의 기준도 없고, 결국에 는 우리 국제사법에는 이 사안에 적용될(이 사안을 포섭할 수 있는) 저촉규정이 없다 는 것을 확인하는 것으로 끝나게 될 것이다.[25][26] 그리고 2차적 성질결정에 있어서 도 그 기준이 없기는 마찬가지이다.[27]

2) 준거법설

법정지 저촉규정이 지정하는 나라의 실질법의 체계개념이 성질결정의 기준이 되어야 한다는 견해이다.

이 견해의 대표자인 Wolff는[28] 법정지 법원이 어떤 외국의 법을 적용할 때에는 그 나라에서 적용되는 것과 동일하게 적용하여야 하므로 성질결정 역시 준거법의 체계개념에 따라야 한다는 것을 가장 중요한 논거로 제시하고 있다. 그리고 이 이 론은 법정지에는 없는 법제도가 문제되는 경우에도 성질결정의 기준이 없게 되는 상황이 발생하지 않는 장점도 있다.

이 견해에 따른다면 위의 첫 번째 예의 경우 독일의 물권에 관한 저촉규범이 적용되어야 한다는 견해도 있지만,[29] 이 견해의 논리를 엄격하게 적용하는 때에는

선점권의 성질을 갖기 때문에 다시 이 규정의 성질을 어떻게 결정하여야 하는가 하는 문제가 발생한 다. 즉 1차적 성질결정문제를 해결한 결과가 2차적 성질결정문제를 낳는 것으로 끝나고 마는 것이다. 그리고 여기서 2차적 성질결정에서도 법정지의 체계개념에 따라야 한다고 한다면(Firsching/Hoffmann, IPR, S. 202) 상속인 없는 유산에 대한 국가의 권리에 관한 스웨덴의 법규정도 독일에서와 같이 상속 법규정으로 이해되어야 할 것이다. 그러나 Firsching/Hoffmann, IPR, S. 343에서는 이 규정은 상속 법규정이 아니기 때문에 적용될 수 없다고 하고, 그로부터 바로 스웨덴의 권리를 부인하는 결론을 내 리고 있다. 의문이 가는 부분이라 아니할 수 없다. 만약 필자와 같이 상속법으로 보아 스웨덴법이 이 사안에 적용된다고 하는 때에는 상속의 준거법인 스웨덴법이 외국에 있는 부동산에 대하여도 선점권 을 인정하고는 있지만 소재지인 독일의 물권법은 이를 허용하지 않으므로 개별적 준거법이 포괄적 준 거법에 우선한다는 원칙에 따라 스웨덴은 권리를 주장할 수 없다는 결론에 도달하게 될 것이다.

25) 이 흠결을 어떻게 보충할 것인가는 그 다음의 문제이다.

26) 참고로 이 예의 원형인 실제 사건의 판례를 보면 독일 법원은 F의 청구(또는 M·F 간의 합의)를 어 떻게 성질결정하든(예컨대 부부재산제 문제로 보든, 이혼 후의 부양의무 문제로 보든) 독일법이 준거 법이 된다고 하여 1차적 성질결정에 대한 최종적인 판단을 하지 않았다(BGH IPRax 1988, 109). 우 리 국제사법에 따르더라도 결과적으로 동일한 결론에 도달하게 될 것이다.

27) 앞의 BGH 판결에서는 2차적 성질결정 역시 최종적으로 결론짓지 않고 부부재산계약으로서는 방식요 건을 갖추지 못하여 무효가 된다 하더라도 이혼 후의 부양에 관한 계약으로서 유효일 수 있다는 가능 성을 인정하여 청구를 기각한 원심을 파기·환송하였다.

28) Das Internationales Privatrecht Deutschlands, 3. Aufl., 1954, S. 54-55.

29) Kegel, IPR, S. 249. 따라서 소재지인 독일 물권법이 준거법이 되고, 이에 따르면 한 국가는 다른 나

일차적 성질결정에 있어서는 순환논리에 빠지게 된다. 왜냐하면 일차적 성질결정이 선행되지 않으면 법정지 저촉규정이 지정한 준거법이 있을 수 없으므로 이 준거법에 따라 성질결정이 이루어져야 한다는 것은 논리적 모순이기 때문이다.[30] 그리고 두 번째 예에서는 미국 소멸시효 규정이 절차법규정으로 성질결정되어 우리 법원은 이 규정을 적용할 수 없게 되고, 그 논리적 귀결로 문제의 어음채권이 (최소한 우리의 입장에서 보면) 영원히 시효에 걸리지 않는다는 이상한 결과에 이르게 된다. 세 번째 예에서도 일차적 성질결정과 관련하여서는 논리적 모순이 문제되는 것은 물론이지만, 독일 판례는 어떻게 성질결정을 하든 독일법이 준거법이 된다고 하여 문제를 우회하였다.[31] 그리고 이차적 성질결정에 있어서는 준거법이 될 독일 법에 이 제도가 없기 때문에 준거법에 따라 성질결정을 한다는 것은 의미가 없게 된다.

3) 단계적 성질결정설

이는 성질결정이 문제되는 단계에 따라 그 기준을 달리하여야 한다는 견해이다. 즉 첫 단계의 성질결정은 법정지 실질법의 체계개념에 따르고, 두 번째 단계의 성질결정은 준거법의 체계개념에 따라야 한다는 것이다.

이 해결방법은 주로 스위스와 오스트리아에서[32] 주장되고 있는데[33] 그 논거는 모든 법규범은 그것이 속하고 있는 법체계에서 이해되고 있는 바에 따라 성질결정되어야 한다는 것이다. 그리하여 일차적 성질결정에서는 법정지 국내법의 일부인 저촉규정상의 체계개념이 문제되므로 법정지 (실질)법에 따를 수밖에 없는 반면, 이차

라에 있는 부동산에 대하여는 선점권을 가질 수 없으므로 스웨덴은 권리를 주장할 수 없게 된다.

30) Ferid, IPR, S. 144; Firsching/Hoffmann, IPR, S. 203; 서희원, 국제사법, 58면; 신창선, 국제사법, 118면. 이와 관련하여 von Bar, IPR, S. 501-502에서는 Wollf가 과연 1차적 성질결정에서도 준거법이 기준이 되어야 한다고 한 것인지는 불분명하다고 하고 있다. 그리고 S. 510-511에서는 성질결정 자체에 대한 저촉규범의 개념을 인정하면 준거법설이 순환논리에 빠지는 것은 아니라고 하고, 따라서 준거법설의 타당성 여부도 순수하게 논리적인 문제로만 볼 수 없다고 한다.

31) 현행 국제사법하에서는, 당사자의 국내 거주로부터 일상거소가 국내에 있는 것으로 평가될 수 있다는 것을 전제로, 우리 법원도 동일한 논리에 따라 우리나라 법이 적용된다는 결론에 이를 수 있다.

32) Schnitzer, Handbuch des Internationalen Privatrechts, Band I, 4. Aufl., Basel, 1957, S. 93 이하, 102 이하; Schwind, Handbuch des Österreichischen Internationalen Privatrechts, Wien, 1975, S. 48-49.

33) 그런데 미국의 2차 국제사법 리스테이트먼트 제7조에서는 국제사법에서 말하는 성질결정의 문제가 법개념과 용어의 분류 및 해석에 포함된다고 하고(1항), 저촉법상의 개념과 용어의 분류 및 해석은 원칙적으로 법정지법과 일치하게 결정되며(2항), 지역법(실질법)상의 개념과 용어의 분류 및 해석은 당해 쟁점을 지배하는 법과 일치하게 결정된다고 하여 단계적 성질결정설과 같은 입장을 취하고 있다.

적 성질결정은 법정지 저촉규정에 의해 지정된 법체계(준거법)에 속하는 법규범의 성질 문제이므로 준거법에 따라야 한다고 한다.

이에 따르면 첫 번째 예의 경우 일차적 성질결정에 있어서는 법정지인 독일의 체계개념에 따라 상속에 관한 저촉규정이 적용되어야 한다. 그러면 스웨덴의 상속법이 준거법이 되는데, 이차적 성질결정에 있어서는 상속인 없는 유산에 대한 국가의 권리가 스웨덴에서 이해되고 있는 바와 같이 물권적 성질을 갖는 것으로 성질결정되어야 한다. 그러나 독일 국제사법이 준거법으로 지정한 것은 상속법 규정이므로 문제의 스웨덴 법규정은 이 사안에 적용될 수 없다. 결국 준거법에 흠결이 발생하는 것이다. 두 번째 예의 경우에는 처음부터 이차적 성질결정만이 문제되므로 앞의 준거법설과 동일한 결과가 된다. 그리고 세 번째 예의 경우에는 일차적 성질결정에 있어서는 법정지법설과 같은 문제가 발생하고, 이차적 성질결정에 있어서는 준거법설과 같은 문제가 발생한다.

4) 비교법적 성질결정설

성질결정은 전적으로 어느 한 나라의 실질법(법정지법 또는 준거법)의 체계개념에 따를 것이 아니라 마땅히 국제사법 자체의 입장에서 독자적으로 이루어져야 하며, 저촉규정상의 체계개념의 내용은 비교법적 방법을 통하여 결정되어야 한다는 견해이다.

Rabel에[34] 의해 주장된 이 방법론의[35] 논거는 다음과 같다. 국제사법은 지구촌의 모든 법체계와 관계를 맺게 되므로 모든 법체계를 자신 속에 포용할 수 있도록 배려되어야 한다. 그러므로 저촉규정의 구성요건은 처음부터 법정지의 법현상이 아니라 모든 나라의 법현상에 있어 공통적인 것과 관련이 있다. 또한 저촉규정의 해석도 이 공통적인 것을 충분히 포섭할 수 있도록 하여야 한다. 이를 위해서는 국제사법 자체의 입장에서 개념을 형성할 필요가 있고, 공통적인 것을 발견하고 쓸모있는 국제사법이 되도록 개념을 형성할 수 있는 방법은 오직 비교법적으로 접근하는 길뿐이라는 것이다.

이러한 Rabel의 방법론을 구체적 사안에 직접 적용하는 데는 어려움이 따르는

---

34) Das Problem der Qualifikation, RabelsZ 5(1931), S. 241 ff..
35) Rabel 스스로 비교법학적 성질결정은 이론이라기보다는 방법론이라고 하였다.

데, 첫 번째 예의 경우에 관해서 그는 다만 개인의 상속권, 국가의 상속권 및 국가의 선점권에 동일한 준거법을 적용하는 것은 타당치 않다는 평가만을 제시하였다. 그러나 두 번째 예에서는 미국법에 따른 소멸시효를 인정하였다. 그리고 세 번째 예에 대해서는 아마도 이혼한 배우자에 대한 부양이라는 점에서 여러 법체계 사이에 공통성을 찾을 수 있다고 하여 이혼 후의 부양청구권 문제로 성질결정하였을 것으로 생각된다.

5) 이익분석설

저촉규정상의 체계개념이 국제사법적 이익의 분석을 통하여 밝혀지는 저촉규범의 목적에 따라 해석되어야 한다는 이론이다.

이 이론은 Kegel이[36] 어느 한 나라의 실질법 개념에 구애됨이 없이 국제사법 자체의 입장에서 성질결정을 하여야 한다는 Rabel의 생각을 비판적으로 발전시킨 것으로, 그 논거는 다음과 같다. 법 규정의 체계적 위치설정이라는 것은 법규범의 내용과는 무관한 편의성의 문제일 뿐이다. 그러므로 중요한 것은 형식적인 체계적 위치가 아니라 내용이다. 그런데 저촉규정상 체계개념의 내용과 한계는 추구하는 바 법 정책적 목적에 따라 결정되고, 각 저촉규정은 일정한 국제사법적 정의를 실현한다. 그러므로 사실문제인 다양한 법현상에 대한 학문적 비교만으로는 성질결정의 기준을 발견할 수 없다. 오히려 저촉규정상 체계개념은 추구하는 바 목적에 맞게 해석되어야 하고 이를 위해서는 국제사법적 정의가 지지하는 바 이익의 분석이 필요하다. 즉 저촉규정의 해석은 국제사법적 이익의 분석을 기초로 이루어져야 한다는 것이다.

이 이론 역시 비교법적 성질결정설과 마찬가지로 성질결정을 위한 어떤 정해진 공식을 제공하는 것은 아니다. 그리하여 앞의 첫 번째 예의 경우에 대하여는 복잡한 이익분석을 거쳐 상속인 없는 유산에 대한 국가의 권리에 대하여도 피상속인의 본국법이 적용되어야 한다고 하고, 두 번째 예에 있어서는 미국법에 따른 소멸시효의 완성을 인정하여야 한다고 한다. 그리고 세 번째 예에 대하여는 이혼한 배우자에 대한 생활상의 배려에 제도의 목적이 있다 하여 이혼 후의 부양의무로의 유추

---

36) IPR, S. 254 이하.

가 가능하다고 할 것으로 추측된다.

6) 기능적 해석과 성질결정

저촉규정상의 체계개념(법개념)은 그것이 추구하는 규율목적 및 기능을 중심으로 해석하고(일차적 성질결정), 거기서 전제가 되어 있는 기능과 그 본질에 있어 같은 기능을 수행하는 내국 및 외국 실질법 규범이 그 저촉규정의 법개념에 포섭되어야(이차적 성질결정) 한다는 견해이다.

이 견해는 Rabel과 Kegel에 의해 확립된 독자적 성질결정의 원칙을 출발점으로 하면서 비교법적 성질결정방법론과 이익분석설을 비판적으로 발전시킨 것이라고[37] 할 수 있는데, 현재에는 독립된 이론으로서 또는 법정지법 원칙의 결점을 보완하기 위한 보조적 원리로서 다수 학자의 지지를 얻고 있다.[38] 그리고 그 논거를 보면, Rabel의 접근방법은 실현가능성이 없으며, Kegel이 주장하는 세 가지 국제사법적 이익(당사자이익, 거래이익, 질서이익)의 분석은 준거법 지정(연결점 선택)의 원리로서는 기능을 할 수 있지만 성질결정의 기준은 되지 못한다.[39] 오히려 인간의 생활상 욕구와 문제는 기본적으로 같은 것이고 따라서 법질서의 배후에 있는 규율목적도 동일하지만 단지 문제해결의 방법이 법체계에 따라 다른 것이므로, 규율목적과 기능을 성질결정의 기준으로 삼아야 한다. 그러므로, 저촉규정상의 법개념이 법정지 실질법상 개념으로부터 나온 것을 부인할 수 없다 해도, 저촉규정상의 법개념을 해석함에 있어서 중요한 것은 (형식적인) 체계적 위치나 제도적 유사성이 아니라 기능적 비교가능성이다. 따라서 저촉규정상의 법개념은 법정지 실질법상의 어떤 법개념과 기능의 면에서 비교될 수 있는 생활관계(예컨대 Morgengabe 합의) 및 그 생활관계를 규율하는(또는 그 생활관계의 배후에 있는) 외국 법규범을 충분히 포섭할 수 있도록 해석되어야 한다고 한다. 그리고 거기서 전제되어 있는 기능과 본질적으로 같은 기능을 수행하는 내국 및 외국 실질법규범을 그 저촉규정의 법개념에 포섭시켜야 한다고 한다.

---

37) Kropholler, IPR, S. 126; Sonnenberger, MK, 7권, 2판, Rn. 357 이하 zu Einleitung 참조.
38) von Bar, IPR, S. 515 이하; Firschign/Hoffmann, S. 204-205; Kropholler, IPR, S. 126 이하; Neuahus, IPR, S. 129; 신창선, 국제사법, 120면; 溜池良夫, 국제사법강의, 136-137면.
39) 그리하여 Kegel도 실제로는 이익분석이 아니라 기능분석을 하고 있다고 평가한다(vgl Sonnenberger, MK, Rn. 359 zur Einleitung).

이 이론에 따를 때 앞의 첫 번째 예에서는 독일 저촉규정상의 '사망으로 인한 권리의 승계'는 상속인이 없는 경우까지 포함하여 널리 남겨진 재산을 처리하는 문제 모두를 포함한다고 해석하여 상속인 없는 유산에 대한 국가의 권리에도 상속에 관한 저촉규정이 적용된다고 할 것이다. 그러면 스웨덴 상속법이 준거법이 되는데, 상속인 없는 유산에 대하여 국가의 선점권을 인정하는 규정 역시 기능의 면에서 '사망으로 인한 권리의 승계'에 관한 규정에 해당한다고 하여야 할 것이다. 두 번째 예의 경우에는 미국의 소멸시효 규정이 시간적 제한을 받지 않는 권리행사를 막는다는 점에 있어서 우리의 소멸시효와 기능적으로 동일하므로 미국 법체계 내에서의 위치와 관계없이 실질법규정으로 보아 적용하여야 한다고 할 것이다. 그리고 세 번째 경우에는 이슬람계의 Morgengabe가 갖는 기능(예컨대 부부간의 재산관계의 규율 또는 이혼 후의 부양)과 그 본질에 있어서 같은 기능을 하는 법 규정의 집합을 나타내는 법개념(혼인의 재산적 효력 또는 이혼의 효력)을 가지고 있는 저촉규정이 적용되어야 한다고 할 것이며, 경우에 따라서는 2중 3중의 성질결정도 가능할 것이다.[40] 그리고 그 저촉규정에 의해 지정된 나라(독일 판례에서는 독일)의 실질법 중 본질에 있어서 이와 동일한 기능을 하는 법 규정을 찾아 적용해야 한다고 할 것이다.

4. 비판과 정리

성질결정에 관한 제 학설을 이해하고 평가함에 있어서는 몇 가지 사실을 먼저 명확히 할 필요가 있다.

첫째로, 저촉규정은 법률관계를 연결대상으로 하고 있다.[41] 그러므로 예컨대 '실수로 남의 집 창유리를 깼다'는 사실관계에 (법정지의) 저촉규정을 적용하려면 먼저 그 사실관계가 어떤 법 체계적 범주(법률관계, 여기서는 불법행위)로 분류되어야 한다.

둘째로, 이론적으로 일차적 성질결정의 대상을 생활관계로 이해하든[42] 법적 문제(Rechtsfrage)로 보든[43] 현실적으로 성질결정이 문제되는 것은 구체적인 생활관계

---

40) Kegel, IPR, S. 257-258; Heyn, Die "Doppel-" und "Mehrfachqualifikation" Im IPR, 1986, S. 33 이하, 55 이하 참조.

41) 저촉규정은 어떤 법률관계(예컨대 불법행위)에 대하여 그에 합당한 연결점으로서 어떤 지역적 관련요소(여기서는 행위지)를 결합시키고 있기 때문에 입법자의 관점에서 본(즉 저촉규정에서의) 연결대상은 생활관계가 아니라 법률관계이다.

42) Von Bar, IPR, Band I, S. 518-519.

43) Kropholler, IPR, S. 134-135.

와 관련되어 어떤 법적 문제가 제기되었을 때이다. 그런데 구체적으로 제기되는 법적 문제는 법정지 실질법을 기초로 할 수도 있고, 결과적으로 그 생활관계의 준거법이라는 판단이 내려질(것으로 추측되는) 실질법에 기초할 수도 있고,[44] 앞의 세 번째 예에서처럼 법정지법도 준거법도 아닌 제3의 실질법에 기초한 것일 수도 있다.

셋째로, 법정지 국제사법상의 체계개념은 법정지 실질법상의 체계개념에서 나온 것임을 부인할 수 없다.

넷째로, (일차적) 성질결정을 저촉규정상의 체계개념의 해석 내지는 해석을 통해 적용 범위를 결정하는 것으로 보는[45] 경우에는 말할 것도 없지만, 법정지의 어떤 저촉규정상의 체계개념(구성요건 요소의 하나인 연결대상, 즉 어떤 법률관계)에 법적 판단의 대상인 구체적 생활관계를 포섭시키는 것으로 이해하는[46] 경우에도 법정지 저촉규정상의 체계개념에 대한 해석이 문제될 수 있다.

다섯째로, 법정지 저촉규정에 의해 준거법으로 지정된 법체계 중 어느 규정 또는 규정 군이 법정지 저촉규정의 체계개념에 포섭될 수 있느냐 하는 이른바 2차적 성질결정도 저촉법적 판단의 한 과정으로서 성질결정에 포함되어야 한다.

이상의 다섯 가지 사항을 기초로 하여[47] 각 학설의 근거와 내용의 타당성에 대하여 검토하기로 한다.

성질결정이 현실적으로 문제되는 것은 구체적인 생활관계와 관련되어 어떤 법적 문제가 제기되었을 때인데, 외국법이 준거법이 되어야 할 경우라면 그 법적 문제는 대부분 법정지법이 아니라 준거법에 기초한 것일 것임을 충분히 예상할 수 있다.[48] 그러므로 어떤 생활관계를 어떤 법률관계로 분류함에 있어서 (제기된 법적 문제의 기초가 되어 있는) 법(즉 당사자가 자기의 주장의 근거라고 생각한 법이라는 의미의 준거법)을 기준으로 하여야 한다는 생각이 그리 이상한 것만은 아니다. 이렇게 볼 때, Wolff가 제시한 논거가 외국법 적용의 기본 원칙으로서뿐 아니라 준거법을

---

44) 여행 중 미국 어느 주에서 교통사고를 당한 일본인이 현재 서울에 살고 있는 미국인 가해자를 상대로 그 주법을 기초로 하여 손해배상을 청구하는 경우를 예로 생각할 수 있다.

45) Von Bar, IPR, Band I, S. 499; Kegel, IPR, 240.

46) Firsching/Hoffmann, IPR, S. 198; Kropholler, IPR, S. 104 참조.

47) 물론 논의의 기초가 된 사항에 관하여는 많은 논란이 있었으며 앞으로도 논란이 계속될 것으로 추측된다.

48) 외국법이 준거법이 되는 경우, 문제되는 법적 쟁점(예컨대 어떤 청구) 역시 대개 그 외국법을 기초로 하여 제기되는 것일 것이다.

성질결정의 기준으로 하는 것에 대한 설명으로서도 타당한가에 대하여는 의문이 있고[49] 특히 일차적 성질결정에 있어서는 순환논리가 된다는 문제가 있는 것은 부인할 수 없지만, 이런 순수 논리적인 측면만 가지고 준거법설을 배척할 수는 없을 것이다.[50] 나아가 이차적 성질결정에서는 논리적 모순의 문제도 없다.

그러나 한 생활관계를 어떤 법률관계로 분류하는 것은 그 자체가 목적이 아니라 그 과정을 거쳐야 구체적 생활관계를 법정지의 어느 저촉규정(의 체계개념)에 포섭시킬 수 있기 때문이다(이것이 바로 저촉규정의 적용이다). 그런데 법정지 국제사법상의 체계개념은 사실상 법정지 실질법상의 체계개념에서 나온 것이기 때문에, 법정지 저촉규정상의 체계개념에 대한 해석에 있어서는 말할 것도 없고 어떤 사실관계를 어떤 법률관계로 분류함에 있어서도 법정지 실질법상의 체계개념을 도외시할 수는 없다. 따라서 준거법만이 성질결정의 기준이 된다는 의미로서의 준거법설은 타당하지 않고, 일차적 성질결정에 관한 한 법정지법 외에 외국법도 고려되어야 한다는 것을 지적하는 의미에서만 정당성을 가질 수 있다 할 것이다. 그리고 이차적 성질결정이란 준거법으로 지정된 법체계 내의 어느 규정 내지는 규정 군이 법정지 저촉규정 상의 한 체계개념의 범주에 속하는가를 판단하는 것이므로, 이때도 법정지 저촉규정상의 체계개념에 대한 해석 및 그 적용 범위 결정을 떠나서 논의가 이루어질 수 없고 따라서 법정지 실질법상의 체계개념이 무시될 수 없는 것은 마찬가지이다.

그런데 법정지 실질법 역시 성질결정의 유일한 기준이 되지는 못한다. Rabel이 지적하였고 앞의 예(특히 세 번째)를 통해서도 알 수 있는 바와 같이, 국제사법은 지구촌의 모든 법현상과 관련되어 있다. 그러므로 사실관계를 법적으로 파악하고 저촉규정의 체계개념을 해석하여 그 적용 범위를 결정함에 있어 법정지의 법개념만을 엄격히 따르는 경우에는 국제사법에 무수한 흠결이 발생할 것이며 그 결과 국제사법이 제 기능을 할 수 없게 될 것이다. 요컨대 성질결정에 있어 법정지 실질법상 체계개념이 하나의 기준인 것은 부인할 수 없지만 결코 유일한 기준일 수는 없다. 그리고 바로 이러한 이유에서 현재 순수한 법정지법설은 더 이상 진지하게

---

49) von Bar, IPR, Band I, S. 501 이하 참조.
50) 실질적인 타당성이 인정된다면 이 논리적 모순 문제는 성질결정저촉규정 개념을 도입하여 해소시킬 수 있다.

주장되지는 않으며 어떤 형태로든지 외국법도 고려되어야 한다는 것을 인정하고 있다.[51]

이처럼 일차적 성질결정과 이차적 성질결정에 있어 공히 법정지 실질법의 체계 개념이 하나의 기준이 되어야 하고 동시에 외국법도 고려되어야 한다고 할 때, 일차적 성질결정에서는 법정지법만을 기준으로 하고 이차적 성질결정에서는 준거법만을 기준으로 하자는 이른바 단계적 성질결정설도 기본적으로 타당하지 못함은 물론이다. 나아가 단계적 성질결정은 경우에 따라서는 애써 해놓은 일차적 성질결정을 사실상 무의미한 것으로 만들어 버리는 결과를 가져오기도 하는데[52] 이것이 방법론적으로 잘못된 것임은 두말할 필요가 없다.

여기서 중간결론을 내리면, 어느 단계이냐를 막론하고 법정지법이 성질결정의 하나의 기준이 되어야 하지만 기능성을 갖춘 국제사법이 되기 위해 성질결정에서 외국법도 고려해야 한다는 것이다.

그러나 이것은 아직 너무 막연하고, 법정지 실질법의 어떤 관점이 저촉규정상 법개념을 해석함에 있어 기준이 되고, 외국법의 무엇을 함께 고려해야 하는가 하는 문제까지 해결해야 직접 활용 가능한 해결방안이라 할 것이다. 생각건대 이에 관하여는 기능적 성질결정설이 가장 합리적인 방안을 제시하고 있다고 할 것이다. 즉 저촉규정상의 법개념을 해석하는 데 있어 중요한 것은 그것에 대응되는 실질법상의 어떤 법개념의 기능이다. 그리고 해석원칙은 기능 면에서 비교될 수 있는 생활관계(예컨대 Morgengabe 합의) 및 그 생활관계를 규율하는(앞의 세 번째 예에서는 그 생활관계의 기초가 되는) 외국 법규범을 충분히 포섭할 수 있도록 하여야 한다는 것

---

51) 이러한 접근방법에 대해 어느 나라의 실질법 체계도 성질결정의 절대적 기준은 되지 못한다는 면을 강조하여 국제사법 자체의 입장에서 성질결정을 하는 것이라고 하든, 법정지 실질법이 기본적으로 일차적 기준이 된다는 면을 강조하여 수정 법정지법주의라고 하든, 그 명칭은 중요한 문제가 아닐 것이다.

52) 예를 들어 영국인과 그리스인이 영국에서 영국법이 정한 방식에 따라 혼인을 하였다고 하자. 그런데 영국법에서는 성직자의 참여가 혼인의 방식 문제로 되어 있지만 그리스에서는 실질적 요건으로 되어 있어 성직자의 참여 없이 이루어진 이 혼인의 유효 여부가 우리나라에서 다투어지고 있다. 이 경우 단계적 성질결정설에 따르면 1차적 성질결정, 즉 성직자의 참여를 실질의 문제로 볼 것인가 방식의 문제로 볼 것인가는 법정지인 우리 혼인법에서 정한 바에 따른다. 그런데 우리 혼인법은 성직자의 참여가 필요한가를 방식의 문제로 보기 때문에 거행지법이 이 문제의 준거법이 되고, 영국법에서는 성직자의 참여 없이도 혼인을 할 수 있도록 하고 있다. 그리하여 방식요건에는 아무런 하자가 없다고 판단하였다. 그런데 그리스인에 관한 실질적 요건에 대하여는 그리스법이 적용되어야 하고, 그리스법에서는 성직자의 참여가 실질적 요건의 하나로 되어 있다. 여기서 우리 법원도 단계적 성질결정설에 따라 이를 실질의 문제로 보아야 한다면 이 혼인은 실질적 요건이 결여되어 무효라 하여야 된다. 즉 동일한 문제에 대한 앞서의 판단을 스스로 번복하여야 하는 것이다.

이다. 그 후 이차적 성질결정에 있어서도 중요한 것은 외국법 규정의 형식적인 체계상 위치나 제도적 유사성이 아니라 그 기능이며, 따라서 이러한 해석에서 정해진 기능과 본질적으로 같은 기능을 수행하는 내국 및 외국 실질법규범을 그 저촉규정의 법개념에 포섭해야 할 것이다.

■ **일차적 성질결정**

　대법원 1991. 2. 22. 선고 90다카19470 판결　소유권 또는 지분권의 귀속을 내세우는 근거가 상속을 원인으로 하는 것인 이상, 그 권리 행사의 방식 여하에 불구하고 이는 민법 제999조 소정의 상속회복청구의 소라고 해석하여야 한다.

　대법원 1994. 11. 4. 선고 94므1133 판결　사실혼이 상대방의 귀책사유로 인하여 파탄에 이르게 되었다 하여 그 부당파기로 말미암아 입게 된 정신적 손해의 배상을 구하는 위자료 청구는 불법행위로 인한 손해의 배상을 구하는 것……

　부산고등법원 2001. 2. 2. 선고 99나5033 판결　섭외사법 제11조 제2항의 '청약'이 무엇인가를 해석하는 것은 결국 법정지법인 우리나라 섭외사법의 해석문제라고 할 것이므로 우리 민법의 '청약'에 관한 규정이 그 기초가 되어야 할 것

　※ **기타판례** 서울가정법원 1996. 11. 1. 선고 95드27138,63979 판결; 대법원 1997. 5. 9. 선고 95다34385 판결; 대법원 2012. 10. 25. 선고 2009다77754 판결

■ **이차적 성질결정**

　서울가정법원 1985. 12. 24. 선고 85드2828 판결　우리나라 민법상 파양사유인 "양친자관계를 계속하기 어려운 중대한 사유"가 준거법인 프랑스민법상 입양취소사유로 되어 있고 별도로 파양에 관한 규정이 없다면 위 입양취소는 파양에 해당한다.

　서울가정법원 1992. 2. 18. 선고 91드82748 판결　일본국 국적을 가진 부가 일본국 국적을 가진 자를 상대로 제기한 친생부인을 구하는 소는 이른바 섭외적 법률관계에 속한 사건이고, 섭외사법 제19조에 의하면 친생부인은 그 출생 당시의 모의 부의 본국법에 의하게 되므로, 위 소는 일본국 민법이 그 준거법이 되고, 일본국 민법 제774조, 제775조에는 적출부인의 소가 인정되는바, 위 조문은 우리나라 민법 제846조, 제847조에 정해진 친생부인의 소에 관한 규정과 동일하므로, 위 소는 결국 위 적출부인의 소에 해당된다.

　대법원 2015. 1. 29. 선고 2012다108764 판결　영국 보통법상 상계 역시 상계권의 행사에 의하여 양 채권이 대등액에서 소멸한다는 점에서는 실체법적인 성격도 아울러 가진다고 할 것이므로 상계의 요건과 효과에 관하여 준거법으로 적용될 수

제1편　제2편　제3편　제4편　국제사법 일반이론

있다.

※ **기타판례** 대법원 1988. 2. 9. 선고 87다카1427 판결; 부산고등법원 2001. 2. 2. 선고 99나5033 판결[53]; 대법원 2015. 2. 26. 선고 2012다79866 판결

II. 선결문제

1. 문제의 소재와 의의

어떤 법적 문제가 해결되기 위해서 논리적으로 다른 법적 문제가 먼저 해결되어야 하는 경우가 있다. 이러한 경우 일반적으로 본래의 해결대상인 법적 문제를 본문제Hauptfrage, 그에 앞서 먼저 해결되어야 할 문제를 선결문제Vorfrage; preliminary or incidental question라고 한다. 그런데 국제사법에서는 이러한 상황이 다음과 같이 두 경우에 발생하여 논리적으로 먼저 해결되어야 할 법적 문제의 준거법이 어떻게 결정되어야 하는지가 문제되는바, 선결문제의 범위에 관하여는 아직 견해가 대립하고 있다.

첫 번째 문제 군으로, 예를 들어 스페인 국적을 가지고 있는 A와 B가 독일의 어느 카톨릭교회에서 교회의 의식에 따른 결혼식만을 올리고 살다가 일방이 우리나라에서 이혼소송을 제기하였다고 하자. 그런데 결혼식이 거행된 독일의 법에 따르면 이 혼인이 방식요건의 흠결로 무효인 반면, 두 당사자의 본국인 스페인의 법에 의하면 유효이다. 여기서 이혼이 가능하려면 유효한 혼인관계가 존재하여야 한다는 논리적 관점에서 보면 법원은 우선 A와 B 사이에 혼인관계가 존재하는지 판단하여야 하는데 그 기준은 우리 국제사법 제63조(혼인의 성립)에 따르는가 아니면 이혼의 준거법국이 될 스페인의 국제사법에 따르는가? 또는 국제사법 제68조에서는 혼인외의 출생자의 친자관계의 성립의 준거법을 규정하고 있는데 이것이 논의될 수 있기 위해서는 먼저 혼인외의 출생자라는 것이 확정되어야 한다. 그러면 혼인외의 출생자 여부를 판단하는 기준이 될 법은 어떻게 결정되는가? 이 문제는 '법정지 저촉규정의 구성요건에 일정한 법률관계 내지 법률효과(유효한 혼인·혼인외의 출생자)가 포함되어 있는 경우, 그 문제의 준거법은 어떻게 결정되어야 하는가'

---

53) 어느 이론에 따른 것인지는 밝히고 있지 않아 아쉬움이 있다.

라고 일반화하여 표현할 수 있다.

두 번째 문제 군으로, 스페인 국적의 C와 D가 독일의 어느 카톨릭교회에서 교회의 의식에 따른 결혼식만을 올린 후 우리나라에 와서 20년을 살다가 C가 사망하였다. 그런데 상속의 준거법인 스페인법에 따르면(국제사법 제77조 참조) 배우자에게도 상속권이 인정되고 있어 D의 상속권 유무와 관련하여 혼인의 유효성이 문제된다. 이 경우 혼인의 유효 여부를 판단하는 기준은 우리 국제사법 제63조에 따르는가 아니면 상속의 준거법국인 스페인의 국제사법에 따르는가? 또는 스페인인 E와 F가 독일에서 독일법이 정하고 있는 바에 따라 신분공무원 앞에서 혼인서약을 하고 살다가 E가 사망하여 F의 상속권과 관련되어 혼인의 유효성이 문제되는 경우는 어떠한가? 이 문제는 '본문제의 준거법인 실질규범에 일정한 법률관계 내지 법률효과(유효한 혼인)가 포함되어 있는 경우, 그 문제의 준거법은 어떻게 결정되어야 하는가'라고 일반화하여 표현할 수 있다.

그리고 선결문제의 범위에 관하여는 위의 두 경우가 모두 포함된다고 하는 입장과,[54] 첫 번째 경우를 일차적 문제Erstfrage라 하여 선결문제의 범위에서 제외하려는 입장 등이[55] 있다.

2. 선결문제의 개념 및 범위

1) 학 설

(1) 최광의의 선결문제

국제사법에서도 선결문제를 말 그대로 하나의 문제가 해결되기 위해서 논리적으로 반드시 먼저 해결되어야 하는 문제를 모두 아우르는 것으로 이해하는 예가 있다.[56] 이에 따르면 앞서 소개한 것과 같은 문제 외에도 성질결정, 연결개념, 불통일법국법의 지정, 반정 등도 선결문제에 흡수되는 것은 물론이다.

그러나 선결문제를 이렇게 넓게 이해하게 되면 문제 발생의 계기와 성질, 그리

---

54) Von Bar, IPR, Band I, S. 520 이하; Kegel, IPR, S. 271-272; Lüderitz, IPR, S. 64-65; Raape/Sturm, IPR, S. 290; Sonnenberger, MK, 10권, 4판, Rn. 387 zu Einleitung 이하.

55) Firsching/Hoffmann, IPR, S. 211, 214; Kropholler, IPR, S. 221, 223-224; Neuhaus, IPR, S. 140-141.

56) Gotlieb, A. E., The Incidental Question Revisited-Theory and Practice in the Conflict of Laws, International and Comparative Law Quarterly, VOL. 26, 1977, pp. 736-738 참조.

고 각각 해법을 달리하는 여러 경우들이 하나의 지붕 아래 총망라되어 문제의 해법을 찾는 논의에 있어 논점이 흐려지고 일관성이 없어지는 문제가 수반되기 때문에 이런 접근은 방법론적 관점에서 적절치 않다고 하겠다.

(2) 광의의 선결문제

이는 국제사법상의 선결문제의 범위를 위에서 든 두 가지 문제 군으로 국한하려는 견해이다. 논리적으로 이혼은 혼인관계의 존재를 전제로 할 때 비로소 논할 수 있고 따라서 이혼에 관한 저촉규정도 논리적으로 혼인관계의 존재를 전제하는 것이라 할 수 있다. 이렇게 보면 혼인의 존재는 이혼에 관한 저촉규정의 (숨은) 구성요건이고, 혼인의 존재가 확정되어야 그 규정이 적용될 수 있다고 할 것이다. 이처럼 어떤 저촉규정의 적용에 앞서 판단되어야 하는 사항을 보통 일차적 문제라고 하는데,[57] 이 일차적 문제도 국제사법상 어떤 문제의 판단을 위해 앞서 판단되어야 하는 것이라는 점에서 일종의 선결문제라고 할 수 있다는 것이다. 나아가 일차적 문제가 법정지 저촉규정의 구성요건 요소에 관한 것인 점에서 저촉규정을 적용하여 정해진 본문제 준거법상의[58][59] 구성요건의 요소로서 비로소 등장하는 두 번째 문제 군과 차이가 있기는 하지만, 일차적 문제를 선결문제와 구별하여 우선 처리하는 것은 적절치 않다고 한다. 예컨대 혼인의 재산적 효력이나 이혼에 관한 저촉규정을 적용하기 위해서 반드시 적법·유효한 혼인관계가 존재하는 것이 먼저 확정되어야 하는 것은 아니며, 그에 관한 당사자의 주장(따라서 잠재적 존재 가능성)만 있으면 충분하고,[60] 그리하여 혼인의 재산적 효력이나 이혼 등 본문제의 준거법이 정해진 후 그 적용단계에서 필요하면 선결문제로서 다루는 것(즉 독립적 또는 비독립적으로 연결하는 것: 후술)이 가능하고 또 합리적이라는 것이다.[61] 요컨대 이 견해는 개념적으로나 해결방식의 면에서나 일차적 문제의 독자성을 부인하는 것으로 귀결된다.

---

57) 1차적 문제라는 용어 대신 제1단계 선결문제라는 표현도 사용되는데, 이는 단지 사용된 용어상의 차이일 뿐이다.

58) 이론적으로 준거법은 외국법일 수도 있고 법정지의 법일 수도 있다.

59) 반정을 인정하지 않는 때에는 준거법이 될 수 있는 것은 외국 또는 법정지의 실질법이지만, 반정을 인정하는 때에는 외국의 저촉규정도 고려 대상이 된다.

60) 당사자 모두 유효한 혼인의 존재를 전제로 부부 사이의 재산관계를 다투는데, 법원이 혼인의 성립이라는 일차적 문제를 제기하여 독자적으로 준거법을 지정하고 그에 따라 혼인이 무효라고 선언하는 것이 분쟁 해결의 적절한 절차인지는 의문이다.

61) Bernitt, Carmen Christina, Die Ankpüpfung von Vorfragen im europäischen Kollisionsrecht, Mohr Siebeck, Tübingen, 2010, S. 16-17; Raape/Sturm, IPR, S. 290.

사견으로는 일차적 문제와 선결문제는 그것이 제기되는 계기가 명확히 구별되는 별개의 문제로서 일차적 문제를 개념적으로 부인하기는 어렵다고 생각한다.

(3) 협의의 선결문제

선결문제를 원래 분쟁의 대상인 법률관계(본문제: 위 예에서 상속문제)의 준거법상의 구성요건에 등장하는, 그리고 그 자체가 저촉법적 판단의 대상이 되는(즉 독자적으로 연결대상이 되는) 법률관계(위 예에서 A와 B 사이의 신분적 관계)의 문제로 국한시키는 입장이다.[62] 이 견해는 일차적 문제와 협의의 선결문제가 발생하는 단계가 전혀 다른 점을 중시하고,[63] 그리하여 그 해결의 방법도 서로 달라야 한다는 점을 강조한다.[64]

그러나 개인적으로는 일차적 문제와 선결문제가 개념적으로 구별되어야 하지만, 그렇다고 하여 해결 방법을 달리해야 하는 것은 아니라고 생각한다. 일차적 문제는 대개 본문제 준거법에서 규율되고 있는 사항이기도 하기 때문에 만약 일차적 문제를 독립적으로 연결하였는데 본문제의 준거법을 적용하는 단계에서 다시 선결문제로 등장하는 경우에는 착란적 관계가 발생할 위험이 있기 때문이다.

선결문제를 협의로 이해하는 입장은 다시 본문제의 준거법이 외국법인 경우만을 선결문제로 볼 것인가 아니면 법정지법이 준거법인 경우도 선결문제로 볼 것인가를 놓고 견해가 나뉘고 있다.[65] 본문제 준거법이 법정지법인 경우에는 '선결문제에 적용되는 저촉법'이라는 '선결문제의 연결 방법'에 고유한 문제는 발생하지 않으므로,[66] 전통적인 입장에 따라 논의의 핵심이 '선결문제에 적용되는 저촉법'이라는 문제에 있다고 이해한다면, 전자로 보는 것이 논리적일 것이다.

---

62) Bernitt, 앞의 책, S. 18-19.
63) 이 입장의 출발점은 일차적 문제에 있어서는 법정지 저촉규정이 정하는 바에 따르는 것이 당연하므로 최소한 이 부분에 있어서는 이른바 독립적 연결 또는 비독립적 연결이라는 양자택일적 대립이 해소된다는 것이다. 그러나 이러한 구별의 정당성에 관하여는 논란이 있다(각주 64) 참조).
64) 일차적 문제의 해결에 대해서는, 일차적 문제가 제기되는 단계에서는 아직 정해진 lex causae가 존재하지 않기 때문에 일차적 문제는 필연적으로 본문제의 연결에 앞서 법정지의 해당 저촉규정에 따를 수밖에 없다는 견해와, 일차적 문제와 선결문제를 개념적으로 구별한다고 하여 필연적으로 그 연결방법도 달리 하여야 하는 것은 아니라는 견해가 대립한다.
65) Gotlieb, 앞의 논문, pp. 736-737, 744-745 참조.
66) Fawcett, James/Carruthers, Janeen M., Cheshire, North & Fawcett Private International Law, 4. edition, Oxford University Press, Oxford, 2008, p. 52.

제1편 제2편 제3편 제4편 국제사법 일반이론

(4) 정 리

일차적 문제와 선결문제는 개념적으로 구별되어야 하지만 그렇다고 하여 해결방법이 논리적으로 달라져야 하는 것은 아니며, 실제적으로는 동일한 방법을 적용하는 것이 합리적이라 하겠다. 그리고 이론적으로나 실제적으로나 선결문제가 의미를 갖는 것은 본문제의 준거법이 외국법인 경우이므로 본문제의 준거법이 법정지법인 경우는 논의의 범위에서 배제하는 것이 타당할 것이다.

2) 선결문제의 계층구조(Vorfrage höheren Grades)와 관련된 문제

사안에 따라서는 하나의 선결문제(X)에 다시 선결문제(Y)가 포함되어 있는 경우가 있을 수 있고, 이런 경우 최종적으로 본문제에 대한 판단이 가능하기 위해서는 순차적으로 먼저 Y에 대한 판단이 내려지고 그 판단을 기초로 X에 대한 판단이 내려져야 한다. 이러한 선결문제의 단계구조는 계속 이어질 수 있는데, 예컨대 본문제로서 상속권이 다투어지고 있는데, 상속권은 친자관계 여부에 좌우되고, 친자관계는 다시 부모의 혼인의 유효 여부에 좌우되며, 이는 다시 부모 일방의 전 혼인관계의 해소 여부(예컨대 유효한 이혼 여부)에 좌우되는 경우 등이다.

이들 다단계의 선결문제도 하나의 선결문제임에 틀림이 없다. 다만 선결문제의 연결에 관하여 비독립적 연결설을 따르는 경우 무엇을 높은 단계의 선결문제의 본문제로 볼 것인지 문제되는 특수성이 있다(후술).

3. 부분문제와 선결문제

선결문제를 협의로 이해하는 경우 선결문제와 이른바 부분문제Teilfrage의 구별이 문제 된다.

1) 부분문제의 개념

부분문제가 무엇인가에 대하여는 ㉠ 본문제 자체는 아니지만 본문제와 관련되어 제기되는 제반 문제라고 하는 견해, ㉡ 본문제의 구성요건으로서 저촉법적 독자성이 없는 것이라고 보는 견해, ㉢ 방식, 행위능력 등 언제나 다른 문제(즉 법률행위)와 관련되어 등장하지만 그에 관한 독자적 저촉규범이 있어서 하나의 특별연결의 대상이 되어 있는 사항으로 이해하는 입장, ㉣ 실질법적으로 특정한 문제와 불가분하게 연결되어 있어 저촉법적으로도 항상 그 다른 문제와 관련되어서만 제기되는(저촉법적 비독자성) 구성요건상의 전제적 요건으로 이해하는 견해 등이 대립한다. 생각건대, 마지막 견해가 문제가 제기되는 계기의 분석 및 해결 방법이라는 관점에서 선결문제와 부분문제의 차이를 가장 설득력 있게 설명하고 있다고 생각된다. 이에 따르면 부분문제는 기본적으로 본문제 준거법에 따를 수 있지만, 예컨대 법률행위에 있어서 방식, 행위능력, 대리 등처럼 저촉법적 고려에서 특별히 연결될 수도[67] 있다.[68]

2) 양자의 구별

특별연결되는 부분문제와 선결문제는 어떤 문제의 구성요건적 전제요건의 하나로서 그것에 관한 저촉규정이 별도로 존재한다는 공통점이 있다. 그러나 부분문제는 항상 다른 문제와 관련하여서만 제기되는 반면 선결문제는 하나의 분쟁에서는 다른 문제의 전제로서 제기되고 있지만 그 자체로서 독자적으로 본문제가 되어 분쟁의 대상이 될 수 있는 사항이라는 점에서 개념적으로 구별된다. 예컨대 방식·행위능력·대리가 법률행위를 떠나서 그 자체만으로 저촉법적으로 문제되지 않는 것에 비하여, 예컨대 혼인·친자관계 등의 존재 문제는 상속권이나 부양청구권 등 다른 문제의 전제요건으로 제기되는 경우도 있지만 다른 문제와 무관하게 그 자체만으로(즉 그 자체가 본문제로서) 연결대상이 될 수 있는바, 어떤 법률행위의 존재와 관련하여 제기되는 방식·행위능력·대리 등의 문제는 법률행위의 부분문제이고, 상속권의 전제로서 제기되는 친자관계의 존재 여부 문제는 상속의 선결문제가 된다.

그리고 부분문제의 특별연결에 있어서는 그 연결점이 법정지 국제사법에 의해 정해지므로, 특별연결이 되는 부분문제에 관한 한 본문제 준거법은 지정범위에서 원칙적으로 제외된다.[69] 그러므로 부분문제에서는 법정지 외의 다른 나라(예컨대 본문제 준거법국)의 국제사법에 따른 연결의 가능성이라는 관념이 발생할 여지가 없다.

---

67) 이 범위에서 이른바 준거법의 분열(dépaçage) 현상이 발생한다.
68) 그러므로 구성요건적 전제 중 특별연결되는 사항과 그렇지 않은 사항 모두 개념상으로는 부분문제가 된다.
69) 예컨대 대리의 경우 법률행위의 준거실질법 중 대리에 관한 규정은 지정범위에 들어가지 않는다. 그러나 방식의 경우에는 많은 나라에서 특별연결이 선택적인 것으로 되어 있다.

4. 선결문제의 해결

Melchior와 Wengler가 1930년대에 선결문제의 개념을 제기하기 전까지, 이 문제는 관행적으로 법정지의 저촉규정에 따라 준거법이 정해졌다. 그리고 논의의 초기에는 저촉법적 고려 없이 법정지 또는 본문제 준거법국의 해당 실질법을 따르면 된다는 실질법적 해결설과 별도로 준거법을 정해야 한다는 저촉법적 해결설로 견해가 나뉘었다. 그러나 실질법적 해결설은 바로 퇴조하고 현재는 사실상 후자만이 주장되고 있으며, 이는 다시 크게 법정지법설, (본문제)준거법설, 절충적 견해로 나눌 수 있다.

1) 실질법적 해결설

(1) 법정지 실질법설

선결문제를 법정지 실질법에 따라 판단하자는 입장이다. 그러나 이에 대하여는 그 자체로 하나의 독립적 연결대상인 사항에 대해 단지 다른 문제의 선결문제로 제기되었다는 이유만으로 저촉법적 고려 없이 법정지 실질법을 적용하는 것은 국제사법적 정의와 저촉법의 체계에 반하는 것이라는 비판을 받아 쉽게 퇴조하였다.[70]

(2) 본문제 준거법(lex causae) 실질법설

선결문제를 본문제 준거법국의 해당 실질법에 따라 판단하자는 입장으로, 독일 연방최고법원BGH도 애초에는 이 입장을 따랐다고 한다.

이 견해에 대하여는 우선 법정지 실질법설에서와 동일한 문제점이 지적되었으며, 나아가 이 견해를 따를 경우 소송이 계속 중인 법원과 준거법국 법원 및 법정지의 다른 법원과의[71] 사이에도 법적용을 달리 할 가능성이 있어 내적 판단의 일치와 외적 판단의 일치가 모두 저해된다는 비판을 받는다.[72]

---

70) 이 입장에 관한 소개로는 Bernitt, 앞의 책, S. 35 참조.
71) 선결문제가 다른 법원에서 본문제 또는 다른 본문제의 선결문제로 다루어지는 경우를 생각.
72) 이 입장에 관한 소개로는 Bernitt, 앞의 책, S. 35 f. 참조.

2) 저촉법적 해결설

(1) 비독립적 연결설

본문제 준거법국 국제사법에 따라 선결문제의 준거법을 정하자는 견해로, Melchior와 Wengler가 선결문제를 처음 제기하며 제안하였다. 그 논거는 다음과 같다.

① 내외 판결의 일치

국제적 분쟁의 해결에서는 법정지와 관계없이 동일한 결론이 나오도록 하는 것이 여러 관점에서 중요하다. 예컨대 한 나라에서는 유효한 혼인이 다른 나라에서는 무효로 다루어지는 이른바 착란적 관계가 발생하는 것은 개인적으로는 물론 사회적으로도 바람직하지 않다. 나아가 국제적 분쟁을 효율적으로 해결하기 위해서는 판결의 관철력이 중요한 의미를 갖고, 외적 판단의 일치는 이에 보탬이 된다(승인·집행의 용이성). 그리하여 국제적 분쟁에서 외적 판단의 일치는 국제사법의 이상 중의 하나로 인정되고 있고, 선결문제의 경우에는 비독립적 연결을 함으로써 외적 판단의 일치를 달성할 수 있다는 것이다.[73]

그러나 과연 선결문제를 비독립적으로 연결하는 것이 외적 판단의 일치를 위한 적절한 수단인지에 대하여는 다른 평가도 있다. 선결문제의 비독립적 연결을 통해 외적 판단의 일치가 달성되기 위해서는 그 전제조건으로 본문제에 대한 저촉규정이 법정지와 본문제 준거법국 두 나라에서 동일하거나 최소한 결과에서라도 일치할 것이 요구되는바, 이를 기대하기 어렵다는 것이다. 나아가 국제사법의 이상으로서의 외적 판단의 일치는 법정지와 본문제 준거법국 사이에서뿐 아니라 제3국과의 관계에서도 이루어져야 완성될 수 있는데, 제3국과의 일치는 비독립적 연결에서는 전혀 고려되지 않고 있다.

요컨대 선결문제의 비독립적 연결은, 외적 판단의 일치를 직접 저해하지는 않지만, 법정지와 본문제 준거법국 사이에서조차도 판단의 일치를 보장해 주지 못하며, 제3국과의 일치에 관해서는 전혀 적절한 수단이 될 수 없다. 그러므로 외적 판단의 일치라는 관점이 선결문제의 비독립적 연결에 있어서 결정적인 의미를 가질 수 없다.

---

73) Wengler, Wilhelm, Die Vorfrage im Kollisionrecht, RabelsZ 8, 1934, S. 198; von Hoffmann/ Thorn, IPR, S. 245.

② 총괄지정

일반적으로 준거법을 지정하는 것은 실질법만이 아니라 저촉규정을 포함하여 한 나라의 법이 총괄적으로 지정되는 것을 의미하고, 본문제의 준거법으로 외국법을 지정하는 것은 본문제에 관해 전체적으로 준거법국 법원과 동일하게 재판해야 하는 것을 의미하기 때문에, 선결문제도 준거법국의 국제사법에 따라야 한다고 한다.[74]

그러나 이런 주장이 정당하기 위해서는 우선 준거법의 지정이 총괄지정이어야 한다.[75] 나아가 준거법 지정이 원칙적으로 총괄지정이라고 한다 해도 이로부터 본 문제의 준거법이 선결문제를 발생시키는 경우 그에 대한 답까지 준거법에 맡겨진 다는 명제가 당연히 도출되는 것은 아니기 때문에[76] 다시 이에 대한 근거를 이 견 해가 제시해야 할 것이다. 그러나 이 견해의 주장자들은 그렇게 하지 못하고 있다.

생각건대 총괄지정을 비독립적 연결의 논거로 드는 것은 논리적 비약이다. 국제 사법 각칙상의 준거법의 지정은 본문제의 영역에 관한 규정의 지정일 뿐, 전체 실 질법 또는 전제 저촉규정까지 지정하는 것은 아니라고 할 것이다. 즉 총괄지정이라 해도 법정지 저촉규정에 의해 지정되는 준거법국의 저촉규정은 본문제에 관한 것 으로 국한된다.

③ 준거법국 법질서의 전체적 일관성 유지

실체적으로 정당한 재판이라는 관점에서 보면 전체 사실관계를 통일적으로 파 악하고 규범적인 판단에 있어서도 일관성이 있어야 하는바, 본문제 준거법을 일관 성 있게 적용하기 위해서는 선결문제도 본문제 준거법국의 입장에 맡겨야 한다고 한다.[77]

이러한 주장은 기본적으로 타당하다. 그러나 국제적 사건에서는 전체적 일관성 에 우선하는 국제사법적 이익으로 인하여 둘 이상의 법이 적용되는 것을 인정하는 경우가 드물지 않다.[78] 그러므로 준거법 질서의 전체적 일관성 유지라는 것 자체는

---

74) Wengler, 앞의 논문 S. 198; von Hoffmann/Thorn, IPR, S. 245.
75) 이는 주로 반정의 인정 여부와 관련되어 논의되는 문제로 논리 필연적으로 총괄지정이라거나 실질법 지정이라는 견해, 정책적 판단의 문제라는 견해가 대립하고 있으며, 사견으로는 마지막 견해에 찬동하 고 이를 토대로 제한적 범위에서만 반정을 인정하는 것이 타당하다고 생각한다.
76) 안춘수, "국제사법상 선결문제", 법학연구 제25권 제2호, 연세대학교 법학연구원, 2015, 227-230면 참조.
77) 이러한 관점의 주장자에 대한 소개로는 Bernitt, 앞의 책, S. 47 FN 70 참조.
78) 이로 인하여 규범 사이의 충돌 문제가 발생하는 경우를 해결하기 위한 논의가 이른바 적응문제이다.

선결문제의 연결에 있어서 상황논리적인 의미밖에 갖지 못한다.

④ 선결문제의 종속성

선결문제는 본문제의 일부로서 본문제의 하위에 있는 관점일 뿐이기 때문에 본문제와 대등하게 독립적 연결을 하는 것은 타당치 않다고 한다.[79]

그러나 선결문제는 그 자체로서 저촉법적 관점에서 독자적인 내용의 국제사법적 정의를 갖는 독립된 문제이기 때문에 선결문제가 제기되는 형식적 상황을 근거로 선결문제를 본문제에 종속적인 것으로 다루는 것은 타당하지 않다.

⑤ 선결문제와 법정지 사이에 밀접한 관계가 없다는 점

선결문제는 외국법이 본문제의 준거법인 경우에 발생한다.[80] 그런데 본문제에 외국법이 적용된다는 것은 이미 본문제 자체와 법정지 사이에 관계가 적다는 것을 의미하고 따라서 본문제의 준거법상 등장하는 사항으로서 법정지와의 관련이 더 적은 선결문제의 연결에 법정지(저촉)법을 적용할 필요가 없다고 한다.[81]

그러나 법정지 국제사법에서 외국법을 준거법으로 지정하는 것이 어떤 문제에 대한 최종적 판단에 대해 법정지국이 이익을 가지고 있지 않기 때문인 것은 아니다. 오히려 법정지 입법자의 관점은 올바른 판단을 위해 어떤 법을 적용하는 것이 타당한가 하는 것이고, 이 점에서는 본문제와 선결문제 사이에 차이가 없다.

⑥ 착란적 관계의 회피와 favor validatis 고려

선결문제를 비독립적으로 연결함으로써 착란적 법률관계가 발생하는 것을 피할 수 있고, 또한 법률행위가 유효한 것으로 평가될 수 있는 가능성을 높이는 데 도움이 된다고 주장한다.[82]

생각건대 착란적 관계 문제는 내적 판단의 불일치에서도 제기될 수 있기 때문에 착란적 관계의 회피라는 관점이 비독립적 연결설만의 논거가 될 수는 없고, 내적 판단의 일치와 외적 판단의 일치 사이의 형량 문제로 환원된다. 그리고 법률관계의 유효 여부는 적용되는 저촉규정이 어느 나라의 것인지가 아니라 적용되는 실질법의 내용에 좌우되기 때문에 선결문제에 준거법국 국제사법을 적용하는 것이

[79] 이러한 관점의 주장자에 대한 소개로는 Bernitt, 앞의 책, S. 48 FN 77 참조.
[80] 앞에서 본 것처럼 이에 대하여는 견해가 대립하고 있다.
[81] 이러한 관점의 주장자에 대한 소개로는 Bernitt, 앞의 책, S. 49 FN 85 참조.
[82] von Bar, IPR, Band 1, S. 528.

늘 이 관점을 증진시키는 것도 아니다. 또한 유효성을 인정하는 것이 늘 모든 당사자에게 공평하게 이익이 되는 것도 아니라는 점도 간과되어서는 안 될 것이다.

⑦ 외국에서의 승인 및 집행의 용이성

외국판결의 승인 및 집행의 요건으로 외국법원이 적용한 준거법이 승인국의 국제사법에 따른 준거법과 일치할 것이 일반적으로 요구되는 경우에는 외국에서의 승인 및 집행을 쉽게 하고자 한다면 준거법을 승인국과 일치시킬 필요가 있다. 그리고 비독립적 연결설에서는 외국에서의 승인 및 집행의 용이성을 하나의 논거로 드는 경우가 있었다.[83]

그러나 외국판결의 승인 및 집행에 있어서 준거법 요건은 퇴조를 보이고 있어[84] 선결문제 연결의 논거로서도 의미를 상실하였다.

⑧ 비독립적 연결에 대한 예외

비독립적 연결에 대해서는 다양한 예외가 인정되고 있는데, 일반론적으로는 내적 판단의 일치가 상대적으로 더 중요한 경우 또는 비독립적 연결로는 외적 판단의 일치가 달성되지 않는 경우에는 독립적 연결을 하여야 한다고 하거나, 본문제 준거법국 저촉규정을 적용한 결과가 법정지의 공서에 반하는 경우에는 공서론에 입각하여 예외를 인정해야 한다고 하는 견해 등이 있다.

(2) 독립적 연결설

선결문제도 본문제와 대등하게 법정지의 저촉규정에 따라야 연결해야 한다는 입장으로, 비독립적 연결설에 대한 비판을 주된 내용으로 하는 중요 논거는 다음과 같다.

① 내적 판단의 일치

하나의 법률관계가 서로 다른 본문제의 선결문제로서 제기되거나 본문제와 다른 문제의 선결문제로 동시에 등장하는 경우가 발생할 수 있고, 이런 경우에는 한 나라의 법체계의 무모순성 및 판례의 체계적 일관성의 요청과 관련하여 다음과 같은 점이 고려되어야 한다고 한다.

하나의 사실관계에 여러 법적 문제가 관련된 경우, 그 문제들은 그 사실관계를

---

83) 이러한 관점의 주장자에 대한 소개로는 Bernitt, 앞의 책, S. 39 FN 36 참조.
84) 과거에는 프랑스에서 준거법을 요건으로 하였으나 지금은 EU 차원에서 철회되었다.

전체적으로 설득력 있게 규율할 수 있도록 해결되어야 한다.[85] 그리고 이를 위해서는 동일한 사실관계는 그것이 문제되는 모든 경우에 대해 서로 모순이 없게(즉 동일하게) 판단되어야 한다. 그러므로 하나의 문제(예컨대 혼인관계의 존재)는 그것이 본문제로서 등장하느냐 선결문제로 등장하느냐에 관계없이 동일하게 처리되어야 한다(이른바 내적 판단의 일치). 이를 통해 법이 갖는 질서적 기능Ordnungsfunktion이 확보될 수 있다. 그런데 선결문제를 본문제 준거법국의 국제사법에 따르게(즉 비독립적 연결) 하면 하나의 사실관계에 대하여 서로 모순되는 판단이 내려질 수 있고, 그 결과 법정지에서의 법적 안정성과 예견가능성은 저해된다. 특히 이러한 상황은 선결문제가 주로 제기되는 정황으로 인하여 심각성을 더하게 된다. 선결문제는 많은 경우 일정한 법률효과가 수반되는 신분관계와 관련되는데, 신분관계의 존부는 개별적 관점, 즉 서로 다른 본문제와 관련하여 각각 따로 판단해도 무방한 단순한 사실문제로만 볼 수 없다. 오히려 개별적 효과들에 대하여는 다른 법이 적용될지라도 그 효과의 기초가 되는 신분관계에 관하여는 내적 판단의 일치를 유지하는 것이 필요하다는 것이다.[86]

생각건대 내적 판단의 일치는 법정지의 법체계가 바르게 기능을 할 수 있기 위해 필요한 필수적인 요소로서 비록 국제사법이 추구하는 목표는 아니지만 모든 법질서에서 보다 근본적으로 요구되는 것이라 할 것이다. 즉 내적 판단의 일치는 국제사법적 정의라는 이름만으로 쉽게 침해되어서는 안 되는, 모든 법질서에 내재하는 보편적 가치로 보아야 하고, 양자가 정면으로 충돌하는 경우에는 기본적으로 내적 판단의 일치를 우선시켜야 할 것이다.

② 법정지 저촉규범상의 명령이 회피되는 것 방지

법정지 국제사법이 선결문제로 제기된 문제에 대한 독립된 저촉규정을 두고 있다면 이는 선결문제를 본문제의 준거법에 맡기지 않겠다는 뜻을 표시한 것으로 볼 수도 있을 것이다. 나아가 하나의 법률관계에 대한 연결에 있어서는 그것이 문제가 될 수 있는 상황과 관계없이 늘 고려되어야 하는 이익이 있고, 문제될 수 있는 모든 상황을[87] 예상하여 연결점을 정할 수는 없으므로, 선결문제로 등장한 경우라 하

---

85) Sonnenberger, MK, 10권, 4판, Einleitung Rn. 105.
86) von Bar, IPR, Band 1, S. 524 ff.; Kegel/Schurig, IPR, S. 381; Raape/Sturm, IPR, S. 290.
87) 혼인의 존재가 상속의 선결문제로서 또는 다른 혼인의 무효사유로서 제기되는 것 등.

여 법정지 저촉규정에서 빠져있다고 할 수는 없다.[88] 그런데 비독립적 연결은 결과적으로 법정지 저촉규정을 회피하는 것이 된다 할 것이다.[89]

생각건대 궁극적으로 회피를 허용할 것인지 여부는 법정지 입법자가 정할 사항인바, 비독립적 연결이 회피의 결과를 가져온다는 것이 곧바로 독립적 연결의 이론적 근거는 될 수 없다. 그리고 회피의 허용 여부에 관한 판단은 성문법 체계와 불문법 체계에서 다를 수 있을 것이다. 결론적으로 회피의 관점은 어느 입장에 대하여도 그것이 절대적으로 옳다는 것에 대한 근거가 될 수 없다 하겠다.

③ 법 적용상의 실제적 편의

독립적 연결설을 따르는 경우 법원은 자국 저촉법을 적용하여 선결문제의 준거법을 결정한다. 그런데 저촉규정의 경우에도 자국법을 적용하는 것은 외국법을 적용하는 것에 비해 많은 실제적 편의를 제공한다.

나아가 다단계적 선결문제의 경우에도 독립적 연결 방법을 따르는 때에는 비독립적 연결설을 따를 때 수반되는 어려움을[90] 피할 수 있다.

④ 중간확인판결과의 관계

우리나라, 독일 등 몇몇 나라에서는 선결문제에 관하여 중간확인의 소가 허용된다(민사소송법 제264조). 그리고 거기서 선결문제는 본문제가 되고 따라서 그 준거법도 법정지 저촉규정에 따라 정해져야 할 것이다.[91] 그 결과 비독립적 연결설은 내적 판단의 일치가 저해되는 문제와 함께 소송법상으로도 중간확인판결의 결과가

---

88) 그런데 저촉규정의 저촉규정(기초저촉규정: Kollisionsgrundnormen)이라는 개념을 도입하여 선결문제의 비독립적 연결을 설명하는 견해가 있다(이 견해에 대하여는 Bernitt, 앞의 책, S. 68 참조). 이에 의하면 어느 저촉규정이 적용되어야 하는지는, 비록 명시되어 있지는 않더라도, 일국의 법체계에 내재하는 이른바 기초저촉규정에 따라 정해진다. 실질법적 지정을 하는 저촉법 체계에서는 기초저촉규정이 언제나 자국 저촉규정만 적용된다는 것을 선언하고 있는 것이며, 총괄지정을 하는 저촉법 체계에서는 기초저촉규정이 독립적 저촉규정과 병존하여 항상 준거법국 저촉규정을 지정하고 있다. 그리고 선결문제의 비독립적 연결은 선결문제의 기초저촉규정이 본문제의 기초저촉규정과 병존하고 있어 본문제와 선결문제가 하나의 덩어리로 결합되어 lex causae에 연결되는 것이라고 설명할 수 있다고 한다. 그러나 이런 구조는 선결문제의 연결이 하나의 정책적 문제라는 것 이상을 보여줄 수 없을 뿐 아니라, 이런 주장자의 생각을 떠나 어디에도 이른바 기초저촉규정은 없고, 또 이 이론이 그런 것이 있어야 하는 이유를 제시하지도 못하고 있다. 즉 기초저촉규정이라고 하는 것은, 적어도 현시점에서 보면, 목적론적으로 도입된 그만의 가공의 관념에 지나지 않는다.

89) 동지 Bernitt, 앞의 책, S. 67 f..

90) 비독립적 연결설을 따를 때에는 선선문제의 연결은 – 본문제와의 거리에도 불구하고 – 본문제 준거법국의 국제사법에 따라야 하는가 아니면 선결문제 준거법국의 국제사법에 따라야 하는지가 문제된다.

91) 동지 Kegel/Schurig, IPR, S. 832. 이에 반대하는 견해로는 Wengler, 앞의 논문, S. 203.

본문제에 관한 소송에서도 인정되어야 하나라는 어려운 문제를 수반한다.[92] 그리고 만약 이를 인정한다면 일방 당사자가 원하는 결과가 독립적 연결의 경우에만 가능한 반면 법원은 선결문제를 비독립적으로 연결을 하는 경우, 그 당사자는 중간확인의 소를 제기함으로써 소기의 목적을 달성할 수 있게 될 것이다.

⑤ 선결문제의 부분문제에 대한 처리의 관점

부분문제는 실질법적으로 본문제에 종속적이어서 저촉법적 독자성이 없기 때문에 기본적으로 본문제 준거법에 따르는 점에서 선결문제와 다르다. 물론 부분문제가 특별연결이 되는 경우에는 선결문제와 유사한 구조를 갖게 되지만, 이 경우에는 부분문제가 처음부터 본문제 준거법의 지정범위에서 제외되기 때문에 부분문제에 관한 한 준거법국의 저촉규정도 지정에서 제외되고, 특별연결을 규정한 법정지 저촉규정이 적용된다. 하지만 예컨대 혼인이 선결문제로서 제기되고 다시 혼인의 방식이 부분문제로 등장하는 경우에는 혼인의 방식에 적용될 저촉규정이 문제가 된다.

만약 이 경우 혼인이 선결문제로서 제기된 것을 고려하지 않는다면 부분문제인 방식은 법정지의 저촉규정에 따르게 될 것이다. 그러나 혼인이 선결문제로서 제기된 것을 고려하면 방식이라는 부분문제의 특별연결도 선결문제의 처리 방식에 따라야 할 것이고 결국 법정지 특별연결 규정을 적용하거나(독립적 연결설), 준거법국 특별연결 규정에 따르게(비독립적 연결설) 될 것이다.

그런데 혼인관계의 존부는 대개 혼인의 개별적 효력 등 다른 문제와 연관되어 문제가 되고, 그 자체가 본문제가 되는 것은 확인청구소송 등 예외적인 경우뿐이라고 한다.[93] 그리고 만약 비독립적 연결설을 따르면 전형적인 선결문제인 혼인의 경우에 법정지 저촉규정이 적용되는 것은 실질적으로 법정지법이 본문제의 준거법이 되는 경우로 국한된다. 그러면 과연 이런 상황에서 혼인의 방식에 관한 법정지의 저촉규정이 혼인이 선결문제로 등장하는 경우에는 적용되지 않을 것을 입법자가 원했다고 할 수 있을까? 입법자의 의도는 법정지의 혼인의 방식에 관한 저촉규정이 혼인이 선결문제로 등장한 경우에도 적용되는 것이라고 할 것이고,[94] 따라서 선

---

92) 이는 ㉠ 판결의 효력을 절차법적으로 다루고 ㉡ 실체법적 기판력(materielle Rechtskraft)의 저촉법적 상대성을 부정하면 인정될 수 있으며, 이것이 독일의 지배적 견해라고 한다(Bernitt, 앞의 책, S. 72 FN 214 참조).

93) Bernitt, 앞의 책, S. 76 참조.

94) 동지 Bernitt, 앞의 책, S. 77.

결문제의 부분문제에 대한 처리라는 관점은 독립적 연결의 근거가 될 수 있다.

⑥ 독립적 연결의 예외

㉮ 국적법의 선결문제

국적이 연결점인 경우, 준거법을 확정하기 위해 필요한 국적의 확정도 넓은 의미에서 하나의 선결문제이다.[95] 그런데 한 국가의 국적의 존부는 다른 나라가 결정할 수 없다는 것이 확립된 국제법의 원칙이고, 따라서 이 경우 국적의 확정은 국적여부가 문제되고 있는 나라의 국적법에 따라야 한다는 데 이견이 없다.

마찬가지 이유에서, 혼인 등 어떤 사법상의 법률관계가 어느 나라의 국적을 취득하기 위한 요건으로 되어 있고 그 나라의 국적법에서 그 법률관계의 준거법을 규정하고 있으면 그에 따라야 한다. 문제는 그런 정함이 없는 경우인데, 만약 이 경우에도 독립적 연결을 하게 되면 해당 국가가 원하지 않는 국적을 인정하는 결과가 발생할 수 있기 때문에 선결문제는 해당 국가의 저촉법에 따라야 한다는 것이 일반적으로 받아들여지고 있다.[96]

㉯ 성명법의 선결문제

姓을 결정하는 방법은 나라에 따라 차이가 있으며, 경우에 따라서는 성 결정(본문제)의 전제요건으로 혼인(부부의 성 문제)이나 친자관계(자의 성 문제) 등이 선결문제로 제기되는 경우가 있고, 그 처리에 관하여 견해가 대립하고 있다.

일설에서는, 많은 경우 성명법은 국제적 신분증인 여권제도와 관련이 되어 있어 공법적 기능이 강하고 여권에 기재된 성명이 자연인의 동일성을 판단함에 있어 국제적으로 인정되고 있다는 것을 근거로, 성명 문제는 신분증(여권)을 발행한 나라와의 판단의 일치가 중요하고 따라서 국적법의 선결문제에서와 마찬가지로 독립적 연결의 예외가 인정되어야 한다고 주장한다.[97]

그러나 이에는 문제점도 있다. 독립적 연결에 대한 예외를 인정한다는 것은 선결문제에 본문제 준거법국의 저촉규정을 적용한다는 것을 의미한다. 그러므로 성의

---

95) 엄밀히 말하면 이 경우 국적의 확정은 본문제의 준거법상의 구성요건이 아니므로 좁은 의미의 선결문제는 아니다. 또한 저촉규정을 적용하기 위한 전제조건의 존부의 문제가 아니므로 일차적 문제와도 다르다.

96) Kegel/Schurig, IPR, S. 383; Raape/Sturm, IPR, S. 294; Sonnenberger, 10권, 4판, Einleitung. Rn. 538.

97) Kropholler, IPR, S. 227; von Hoffmann/Thorn, IPR, S. 244 f..

선결문제의 경우 독립적 연결의 예외를 인정함으로써 신분증을 발행한 나라와의 사이에서 판단의 일치가 달성될 수 있는 것은 (성명에 관한) 본문제의 준거법국이 신분증을 발행한 나라인 경우에 한한다. 그런데 국제성명법에 관한 입법례를 보면 연결점을 거주지로 하는 나라, 당사자자치를 인정하는 나라, 본국법을 따르는 나라, 부부의 성은 혼인의 준거법에 따르고 子의 성은 친자관계의 준거법에 따르는 나라 등 다양한바,[98] 본문제 준거법국과 신분증 발행국이 다른 경우에는 법정지 국제사법 대신에 준거법국 국제사법을 적용한다고 법정지와 신분증 발행국 사이에서 판단의 일치가 보장되는 것은 아니기 때문이다. 비독립적 연결이 신분증 발행국과의 외적 판단의 일치는 보장하지 못하면서 내적 판단의 일치를 저해하여 혼인이 법정지에서 유효하게 다루어짐에도 불구하고 부부가 공통의 성을 쓰지 못하는 결과가 발생할 수도 있다. 그리하여 성명의 선결문제로서 혼인이 문제되는 경우에는 특별히 예외의 예외를 다시 인정하여 독립적 연결을 할 것을 주장하는 것이 다수라고 한다.[99]

또한 성명은 공법적 기능 외에 사법상의 성명권, 가족법상의 가족적 단일체의 표식 등 사법적 기능도 가지고 있다. 그리고 국가의 관점에서 보면 대인주권이 문제되는 국적과 달리 성명은 개인의 동일성 확인을 가능하게 하는 의미밖에 없다. 그리하여 예외와 예외의 예외를 양산하는 것보다 원칙에 따라 독립적 연결을 하는 것이 좋다는 견해도 있다.[100]

필자는 원칙에 따라 독립적 연결을 하는 것이 타당하다고 생각한다.

㉯ 법정지 저촉규정의 부재

독립적 연결설이 주장하는 내용은 본문제 준거법상 제기되는 선결문제에도 법정지 저촉규정을 적용한다는 것이다. 그러므로 법정지 국제사법에 해당 저촉규정이 없는 경우에는 일견 독립적 연결설이 성립할 여지가 없고 따라서 준거법국의 저촉규정을 적용해야 할 것으로 보인다. 그러나 법정지 저촉규정의 흠결 문제의 해결 일반에 대해서는 ㉠ 일차적으로 기존 저촉규정의 확장해석을 통해 해결하고, 그것이 불가능한 경우에는 ㉡ 유추적용 또는 법관에 의한 법형성을 통해 보충해야 한

98) 이에 관하여는 Bernitt, 앞의 책, S. 80, FN 249, 250 참조.
99) Bernitt, 앞의 책, S. 80 FN 253 참조.
100) Bernitt, 앞의 책, S. 81.

다는 것이 다수의 견해이고,[101] 이러한 견지에서 보면 선결문제에 있어서도 바로 본문제 준거법국의 저촉규정에 의존할 것이 아니라 앞의 해결원리를 따라야 한다고 할 것이다.[102]

(3) 절충설: 유연한 연결

획일적으로 독립적 연결과 비독립적 연결 중 어느 하나를 따를 것이 아니라 사안별로 선결문제의 연결방법을 달리해야 한다는 견해이다.

종래의 두 견해로 하여금 많은 예외를 인정할 필요성을 스스로 시인하지 않을 수 없게 하는 상황이 기본적으로 절충설이 나올 수 있는 토대가 되고 있다. 그러나 개별 사안에서 두 연결방법 중 어느 것이 적절한가에 관한 판단과 관련하여 ㉠ 사안별로 판결의 일치가 갖는 구체적 의미를 기준으로 하자는 견해, ㉡ 신뢰보호와 favor validatis 원리에 따라 연결하자는 입장, ㉢ 관련되는 여러 저촉규정을 고려해야 한다는 견해, ㉣ 선결문제를 총론적 일반론의 대상으로 보고 이에 대한 보편적 연결원리를 세우는 것은 포기하고, 구체적 사안을 바탕에 두고 사안의 성질과 그에 관한 법정지의 정책 등 모든 관점을 참작하여 개별적으로 준거법을 판단하자는 입장 등이 있다.

3) 선결문제를 법의 해석 문제로 보려는 입장: 신준거법실질법설

선결문제를 법의 해석의 한 경우로 보고, 법 해석의 원리에 따라 해결하려는 입장이다. 그러나 선결문제가 법정지 저촉규정 해석의 문제인가 준거실질법 해석의 문제인가에 대하여는 견해 대립하고, 다시 그 각각에 있어 시각을 달리하는 여러 견해가 주장되고 있다. 여기서는 이 가운데 근래에 주장되기 시작하였고 의미가 있다고 생각되는 견해 하나만 소개한다. 이 견해는 종래에 제시된 어떤 해결방법에 따르더라도 결과가 같아지면 선결문제의 연결은 사실상 문제가 되지 않고, 선결문제가 실제로 의미를 갖는 것은 해결방법에 따라 결과가 달라져 이른바 파행적 법률관계가 발생하는 경우뿐이라는 데서 출발한다. 그리고 거기서 제기되는 질문은 예컨대 상속의 준거법상 상속권이 인정되기 위해 필요한 입양이 파행적 입양으로 충분한가, 또는 혼인의 준거법상 금지되는 중혼으로 인정되는 데 파행적 혼인관계

---

101) Bernitt, 앞의 책, S. 85 FN 282 참조.
102) 동지 Bernitt, 앞의 책, S. 85.

로 충분한가 하는 것이고, 이에 대한 답은 당연히 법정책적 고려 등 본문제 준거법의 해석을 통해 도출되어야 한다는 것이다.[103]

이 견해는 문제 제기의 방향을 달리함으로써 선결문제의 연결방법의 선택이라는 어려운 과정을 피해 가는 데서 특징과 매력을 찾을 수 있다. 즉 관점을 '결과를 달리하는 연결방법 중 어떤 것을 택할 것이냐'에 두는 것이 아니라, (적용되는 법에 따라 결과가 달라지는) 이런 '파행적 법률관계만으로도 본문제 준거법의 요건이 충족된다고 할 것인가'에 둠으로써 어려운 저촉법적 판단을 피해 가는 것이다. 그러나 이는 문제의 해결이 아니라 회피를 택한 것으로 장점이 됨과 동시에 이런 접근방법의 한계로 지적될 수도 있을 것이다.

4) 정 리

이상 살펴본 바와 같이 선결문제를 처리하는 방법을 선택함에 있어서는 고려되어야 할 관점이 매우 다양하다. 그리고 모든 관점을 만족시키는 이론은 아직 없으며, 규율 포기론의 등장이 시사하는 바와 같이 그런 이론을 당분간은 기대하기 어려워 보인다. 그러므로 앞으로도 비교우위에 관한 판단에 근거하여 하나의 해결방법을 선택할 수밖에 없을 것이다.

그런데 고려 대상인 여러 관점이 갖는 의미나 중요성은 어떠한 내용의 본문제와 선결문제가 어떤 구조로 제기되는가에 따라 다를 수 있다. 다만 지금까지는 논의의 주류가 독립적 연결설과 비독립적 연결설 사이의 대립적 구도로 되어 있고, 거기서 가장 민감한 것은 여전히 외적 판단의 일치와 내적 파단의 일치 사이의 긴장관계라고 할 수 있을 것이다. 따라서 문제를 이렇게 단순화시키고 보면 선결문제의 연결방법은 저촉법적 관점에서 본 외적 판단의 일치와 내적 판단의 일치 사이의 형량 문제로 환원된다고 하겠다. 그리고 양자 사이의 관계에 관한 원칙은 내적 판단의 일치를 우선시키는 것이라 하겠다.

---

103) Wingkler von Mohrenfels, Peter, Kollisionsrechtliche Vorfrage und materielles Recht, RabelsZ 1987, Heft 1-2, S. 20-34.

Ⅲ. 연결점과 연결점의 확정

1. 연결점의 의의와 종류

국제사법에서 연결점이라 함은 규율 대상인 법률관계와 그에 적용될 준거법을 이어주는 기능을 갖는 저축규정의 구성요건 요소를 말한다. 근대 국제사법 체계의 기본원리는 규율 대상인 법률관계와 가장 밀접한 관계가 있는 장소를 찾아 그곳의 법을 준거법으로 지정한다는 것이다. 그리고 이 원리를 실현하기 위한 방법으로 채용된 것이 법률관계를 성질에 따라 분류하고, 각 법률관계가 가장 밀접하게 관련되어 있는 장소(또는 법률관계의 중심지)를 발견하여, 그 장소를 말해주는 장소 관련적 요소를 매개로 각 법률관계와 준거법을 서로 연결하여 주는 것이다. 예를 들어 물권관계는 그 물건이 있는 장소의 거래질서에 미치는 영향으로 인하여 물건이 존재하고 있는 곳과 가장 밀접한 관계가 있다고 할 것이기 때문에 그곳의 법이 적용되어야 할 것인바, '소재지'라는 장소 관련적 요소를 통하여 물권관계의 준거법을 지정(국제사법 제33조 제1항: ……동산·부동산의 소재지법에 따른다)하게 된다. 여기서 규율 대상인 물권관계와 거기에 적용될 준거법을 연결해 주는 기능을 하는 요소인 소재지가 바로 연결점이다.

우리 국제사법에서 채용된 연결점으로는 국적 — 일일상거소[104] — 거소; 행위지; (물건, 사무소, 영업소 등의) 소재지, 등록지(항공기), 운행허가지(기차); 사실발생지,[105] 발행지 및 서명지(어음, 수표), 지급지, 선적, 당사자 의사, 목적지(운송중인 동산), 침해지(지식재산권)가 있다.

2. 연결개념

연결점 중에는 일상거소, 소재지, 지급지처럼 사실적인 개념인 경우도 있지만 주소, 이행지처럼 그 자체가 하나의 법적 개념인 경우도 있다. 그리고 법적 개념인 연결점을 특히 연결개념이라고 구별하여 부르기도 한다.

연결개념에서 제기되는 문제는 성질결정이다. 즉 하나의 연결개념에 대한 이해

---

104) 과거에 많이 사용되었던 주소를 대체하는 연결점이다.
105) 불법행위에서 손해발생지와 사무관리 및 부당이득이 발생한 곳 등.

가 나라마다 다를 수 있는바, 연결개념의 성질은 무엇을 기준으로 정해져야 하는지의 문제다. 예컨대 주소에 대하여는 의사주의와 객관주의, 실질주의와 형식주의 등 입법례가 다른바, 어떤 상태가 연결점으로서의 주소로 인정되는가를 판단하는 기준이 문제되는 것이다. 그리고 연결개념의 성질결정에 대하여는 성질결정 일반에 관해서와 동일한 견해의 대립이 존재한다.[106]

생각건대 이론적으로는 연결개념의 성질결정은 순수하게 법정지 국제사법의 해석 문제이다. 왜냐하면 연결개념의 성질결정은 법정지 저촉규범의 포섭범위 문제이기 때문이다. 따라서 논리적으로는 법정지 국제사법 자체의 입장에서 연결개념도 정해져야 할 것이다. 그러나 법정지 국제사법에 채용된 법적 개념은 법정지 실질법상의 개념과 일치하는 것이 원칙이라 할 것이기 때문에(법적 통일성, 입법 기술상의 불가피성) 일차적으로는 법정지 실질법을 고려해야 할 것이다. 그리고 보통의 성질결정에서와 마찬가지로 이로 인해 법의 공백이 생기는 것을 방지하기 위해서 제도의 기능적 비교를 통해 법정지 연결개념의 충족 여부를 판단해야 할 것이다.[107]

3. 연결점의 확정

1) 의의와 문제점

연결점의 확정이란 연결점이 실제로 실현되어 있는 장소(존재하는 곳)를 찾아내어 특정하는 것을 말한다. 저촉규정이 연결점을 매개로 하여 준거법을 지정한다고 하지만 연결점은 어떤 법률관계의 중심지를 가리키는 추상적인 장소적 요소일 뿐이다. 예컨대 물권관계가 그 중심지를 지시하는 연결점을 통하여 소재지에 연결된다는 것만으로는 구체적인 사안에서 어느 나라의 물권법이 적용되는지 알 수 없고, 개별적이고 구체적인 준거법은 물건이 실제로 소재하고 있는 나라를 찾아야 그때 비로소 정해지는바, 소재지가 어느 나라인지를 구체적으로 특정하는 것이 연결점의 확정인 것이다. 그리고 연결점의 확정에서 문제되는 것은 연결점의 적극적 또는 소극적 충돌을 해결하는 방법인데, 이러한 문제는 주로 국적 및 일상거소(과거에는 주소)와 관련하여 발생한다.

---

106) 서희원, 국제사법강의, 65면 참조.
107) 주소에 관해 의사주의를 취하는 법정지에서 주소설정 의사가 없다고 하여 객관주의 국가에서 인정하는 주소를 부인할 수는 없을 것이다.

2) 국적 및 일상거소의 확정

(1) 연결점으로서의 국적

① 속인법의 연결점으로서의 국적

국적은 이른바 속인법의 연결점으로 많은·나라에서 채용되고 있다. 속인법은 개념적으로는 '당사자가 속하는 나라의 법'을 의미하지만 어떤 때에는 '자연인의 인격적·가족법적 신분관계의 문제를 규율하는 법규범의 총체'라는 의미로도 사용된다.[108] 그러므로 국적이 속인법의 연결점이라는 것은 당사가 속하는 나라(의 법)를 정하는 기준으로 국적을 사용하는 것을 말한다.

법규분류학파 이래 많은 나라에서 자연인의 능력 문제, 가족적 신분 문제는 당사자가 속하는 나라의 법이 적용되는 사항으로 분류되고 있다. 이러한 문제에서는 문화적·역사적 고유성이 강하고 불변성 및 안정성이 중요한 사항이기 때문이다. 그러나 이민국인 미국 등에서는 거래안전의 이유에서 능력 문제를 속인법이 아니라 행위지법이 적용되는 사항으로 분류한다.

② 속인법에 관한 입법주의

속인법의 연결점에 관하여는 종래 국적주의와 주소지주의가 대립하였었으나 현재에는 주소지는 대부분 일상거소로 대체되고 있다.

㉮ 국적주의

국적주의라 함은 당사자가 국적을 가지고 있는 나라를 그가 속하는 나라로 보아 국적을 연결점으로 하여 속인법을 정하는 입법례 내지 견해를 말하고, 국적을 기준으로 정해진 속인법을 본국법이라 한다. 그리하여 국적주의는 본국법주의라고도 불린다. 국적주의는 프랑스에서 처음 채택되었고 민족주의자인 만치니에 의해 확대되면서 대륙법계의 많은 나라에서 속인법의 원칙이 되었다.[109] 속인법의 연결점으로서 국적은 항구적인 경우가 많고 변경 가능성이 작아 법적 안정성에 도움이 되는 장점이 있다.

---

108) Hoffmann/Thorn, IPR, S. 187.
109) Ferid, IPR, S. 31.

㉯ 주소지주의

주소를 속인법의 연결점으로 채용하는 입법례 내지 견해를 말한다. 중요 주장자는 사비니이고 주로 영미법계에서 채용하고 있다. 주소지주의가 갖는 장점으로는 주소지가 본국보다 현재와의 관련성이 큰 경우가 많다는 것을 든다. 나아가 영미법상의 domicile 개념은 대륙법계의 주소보다 엄격한 개념이기 때문에 주소지주의를 택해도 생활관계의 안정성을 저해할 염려가 크지 않다는 점도 영미법계에서 주소지주의를 택한 이유의 하나라고 한다.[110]

㉰ 혼합주의

자국 내 외국인에 대하여는 주소를 속인법의 연결점으로 하고 외국의 자국인에 대하여는 국적에 따라 속인법을 정하는 입장을 혼합주의라 한다. 이 견해에 따르면 많은 경우 법정지법이 당사자가 속하는 법이 되는 것으로 귀결된다.

㉱ 정 리

속인법에 관한 입장의 차이는 어느 견해가 타당한지의 문제는 아니라 할 것이다. 오히려 차이의 원인은 각 나라가 처한 상황에 있으며 모두 나름대로 거래안전이익, 당사자이익, 국가적 상황 등 여러 요소에 대한 형량을 통하여 내려진 결론이라고 이해하는 것이 타당할 것이다.

(2) 국적의 결정

한 사람이 어느 나라의 국적을 갖는가는 해당 국가의 대인주권 문제이며 따라서 오로지 그 나라의 국적법에 따라 정해져야 하는 사항이다. 그 결과 한 사람에 대하여 여러 나라가 자국의 국적을 인정할 수도 있고(국적의 적극적 충돌), 어느 나라도 자국의 국적을 인정하지 않을 수도 있다(국적의 소극적 충돌). 그리고 이처럼 국적이 충돌하는 경우에는 본국법을 확정하는 기준의 문제가 발생한다.

(3) 본국법의 확정

제16조 (본국법) ① 당사자의 본국법에 따라야 하는 경우에 당사자가 둘 이상의 국적을 가질 때에는 그와 가장 밀접한 관련이 있는 국가의 법을 그 본국법으로 정한다. 다만, 국적 중 하나가 대한민국일 경우에는 대한민국 법을 본국법으로 한다.
② 당사자가 국적을 가지지 아니하거나 당사자의 국적을 알 수 없는 경우에는 그의 일상거소

---

110) Kegel/Schurig, IPR, S. 446 이하 참조.

가 있는 국가의 법[이하 "일상거소지법"(日常居所地法)이라 한다]에 따르고, 일상거소를 알 수 없는 경우에는 그의 거소가 있는 국가의 법에 따른다.

국적의 충돌 문제가 현재에는 많은 나라에서 입법적으로 해결되어 있고 그 내용도 크게 다르지 않다. 그리하여 여기서도 우리 국제사법의 규정을 중심으로 살펴본다.

① 다국적자의 본국법: 제16조 1항

국적이 적극적으로 충돌하는 경우(2중 이상의 국적자)에 우리 국제사법은 가장 밀접한 관련이 있는 나라의 법을 본국법으로 규정하고 있다. 여기서 가장 밀접한 나라를 정함에 있어서 국적 취득의 선후는 고려 대상이 아니다. 섭외사법에서는 최후에 국적을 취득한 나라가 현재와의 관련성에서 가장 앞선다고 보아 그 나라의 법을 본국법으로 삼았으나 국제사법은 이런 형식적인 평가를 따르지 않고 있다. 다만 두 개 이상의 국적 중에 우리나라가 포함된 때에는 우리나라 법이 본국법이 된다. 이를 법정지 국적 우선의 원칙이라고도 하는데 내용적으로는 가장 밀접한 나라를 본국으로 보는 원칙과 이념상 모순됨에도 불구하고 대부분의 나라에서(대법원 1973. 10. 31. 선고 72다2296 판결 참조) 채용되고 있다.[111]

② 무국적자 또는 국적불명: 제16조 2항

당사자가 무국적자이거나 당사자의 국적을 알 수 없는 경우에는 본국을 대신하여 일상거소가 있는 국가의 법이 속인법이 되고, 일상거소도 알 수 없는 경우에는 거소가 있는 나라의 법이 속인법이 된다.

(4) 일상거소

① 의의와 기능

일상거소는 2001년 국제사법 개정시에 섭외사법에서 채용되었던 주소를 대체하는 연결점으로 채택되었다.[112] 법적 개념인 주소와 달리 일상거소는 사실적 개념이

---

111) 서희원, 국제사법, 71-72면; Kegel/Schurig, IPR, S. 193.
112) 대부분의 나라에서 주소는 법적 개념이고 그에 대한 이해도 상이하다. 그리하여 주소가 전통적인 연결점의 하나이기는 하지만 법개념인 데서 오는 경직성과 성질결정 등의 문제가 단점으로 인식되었다. 특히 저촉법의 통일을 위한 조약의 경우 주소의 개념이 국가마다 다름으로 인하여 저촉규범 통일의 효과가 저해되는 문제가 있어 주소 대신에 사실개념인 일상거소를 채택하였고, 그 후 많은 국내적 입법에서도 이를 따르고 있다.

며 보통 상시적으로 머무는 생활의 중심지를 의미한다고 한다(서울지방법원 2003. 7. 25. 선 고 2001가합64849 판결 참조).

우리 국제사법에서 연결점으로서 일상거소는 두 가지 기능을 갖는다. 하나는 앞에서 본 바와 같이 본국법의 확정에 있어 일정한 경우 국적을 대신하는 것이며, 다른 하나는 속인법의 결정과 무관하게 하나의 독립된 연결점으로(제17조) 기능을 하는 것이다(예컨대 국제사법 제72조 후단).

② 일상거소의 확정과 거소의 일상거소 대용

> **제17조 (일상거소지법)** 당사자의 일상거소지법에 따라야 하는 경우에 당사자의 일상거소를 알 수 없는 경우에는 그의 거소가 있는 국가의 법에 따른다.

일상거소의 확정은 상시적으로 머무는 생활의 중심지가 있는 장소를 발견하는 것이다. 어떤 장소가 일상거소인지에 대한 판단은 법개념인 주소에 있어서보다 훨씬 유연하게 내려질 수 있고, 복수의 일상거소가 인정될 수도 있다.[113] 따라서 일상거소의 적극적 충돌도 있을 수 있는데, 이 경우에는 국적의 적극적 충돌에 준하여 가장 밀접한 국가의 법을 일상거소지법으로 보아야 할 것이고, 우리나라에 일상거소가 있는 때에는 우리나라 법을 일상거소지법으로 보아야 할 것이다.

당사자의 일상거소지를 알 수 없는 때에는 거소가 있는 나라의 법이 적용된다(제17조).

Ⅳ. 불통일법국법의 지정

1. 문제의 소재와 범위

법정지 국제사법에 의하여 지정된 준거법이 속하는 나라(준거법국)의 법이 지역적으로 분열되어 있는 경우에는 다시 그 나라의 어느 지역의 법이 적용되어야 하는지가 문제되는바, 이런 상황을 불통일법국법의 지정이라고 한다. 그리고 여기서 제기되는 문제는 그곳의 법이 적용될 지역은 어떻게 결정되어야 하는가이다. 예컨대 A국의 법이 준거법으로 지정이 되었는데 그 나라에서 장소에 따라 다른 내용의 법이 효력을 가지고 있는 경우, 그 나라의 어느 지역의 법이 적용되는지에 따라

---

113) 법무부, 국제사법 해설, 30-31면.

결과가 달라질 수 있는바, 법정지 국제사법이 그곳의 법이 적용될 지역까지 지정하는가 아니면 이 문제는 준거법국의 기준에 맡겨야 하는가의 문제이다.

이와 관련하여 한때 불통일법국법의 지정 문제가 법정지 국제사법의 연결점이 국적 등 포괄적인 장소를 지시하는 개념인 경우로 국한된다는 견해와, 행위지·소재지 등 특정 장소를 지시하는 경우에도 발생한다는 견해의 다툼이 있었으나[114] 지금은 전자가 통설이 되었고 우리 국제사법 제3조 3항도 통설의 입장에 서 있다. 따라서 우리 국제사법에서 이 문제는 사실상 국적이 연결점인 경우에만 발생한다.

2. 해결에 관한 이론

1) 직접지정설

법정지 국제사법이 그 국가의 어느 지역의 법이 적용되는지까지 결정해야 한다는 견해로, 법의 공간적 충돌을 해결하는 것이 국제사법의 사명인바, 불통일법국의 법이 준거법으로 지정된 경우에도 이 원칙이 적용되어야 한다는 것을 논거로 든다.[115] 그리고 거기서 적용되는 기준에 대하여는 보통 현주소, 최후주소, 수도 소재지, 가장 밀접하게 관련된 장소의 순으로 고려되어야 한다고 하는데, 세부적으로는 입장의 차이가 있다.

생각건대 이 견해는 외적 판단의 일치를 저해하는 단점이 있다. 특히 불통일법국법의 지정이 문제되는 것은 법정지 국제사법의 연결점이 장소를 포괄적으로 지시하는 개념인 경우이고 따라서 속인법의 연결점으로 국적이 채택된 경우가 주로 문제될 것인데, 결과적으로 무엇보다 안정성이 중요한 사안에서 파행적 법률관계가 발생할 가능성이 커진다는 것이 문제이다.

2) 간접지정설

법분열국의 어느 지역의 법이 적용되는지는 준거법국의 준국제사법에 따라야 한다는 견해이다.[116] 불통일법국에서는 대개 국내의 법의 지역적 충돌을 해결하기 위한 저촉규정(이를 준 국제사법이라 한다[117])을 두고 있는바, 법정지도 이 규범에 따

---

114) 서희원, 국제사법, 74면 각주 12) 참조.
115) 입법례에 대하여는 서희원, 국제사법, 75면 각주 15) 참조.
116) 입법례에 대하여는 서희원, 국제사법, 75면 각주 16) 참조.

라 어느 지역의 법이 적용되는지 정해야 한다는 것이다. 그리고 그 근거로 외적 판단의 일치를 든다.

이 견해는 이론적으로나 실무적으로나 타당한 면이 있는 것이 분명하지만 준거법국에 준국제사법이 없거나 있더라도 미국처럼 준국제사법도 통일이 되지 않은 경우에는 전혀 문제를 해결할 수 없는 단점이 있다.

3. 국제사법 규정

> **제16조 (본국법)** ③ 당사자가 지역에 따라 법을 달리하는 국가의 국적을 가질 경우에는 그 국가의 법 선택규정에 따라 지정되는 법에 따르고, 그러한 규정이 없는 때에는 당사자와 가장 밀접한 관련이 있는 지역의 법에 따른다.

우리 국제사법은 연결점이 국적인 경우에 대하여만 명문으로 불통일법국법의 지정 문제를 규정하고 있다. 그러므로 연결점이 한 나라의 특정 지점을 지시하는 개념인 경우에는 처음부터 그 지점이 소재하는 장소의 법을 준거법으로 지정한다는 것이 입법자의 의사라고 해석하는 것이 합리적일 것이다.

국제사법은 문제의 해결에 있어서는 절충적 입장을 취하고 있다. 즉 당사자의 본국에 준국제사법이 있는 경우에는 그에 따라 적용될 법을 정하도록 하여 이른바 간접지정의 방법을 택하고, 준국제사법이 없는 경우에는 당사자와 가장 밀접한 관련이 있는 곳의 법을 적용하도록 함으로써 직접지정의 방법을 택하고 있다. 다만 당사자의 본국의 준국제사법도 분열되어 있는 경우에 대한 규율이 결여되어 있는데, 이 경우에는 준국제사법이 없는 경우와 같이 가장 밀접한 관련이 있는 곳을 찾아 그 법을 적용하여야 할 것이다.

서울가정법원 1991. 5. 9. 선고 90드75828 판결 이혼의 준거법은 섭외사법 제18조 본문의 규정에 따라 부의 본국법인 미합중국법이라 할 것인데, 미합중국은 지방에

---

117) 준국제사법도 대개 국제사법의 원리와 비슷한 원리에 기초하기는 하지만 한 나라는 정치적·사회적으로 통일되어 있고 대개 공통의 역사적·문화적 배경을 가지고 있어 국제사법과 다른 관점에서 접근하는 경우도 있다. 예컨대 준국제사법에서는 국제사법에서보다 주권, 공서 등의 관념이 약하고 거래안전이 중시되는 등의 특징이 있다. 이러한 특징은 재판관할 문제에 있어서도 반영되어 주제관할 문제에 있어서는 주권의 충돌이 아니라 분업의 관점이 강하게 나타나고, 미국의 forum non convenience 이론도 주제관할의 문제에서 확립된 것이다. 이에 비해 국제관할의 판단에 있어서는 실제적으로는 이른바 long arm politic이 적용되어 가능한 한 미국의 관할범위를 널리 인정하고 있다.

제1편 제2편 제3편 제4편 국제사법 일반이론

따라 법이 상이한 국가이므로 섭외사법 제2조 제3항에 의하여 부가 속하는 지방인 펜실바니아 주의 법이 적용되어야 할 것.[118]

대법원 2006. 5. 26. 선고 2005므884 판결 미국은 지역에 따라 법을 달리하는 국가이므로 국제사법 제3조($\frac{현행}{제16조}$) 제3항에 따라서 미국 국적을 보유한 원·피고 사이의 이혼청구사건 등에 대한 준거법을 결정함에 있어서는 종전 주소지를 관할하는 미주리 주의 법규정 등을 검토해야.[119]

대법원 2012. 10. 25. 선고 2009다77754 판결 당사자가 계약의 준거법으로 지역에 따라 법을 달리하는 이른바 연방제국가의 어느 특정 지역의 법을 지정하지 않고 단순히 연방제국가의 법이라고만 약정한 경우, 선택된 법이 특정 지역의 법이 아니라 연방제국가의 법이라는 사정만으로 그러한 준거법 약정이 내용을 확정할 수 없는 것으로 당연 무효라고 보아서는 아니 되고 계약 문언, 계약 전후의 사정, 거래 관행 등 모든 사정을 고려하여 당사자가 그 국가의 어느 지역의 법을 지정한 것으로 합리적으로 인정되는지까지 살펴보아야 한다.

V. 법률의 회피(fraus legis)

1. 개념과 쟁점

국제사법상 법률의 회피라 함은 어떤 한 나라의 법이 준거법이 되는 것을 피하기 위해 인위적으로 연결점을 조작함으로써 다른 나라의 법이 준거법으로 지정되도록 하려는 시도를 말한다. 예컨대 민사혼주의를 따르는 나라의 국민이 자신의 종교적 신념에 따라 종교혼을 하기 위해 일부러 종교혼만을 인정하는 나라에 가서 혼인한 경우, 이혼을 원하는 자가 정상적인 경우라면 이혼의 준거법으로 적용될 甲국의 이혼법에서 유책배우자의 이혼청구를 인정하지 않는 것을 알고 乙국법이 준거법이 되도록 하기 위해(즉 이혼만을 목적으로) 국적이나 일상거소를 변경하는 것이다.

이런 경우에 제기되는 문제는 조작된 연결점에 따라 정해지는 법을 준거법으로 인정할 것인가, 그리하여 조작된 연결점에 따라 지정된 법이 인정하는 효과를 인정할 것인가 하는 것이다. 즉 위의 첫 예에서 혼인의 방식의 준거법으로 혼인이 거행된 그 나라의 법을 인정하여 방식요건이 충족된 것으로 볼 것인가 하는 것이다.

---

118) 직접지정설을 따른 것으로 이해된다.
119) 어떤 논리로 인해 '종전주소지'가 고려의 대상이 된 것인지는 불분명하다.

2. 법률의 회피의 요건

법률의 회피가 되기 위해서는 다음의 요건이 갖추어져야 한다.

1) 회피된 법규의 존재

회피된 법규가 존재해야 한다. 위의 혼인의 예에서 당사자의 본국의 민사혼 규정이 회피된 법규이다.

2) 이용된 법규

이용된 법규가 있어야 한다. 그런데 이용된 법규의 의미에 대해서는 법정지의 어떤 저촉규정(위의 혼인의 예에서는 방식의 준거법으로 거행지법도 인정하는 법정지의 저촉규정)으로 이해하는 견해와, 작출된 연결점에 의해 준거법으로 지정된 실질법(위 혼인의 예에서는 실제 혼인 거행지의 종교혼 규정)이라고 하는 견해가 있다.[120] 생각건대 아래에서 살펴볼 부진정한 법률의 회피와의 비교·구별에 있어서는 전설이 우수한 면이 있다. 그러나 법률의 회피에서는 필연적으로 법정지의 특정한 저촉규정과 어떤 나라의 해당 실질규정이 이용의 대상이 되는 현상이 모두 일어나기 때문에 그 가운데 어느 하나만을 이용된 법규라고 한정하기 어렵다. 나아가 아래에서 보는 바와 같이 문제의 해결방법과 관련하여 고려해야 할 법규를 어느 하나로 제한하는 것도 타당하지 않기 때문에 둘 모두를 이용된 법규로 보아야 할 것이다.

3) 회피행위

회피행위가 있어야 한다. 즉 법정지 저촉규정의 어떤 연결점이 실제로 조작되어 발생되었어야 한다. 이 점에서 법률의 회피는 아래의 가장행위 및 부진정한 법률의 회피와 다르다. 위의 혼인의 예에서는 실제로 그 나라에 가서 종교의식에 따라 혼인했기 때문에 이 요건이 충족된다.

---

120) Ferid, IPR, S. 136-137 참조.

4) 회피의사

회피의사가 있어야 한다. 여기서 회피의 의사란 법률의 회피만을 위해 연결점을 작출한다 것에 대한 인식과 의욕을 의미한다.

3. 처리의 원칙

법률의 회피는 실질법에서의 탈법행위와 유사한 구조를 가지고 있고, 그리하여 그 처리도 탈법행위의 처리에 관한 일반원칙에 따르는 것이 합당하다는 것이 지배적인 견해이다.[121] 그리하여 작출된 연결점에 따른 준거법을 인정할 것인지 여부는 이용된 법규와 회피된 법규의 취지에서 볼 때 회피행위를 존중해 주는 것이 타당한가 여부에 따라 판단되어야 한다고 한다. 예를 들어 실질법에서 형식적으로는 똑같이 탈법행위라 할 수 있지만 규범목적의 차이에 따라 담보목적의 연금채권추심위임은 무효로 하는 반면 양도담보의 유효성은 인정하는 것처럼, 국제사법의 경우에도 법률의 회피에 대한 평가가 달라질 수 있다는 것이다. 그리하여 위의 혼인의 예에서는 방식에 관하여 행위지법이 갖는 국제사법상의 의미를 고려할 때 종교혼만을 인정하는 다른 나라에 가서 혼인을 한 행위는 비난의 여지가 없고 따라서 혼인도 거행지법의 방식을 갖춤으로써 형식적 요건을 충족한 것으로 인정되는 반면,[122] 이혼만을 위해 국적이나 일상거소지를 변경하는 행위는 존중될 수 없고 따라서 작출된 연결점이 지시하는 나라의 법은 이혼의 준거법이 될 수 없다고 한다. 그리고 이러한 평가를 함에 있어서는, 법정지에서의 재판이 최종적이고 실효성 있는 분쟁해결이 될 수 있도록 하기 위해, 회피된 법질서의 위신도 고려되어야 한다.

4. ordre public과의 관계

법률의 회피에 대한 처리와 관련하여서는 법률의 회피와 공서와의 관계를 명확히 할 필요가 있다. 이를 실제 사례를 통하여 살펴보면 다음과 같다.[123]

---

121) Hoffmann/Thorn, IPR, S. 264-265, 269; Kropholler, IPR, S. 158; Kegel/Schurig, Interantionales Privatrecht, S. 480 이하 참조.

122) 다만 혼인방식에 있어서 거행지법이 갖는 의미에 대한 이해(즉 절대적 거행지법설과 선택적 거행지법설의 대립)에 따라 최종적인 평가가 달라질 가능성은 있다.

123) Kegel/Schurig, IPR, S. 494; Ferid, IPR, S. 139 참조.

무국적의 A남과 독일 국적의 B녀가 독일에서 결혼을 하여 살던 중 A가 튀르키예 국적의 C를 만나게 되었고 C와 결혼하기를 원한 A는 이를 가능케 하기 위해 튀르키예로 가서 튀르키예 국적을 취득한 후 튀르키예 이혼법에 따라 이혼선언을 하고 C와 결혼한 후 같이 독일로 다시 이주하였다. 그러자 B가 혼인관계존재확인청구의 소를 독일법원에 제기하였다. 이에 대해 원심은 'A의 이혼선언은 사실상의 축출로서 (실질법적) 공서위반으로 무효'라고 판단하여 원고의 주장을 인용하였다. 그러나 연방최고법원BGH은 'A의 이혼선언이 공서에 위반되는 사적 이혼이라고 볼 수 없다'고 하여 원심을 파기환송하였다. 이혼선언은 튀르키예법에 따른 것이므로 사적인 사실상의 축출이라 할 수 없고, 이혼요건이 다르다는 것만으로 공서위반이라고는 할 수 없다고 본 것이다. 그러자 원심법원은 파기환송심에서 이혼선언이 유효하다고 하여 원고의 청구를 기각하였다.

그러나 이러한 접근방법에는 근본적인 문제가 있다. 일반적으로 공서위반이 문제되는 것은 먼저 외국법이 준거법으로 결정되고, 다음에 그 준거법을 적용한 결과가 법정지의 실질법적 공서에 심히 반하는 경우이다. 이에 비추어보면 애초에 원심법원은 여기서 준거법은 튀르키예법이고, 튀르키예 이혼법상의 이혼선언 제도는 일방적인 사실상의 축출로서 독일의 이혼에 관한 공서에 반한다고 본 것이다. 그러나 이 사안에서는 튀르키예법이 과연 이혼의 준거법이 될 수 있는지 자체부터 문제가 된다. 무국적자인 남편과 독일 국적의 부인이 독일에 거주하고 있는 상황에서 정상적인 경우라면 독일법이 이혼의 준거법이 되어야 할 것이기 때문에, 독일법 대신에 튀르키예법에 따라 이혼을 선언하여 B와의 혼인관계를 해소하기 위해서 튀르키예의 국적을 취득한 것이 법률의 회피에 해당하여 작출된 연결점(튀르키예 국적)이 지시하는 튀르키예법을 준거법으로 적용할 수 없는 것은 아닌지 먼저 검토했어야 하고, 원심법원의 접근방법은 여기서 법률의 회피가 부정되는 경우에 비로소 생각할 수 있는 것이다. 물론 이혼만을 위하여 국적을 바꾸는 것을 인정하지 않는 근거로 공서위반을 드는 것을 생각할 수 있고 원심도 이런 생각에 기초한 것일 수 있다. 그러나 법률의 회피 문제는 준거법을 정하는 단계에서 제기되는 것으로 준거법이 정해진 후에 비로소 제기되는 일반적인 공서위반과는 차원을 달리한다. 그리고 이에 따라 문제되는 공서도 저촉법상의 공서이지 실질법적 공서가 아니다. 요컨대 법원은 법률의 회피를 검토하여 튀르키예법이 준거법이 될 수 있는지 먼저 판단했어

제 1 편 제 2 편 제 3 편 제 4 편 국제사법 일반이론

야 옳았다.

그런데 법률의 회피와 관련하여 저촉법적 공서를 논함에 있어서는 다시 다음과 같은 문제가 제기될 수 있다. 즉 위 예에서 만약 독일 국제사법에 따르면 A가 튀르키예 국적을 취득한 것이 문제되지 않으나(그리하여 튀르키예법이 이혼의 준거법이 될 수 있으나) 튀르키예 국제사법은 이를 법률의 회피로 평가한다고 하면 독일 법원은 튀르키예법을 준거법으로 할 수 있나 하는 문제이다. 이에 대해 다수의 견해는 외적 판단의 일치를 근거로 튀르키예 국제사법에 따라 독일법을 적용해야 한다고 한다. 마치 반정의 경우와 같이 처리하자는 것이다. 이에 비해 작출된 연결점에 의하면 준거법이 될 튀르키예 국제사법은 이를 문제 삼지 않으나 법정지인 독일 국제사법에 의하면 법률의 회피요건이 충족될 경우에는 파행적 법률관계의 위험에도 불구하고 독일법을 적용해야 한다고 한다. 법정지 국제사법과 회피된 법의 취지를 고려하여 내려진 평가를 작출된 연결점이 지시하는 나라의 법에 따른 평가보다 우선시키는 것이다.

끝으로, 만약 위 예에서 작출된 국적에 근거하여 튀르키예법원이 튀르키예의 국제관할을 인정하고 이혼판결을 내렸고 독일에서 그 판결의 승인이 문제된 경우에는 절차법상의 공서가 문제될 수 있다. 만약 튀르키예 국적을 취득한 행위가 튀르키예의 국제재판관할의[124] 작출로서 독일 소송법상의 공서에 위반되는 것으로 평가된다면 독일의 입장에서 볼 때 튀르키예 법원의 판결은 관할권 없는 법원의 판결이 되고 따라서 승인이 안 되는 문제가 있는 것이다.[125]

5. 유사개념

1) 가장행위

가장행위란 예컨대 사실은 이사를 하지 않고 주민등록만 옮기는 것처럼, 이용된 법규의 요건이 외형적으로만 존재하고 실제로는 실현되지 않은 경우(실제 회피행위의 부존재)를 말한다. 가장행위는 예외 없이 존중(인정)되지 않는다는 데 이설이 없다.[126]

---

124) 이혼에 관한 본국관할.
125) 여기서 만약 독일 소송법상 튀르키예의 관할이 인정된다고 가정하면 다시 튀르키예의 판결이 실질법적 공서에 반하여 승인이 거부되는 것을 생각할 수 있다.

2) 부진정한 법률의 회피

법정지 외의 어떤 나라의 국제사법상 연결점을 이용하여 법정지 국제사법에 따를 때 적용될 준거법을 회피하는 것을 말한다. 예를 들어 4촌간인 한국인 남녀가 속인법에 관하여 국적주의를 취하고, 4촌간의 혼인을 허용하는 甲국에 일상거소(또는 주소)를 두고 있다고 하자. 이 경우 이들이 甲국에서 혼인을 하려고 하는 한 뜻을 이룰 수 없다. 甲국에서는 자국 국제사법의 본국법주의에 따라 혼인의 실질적 요건에 관하여 대한민국법을 적용할 것이기 때문이다. 그런데 만약 속인법에 관하여 주소지주의를 택하고 있는 乙국에 가서 혼인을 한다면 乙국에서는 乙국 국제사법에 따라 甲국법을 준거법으로 적용할 것이기 때문에 혼인이 허용될 것이다. 이러한 판단 하에 그들이 乙국에 가서 혼인을 하였다면 이것이 부진정한 법률의 회피이다.

부진정한 법률의 회피의 경우에는 회피된 법규(위의 예에서 甲국의 국제사법과 대한민국 혼인법)도 있고, 이용된 법규(乙국의 국제사법과 甲국의 혼인법)도 있으며 회피행위(乙국에 가서 혼인하는 행위)도 있다. 그러나 회피행위가 국적의 취득 등 법정지(우리나라 또는 甲국)의 국제사법상의 연결점을 작출하는 것에 있지 않다는 차이가 있다. 즉 부진정한 법률의 회피의 핵심은 연결점의 작출이 아니라 국제사법 shopping에 있는 것이다.

부진정한 법률의 회피도 언제나 존중(인정)될 수 없다는 데 견해가 일치되어 있다.[127]

VI. 보다 밀접한 나라의 법: 준거법 지정의 예외

> **제21조 (준거법 지정의 예외)** ① 이 법에 의하여 지정된 준거법이 해당 법률관계와 근소한 관련이 있을 뿐이고, 그 법률관계와 가장 밀접한 관련이 있는 다른 국가의 법이 명백히 존재하는 경우에는 그 다른 국가의 법에 따른다.
> ② 당사자가 합의에 따라 준거법을 선택하는 경우에는 제1항을 적용하지 아니한다.

---

126) Kegel/Schurig, IPR, S. 491-492.
127) Kegel/Schurig, IPR, S. 492-493.

독립적 저촉규정의 연결점은 당해 법률관계가 가장 밀접하게 관련된 장소를 지시하는 기능을 한다고 했다. 그런데 여기서 가장 밀접하게 관련된 곳이란, 입법 기술상, 그런 성질의 법률관계에서 보편적으로 가장 밀접한 관련이 있는 곳을 의미하는 것일 수밖에 없다. 그러므로 경우에 따라서는 구체적 사안의 특수성으로 인하여 우리 국제사법에 의해 준거법국으로 지정된 나라가 실제로는 가장 밀접하게 관련된 나라라고 할 수 없는 상황이 있을 수 있다. 즉 보편적인 연결점만으로는 구체적인 경우 가장 밀접한 관련이 있는 나라의 법을 준거법으로 한다는 이상의 실현이 보장되지 않는 것이다.

이러한 경우를 예상하여 둔 규정이 국제사법 제21조인데, 우리 국제사법에 의하여 지정된 준거법이라도 구체적 사안에서 해당 법률관계와는 근소하게만 관련되어 있고, 실제로 가장 밀접하게 관련된 나라가 따로 있는 경우에는 그 다른 국가의 법이 준거법이 된다(제1항). 이를 준거법지정의 예외라 하는데 이러한 예외는 당사자자치의 경우에는 적용되지 않는다(제2항).

그런데 여기서는 가장 밀접하게 관련된 나라를 판단하는 기준 내지 방법은 무엇인가라는 것이 문제된다. 그 기준 내지는 적어도 방법론이라도 제시되지 않으면 법원의 자의적인 법선택을 배제할 수 없기 때문이다. 이 문제는 국제사법의 가장 근본적인 문제 중의 하나인데, 이 원리가 구체적으로 채용된 경우인 채권계약의 객관적 연결을 설명하며 간단히 논의한다.

> **대법원 2006. 5. 26. 선고 2005므884 판결** 미합중국 국적을 보유하고 대한민국에 거주하는 부부인 원·피고가 모두 대한민국에 상거소常居所를 가지고 있을 뿐 아니라 종전 주소지인 미합중국 미주리 주의 법에 따른 선택에 의한 주소domicile of choice를 대한민국에 형성하였으므로 대한민국의 법률인 민법은 원·피고 사이의 이혼, 친권자 및 양육자지정 등 청구 사건에 대하여 충분한 관련성을 구비한 준거법으로 볼 수 있어 국제사법 제8조(현행제21조) 제1항이 적용되지 않는다.

> **대법원 2014. 7. 24. 선고 2013다34839 판결** 선박우선특권과 선박저당권 사이의 우선순위를 정하는 준거법은 원칙적으로 선적국법이라고 할 것이나, 선박이 편의치적이 되어 있어 그 선적만이 선적국과 유일한 관련이 있을 뿐이고, 실질적인 선박 소유자나 선박 운영회사의 국적과 주된 영업활동장소, 선박의 주된 항해지와 근거지, 선원들의 국적, 선원들의 근로계약에 적용하기로 한 법률, 선박저당권의 피담

보채권을 성립시키는 법률행위가 이루어진 장소 및 그에 대하여 적용되는 법률, 선박경매절차가 진행되는 법원이나 경매절차에 참가한 이해관계인 등은 선적국이 아닌 다른 특정 국가와 밀접한 관련이 있어 앞서 본 법률관계와 가장 밀접한 관련이 있는 다른 국가의 법이 명백히 존재하는 경우에는 다른 국가의 법을 준거법으로 보아야.

※ **기타판례** 창원지방법원 2013. 4. 10. 선고 2012나5173 판결

Ⅶ. 반정(反定: renvoi)

1. 개념 및 문제의 소재

법정지 국제사법에 의하여 그 법이 준거법이 되도록 정해진 나라(즉 준거법국)의 국제사법에서 다른 나라의 법을 준거법으로 지정하고 있는 것을 반정이라고 한다. 예컨대 우리 국제사법의 독립적 저촉규정에서는 甲국 법이 준거법으로 지정되어 있는데 甲국 국제사법의 독립적 저촉규정에서는 우리나라(직접반정) 또는 乙국(전정)의 법이 준거법으로 지정되는 경우이다. 이 밖에도 이론적으로 간접반정, 이중반정이라는 것도 가능하다.

여기서 문제되는 것은 법원이 법정지와 다른 준거법국의 국제사법을 존중할 것인가(인정하는 것을 반정주의라 함), 한다면 어디까지 존중해야 하나인데, 이는 기본적으로 준거법 지정이 실질법 지정인가 아니면 국제사법까지 포함하는 포괄적 지정인가와 관련된다(대법원 1991. 12. 10. 선고 90다9728 판결 참조).

이러한 현상이 발생하는 가장 큰 원인은 각국 국제사법에서 채용된 연결점이 다르다는 것이다. 그러나 성질결정에서의 차이도 반정의 원인이 될 수 있으며, 이른바 숨은 반정은 재판관할과 준거법의 문제를 일원적으로 해결하는 영미법의 전통이 원인이 된다.

2. 반정의 종류

1) 협의의 반정(직접반정)

협의의 반정은 준거법국의 국제사법이 법정지의 법을 준거법으로 지정하고 있

는 경우를 말한다. 우리의 국제사법에서는 甲국의 법이 준거법으로 지정되어 있는데 甲국의 국제사법에 의하면 우리나라 법이 준거법이 되는 것이다.

2) 전정(재정)

전정이란 법정지 국제사법에 따른 준거법국의 국제사법에서 제3국의 법이 준거법으로 지정되어 있는 경우를 말한다. 우리나라 국제사법에 의하면 甲국 법이 준거법이 되는 반면 甲국의 국제사법에 의하면 乙국 법이 준거법이 되는 것이다.

3) 간접반정

예컨대 우리나라 국제사법에 따르면 甲국의 법이 준거법이 되는데, 甲국의 국제사법에 의하면 다시 乙국 법이 준거법이 되나, 乙국의 국제사법에서는 우리나라 법이 준거법으로 지정되는 경우를 말한다. 요컨대 제3국의 국제사법에 의하여 다시 법정지의 법이 준거법으로 지정되는 경우이다.

4) 이중반정

앞의 3가지 반정유형은 다른 나라 국제사법의 독립적 저촉규정만을 고려한 결과에 따른 구별이었다. 이에 비해 준거법국 국제사법이 반정주의를 채택하고 있는 경우 그것까지 고려함으로써 만약 법정지 국제사법에 의해 준거법국으로 지정된 나라에서 소송이 제기되었다면 거기서 적용되었을 법을 법정지에서도 최종적으로 적용될 법으로 지정하는 것을 이중반정이라고 한다.[128] 예를 들어 우리나라 국제사법에 의하면 甲국 법이 준거법이 된다. 그런데 甲국 국제사법의 독립적 저촉규정에 의하면 우리나라 법이 준거법이 되고, 甲국에서는 반정을 인정하고 있다고 가정하자. 여기서 만약 반정주의를 채택하고 있는 우리나라에서 甲국의 독립적 저촉규정만을 고려하여 준거법을 정한다면 우리나라 법이 준거법이 될 것이다(직접반정). 그러나 만약 甲국에서 반정이 인정되고 있다는 점을 고려하면서 甲국 법원이 적용할 법이 어느 나라 법인지를 생각한다면 다음과 같은 추론에 이르게 된다: 만약 甲국에서 소가 제기되었다면 우선 우리나라 법이 준거법으로 지정될 것이다. 그런데 우

---

128) 서희원, 국제사법, 91면 이하 참조.

리나라 국제사법에서는 甲국 법을 준거법으로 지정하고 있고(직접반정) 甲국이 이를 받아들이고 있기 때문에 甲국 법을 적용할 것이다. 그리고 이러한 추론의 결과를 고려하여 우리나라에서도 甲국 법을 적용하자는 것이다. 그러므로 이중반정 이론에 따르면 결과적으로 원래 우리나라 국제사법이 지정한 준거법을 적용하게 된다.

이러한 이중반정은 속인법에 관하여 국적주의을 취하고 있는 나라와 주소지주의를 취하고 있는 나라 사이에서 주로 문제될 수 있다. 그러나 이중반정을 모든 나라가 인정한다면 준거법을 서로 교환하는 결과로 귀결되고 말아 반정주의에서 주장하는 외적 판단의 일치는 불가능하게 된다. 즉 이중반정을 통해 외적 판단의 일치가 달성되려면 한 나라는 이중반정을 인정하는 반면 다른 나라는 이를 부인하고 있어야 한다.

3. 반정에 관한 이론

반정의 인정 여부와 범위에 대하여는 다양한 논거에 기초한 다양한 견해가 대립해 왔다. 그런데 현재에는 반정의 인정 여부와 범위가 많은 나라에서 법으로 규정되고 있어 이론적인 논쟁은 더 이상 큰 의미를 갖지 못한다. 하지만 반정과 관련되어 제기된 논의 중에는 국제사법의 기초에 관한 올바른 이해에 도움이 되는 사항이 포함되어 있으므로 이를 위해 필요한 범위에서 간단히 살펴본다.

1) 인정설[129]

원칙적으로 반정을 인정해야 한다는 입장을 말한다. 그러나 그 근거에 관해서는 다양한 견해가 제시되고 있다.

(1) 총괄지정설

국제사법에서 준거법을 지정한다는 것은 한 나라의 저촉규정까지 포함한 포괄적 지정(총괄지정)이므로 법정지에서는 지정된 나라의 국제사법도 당연히 적용해야 하고, 따라서 논리 필연적으로 반정이 인정될 수밖에 없다고 한다.

그러나 준거법의 지정이 논리적으로 반드시 총괄지정이어야 하는 것은 아니므로 타당하지 않은 주장이다.

---

129) 반정의 찬반에 대한 논의의 개괄적 소개에 대하여는 서희원, 국제사법, 93면 이하 참조.

(2) 외국의사 존중

준거법을 정함에 있어서는 자국법을 적용하지 않으려는(자국법이 문제의 사안에 적용되기를 원하지 않는) 외국의 의사가 존중되어야 한다는 것을 근거로 드는 입장이다.

그러나 국제사법상의 정의 및 이익론에서 본 바와 같이 준거법의 지정은 나라마다 나름의 국제사법적 정의의 관념에 기초하여 이루어질 뿐이고 어느 나라가 자국의 법이 적용되기를 원하는지 여부는 원칙적으로 고려 대상이 아니기 때문에 출발점에서부터 오류가 있다.[130] 나아가 외국의 입장을 고려하여 반정을 인정하자는 것은 법정지의 가치판단을 스스로 부정하는 것이라는 지적도 면할 수 없다.

(3) 내외 판결의 일치설

이는 반정을 인정함으로써 파행적 법률관계가 발생하는 것을 방지할 수 있다는 것을 논거로 하는 입장이다. 우리나라 국제사법에 의하면 甲국 법이 준거법이 되고, 甲국 국제사법에 의하면 우리나라 법이 준거법이 되는 경우, 우리나라에서 반정을 인정하여 우리나라 법을 적용함으로써 우리나라와 甲국에서 동일한 결론이 내려질 수 있다는 것이다.

이는 반정에 관한 논의의 초기에 가장 설득력 있는 논거로 이해되었다.[131] 그러나 이러한 주장은 상황논리적으로 제한된 의미를 가질 뿐이다. 왜냐하면 만약 모든 나라가 반정을 인정하면 준거법의 교환이라는 결과가 될 뿐 내외 판결의 일치는 달성될 수 없기 때문이다. 즉 이 논거가 의미를 가질 수 있기 위해서는 일부의 나라에서는 반정을 인정하는 반면 일부의 나라에서는 반정을 부인하고 있어야 한다. 다시 말하여 반정을 통하여 외적 판단의 일치가 달성되기 위해서는 법정지와 준거법국으로 지정된 나라가 반정에 관하여 다른 입장을 취하고 있어야 한다.

(4) 판결집행설(현실적 판결설)

이는 반정을 인정함으로써 법정지의 판결이 외국에서 쉽게 승인될 수 있다는 것을 논거로 하는 견해이다.

그러나 현재 우리나라를 비롯하여 대부분의 나라에서 판결국에서 적용된 준거법이 승인국 국제사법에서 정한 것과 일치하는 것을 승인의 요건으로 하고 있지

---

130) 그러나 이른바 국제적(또는 절대적) 강행규정 개념은 이러한 국가의 의사를 출발점으로 하는 것이다.
131) Hoffmann/Thorn, IPR, S. 252-253.

않기 때문에 이제는 의미가 적은 논거이다. 나아가 하나의 판결에 관해 여러 나라에서 승인이 문제되는 경우에는 반정이 항상 승인을 촉진하는 결과를 가져오는 것도 아니다.

2) 부정설

반정을 인정하여서는 안 된다는 입장으로 여기서도 다양한 논거가 제시되고 있는데, 그 내용은 반정 인정론에 대한 비판이 주를 이루고 있다.

(1) 실질법 지정설

준거법지정은 본안에 대한 판단을 위한 기준을 지정하는 것으로 본질상 실질법지정이어야 하므로, 외국의 국제사법을 적용하는 효과가 있는 반정을 인정하는 것은 준거법지정의 본질에 반한다는 것이다.

그러나 궁극적으로 어떤 실질법이 지정될 수 있으면 법의 충돌의 해결이라는 국제사법의 목적은 달성될 수 있으므로 국제사법의 준거법 지정이 반드시 실질법지정일 필요는 없기 때문에 이 논거도 이론적으로 타당하지 않다.

(2) 주권포기설

반정을 인정하는 것은 법정지 입법자의 (국제사법적) 가치판단을 거스르는 것으로 입법주권의 포기에 해당한다는 것이다.

이 견해가 외국의사존중설에 대한 비판으로는 부분적인 타당성이 있으나, 국가주권론을 반정에 관한 일반적인 근거로 삼는 것에는 논리적으로 무리가 있다. 왜냐하면 총괄지정이냐 실질법지정이냐를 선택하는 것도 역시 법정지 입법자의 선택에 달려 있으므로 반정을 인정한다는 것이 곧 주권의 포기는 아니기 때문이다.

3) 입법례

반정에 관하여는 우호적인 입장, 적대적인 입장, 제한된 범위에서 반정을 인정하는 절충적 입장이 팽팽하게 대립하고 있었으나 현재의 흐름은 직접반정을 원칙으로 하는 것이다.

제1편 제2편 제3편 제4편 국제사법 일반이론

4) 종합평가

반정의 문제가 제기되는 근본적인 원인은 각국의 국제사법이 다르다는 것이고, 이러한 상황은 다시 어디서 재판을 하든 동일한 결론에 이른다는 이상을 불가능하게 만드는 원인이 되어 있다. 그러므로 문제해결의 출발점으로 외적 판단의 일치를 생각하는 것은 일응 타당한 접근방법이라 할 수 있다. 비록 상황논리적으로 제한이 있기는 하지만 반정을 인정함으로써 다소간에라도 파행적 법률관계가 발생하는 문제를 완화시키는 계기가 아직 남아있기 때문이다.

나아가 실무적으로 볼 때 반정을 인정하는 것은 아무래도 잘못 적용할 가능성이 상대적으로 큰 외국법 적용의 어려움을 피할 수 있는 계기가 되는 장점이 있다.[132]

그런데 순수하게 이론적으로 볼 때 반정을 인정하기 위한 전제로 총괄지정을 하는 때에는 끝없는 순환이 발생하는 문제가 있다. 즉 어디선가 순환의 고리를 단절해야 하는바 어디서 끊을 것인지 문제되고, 이는 실질적으로 직접반정과 이중반정 중 어느 것을 채택할 것인가의 문제로 귀결된다. 생각건대 반정이 가질 수 있는 실무적 장점을 고려하면 이중반정을 인정하는 것은 타당치 않을 것이고, 전정 또한 실무적 가치 내지 필요성이 크지 않다.

결론적으로 반정을 인정하되 원칙적으로 직접반정만 인정하는 것이 타당할 것이다.

4. 우리 국제사법

제22조 (외국법에 따른 대한민국 법의 적용) ① 이 법에 따라 외국법이 준거법으로 지정된 경우에 그 국가의 법에 따라 대한민국 법이 적용되어야 할 때에는 대한민국의 법(준거법의 지정에 관한 법규는 제외한다)에 따른다.
② 다음 각호의 어느 하나에 해당하는 경우에는 제1항을 적용하지 아니한다.
  1. 당사자가 합의로 준거법을 선택하는 경우
  2. 이 법에 따라 계약의 준거법이 지정되는 경우
  3. 제73조에 따라 부양의 준거법이 지정되는 경우
  4. 제78조 제3항에 따라 유언의 방식의 준거법이 지정되는 경우
  5. 제94조에 따라 선적국법이 지정되는 경우
  6. 그 밖에 제1항을 적용하는 것이 이 법의 지정 취지에 반하는 경우

---

132) Hoffmann/Thorn, IPR, S. 253-253.

1) 원칙: 직접반정만 인정($\frac{1}{항}$)

우리 국제사법은 원칙적으로 직접반정만을 일정한 제한하에 인정하고 있다. 제22조 1항은 '우리나라 국제사법에 의하여 외국법이 준거법으로 지정되었는데 그 나라의 법에 의하여 우리나라 법이 적용되어야 하는 때에는 우리나라 법을 적용하되 거기에서 저촉규정은 제외한다'는 취지로 되어 있다. 그러므로 우리 국제사법에 의한 외국법의 지정은[133] 총괄지정이다. 그리고 섭외사법 제4조에서와$\left(\begin{smallmatrix}\text{대법원 1989. 7. 25. 선}\\ \text{고 88다카22411 판결}\end{smallmatrix}\right)$달리 총괄지정이 되는 연결점이 국적으로 제한되어 있지 않다. 즉 외국의 법이 당사자의 본국법으로서 지정되는 경우가 아니라도 반정이 인정된다.

그리고 우리 국제사법이 총괄지정을 하는 경우 발생할 수 있는 순환고리를 끊고 우리나라 법이 최종적으로 준거법이 되도록 하기 위해 외국의 국제사법이 우리나라 법을 지정하는 경우에는 우리나라의 실질법만 적용하도록 하고 있다. 즉 외국의 국제사법 역시 반정을 인정하면서 이를 위한 전제로서 총괄지정을 하고 있더라도 이는 고려하지 않는 것이다. 이를 통해 이중반정의 가능성도 논리적으로 배제되었다.

2) 예 외

제22조 1항의 원칙에는 두 가지 예외가 있다.

(1) 반정의 배제

제22조 2항에 의하면 다음의 경우에는 직접반정도 인정되지 않는다. 그러므로 이 경우의 지정은 실질법 지정이다.

1호 당사자가 합의에 의하여 준거법을 선택한 경우에는 반정이 인정되지 않는다. 그러므로 당사자에 의한 준거법의 선택은 실질법 지정이 된다. 법문상으로는 합의로 준거법을 선택한 경우로 국한되어 있지만 이 규정의 취지가 준거법에 대한 당사자의 의사를 존중한다는 데 있으므로 단독지정($\begin{smallmatrix}\text{예컨대 제}\\ \text{77조 2항}\end{smallmatrix}$)의 경우에도 반정은 배제된다고 해석해야 할 것이다.

---

133) 우리나라 법이 준거법으로 지정되는 경우도 총괄지정이라고 하면 우리 국제사법 내에서의 무의미한 무한반복이 발생하게 되기 때문에 이 경우는 언제나 실질법 지정이 된다.

2호　우리 국제사법에 의해 채권계약의 준거법이 지정되는 경우에도 반정은 인정되지 않는다. 즉 이 경우에도 외국법의 지정은 실질법 지정이다. 2호의 예외는 반정을 제한하는 조약과의 조화를 통하여 외적 판단의 일치를 도모하는 데 한 가지 뜻이 있으며,[134] 동시에 채권계약의 준거법 지정에 채용된 접근방식이 그 자체로서 채권계약관계의 내용의 다양성을 고려하여 제반 사정을 참작하면서 단계적으로 유연하게 접근한다는 것인바(이른바 단계적 연결), 만약 반정을 인정하면 이런 종합적 고려에 따른 판단을 무의미하게 만들 위험이 있다는 것을 고려하더라도 반정을 배제하는 것이 타당하다 할 것이다.

3호　부양에 대한 준거법 지정도 실질법 지정으로 반정이 인정되지 않는다. 3호역시 반정을 부정하는 조약과의 조화와 함께 부양에 대한 준거법의 지정에서는 실질법적 정의를 충분히 고려하여 연결점을 선택한 입법취지를 유지하기 위해 둔 예외이다.

4호　유언의 방식에 관한 준거법 지정도 실질법 지정이고, 그 이유는 위와 동일하다.

5호　해상에 관한 사항 중 국제사법 제94조에 의해 선적국법이 준거법으로 지정되는 경우에도 반정이 인정되지 않는다.

6호　이상의 다섯 가지 예외에 해당하지 않더라도 만약 반정을 인정하면 우리 국제사법에서 그 법을 준거법으로 지정하게 된 취지가 훼손되는 결과가 될 경우에는 반정은 배제된다. 문제는 그럼 언제 그러한 결과가 초래된다고 평가할 수 있는가인데, 다음의 경우에는 반정이 배제되어야 한다는 데 대체적으로 의견이 모아져 있다.[135]

　　－ 방식의 경우 등 당사자의 편의를 위해 선택적 연결을 인정한 경우.
　　－ 종속적 연결이 채택된 경우로서, 계약관계와 연관된 부당이득 및 불법행위에 계약의 준거법국의 법을 적용하는 것이 그 예이다.
　　－ 어음·수표에 관한 조항 등 저촉규정을 통일하기 위한 조약에 기초한 경우.
　　－ 제64조 등 단계적 구조를 가지고 준거법을 지정하는 경우(다툼 있음). 이런 경우는 대개 실질법적 정의까지 충분히 고려하여 연결점을 선택한 경우인바,

---

134) 법무부, 국제사법 해설, 47면.
135) 법무부, 국제사법 해설, 48-49면 참조.

반정을 인정할 경우 그러한 고려가 무의미해진다는 것이 논거가 될 수 있다.

(2) 전정의 인정

제80조 1항 단서에서는 어음·수표에 의하여 채무를 부담하는 능력(어음·수표 행위능력)에는 당사자의 본국법이 적용되지만 본국법이 다른 나라의 법에 의하도록 하고 있는 때에는 그 다른 나라의 법에 의하도록 되어 있다. 여기서 만약 그 다른 나라가 법정지인 우리나라일 경우에는 직접반정이 되겠지만 제3국일 때에는 전정이 될 것이기 때문에 반정의 인정범위가 전정까지로 확대되어 있다.

3) 우리 국제사법상 반정의 구조

국제사법의 준거법 지정의 원리와 반정에 관한 이론 및 법규정에 기초하여 우리 국제사법에서의 반정의 구조를 정리하면 다음과 같다.

(1) 첫 단계
① 우리나라 법 지정

우리나라 국제사법이 우리나라 법을 지정하는 것은 실질법 지정이다. 그렇지 않으면 저촉규정의 자기 지정으로 무한반복의 순환논리가 되기 때문이다.

② 외국 법 지정

우리나라 국제사법이 외국(예컨대 甲국) 법을 지정하는 경우에는 두 경우가 구별되어야 한다.

㉮ 실질법 지정인 경우

실질법만을 지정한다는 것은 반정을 인정하지 않는다는 것을 통해 표현된다. 이 경우 우리나라 법원은 甲국의 국제사법에 대한 고려의 여지 없이 甲국의 해당 실질법 규범을 적용하게 된다.

㉯ 총괄지정의 경우

甲국의 국제사법도 지정범위에 포함된다는 것은 범위야 어찌 되었든 기본적으로 반정을 인정한다는 의미를 가지며, 따라서 우리나라 법원은 甲국의 국제사법의 해당 규정을 먼저 살펴야 한다. 그리하여 甲국의 국제사법이 자국의 법을 지정하고 있는 경우 이는 위 ①과 같은 이유에서 실질법 지정으로 해석해야 하고, 그리하여 우리나라 법원은 甲국의 실질법을 적용하게 된다. 이에 비해 만약 甲국의 국제사법이 우리나라 법 또는 제3국(乙국)의 법을 지정하고 있는 경우에는 두 번째 단계로 진행된다.

㉕ 원 칙

우리 국제사법은 원칙적으로 반정을 인정하고 있으며 따라서 외국법의 지정도 원칙적으로 총괄지정이다.

(2) 두 번째 단계

① 甲국의 국제사법이 우리나라 법을 지정하는 경우

이 경우도 다시 총괄지정인 경우와 실질법 지정인 경우 두 가지가 있을 수 있다.

㉮ 실질법 지정인 경우

이 경우에는 우리나라 법원은 우리나라 국제사법을 고려할 필요 없이 우리나라의 실질법을 적용하게 되고 이것이 바로 직접반정의 대표적인 경우이다.

㉯ 총괄지정인 경우

甲국 국제사법이 총괄지정을 하고 있다면 이론적으로는 다시 우리나라 국제사법을 고려해야 할 것이다. 그러나 이렇게 되면 우리나라 국제사법(저촉규정)과 외국 국제사법 사이에 상호지정이 무한히 반복되는 결과가 되고, 이를 피하려면 어디에선가 순환의 고리를 절단해야 한다. 여기서 만약 甲국 국제사법의 총괄지정에도 불구하고 우리나라 국제사법을 다시 고려하지 않으면 결과적으로 우리나라 법원은 우리나라의 실질법을 적용하게 될 것이고, 이것이 직접반정이 되는 두 번째 경우이다. 이에 비해 甲국 국제사법의 총괄지정을 근거로 우리나라 국제사법에 따라 외국의 실질법을 적용하게 되면 결과적으로 이른바 이중반정을 인정하는 것과 동일하게 된다. 여기서 알 수 있는 것처럼 이중반정은 독립된 반정의 유형이 아니라 무한반복의 고리를 어디서 끊나라는 문제라 할 수 있다.

우리 국제사법은 제22조 1항에서 원칙적으로 1차 직접반정에서 고리를 끊고 있고 따라서 이중반정은 논의될 여지가 없다.

② 甲국 국제사법이 乙국의 법을 지정하는 경우

이 경우에는 우리나라 국제사법이 전정을 인정하는지 여부에 따라 사고의 진행

과정이 달라진다.

㉮ 전정을 부인하는 경우

전정을 부인한다는 것은 이 경우에 甲국의 국제사법에 의한 乙국 법의 지정은 우리나라 법원에서 고려되지 않는다는 것을 의미하고 따라서 우리나라 법원은 우리나라 국제사법에 의해 처음 지정된 바에 따라 甲국의 실질법을 적용하게 된다. 그리고 이것이 전정에 관한 우리나라 국제사법의 원칙이다. 이 경우 甲국 국제사법이 실질법 지정인가 총괄지정인가는 우리나라 법원에게 아무런 의미가 없는 사항이다.

㉯ 전정을 인정하는 경우

이 경우 만약 우리나라 국제사법이 전정을 인정한다면 甲국의 국제사법의 지정이 실질법 지정인지 총괄지정인지가 문제될 수 있다. 먼저 甲국 국제사법이 실질법 지정인 경우에는 乙국의 실질법을 우리나라 법원이 적용하게 된다. 그러나 만약 甲국 국제사법이 총괄지정을 하는 경우에는 이론적으로만 보면 우리나라 법원이 乙국의 국제사법을 고려하는 것에 아무런 장애도 없다. 그리하여 만약 乙국 국제사법이 자국의 법을 지정하고 있다면 이것은 실질법 지정으로 해석되어야 하므로 우리나라 법원은 乙국의 실질법을 적용하게 될 것이다. 그런데 乙국의 국제사법은 ㉠ 우리나라 법을 지정할 수도 있고(이 경우를 간접반정이라 한다), ㉡ 甲국의 법을 지정할 수도 있으며, ㉢ 경우에 따라서는 제4국(丙국)의 법을 지정(재전정)할 수도 있다. 나아가 乙국의 국제사법이 丙국 법으로 재전정을 하고 있을 경우에는 제3국 乙국 국제사법의 총괄지정 여부 및 제4국인 丙국 국제사법의 입장 여하에 따라 위와 같은 문제가 무한히 반복적으로 발생할 수도 있게 된다. 그러면 우리나라 국제사법에서 간접반정과 재전정이 인정되는가?

이 질문에 대한 답이 간단하지 않은 원인의 하나는 직접반정에 관한 제22조 1항에서는 우리나라 국제사법에 의해 지정된 나라의 국제사법이 총괄지정의 방식으로 우리나라 법을 지정한 경우에도 우리나라 법원이 우리나라의 저촉규정은 적용하지 않는다는 것을 명확히 하고 있는 데 비하여, 예외적으로 전정을 인정하고 있는 제81조에서는 전정된 국가(즉 위의 예에서 乙국)의 법에 의한다고만 하고 있어 乙국의 저촉규정도 적용될 가능성이 열려있기 때문이다. 그리고 이러한 해석에 따라 乙국의 국제사법을 고려하면 위의 세 유형의 상황이 모두 발생할 수 있다. 여기서 한편으로는 간접반정을 인정하면 우리 법원이 우리나라 법을 적용할 가능성이 커진다는 장점이 있기 때문에 이를 인정하는 것을 생각할 수도 있을 것이다. 그러나 다른 한편으로는 간접반정을 인정하면 그 논리적 귀결로 무한히 이어질 수 있는 전정의 고리를 인정해야 할 것인데 과연 이것이 타당한지는 의문이다. 그러므로 직접반정의 경우와 마찬가지로 우리나라 국제사법에 의해 지정된 나라의 국제사법에 의한 지정 단계에서 연결고리를 절단하는 것이 타당할 것이다.

5. 반정과 외국 국제사법의 적용

우리나라 국제사법에서 반정을 인정하고 있다는 것은 우리나라 국제사법에 의한 준거법의 지정이 총괄지정이라는 것을 의미하고, 따라서 반정 여부를 판단하는 범위에서는 우리나라 법원이 외국의 국제사법을 적용하게 된다. 여기서 그러면 우리나라 법원은 어떤 입장에서 외국의 국제사법을 적용하냐라는 문제가 제기되는데, 이에 관하여는 어떤 외국의 국제사법을 적용함에 있어서는 그 나라에서 적용되는 것과 동일하게 적용해야 한다는 것이 거의 일치된 견해이다.[136] 그렇게 해야 국제적 판단의 일치라는 국제사법의 이상이 달성될 수 있기 때문이다.

예를 들어 甲국 국적의 A가 우리나라에 재산을 남기고 사망하였고 국제사법 제77조 1항에 따른 상속의 준거법국인 甲국 국제상속법에 따르면 부동산은 소재지법에 따르도록 되어 있다고 하자. 이 경우 만약 우리나라에 있는 재산이 부동산이라면 반정이 될 것이고, 그리하여 그 종류가 문제되는 상황이 되는데, 부동산 여부는 甲국의 기준에 따라 판단해야 한다. 다른 예로, 우리나라와 丙국을 오가며 살고 있는 乙국 국적의 B의 행위능력이 문제되는 상황을 가정해 보자. 국제사법 제28조에 따르면 乙국 법이 적용되어야 하는 데 만약 乙국 국제사법에서는 주소지법에 따르도록 하고 있다고 하면, 반정이 되는지 여부는 우리나라에 주소가 있는지에 따라 달라진다. 여기서 우리나라에서의 거주형태가 주소에 해당하는지는 乙국의 주소 개념에 따라 판단되어야 한다. 다만 위의 두 예에서 만약 우리나라 국제사법에 의해 지정된 나라의 국제사법에서 재산 종류의 구별 및 주소의 개념에 대해서도 반정을 하고 있는 경우에는 예외적으로 우리나라에서의 기준이 적용된다.

---

136) Kegel/Schurig, IPR, S. 406.

반정과 관련하여 외국의 국제사법을 적용함에 있어서는 법률관계의 성질결정 문제도 제기될 수 있다. 예를 들어 법정지인 甲국 국제사법에서 혼인파기가 가족법의 문제로 이해되고 있고 그리하여 당사자의 본국인 乙국 법이 준거법으로 지정되었는데, 乙국 국제사법에서는 불법행위법 문제로 성질결정되어 불법행위지로서 법정지인 甲국 또는 제3국 법을 지정하는 경우, 법정지로의 직접반정 내지 제3국으로의 전정 여부와 관련하여서는 법정지(甲국)에서도 본국(乙국) 국제사법의 성질결정을 존중해야 한다.

우리나라로 반정을 하는 외국 국제사법 규정이 공서에 반하는 경우, 예를 들어 남녀평등의 원칙에 반하는 연결점을 채용하고 있는 경우에는 형식적으로 반정의 요건이 갖추어진 경우에도 반정을 인정할 수 없을 것이다.[137]

6. 숨은 반정

1) 개 념

법정지 국제사법에 의해 어떤 외국의 법이 준거법으로 지정되어 있다고 하자. 그런데 그 나라에서는 당해 사건과 같은 성질의 사안에 관하여 자국의 국제관할이 인정되면 자국의 법에 따라 재판을 하도록 되어 있고, 그 나라의 국제관할 기준에 의할 때 법정지 법원에 국제관할이 인정되는 경우, 그 외국법이 아니라 법정지의 법을 적용하는 것을 숨은 반정이라고 한다. 비록 당해 외국의 국제사법에서 명시적으로 법정지법을 지정하고 있지는 않지만 그 나라에서의 사건처리 원칙의 취지에서 볼 때 당해 사건에 대해 법정지에서 법정지의 법을 적용하는 것이 정당하다고 할 수 있으므로 실질적으로 반정과 다를 것이 없다는 것이다.[138] 이러한 상황은 주로 국제관할과 준거법 문제를 동시적으로 해결하는, 즉 자국의 관할이 인정되면 자국의 법을 적용하는 전통을[139] 가지고 있는 영국, 특히 미국과의 관계에서 등장한다.

2) 예

우리나라에 일상거소를 두고 있는 영국 국적의 A의 子 B의 감호가 우리나라에

---

137) 동지 Kegel/Schurig, IPR, S. 409.
138) Hoffmann/Thorn, IPR, S. 251; Kropholler, IPR , S. 179 이하 참조.
139) 외국법을 적용해야 할 정도로 사건과 관계가 적을 경우에는 재판도 안 한다는 생각이 바탕에 놓여 있다.

서 문제된다고 하자. 그러면 국제사법 제72조에 의해 영국법이 준거법으로 지정되는데, 영국에서는 영국에 주소 또는 거소를 가진 子의 감호에 대하여는 영국의 관할을 인정하고 이때 영국 법을 적용하도록 되어 있다. 이런 영국의 법의 태도는 한국에 주소를 가진 子의 감호에 대하여 한국의 관할을 인정하고 한국법이 적용됨을 인정하는 것을 의미하고, 만약 이를 이유로 우리나라 법원이 우리나라의 법을 적용한다면 이것이 바로 숨은 반정이다.

3) 인정 여부

숨은 반정의 개념 내지 이를 인정할 것인가에 대하여는 아직 입법례와 의견이 나뉘어 있다. 그러나 우리 판례는 일찍부터 숨은 반정을 인정하고 있다. 이를 인정하는 것이 반정을 인정하는 경우의 두 가지 큰 장점, 즉 ㉠ 법정지인 우리나라의 법이 준거법으로 적용될 가능성이 커지고 ㉡ 외적 판단의 일치의 가능성을 높인다는 취지에 부합하기 때문에 판례에 찬동한다.

> 대법원 2006. 5. 26. 선고 2005므884 판결 미합중국 국적을 보유하고 대한민국에 거주하는 부부 쌍방이 모두 선택에 의한 주소domicile of choice를 대한민국에 형성한 상태에서 남편(원고)이 처(피고)를 상대로 대한민국 법원에 이혼, 친권자 및 양육자지정 청구의 소를 제기한 경우, 원·피고의 현재 주소domicile가 소속된 법정지의 법률이 준거법이 되어야 할 것이므로, '준거법 지정시의 반정(反定)'에 관한 국제사법 제9조(현행 제22조) 제1항을 유추적용한 '숨은 반정'의 법리에 따라 법정지법인 대한민국 민법을 적용해야 한다.

※ **기타판례** 서울고등법원 1989. 7. 24. 선고 88르1028 판결; 서울가정법원 1991. 5. 9. 선고 90드75828 판결

Ⅷ. 간섭규정(국제적·절대적 강행규정): 제19조, 제20조

1. 서 론

1) 국제사법상 강행규정의 분류

국제사법상 외국법 지정의 원리 및 강행규정의 취급에 관한 이론과 관련하여,

강행규정은 다음과 같이 개념적으로 분류하는 것이 이해에 편리하다.

(1) 사법상의 강행규정[140)

① 국내적(상대적·실질법적) 강행규정

그 강행규정이 속하는 나라의 법이 준거법으로 지정된 경우에는 강제적으로 적용되지만 다른 나라의 법이 준거법인 경우에는 적용되지 않는 강행규정을 말한다. 그러므로 국내적 강행규정은 준거법의 일부로서만 강행적 효력을 가질 수 있다.

> 대법원 1972. 4. 20. 선고 72다248 판결 (외국법이 계약의 준거법인 경우) 외국환관리법 제23조는 단속법규에 속하므로 이에 위반인 사법상의 계약도 그 효력이 부정되는 것은 아니다.
>
> 대법원 1991. 5. 14. 선고 90다카25314 판결 (영국법이 준거법인 경우) 우리 상법 제651조 소정의 제척기간이나 상법 제655조의 인과관계에 관한 규정은 적용될 여지가 없다.
>
> 대법원 1999. 12. 10. 선고 98다9038 판결 우리 상법 제790조 제1항, 제789조의2의 규정들이 모두 강행규정인 점은 논지가 주장하는 바와 같으나, 우리 상법이 이 사건 법률관계의 준거법이 아닌 이상 위 규정들이 당연히 이 사건에 적용될 수는 없으며……
>
> 대법원 2010. 1. 28. 선고 2008다54587 판결 (영국법이 준거법인 경우) 구 증권거래법($\binom{2007.\ 8.\ 3.\ 법률\ 제8635호\ 자본시장과\ 금융투}{자업에\ 관한\ 법률\ 부칙\ 제2조\ 제1호로\ 폐지}$) 제174조의3, 제174조의4의 규정은 위 신탁계약 및 사채에 관한 권리의무관계를 해석하는 데 적용될 여지가 없다.
>
> 대법원 2010. 8. 26. 선고 2010다28185 판결 국제사법 제27조($\binom{현행}{제47조}$)에서 소비자 보호를 위하여 준거법 지정과 관련하여 소비자계약에 관한 강행규정을 별도로 마련해 두고 있는 점이나 약관의 규제에 관한 법률의 입법 목적을 고려하면, 외국법을 준거법으로 하여 체결된 모든 계약에 관하여 당연히 약관의 규제에 관한 법률을 적용할 수 있는 것은 아니다.

> ※ **기타판례** 대법원 1984. 4. 10. 선고 82도766 판결(외환관리법); 대법원 1994. 12. 9. 선고 93다43873 판결(약관규제법); 대법원 1996. 3. 8. 선고 95다28779 판결(상법); 대법원 2015. 3. 20. 선고 2012다118846,118853 판결(약관규제법)

---

140) 강행규정의 일반적 의미는 당사자가 그 적용 여부를 정할 수 없고 법규정과 다른 내용의 합의를 하는 것이 허용되지 않는 법규정을 말한다. 대개 이러한 의미의 강행규정은 선량한 풍속, 사회질서에 관련되어 있다.

② 국제적(절대적·저촉법적) 강행규정

준거법이 어느 나라 법인지와 관계없이 언제나 강제적으로 적용되는 강행규정을 국제적 강행규정이라 한다. 자체적으로 정해진 일정 요건, 즉 당해 규정을 둔 나라와의 일정한 관계가 있을 것을 전제로 언제나 적용되도록 정해진 법규정인 것이다.

> **대법원 1970. 5. 26. 선고 70다523,524 판결** 근로기준법은 대한민국 국민사이에서의 고용계약에 기한 것인 이상 그 취업장소나 계약체결지가 국내, 외국임을 가리지 않고 적용될 성질의 법률이다.

> ※ **기타판례** 서울고등법원 1973. 2. 14. 선고 71나2764 판결(근로기준법); 서울고등법원 1973. 6. 29. 선고 71나2458 판결(근로기준법); 대법원 2004. 6. 25. 선고 2002다56130, 56147 판결(직업안정법); 대법원 2006. 12. 7. 선고 2006다53627 판결(근로기준법)

(2) 공법상의 강행규정

공법규정은 대개 강행규정이고, 그것도 국제적 강행규정인 것이 원칙이다. 국가·사회적인 정책, 국익·공익을 추구하는 것이 목적인 공법의 성질상 일정한 요건이 존재하는 때에는 언제나 적용될 때 비로소 그 기능을 다 할 수 있기 때문이다.

2) 강행규정에 관한 문제의 소재

(1) 준거법 지정의 원리

국제사법에 의해 한 나라의 법이 준거법으로 지정된다는 것에는 두 가지 의미가 내포되어 있다. 첫째, 준거법 지정은 당해 사안을 규율하는 법규범이면 그것이 임의규정이냐 강행규정이냐 묻지 않고 모두 포괄적으로 지정하는 것이다. 둘째, 하나의 국제적 사안에는 준거법으로 지정된 법만 적용되고 법정지의 법을 포함하여 다른 나라의 법은 그것이 강행규정이라 할지라도 적용되지 않는다는 것이다. 이러한 의미에서 보면 강행규정도 국제사법상으로는 상대화되어 있다고 할 수 있다(강행규정의 국내적·상대적 강행규정성).

강행규정의 상대화가 이론적으로 당연한 것은 아니지만 적어도 사비니 이후부터는 일반적으로 인정되었고,[141] 그 바탕에는 국가와 사회의 분리(그리고 그에 따른

---

141) 안춘수, 외국법적용의 근거에 관하여, 『국제사법연구』 제3호(1998), 541면 이하 참조.

공·사법의 분리)와 각 나라의 법체계는 세부적 차이에도 불구하고 공정한 사적 이해의 조절이라는 점에서 전체적으로 등가적이라는 생각(사법체계의 내용적 등가성)이 깔려 있다.[142]

(2) 상황의 변화

그런데 1차 세계대전을 전후하여 국가기능이 확대되면서 이러한 상황에 변화가 일어났다. 사회구조의 변화에 따라 국가는 사법관계에 관한 종래의 방임적 태도를 버리고 공공의 이익을 위해서 경제활동을 적극적으로 유도하고 사회적 약자의 보호 등 사회정책적 필요에서 사적 생활관계에 관여하는 경우가 증가하였다. 그리고 이를 위해 제정된 법규정은 그 특성상 사건의 국제성 여부와 준거법이 어느 나라의 법인가를 묻지 않고, 자체에서 정해진 적용요건에 따라 적용되어야 목적을 달성할 수 있고, 그리하여 자국법이 준거법이 아닌 때에도 필요하면 국제적 생활관계에 적용되도록 하고 있다. 이러한 특성을 갖는 법규범을, 등가성 관념에 기초해 준거법의 일부로서만 적용되는 종래의 강행규정(이른바 상대적 강행규정 또는 국내적 강행규정)에 대비하여, 절대적 강행규정 또는 국제적 강행규정이라고 부른다.[143] 그리고 강행규정에 이러한 성질 및 효력 상의 차이가 있음에도 불구하고 이를 무시한 채 전통적 국제사법 원리를 관철해야 하나 아니면 차이를 인정하여 국제적 강행규정을 달리 취급해야 하나, 만약 달리 취급한다면 어떻게 처리해야 하나가 커다란 논점으로 등장하였다.

(3) 절대적 강행규정의 특성

절대적 강행규정의 특성으로는 먼저 공법과 사법을 준별하는 대륙법계의 관점에서 보면 절대적 강행규정은 대개 공법으로 분류될 수 있다는 것을 들 수 있다. 그로 인하여 '절대적 강행규정의 적용' 문제는 외국법 불적용의 원칙이 지배하는 이른바 섭외공법의 영역에 속하는 것으로 이해되기도 한다.[144] 그러나 공사법의 구

---

142) Sandrock, Otto, "Neue Entwicklung im Internationalen Verwaltungs-, insbesondere im internationalen Kartellrecht", Zeitschrift für vergleichende Rechtswissenschaft(ZVglRWiss) (1968), S. 1 ff.; Schurig, Klaus, Kollisionsnorm und Sachnorm, Struktur, Standort und Methode des internationalen Privatrechts (Berlin: Walter de Gruyter GmbH & Co. KG, 1981), S. 51 ff., 56.

143) 이 밖에도 이런 규정의 특성을 표현하는 용어로서 프랑스에서는 Loi d'application immédiate라는 용어가, 독일에서는 Eingriffsnorm이라는 용어가 많이 쓰인다.

144) Kegel/Schurig, IPR, S. 1090 ff..

별을 알지 못하는 나라도 많으며, 그렇지 않다고 해도 이러한 규정이 추구하는 목적은 사회정책, 경제정책 또는 국가의 군사·외교정책 등 다양하여 일률적으로 공법으로 분류하기는 어려운 면이 있다.

다음으로 각 나라의 절대적 강행규정 사이에는 등가성이 없다. 어느 나라에서나 사법의 목적은 사적인 이해관계를 공평하게 조절하는 것이고, 따라서 법체계 간에 부분적으로 구체적 내용에 차이가 있더라도 전체적으로 보면 어느 나라의 법이 적용되어도 이해관계의 공평성이 나름 보장될 것을 기대할 수 있다. 그러나 절대적 강행규정은 보편적 공평성이 아니라 그 나라의 특유한 상황을 반영한 것이기 때문에 상호 간에 대체성이 없다.

끝으로 전통적인 사법과 달라서 절대적 강행규정의 적용 문제에 있어서는, 그 목적과 기능으로 인해, 그 자체에서 정해놓은 적용요건을 떠나서는 의미 있는 논의가 어렵다.

2. 학설 및 입법례[145]

절대적 강행규정의 처리에 관하여는 아직 통일된 견해가 존재하지 않지만 법정지의 절대적 강행규정과 외국의 절대적 강행규정을 구별하여야 한다는 것에 대하여는 견해가 일치되어 있다.

1) 법정지의 절대적 강행규정

이에 대하여는 그것이 체계적으로 공법에 속하는 것인가 사법에 속하는 것인가를 불문하고 언제나 적용되어야 한다는 것이 학설과 실무에서의 일치된 입장이다.[146] 법정지 법원은 자국법에 정해진 바를 회피할 수 없다는 복종의무을 부담하고 있기 때문이다.

2) 외국의 절대적 강행규정

이에 비해 외국의 절대적 강행규정의 처리에 관하여는 다양한 견해 내지 접근

---

145) 자세한 것은 안춘수, 국제사법상 절대적 강행규정의 처리, 법학논총 제23권 제2호(2011. 2) 194-205면 참조.

146) Firsching, Karl, Staudinger Kommentar, Einführungsgesetz Teil 2b, 10./11. Aufl., (Berlin: Walter de Gruyter GmbH & Co. KG, 1978), Rn. 382 Vor Art. 12 참조.

방법이 제시되고 있다.

(1) 적용부인설(국가권력설 · 섭외공법설)[147]

이 견해는 실체법 영역에서의 공·사법의 구별에 상응하여 법정지 국제사법에 의해 준거법으로 지정되는 것은 사법규정뿐이라는 것을 출발점으로 하고 있다. 그리고 공법규정의 적용 범위는 섭외공법에 의해 정해지는데, 섭외공법은 국가주권으로부터 나오는 속지주의 원칙을 바탕으로 하기 때문에[148] 외국 공법은 적용될 수 없다고 한다.

이 견해에 따르면 법정지의 관점에서 보았을 때 공법에 속하는 외국의 강행규정은 원칙적으로 법으로 적용될 수 없고, 그리하여 사적 생활관계에 대한 외국의 (공법적) 개입은 사실상 그 나라의 주권이 미치는 범위 내에서만 인정될 수 있다. 예컨대 외국 공법의 사실상의 실효성을 준거법의 틀의 범위 안에서 고려하는 것을 생각할 수 있다. 그러나 인류의 보편적 가치를 보호하는 경우 등에는 예외적으로 외국의 공법도 적용 내지 고려될 수 있는 경우를 인정한다.

(2) 특별연결설

널리 특별연결설이라고 하면 외국의 절대적 강행규정은 준거법 지정과 분리하여 독자적 기준에 따라 그 적용 여부 및 적용 범위가 결정되어야 한다는 견해를 총칭하고, 그 바탕에는 외국의 절대적 강행규정도 그것이 준거법국의 것인지 여부를 묻지 않고 널리 존중되어야 한다는 관념(외국 공법 불적용의 원칙 부정)이 공통적으로 놓여 있다. 그러나 이런 생각을 실현하는 방법 및 기준에 대하여는 견해가 나뉘어 있다.

① 일방적 저촉규정설(적용의사설)[149]

절대적 강행규정에 대한 문제를 맨 먼저 체계적으로 제기한 Wengler와 Zweigert에 의해 주장된 견해로, 외국의 절대적 강행규정의 적용 여부와 적용 범위는 기본적으로 그것이 당해 사안에 적용되기를 원하는지(적용의사)를 기준으로[150] 결정되어야

---

147) Schulze, Johanes, Das öffentliche Recht im Internaionalen Privatrecht, Metzner Verlag, 1972, S. 206-207.

148) 모든 나라는 자기의 이익을 스스로 지켜야 하고, 한 나라의 국가적 이익을 위해 다른 나라가 관여할 수 없다는 생각. 그러나 절대적 강행규정 중에는 국가적 이익을 대상으로 하지 않는 경우도 많이 있다.

149) Wengler, Wilhelm, "Die Anknüpfung des zwingenden Schuldrechts im internationalen Privatrecht, Eine rechtsvergleichende Studie", ZVglRwiss (1941), S. 185 이하.

150) 대개는 자체적으로 적용의 요건 내지 적용되어야 할 경우가 규정되어 있다.

하고,[151] 다만 추가적으로 그 나라가 당해 사안과 밀접한 관계가 있을 것과[152] 외국의 강행규정이 법정지의 공서에 반하지 않을 것이 요구된다고 한다. 이러한 접근방법은 1980년의 채권계약의 준거법에 관한 로마조약에서 부분적으로 채택된 바 있다.

② 쌍방적 저촉규정설[153]

외국의 절대적 강행규정도 보통의 법규범에서와 마찬가지로 저촉법적 정의의 관점에서 볼 때 무엇이 적절한 연결인가라는 질문에서 출발하여 그 적용 여부가 결정되어야 한다는 주장이다. 그리하여 이 견해에 따르면 절대적 강행규정에 관한 저촉규정도 보통의 저촉규정과 마찬가지로 가장 밀접한 관련성의 탐색이라는 원칙에 입각한 쌍방적 저촉규정의 구조를 갖게 된다. 다만 외국의 절대적 강행규정에 대해서 그 적용의사와 무관하게 적용 여부를 결정하는 것은 절대적 강행규정의 본질과 맞지 않는다는 점을 고려하여 연결은 객관적으로 하지만 적용의사에 반하여 외국 강행규정을 적용하지는 않는다고 한다. 앞의 로마조약의 후신이라 할 수 있는 EU의 2008년 채권계약의 준거법에 관한 규칙(ROM I)이 부분적으로 이를 따르고 있으며, 거기서 채용된 연결점은 이행지다.

(3) 준거법설[154]

법정지 국제사법에서 지정된 준거법국의 국제적 강행규정만 준거법의 일부로서 적용하고 그 외에는 적용이 안 된다고 하는 견해이다. 저촉규정이 준거법을 지정한다는 것은 판단의 대상인 생활관계에 영향을 미치는 한 나라의 법체계 총체이고, 거기서 문제되는 준거법국의 법규범이 법정지의 관점에서 보았을 때 공법인가 사법인가는 문제되지 않는다는 것이다.

이 견해에 따를 때 절대적 강행규정도 준거법에 속하는 것과 그렇지 않은 것으로 구분되어 전자는 준거법의 일부로서(즉 법으로서) 적용되지만 후자는 단지 사실로서 준거법의 틀 속에서 고려될 수 있을 것이다.

---

151) 그러므로 이런 저촉규정은 규범의 성질에서 출발하는 일방적 저촉규정과 같은 구조를 갖게 된다.

152) 사안과 거리가 먼 경우에는 부당한 역외적용으로 적용의사는 존중될 수 없다.

153) Schurig, Klaus, Kollisionsnorm und Sachnorm, Struktur, Standort und Methode des internationalen Privatrechts, 1981, S. 138 이하; Schubert, Mathias, "Internationale Verträge und Eingriffsrecht", Recht der internationalen Wirtschaft(RIW) (1987), S. 738 이하.

154) Mann, Frederick A, "Eingriffsgesetze und Internationales Privatrecht", in Müller, Klaus/ Soell, Hermann(Herausgeber) Festschfrift für Eduard Wahl zum 79. Geburtstag, 1973, S. 139 이하.

(4) 절충설[155]: 준거법설과 특별연결설의 절충(ROM Ⅰ)

절대적 강행규정을 법정지, 준거법국, 제3국의 것으로 나누고 각각에 대해 다른 원리를 적용하는 것이 타당하다는 견해이다. 그리하여 ㉠ 법원은 법정지의 절대적 강규정의 적용의사가 존재하는 한 그 적용을 배제할 수 없다는 명제에 따라 법정지의 절대적 강행규정은 언제나 적용되고, ㉡ 준거법국의 절대적 강행규정은 준거법설에 따라 준거법의 일부로서 적용되어야 하며, ㉢ 제3국의 절대적 강행규정은 일방적 저촉규정설에 따른 특별연결로 처리하자고 한다.

(5) 실질법적 고려설[156]

외국의 절대적 강행규정을 법으로서 적용하지는 않고 다만 준거법상의 구성요건을 이루는 사실로서 고려하자는 견해이다. 예컨대 한 나라가 외교적 목적에서 무역금지명령을 내린 경우, 이 명령은 준거법상의 불능 사유에 해당하는 사실로 참작할 수 있다는 것이다.

3) 평 가

앞에서 간단히 살펴본 논의의 과정에서 드러난 쟁점을 정리하면 ㉠ 공법과 사법의 구분 및 외국공법불적용의 원칙이 절대적 강행규정의 저촉법적 처리문제를 해결하는 방법으로 적절한가, ㉡ 전통적인 저촉규범의 접근방식 및 연결점이 절대적 강행규범의 경우에도 적합한 것인가, ㉢ 적용의사에 초점을 맞춘 저촉규정이 기존의 저촉규범 구조와 조화될 수 있는가, ㉣ 절대적 강행규정에 대해서도 쌍방적 저촉규범을 형성하는 것이 가능한가, ㉤ 저촉법적 검토 없이 실질법적 차원에서만 고려하는 것이 옳은 해결방법인가로 요약될 수 있다.

첫 번째 쟁점에 관하여 살펴보면, 우선 공·사법의 구별이 보편적인 것이 아니며 구분의 기준도 명확하지 않음에도 국제거래에서 사법이냐 공법이냐에 따라 적용 여부를 결정하는 것은 예견을 어렵게 하여 법적 안정성을 해할 우려가 있다. 그

---

155) Erne, Monica, Vertragsgültigkeit und drittstaatliche Eingriffsnormen, Rechtsvergleichende Studie aus dem internationalen Vertragsrecht, Dissertation, S. 5, 207 이하.

156) Firsching, Karl, Einfühung in das internationale Privatrecht, S. 264; Jayme, Erik, "Ausländische Rechtsregeln und Tatbestand inländischer Sachnormen", in Jayme, Erick/ Kegel, Gerhard (Herausgeber), Gedächtnisschrift für Albert A. Ehrenzweig, S. 37 ff., 45, 49.

제1편 제2편 제3편 제4편 국제사법 일반이론

리고 절대적 강행규정을 둔 국가는 사실상 그 규정을 관철할 수 있는 상황에 있는 경우가 많을 것인데 공법규정이라는 이유만으로 이를 전혀 고려하지 않는 것은 비현실적인 결과를 초래할 수 있다. 따라서 외국 공법을 적용하는 것이 이론적으로 불가능한 것이 아니라면 첫 쟁점은 부정적으로 평가되어야 할 것이다. 그리고 생각건대 법규범의 속지성이라는 것은 효력 범위가 한 나라의 주권이 미치는 범위로 제한된다는 것을 의미하는바, 그 나라의 강행규정의 효력 범위 내에 있는 사안이 다른 나라에서 판단되어야 하는 경우에 법정지에서 그 나라의 법을 적용하는 것은 속지성과 충돌되지 않는다고 할 것이기 때문에[157] 섭외공법설은 더 이상 정당성을 주장하기 어려울 것이다.

둘째로 전통적인 저촉규범의 접근방식과 연결점은 절대적 강행규범에 관해서는 적합하지 않다고 생각한다. 기존의 저촉규범은 각국 법체계 사이의 가치적 동등성(등가성) 및 그에 따른 대체가능성을 전제로 하여 사안과의 관련성을 기준으로 준거법을 지정하는 구조이며, 따라서 특정 법규범의 적용의사와 내용은 원칙적으로 고려 대상이 아니다. 그러나 절대적 강행규정의 경우에는 그 적용의사를 떠나서 적용 여부를 논하는 것은 무의미하다. 이 점에서 준거법설과 절충설은 타당하지 않다고 생각한다.[158]

세 번째 쟁점을 살펴보면, 법률관계의 성질을 출발점으로 하는 사비니 이후의 국제사법에서 법규정의 적용의사에서 출발하는 저촉규정이 이질적이라는 것은 분명하다. 그러나 공·사법의 구별 없이 외국의 절대적 강행규정을 적용 내지 고려할 필요성이 인정되는 상황에서는 보다 합리적인 수단이 발견되지 않는 한 체계이질성은 더 이상 결정적인 거부 사유는 되지 않을 것이다. 다만 적용의사만을 연결점으로 할 경우, 절대적 강행규정 사이의 충돌로 인하여 해결할 수 없는 적응문제

---

157) 동지 Magnus, Ulrich, Staudinger Kommentar, Einführungsgesetz, Walter de Gruyter GmbH & Co. KG, Bearbeitung (2002), Art. 34, Rn. 136.

158) 독일의 지배적 견해도, 유럽연합 규칙의 해석을 떠나 순수히 이론적 관점에서는, 준거법국 강행규정과 제3국의 강행규정을 구별하여 취급하는 것에 반대하고 있다(Magnus, 앞의 주석, Rn. 115, 129 참조). 우리나라에도 준거법국의 강행규정은 당연히 적용된다고 이해하는 것으로 보이는 견해(김용담, "국제계약의 준거법과 강행법규", 『섭외사건의 제문제(상)』, 재판자료 33집(1986), 20면(저촉법적 지정의 본질 및 당사자자치를 근거로); 김용진, "강행법규의 대외적 효력", 『국제사법연구』 제3호 (1998), 713-714면(저촉법적 지정의 본질 및 특별연결설의 미비를 근거로))와 이에 반대하는 것으로 보이는 견해(신창선, "국제적 채권계약의 준거법과 강행법규", 『김형배 교수 화갑기념논문집(1994), 816-817면(채용된 연결점의 부적합성을 근거로))가 있다.

가 발생하는 문제가 있다.

네 번째 쟁점은 적용의사를 대체하는 연결점을 발견함으로써 절대적 강행규정에 관해서도 체계이질성이 없는 특별 저촉규범을 형성하려는 시도와 관련된다. 그리고 앞에 살펴본 유럽공동체 규칙처럼 부분적으로 쌍방적 저촉규정으로 확대될 수 있는 구체적인 연결점이 채택되기도 하였다. 그러나 쌍방적 저촉규정을 형성한다 해도 강행규정의 특성상 조건부 지정을 피하기는 어려울 것이며, 앞으로 어떤 연결점이 추가되어 완성된 특별저촉규범 체계로 확립될 수 있을지는 예측하기 어렵고, 이러한 접근이 유럽연합의 범위를 벗어나서도 성공할 수 있을지는 미지수다.

다섯 번째 쟁점을 보면, 실질법적 차원에서 외국의 절대적 강행규정을 고려하는 것은 모든 학설에서 주된 또는 부차적인 수단으로 인정하고 있다. 그리고 다른 방법을 통해 외국 강행규정의 문제가 완벽히 해결되지 않는 한 포기되기도 어려울 것이다. 그러나 실질법적 고려와 저촉법적 고려의 결과가 동일하다 하더라도 저촉법적 해결방법이 있으면 이를 우선시하는 것이 타당하다는 점을 고려하면,[159] 현 단계에서 저촉법적 해결방법을 찾는 것을 배제하고 실질법적 고려에만 의존하는 것은 적절치 못하다고 생각된다.

3. 우리나라 현황

1) 제19조

> **제19조 (준거법의 범위)** 이 법에 따라 준거법으로 지정되는 외국법의 규정은 공법적 성격이 있다는 이유만으로 적용이 배제되지 아니한다.

국제사법 제19조에서는 준거법으로 지정된 외국법의 규정은 공법적 성격이 있다는 이유만으로 그 적용이 배제되지 아니함을 명시하고 있다. 종래 독일 등 유럽에서 외국 공법의 적용 가능성이 다투어지고 있었고, 현재 학설의 흐름이 적용 내

---

159) 저촉법은 실질법과는 다른 정의와 기능을 가지고 있고, 저촉법의 독자적인 정의와 기능은 저촉법적 차원에서 강행규정의 적용 여부를 정할 때 가장 잘 유지될 수 있다. 그리고 실질법설에 따를 경우 준거법에 따라 외국 강행규정의 취급 방법이 달라질 수 있어 예견가능성을 저해하고 통일적 문제해결을 어렵게 하는 문제가 있다. 저촉법의 독자성, 예견가능성 및 통일적 문제해결이라는 관점은 일반적으로 저촉법상 문제를 해결하기 위해서 실질법상 제도를 원용하는 것은 저촉법적 차원의 해결이 불가능한 경우로 국한되어야 한다는 이해의 근거가 될 수 있다.

지 고려의 가능성을 인정하는 것이라는 점에서 보면 이 범위에서는 문제가 없는 것으로 보인다. 그러나 이 규정과 외국의 절대적 강행규정과의 관계에 있어서는 해석상 문제가 있다. 만약 이 조문이 외국 공법도 준거법의 일부로서 적용되어야 한다는 것을 명시한 것(준거법설 채택)이라면 앞에서 본 바와 같이 문제가 심각하기 때문이다.

그런데 국제사법에 대한 법무부 해설에 의하면 제19조가 신설됨으로써 준거법국의 절대적 강행규정이 외국공법불적용의 원칙을 이유로 적용에서 배제될 수 없지만 그렇다고 하여 제19조가 절대적 강행규정에 관한 준거법설의 실정법적 근거가 되는 것도 아니라고 하고 있다.

그리고 공법과 사법을 구별하는 입장에서 본다면 절대적 강행규정에는 공법에 속하는 것도 있고 사법에 속하는 것도 있을 수 있다. 그런데 제19조에 의하면 공법인 준거법국의 절대적 강행규정은 저촉법적 고려에 따라 적용될 수도 있고 적용이 배제될 수도 있다. 그러면 사법인 준거법국의 절대적 강행규정은 어떻게 되는가? 즉 준거법의 일부로서 적용되는가 아니면 공법규정과 같이 추가적인 저촉법적 고려가 필요한지가 문제된다. 사견으로는 특별한 저촉법적 고려가 필요한 것은 절대적 강행규정의 특성이고, 그 특성은 문제된 규정이 공법인가 사법인가에 좌우되는 것이 아니므로 양자는 동일하게 다루어져야 할 것이다.

2) 제20조

> **제20조 (대한민국 법의 강행적 적용)** 입법목적에 비추어 준거법에 관계없이 해당 법률관계에 적용되어야 하는 대한민국의 강행규정은 이 법에 따라 외국법이 준거법으로 지정되는 경우에도 적용한다.

법정지인 우리나라의 국제적 강행규정에 관한 일방적 저촉규정으로, 그 내용은 국제적으로 다툼이 없는 견해를 명문화한 것이다.

3) 판 례

외국의 절대적 강행규정에 관하여는 베트남의 근로기준법이 근로가 제공되는 곳의 절대적 강행규정으로서 적용될 가능성을 이론적으로 인정하면서도 당해 규범이 구체적 사안에서 적용되는 것을 원치 않는다는 이유로 적용을 하지 않은 하급심 판결[160] 하나가 있을 뿐인 것으로 보인다. 만약 적용을 하였다면 외국의 절대적 강행규정에 관한 쌍방적 저촉규정을 인정한 좋은 예가 되었을 것이다.

이에 비해 우리나라의 절대적 강행규정에 관한 예는 비교적 많이 있는데, 우리나라 국민 사이의 근로계약관계에는 그 계약의 준거법 및 근로제공지와 관계없이 우리 근로기준법이 적용된다고 하였고(대법원 1970. 5. 26. 선고 70다523,524 판결), 우리나라 항공사와 외국의 근로자공급사업자 사이의 근로자공급계약이 우리나라의 직업안정법 제33조에 위반하여 무효라고 하였다(대법원 2004. 6. 25. 선고 2002다56130,56147 판결). 그러나 외환관리법에 대하여는 제한의 성질이 단속규정이라는 이유에서(대법원 1972. 4. 20. 선고 72다248 판결), 그리고 약관규제법에 대하여는 절대적 강행규정이 아니라 하여(대법원 2010. 8. 26. 선고 2010다28185 판결; 대법원 2016. 6. 23. 선고 2015다5194 판결 참조)[161] 외국법이 준거법인 경우에 그 적용을 거부하고 있다. 즉 이 두 법률을 국내적 강행규정으로 보고 있다.

---

160) 서울지방법원 68가8679(판례월보 1973. 3. 6면)

161) 약관규제법의 경우, 이 법의 절대적 강행규정성을 전제로 하면서 다만 그 적용이 배제되는 예외를 열거하고 있다고 이해하는 것으로 해석될 여지가 있는 판례도 있었다(대법원 1994. 12. 9. 선고 93다43873 판결 참조). 개인적으로는 이 견해에 찬동한다.

제 3 장

준거법의 적용

Ⅰ. 저촉법의 적용의무

1. 문제의 소재

순수 국내사건의 경우 법원은 당연히 우리나라 법을 적용하여 재판하면 되고 준거법의 결정과 같은 문제는 없다. 그러면 어떤 사건이 제소되면 법원은 스스로 사건의 국제성 여부를 판단하고 국제사건에 대하여는 국제사법을 적용하여 준거법을 결정해야 하나(저촉법의 적용의무) 아니면 당사자가 사건의 국제성 및 그에 따른 준거법 문제를 제기하였을 때 비로소 이에 관해 판단하면 되는가(저촉법의 임의적 적용·fakultative Anwendung)? 이것을 보통 법원의 저촉법 적용의무 문제라고 한다.

2. 학   설[1]

법원의 저촉법 적용의무 여부에 관하여는 종래 크게 세 견해가 대립하여 왔다. 먼저 저촉법 적용의무를 전면적으로 부인하는 설에서는 저촉법적 관점에 대한 심리·판단은 당사자가 이를 제기할 때 비로소 하면 된다고 한다. 이 견해에서는 국제적 사안의 경우 제기되는 준거법의 문제도 민사소송법상의 변론주의의 원칙이

---

[1] 다양한 학설에 대한 소개로는 Ferid, IPR, S. 58, 142, 159; Kegel/Schurig, IPR, S. 203; Kropholler, IPR, S. 45-46 참조.

적용되는 사항으로 보는 것이다. 이에 비해 저촉법의 적용의무를 전면적으로 인정하는 견해에서는 법원이 당연히 적용해야 하는 법정지의 법에는 국제사법도 포함되고 따라서 국제사건에서의 준거법 문제는 변론주의의 범위에 속하지 않는 것으로 이해한다. 그리고 세 번째 견해에서는 당사자자치가 인정되는 경우, 즉 당사자에게 준거법을 선택할 기회가 부여된 때에는 법원에 스스로 준거법에 관한 판단을 할 의무가 없지만, 당사자에게 준거법 선택의 자유가 없는 경우에는 법원에 저촉법을 적용할 의무가 있다고 한다.

생각건대 부인설은 국제사법의 의미를 몰각한 편의주의적 발상에서 출발하고 법적 근거도 없기 때문에 따르기 어려울 것이다. 그리고 당사자자치의 허용 여부를 결정하는 것은 한 나라의 국제사법이고 그리하여 당사자자치 인정 여부에 관한 판단 자체가 국제사법을 적용한 후에야 비로소 내려질 수 있는 것이기 때문에 절충설은 논리적 모순을 내포하고 있다. 결론적으로 저촉법의 적용의무를 인정하는 것이 타당하다.

3. 판   례

오랫동안 우리나라의 판례는 국제적 사건이라도 당사자가 준거법 문제를 제기하지 않는 한 우리나라의 법을 적용하였다. 그러다가 대법원의 1982. 8. 24 선고 81다684 판결에서 저촉법 적용의무를 최초로 명시적으로 인정한 이후 법원은 사건의 국제성 및 이를 인정하는 경우 준거법 문제를 스스로 심리하고 있다.

> **대법원 1982. 8. 24. 선고 81다684 판결** 원심은 그 보증채무의 성립과 효력 및 그 소멸여부에 관한 실체관계의 판단에 있어서 국내법인 민법, 어음법 및 회사정리법 등을 적용하였음이 분명하며, 이 사건을 섭외사건으로 보고 그 준거법의 선택에 관하여 고려한 흔적이 없다. 그러나 …… 이 소송 사건은 섭외 사법 제1조에 규정된 섭외적 생활관계에 관한 사건이라고 할 것인바, 섭외사법 제9조의 규정에 의하면 법률행위의 성립 및 효력에 관하여는 당사자의 의사에 의하여 적용할 법을 정하되 당사자의 의사가 분명하지 아니한 때에는 행위지법에 의하도록 되어 있으므로 …… 당사자가 명시적 또는 묵시적인 의사로 정한 준거법이 있는지 가려내어 이를 적용하여야 할 것이고, 만일 당사자의 의사가 분명하지 아니할 때에는 행위지법을 적용하여 판단하였어야 할 것 ……

4. 저촉법적 판단의무

1) 내 용

저촉법적 판단의무란 법정지의 저촉법을 적용하여 준거법을 확정하는 과정에서 제기되는 제반 쟁점에 관해 판단을 하고, 판단을 함에 있어 관련된 법규정 및 이론을 바르게 적용해야 한다는 것을 말한다. 예컨대 법원은 1차적·2차적 성질결정, 연결점의 확정, 외국 국제사법의 적용(반정) 등 단계별로 제기되는 사항에 관한 판단을 원칙적으로 유보해서는 안 된다는 것이다. 독일에서는 저촉법적 판단을 그르치는 것은 법정지의 국제사법을 잘못 적용한 것으로 상고사유가 된다고 하는 것이 지배적 견해인바[2] 이에 찬동한다.

2) 예 외

그러나 저촉법적 판단의무에는 예외가 인정된다. 예를 들어 A남과 B녀가 부부로서 살던 중 A가 혼인무효를 주장하고 별거를 시작하자 B가 부양을 청구하였는데, 이런 사안에 대한 처리가 관련된 나라마다 달라 청구의 법적 성질을 혼인의 효력 문제로 보아야 할지(제64조 적용), 부부재산제 문제인지(제65조 적용) 이혼의 효력 문제인지(제66조 적용) 모호하다고 하자. 그러나 만약 어떤 성질의 것으로 보든 법정지 국제사법에 따를 때 甲국의 법이 준거법이 될 경우라면 (일차적)성질결정에 대한 판단을 보류해도 저촉법적 판단의무를 위반한 것이 되지 않는다는 것이다. 또한 관련된 여러 나라 중 어느 나라의 법이 적용되는가를 판단할 기초가 부족하여 준거법을 확정할 수 없으나, 그 나라들의 실질법의 내용이 동일하여 준거법을 특정하지 않아도 실체법적으로 동일한 결론에 이르게 되는 경우에도 준거법에 관한 판단을 유보하고 재판을 할 수 있다고 한다.[3] 다만 관련국 중 하나가 법정지인 경우에는 상고 가능성과 관련하여 판단의 유보가 제한되어야 한다는 견해도 있다. 외국법의 적용을 잘못한 것은 상고사유가 되지 않는다는 입장에서 보게 되면 상고 여부는 법정지법을 적용한 재판인가 외국법을 적용한 재판인가에 좌우되는데, 만약

---

2) Kegel/Schurig, Interantionales Privatrecht, S. 509-510 참조.
3) Kegel/Schurig, Interantionales Privatrecht, S. 497 참조.

저촉법적 판단의 유보를 허용한다면 상고 여부를 알 수 없게 된다는 것이다.[4]

3) 판 례

판례는 원칙적으로 저촉법적 판단의무를 인정하면서 일정한 예외를 인정하고 있다. 즉 '적용될 외국 법규의 내용을 확정하고 그 의미를 해석함에 있어서는 그 외국법이 그 본국에서 현실로 해석·적용되고 있는 의미·내용대로 해석·적용되어야 하는 것이지만, 소송 과정에서 그 외국의 판례나 해석기준에 관한 자료가 제출되지 아니하여 그 내용의 확인이 불가능한 경우에 법원으로서는 일반적인 법해석 기준에 따라 법의 의미·내용을 확정할 수밖에 없다'고 하면서, '당해 사건에 적용될 외국의 판례나 해석기준에 관한 자료가 제출되지 아니하여 그 내용의 확인이 불가능하므로 법원이 일반적인 법해석 기준에 따라 그 외국 법률의 의미와 내용을 확정하였다면, 법원이 준거법을 특별히 명시하지 아니하였다고 하여도 달리 위법이 있는 것이 아니다'고 한다(대법원 1996. 2. 9. 선고 94다30041,30058 판결). 그러나 이러한 접근방법에는 저촉법적 판단의 의무와 다음에 살펴볼 외국법의 조사·확정 의무를 명확히 구별하지 못하고 있다는 문제가 있다.

Ⅱ. 외국법의 조사와 적용

1. 조   사

1) 문제의 소재

민사재판에서는 각 당사자가 자기에서 유리한 사실을 주장하고 사실관계에 대해 다툼이 있으면 법원은 증거를 통해 어느 주장이 진실인지를 확인하고 입증된 사실(또는 증명책임)에 기초해 실체적 당부를 판단한다. 이에 비해 실체적 당부를 판단하는 기준, 즉 법에 대하여는 법원이 스스로 알고 있어야 한다. 즉 법원은 법의 존재 및 내용을 조사할 의무를 부담하는 것이다. 그러면 법원이 알아야 하는 법에는 외국법도 포함되나? 이것이 외국법 조사 의무의 문제이다.

---

4) Ferid, IPR, S. 159; Kegel/Schurig, IPR, S. 497-498 참조.

2) 학 설[5]

(1) 부인설

외국의 법은 사실일 뿐 법원이 알아야 하는 법에 해당하지 않는다는 견해이다. 이에 따르면 외국법의 존재 및 내용은 당사자가 주장·입증을 해야 한다. 이 견해에서는 외국법은 그 존재 및 내용을 확인하는 것이 법정지의 법보다 어려우며 그로 인해 잘못 적용할 위험성이 크기 때문에, 만약 법정지법에서와 같은 조사의무를 부과하는 경우 법원의 위신이 추락할 염려가 있다는 것을 중시한다.

(2) 긍정설

외국법도 실체적 당부를 판단하는 기준이라는 점에서 법정지법과 마찬가지로 법이며 따라서 그 취급도 동일해야 한다는 견해이다.

(3) 평 가

외국법의 존재 및 내용을 확인하는 것이 법정지법에 비하여 어려운 것은 사실이다. 그러나 과거와 달리 지금은 외국의 법에 접근할 수 있는 길이 많이 열려 있는 것 또한 사실이고, 이러한 상황은 점점 더 개선될 것으로 기대된다. 그리고 정당한 재판을 원하는 당사자들 역시 자발적으로 외국법의 내용을 밝히는 데 협력하는 것이 보통이고, 법원도 필요하다면 연구기관 등에 의뢰하여 외국법의 내용을 확인할 수도 있다. 이러한 점을 고려할 때 외국의 법을 민사소송에서 온전히 사실과 동일하게 다루자는 주장은 지나친 바가 없지 않고, 이렇게 하는 경우 국제사법을 두어 필요한 경우에는 외국법을 적용하여 재판을 하도록 하는 것과도 모순되는 것이라 하겠다.

그런데 외국법의 조사의무를 인정한다고 할 때 이 의무는 법정지 국제사법상의 의무로서의 성질을 가질 수밖에 없고, 따라서 이에 대한 위반은 상고사유가 된다고 해야 할 것이다(독일 다수설[6]).

이러한 두 측면과 완전히 제거될 수는 없는 외국법 적용에 있어서의 어려움을 고려할 때, 외국법의 조사의무를 인정한다 해도 그 범위는 조사를 위해 최선을 다

---

5) 학설의 자세한 소개는 서희원, 국제사법, 99-100면 참조.
6) Ferid, IPR, S. 159; Kegel/Schurig, IPR, S. 509-510 참조.

하는 것, 즉 최선의 조사의무에 그친다고 하는 것이 현실적으로 합리적일 것이다.

3) 우리 국제사법 및 판례

| **제18조 (외국법의 적용)** 법원은 이 법에 따라 준거법으로 정해진 외국법의 내용을 직권으로 조사·적용하여야 하며, 이를 위하여 당사자에게 협력을 요구할 수 있다.

국제사법 제18조에서는 한편으로 '지정된 외국법의 내용을 직권으로 조사·적용하여야' 한다고 하면서 다른 한편에서는 이를 위해 당사자에게 협력을 요구할 수 있도록 하고 있다. 그러므로 법문만을 보면 법원의 조사의무에는 아무런 한계가 없는 것으로 해석될 여지가 없지 않다. 그러나 과연 이러한 해석이 현실적인 것일지는 의문이다.

판례는 적어도 국제사법의 적용의무를 인정한 이후부터는 외국법의 조사의무도 인정하여 왔다. 그러나 법원이 합리적이라고 판단하는 방법에 의하여 조사하면 충분하다고 하여(대법원 1990. 4. 10. 선고
89다카20252 판결 참조) 그 의무가 우리나라 법에 대한 조사에서와 동일할 수 없음을 인정하고 있다. 이러한 판례의 태도는 최선의 조사의무만 인정하려는 학설과 동일하다고 볼 수 있을 것이다.

> 대법원 1990. 4. 10. 선고 89다카20252 판결 준거법으로서의 외국법의 적용 및 조사에 관하여 특별한 규정을 두고 있지 아니하나 외국법은 법률이어서 법원이 권한으로 그 내용을 조사하여야 하고, 그 방법에 있어서 법원이 합리적이라고 판단하는 방법에 의하여 조사하면 충분하고, 반드시 감정인의 감정이나 전문가의 증언 또는 국내외 공무소, 학교등에 감정을 촉탁하거나 사실조회를 하는 등의 방법만에 의하여야 할 필요는 없다.
>
> 대법원 1992. 7. 28. 선고 91다41897 판결 적용할 준거외국법의 내용을 증명하기 위한 증거방법과 절차에 관하여 우리나라의 민사소송법에 어떤 제한도 없으므로 자유로운 증명으로 충분하다.
>
> 대법원 2010. 3. 25. 선고 2008다88375 판결 섭외적 사건에 관하여 적용될 준거법으로서의 외국법은 여전히 사실이 아니라 법으로서 법원은 직권으로 그 내용을 조사하여야(동지: 대법원 2022. 1. 13.
선고 2021다269388 판결).
>
> 대법원 2019. 12. 24. 선고 2016다222712 판결 직권조사에도 불구하고 외국법의

내용을 확인할 수 없는 경우에 한하여 조리 등을 적용해야 한다(대법원 2010. 3. 25. 선고
2008다88375 판결 등 참조).

※ **기타판례** 대법원 2007. 7. 12. 선고 2005다39617 판결; 대법원 2008. 1. 31. 선고 2004다26454 판결; 대법원 2010. 1. 28. 선고 2008다54587 판결; 대법원 2010. 8. 26. 선고 2010다28185 판결; 대법원 2011. 2. 8. 자 2010마970 결정

4) 외국법의 내용을 확정할 수 없는 경우의 처리

법원이 최선의 노력을 다해도 외국법의 내용을 확정할 수 없는 경우(외국법의 내용불명)의 처리에 대하여는 견해가 나뉘어 있다. 다만 역사적으로 보면 청구를 기각해야 한다는 견해도 있었으나 지금은 극복된 것으로 볼 수 있다. 그리하여 현재에는 이러한 경우에는 기본적으로 법정지법을 적용해야 한다는 주장이 일부 있기는 하지만[7] 다수의 견해는 이에 반대하면서 조리에 따라 재판을 해야 한다고 하거나(조리적용설),[8] 최상의 개연성의 원리에 따라야 한다고 한다.[9] 생각건대 엄연히 우리 국제사법에 의해 특정 외국의 법이 준거법으로 지정되었음에도 불구하고 그 내용을 확인할 수 없다고 하여 그 외국법에 대한 일말의 고려도 없이 바로 법정지의 법을 적용하여 재판을 하자는 것은 지나친 면이 있다. 또한 조리를 적용하자는 견해에 대해서는 일반적으로 재판의 기준이 지나치게 막연하여 판사의 자의적 판단을 조장할 수 있다는 비판과 함께 조리로 이해되는 내용이 나라마다 다를 수 있기 때문에 국제적 사건의 경우에는 어떤 나라의 입장에서 본 조리를 말하는 것인지 불분명하며 만약 법정지의 조리 개념을 의미한다면 결과적으로 법정지 실질법설과 다를 바 없다는 문제가 있다. 이에 비해 세 번째 견해는 준거법으로 지정된 외국의 법을 가능한 한 존중하면서 판단을 할 수 있는 장점이 있다. 그러므로 예컨대 최근에 외국법이 개정되었으나 그 내용을 확인할 수 없다면 법정지법을 적용할 것이 아니라 준거법국의 전체 법질서를 고려하면서 종전의 법을 적용하는 것이 보다 합리적일 수 있을 것이다.

우리 판례는 명시적으로 조리적용설을 따른 판례도 있고, 외국의 관습법에 따르는 것을 원칙으로 하고 관습법이 없을 경우에는 조리에 따라야 한다는 판례도 있지만, 근래에는 '일반적인 법해석 기준'에 따라 의미·내용을 확정하여야 한다'는

---

7) Kropholler, IPR, S. 216. 독일 판례의 입장이기도 하다.
8) 학설에 대한 자세한 것은 서희원, 국제사법, 102-103면 참조.
9) Kegel/Schurig, IPR, S. 511 이하.

입장을 취하고 있다(대법원 1996. 2. 9. 선고 94다30041,30058 판결; 대법원 2010. 3. 25. 선고 2008다88375 판결 등 참조). 그러나 세계적으로 보편적이라 할 수 있는 법해석기준 같은 것은 있을 수 없기 때문에 판례가 말하는 일반적 해석기준이 무엇을 의미하는지가 문제가 된다. 즉 준거법국에서의 일반적 법해석기준을 말하는 것인지, 아니면 우리나라에서의 일반적 해석기준을 의미하는지에 따라 실제 기준이 달라질 것인바, 만약 첫 번째 의미라면 판례의 입장은 최상의 개연성설에 접근하는 것이라 할 것이지만, 두 번째 의미라면 사실상 법정지법 적용설과 동일한 결과에 이르게 될 것이다.

> **서울가정법원 1985. 10. 31. 선고 84드7150 판결** 이혼사건에 관하여 적용될 준거법은 섭외사법 제18조에 따라 부의 본국법인 콜롬비아국의 이혼에 관한 법률이지만 그 법률이 내용의 불명으로 확정하기 어렵다면 위 콜롬비아국과 풍속, 전통, 관습에서 가장 유사한 사회인 베네주엘라국, 에쿠아도르국, 페루국 등의 이혼에관한법률을 참조로 적용하여 판단함이 가장 조리에 합당하다.[10]
>
> **대법원 1996. 2. 9. 선고 94다30041,30058 판결** 소송 과정에서 그 외국의 판례나 해석기준에 관한 자료가 제출되지 아니하여 그 내용의 확인이 불가능한 경우에 법원으로서는 일반적인 법해석 기준에 따라 법의 의미·내용을 확정할 수밖에 없다.
>
> **대법원 2003. 1. 10. 선고 2000다70064 판결** 적용될 외국법규에 흠결이 있거나 그 존재에 관한 자료가 제출되지 아니하여 그 내용의 확인이 불가능한 경우 법원으로서는 법원(法源)에 관한 민사상의 대원칙에 따라 외국 관습법에 의할 것이고, 외국 관습법도 그 내용의 확인이 불가능하면 조리에 의하여 재판할 수밖에 없다.
>
> **대법원 2007. 6. 29. 선고 2006다5130 판결** 소송과정에서 그에 관한 판례나 해석기준에 관한 자료가 충분히 제출되지 아니하여 그 내용의 확인이 불가능한 경우 법원으로서는 일반적인 법해석 기준에 따라 법의 의미와 내용을 확정할 수밖에 없다(대법원 1991. 2. 22. 선고 90다카19470 판결, 대법원 2004. 7. 9. 선고 2003다23168 판결 등 참조).
>
> ※ **기타판례** 서울고등법원 2001. 2. 27. 선고 2000나8863 판결(조리설); 대법원 2001. 12. 24. 선고 2001다30469 판결(일반적 법해석기준); 대법원 2010. 3. 25. 선고 2008다88375 판결(일반적 법해석기준)

2. 적용원리

외국법이 준거법인 경우에 있어서 법적용의 기본원리는 그 법이 당해 국가에서

---

10) 이 판례는 최상의 개연성설에 접근되어 있다.

적용되는 것과 동일하게 적용되어야 한다는 것이다. 법적 정의가 실현되기 위해서는 법이 올바르게 적용되어야 하는데, 파행적 관계의 발생 방지·현실적 판결의 관점 등을 고려할 때 위와 같이 하는 것이 외국법을 바르게 적용하는 것이 되기 때문이다. 그러므로 관습법 또는 판례법이 인정되는지 여부, 법의 해석과 적용에 관한 객관주의(영미법계)와 주관주의(대륙법계, 특히 종래의 독일) 사이의 대립 등은 모두 준거법국에서와 동일하게 처리되어야 한다.[11]

올바른 준거법의 적용이 되기 위해서는 문제된 준거법 규정의 합헌 여부도 심사해야 되는지(외국법의 위헌심사)에 대하여 견해가 대립하고 있다.[12] 그리고 이를 긍정하는 견해에서는 대개 준거법국에서 일반법원에 위헌여부심사권한 내지 의무를 인정하는 때에는 법정지 법원도 당해 규정의 위헌 여부를 심사할 수 있다고 한다. 이에 대해 부정설에서는 위헌 여부에 관한 판단을 위해서는 한 나라의 법 전체에 대한 깊은 지식과 이해가 필요하기 때문에 이러한 조건을 충족시키는 것이 사실상 불가능한 외국의 법원에게 위헌 여부에 대한 심사까지 맡기는 것을 무리라고 한다. 부정설이 더 설득력이 있다고 생각된다.

> **대법원 2000. 6. 9. 선고 98다35037 판결** 섭외적 사건에 관하여 적용될 외국법규의 내용을 확정하고 그 의미를 해석함에 있어서는 그 외국법이 그 본국에서 현실로 해석·적용되고 있는 의미·내용대로 해석·적용되어야 하는 것인데, 소송과정에서 적용될 외국법규에 흠결이 있거나 그 존재에 관한 자료가 제출되지 아니하여 그 내용의 확인이 불가능한 경우 법원으로서는 법원(法源)에 관한 민사상의 대원칙에 따라 외국 관습법에 의할 것이고, 외국 관습법도 그 내용의 확인이 불가능하면 조리에 의하여 재판할 수밖에 없는바, 그러한 조리의 내용은 가능하면 원래 적용되어야 할 외국법에 의한 해결과 가장 가까운 해결 방법을 취하기 위해서 그 외국법의 전체계적인 질서에 의해 보충 유추되어야 하고, 그러한 의미에서 그 외국법과 가장 유사하다고 생각되는 법이 조리의 내용으로 유추될 수도 있을 것이다.
> **대법원 2016. 5. 12. 선고 2015다49811 판결** (준거법인)라이베리아국 해상법상으로 미국의 해상 판례법은 라이베리아국 해상법 제114조 제3항의 해석에 관한 중요한 법원(法源)이 되는데, 구 미국 연방해상법 제973조가 삭제됨으로써 공급자에게 조사의무를 부과하지 아니한 1971년 이후의 미국법원의 판례를 적용한다면 이는 현

---

11) Kegel/Schurig, IPR, S. 504 이하; Kropholler, IPR, S. 212 이하 참조.
12) Kropholler, IPR, S. 214 참조.

행 라이베리아국 해상법 제114조 제3항의 조문 내용과 부합하지 아니하고 그 조항
의 입법 취지에도 어긋나게 되므로, 위 조항을 해석할 때 구 미국 연방해상법 제
973조가 존속하고 있을 당시의 이에 관한 미국법원의 판례에 따르는 것이 합리적
인 해석이라 할 것.

※ **기타판례** 대법원 2004. 7. 9. 선고 2003다23168 판결; 대법원 2016. 5. 27. 선고 2014
다67614 판결; 대법원 2016. 6. 23. 선고 2015다5194 판결; 대법원 2017. 5. 30. 선고
2014다233176,233183 판결

3. 준거법에 존재하는 흠결의 처리

법원에 의해 조사·확정된 준거법에 흠결이 존재하는 경우 이를 보충하는 데
있어서도 원칙적으로 위의 외국법 적용의 원리가 적용된다. 즉 법정지 법원도 준거
법국의 법원이 흠결을 보충하는 경우와 동일한 결론에 이를 수 있도록 확정된 흠
결을 보충해야 한다. 그러므로 흠결의 처리 방법은 결국 준거법국의 법체계 전체를
고려하는 입장에서 그곳에서 적용되는 보충적 해석의 원리에 따라 흠결을 보충하
는 것으로 귀착될 것이다.

우리 판례가 준거법상 흠결의 문제와 준거법의 내용불명의 문제를 구별하여 다
룬 예는 없는 것으로 보이고, 두 관점에 대한 구별 없이 동일한 원리를 따르는 입
장을 취하고 있다(앞의 대법원 2000. 6. 9. 선고 98다35037 판결 참조). 그러므로 결국은 조리 또는 일반적인 법해석원
리에 따라 준거법의 흠결도 보충된다 할 것인데, 사실상 우리나라 법을 적용하는
결과가 된다.

대법원 1988. 2. 9. 선고 87다카1427 판결 이 사건 수표의 지급제시 기간에 관하여
는 그 지급지인 이집트국법을 적용하여야 하지만, 이집트국에는 수표에 관한 법률
이 따로 없어 그 나라의 판례법에 따라 수표를 환어음의 일종으로 취급하여 환어
음에 관한 그 나라의 상법을 적용하고 있고… 이집트 상법의 위 각 규정들은 그
문언으로 보아 이집트 이외의 국가에서 발행되고 이집트에서 지급될 어음이나 이
집트에서 발행되고 이집트 이외의 국가에서 지급될 어음의 제시기간을 규정한 것
일 뿐 그것이 이집트에서 발행되고 이집트에서 지급될 어음의 소지인이 이집트 이
외의 국가에 있는 경우의 지급제시기간까지는 규정한 것이 아니고… 위 이집트 상
법의 다른 규정을 들어 이 사건 수표의 지급제시기간을 주장하지 않고 있는 바에
야 결국 원심판결에 주장하는 바와 같은 법리오해의 위법이 있다 할 수 없다.

4. 외국법의 잘못된 적용과 상고

법정지 국제사법에 의해 준거법으로 지정되는 외국법이 잘못 적용되는 모습에는 여러 가지가 있으며 그 각각에 대해 그것이 상고사유가 되는지가 문제될 수 있다(외국법적용과 상고 문제).

잘못된 외국법 적용의 첫 유형으로는 다른 외국법을 적용한 경우를 생각할 수 있다. 예컨대 객관적으로 법정지 국제사법에 의해 지정된 것은 甲국의 법인데 연결점 확정에 있어서의 판단오류 등 어떤 사유로 인해 乙국의 법을 준거법으로 적용한 경우이다. 이 경우는 법원이 법정지의 국제사법을 잘못 적용한 것이고 따라서 상고사유가 된다는 데 이견이 없다.[13]

두 번째 잘못된 적용의 모습은 준거법에 관한 판단에는 오류가 없으나 그 법을 잘못 적용한 경우이다. 즉 보통의 법 적용상의 오류가 있는 경우이다. 그런데 이 경우에 외국법 적용의 오류가 상고사유가 되는지는 법원에 외국법 조사의무가 있는지, 있다면 그 한계가 어디인지에 따라 달라진다. 그리하여 만약 외국법 적용의 오류가 법원의 외국법에 대한 조사 및 내용확정 의무에 대한 위반으로 인한 것일 때에는 상고사유가 된다. 왜냐하면 이 의무는 법정지 국제사법상의 의무이고 따라서 이를 게을리한 것은 법정지 국제사법을 위반한 것이 되기 때문이다.[14] 이에 비해 외국법을 잘못 해석하였지만 확정의무 위반에는 해당하지 않는 경우에[15] 대하여는 견해가 대립하고 있다. 부인설에서는 이 경우를 상고사유로 인정하는 것은 법정지법의 통일적 해석·적용의 확보라는 상고제도의 취지와 모순된다는 것을 주된 근거로 든다.[16] 나아가 외국법의 경우 오적용의 가능성이 상대적으로 크기 때문에 상고의 빈발로 인해 국가의 위신이 실추될 위험이 있다는 것도 부인설의 논거이다. 그러나 긍정설에서는 외국법도 법이라는 원칙과 조화되기 위해서는 외국법의 오적용도 상고이유로 인정되어야 한다고 한다. 긍정설이 우리나라에서 다수의 견해인 것으로 보인다.

---

13) Ferid, IPR, S. 159.
14) Kegel/Schurig, IPR, S. 509-510.
15) 2차적 성질결정의 오류도 여기에 포함된다는 견해도 있다.
16) Ferid, IPR, S. 161.

Ⅲ. 적응문제

1. 의의와 문제의 소재

한 나라의 법체계는 통일성과 논리적 무모순성을 이상으로 한다. 그러므로 오직 한 나라의 법만 적용되는 이른바 순수 국내사건의 경우에는 적용되는 법규범 사이의 적극적 또는 소극적 충돌은 논리적으로 문제될 여지가 없다(문제되어서는 안 된다). 그러나 국제적 사건의 경우에는 하나의 사건에 둘 이상의 법이 적용되는 경우가 적지 않은바[17] 이 경우에는 준거법의 내용이 서로 적극적으로 또는 소극적으로 충동할 가능성이 있다. 그리고 적응문제라 함은 이러한 충돌을 어떻게 처리할 것인가에 대한 논의를 말한다.

1) 적극적 충돌

甲국 국적의 母와 乙국 국적의 父 사이에 출생한 혼인외의 자에 대한 친권의 행사가 丙국에서 다투어지고 있다고 하자. 그런데 丙국 국제사법에서는 남녀평등의 원칙에 입각하여 모와 자 사이의 친자관계에는 모의 본국법을 적용하고, 자와 부 사이의 친자관계에 대하여는 부의 본국을 적용하도록 되어 있고, 甲국 법에 의하면 출생으로 모자 사이 친자관계 성립하고 乙국 법에 의하면 母의 동의하에 父가 인지하면 부자간에 친자관계 발생하는 것으로 되어 있다고 하자. 여기서 만약 이 요건이 모두 충족되어 있다고 가정하면 자와 모, 자와 부 사이에 모두 친자관계가 인정된다. 그리고 丙국의 국제사법은 친권의 행사에 관하여 각각 부와 모의 본국법을 적용하도록 하고 있고,[18] 甲국 법에 의하면 원칙적으로 父母가 공동으로 친권을 행사하고 일방이 없거나 친권을 행사할 수 없으면 다른 일방이 행사토록 하는 데 비하여, 乙국 법에 의하면 혼인중의 자의 경우에는 甲국 법과 동일하지만 혼인외의 자의 경우에는 母만 친권을 행사할 수 있다고 하자. 결국 사례의 자의 경우 친권의

---

17) 예컨대 법률행위에서 행위능력, 대리, 방식 등 부분문제의 독립적 연결, 남녀평등의 원칙으로 인해 신분관계에 양 당사자의 속인법이 동시에 적용되는 경우 등.

18) 이러한 입법례도 있지만 우리 국제사법은 3자의 본국법이 동일하면 그에 따르고, 그렇지 않으면 자의 일상거소지법에 따르도록 하고 있어(제45조), 가상적 사례에서와 같은 문제는 발생하지 않는다.

행사에 관하여 甲국 법과 乙국 법의 내용이 각각 공동행사와 母 단독행사로 적극적으로 충돌하게 된다.

또한 甲국 국적의 남편과 乙국 국적의 부인이 丙국에 일상거소를 두고 살다가 남편이 사망하였는데 상속의 준거법인 甲국 법($\frac{제77조}{1항}$)에 따르면 잔존배우자에게 일정 비율의 높은 상속분만을 인정하고 부부재산제에 따른 권리는 인정하지 않는 데 비하여, 부부재산제의 준거법인 丙국 법($\frac{제65조\ 1항,}{제64조\ 2호}$)에 따르면 잔존배우자가 상속권을 갖지 못하고 오직 부부재산제에 따른 지분이 인정되고, 그리하여 부인이 상속권과 부부재산제에 따른 권리를 모두 주장하는 경우도 규범의 적극적 충돌로 보는 견해가 있다.[19]

2) 소극적 충돌

미국 뉴욕 주에 주소가 있는 미국 시민권자 A가 우리나라에 동산을 남기고 사망하여 우리나라에 있는 재산의 상속이 문제된다고 하자. 국제사법 제77조에 따르면 A의 본국법이 준거법이 되는데 미국은 법분열국가이고 통일된 준국제사법도 없다. 그러므로 국제사법 제16조 3항에 따른 가장 밀접한 관련이 있는 지역의 법으로 뉴욕 주의 법이 준거법이 된다. 그런데 뉴욕 주의 국제사법에 의하면 누가 상속인이 되는지는 주소지인 뉴욕 주의 법에 따르지만 상속절차administration는 유산의 소재지법에 따르도록 되어 있다. 이는 우리 국제사법에 따른 상속의 준거법 소속지인 뉴욕 주의 국제사법에 따르면 상속절차에 대해서는 법정지인 우리나라 법이 적용되도록 된 경우이고, 우리 국제사법 제22조 1항에 따라 우리나라 법이 상속절차의 준거법이 된다. 하지만 우리나라에는 특별히 상속절차로서 마련된 제도가 없는 바, 뉴욕 주 법과 우리나라 법 사이에 소극적 충돌이 발생한다.

2. 해결에 관한 이론

현재 적응문제의 해결에 관한 이론으로 확립된 것은 없으며 단지 하나의 방법론으로 다음과 같이 단계적으로 접근하는 방식이 비교적 많은 사람들의 지지를 받는 실정이다.[20]

---

19) Kropholler, IPR, S. 237.
20) 서희원, 국제사법, 118-119면; Hoffmann/Thorn, IPR, S. 235 이하; Kegel/Schurig, IPR, S. 361

1) 국제사법 차원의 해결

적응문제가 제기되는 근본적인 원인이 법정지의 국제사법에 의할 때 하나의 사안에 복수의 법이 적용되는 것에 있는바, 되도록 하나의 법만 적용되도록 새로운 저촉규범을 형성함으로써 적응문제를 원천적으로 봉쇄하자는 것이다. 그리고 다음과 같은 경우가 이 해결방법이 적용되는 예가 될 수 있다고 한다.[21]

甲국 국적의 A와 B는 부부였고, A가 먼저 사망할 때 그의 가족으로 B, A의 전 배우자 Y와 A 사이에 태어난 X가 있었고, 乙국에 A 명의로 등기된 토지와 건물이 존재했다. 甲국 민법상의 부부재산제에 따르면 배우자 일방은 타방 배우자의 재산에 대하여 1/2의 공유지분을 갖지만 배우자 사이에는 부부재산제에 따른 공유지분 외에는 상속권이 인정되지 않고, 甲국 국제사법에 의하면 부부재산제는 혼인 당시 부부의 동일한 본국법을 따르고, 동산상속은 피상속인의 사망 당시의 일상거소지법에 따르지만 부동산상속은 그 소재지법에 따른다. 乙국 상속법에 의하면 부부 사이에도 상속이 인정되고 乙국 국제사법에 의하면 부부재산제는 혼인 당시 부부 공통의 본국법을 따르고, 상속은 피상속인의 사망 당시의 본국법에 따르며, 반정이 인정된다. 여기서 만약 A의 사망 후 乙국에 남겨진 재산과 관련하여 B는 甲국 법상의 부부재산제에 따른 지분과 함께 나머지 부분에 대한 乙국 상속법상의 상속분을 주장하는 반면, X는 乙국에 남겨진 재산에 대하여 부부재산제에 따른 공유지분 또는 상속분 하나만 B가 주장할 수 있다고 하여 乙국에서 소가 제기되었다고 하면, 乙국 법원은 甲국의 부부재산제에는 상속의 기능도 들어 있는 것으로 보아 처음부터 이 사건에 乙국의 상속에 관한 저촉규정만 적용하여 결과적으로 실질법도 乙국의 상속법만 적용되도록 한다는 것이다.

그러나 이러한 접근방법에는 명백한 한계가 있다. 법정지 국제사법에서 복수의 법을 지정하는 것은 그 나름의 저촉법적 가치판단에 기초한 것이기 때문에 모든 경우에 저촉규범을 수정하여 적응문제의 발생을 막을 수는 없다는 것이 분명하기 때문이다. 또한 이 예에서는, 위에서 든 친권행사 문제에서처럼 하나의 문제에 두 개의 법이 적용되어 충돌하는 것과는 달리, 부부재산제와 상속이라는 서로 다른 문

이하; Kropholler, Interantionales Privatrecht, S. 237 이하 참조.
21) Hoffmann/Thorn, IPR, S. 235; Kegel/Schurig, IPR, S. 361.

제에 각각 다른 법이 적용되어 서로 충돌하는 경우도 적용문제에 포함시키고 있음을 주목할 필요가 있는데, 이 경우는 처음부터 성질결정 문제로 보아야 한다는 주장도 가능하다.

2) 최소무리의 원칙에 따른 실질법의 조절

첫 단계 해결방식을 이용할 수 없는 경우에는 충돌하고 있는 두 법규범의 기능을 비교할 때 어떤 규범을 변경 또는 적용에서 배제할 때 무리가 최소화될 수 있는지를 평가하여 충돌 문제를 해결해야 한다고 한다.[22] 예컨대 위의 친권 사례의 경우 부의 친권을 인정하는 것은 乙국 법에 정면으로 반하는 것으로 큰 무리가 따르면 반면, 乙국 법에 따를 때 부가 친권을 행사할 수 없는 것을 甲국 법상 부가 친권을 행사할 수 없는 경우로 해석하는 것은 상대적으로 무리가 적기 때문에 모만 친권을 행사하도록 하여 乙국 법에 따른 결과를 인정한다는 것이다. 또한 상속의 사례에서 우리 민법상의 분할절차가 뉴욕 주 법상의 administration에 상응하는 것으로 보아도 기능적으로 큰 무리가 없기 때문에 우리나라에 있는 재산에 대하여는 우리 민법의 상속재산분할절차를 적용할 수 있다고 한다.

3) 사안에 적합한 실질법 형성

새로운 저촉규정의 형성을 통해 복수의 법이 적용되는 것을 방지할 수도 없고, 최소무리의 법칙에 따라 어느 한 쪽 법규범을 변경 또는 배제하는 방법으로 충돌을 해결하는 것도 불가능한 경우에는 구체적 사안에 합당한 실질법 규범을 창조하여 충돌을 해결하여야 한다고 한다.[23]

예를 들어 甲국 국적의 A(父)는 甲국 법에 따라 子 B를 상속인으로 지정하면서 B가 상속을 할 수 없는 경우를 대비하여 A의 친구 X를 예비상속인으로 지정하였고, 乙국 국적의 B(子)는 乙국 법에 따라 父 A를 상속인으로 지정하고 자신의 친구 Y를 예비상속인으로 지정하였다고 하자. 그런데 A와 B가 같이 여행을 하던 중 비행기 사고로 사망을 하였고, 甲국과 乙국의 상속법에서는 공히 상속요건으로 상속인이 될 자가 피상속인 사망시 생존하고 있을 것을 요구하는 한편, 위와 같은 경

---

22) Kegel/Schurig, IPR, S. 361-362.
23) Hoffmann/Thorn, IPR, S. 236.

우에 甲국의 법에 따르면 父의 생존이 추정되는 반면 乙국 법에 따르면 子의 생존이 추정된다. 그리하여 甲국 법에 따르면 자는 부의 재산을 상속하지 못하고 부가자의 재산을 상속한 후 X가 부를 상속하여 결국 두 사람의 재산 모두 상속하게 되는 반면, 乙국 법에 따르면 부는 자의 재산을 상속하지 못하고 자가 부의 재산상속 후 Y가 모든 재산을 상속하게 된다. 그러자 X는 甲국 법을 근거로 하고, Y는 乙국 법을 근거로 하여 각자 혼자서 모든 재산을 상속하였다고 주장하는 경우, 공평하게 X는 A의 재산을, Y는 B의 재산을 각각 상속한다는 내용의 실질법을 생성함으로써 충돌을 해결하자는 것이다.

그러나 새로운 실질규범의 형성이라는 해결 방법에는 그 실질규범이 관련된 어느 나라의 법체계로부터도 단절되어 있다는 단점이 있고, 따라서 적용에 신중할 필요가 있다.

● **관련 문제** ●

이 사례에 대하여는 다음과 같이 해결되어야 할 것이기 때문에 적응문제는 발생하지 않는 것이 아닌가라고 일견 생각할 수도 있다. 먼저 A가 남긴 유산의 상속에 관하여는 A의 본국법이 준거법이 되고 이에 따르면 B의 상속 여부는 A의 사망 당시 B가 생존했는가(즉 권리능력 보유 여부)에 따라 결정되기 때문에 선결문제가 발생한다. 그리고 선결문제에 관한 실질법적 해결설(본문제 준거법국 실질법설)에 따르면 甲국 법에 따라 부의 생존이 추정되고 따라서 자 B는 A의 유산을 상속하지 못하고 X가 상속하게 된다. 이에 비해 저촉법적 해결설(법정지 국제사법설 또는 본문제 준거법국 국제사법설)에 따르면 공히 생존 여부가 문제되는 당사자인 B의 본국법에 따르게 될 것이므로 자의 생존이 추정되어 부 A의 재산을 자 B가 상속하고 Y가 2차로 상속하게 된다. 그리고 B가 남긴 유산의 상속 문제에 있어서는 B의 본국법이 준거법이 되고 그리하여 A의 상속 여부는 B의 사망 당시 A의 생존 여부(권리능력 보유 여부)에 따라 좌우된다. 선결문제에 관한 본문제 준거법국 실질법설에 의하면 乙국 법에 따라 자의 생존이 추정되어 A는 B의 유산을 상속하지 못하고 Y가 자의 재산을 상속해야 하지만 법정지 국제사법설과 본문제 준거법국 국제사법설에 의하면 공히 A의 본국법에 따라 A의 생존이 추정되어 B의 재산을 부 A가 상속하고 X가 2차로 상속하게 된다. 이처럼 이 사안은 선결문제에 대해 어떤 입장을 택하느냐에 따라 결론이 달라질 뿐, 하나의 문제에 복수의 법이 적용되는 예는 아니라는 것이다.

그러나 이러한 접근에는 본문제를 잘못 설정하고 있는 오류가 있다. 이 사안에서는

제 1 편 제 2 편 제 3 편 제 4 편 국제사법 일반이론

A가 남긴 재산의 상속인은 누구이고 B가 남긴 재산의 상속인이 누구인가라는 두 개의 본문제에 대하여 A의 생존이 추정되나 아니면 B의 생존이 추정되나가 선결문제로 제기되는 것이 아니라, A가 B를 상속하나 아니면 반대로 B가 A를 상속하나라는 하나의 본문제에 대하여 A의 생존이 추정되나 아니면 B의 생존이 추정되나가 선결문제가 되는 것이기 때문이다.

Ⅳ. 공서조항(배척조항, 유보조항)

1. 의   의

국제사법 이론에서 공서라 함은 법정지 법질서 중 불가침적이고 핵심적인 가치판단을 담고 있는 사항을 의미하며, 보통 ordre public이라 부른다. 그리고 공서조항이라 함은 법정지의 공서를 보호하기 위해 예외적으로 법정지 국제사법에 의해 준거법으로 지정된 외국법의 적용을 제한(배척)하는 저촉법 조항을 말한다. 한 가지 유의할 것은 공서조항은 저촉법적 판단에 의해 정해진 준거법에 대해 그 법을 적용할 경우 발생할 결과를 문제삼아 적용을 거부하는 것이지 그 법의 추상적 내용을 이유로 준거법으로 인정하지 않는 것이 아니라는 것이다.

이러한 공서조항 개념이 등장하게 된 것은 전통적 국제사법의 준거법 지정의 원리와 불가분의 관계가 있다.

2. 관련 이익: 기능 및 근거

전통적인 국제사법에서는 준거법을 지정함에 있어서 연결대상의 성질에 따라 그것과 장소적으로 가장 밀접한 관련이 있는 나라가 어디인가를 고려할 뿐 그 나라의 실질법의 내용은 묻지 않는 것이 원칙이다. 그러나 이러한 원칙이 국제사법이 사법체계의 등가성에서 출발하여 독자적인 국제사법적 정의(저촉법적 정의)를 추구하고 있는 데서 오는 당연하고 불가피한 것이기는 하지만, 여기에 문제가 없지는 않다. 즉 이 원칙을 따르면 법정지의 공서와는 다른 내용을 갖는 나라의 법이 준거법으로 지정되는 것을 사전에 차단할 수 없게 되는 것이다.[24] 그리하여 사안에 따

---

24) 이로 인해 특히 영미법계 학자들은 전통적인 국제사법체계를 '암흑으로의 행진'이라고 하여 평가절하

라서는 지정된 외국법을 적용하는 경우 그 결과가 법정지의 법질서의 핵심적 가치
판단과 충돌하게 되는 상황이 발생할 수도 있는데, 아무리 가치의 상대성을 인정하
고 저촉법적 정의를 중시한다 해도 이러한 상황까지 감수하면서 외국법을 적용할
수는 없다. 여기서 모든 나라의 국제사법에서는 일정한 요건하에 원래 적용되어야
할 외국법의 적용을 배제하는 조치를 취하지 않을 수 없게 되었으며 공서조항이
바로 그것이다.

그러므로 공서조항을 이익법학적 관점에서 보면 등가성 원리에 기초한 저촉법
적 이익의 원칙적 우위에 대한 예외로 실질사법적 이익을 우선시키는 것이다.[25] 그
리고 이러한 기능을 공서의 소극적 기능이라 하고, 공서가 소극적으로 작용하는 경
우를 소극적 공서라고 한다.

이에 대해 법정지의 어떤 규범이 갖는 공서적 성격으로 인해 자체적으로 정해
진 요건이 갖추어진 경우에는 일반적인 저촉규범에 따른 준거법과 무관하게 언제
나 적용되는 경우를 가리켜 공서의 적극적 기능 내지 적극적 공서라고 하기도 한
다.[26] 이처럼 공서를 소극적 공서와 적극적 공서로 구별하는 경우 소극적 공서는
전통적인 배척조항(제23조)의 문제로, 적극적 공서는 법정지의 절대적 강행규정(제
20조)의 문제로 귀착된다. 그러나 법정지의 절대적 강행규정 중에는 실질법적인 근
본가치판단과 무관한 경우도 있기 때문에 이를 공서의 개념으로 설명하는 것이 타
당한지는 의문이다.[27]

3. 제23조 공서의 개념과 범위

제23조 (사회질서에 반하는 외국법의 규정) 외국법에 따라야 하는 경우에 그 규정의 적용
이 대한민국의 선량한 풍속이나 그 밖의 사회질서에 명백히 위반될 때에는 그 규정을 적용하
지 아니한다.

1) 용어의 유래와 문제점

국제사법에서 공서로 번역되고 있는 ordre public은 우리 민법의 선량한 풍

하기도 한다.
25) Kegel/Schurig, IPR, S. 516 참조.
26) Kegel/Schurig, IPR, S. 517-518; Kropholler, Interantionales Privatrecht, S. 244-245 참조.
27) 동지 Kropholler, IPR, S. 245.

속·사회질서에 상응하는 개념이다. 그리고 실질법에서 선량한 풍속·사회질서(공
서)에 관한 규정은 강행규정이다. 그러면 국제사법에서 말하는 공서는 우리나라 실
질법상의 강행규정을 의미하나? 만약 이를 긍정한다면 우리나라 실질법상의 강행
규정에 반하는 결과를 초래할 수 있는 외국법은 전부 적용이 배제되는 것이 될 터
인데 이것이 타당한가? 공서를 이렇게 이해하는 것은 준거법 지정의 원리와 모순
되고 앞서 살펴본 강행규정의 분류에 대한 설명과도 충돌되는 것으로 받아들여질
수 없다. 그리하여 현재에는 공서조항의 예외적 성격에 맞게 공서 개념도 제한적으
로 엄격하게 해석되어야 한다는 데 이견이 없다.[28] 즉 국제사법에서 말하는 공서란
선량한 풍속·사회질서 중에서도 핵심적인 것으로 국한되어야 하며 우리나라의 판
례도 이를 확인하고 있다(국내적 공서와 국제적 공서의 구분).

> 대법원 1995. 2. 14. 선고 93다53054 판결 적용된 외국법이 우리나라의 실정법상
> 강행법규에 위반된다고 하여 바로 승인거부의 사유가 되는 것은 아니고, 해당 중
> 재판정을 인정할 경우 그 구체적 결과가 우리나라의 선량한 풍속 기타 사회질서에
> 반할 때에 한하여 승인 및 집행을 거부할 수 있다.
> 대법원 1999. 12. 10. 선고 98다9038 판결 외국법의 규정이나 그 적용의 결과가 우
> 리 법의 강행규정들에 위반된다고 하더라도, 그것이 섭외사법 제5조가 규정하는
> '선량한 풍속 기타 사회질서'에 관한 것이 아닌 한 이를 이유로 곧바로 당사자 사
> 이의 섭외법률관계에 그 외국법의 규정을 적용하지 아니할 수는 없다.

2) 헌법상의 기본권

독일에서는 오래전부터 헌법상의 기본권이 공서에 포함되는지에 관하여 견해가
대립하여 왔다. 즉 일부에서는 기본권은 국가에 대한 국민의 권리로서 다른 나라에
관련된 사적 생활관계에 적용될 여지가 없다는 점을 근거로 기본권은 공서에 포함
될 수 없다고 주장하였다. 그러나 기본권은 헌법적 결정으로서 법질서의 핵심적 내
용이며 기본권도 신의성실의 원칙 등 사법상의 일반원칙을 통하여 개인 사이의 관
계에도 효력을 미치는 것(이른바 기본권의 제3자적 효력)이 인정되기 때문에 공서의
내용이 된다고 하는 반대 견해가 강하게 제기되었다. 그리고 헌법재판소가 저촉규
정의 내용도 평등의 원칙 등 헌법적 가치에 위반되지 않아야 한다는 것을 확실히

---

28) 서희원, 국제사법, 107면; Hoffmann/Thorn, IPR, S. 275.

함으로써 국제사법에서도 기본권 등 헌법적 가치에 대한 고려가 당연한 것으로 받아들여지면서 이제는 기본권이 공서의 내용이 된다는 것에 이견이 없는 것으로 보인다.[29]

이는 우리나라라 하여 다를 바가 없다 하겠다.

4. 공서위반(적용배제)의 요건

법정지 국제사법에 의해 준거법으로 지정된 외국법이 공서조항에 의해 적용에서 배제되기 위해서는 공서위반이라는 요건이 갖추어져야 하는데, 거기서는 종래 위반 여부에 대한 심사의 대상, 위반의 정도, 법정지 공서와의 관련성 등이 논의되고 있다.

1) 심사대상

공서위반의 심사 대상이 무엇인가에 있어서는 외국법의 내용 자체가 법정지의 공서에 위반되어야 한다는 (추상적)외국법설과 외국법의 내용 자체가 아니라 외국법을 적용한 구체적 결과가 법정지 공서에 반하여야 한다는 (구체적)적용결과설이 대립되었다.[30] 생각건대 외국법이 구체적인 사안에 적용됨으로써 법정지와 관련된 일정한 결과가 발생하지 않는 한 법정지의 법과 다른 내용의 외국법이 존재한다는 것만으로는 법정지 공서와의 충돌이 발생한다고 할 수 없으므로 적용결과설이 타당하다.

> **서울지방법원 1999. 7. 20. 선고 98가합48946 판결** 섭외사법 제5조에 의하여 당사자들이 합의한 준거법 규정의 적용을 배제하기 위하여는 당사자들이 합의한 준거법의 규정 그 자체가 대한민국의 강행법규에 위반되는지 여부뿐만 아니라, 위 규정이 적용된 결과가 대한민국의 사법질서에 미치는 영향과 위 규정의 적용을 배척하는 것이 국제사법질서를 현저하게 무시하게 되는 결과가 되는지 여부 등을 종합적으로 고려하여 판단하여야.

---

29) Hoffmann/Thorn, IPR, S. 271-272; Kegel/Schurig, IPR, S. 531 이하; Kropholler, Interantionales Privatrecht, S. 251-252.

30) Hoffmann/Thorn, IPR, S. 275-276; Kropholler, IPR, S. 245.

2) 위반의 정도

외국법을 적용한 결과가 법정지의 공서의 내용과 불일치하면 언제나 그 외국법은 적용될 수 없나? 예컨대 법정지에서는 소멸시효기간이 원칙적으로 10년인데 준거법으로 지정된 甲국의 법에서는 30년으로 되어 있는 경우 甲국법의 소멸시효규정이 공서위반으로 적용될 수 없나? 준거법으로 지정된 법에서 인정하고 있는 이혼사유가 법정지의 그것보다 상당히 엄격한 경우는 어떠한가?

이에 관하여는 현재 위반이 있더라도 그 정도가 현저하지 않은 때에는 공서조항이 적용되지 않는다는 데 학설이 일치되어 있고, 앞의 두 예 모두 공서위반이 인정되지 않는 것으로 이해되고 있다. 소멸시효 및 이혼을 부인하지 않는 한 그 요건에서 상당한 정도 차이가 나는 것만으로는 공서위반이 되지 않고, 외국법의 적용이 배제되기 위해서는 위반이 본질적인 차이에 이를 만큼 현저해야 한다는 것이다.

현재의 국제사법 구조에서 공서조항이 불가피한 것이기는 하지만 이를 널리 인정하면 국제사법적 이익과 정의가 침해될 위험이 크기 때문에 공서조항의 예외조항으로서의 성질이 간과되어서는 안 될 것이다. 이러한 시각에서 볼 때 국제사법 제23조의 '명백히 위반되는 때'라는 표현도 위반 여부의 명확성이 아니라 위반 정도의 현저성을 의미하는 것으로 이해되어야 할 것이다.

> 서울지방법원 동부지원 1995. 2. 10. 선고 93가합19069 판결 불법행위의 효과로 손해의 전보만을 인정하는 우리의 민사법 체계에서 인정되지 아니하는 형벌적 성질을 갖는 배상형태로서 우리 나라의 공서양속에 반할 수 있다.
> 서울지방법원 1999. 7. 20. 선고 98가합48946 판결 일정한 도박채무의 유효성과 법적 절차에 의한 도박채무의 강제회수를 보장하고 있는 미합중국 네바다주법의 규정은 …… 대한민국의 사법질서를 중대하게 침해하는 결과를 초래할 뿐만 아니라 …… 카지노 도박장에서 사용되는 칩을 빌려주는 것을 내용으로 한 신용대부약정의 성립 및 효력에 관하여는 섭외사법 제5조의 규정에 따라 당사자들이 합의한 준거법인 위 네바다주법의 규정을 적용하지 아니하고 법정지법인 대한민국의 규정을 적용.
> 대법원 2009. 6. 25. 선고 2009다22952 판결 이혼사유인 결혼의 파탄이 우리 민법이 정한 이혼사유가 아니고, 위 외국판결의 재산분할 방식이 우리나라와 차이가 있으며, 위 외국판결에서 지급을 명한 배우자 부양료가 우리나라에서는 인정되지

않는다는 사정만으로는, 위 외국판결의 효력을 인정하는 것이 대한민국의 선량한 풍속이나 그 밖의 사회질서에 어긋난다고 할 수 없다.

3) 법정지와의 직접적 관련성

외국법의 적용이 배제되기 위해서는 외국법을 적용한 결과가 직접 법정지 공서와 충돌되어야 한다. 그리하여 예를 들어 일부다처제를 인정하는 국가의 국민이 우리나라에서 두 번째 혼인신고를 신청한 경우, 외국법을 적용하면 우리나라 법이 금지하고 있는 중혼을 바로 우리나라에서 허용하는 결과를 초래하므로 그 외국법은 적용될 수 없다. 이에 비해 일부다처제를 인정하는 본국에서 두 번째로 혼인한 제2 부인이 우리 법원에서 부양청구소송을 제기한 경우, 두 번째 부인에게 부양청구권을 인정하는 외국법은 적용이 배제되지 않는다. 부양청구권을 인정하는 것이 두 번째 혼인을 인정하는 것을 전제로 하지만, 이는 우리나라의 중혼금지와 직접 충돌되는 것이 아니기 때문이다. 그리고 이와 동일한 논리에서 제2 부인이 낳은 子가 우리 법원에서 상속권을 주장하는 경우에도 그 자의 상속권을 인정하는 외국의 법은 적용이 배제되지 않는다.

이처럼 법정지 공서와의 직접적 관련성을 요구하는 이유는 두 번째와 세 번째 예와 같은 경우 실제적인 외국의 법현실을 무시할 수 없고, 특히 실질법적 정의의 상대성을 사실상 전면적으로 부인하는 결과를 피하려는 데 있다.[31]

> 대법원 2012. 5. 24. 선고 2009다22549 판결 외국판결을 승인한 결과가 대한민국의 선량한 풍속이나 그 밖의 사회질서에 어긋나는지는 그 승인 여부를 판단하는 시점에서 외국판결의 승인이 대한민국의 국내법 질서가 보호하려는 기본적인 도덕적 신념과 사회질서에 미치는 영향을 외국판결이 다룬 사안과 대한민국과의 관련성의 정도에 비추어 판단하여야.

5. 외국법 배척의 효과

1) 공서위반의 결과와 문제의 소재

예를 들어 본국에서 X(여)와 혼인을 한 A(남: 무슬림)가 우리나라에서 같은 국

---

31) Ferid, IPR, S. 107 이하; Hoffmann/Thorn, IPR, S. 276 이하; Kegel/Schurig, IPR, S. 527; Kropholler, IPR, S. 246.

적의 B와의 혼인신고를 하였고 담당 공무원의 실수로 신고서가 수리되었는데, 뒤에 B가 중혼을 이유로 혼인무효의 확인을 구하는 소를 제기하였다고 하자. 이런 경우 우리나라에서의 두 번째 혼인은 우리나라의 중혼금지에 직접 위반되는 것이므로 당사자의 본국법이 허용한다 하더라도 그 효력이 부인되어야 할 것이다. 그러나 이 사건에 적용되어야 할 당사자의 본국법($\substack{제63\\조}$)에 의하면 중혼은 허용되고 따라서 본국법(혼인의 준거법)으로부터는 혼인의 효력을 부인할 근거를 찾을 수 없다. 그러면 법원은 혼인의 효력을 인정하는 재판을 하여야 하는가? 아니라면 무엇에 근거하여 혼인의 불성립 또는 무효 또는 취소 판결을 해야 하나? 또는 예컨대 대한민국 국적의 여성과 혼인을 한 필리핀 국적의 남자가 부정행위를 하였고 이에 여자가 이혼청구소송을 제기하였다. 그런데 제66조·제64조에 따라 준거법이 되는 필리핀 법은 이혼을 절대적으로 금지하고 있어 이 법을 적용하면 어떠한 경우에도 이혼을 할 수 없게 되는데 이 결과는 우리의 공서에 위반된다($\substack{서울가정법원 1984. 2.\\10. 선고 83드209 판결}$). 그러면 법원은 이혼판결을 내려야 하나? 만약 한다면 무엇에 근거하여 어떤 요건 하에 이혼이 허용된다고 하여야 하나? 또 다른 예로 계약의 준거법에서 계약상 권리에 대한 소멸시효를 인정하지 않는다고 가정하자. 그러나 이에 따라 영구히 채권이 소멸하지 않는다고 하는 것은 우리의 공서에 대한 중대한 위반이고 따라서 외국의 법규정은 적용될 수 없다, 그러면 문제의 권리는 어떤 내용의 소멸시효에 걸리나?

앞의 세 가지 예에서 공통적으로 등장하는 문제는 혼인의 성립 또는 유효 여부 문제, 이혼요건의 충족 여부 문제, 소멸시효의 완성 여부에 관한 판단에 적용되어야 할 법규정이 준거법의 체계 내에는 없다는 것이다. 그러면 그 흠결을 어떻게 보충하여야 하나? 이것을 외국법 배척의 효과 문제라 한다.

서울가정법원 1984. 2. 10. 선고 83드209 판결 부의 본국법인 필립핀공화국의 민법은 이혼을 금지하고 있는 것으로 해석되며 반정도 인정되지 아니하므로 결국부의 본국법인 필립핀공화국의 법률이 준거법으로 적용되어야 할 것이나 필립핀공화국의 이혼에 관한 위 법제도는 우리의 선량한 풍속이나 사회질서에 위반하는 것이라고 할 수 밖에 없어서 본건에서는 우리의 섭외사법 제5조에 의하여 필립핀공화국의 법률을 적용하지 아니하고 우리의 민법을 적용.

2) 해 결

(1) 외국법 흠결설

외국법의 입장에서 해석을 통해 적용이 배제된 부분을 보충해야 한다는 입장이다.

공서조항은 준거법으로 지정된 외국법에 대해 전체적으로 적용을 배척하는 것이 아니라 문제의 규정만 배척하는 것이고, 준거법상의 흠결이 배척된 부분에서만 발생한다. 그러므로 이 경우에도 준거법에 흠결이 존재하는 보통의 경우와 같이 준거법 자체의 입장에서 해석을 통해 흠결이 보충되어야 한다고 한다.[32]

생각건대 논리적으로만 보면 이러한 견해가 이상적이다. 그러나 이 입장을 따를 때 위의 예와 같은 상황을 해결할 수 있을까? 예컨대 소멸시효를 인정하지 않는 법제하에서 어떻게 해석을 통하여 계약상 권리의 소멸시효기간에 대한 흠결을 보충할 수 있을지 등을 고려하면 이 견해는 효율적인 문제해결의 방법이 되지 못하는 것이 자명하다.

(2) 최소무리의 원칙에 따라 자체적인 실질규범 형성

적응문제의 해결에서 인정되고 있는 최소무리의 원칙을 적용하여 관련된 나라의 입장과 법적 위신을 고려할 때 가장 무리가 적은 실질규범을 만들어 흠결을 보충하자는 견해이다.[33]

(3) 법정지법 적용설

이 경우의 흠결은 법정지의 공서를 지키기 위해 외국법의 적용을 배제함으로써 발생하는 것인바, 공서조항의 기능에 충실하기 위해서는 법정지의 관련 조항을 적용해야 한다는 입장이다.[34] 우리나라 법원도 이 견해를 따르고 있다고 이해된다.

(4) 단계적 적용설

흠결이 준거법 자체의 입장에서 해석을 통하여 보충될 수 있는 경우와 그렇지 못한 경우를 구별하여 해결방법을 달리하자는 견해이다. 즉 '당해 국가에서 적용되

---

32) 서희원, 국제사법, 108면; Kegel/Schurig, IPR, S. 538-539 참조.
33) Kegel/Schurig, IPR, S. 539.
34) 서희원, 국제사법, 108면도 이에 동조하는 것으로 보인다.

제1편　제2편　제3편　제4편　국제사법 일반이론

는 것과 동일하게 적용한다'는 것이 외국법적용의 대원칙인바, 흠결을 메우기 위한
보충적 해석이 가능한 경우에는 이 원칙에 따라 보충적 해석의 방법을 따라야 하
겠지만 그렇지 못한 경우에는 공서조항의 기능을 고려하여 법정지의 법을 적용하
여야 한다는 것이다.[35] 단 법정지의 법을 적용함에 있어서는 외국법의 체계도 고려
하여 유연하게 접근할 필요가 있다고 한다. 그러나 이 견해에는 어떤 경우가 준거
법 자체의 해석을 통해 흠결이 보충될 수 있는 경우인가와 관련하여 불확실성이
크다는 문제가 있다.

(5) 평 가

공서조항에 의해 외국법의 적용이 배제됨으로써 발생하는 흠결을 보충하는 것
이 공서조항에서 실질적으로 가장 어려운 이론적 문제라 하겠고, 이에 관하여는 아
직도 완전한 해결책이 발견되었다고 보기도 어렵다. 생각건대 국제사법의 기본 원
칙과 이상, 실천적 관점을 모두 고려할 때 마지막 설이 가장 무난하다 하겠다.

> **서울가정법원 1989. 9. 22. 선고 89드16588 판결** 미합중국의 경우 통상 입양의 요
> 건을 엄격하게 제한하고 입양을 계기로 양자와 친생부모와의 친자관계를 소멸시키
> 는 대신 양친자관계만을 존속시키며 따로 파양제도를 두고 있지 아니하므로 ……
> 갑이 입양 후 위 을을 유기한 채 행방을 감추어버리고 위 을은 생모의 보호아래
> 양육되고 있다면 그와 같이 허울만 남은 양친자관계를 존속시키는 것은 우리나라
> 의 공서양속에 반하는 결과를 초래한다 할 것이므로 위 갑과 을 사이의 파양심판
> 에 관한 준거법은 우리나라 민법으로 봄이 상당하다.
>
> **대법원 2012. 5. 24. 선고 2009다22549 판결** 일본법을 적용하게 되면, 甲 등은 구
> 미쓰비시에 대한 채권을 미쓰비시에 대하여 주장하지 못하게 되는데, 구 미쓰비시
> 가 미쓰비시로 변경되는 과정에서 미쓰비시가 구 미쓰비시의 영업재산, 임원, 종업
> 원을 실질적으로 승계하여 회사의 인적·물적 구성에는 기본적인 변화가 없었음에
> 도, 전후처리 및 배상채무 해결을 위한 일본 국내의 특별한 목적 아래 제정된 기
> 술적 입법에 불과한 회사경리응급조치법과 기업재건정비법 등 일본 국내법을 이유
> 로 구 미쓰비시의 대한민국 국민에 대한 채무가 면탈되는 결과로 되는 것은 대한
> 민국의 공서양속에 비추어 용인할 수 없으므로, 일본법의 적용을 배제하고 당시의
> 대한민국 법률을 적용.

---

35) Kropholler, IPR, S. 254 이하도 이러한 접근방법으로 이해된다.

※ **기타판례** 대법원 1990. 4. 10. 선고 89다카20252 판결; 서울가정법원 1990. 11. 28. 선고 89드73468 판결; 서울가정법원 1992. 4. 23. 선고 91드63419 판결; 대법원 1995. 2. 14. 선고 93다53054 판결; 서울고등법원 2001. 2. 27. 선고 2000나23725 판결; 대법원 2003. 4. 11. 선고 2001다20134 판결; 대법원 2009. 6. 25. 선고 2009다22952 판결

6. 외국의 공서

1) 문제의 소재

공서조항은 원래 법정지의 핵심적인 선량한 풍속과 사회질서를 지키기 위해 예외적으로 실질사법적 이익에 대한 국제사법적 이익의 우위의 원칙을 제한하는 수단으로 고안되었고, 따라서 문제가 되는 공서도 법정지의 공서로 국한되는 것으로 이해되어 왔다. 그런데 경우에 따라서는 만약 법정지가 아닌 다른 나라에서 재판이 진행되었더라면 그 외국이 공서위반을 근거로 준거법의 적용을 배제할 것으로 예상되는 상황이 발생할 수 있다. 그리고 이러한 상황에서는 적어도 법정지의 공서가 침해되지는 않으므로 준거법을 그대로 적용해야 하는가 아니면 준거법의 적용으로 직접 그 공서가 침해될 나라의 입장을 고려하여 준거법을 적용하지 않아야 하는가 하는 의문이 제기된다.[36] 이것이 이른바 외국공서의 문제이다.

> **대법원 2006. 5. 26. 선고 2005므884 판결** 이는 대한민국 법원이 외국적 요소가 있는 소송사건에 대하여 준거법으로 외국법을 적용해야 할 경우에 이로 인하여 대한민국의 선량한 풍속 그 밖의 사회질서에 명백히 위반되는 결과가 발생하는지 여부 등을 심리해야 한다는 것일 뿐이고, 이와는 달리 대한민국 법원이 국내법을 적용함으로 인하여 외국법상의 공서양속에 위반하는 결과가 야기되는지 여부를 심리해야 한다는 취지는 아니다.

2) 문제되는 경우의 예

(1) 반정 등 외국 국제사법이 적용되는 경우

甲국의 국제사법에 의하면 乙국 법이 준거법이 되는데 乙국 국제사법에 의하면 甲국(직접반정) 또는 丙국(전정)의 법이 준거법이 된다고 하자. 여기서 甲국 국제사법이 반정을 인정한다면(즉 총괄지정) 甲국 법원은 반정의 존재 여부를 판단하기 위

---

36) Ferid, IPR, S. 112-113; Kegel/Schurig, IPR, S. 409, 540.

해 필요한 범위에서 乙국의 국제사법을 적용하여야 한다. 그런데 甲국(또는 丙국)의 실질법에 乙국의 공서에 반하는 규정이 존재하고 따라서 만약 소송이 乙국에서 제기되었다면 甲국(또는 丙국)의 관련 규정이 공서규정에 의해 적용에서 배제될 것이 예상된다고 하자. 이런 경우 판단의 외적 일치라는 이상을 위해서는 甲국 법원은 甲국(또는 丙국) 법을 적용하지 않아야 할 것이고, 그리하여 반정을 예외적으로 받아들이지 말아야(즉 乙국 법을 적용해야) 한다고 할 수 있다.[37)]

(2) 기 타

甲국 국적의 A와 乙국 국적의 B가 금전소비대차를 하며 丙국의 법을 준거법으로 합의하였는데[38)] 丙국 법에 소멸시효제도가 존재하지 않는다고 하자. 그런데 어떤 사유로 우리나라에서 대여금의 반환을 구하는 소송이 제기되었다고 가정하면, 우리 법원은 우리의 공서위반을 이유로 丙국 법의 적용을 배제할 수 있을까? 공서조항이 적용되기 위한 요건인 공서위반의 직접성을 엄격하게 해석하는 입장에서는 이를 부인하게 된다. 여기서 그러면 직접성의 요건이 충족되는 甲국 및 乙국의 공서를 고려할 수 있나라는 의문이 제기되고, 외국 공서의 고려를 인정하는 견해에서는 보통 이를 긍정한다.

---

37) 단 이를 위해서는 乙국 법을 적용한 결과가 甲국의 공서에 반하지 않아야 한다는 것이 당연히 전제되어야 할 것이다. 그렇지 않으면 乙국의 공서를 보호하기 위해 법정지인 甲국의 공서가 침해되는 결과를 가져오기 때문이다. 따라서 이런 논리를 인정한다 해도 실제로 관철될 경우는 적을 것으로 예상된다. 甲국 법을 적용한 결과는 乙국의 공서에 반하지만 甲국 법을 적용한 결과는 甲국의 공서에 반하지 않아야 할 것이기 때문이다.

38) B가 丙국에서의 사업에 쓸 돈이어서 丙국에서 지급되고 B의 중요 재산이 모두 丙국에 소재하여 집행의 용이성을 고려할 때 丙국과의 관련성이 큰 경우 등에는 그런 준거법 합의의 가능성이 있다.

제**3**편

개별적 법률관계의 준거법

제 1 장

사법일반이론

I. 자 연 인

1. 자연인의 성명의 준거법

자연인의 姓을 결정하는 방법은 나라에 따라 차이가 있으며, 이는 특히 부부의 성과 자의 성을 어느 나라의 법에 따라야 하나라는 문제에서 의미가 크다. 성명을 결정하는 기준의 문제에 관한 논의를 보통 국제성명법이라 하는데 이에 관한 입법례를 보면, 당사자의 거주지를 성명 문제의 연결점으로 하는 나라, 본국법을 따르는 나라, 당사자자치를 인정하는 나라, 부부의 성은 혼인의 준거법에 따르고 子의 성은 친자관계의 준거법에 따르는 나라 등 다양하다.[1] 다만 종래에는 부부의 성에 관하여는 혼인의 효력의 준거법을 따르고, 자의 성명에 관하여는 친자관계의 준거법을 따르자는 것이 다수설이었으나[2] 새 흐름은 본인의 본국법을 적용하는 것이라 할 수 있다.[3] 그리고 이 경우 사후적으로 이중국적자가 된 경우 등에서 원래 이름과 현재에 가장 관련이 깊은 나라(또는 우리나라)의 법에 따른 이름이 다를 수 있는데 이러한 경우에는 원래 이름을 선택하는 것을 허용하는 예도 있다(유럽연합의 뮌헨조약).

---

1) 이에 관하여는 Bernitt, 앞의 책, S. 80, FN 249, 250 참조.
2) Ferid, IPR, S. 171; Kegel/Schurig, IPR, S. 598 이하 참조.
3) Hoffmann/Thorn, IPR, S. 284; Kropholler, IPR, S. 325 참조.

우리나라에서도 2001년 국제사법 개정시 본국법으로 하는 규정을 두자는 제안이 있었으나 반대가 있어 명문의 규정을 두는 것을 포기하였다.

그리고 하급심이기는 하지만 섭외사법 제22조(친자관계)가 아니라 친족관계 일반에 관한 섭외사법 제24조(^{국제사법}_{제74조})를 적용하여 당사자의 본국법을 적용한 예가 있다(^{청주지방법원 영동지원 2001.}_{5. 26. 자 2001호파1 결정 참조}). 즉 자의 성과 본의 문제는 친자관계 준거법의 적용 범위 밖에 있다는 것을 전제로, 성과 본에 관한 특별한 저촉규정이 없기 때문에 기타의 친족관계에 관한 제24조가 적용되어야 한다고 본 것이다.

> 청주지방법원 영동지원 2001. 5. 26. 자 2001호파1 결정 섭외사법 제24조는 "친족관계 및 친족관계에서 발생한 권리의무에 관하여 본법에 특별한 규정이 없는 경우에는 각 당사자의 본국법에 의하여 이를 정한다."고 규정하고 있는바, 피인지자인 신청인들의 본국법인 민법 제781조는 성과 본을 원칙적으로 부(父)의 성과 본을 따르고 부(父)가 외국인인 경우 또는 부(父)를 알 수 없는 경우에 한하여 모의 성과 본을 따르도록……

2. 권리능력

1) 의의와 문제의 소재

권리능력이라 함은 사법상 권리와 의무의 주체가 될 수 있는 법적 지위를 말한다. 현재에는 대부분의 문명국가에서 평등하게 모든 자연인의 권리능력이 인정되고 있지만,[4] 여전히 권리능력의 발생 및 소멸의 요건, 범위 등에서 나라에 따라 차이가 있어 그 준거법이 문제된다.

2) 준거법의 결정기준

(1) 학설 및 입법례

권리능력에 대하여는 역사적으로 일반적 권리능력 개념을 전제로 한 속인법설과 법정지법설, 개별적 법률관계의 준거법설(일반적 권리능력 부인론) 등이 주장되었으나[5] 현재에도 의미가 있는 것은 속인법설과 개별적 법률관계의 준거법설이다.

---

4) 자연인의 권리능력을 부인하거나 차별적으로 제한한 나라의 법은 공서조항에 의해 그 적용이 배제될 것이다.

① 속인법설

자연인의 권리능력 문제는 당사자가 속하는 나라의 법에 따라야 한다는 견해이다. 권리능력은 인격과 밀접하게 관련된 문제이며 거기서는 사생활의 안정성이라는 당사자의 이익이 가장 중요하기 때문에 속인법에 따르는 것이 타당하다는 것으로, 오늘날의 지배적 견해이다.[6] 다만 속인법에 관해서는 종래 본국법주의와 주소지법주의가 대립하고 있는데, 이는 어느 것이 옳으냐의 관점에서 볼 문제는 아니며, 각 나라가 처한 상황의 문제라 하겠다.

② 개별적 문제 준거법설

권리능력 문제를 속인법에 따라 일률적으로 판단할 것이 아니라 권리능력이 문제되는 구체적 생활관계의 성질에 따라 그 판단을 달리하여야 한다는 견해이다. 권리능력 문제가 개별적 사안을 떠나 추상적으로 그 자체만으로서 문제되는 경우는 없기 때문에 부동산 소유권, 지식재산권, 친권, 후견권 등 문제되는 개별적 문제마다 그 문제의 준거법에 따라 권리능력을 판단하는 것으로 충분하다는 것이다.[7] 그러나 이 견해에 따르면 한 나라 안에서도 사안에 따라 다른 결론이 나올 가능성이 있다는 난점이 있다. 또한 일반적 권리능력의 개념을 인정하는 것이 이론적으로 문제되는 것도 아니다.

(2) 국제사법

제26조 (권리능력) 사람의 권리능력은 그의 본국법에 의한다.

국제사법은 속인법주의, 그것도 국적주의를 따르고 있다.

3) 준거법의 적용 범위

권리능력의 준거법에 따라 정해져야 할 사항으로는 권리능력의 요건과 범위(역사적으로는 예컨대 처와 노예의 권리능력이 많이 문제되었다), 권리능력의 발생과 소멸 사유(사망, 사형선고, 종신형 등), 그리고 발생 및 소멸의 시점 등이 있다.

---

5) 학설에 대한 자세한 것은 서희원, 국제사법, 132면 이하 참조.
6) Hoffmann/Thorn, IPR, S. 281; Kegel/Schurig, IPR, S. 544 참조.
7) 서희원, 국제사법, 135-136면 참조.

4) 제26조의 적용범위

제26조는 소송법상의 당사자능력에는 적용되지 않는다. 당사자능력은 권리능력과는 별개의 소송법상의 문제로 국제사법이 아니라 민사소송법 자체의 입장에서 정해져야 할 사항이기 때문이다. 다만 소송법에서도 당사자능력 문제는 본국법에 따르는 것으로 이해되고 있다.[8]

이른바 특별권리능력에도 제26조는 적용되지 않는다. 예컨대 외국인의 토지취득, 상속능력, 후견능력 등은 각 법률관계 내지 권리 자체의 준거법에 따른다.

태아의 법적 지위 문제도 제26조에 따르는 것이 아니라 불법행위, 상속 등 보호가 문제되는 각 사항의 준거법에 따른다는 것이 지배적 견해이다. 이는 우리 민법상의 개별적 보호주의가 저촉법의 해석(또는 1차적 성질결정)에서 고려된 예라 할 것인바, 따라서 포괄적 보호주의 국가에서는 달리 생각될 수도 있다.[9]

생존추정 또는 사망추정의 문제에는 원칙적으로 제26조가 적용되어야 할 것이다. 이 문제는 일반적 권리능력에 관한 문제이기 때문이다. 생존추정 내지 사망추정이 문제되는 중요한 경우인 실종선고에 관하여는 제27조에 별도의 규정이 있지만 이로 인하여 결론이 달라지는 것은 아니다(후술). 유의할 것은 권리능력의 준거법(본국법)에 따라 사망이 추정되는 경우 그에 따른 효과로 발생되는 문제, 예컨대 상속개시 여부, 혼인해소 원인이 되는지 여부 등은 각각 그 문제(여기서는 상속, 혼인)의 준거법에 따른다는 것이다. 이에 대해 포괄적 권리능력의 준거법 개념의 필요성을 부정하는 입장에서는 생존추정 또는 사망추정은 처음부터 각 문제의 준거법에 따라야 한다고 하게 될 것이다.[10]

3. 부재와 실종선고

1) 서

한 사람이 종래의 주소지를 떠나 짧은 시간 내에 돌아올 것을 기대할 수 없는

---

8) Kegel/Schurig, IPR, S. 545. 우리 민사소송법 제57조에 외국인의 소송능력에 관한 규정은 있으나 당사자능력에 관한 규정은 없다.
9) 그러나 이 경우에는 개별적 문제의 준거법과 일반적 권리능력의 준거법 사이에 충돌 문제가 발생할 수 있고, 거기서는 '개별적 준거법이 포괄적 준거법에 우선한다'는 원칙이 적용될 것이다.
10) 서희원, 국제사법, 136면.

경우(부재자)에는 재산관리와 이해관계인의 보호를 위한 수단이 필요한데, 그 내용은 나라에 따라 다르고, 여기서 이 문제에 어느 나라 법을 적용하여야 하는지가 문제된다. 이에 관하여 구국제사법에서는 재산관리에 관한 규정은 없고 실종선고에 관한 (예외적)규정만을 두고 있었으나 2022년 개정에서 부재자의 재산관리와 실종선고를 함께 규정하게 되었다.

실종선고에서는 물론 부재자의 재산을 관리하는 문제에도 사회 정책적 이유에서 법원이 관여하도록 하는 것이 보통이기 때문에 부재와 실종선고에서는 국제재판관할도 특별한 의미를 갖는다.

2) 부재자 재산관리

(1) 국제관할

부재자의 마지막 일상거소가 국내에 있었거나 재산이 국내에 있는 경우 우리 법원의 국제관할이 인정된다(제24조 2항 및 아래의 / 제4편 제2장 Ⅳ. 참조).

그러므로 법문상으로는 부재자의 마지막 일상거소가 국내에 있었던 경우에는 현재 국내에 부재자의 재산이 있는지 여부와 관계없이 우리 법원의 국제관할이 인정되는데, 이 경우 우리 법원이 적용하게 될 준거법에 관한 제27조와 연계하여 보면 이 규정에 대하여는 반론의 여지가 있다(후술).

(2) 준거법

> **제27조 (실종과 부재)** ① 실종선고 및 부재자 재산관리는 실종자 또는 부재자의 본국법에 따른다.
> ② 제1항에도 불구하고 외국인에 대하여 법원이 실종선고나 그 취소 또는 부재자 재산관리의 재판을 하는 경우에는 대한민국 법에 따른다.

부재자의 재산관리 문제에서는 인격적 요소보다는 관리대상인 재산의 소재지에서의 거래안전보호라는 관점이 중요하고, 이익법학적 관점에서 보면 당사자이익보다는 질서이익이 우선한다고 평가된다. 우리나라에 소재하는 재산에 대해 그 주인이 외국인이라 하여 외국법의 절차에 따라 관리한다는 것은 생각하기 어렵기 때문이다. 따라서 부재자의 재산관리는 재산 소재지의 법에 따르는 것이 타당할 것이다.

그러나 국제사법 제27조는 반드시 이와 일치하지는 않는다. 한편에서 제24조 2

항에 따르면 부재자의 마지막 일상거소가 국내에 있었거나 재산이 국내에 있는 경우 우리나라의 국제관할이 인정되고, 다른 한편에서 제27조에 따르면 부재자의 재산관리에는 원칙적으로 부재자의 본국법이 적용되지만($\frac{1}{9}$) 부재자가 외국인인 경우에는 우리나라 법이 적용된다($\frac{2}{9}$). 그러므로 국내에 부재자의 재산이 소재하여 국제관할이 인정되는 경우에는 법원은 언제나 우리나라 법을 적용하게 되는데 이는 앞의 학설과 일치하는 결과가 된다. 그러나 부재자의 마지막 일상거소가 우리나라에 있었기 때문에 우리 법원의 국제관할이 인정되는 경우에는 문제가 다르다. 첫째로 부재자가 우리나라 국적을 가진 경우에는 현재 우리나라에 재산이 없는 경우에도 법원은 우리나라 법을 적용하여 부재자의 재산관리에 관한 재판을 하게 된다. 즉 대한민국 국민이 마지막 일상거소를 우리나라에 두고 있었던 경우에는 외국에 소재하는 재산의 관리에 대하여도 우리나라 법을 적용하게 된다. 둘째로 외국 국적을 가진 부재자의 경우에는 현재 우리나라에 재산이 없는 경우에도 우리 법원은 우리나라 법을 적용하여 외국에 있는 재산의 관리에 관한 재판을 하게 된다.

이런 상황을 타개할 수 있는 방안으로는 우선 국내에 재산이 있는 경우에만 국제관할을 인정하면서 그때 우리나라 법을 준거법으로 하는 것을 생각할 수 있다. 그러나 만약 국내에 재산이 없더라도 대한민국 국민인 부재자의 재산관리에 관한 국제관할을 포기할 수 없다고 한다면 준거법만이라도 재산 소재지법으로 하는 것이 타당할 것이다.

3) 실종선고

(1) 문제의 소재

부재자의 생사가 불명인 경우 이해관계자의 이익을 위해 종래의 주소지를 중심으로 한 생활관계를 정리할 필요가 있고, 이를 위해 많은 나라에서 부재선고, 사망선고 등의 제도를 두고 있으며 우리 민법도 실종선고제도를 두고 있다. 하지만 나라에 따라 제도의 명칭도 다르고 요건 및 효과가 달라 어느 나라의 법이 적용되어야 하는지가 문제된다.

부재자에 대해 종래의 주소지를 중심으로 한 생활관계를 정리하는 기능을 갖는 제도는 나라에 따라 그 개념과 체계적 위치가 다를 수 있어 이른바 성질결정의 문제가 발생할 수 있다. 여기서는 제도의 기능에 입각하여 실종선고를 종래의 주소지를 중심으로 한 생활관계를 정리하는 기능을 갖는 모든 제도를 총칭하는 개념으로 이해한다.

우리 민법의 실종선고제도에 따르면 종래의 주소지를 중심으로 하는 생활관계를 정리하는 데 필요한 범위 안에서는 권리능력이 소멸한 것으로 의제되는 중대한 결과가 수반된다. 그리하여 당사자의 권리와 법적 안정성을 보호하기 위해 국가가 이에 개입하고 있는데, 이러한 상황은 많은 외국에서도 마찬가지이다.[11] 그러므로 이 문제 있어서는 어느 나라의 법에 따라야 하나라는 문제에 앞서 어느 나라가 개입을 하여야 하나라는 문제가 본문제 또는 선결문제로서 제기될 수 있다.

(2) 실종선고의 국제관할

부재자가 대한민국 국민인 경우, 부재자의 마지막 일상거소가 대한민국에 있는 경우, 그리고 부재자의 재산이 대한민국에 있거나 대한민국 법에 따라야 하는 법률관계가 있는 경우 및 그 밖에 정당한 사유가 있는 경우에 우리 법원에 실종선고에 관한 국제관할이 있다($\binom{제24조\ 1항,\ 제4편}{제2장\ Ⅳ.\ 참조}$).

(3) 준거법 문제

① 학 설

㉮ 속인법설

당사자가 속하는 나라의 법을 적용하여야 한다는 견해로, 속인법에 대한 입장에 따라 본국법주의와 주소지법주의가 대립하고 있다.

㉯ 본문제 준거법설

실종선고 자체에도 상속, 혼인 등 실종선고의 결과 발생하게 되는 개별적 문제의 준거법을 적용하여야 한다는 생각으로, 주로 보편적인 권리능력 개념을 부인하는 입장에서 주장하고 있다.

㉰ 판 례

섭외사법 시절의 판례는 본국법주의를 따르고 있었다($\binom{대법원\ 1973.\ 10.\ 31.}{선고\ 72다2295\ 판결}$). 그리고 그 논거는 "법원은 대한민국에 있는 재산 및 대한민국의 법률에 의하여야 하는 법률관계에 관하여서만 대한민국 법에 의하여 실종선고를 할 수 있다"는 섭외사법 제8

---

11) Kegel/Schurig, IPR, S. 549~550 참조.

조가 실종선고에 관한 본국법주의를 전제로 하고 있다는 것이다.

> 대법원 1973. 10. 31. 선고 72다2295 판결 부재자의 실종선고에 관하여는 그 본국
> 법에 따름을 원칙으로 삼아 섭외사법 제8조도 이런 본국법주의를 채택하고 있는
> 바, 같은 법 제2조 제1항은 이중국적인 경우 국적이 하나가 대한민국인 때는 대한
> 민국의 법률에 의한다 라고 규정하고 있으므로 위 부재자 함노마의 사망의제에 관
> 하여는 대한민국의 법률에 의할 것임이 분명한 귀결.

② 국제사법

구국제사법은 제12조에서 우리나라 법이 적용되는 예외적인 경우를 규정할 뿐
우리 법원이 원칙에 따라 관할권을 갖는 경우에 관한 규정이 없었다. 즉 외국 거주
한국인과 국내 거주 외국인에 대해 실종선고를 하는 경우에 적용될 법에 관하여는
학설과 판례에 맡겨져 있었다.

현행 국제사법은 제27조 1항에서 현재의 국제적 흐름을 반영하여 속인법에 따
르도록 하고 있다. 다만 2항에서 외국인에 대하여 법원이 실종선고나 그 취소의
재판을 하는 경우에는 대한민국 법에 따르도록 하고 있어 결과적으로 실종선고에
있어 우리 법원은 언제나 대한민국 법을 적용하게 된다. 부재자가 대한민국 국민이
어서 우리 법원에 국제관할이 있는 경우에는 원칙에 따라 본국법으로서 대한민국
법이 적용되고(제24조 1항 1호, 제27조 1항), 제24조 1항 2호 및 3호에 따라 외국인에 대해 실종선고
를 하는 경우에는 제27조 2항의 예외로서 대한민국 법이 준거법이 된다.

③ 준거법의 적용 범위

준거법인 본국법은 실종선고의 요건(기산점, 기간 등)과 실종선고의 직접적 효과
(즉 사망의 추정 또는 간주 등)에 적용된다. 그러나 예컨대 사망추정의 효과로 인한
혼인 해소, 상속개시 등 간접적인 2차적 효과는 각각 그 문제의 준거법에 따른다.

(4) 외국 실종선고의 효력

외국 거주 한국인에 대한 주소지에서의 실종선고 또는 국내 거주 외국인에 대
한 본국의 실종선고 등의 경우에는 외국 실종선고가 국내에서 효력을 가질 수 있
는지가 문제된다. 이는 결국 외국판결의 승인 문제로 귀착하고 따라서 그 요건이
충족되어 있으면 우리나라에서도 그 효력이 인정된다. 즉 우리나라에서도 당사자에

대해 실종선고가 있는 것으로 다루어진다. 이 경우 실종선고의 1차적 효력의 내용은 선고를 한 나라에서 적용된 법에 따르게 된다.

4. 행위능력(제한능력자 제도)

1) 서 설

행위능력은 일반적으로 말하여 혼자서 유효한 법률행위를 할 수 있는 자격으로, 모든 나라에서 정상적인 판단능력을 갖지 못한 자연인을 보호하기 위해 두고 있는 제도이다. 즉 일정한 요건 하에 행위능력을 제한 내지는 배제하고 법정대리인 등 조력자(보호기관)의 도움을 받아 거래에 참여토록 하는 것이다. 그러나 나라마다 제도의 명칭이 다른 것은 물론 거래안전보호에 중점을 둘 것인가 아니면 개인의 보호를 우선시킬 것인지 등 제도의 목적 및 취지, 성년연령(18-21세) 등 보호의 요건과 절차, 거래가 제한되는 경우와 그 예외, 제한을 위반한 거래의 효력(무효 또는 취소권) 등에서 많은 차이가 있다.

행위능력은 권리능력에서와 마찬가지로 혼인능력, 유언능력 등 특별행위능력과 일반적 행위능력으로 구별할 수 있고, 특별행위능력은 혼인, 유언 등 각 법률관계의 준거법에 따르며, 불법행위능력(또는 책임능력) 또한 마찬가지이다. 이에 비하여 일반적 행위능력에 대해서는 전통적으로 각 법률관계의 준거법이 아니라 별도의 행위능력 자체의 준거법에 따르도록 하고 있다. 그러므로 어떤 법률행위에 일반적 행위능력으로 충분한가 아니면 특별행위능력이 필요한가 여부는 각 법률행위 자체의 준거법에 따라 정해지지만, 일반적 행위능력이 있는지는 행위능력의 준거법에 따라 판단된다.

많은 나라에서 정상적인 판단능력의 결여에 따른 보호(무능력자 제도 내지 제한능력자 제도)는 그 원인에 따라 크게 미성년자 제도와 한정후견·성년후견 제도(나라에 따라서는 보조자제도, 한정치산·금치산 제도 등)의 두 군으로 되어 있다. 그리고 각각 보호 요건과 능력 보충의 방법 등 보호 내용을 달리하는 것이 보통인데, 예컨대 연령을 기준으로 행위능력이 부인되거나 제한되는 경우에는 보호를 부여하기 위한 특별한 절차가 필요 없지만 한정후견·성년후견 등의 경우에는 국가가 관여하여 일정한 조치를 취하여야 보호가 개시되도록 되어 있고, 보호기관을 정하는 기준 내지 절차와 그 권한도 다르다. 다만 미성년의 경우에도 예컨대 보호기관의 결정 등에는 국가의 관여가 필요한 경우도 있을 수 있다.

행위능력 제도에 있어서는 준거법 외에 어느 나라가 필요한 조치를 취할 수 있나라는 관점(국제관할)도 문제가 되는데, 먼저 준거법 문제를 살펴보고 국제관할 문제는 후견개시 심판 등에 있어서의 특수한 문제의 일환으로 검토한다.

2) 행위능력의 준거법에 관한 원칙

(1) 준거법에 관한 학설과 입법례

행위능력에 대하여는 이 제도의 인격적 측면을 강조할 것인가 아니면 거래안전을 우선시할 것인가에 따라 속인법주의(이는 다시 국적주의와 주소지주의로 나뉜다)와 행위지주의가 대립하여 왔다.[12] 그러나 이 문제 역시 권리능력의 경우와 마찬가지로 가치적인 문제라기보다는 각 나라가 처한 상황에 따른 선택의 문제에 속한다. 행위능력에 관하여 속인법주의(특히 본국법주의)를 취하는 경우에는 행위지의 거래안전을 위한 특별한 조치를 두는 것이 보통이다.

(2) 국제사법

> **제28조 (행위능력)** ① 사람의 행위능력은 그의 본국법에 의한다. 행위능력이 혼인에 의하여 확대되는 경우에도 또한 같다.
> ② 이미 취득한 행위능력은 국적의 변경에 의하여 상실되거나 제한되지 아니한다.

우리 국제사법에서는 본국법주의를 채용하고 있다($\frac{제28조}{1항}$).

(3) 제28조 1항의 적용 범위

행위능력은 크게 두 형태로 문제가 된다는 것은 앞서 살펴보았는바, 본조가 연령에 따라 행위능력이 제한되거나 배제되는 경우(미성년자 제도)에 적용된다는 것에는 의문의 여지가 없다. 그리고 혼인을 하면 연령과 무관하게 성년으로 인정되는지(이른바 성년의제) 여부도 행위능력의 문제로서 당사자 본국법에 따른다($\frac{제28조}{1항}$). 섭외사법하에서는 성년의제에 대해 혼인의 효력의 문제로 보아야 한다는 견해(혼인의 효력의 준거법 적용설)와 행위능력의 문제로 보아야 한다는 견해가 대립하였는데

---

12) 입법례에 관하여는 서희원, 국제사법, 154-155면 참조. 그러나 유럽지역에서는 유럽공동체 차원의 조치에 의한 변화가 있었다.

2001년 국제사법 개정에서부터($^{국제사법 제}_{13조 1항 2문}$) 이를 입법적으로 해결하였다.

제28조 1항이 연령과 무관하게 국가의 관여에 의해 행위능력이 제한 내지 배제되는 경우(피성년후견인 등)에도 적용되는지에 관하여는 논란의 여지가 있다. 현행 국제사법에서는 사람에 관한 제2장에서 한정후견개시·성년후견개시 심판 등에 관한 구국제사법 제14조를 삭제하고 제7장의 친족편에서 후견사건에 관한 국제관할($^{제61}_{조}$)과 후견의 준거법($^{제75}_{조}$)에 관한 규정을 두고 있어, 후견제도와 행위능력 제도 사이의 내적 연관관계가 더 이상 드러나 있지 않기 때문이다. 그러나 기본적으로 정상적인 판단능력을 갖지 못한 자를 보호하는 기능과 맞물려 실체법상 후견제도는 대부분의 나라에서 행위능력 제도와 직접 연관되어 있는바, 적어도 성년후견개시 등의 심판으로 인해 피후견인의 행위능력이 제한 내지 배제되는지 여부와 그 범위, 능력의 보충 등의 문제에는[13] (보호기관이 되기 위한 요건 내지 자격과 선임 등의 문제와는 달리) 제75조가 아니라 제28조가 적용된다고 해석해야 할 것이다.[14] 그리고 사견으로는 성년후견개시 등의 심판을 하기 위한 요건 문제에도 제28조를 적용하는 것이 타당하다고 생각한다.[15]

후견계약의 경우에는 성질결정이 문제될 수 있다. 만약 후견계약을 채권계약(일종의 위임계약) 또는 후견문제로 성질결정을 할 경우에는 제28조가 적용되지 않지만 행위능력제도 문제로 볼 때에는 적용될 수 있기 때문이다. 사견으로는 후견 문제로 보아야 할 것이다. 후견계약은 허용 여부, 범위, 요건, 등기·등록 등 보통의 위임계약과 다른 특성으로 인해 민법에서도 후견편에서 규율되고 있으며, 근본적으로 행위능력을 제한 내지 배제하는 제도가 아니라 누가 조력자가 되는지에 관한 제도이기 때문이다.

---

13) 어떤 보호기관을 두나(법정대리인? 조력자? 등), 동의권·대리권 등 능력의 보충과 관련된 보호기관의 권한 등.

14) 물론 두 경우 모두 원칙적으로 당사자의 본국법이 준거법이 되어 결과는 동일하다.

15) 구국제사법 제14조는 동법 제12조와 마찬가지로 우리나라 법원이 예외적으로 우리나라 법을 적용하여 한정후견개시, 성년후견개시 등의 심판을 할 수 있는 경우를 정한 규정일 뿐이었다. 따라서 외국에 거주하는 한국인과 예외에 해당하지 않는 외국인에 관하여는 이 예외규정이 적용되지 않고 원칙규정인 구국제사법 제13조 1항에 따라 본국법으로서 우리나라 법 또는 그 외국 법이 적용된다고 해석되었다. 판례도 미합중국 시민권자인 원고에 대해 미국 캘리포니아 주 로스앤젤레스 카운티 지방법원에서 후견이 개시되어 그 아들이 후견인으로 선임되었는데, 원고의 동생이 원고의 대리인임을 자처하면서 원고 소유 부동산을 처분하여, 원고가 그 처분의 효력을 다툰 사안에서 제13조 1항을 적용하였다(대법원 2021. 7. 21. 선고 2021다201306 판결).

행위능력에 대비되는 소송법상의 개념인 소송능력 문제에는 이 규정이 적용되지 않는다. 그러나 국제민사소송법 이론에서도 소송능력은 본국법에 따른다는 것이 지배적 견해이고[16] 우리나라의 경우 민사소송법에 당사자의 본국법이 적용되는 것을 전제로 한 것으로 해석되는 특별한 규정이 있다.[17]

어음·수표행위능력에 관하여는 제80조의 특별규정이 있으므로 제28조는 적용되지 않는다.

(4) 행위능력의 준거법의 적용 범위

단독으로 유효한 법률행위를 할 수 있는지(행위능력이 제한 내지 배제되는지) 여부와 제한·배제의 범위, 그리고 능력의 보충에 관한 문제에 행위능력의 준거법이 적용되는 것은 물론이다. 그러므로 어떤 보호기관을 두며(예컨대 법정대리인·보조자 등) 법률행위에 관한 조력자의 대리권 및 동의나 허락 가능성 등의 문제도 행위능력의 준거법에 따른다. 그러나 예컨대 행위능력의 준거법에서 보호기관으로 법정대리인을 두도록(능력의 보충) 하고 있는 경우, 구체적으로 누가 법정대리인이 되나 하는 것은 (우리 민법의 개념을 기준으로 할 때) 친자관계의 준거법(미성년자의 경우) 또는 후견 자체의 준거법(후견개시 심판의 경우)에 따른다.

행위능력이 제한 또는 배제된 자가 한 법률행위의 효력(무효, 취소권, 추인권 등)도 행위능력의 준거법에 따른다.

(5) 국적 변경의 문제

제28조 2항에 따르면 한번 행위능력자로 인정되었던 사람은 뒤에 국적이 변경되고 새 본국법에 따르면 행위능력이 제한 또는 배제되는 경우에 해당하더라도 계속하여 능력자로 인정된다. 가능한 한 개인의 인격을 존중하려는 흐름을 반영한 입법이다.

(6) 행위지 거래안전보호

제29조 (거래보호) ① 법률행위를 행한 자와 상대방이 법률행위의 성립 당시 동일한 국가안에 있는 경우에 그 행위자가 그의 본국법에 의하면 무능력자이더라도 법률행위가 있었던 국가의 법에 따라 능력자인 때에는 그의 무능력을 주장할 수 없다. 다만, 상대방이 법률행위

---

16) Kegel/Schurig, IPR, S. 560.
17) 제57조 외국인은 그의 본국법에 따르면 소송능력이 없는 경우라도 대한민국의 법률에 따라 소송능력이 있는 경우에는 소송능력이 있는 것으로 본다.

당시 그의 무능력을 알았거나 알 수 있었을 경우에는 그러하지 아니하다.
② 제1항은 친족법 또는 상속법의 규정에 따른 법률행위 및 행위지 외의 국가에 있는 부동산
에 관한 법률행위에는 이를 적용하지 아니한다.

① 문제의 소재

행위능력의 준거법에 관한 원칙에 따르면 우리나라에 거주하는 외국인의 행위
능력의 제한 내지 유무는 그의 본국법에 따라 정해진다. 그러나 국내에서 외국인과
거래를 하려는 보통 사람이 이를 개별적으로 확인하는 것은 사실상 불가능하고, 그
리하여 외국인의 행위능력 문제는 행위지의 거래안전을 저해하는 요소로 작용한다.
이로 인해 행위능력에 관해 속인법주의를 채택하고 있는 나라에서는 거의 예외 없
이 자국의 거래안전을 보호하기 위해 일정한 요건 하에 속인법주의에 대한 예외를
두고 있는데, 제29조가 그 예이다.

이처럼 처음에는 자국의 거래안전보호를 위한 예외만을 인정하였지만 점차 거래
안전은 모든 국가에 대해 중요한 의미를 갖는 공통의 관심사라는 인식이 확대되면서
외국의 거래안전에 대하여도 배려를 하게 되었고, 이에 따라 우리 국제사법도 완전
쌍방적 규정 형태의 규정을 둠으로써 모든 행위지의 거래안전을 보호하고 있다.

② 예외의 요건

㉠ 행위시 양 당사자가 동일 국가에 있어야 한다. 외국에 소재하는 상대방과
거래를 하면서 상대방의 행위능력의 제한 여부가 자기가 있는 곳의 법에 따라 판
단될 것을 기대하는 것은 무리이기 때문이다.

㉡ 일방 당사자가 그의 본국법에 의할 때 제한능력자이거나 무능력자인 반면
행위지의 법에 의하면 행위능력이 인정되어야 한다.

㉢ 타방 당사자가 상대방이 그의 본국법에 의할 때 행위능력이 제한되거나 없
다는 것에 관해 선의·무과실이어야 한다. 무능력 내지 능력제한의 예외가 인정되
는 범위(처분허락, 용돈 등)에 관하여도 마찬가지다.

③ 거래보호의 내용

이상의 요건이 갖추어지면 본국법에 따를 때 제한능력자(무능력자)인 자라도 이
를 주장할 수 없다. 즉 그는 행위능력자로 다루어지고 그리하여 거래의 효력도 영
향을 받지 않는다.

④ 제29조가 적용되는 법률행위의 범위

제29조 1항에 따르는 본국법 적용의 제한은 친족법 또는 상속법의 규정에 의한 법률행위 및 행위지 외의 국가에 있는 부동산에 관한 법률행위에는 이를 적용하지 아니한다($\frac{2}{8}$). 즉 이 경우에는 원칙으로 돌아가 당사자의 본국법에 따라 행위능력 문제가 정해진다. 신분법상 법률행위는 인격적 문제로 당사자의 진의가 중요하며, 신분관계에서는 안정성이 중요할 뿐 아니라, 행위지의 거래안전과 직접적인 관계가 없으므로, 원칙에 대한 예외를 인정할 필요가 없다. 행위지 외의 부동산에 관한 행위도 행위지의 거래안전과는 무관하고 거래안전이 문제된다면 오히려 소재지에서 문제될 것이기 때문에 예외에서 제외하였다고 이해된다. 그리고 이렇게 이해할 때 본국법 적용의 예외가 인정되는 것은 물권행위로 국한되고, 행위지 외의 부동산에 관한 채권행위에 대하여는 제29조 1항이 적용되지 않는다고 해석해야 할 것이다.

3) 후견개시 심판 등의 특수한 문제

(1) 서 설

민법에서 정상적인 판단능력을 갖지 못한 사람의 보호를 위한 제도로서 한정치산선고·금치산선고(무능력자 제도)가 폐지되고 대신에 다양한 형태의 후견제도가 도입되었다. 그리고 이에 상응하여 국제사법에서도 처음에는 한정치산선고·금치산선고에 관한 구국제사법 제14조를 한정후견개시·성년후견개시 심판 등에 관한 규정으로 개정하였는데 그 실질적 내용에는 변화가 없었다. 즉 한정치산·금치산선고가 한정후견개시·성년후견개시 심판 등으로 바뀌었을 뿐, 우리 법원이 외국인에 대해 대한민국 법을 적용하여 행위능력을 일정한 범위에서 제한하는 조치를 취할 수 있는 경우만을 규정하는 구조에는 변화가 없었다. 그리하여 구국제사법 제14조가 성년후견개시 등의 심판에 관한 우리나라의 관할권을 배타적으로 규정하고 있는 것인지 및 준거법의 관점에서 구국제사법 제13조와 제14조가 어떤 관계에 있는지 등이 문제되었다.

이에 비해 현행 국제사법에서는 제7장 친족편에서 후견사건의 국제관할과 후견의 준거법을 규정하면서 구국제사법 제14조에 상응하는 규정은 삭제하였다.

아래에서는 국가의 조치에 따른 행위능력의 제한 내지 배제라는 관점에서 국제관할, 준거법, 외국심판의 효력의 순서로 살펴본다.

(2) 국제관할

① 학 설

정상적인 판단능력을 갖지 못하는 자의 보호를 위한 국가의 개입에 관해 어느 나라가 관할권을 갖는지에 대하여는 본국관할설과 주소지 내지 거주지 관할설이 대립되어 왔다.[18] 본국관할설은 행위능력 문제가 성질상 속인법 영역에 속하는 사항이라는 것을 근거로 하는 반면, 거주지 관할설은 당사자 본인을 위해서나 거래안전의 관점에서나 실제로 국가의 관여가 필요한 곳은 당사자가 현재 거주하고 있는 곳이라는 것을 주된 근거로 한다.

생각건대 실종선고 등의 경우와 마찬가지로 본국과 현재 거주지 두 곳의 관할 중 어느 하나를 부인하기 어려우므로 두 곳 모두에 관할권을 인정하는 것이 타당할 것이다.

② 국제사법 규정

구국제사법 제14조에서는 우리나라 법원이 성년후견개시 등의 심판을 할 수 있는 경우로 당사자인 외국인이 국내에 일상거소 또는 거소를 두고 있는 경우를 들면서 이 경우에는 우리나라 법을 적용하도록 하고 있었다. 그러므로 이 규정을 문언대로 이해하면 외국에 거주하는 대한민국 국민에 대하여 우리 법원이 후견개시심판을 할 수 없는데, 이는 당사자의 본국에 국제관할을 인정하는 학설과 상충되는 것이다. 또한 외국인의 행위능력이 문제되고 있음에도 우리나라 법을 따르도록 하여, 행위능력의 준거법에 관한 구국제사법 제13조와도 충돌된다. 그리하여 이 조항은 후견개시 심판 등에 관한 국제관할 및 준거법에 관한 원칙과는 무관한, 외국인임에도 불구하고 예외적으로 우리나라 법에 따라 성년후견개시 등의 심판을 할 수 있는 경우만을 규정한 것으로 해석되었다. 이런 해석에 따를 때 결과적으로 우리나라 법원은 외국에 거주하는 한국인과 국내에 거주하는 외국인의 행위능력 문제에 대하여 국제관할을 갖게 된다.

그런데 현행 국제사법에서는 구국제사법 제14조에 해당하는 규정은 삭제하고 대신에 후견사건의 국제관할에 관한 제61조를 신설하였다. 그러므로 이제는 행위

---

18) 종래의 학설에 대하여는 서희원, 국제사법, 161면 이하; 溜池良夫, 국제사법강의, 268면 이하 참조.

능력이 제한되는 원인으로서의 후견개시 심판에 관하여도 제61조가 적용되어야 하는데, 제61조는 기본적으로 당사자가 대한민국 국민인 경우와 대한민국에 일상거소를 두고 있는 경우에 우리 법원의 국제관할을 인정하여 종래의 학설과 일치한다 (자세한 것은 제4편 제2장 Ⅳ. 참조).

그러나 이론적으로는 현행법의 접근방법에 문제가 없지 않다. 과거의 무능력자 제도하에서 행위능력이 제한 내지 배제되는 원인은 한정치산선고 내지 금치산선고 자체였고, 가족법상의 제도인 후견은 능력보충의 방법(보호기관) 문제를 매개로 하여 비로소 행위능력 문제와 연결되었고, 그리하여 한정치산·금치산선고를 행위능력 문제의 일환으로 제2장에서 규정하면서 후견에 관하여는 친족에 관한 제7장에 별도의 규정을 두었다. 그런데 현행 민법하에서는 한정·성년·미성년 후견개시 심판이 직접 행위능력제한의 원인이 되어 있어 더 이상 후견제도가 가족법상의 제도로서 행위능력제도와는 간접적으로만 연관된다고 할 수 없다. 이런 점을 고려하면 구국제사법 제14조를 삭제하고 친족편에 현행 제61조를 신설한 것이 과연 타당한 것이었는지에 관하여는 논란의 여지가 크다.

(3) 준거법

① 학 설

후견개시 심판 등 국가의 조치에 따른 행위능력의 제한 내지 배제에 적용되는 법에 대하여는 본국법설, 선고지법설, 절충적 입장으로 중첩적 적용설 등이 대립하여 왔다.[19]

② 국제사법 규정

구국제사법 제14조에서는 외국인에 대해 우리 법원이 후견개시 심판을 하는 경우에는 우리나라 법을 적용하도록 하고 있었고, 이는 행위능력에 관한 본국법 원칙의 예외로 해석되었다. 그런데 현행법에서는 구국제사법 제14조에 상응하는 규정을 두지 않음으로써 '국가의 조치에 따른 행위능력의 제한 내지 배제에 적용되는 법'이라는 관점에서의 저촉규정은 더 이상 존재하지 않는다. 즉 체계적 관점에서 보면 행위능력 제도 자체와는 구별되는 가족법상의 별개의 제도인 후견에 관한 준거법규정인 제75조만 남아있다.

---

19) 서희원, 국제사법, 163면 참조.

그러면 제75조가 국가의 관여에 의한 행위능력의 제한 문제에도[20] 적용되나? 제75조가 내용적으로 구국제사법 제14조와 제48조를 조합한 것이고 따라서 입법자의 의사가 이를 긍정하는 데 있다는 것은 분명해 보인다. 이에 따르면 국가의 관여에 의한 행위능력의 제한 문제를 포함하여 널리 후견 사건에는 피후견인(행위능력의 관점에서 보면 제한능력자)의 본국법이 적용되고, 다만 (국제관할에 관한 제61조에 따라) 우리나라 법원이 외국인에 대해 성년후견개시 등의 심판을 하는 때에는 일정한 요건하에 우리나라 법이 적용되는 경우가 있다(자세한 것은 제3편 제4장 Ⅷ. 참조). 그러므로 결과만을 놓고 본다면 이는 구국제사법하에서의 지배적 학설과 크게 달라지는 것이 없다.

그러나 이 경우에는 행위능력에 관한 원칙을 선언하고 있는 제28조의 적용 범위가 연령에 따른 행위능력의 제한 문제(미성년자)로 국한되고, 결과적으로 저촉법적으로 행위능력제도의 통일적 규율이 파괴되는 난점이 수반된다. 사견으로는, 앞에서 본 바와 같이, 국가의 관여에 의해 행위능력이 제한되는 경우에도 제28조가 적용되는 것이 타당하다고 생각한다. 다만 이렇게 해석할 때에는 본국법주의 원칙에 대한 예외의 인정 여부가 문제될 수 있는데, 구국제사법 제13조에 대한 예외규정인 구국제사법 제14조를 현행 제75조에 흡수함으로써 입법자가 제28조에 대한 예외를 계속 유지할 의사를 표명하였다고 해석하여 종전과 동일한 결론에 이를 수 있을 것이다. 이런 접근방법은 우리 민법의 제한능력제도와 후견제도의 체계적 관계구조에 상응하여 국제사법에서도 후견과 관련된 사항을 행위능력제도와 관련된 사항(제28조 적용)과 고유한 가족법상의 후견제도에 관한 사항(제75조 적용)을 구별하여 처리하는 것으로 귀결된다.

어떤 이론구성을 따르든 국내에 일상거소를 두고 있는 외국인에 대하여는 그의 본국법에 의할 때 행위능력이 제한되기 위한 요건이 충족되지 않은 경우에도 우리나라 법에서 정해진 바에 따라 한정후견개시·성년후견개시의 심판을 내려 행위능력을 제한시킬 수 있지만, 반대로 본국법에 따르면 행위능력이 제한되기 위한 요건이 충족되었더라도 우리나라 법에 의하면 그렇지 않은 때에는 성년후견개시 심판 등이 거부되는 것이다. 그러면 국내에 일상거소가 있는 외국인에 대하여는 우리 법

---

20) 행위능력 제한의 요건(후견개시심판의 요건), 제한의 범위, 능력의 보충에 관한 사항, 제한 위반의 효력 등이 여기에 속한다.

에 따른 성년후견개시 등의 심판만 할 수 있고 그의 본국법에 따라 예컨대 금치산이나 한정치산선고를 할 수 없는 것인가?

독일의 경우에는 1992년 종래의 무능력제도Entmündignug를 버리고 보조인 제도를 도입하면서 무능력자에 관한 헤이그협정에서도 탈퇴하였다. 그리하여 독일에서는 외국인에 대하여도 더 이상 본국법에 따라 금치산선고나 한정치산선고를 할 수 없게 되었다고 하는 견해가 있는데,[21] 이러한 해석은 두 가지 면에서 긍정적으로 평가할 수 있을 것이다. 첫 째는 종래의 무능력자제도가 당사자의 인격을 지나치게 제한하는 면이 있다는 반성에서 국내법을 개정한 만큼 외국인에 대하여도 동일한 대우를 해주는 것이 타당하다는 보편적 가치의 관념에 합당하다는 것이다. 둘째는 독일 내에서는 행위능력 문제가 통일적으로 규율될 수 있어 거래안전에 유리하다는 것이다.

그러나 이것이 유일한 해법인지에 대하여는 의문이 있다. 첫째로 독일 학설의 예에 따를 경우 제28조(행위능력의 준거법: 본국법)의 적용범위는 (미성년을 제외하면) 사실상 외국에 거주하는 한국인에 대한 심판의 경우로 국한되고 이에 따라 본조의 원칙규정으로서의 성질과 제75조 2항의 예외규정으로서의 성질은 상실될 것이다. 생각건대 외국인에 대해 우리나라 법에 따라 성년후견개시 등의 심판을 할 수 있는 경우는 국내에서의 보호의 필요가 있음에도 불구하고 본국법에 따르면 행위능력이 인정되는 경우로 국한되어야 한다는 주장도 설득력이 있다 할 것이다. 둘째로 현재의 세계적 흐름에서 볼 때 당사자의 본국에서 본국의 법에 따라 금치산선고 등 행위능력을 제한 내지 배제하는 국가의 조치가 취해지는 것을 막을 수 없고, 이 경우 외국판결의 승인요건이 충족되어 있으면 그 조치가 우리나라에서도 효력을 갖게 되기 때문에[22] 여기서와 같은 해석이 우리나라의 거래안전을 특별히 저해한다고 할 수 없고, 나아가 우리나라와 행위지에서의 거래안전은 제29조에 의해 보호될 수 있다. 그러므로 이러한 해석에 장애가 되는 요소로 남는 것은 외국 무능력자 제도의 인격침해적 요소인데, 이 문제는 해당 외국의 법의 구체적 내용에 따라 공서조항에 의해 처리하면 될 것이다. 셋째로 이런 해석에는 제28조의 원칙과 제75조 2항의 예외의 관계를 명확히 하는 장점이 있다.[23]

---

21) Kropholler, IPR, S. 321 참조.
22) Kegel/Schurig, IPR, S. 551, 564 참조.

③ 준거법의 적용 범위

필자의 해석에 따를 때 성년후견개시 심판 등에서는 행위능력에 관한 원칙에 따라 당사자의 본국법이 준거법이 되는 경우도 있고 예외적으로 우리나라 법이 적용되는 경우도 있다. 그러나 견해에 따라서는 제75조에 따른 후견의 준거법 개념에는 행위능력의 제한 및 능력의 보충에 관한 규정과 후견 자체에 관한 규정이 모두 포함될 수 있다. 그리고 사건에 따를 때 제28조에 따른 준거법이 적용되는 행위능력에 관한 사항에는 능력제한의 요건, 능력제한의 내용, 제한 위반의 효과(무효, 취소권 등), 능력의 보충 등이 있다. 이에 비해 예컨대 행위능력의 준거법에서 능력보충(조력)의 방법으로 후견인을 두도록 되어 있는 경우, 누가 보호기관이 되나 내지 후견인의 선임 등은 후견 자체에 관한 사항으로 제75조에 따른 준거법의 적용대상이 된다.

(4) 외국의 심판(선고)의 효력

국내에 거주하는 외국인에 대하여 본국이, 또는 외국에 거주하는 대한민국 국민에 대하여 거주지의 법원이 성년후견개시 심판 등을 내린 경우에는 그 심판 등의 효력이 우리나라에서 문제될 수 있고 이 문제는 기본적으로 외국판결의 승인의 문제가 된다.[24] 그런데 이러한 승인의 문제는 현실적으로 하나의 구체적 법률행위의 유효, 무효, 취소 가능 여부의 문제로 등장하게 되고 따라서 관련된 장소의 거래안전보호가 승인 가능성과 관련하여 중요한 관점이 된다. 아래에서는 우리나라에서 외국심판 등의 효력이 문제되는 경우를 유형별로 살펴본다.

① 甲국에서 심판 등이 내려지고 甲국에서 법률행위가 행해진 경우

이러한 상황에서는 甲국 심판 등의 효력을 인정하여도 우리나라와 제3국의 거래안전에는 아무런 영향이 없고 승인가능성을 인정하는 데 견해가 일치되어 있다.[25] 즉 승인 여부는 甲국과의 관계에서 우리나라의 일반적인 외국판결의 승인요건이 충족되어 있는지에 달려 있다. 그리고 심판 등이 승인되면 그 효과는 심판 등이 내려진 나라(여기서는 甲국)에서와 동일하게 처리되어야 한다. 즉 甲국에서 당사자의

---

23) Kegel/Schurig, IPR, S. 564의 기술도 필자와 같은 해석을 전제로 하고 있는 것으로 이해된다.
24) 일본에서는 승인가능성 자체에 대한 강한 의문이 제기되기도 하였다(溜池良夫, 국제사법강의, 275면 이하 참조).
25) 서희원, 국제사법, 164면 참조.

본국법(또는 심판국의 법)이 적용되었으면 우리나라에서도 본국법(또는 선고지법)에 정해진 효과가 인정된다.

② 甲국에서 심판 등이 내려지고 乙국에서 법률행위가 행해진 경우

이 경우에 대하여는 ㉠ 우리나라 및 乙국의 승인요건이 갖추어져야 하는가 ㉡ 우리나라의 승인요건만 갖추면 되는가, 아니면 ㉢ 乙국의 승인요건만 갖추고 있으면 승인될 수 있는지가 문제된다. 여기서 우리나라의 승인요건이 문제되는 것은 비록 우리나라의 거래안전이 문제가 되고 있지는 않지만 어디까지나 우리나라에서 甲국 심판의 효력이 문제되기 때문이고, 乙국의 승인요건이 문제되는 것은 승인 여부가 직접 乙국의 거래안전에 영향을 미치기 때문이다.[26] 생각건대 승인제도의 취지와 행위지의 거래안전에 대한 이익도 고려하고 있는 제29조의 취지를 모두 고려할 때 1설이 타당하다. 나아가 두 나라의 승인요건이 갖추어진 경우에도 행위지인 乙국의 거래안전과 관련하여 제29조에 따라 행위능력자로 취급되는 경우가 있을 수 있다.

③ 甲국에서 심판이 내려지고 우리나라에서 법률행위가 행해진 경우

이에 대하여는 ㉠ 외국심판이 우리나라에서 공시되지 않기 때문에 우리나라의 거래안전을 위해 승인이 거부되어야 한다는 견해, ㉡ 외국판결의 승인제도와 개인의 보호를 목적으로 하는 행위능력제도는 별개의 제도로서 구별하여 취급되어야 하고 거래안전보호 또한 별도의 수단을 통해 고려되어야 할 것이므로 우리나라의 거래안전을 이유로 처음부터 승인가능성 자체를 부인할 수는 없다는 견해가 있다.[27] 생각건대 승인가능성을 인정하더라도 제29조를 적용하여 우리나라의 거래안전을 보호할 수 있는 길이 열려 있으므로 두 번째 견해가 타당하다 하겠다. 그리고 승인의 요건이 갖추어진 경우 甲국의 심판 등의 효과는 甲국에서와 같이 판단되는 것이 원칙이지만 예외적으로 제29조에 따라 행위능력이 인정되는 경우도 있을 수 있다.

(5) 심판 등의 취소

성년후견개시 심판 등의 취소와 관련하여서 다시 국제관할과 준거법이 문제된다. 먼저 관할문제를 보면 심판 등을 한 나라가 취소도 할 수 있는 것은 물론이다.

---

26) 서희원, 국제사법, 164-165면 참조.
27) 서희원, 국제사법, 165면 참조.

그러나 본국(일부 조약에서 이를 인정하고 있다)과 거래안전에 가장 큰 영향을 받는 나라인 현재 당사자가 주소 및 일상거소를 두고 있는 나라도 취소에 대한 관할이 인정된다고 하겠다.

심판 등의 취소의 준거법은 심판 등의 요건의 준거법이다. 즉 심판 등에 적용된 법에 의할 때 취소사유가 인정될 때 취소가 가능하다. 그러므로 결과적으로 우리나라 법원은 대부분의 경우[28] 우리나라 법을 적용하여 취소를 하게 된다.

Ⅱ. 법   인

1. 서   설

사실상 모든 나라가 실제적 필요에 응하여 자연인 외에 권리능력을 갖는 존재로서 법인제도를 두고 있다. 그리고 자연인에서와 마찬가지로 어떤 나라든 한 나라의 법에 따라 법인격이 인정되면(적법한 설립) 다른 나라에서도 권리주체로서의 지위가 인정되고 있다. 만약 이것을 부인한다면 마치 외국인에 대해 권리능력을 부인하는 것과 유사한 현상이 발생하고, 법인에 관한 국제사법의 논의는 전혀 다른 방향으로 나아가게 될 것이다.

그런데 법인격이 인정되기 위한 요건, 법인의 조직, 권리능력의 범위(특히 영국의 능력외 행위론ultra vires doctrine 참조), 특히 법인의 대외적 책임관계가 나라에 따라 상당히 다르게 규율되어 있는데, 이러한 차이는 그 법에 의해 법인격이 부여된 나라(보통 설립준거법국이라 한다)와 법인의 주된 활동지가 다른 경우 법인제도의 남용과 거래안전보호 등의 관점에서 그 의미가 크다. 여기서 법인에 관한 문제를 어떤 나라의 법에 따라 판단하여야 하는지(법인의 준거법 결정)가 중요한 국제사법적 과제로 제기된다.

---

28) 이론적으로는 외국인에 대한 후견개시 심판 등에 관하여 제61조에 따라 우리 법원의 국제관할이 인정되지만 제75조 2항의 예외에 해당하지 않아 원칙에 따라 본국법이 준거법으로 적용되었던 경우에는 외국법이 취소의 준거법이 될 것이나 실제로 그런 예가 있을지는 의문이다.

● **관련 문제** ●

내·외국 법인의 구별과 법인의 준거법 문제의 관계

　　법인의 준거법 문제는 법인의 성립, 권리능력의 범위, 법인의 대외적 활동 등의 문제에 적용될 법을 결정하는 국제사법의 과제이다. 이에 비해 내·외국법인의 구별은 어느 나라의 법에 의해서든(국제사법의 문제) 권리능력이 인정되는 것을 전제로 하여 비로소 제기되는 순수한 국내법의 문제로, 구별의 목적에 따라 기준이 다를 수 있다. 우리나라의 경우 사법에서는 보통 설립준거법이 우리나라 법일 것과 국내에 주소지가 있을 것이 요구된다. 그러나 공법상으로는 목적에 따라 기준이 현저히 다를 수 있는데, 예컨대 전시에 적국 국민의 재산을 압류·몰수를 함에 있어서의 구별과 세법상 구별의 기준은 전혀 다른데, 전자의 경우 국내법에 따라 설립되고 국내에 주된 주소를 두고 영업활동을 하더라도 구성원의 다수가 적국의 국적을 가지고 있는 경우에는 외국법인으로 보아야 한다고 한 외국의 예가 있다.

---

2. 법인의 준거법에 관한 이론

　　법인의 준거법에 관하여는 전통적으로 영미법계의 여러 나라와 유럽연합 차원에서 채택하고 있는 설립준거법설과 독일 등 유럽의 여러 나라에서 많이 채용되고 있던 본거지법설이 대립하고 있으며, 절충적 형태의 이론으로 내외관계 구별설과 중첩설 등이 주장되었다.[29]

1) 설립준거법설[30]

　　법인의 준거법은 법인 설립의 기초가 된 법이어야 한다는 견해이다. 법인은 법인격을 부여하는 법(이를 설립준거법이라 한다)을 떠나서는 있을 수 없기 때문에 법인의 준거법은 논리적으로 법인에 법인격을 부여한 법, 즉 그에 기초하여 법인이 설립된 법이어야 한다는 것이다.

---

29) 영미법계와 유럽의 여러 학설에 관하여는 Bernhard Großfeld, Internationales Unternehmensrecht, 1986, S. 20 이하 참조.
30) 앞의 책, 28면 이하 참조.

2) 본거지법설[31]

법인의 본거지의 법을 법인의 준거법으로 보아야 한다는 견해이다. 설립준거법을 법인의 준거법으로 보는 경우 선박의 편의치적과 유사한 행위가 가능하고 그러할 경우 법인의 본거지의 거래안전이 저해될 우려가 크기 때문에 이를 방지하기 위해서는 본거지의 법을 적용하여야 한다는 것이다. 그 밖에 현시점에서의 본거지가 법인과 가장 밀접하게 관련되어 있다는 것도 논거가 된다. 그런데 이 견해는 본거지의 이해와 관련하여 다시 입장이 나뉘어 있다.

(1) 주된 사무소 소재지설

법인의 주된 사무소가 있는 곳을 본거지로 보아야 한다는 입장이다. 그리고 주된 사무소는 설립등기사항으로 되어 있는 것이 보통이고 따라서 주된 사무소가 있는 곳은 등기를 기준으로 형식적으로 결정된다고 한다. 그런데 대부분의 나라는 설립준거법국에 주된 사무소를 두도록 하고 있기 때문에[32] 이러한 기준에 따르면 결과적으로 설립준거법설과 차이가 없게 되는 난점이 있다,

(2) 사실상의 주된 활동지 · 업무중심지 · 행정중심지(집행본부)설

본거지를 실질적 활동을 기준으로 판단하자는 견해로, 주된 사무소 소재지설이 형식적 기준을 따름으로 인해 발생하는 난점을 해소하는 것을 주안점으로 한 견해이다. 본거지법설 중의 다수가 이를 지지하고 있다.

3) 내외관계 구별설[33]

내부관계, 즉 법인의 구성과 사원의 법인에 대한 관계 등의 문제에는 설립준거법을 적용하고 외부관계, 즉 법인의 대외적 활동 및 책임의 문제에는 본거지법을 적용하자는 견해이다.

---

31) 앞의 책, 21면 이하 참조.
32) 설립등기를 한 나라, 즉 설립준거법국 밖에 주된 사무소를 둘 수 있도록 한 나라로는 리히텐슈타인이 있다.
33) 앞의 책, 38면 참조.

4) 중첩설[34]

원칙적으로 설립준거법을 적용하되 설립준거법이 본거지의 강행규정에 어긋나는 범위에서는 예외적으로 본거지법을 적용하자는 견해이다. 단 예외는 이해관계자가 원할 때만 인정되어야 한다고 한다.

5) 평 가

(1) 문제의 소재

일면 법인은 어떤 한 나라의 법에 기초해 조직·설립되고 법인격을 인정받아야 존재할 수 있고, 따라서 설립의 기준이 된 법을 떠나서 법인격을 논할 수 없다는 것을 부인할 수 없다. 그러나 다른 한편에서는 법인의 실제 활동, 특히 영리활동이 설립준거법국 외의 다른 나라에서 또는 여러 나라에서 이루어지고 그리하여 그곳의 거래에 영향을 미치는 것도 사실이다. 그리고 법인에 관한 규율에 있어서는 내부적으로는 사원권 보호가 문제되고 외부적으로는 거래안전과 채권자보호를 고려하지 않을 수 없다. 그러므로 법인의 준거법 결정에 있어서의 핵심은 어떤 관점에 중점을 두어야 하는가에 있는바, 이에 관한 판단을 위해 먼저 견해 대립의 중심에 있는 설립준거법설과 본거지법설의 실제 차이를 살펴본다.

(2) 1설과 2설 비교

① 법인격 인정의 요건

설립준거법설에 따르면 설립의 기초가 된 법이 법인격을 인정하는 때에만 다른 나라에서도 법인격이 인정되는데, 법인의 준거법을 설립자가 선택할 수 있는 결과가 된다. 이에 비해 본거지법설에 따르면 실제의 행정(관리)의 중심지가 있는 곳의 법에 의해 법인격이 인정되면 다른 나라에서도 법인격이 인정되고, 설립준거법에서 어떻게 처리하는지는 별개의 문제가 된다.

② 관리중심지(주소지) 이전[35]

설립준거법설에서는 실제의 관리중심지를 이전해도 이로 인해 법인의 동일성이

---

34) 앞의 책, 39면 참조.
35) 보다 자세한 것은 Hoffmann/Thorn, IPR, S. 291-292 참조.

영향을 받지 않는다고 한다. 이에 비해 본거지법설에서는 종전 주소지에서 해산과 청산절차를 밟고 새로운 주소지에서 다시 설립절차를 거쳐야 한다는 견해와 새 주소지의 법에 맞추어 조직을 변경만 하면 된다는 견해가 대립하고 있다.

(3) 분석과 평가

논리적인 관점에서 보면 설립준거법설이 타당하다. 그리고 사원권보호의 관점도 설립준거법의 논거가 될 수 있다. 그러나 거래안전과 법인의 채권자보호, 특히 법인의 외부적 책임의 관점에서 보면 실제로 법인의 규율에 대해 가장 큰 이해관계가 있는 곳은 실제의 활동지라는 것도 분명하다. 즉 법인의 준거법 문제는 어느 하나를 완전히 포기할 수 없는 서로 상반되는 이익이 대립하는 경우의 하나이다. 이러한 경우에 관한 해결 방법으로 국제사법이론에서 일반적으로 인정되고 있는 것이 이른바 최소무리의 원칙인바, 이러한 관점에서 보면 설립준거법을 따르면서 그 결과가 실제 활동의 중심지의 거래이익에 영향을 미칠 때에는 기존의 행위지 거래안전보호제도를 유추적용하는 것이 가장 무리가 적은 해결방법이라 하겠다. 즉 원칙적으로 설립준거법을 적용하고, 그 결과 본거지의 거래안전이 저해되는 경우에만 제29조를 유추적용하여 본거지의 거래안전을 위해 필요한 범위에서 본거지의 법을 적용하는 것이다.

3. 국제사법 규정

> **제30조 (법인 및 단체)** 법인 또는 단체는 그 설립의 준거법에 따른다. 다만, 외국에서 설립된 법인 또는 단체가 대한민국에 주된 사무소가 있거나 대한민국에서 주된 사업을 하는 경우에는 대한민국 법에 의한다.

우리나라 국제사법도 법인 준거법의 원칙으로 설립준거법주의를 따르면서 예외적으로 주된 사무소가 우리나라에 있거나 주된 사업지가 우리나라인 경우에는 우리나라 법에 따르도록 하고 있다. 본문은 법리적 측면을 고려한 것이고 단서는 사실상의 본거지인 우리나라의 거래안전을 고려하기 위한 것임은 물론이다. 이런 취지에서 볼 때 주된 사무소가 우리나라에 있는지 여부는 형식적으로 주된 사무소로 등기가 된 곳을 기준으로 할 것이 아니라 실질적인 관리의 중심지를 기준으로 하여 판단되어야 할 것이다.

필자가 다른 기회에 '법문상 주된 사무소나 영업의 중심지가 우리나라에 있는 경우에만 우리나라 법에 따르도록 하고 있으나 제29조의 정신을 고려하여 제30조(구국제사법 제16조) 단서를 쌍방적 저촉규정으로 확대해석함으로써 제3국의 거래안전에 대하여도 배려할 것'을 제안한 바 있다. 그러나 그렇게 하는 때에는, 설립준거법국과 주된 사무소 소재지가 동일하여 학설에 따른 차이가 없는 경우가 아니면, 실질적으로 본거지설과 같은 결과가 되어서 필자의 기본적 입장과 충돌하게 된다. 나아가 제29조(구국제사법 제15조)가, 제28조(구국제사법 제13조)와의 관계에서, 행위지의 거래안전을 보호하기 위한 예외규정인 것이 형식과 내용에서 볼 때 분명한데 비해, 제30조 본문과 단서는 원칙과 예외의 관계라기보다는 대등한 관계에 있다고 해석하는 것이 타당하기 때문에 제30조를 해석함에 있어 제29조를 유추적용하는 것은 방법론적으로도 적절하지 못하다 하겠다.

4. 준거법의 적용범위

제30조에 따라 정해지는 법인의 준거법은 법인에 관한 문제 전반에 관하여 적용된다(전면적 지배의 원칙). 즉 ㉠ 법인의 설립, 해산 및 청산, ㉡ 권리능력의 범위 문제에 법인의 준거법이 적용된다. 단 자연인의 경우와 같이 법인에 있어서도 당사자능력 및 소송능력에는 제30조가 적용되지 않지만, 국제민사소송법 이론에 따르면 이 문제도 법인의 준거법에 따른다고 한다.[36] ㉢ 법인의 조직, 정관작성 및 변경, 기관의 권리·의무, 대외적 행위와 책임(유한책임 또는 무한책임, 책임의 요건, 특히 대표권제한)도 법인의 준거법에 따른다.

그러나 상속능력, 다른 회사의 무한책임사원이 되는 문제 등 개별적 권리능력은 각 권리의 준거법에 따르는 것은 물론이다.

5. 다국적 법인

자연인과 마찬가지로 법인에 대하여도 내·외국 법인을 구별하고 다국적 법인이라는 용어도 사용되고 있다. 그러나 엄밀히 말하여 법인과 자연인 사이에는 차이가 없지 않다.

1) 외국법인의 의미

법인의 경우에는 외국법인과 내국법인을 구별하는 기준이 다양하다. 먼저 법인

---

36) Kegel/Schurig, IPR, S. 578.

은 그 준거법이 우리나라 법인가 외국의 법인가에 따라 내·외국법인으로 구별하
는 경우가 있다. 그리고 일정한 목적에 따라 내·외국 법인을 차별할 필요가 있어
구별을 하는 경우에는 앞에서 본 바와 같이 목적에 따라 그 기준이 다를 수 있다.

> 대법원 2013. 10. 24. 선고 2011두22747 판결 한·미 조세조약 제2조는 그 조약에
> 서 사용하는 용어의 의미에 관하여 제1항 (d)에서 "인person이라 함은 개인individual,
> 파트너십partnership, 법인corporation, 유산재단estate, 신탁재단trust 또는 기타 인의 단체
> any body of persons를 포함한다"고 규정하고, (e)의 (ii)에서 "미국법인United States
> corporation 또는 미국의 법인corporation of the United States이라 함은 미국 또는 미국의
> 제 주 또는 콜럼비아 특별구의 법에 따라 설립되거나 또는 조직되는 법인corporation,
> 또는 미국의 조세목적상 미국법인으로 취급되는 법인격 없는 단체any unincorporated
> entity treated as a United States corporation for United States tax purpose를 의미한다"고 규정
> 하는 등 한·미 조세조약은 법인corporation과 파트너십partnership을 명백히 구분하고
> 있고, 미국 국내법상으로도 법인corporation과 파트너십partnership은 그 설립 내지 등
> 록준거법을 달리하고 있는 점 ……

2) 다국적 법인의 개념

엄격히 말하면 법인에는 자연인의 국적과 같은 의미의 국적이란 없고 따라서
여러 나라의 국적을 보유하고 있다는 의미의 다국적 법인도 없다. 법인의 경우에는
필요에 따라 서로 다른 기준을 적용하여 내·외국 법인을 구별하기 때문에 통일적
으로 국적을 정할 수 없는 것이다. 그러므로 다국적 법인은 하나의 비유적인 개념
인데, 통상적으로는 현실적으로 활동이 여러 나라에서 이루어지는 조직체를 의미한
다. 실제로는 여러 나라에 독자적으로 법인격이 있는 조직체(현지법인)를 두거나 법
인격이 없는 하부조직(지부 등)을 이용하여 활동을 한다.

6. 조합, 권리능력 없는 재단·사단

법인에 있어서 저촉법적 관점에서 논의되는 사항들이 법인격이 있는 조직체에
국한되어 제기되는 문제인 것은 아니다. 그리하여 제30조는 그 규율대상에 법인
외에 그 밖의 단체들도 포함시키고 있는데, 그러한 단체로는 권리능력 없는 재
단·사단과 조합이 있다.

권리능력 없는 재단·사단은 조직과 대외적 활동에 있어서 실질적으로 법인과 차이가 없기 때문에 법인에 관한 저촉법적 원리가 적용되어야 한다는 것에 의문의 여지가 없다. 그러나 조합의 경우에는 이론적인 문제가 있다. 실질법상의 체계개념으로 볼 때 조합은 많은 나라에서 채권계약으로 되어 있어 조합에는 채권계약에 관한 제45조·제46조가 적용되어야 하나 아니면 제30조가 적용되어야 하는지가 문제되는 것이다. 이에 대해서는 제30조의 목적이 단체법적 고려를 요하는 조직체가 국제적으로 활동을 하는 데서 오는 특별한 문제를 해결하는 데 있고, 조합도 이런 점에서 법인과 유사하기 때문에 제30조가 적용되어야 한다고 하는 것이 지배적 견해이다.[37] 그리고 이에 따르면 조합에는 조합설립의 준거법이 적용된다. 그러면 조합설립의 준거법은 어떻게 정해지나? 보통의 채권계약에서와 같이 당사자가 선택할 수 있나? 만약 이를 긍정한다면 조합의 경우 제30조는 어떤 의미를 갖는가? 생각건대 조합의 경우에도 원칙적으로 당사자자치가 허용되고 제30조 본문에서 말하는 설립준거법은 당사자가 선택하는 법을 의미하는 것으로 해석해야 할 것이다.

Ⅲ. 법률행위 총설

1. 서

국제사법의 이해에 필요한 범위에서 법률행위에 관한 일반적인 사항을 정리한다.

1) 종 류

법률행위는 재산상 행위와 신분행위로 구별되고, 재산상 행위는 다시 채권행위(의무부담행위)와 물권행위(처분행위)로 구별된다. 이러한 구별의 기초가 되는 각 법률행위의 성질상 차이는 준거법을 정하는 원리에도 결정적인 영향을 미치게 되어 분야별로 본질적으로 다른 연결원리가 채택되고 있다.

2) 요건과 효과

법률행위에 있어서는 크게 요건과 효과 두 관점이 문제된다. 법률행위의 요건은

---

37) Kegel/Schurig, IPR, S. 590-591 참조.

논리적 순서에 따라 성립요건과 유효요건으로 구별되고, 이는 다시 실질적 요건과 형식적 요건으로 구별된다. 국제사법 이론에서는 실질적 요건과 형식적 요건이 엄격하게 구별되며, 실질적 요건에는 법률행위의 종류에 따른 고유한 연결원리가 적용되는 반면, 형식적 요건에 대하여는 별도의 일반원칙이 존재한다.

그리고 재산상 행위의 경우에는 요건과 효과에 대해 하나의 법이 적용되는 것이 원칙이지만, 신분행위의 경우에는 요건과 효과에 다른 나라의 법이 적용되는 것이 원칙이다.

2. 법률행위에 관한 저촉규범의 입법기술

다른 나라와 마찬가지로 우리 국제사법도 법률행위에 관한 통칙적 규정으로는 방식($^{제31}_{조}$)과 대리($^{제32}_{조}$) 규정만을 두고, 다른 문제에 대하여는 법률행위의 종류에 따라 별개의 규정을 두고 있다. 대리의 준거법 문제는 종래 학설과 판례에 맡겨져 있던 것을($^{대법원 1995. 12. 5. 선고}_{95다32198 판결 참조}$) 2001년 개정시 명문의 규정을 새로이 두게 되었다.

3. 준거법의 적용 범위

법률행위의 준거법은 원칙적으로 법률행위 전반에 관하여 적용된다. 즉 요건(실질적 성립요건, 방식, 유효요건)과 효과 모두 그 법률행위의 준거법에 따른다. 다만 방식에는 행위지법도 적용된다. 나아가 법률행위의 구성요소인 의사표시도 법률행위의 준거법에 따르는 것은 물론이다. 즉 의사표시의 요건, 효력발생시기, 의사의 흠결, 부관, 합의도달 여부, 표시의사의 필요 여부, 침묵의 평가,[38] 내용에 관한 유효요건 등은 모두 법률행위의 준거법에 따르는 것이 원칙이다.

4. 특별연결

법률행위의 성립 및 유효요건에 속하는 것으로서 원칙적으로는 법률행위의 준거법에 따라야 하겠지만, 특별한 고려를 해야 할 필요가 있어 예외적으로 별도의 준거법이 인정되는 경우가 있는데, 이러한 예외에 해당하는 사항을 부분문제Teilfrage 라 한다.

---

38) 채권계약의 경우 상대방 보호를 위한 제한에 유의해야 한다.

1) 행위능력

행위능력은 법률행위가 완전한 효력을 갖기 위한 요건의 하나이지만 인격과 관련된 문제로 파악되어 앞에서 본 바와 같이 별도로 다루어지면 우리 국제사법은 당사자의 본국법에 따르도록 하고 있다.

2) 대　리

대리도 대리인의 법률행위가 본인에 대하여 효력을 갖기 위한 요건이고, 그리하여 대리의 허용 여부는 법률행위의 준거법에 따라 판단된다. 그러나 대리제도 자체의 내용에 대하여는 법률행위의 준거법이 아니라 대리 그 자체의 독자적 준거법(대리의 준거법)이 적용된다.

3) 방　식

방식에 대하여는 거래의 편의favor negoti를 위해 행위지법의 특별연결도 인정된다.

Ⅳ. 대리의 준거법

1. 총　설

대리인을 통한 법률행위에서는 이른바 3면관계가 발생하고 거기서 대리의 성립여부(따라서 유효한 대리의 요건)는 3인의 이해관계에 중대한 영향을 미치기 때문에 국제거래에서는 이 문제를 어느 나라의 법에 따라 판단하는지가 민감한 문제로 등장한다. 이 문제는, 법리적으로만 보면 대리권의 존재는 대리인이 한 법률행위의 유효요건의 하나이기 때문에 당연히, 법률행위의 준거법에 따라야 할 것이다. 그러나 여기에는 논리적이고 또 현실적인 난점이 있다. 보통 대리행위는 수권 후에 행해지는데, 대리권의 존재 여부와 범위 등이 시간적으로 뒤에 행해지는 법률행위의 준거법에 따라 좌우된다는 것은 모순이다. 그렇다고 하여 수권행위의 준거법에 따르게 하면 대리의 상대방의 이익이 위험에 처하는 문제가 발생한다. 이로 인하여 대리 문제는 법률행위의 준거법과 별개로 특별히 연결할 필요가 있다는 것이 일찍부터 인정되었는데,[39] 그 연결방법에 관하여는 많은 견해가 대립하여 왔다. 그리고 대리의 준거법에 관하여는 국제조약CONVENTION ON THE LAW APPLICABLE TO AGENCY, 1978이 있지만 우리나라는 가입하지 않고 있다.

이러한 대리의 특별연결 문제는 법정대리에서는 발생하지 않는다. 즉 법정대리에는 법정대리를 규정한 개개의 법률문제의 준거법이 적용되어, 예컨대 미성년자에게 어떤 보호기관을 두나 하는 문제에 대하여는 행위능력의 준거법이 적용되고, 누가 그 보호기관으로서 대리인이 되는가는 친자관계 또는 후견의 준거법이 정하는 바에 따른다.

2. 임의대리의 준거법

1) 학 설[40]

(1) 수권행위의 준거법설

대리권은 수권행위에 의해 발생하므로 대리에는 그 근거인 수권행위의 준거법이 적용되어야 한다는 견해이다. 이에 따르면 대리의 준거법 결정 문제에서는 수권행위에 대한 이해가 중대한 의미를 갖는데, 보통 수권행위를 채권행위와 같이 취급하여 당사자자치를 인정한다. 그러므로 만약 수권행위를 단독행위로 보게 되면 대리의 준거법을 본인이 단독으로 선택할 수 있게 된다.[41] 이에 대해 본인과 대리인 사이의 기초관계의 준거법에 따를 것을 묵시적으로 합의한 것으로 보아야 한다는 견해도 있다.

이 견해의 난점은 상대방보호에 있어 가장 불리하다는 것이다.

(2) 본인 주소지법설

과거의 독일 다수설로, 본인의 주소지는 상대방이 비교적 쉽게 알 수 있어 본인의 주소지법을 적용하는 것이 상대방에게 크게 불리하지 않다는 것을 논거로 한다.

---

39) 우리나라 판례 중에는 대리도 법률행위 자체의 준거법에 따라야 한다는 논리에 입각한 것으로 이해되는 예도 있다(아래의 판례 참조).

40) 학설에 관한 자세한 내용은 안춘수, 대리권의 준거법, 이명구박사화갑기념논문집 Ⅲ, 1996, 659-674면 참조.

41) 많은 나라에서 수권행위를 단독행위로 보고 있다.

(3) 대리권 발현지(대리행위지)설

대리인이 대리행위를 실제로 한 곳의 법을 적용해야 한다는 견해이다. 상대방이 그 내용을 가장 잘 알 수 있는 것은 자신이 있는 곳의 법이고 대리권은 상대방이 있는 곳에서 발현되는 것이 보통이기 때문에 그곳의 법을 적용하는 것이 상대방의 이익을 위해 필요하고 동시에 행위지의 거래안전도 보호할 수 있다는 것을 논거로 한다. 그러나 이에 따르면 본인의 이익에 대한 배려가 배제되는 문제가 발생한다는 지적이 있다. 즉 한 사람의 대리인으로 하여금 여러 나라에서 활동을 하게 한 경우, 행위마다 각각 다른 법이 적용되는 불편이 본인에게 발생하여 공평한 이익의 조절이라 보기 어렵다는 것이다. 그리하여 이 견해의 변형으로서 대리인이 고정된 영업소를 가지고 있는 경우에는 그곳의 법에 따르고, 그렇지 않은 때에만 실제 대리행위지의 법을 적용하자는 견해도 주장되고 있다.

(4) 절충설

본인의 편의와 상대방의 인식가능성을 모두 고려하여, 원칙적으로 본인의 상거주지의 법을 적용하고 실제 행위지의 거래안전에 대한 배려가 필요한 경우에는 예외적으로 제15조를 유추적용하여 행위지의 거래안전을 보호하면 된다는 것이다.

2) 국제사법 규정

제32조 (임의대리) ① 본인과 대리인 간의 관계는 당사자 간의 법률관계의 준거법에 따른다.
② 대리인의 행위로 인하여 본인이 제3자에 대하여 의무를 부담하는지 여부는 대리인의 영업소가 있는 국가의 법에 따르며, 대리인의 영업소가 없거나 영업소가 있더라도 제3자가 알 수 없는 경우에는 대리인이 실제로 대리행위를 한 국가의 법에 따른다.
③ 대리인이 본인과 근로계약 관계에 있고, 그의 영업소가 없는 경우에는 본인의 주된 영업소를 그의 영업소로 본다.
④ 본인은 제2항 및 제3항에도 불구하고 대리의 준거법을 선택할 수 있다. 다만, 준거법의 선택은 대리권을 증명하는 서면에 명시되거나 본인 또는 대리인이 제3자에게 서면으로 통지한 경우에만 그 효력이 있다.
⑤ 대리권이 없는 대리인과 제3자 간의 관계에 관하여는 제2항을 준용한다.

(1) 대리준거법의 원칙과 예외

제32조의 구조가 다소 복잡하기는 하지만 실질적으로는 기본적으로 수정된 대

리권 발현지설과 같은 입장을 취하고 있다. 본조 2항 전단에서는 대리인의 행위로 인하여 본인이 제3자에 대하여 의무를 부담하는지는 대리인의 영업소가 있는 국가의 법에 의한다고 규정되어 있다. 즉 대리에 있어서의 3면 관계 중 외부관계에 대하여는 대리인의 영업소의 법에 따르도록 하고 있다. 이는 고정된 영업소를 가지고 있는 대리인이 이곳을 중심으로 여러 나라에서 활동하는 경우에는 본인의 이익을 보호할 필요가 있고 대리인의 영업소는 상대방도 쉽게 인식할 수 있다는 것을 고려한 것으로, 이것이 대리의 준거법에 대한 원칙이다. 다만 후단에서 영업소가 없거나 있더라도 상대방이 알 수 없을 때에는 대리인이 실제 행위를 한 곳의 법을 적용하도록 하고 있는데, 이는 원칙에 대한 예외가 된다.

(2) 본인과 대리인 사이의 관계

제32조에서는 대리의 준거법 외에 '본인과 대리인 사이의 관계'의 준거법도 규정하고 있는데, 여기에는 '당사자 간의 법률관계'의 준거법이 적용된다($\frac{제32조}{1항}$). 여기서 '본인과 대리인 사이의 관계'라 함은 대리인의 법률행위로 인하여 본인과 대리인 사이에 발생하게 되는 관계를 말하고, '당사자 간의 법률관계'라 함은 기본적으로 위임(채권계약), 고용(채권계약이나 특칙이 다수), 조합(법인규정 준용) 등 이른바 대리행위를 하게 된 기초적 내부관계를 말한다. 그러므로 대리행위로 인해 발생하는 대리인과 본인 사이의 관계는 대리의 준거법에 따르는 것이 아니라 기초적 내부관계의 준거법에 따른다. 다만 기초적 내부관계가 존재하지 않는 때에는 불법행위 또는 사무관리가 문제될 수 있다.

본인과 대리인 사이의 관계는 여러 유형으로 문제가 될 수 있다. 예컨대 (대리의 준거법에 따라) 표현대리가 인정되어 대리행위의 효력이 본인에게 귀속되는 경우, 무권대리행위를 본인이 추인하는 경우, 대리인의 행위와 관련하여 본인이 상대방에게 사용자책임 등 손해배상책임을 지는 경우 등이다. 이러한 경우 기초적 내부관계가 존재하면 본인은 그에 따른 책임을 대리인에게 추궁할 수 있을 것이지만, 기초적 내부관계가 없는 때에는 불법행위 및 사무관리가 문제된다.

(3) 특　칙
① 3항

대리인이 본인의 피용자로서 자신의 영업소를 가지고 있지 않은 경우에는 본인의 주된 영업소를 대리인의 영업소로 본다. 즉 대리인 자신에게 영업소가 없는 경우이지만 실제의 대리행위지법이 적용되지 않고 본인의 주된 영업소가 있는 곳의 법이 적용되는 것이다. 하나의 영업소에 소속된 다수의 대리인을 통해 여러 장소에서 활동하도록 하는 경우의 본인의 이익을 위해 상대방도 비교적 쉽게 알 수 있는 본인의 주된 영업소 소재지의 법에 따르도록 한 것이다. 이 경우 본인의 주된 영업소는 2항의 대리인의 영업소를 대신하는 것이므로 상대방이 본인의 주된 영업소를 알 수 없는 때에는 2항 후단에 따라 실제 대리행위지의 법이 적용된다고 해석해야 할 것이다.

② 4항

본인이 대리의 준거법을 선택할 수 있다. 다만 본인에 의한 대리 준거법의 선택이 효력을 갖기 위해서는 대리권을 증명하는 서면에 명시되거나 본인 또는 대리인에 의하여 제3자에게 서면으로 통지되어야 한다. 이 규정은 상대방의 이익을 해하지 않으면서 대리제도의 본질을 충분히 고려한다는 데 그 취지가 있으며, 따라서 형식적으로 보면 특칙의 형태로 되어 있지만, 법리적·내용적으로 보면 대리의 준거법에 관한 원칙으로 이해할 수 있다.

3) 대리준거법의 적용 범위

대리권의 발생·범위·소멸 문제, 그리고 현명의 필요 여부 등 유효한 대리행위가 되기 위한 요건이 대리의 준거법에 따른다는 것은 당연하다. 그러나 대리권이 없는 경우 표현대리의 인정 여부와 추인 가능성, 대리의 효력이 없는 경우의 대리인의 상대방에 대한 책임에도 대리의 준거법이 적용되는지에 관하여는 견해가 대립해 왔다.[42]

표현대리의 가능 여부 및 요건에 관하여 보면, 이 문제는 대리제도에 특유한 문제이고 따라서 대리의 준거법에 따라야 한다는 견해, 표현대리 여부는 대리의 준거법에 따른 유효한 대리의 요건이 충족되지 않은 경우에 비로소 제기되는 것으로서 대리인이 한 행위 자체의 효력의 문제일 뿐이므로 행위의 준거법에 따라야 한다는 견해가 있다.[43] 그러나 우리나라에서는 이 문제가 입법적으로 해결되었다고 해석하

---

42) 서희원, 국제사법, 181-182면; 溜池良夫, 국제사법강의, 302-303면 참조. Kropholler, IPR, S. 308 각주 22 참조.

는 것이 타당할 것이다. 제32조 2항에서는 대리의 준거법과 관련하여 널리 '대리인의 행위로 본인이 제3자에 대하여 의무를 부담하는지 여부의 문제'로 접근하고 있는바, 여기에는 대리권이 없음에도 불구하고 상대방의 신뢰와 거래안전을 위해 대리행위의 효력이 본인에게 미치도록 할 것인지의 문제도 포함되는 것으로 해석할 수 있기 때문이다.

　무권대리의 경우에는 몇 가지 관점을 구별할 필요가 있다. 먼저 무권대리행위를 본인이 추인할 수 있는가에 관하여는 표현대리 문제에 있어서와 동일한 내용의 견해 대립이 있었다. 그리고 표현대리에 있어서와 동일한 이유로 이 문제도 입법적으로 해결된 것으로 보아야 할 것이라는 견해가 있다. 즉 추인가능성 여부는 행위의 준거법이 아니라 대리의 준거법에 따른다는 것이다. 그러나 이 문제는 무권대리인의 상대방에 대한 책임과 함께 대리행위의 준거법Geschäfts-statut에 따르는 것이 타당할 것이다. 먼저 추인 가능성 여부는 본질적으로 대리권이 없어 대리의 법리에 따르면 원칙적으로 본인이 그에 구속되지 않는 경우에 본인이 일방적으로 법률행위를 유효로 할 수 있는지에 관한 문제이다. 따라서 표현대리의 경우와 달리 더 이상 대리적 법률행위가 (본인의 의사와 무관하게) 본인을 구속하느냐의 문제가 아니고, 그 법률행위의 성질을 고려하여 정하여진 준거법을 떠나 논의될 수 있는 성질의 것이 아니다. 그리고 사후 추인의 가능성 및 그 추인의 존재 여부는 대리인의 상대방에 대한 책임과 관련되므로 양자를 동일한 법에 따라 판단하는 것이 타당한바, 대리인의 상대방에 대한 책임 문제는 무효인 법률행위의 효력의 문제로서 행위의 주체인 대리인과 상대방 사이에서 결정되거나(채권계약) 또는 그 성질에 따라 결정되는 대리행위의 준거법에 따르게 하는 것이 논리적으로나 이해관계의 조절의 관점에서나 타당하다.

　대리의 준거법에 따라 표현대리가 인정되는 경우에는 대개 대리인과 본인 사이에 기초적 내부관계가 존재할 것이고, 그들 사이의 관계에 기초적 내부관계의 준거법이 적용되는 것은 물론이다($\frac{1}{9}$). 그러나 기초적 내부관계가 없는 경우에는 불법행위가 문제된다. 이에 비해 기초적 내부관계가 없는 상황에서 본인이 무권대리를 추인하는 경우에 대하여는 실질법상 대리인과 본인 사이에 사무관리가 된다는 견

---

43) Kropholler, IPR, S. 308 각주 22 참조.

제1편　제2편　제3편　제4편　개별적 준거법의 지정

해와 법률행위(대리인의 법률행위 자체)를 추인하는 것과 사무관리의 추인은 별개의 제도이기 때문에 무권대리의 추인으로 당연히 사무관리가 성립하는 것은 아니라는 견해가 대립하고 있다. 만약 사무관리를 인정하면 대리인과 본인 사이의 관계는 사무관리의 준거법($\frac{제50}{조}$)에 따르고 사무관리를 부인하면 불법행위가 문제된다($\frac{제52}{조}$).[44]

4) 제32조의 적용 범위

대리가 허용되는지 여부는 당해 행위의 준거법에 따르고, 대리가 허용되는 모든 재산상 행위에 대하여 원칙적으로 제32조가 적용된다. 다만 제94조 6호에서 선장의 대리권을 선적국법에 따르도록 하는 특칙을 두고 있다. 또한 부동산거래에 대하여는 소재지의 거래안전을 위해 제32조와 무관하게 언제나 소재지법이 적용되어야 하는 것이 아닌지 문제될 수 있다.[45] 생각건대 예외를 인정하는 것이 타당할 것이지만 그 범위는 물권행위로 국한되어야 할 것이다. 나아가 소송대리에 대하여도 제32조가 적용된다는 견해와 언제나 법정지법에 따라야 한다는 견해가 있는데, 절차는 법정지법을 따른다는 대원칙에 따라 당사자능력과 소송능력에 국제사법이 적용되지 않는 것을 고려하면 제32조의 적용을 부인하는 것이 타당할 것이다.

> **대법원 1987. 3. 24. 선고 86다카715 판결** 대리권에 대한 준거법 문제에 관하여 위 협약을 체결할때 협약으로부터 발생하는 법률관계에 관하여 캘리포니아주법을 적용하기로 약정되어 있다고 판단하면서 표현대리권과 무권대리의 추인의 문제는 그것이 거래안전의 보호를 위한 제도이므로 위 약정에 따라 캘리포니아주법의 적용을 받게 된다고 설시하고 있는바, 소론과 같이 표현대리나 무권대리의 추인에 관한 문제는 협약이 유효하게 성립된 것을 전제로 비로소 적용될 수 있는 협약내용의 해석이나 시행에 관한 문제가 아니므로 협약의 효력을 다투는 이 사건에 있어 그 계약의 약정에 따라 캘리포니아주법을 적용한다고 한 이유설명은 잘못이라 하겠으나 표현대리나 무권대리의 추인은 거래의 안전을 보호하기 위한 제도인 만큼 계약체결지법인 캘리포니아주법에 의하여 판단되어야 할 것이므로 준거법의 법리를 오해한 위법이 있다.

---

44) 그러나 불법행위는 본인의 추인으로 인한 위법성의 조각으로 인해 그 성립이 문제될 것이다. 다만 사무관리와 불법행위 모두 행위지법에 따르므로 사무관리의 인정 여부가 결과에 큰 차이를 가져오지는 않을 것이다.

45) Ferid, IPR, S. 205.

대법원 1995. 12. 5. 선고 95다32198 판결 섭외사법상 법률행위의 성립과 효력에 관하여 당사자의 의사가 분명하지 아니한 때에는 행위지법에 의하여야 할 것인데 그와 같은 별다른 의사가 있었다는 점에 대한 아무런 주장·입증이 없는 경우, 대리인이 미국 소재 법인을 대리하여 신용장개설 계약을 체결하였다고 볼 수 있을 것인지 그렇지 아니하더라도 그 법인이 사후에 대리인이 대리 권한 없이 체결한 신용장개설 계약을 추인하였다고 볼 것인지는 그 신용장개설 계약 체결지의 법을 적용하여 판단하여야 ……[46]

※ **기타판례** 대법원 1988. 2. 9. 선고 84다카1003 판결(유효 여부: 행위지); 대법원 1990. 4. 10. 선고 89다카20252 판결(유효 여부: 행위지)

V. 방식의 준거법

1. 의   의

법률행위의 방식이란 법률행위의 필수적 요소인 의사표시가 갖추어야 하는 형식을 말한다. 방식은 법률행위의 성립요건(우리 민법상 혼인에서의 신고) 또는 유효요건의 하나로서 법률행위의 형식적 요건이다.

2. 특별연결의 필요성

방식은 법률행위의 요건이므로 법률행위의 준거법에 따르는 것이 논리적 귀결이다. 그러나 이 논리를 철저히 따를 경우 당사자는 많은 불편을 겪을 수 있다. 예컨대 국내에 거주하는 동일한 국적의 외국인이 그들의 본국에 소재하는 부동산에 대한 매매계약을 체결하면서 그 나라의 법을 준거법으로 선택하였는데($\frac{제45조}{1항}$) 그 나라에서는 부동산매매계약에 그 나라에 특유한 공증방식이 요구되는 경우, 그들은 하나의 계약을 위해 본국에 가지 않으면 안 될 것이다. 즉 당사자의 편의라는 관점에서 보면 준거법국 외에서 법률행위를 하는 때에 행위지의 방식에 따르는 것이 허용되어야 할 것이다. 그리하여 장소는 행위를 지배한다locus regit actum는 것이 널리 방식에 관한 하나의 원칙으로(행위지법 원칙) 확립되었다.

---

46) 이 판례는 결과적으로 대리문제에 행위지법을 적용하였지만 그 결론에 이르는 논거는 대리가 법률행위의 성립 및 효력에 적용되는 법에 따라야 한다는 것으로, 대리의 특별연결이라는 관점은 드러나지 않는다.

여기서 논리적 결과인 법률행위의 준거법과 행위지법의 관계가 문제되는데 이에 관하여는 절대적 행위지법설, 대등한 선택관계설, 원칙과 예외 관계설 등 학설과 입법례가 다양하다.[47]

> **대법원 1988. 2. 23. 선고 86다카737 판결** 인지의 방식은 법률행위 방식에 관한 섭외사법 제10조에 따라야 할 것인즉, 같은 조 제1항에는 법률행위의 방식은 그 행위의 효력을 정한 법에 의한다고 규정하고 제2항에는 행위지법에 의하여 한 법률행위의 방식은 전항의 규정에 불구하고 이를 유효로 한다고 규정하고 있으므로, 외국에서 하는 한국인의 인지는 한국법이 정한 방식에 따라 외국에 주재하는 한국의 재외공관의 장에게 인지신고를 할 수도 있고 행위지인 외국법이 정하는 방식에 따라 그 나라 호적공무원에게 인지신고를 할 수도 있다.

3. 성질결정

방식의 특별연결이란 법률행위의 형식적 요건에 관하여는 예외가 인정된다는 것이므로 무엇이 형식적 요건이고 무엇이 실질적 요건인지가 구별되어야 한다. 이 문제는 기본적으로 성질결정 문제의 한 경우로 성질결정에 관한 일반원리에 따르는 것은 물론이지만, 구체적으로는 성질결정에 있어 견해가 나뉘는 사항도 있다.

먼저 다툼 없이 방식으로 분류되는 사항으로는 자필, 공증, 공증인의 배석, 서명, 관청의 의식에의 참여(혼인 등)가 있다.

그리고 의사표시의 도달 및 수령의 필요 여부, 대리의 허용 여부, 제3자에 대한 통지, 제3자의 동의, 관청의 허가 등은 다툼 없이 실질요건으로 분류된다.

성질결정에 관해 견해 다툼이 있는 사항을 보면, 먼저 권리의 등기·등록에 관하여는 방식요건설, 실질요건설, 국가기관의 관여를 필요로 하는 제3요소설이 있다.[48] 그러나 등기·등록은 국가 또는 특정한 기관의 관여가 필수적인 공적 절차이기 때문에 등기·등록이 되어야 할 곳의 법에 따를 수밖에 없고, 따라서 성질결정과 무관하게 결과적으로 동일한 결론에 이르게 된다. 즉 이를 실질적 요건으로 성질결정한다 해도 등기 등이 행해져야 하는 곳과 법률행위의 준거법국이 다른 경우에는 결과적으로 특별연결을 피할 수 없고 방식요건으로 보더라도 행위지와 등록

---

47) Ferid, IPR, S. 196.
48) 서희원, 국제사법, 184면 참조.

지가 다른 경우에는 특별연결을 하게 된다.

영미법의 약인consideration은 대략적으로 말하여 한 사람의 급부약속은 다른 사람에 의한 반대급부가 있어야 유효하다는 원칙이다. 여기서 약인의 핵심적 내용을 반대급부의 존재에서 찾는 경우에는 약인을 계약의 실질적 유효요건으로 본다. 이에 비해 약인 개념의 유래, 즉 엄격한 형식주의를 벗어나는 과정에서 반대급부가 있는 급부약속은 방식이 갖추어지지 않아도 효력(구속력)을 인정하게 됨으로써[49] 결국 약인이 방식을 대체하는 기능을 하게 되었다는 점을 중시하는 입장에서는 약인을 방식의 문제로 본다. 현재 국제사법상으로는 방식으로 보는 것이 다수 견해이다.

거래가액이 일정한 액수 이상인 경우, 무방식 계약은 제소할 수 없도록 하는 미국 통일상법전ucc 상의 제소제한에 대하여도 해석이 나뉘어 있다. 일부에서는 이 규정을 실체법적 방식규정으로 이해하지만 소송법상의 증명에 관한 규정으로 보는 해석도 있다. 국제사법상으로는 방식으로 보는 것이 다수 견해이다.

프랑스법상 현실증여에서의 물건의 인도에 대하여도 채권행위의 방식(즉 요물계약) 설, 물권변동의 실질 요건설이 대립하고 있다.[50] 인도를 채권행위의 방식으로 본다면 원칙적으로 당사자가 선택한 계약의 준거법 또는 행위지의 법이 정한 바에 따라야 하고, 물권변동의 실질적 요건으로 보면 물건의 소재지법에 따라야 하는데, 방식의 특별연결을 인정하는 취지, 즉 당사자의 거래상 편의라는 관점이 이런 경우에는 고려되기 어렵다고 생각된다. 그러므로 물권변동의 실질적 요건으로 보아야 한다.

4. 국제사법 규정

제31조 (법률행위의 방식) ① 법률행위의 방식은 그 행위의 준거법에 따른다.
② 행위지법에 따라 한 법률행위의 방식은 제1항에도 불구하고 유효하다.
③ 당사자가 계약체결시 서로 다른 국가에 있을 때에는 그 국가 중 어느 한 국가의 법에서 정

---

49) 급부약속에 대한 반대급부가 있는 때에는 거래의 정당성이 자동적으로 보장되므로(이른바 bargaining theorie) 엄격한 방식을 갖추지 않았더라도 유효성을 인정할 수 있다는 생각이다. 그리하여 반대급부 없는 급부약속에 대하여는 여전히 엄격한 방식을 갖추어야 유효성이 인정된다.

50) 프랑스에서는 채권계약의 효력으로 물권변동도 일어나기 때문에 물권변동만을 내용으로 하는 이행행위로서의 처분행위의 개념이 없다. 그런데 성질결정의 원칙에 따르면 출발점은 법정지 실질법의 체계개념이고 따라서 증여는 채권계약으로, 인도는 물권변동 요건으로 보아야 할 것이다. 이 경우 만약 프랑스 법이 증여계약의 준거법이면 규범의 흠결(즉 증여의 방식규정이 없는 것이 되는) 문제가 발생하는데 이는 결국 기능적 비교를 통해 해결해야 한다. 이에 의하면 증여계약은 방식을 갖추지 않아도 되는 것으로 해석될 것이다(동산의 현실증여에는 대개 방식이 요구되지 않는 점의 고려).

한 법률행위의 방식에 따를 수 있다.

④ 대리인에 의한 법률행위의 경우에는 대리인이 있는 국가를 기준으로 행위지법을 정한다.

⑤ 제2항부터 제4항까지의 규정은 물권이나 그 밖에 등기하여야 하는 권리를 설정하거나 처분하는 법률행위의 방식에는 적용하지 아니한다.

1) 1항

1항에서는 방식에 대하여도 법률행위의 준거법이 적용되도록 하고 있는데, 이것이 법 논리적 결과를 그대로 수용한 것임은 물론이다. 그러나 방식에 법률행위의 준거법을 적용함에 있어서는 해석상 몇 가지 문제가 제기된다.

먼저 사안의 성질에 따라서는 법률행위의 성립 및 유효성 문제와 법률행위의 효과에 각각 다른 법이 적용되는 상황이 발생할 수 있다(제63조 1항과 제64조, 제70조와 제72조 등 가족법상의 행위). 이 경우 1항에서 말하는바 법률행위의 준거법은 어느 것인가? 생각건대 방식의 문제는 성립요건 내지 유효요건이므로 1항에서 말하는 법률행위의 준거법도 유효한 법률행위의 효력의 준거법이 아니라 성립 및 유효요건의 준거법을 말하는 것으로 해석해야 할 것이다.

다음으로 하나의 법률행위에 수 개의 법이 동시에 적용되는 경우에 대한 처리도 문제된다. 원칙적으로 적용되는 모든 법이 법률행위의 준거법이고 따라서 각 법이 요구하는 방식요건을 모두 충족해야 한다. 그리고 이로 인한 불편은 하나의 행위지법의 방식을 갖추는 것을 통해 해소될 수 있을 것이다.

2) 2항

2항에서는 '제1항에 불구하고' 행위지법에 따른 방식을 갖추면 법률행위의 방식요건이 충족된다고 규정하여 '장소는 행위를 지배한다'는 방식에 있어서의 행위지법 원칙을 수용하고 있다. 여기서 1항에 따른 행위의 준거법과 2항에 따른 행위지법의 관계가 문제되는데, 우리 국제사법의 해석론으로서는 대등관계설이 지배적 견해로 되어 있다.

3) 3항

법률행위가 각각 다른 나라에 소재하는 당사자 사이의 계약이거나 또는 단독행위라도 상대방이 있는 경우에는 어디를 행위지로 볼 것인가를 놓고 여러 견해가 주장되었다.[51] 그리고 3항은 당사자로 하여금 어느 한 나라의 방식을 선택할 수 있도록 함으로써 학설 대립을 거래의 편의라는 관점에서 볼 때 당사자에게 가장 유리한 방향으로 입법적으로 해결한 데 의미가 있다. 그러므로 계약의 경우 결과적으로는 계약준거법, 청약자 소재국법, 승낙자 소재국법 중 어느 하나를 선택할 수 있게 되었다. 여기서 이러한 국가를 결정하는 기준 시점은 의사표시가 행해지는 때라는 데 이견이 없고, 계약의 경우에는 법률행위를 완성시키는 마지막 단계인 승낙의 의사표시를 한 시점이 기준이 된다는 것이 다수의 견해이다. 그러나 이렇게 하면 청약과 승낙 사이에 시간적 간격이 있는 경우 청약의 방식을 뒤에 추완하는 것이 문제될 수 있다. 생각건대 청약과 승낙이 각각 다른 방식을 갖추어도 된다고 해석하면(견해대립 있음[52]) 이 문제도 발생하지 않는바 이런 해석이, 이론상 문제되는 경우에 관해 당사자의 편의를 최우선으로 하고 있는, 제31조의 취지에도 부합한다.

4) 4항

4항에서는 대리행위의 방식과 관련하여 '대리인이 있는 국가'를 행위지로 보고 있다. 여기서 대리인이 있는 국가로는 그의 영업소가 있는 국가와 대리인이 실제 대리행위를 한 국가를 생각할 수 있는데, 사견으로는 제32조 2항에 따라 대리의 준거법국이 되는 나라를 대리인이 있는 나라로 보아야 한 것이다. 그런데 이러한 의미에서 대리인이 있는 국가 외에 제32조 3항에 따라 본인의 주된 영업소가 있는 나라의 법도 대리의 준거법이 될 수 있다. 즉 법문상으로는 객관적으로 정해지는 대리의 준거법과 대리행위의 방식의 준거법이 일치하지 않는 경우가 발생할 수 있는 바, 입법정책적으로 의문의 여지가 많다.

5) 제31조의 적용 범위

(1) 원 칙

방식에 관한 제31조는 특별히 다른 규정이 없는 한 모든 법률행위에 적용된다.

---

51) 예컨대 의사표시 일반에 관하여 표시지설과 도달지설이 대립하고, 특히 계약의 경우에는 다시 청약지설과 승낙지설이 대립한다.

52) 법률요건은 어디까지나 법률행위(계약)이고 의사표시(청약, 승낙)는 법률행위의 구성요소일 뿐인바, 방식은 법률요건인 법률행위(계약)가 갖추어야 하는 형식이라는 것을 들어 부정하는 견해도 있다.

즉 단독행위인가 계약인가를 불문하고 적용되며, 의무부담행위와 처분행위(예컨대 채권양도), 신분행위의 구별 없이 모두 적용된다. 나아가 당사자의 준거법 선택이 허용되는 경우 준거법선택합의의 방식에도 적용된다.

(2) 예 외

㉠ 제31조 5항: 물권, 기타 등기를 요하는 권리(제33조 1항)의 설정과 처분에 관한 법률행위에는 방식에 관한 원칙적 규정이 적용되지 않고 독자적으로 그 자체의 준거법에 따른다. 그 예로 물권 외에 등기된 임차권을 들 수 있으며 지식재산권도 포함된다고 할 것이다(제40조).

㉡ 이른바 소비자계약의 방식에 관하여도 독자적인 규정이 있다(제47조 3항: 소비자의 일상거소지법).

㉢ 신분행위에 대하여도 제63조 2항(혼인)과 제78조 3항(유언)의 특칙이 있다.

㉣ 제82조에서는 어음, 수표행위에 관한 상세한 특칙을 두고 있다.

㉤ 특수한 예외로 행위지에 문제되는 종류의 법률행위가 없는 때에는 법률행위의 준거법만 적용된다.

※ 서면방식이 요구되는 경우 청약과 승낙이 하나의 서면에 있어야 하나 별개의 서면에 의해도 되나가 문제될 수 있는데, 거래 편의라는 점에서 후자로 해석하는 것이 타당할 것이다.

※ 방식에 반정이 인정되나? 이에 관하여 학설 및 입법례가 나뉘어 있어 예컨대 독일에서는 이를 부정하고 있는데,[53] 우리 국제사법에는 방식이 명시적인 반정 배제사유로 열거되어 있지는 않다. 생각건대 거래편의를 도모한다는 취지에서 부정하는 것이 타당할 것이므로 제22조 2항 6호의 기타 사유에 포함되는 것으로 해석해야 할 것이다.

5. 방식흠결 효과의 준거법

1) 방식흠결의 의의

국제사법에서 법률행위가 방식요건을 갖추지 못하였다는 판단은 선택 가능한 모든 법 중 어느 하나의 방식요건도 갖추지 못한 경우에 비로소 내려진다. 즉 법률행위의 준거법과 각 당사자의 소재지법이 정한 것 중 어느 하나도 충족시키지 못한 것이 방식의 흠결이다.

---

53) Kropholler, IPR, S. 312.

2) 문제의 소재

방식은 법률행위의 형식적 요건이고 따라서 방식요건을 갖추지 못하는 경우에는 그 효과로서 일정한 제약이 따를 수밖에 없다. 그런데 그 효과의 내용은 불성립, 무효 내지 철회 사유, 그리고 사후적인 치유 가능성 유무 등에서 나라에 따라 차이가 있다. 여기서 방식요건을 갖추지 못한 법률행위의 효력은 어느 나라 법에 따라 판단해야 하나라는 문제가 제기된다.

3) 해결 원칙

방식흠결 효과의 준거법에 관한 원칙은 가장 경미한 제재가 부과되는 나라의 법에 따라야 한다는 것이다favor negoti. 방식 문제를 특별연결하는 이유가 당사자의 편의를 제고하는 것이므로 방식위반에 대하여도 당사자에게 돌아가는 불이익이 가장 경미하도록 취급되어야 한다는 것이다.[54] 그러나 favor negoti를 법률행위 해석의 영역을 떠나 법을 위반한 효과에 관해서도 적용하는 것이 가능한지에 관해서는 의문이 있을 수 있다. 각 방식의 준거법이 서로 대등한 선택적 관계에 있다는 면에서 보면 긍정적으로 해석할 수 있다는 주장도 있을 수 있지만, 방식위반 여부의 판단에 모든 법이 적용된다는 것과 최소무리의 원칙의 관점에서 보면 여전히 의문은 남는다. 그럼에도 불구하고 이를 인정한다면 이는 법 위반의 효과에 관하여는 가장 엄격한 제재를 적용해야 한다는 원칙에 대한 방식의 예외를 인정하는 것이 된다.

Ⅵ. 소멸시효

어떤 권리가 소멸시효에 걸리는지 여부, 그 기간, 기산점, 시효완성의 효과 등의 문제는 당해 권리의 준거법에 따른다. 판례도 불법행위로 손해를 입은 피해자에게 보험금을 지급함으로써 보험자대위의 법리에 따라 구상금청구를 한 사안에서 손해배상청구권이 시효로 소멸하였는지 여부에 대해 불법행위의 준거법을 적용하였다 (대법원 1992. 10. 27.
선고 91다37140 판결).

---

54) An, Internationales Schuldvertragsrecht, S. 137 이하.

특수한 문제로서 영미법이 준거법인 경우에는 시효규정의 성질결정이 문제된다. 영미법에서는 시효완성의 효과로 제소가능성이 배제되고 있어 이 규정을 소송법규정으로 볼 것인가(외국에서의 적용 불가) 아니면 실체법규정으로 볼 것인가(외국에서도 적용 가능)가 문제되는 것이다. 생각건대 전설에 의할 때 미국법이 권리의 준거법인 경우, 준거법상 법의 흠결 발생하는 하는바, 성질결정에 관한 기능설의 입장에서 적어도 국제사법적 관점에서는 실체적 규정으로 성질결정하는 것이 타당할 것이다.

대법원 1992. 10. 27. 선고 91다37140 판결   외국 보험회사가 국내에서 발생한 불법행위로 손해를 입은 피해자에게 보험금을 지급함으로써 보험자대위의 법리에 따라 피해자가 불법행위자에 대하여 가지는 손해배상청구권을 취득하였음을 들어 구상금청구를 하는 경우 그 손해배상청구권이 시효로 소멸하였는지 여부는 섭외사법 제13조 제1항의 규정에 따라 사고가 발생한 우리나라 민법에 의하여 판단하여야……

제 2 장

물 권 법

Ⅰ. 물권관계의 준거법

1. 학설의 변천

물권관계의 준거법에 관하여 처음에는 부동산과 동산을 구별하여 취급하다가 점차 통일적으로 취급하는 쪽으로 발전하였다.

1) 부동산

부동산에 있어서는 처음부터 소재지법lex rei sitae 원칙이 지배적이었다. 물권의 대세적 효력으로 인하여 부동산에 대한 물권관계는 부동산 소재지의 거래질서에 미치는 영향이 큰 반면 소재지 외의 다른 곳의 거래질서는 영향을 받지 않기 때문에 그 중심이 소재지에 있다고 해야 한다는 것이다.

2) 동 산

동산에 있어서는, 대개 물건이 소유자에 수반되어 소재지를 달리하게 되는 것을 근거로, '동산은 소유자에 부수한다'는 생각이 처음에는 지배적이었고, 그리하여 동산에 대한 물권관계도 소유자의 속인법에 따라야 한다고 생각하였다.[1] 다만 속인

---

1) 서희원, 국제사법, 189-190면 참조.

법에 있어서 주소지주의를 취하는 경우에는 대개 사실상 동산의 소재지와 소유자의 속인법이 일치하는 결과가 되었다. 그러나 이 연결방법에 따를 경우 주소를 달리 하는 수인이 관여된 동산의 경우 복수의 물권관계의 준거법이 존재하게 되는 문제가 있다. 또한 특히 동산에 대한 법정담보권은 소재지 거래질서에 미치는 영향이 크다는 점이 소홀히 되는 점도 지적되었다. 그리하여 현재의 흐름은 동산에 대하여도 소재지법을 원칙으로 하는 것이다.

동산의 소재지를 정하는 기준시점은 동산에 관한 물권변동의 원인인 행위 또는 사실이 완성된 시점이라는 것이 지배적 견해이다.

> 대전지방법원 천안지원 1989. 3. 14. 선고 88드2012 판결 재판상이혼청구에 이혼당사자 사이의 소유재산반환청구가 병합되어 제기된 경우에는 그 준거법은 성질상 별도로 결정되어야 하며 이 경우 그 준거법은 섭외사법 제12조 제1항에 의하여 목적물 소재지법이 된다.
>
> 대법원 2008. 1. 31. 선고 2004다26454 판결 국제사법 제19조(현재는 제33조)는 "동산 및 부동산에 관한 물권 또는 등기하여야 하는 권리는 그 목적물의 소재지법에 의한다(제1항). 제1항에 규정된 권리의 득실변경은 그 원인된 행위 또는 사실의 완성 당시 그 목적물의 소재지법에 의한다(제2항)"고 규정하고 있는바, 위 각 매매계약이 체결된 당시 목적물인 이 사건 기계가 필리핀국 내에 있었으므로 위 각 매매계약에 관하여는 필리핀국법을 적용하여 그 법률효과를 판단하여야 한다.[2]

2. 국제사법 규정

제33조에서 원칙을 선언하고, 제34조(운송수단)와 제36조(이동중의 물건)에서 특칙을 두고 있으며, 많은 면에서 동산과 유사한 특질을 가지고 있는 무기명증권의 거래에 관해 제21조에서 규정하고 있다.

1) 물권의 준거법의 원칙

> **제33조 (물권의 준거법)** ① 동산 및 부동산에 관한 물권 또는 등기하여야 하는 권리는 그 동산·부동산의 소재지법에 따른다.
> ② 제1항에 규정된 권리의 취득·상실·변경은 그 원인된 행위 또는 사실의 완성 당시 그 목적물의 소재지법에 의한다.

---

2) 이 판례는 매매계약과 물권변동 문제의 구별을 잘못한 것이라는 비판을 면하기 어려울 것이다.

제34조 1항에서는 동산과 부동산의 구별 없이 물권관계(물권의 종류와 효력)와 등기하여야 하는 권리에 대한 소재지법 원칙을 선언하고, 2항에서는 동산의 경우 소재지를 결정하는 기준 시점으로서 원인행위(예컨대 물권행위) 또는 사실(예를 들어 취득시효)의 완성시점을 규정하고 있다. 여기서 해석상 문제될 수 있는 것이 물권 외 등기를 해야 하는 권리이다. 먼저 객체에 대한 배타적 지배권이라는 점에서 물권과 유사한 권리인 지식재산이 여기에 포함될 수 있는지가 논의되어 왔는데, 비록 지식재사권이 배타적 지배권이기는 하지만 객체가 물건이 아니고, 그 특성상 독자적으로 검토되어야 할 필요가 있다는 것이 인정되어 현재는 독자적 영역을 갖는 것으로 보는 데 견해가 일치되어 있다. 다음으로 환매권, 등기된 임차권 등이 고려의 대상이 되는데, 이들 권리에 대하여는 전면적으로 소재지법이 적용되는 것인지 아니면 등기로 인해 발생하는 대세적 효력만 소재지법에 따르는 것인지가 문제된다. 생각건대 법문에서 등기를 명시적으로 요구하고 있는 점과 이 권리가 기본적으로 계약상의 권리인 점을 고려할 때 후설이 타당하다 하겠다.

2) 운송수단에 대한 특칙

제34조 (운송수단) 항공기에 관한 물권은 그 항공기의 국적이 소속된 국가의 법에 따르고, 철도차량에 관한 물권은 그 철도차량의 운행을 허가한 국가의 법에 따른다.

운송수단이 갖는 특성은 수시로 장소를 옮겨 다니기 때문에 소재지법을 적용하는 것은 무리라는 점과, 대개 어느 한 나라에서의 등록 내지는 운행허가가 필요하다는 것이다. 그리하여 이러한 특성에 맞는 연결점으로 항공기와 선박에 대하여는 그것이 속하는 나라(비유적 표현으로 국적 소속국이라 하기도 한다)의 법을 적용하고 차량에 대하여는 운행을 허가한 나라의 법을 적용하자는 제안이 나왔다.[3]

우리 국제사법도 기본적으로 이러한 입장을 수용하고 있다. 먼저 항공기에 대해서는 제20조에서 그것이 소속된 국가의 법에 따를 것을 규정하고 있는데, 항공기는 대개 국적 소속국에서 등록하도록 하고 있다. 다만 선박에 관하여는, 선박의 국적 소속국에 관한 전통상의 특성을 고려하여, 제94조의 특칙을 두고 있다(대법원 2011. 10. 13. 선고 2009다96625 판결). 그리고 철도차량은 유럽의 많은 나라에서와 마찬가지로 운행허가국의 법에 의하도

---

3) Ferid, IPR, S. 274 참조.

록 하고 있다. 이에 비해 자동차에 대하여는 언급이 없고, 그리하여 원칙에 따라 소재지법을 적용하여야 한다는 견해가 지배적이다.[4] 우리나라에서 자동차가 상품이 아니라 탈것으로서 국경을 넘는 일이 이직은 사실상 없기 때문에 소재지법을 따르더라도 큰 문제가 없겠지만, 남북이 통일되고 자동차로 중국, 러시아, 유럽으로 가는 것이 실현될 때에는 운송수단으로서의 특성이 그대로 발현되어 소재지법을 적용하는 것이 어려워질 수도 있다. 그리하여 입법론으로는 등록지법을 적용하는 것이 타당하다는 주장이 있는바,[5] 이에 찬동한다.

3) 무기명 증권에 대한 특칙

제35조 (무기명증권) 무기명증권에 관한 권리의 취득 · 상실 · 변경은 그 원인된 행위 또는 사실의 완성 당시 그 무기명증권의 소재지법에 따른다.

무기명증권은 유가증권의 한 종류이지만 다른 경우와 달리 동산처럼 유통된다는 데 특징이 있다. 즉 무기명증권은 (배서 없이) 증서의 교부만으로 양도된다. 그리하여 무기명증권의 처분에 대하여는 증권의 소재지법lex rei sitae에 따른다는 데 큰 이론이 없다.[6]

다만 증권의 소재지법이 적용되는 범위에 대하여는 견해가 나뉘어 있다. 즉 일설에서는 증권의 소재지법에 따르는 것은 증권 자체에 대한 권리(물권관계)뿐이고 증권에 화체된 권리는 독자적인 준거법에 따른다고 하는 데 대하여, 증권에 화체된 권리도 증권의 소재지법에 따라야 한다는 견해가 있다.[7]

생각건대 법문의 표현을 보거나 화체된 권리의 변동에 관한 문제(처분 가능성과 그 요건 등)까지 증권의 소재지법에 따르도록 하는 것은 화체된 권리가 독자적인 근거를 갖는다는 것을 간과하는 것으로 무리가 있다는 점을 고려할 때 첫 번째 견해가 타당하다 하겠다.

무기명증권 외의 유가증권에 대한 양도나 담보설정 등 물권관계의 준거법에 대하여도 유사한 견해의 대립이 있는데, 다수설에서는 유가증권 자체에 대한 권리(물권

---

4) 법무부, 국제사법 해설, 78면.
5) Kropholler, IPR, S. 566.
6) Kegel/Schurig, IIPR, S. 779 참조.
7) Ferid, IPR, S. 228, 275; Hoffmann/Thorn, IPR, S. 516; Kegel/Schurig, IPR, S. 769 참조.

관계)는 권리변동의 원인이 완성될 당시의 증권 소재지법(이를 Wertpapiersachstatut 라고도 한다)에 따르지만, 증권취득이 화체된 권리에 영향을 미치는지 여부 및 그 내용은 화체된 권리의 준거법(이를 Wertpapierrechtsstatut라고도 한다)에 따라야 한다고 한다.[8] 다만 화체된 권리의 성질 및 준거법에 대하여는 견해가 나뉘어 있는데, 수표·어음의 경우 화체된 권리는 채권이고 따라서 그 채권의 준거법에 따른다는 것이[9] 지배적 견해인 데 비하여, 창고증권과 선하증권 등 운송증권의 경우에는 물권 화체설과 채권 화체설이 대립하고, 물권 화체설에서는 대상인 물건의 소재지 및 도착지의 법이 준거법이 된다고 하지만, 채권 화체설에서는 임치계약 또는 운송계약의 준거법이 화체된 권리에 적용다고 한다.[10]

4) 운송중인 물건의 특칙

> **제36조 (이동중의 물건)** 이동중인 물건에 관한 물권의 취득·상실·변경은 그 목적지법에 따른다.

(1) 문제의 소재

국제거래에서 운송중인 물건은 공해(公海)와 여러 나라를 경유하여 이동하는 것이 보통이고, 특히 운송중인 상태에 있는 물건을 처분하는 것도 빈번하다. 그러므로 운송중인 물건에 대하여 소재지법의 원칙을 적용하려면 우선 특정 시점에서의 소재지를 확인하는 것이 어렵고 또 공해에 있는 것으로 확인된다면 준거법에 공백이 생긴다. 나아가 이동 중인 물건의 경우 그때그때의 소재지는 우연에 좌우되는 것으로 물건과의 관련성이 희박한 경우가 많다. 그리하여 오래전부터 운송중인 물권에 대하여는 특칙이 필요하다는 것에 견해가 일치되었지만 그 내용에 있어서는 입장의 차이가 있었다.

(2) 학 설[11]

① 소유자 주소지법설

운송중인 물건의 물권관계에 대하여 가장 깊은 이해관계를 갖는 것은 소유자이

---

8) Ferid, IPR, S. 275; Kegel/Schurig, IPR, S. 769.
9) 그것은 결국 어음·수표의 효력의 준거법(국제사법 제83조 1항)이 될 것이다.
10) Ferid, IPR, S. 275; Hoffmann/Thorn, IPR, S. 516.
11) Münchener Kommentar, 2판, 7권, Rn. 127 nach Art. 38 참조.

므로 소유자의 주소지법을 따라야 한다는 견해이다. 그러나 운송중인 물건에 대해서는 운송중인 상태에서의 처분이 가능하기 때문에 특정 시점에서의 소유자를 확인하는 것이 어렵고 또한 이를 따르는 경우 현지에서의 처분에 어려움이 따를 수 있다는 지적이 있다.

② 출발지법설

누구나 쉽게 확인할 수 있고 고정된 장소인 출발지의 법을 적용하여야 한다는 것이다. 그러나 출발지는 더 이상 대상인 물건과 아무런 관련성도 가지고 있지 않다는 비판을 받는다.

③ 당사자자치설

운송중인 물건에 대하여는 하나의 합리적인 객관적 연결점을 제시하는 것이 어려운바, 이와 이해관계 상황이 비슷한 채권계약의 경우처럼 당사자에게 준거법 선택을 맡기자는 견해이다. 그러나 채권계약과 달리 물권의 귀속은 거래안전에 미치는 영향이 크기 때문에 당사자자치를 허용하기 어렵다는 지적이 있다.

④ 목적지법설

운송중인 물건이 현재 가장 밀접한 관계를 가지고 있다고 할 수 있는 곳은 목적지라 할 것이므로 목적지의 법을 적용하여야 한다는 입장이다.

⑤ 채권관계의 준거법설

대상인 물건에 대한 운송관계의 준거법을 적용하자는 견해이다. 이에 따르면 운송중의 물건의 물권관계는 운송계약의 준거법에 따르게 될 것인데, 운송계약에 관하여는 당사자자치가 인정되므로 결과적으로 당사자자치설과 크게 다르지 않게 된다.

(3) 국제사법 규정

우리나라 국제사법은 제36조에서 가장 무난하다고 할 수 있는 목적지법주의를 택하고 있다.

(4) 제36조의 적용범위

운송중인 물건이라도 소재지법 원칙에 대한 특칙이 필요한 것은 전형적으로 운송 중 처분이 전제되어 있는 경우이다. 보통의 매매계약의 이행으로 대상물을 송부하는 것인 때에는 특별한 취급이 불필요하기 때문이다. 그러므로 제36조는 운송

중에 물건을 처분할 때에만 적용된다. 제36조에서는 단지 '이동중의 물건에 관한 물권의 득실변경'이라고 하고 있지만 처분에 의하지 않은 물권변동, 즉 법정질권이나 유치권 등 법정 물권변동, 압류, 운송 중 절취·양도시 선의취득의 인정 여부는 그때그때의 소재지의 거래에 미치는 영향이 크기 때문에 목적지법을 따를 수 없고 원칙에 따라 법정 물권변동 사유가 발생할 당시의 소재지법에 따라야 한다.

　제36조의 적용범위와 관련된 특별한 문제로, 운송중인 물건에 관하여 선하증권 등 유가증권이 발행된 경우에 관하여는 현격한 견해의 대립이 존재하고 있다.[12] 먼저 적용을 긍정하는 견해가 있는데, 이에 따르면 물건의 처분을 위해 인도가 필요한지, 증서교부로 인도를 대신할 수 있는지, 증서 없이 처분할 수 있는지 등에 목적지법이 적용된다. 제36조의 적용을 부인하는 견해는 이 경우의 물권관계의 준거법과 관련하여 다시 견해가 나뉘어 있다. 즉 일설에서는 운송물에 대한 처분은 증권의 처분에 의해야 하고(물품증권성), 증권의 처분은 증권의 소재지법에 따르기 때문에 운송중인 물건의 처분에도 증권소재지법이 적용되어야 한다고 한다. 그러나 이 견해에 대하여는 운송물에 대한 처분이 증권의 처분에 의해야 하는지 여부가 바로 물권관계의 준거법에 따라 정해야 할 것이라는 점을 간과하고 있다는 비판이 있다. 이에 비해 운송중인 물건의 처분은 증권에 화체된 권리의 처분이라는 것을 이유로 화체된 권리의 준거법(증권준거법)에 따라야 한다는 견해도 있는데, 이 견해는 화체된 권리의 성질을 어떻게 볼 것인가를 놓고 다시 채권계약 준거법설(인도청구권화체설)과 도착지법설(일종의 물권화체설)로 대립하고 있다.

　생각건대 제36조의 적용을 부인하는 견해 중 증권의 물품증권성을 근거로 증권소재지법의 적용을 주장하는 것은 논리적 모순이 있어 따르기 어렵다. 그리고 화체된 권리의 준거법에 따라야 한다는 견해도 기본적으로 유사한 논리적 난점을 가지고 있다. 이 견해는 운송중인 물건의 처분은 증권에 화체된 권리의 처분이라는 전제에서 출발하고 있는데, 예컨대 화체된 권리를 양도함으로써 운송중인 물건에 대한 소유권이 이전될 수 있는지는 바로 물권관계의 준거법에 의해 결정되어야 할 사항이기 때문이다. 특히 화체된 권리를 인도청구권이라고 이해하는 경우에는 인도청구권의 양도로 소유권도 이전된다는 특정한 물권변동의 원리를 전제로 하지 않

12) 서희원, 국제사법, 202-203면; Münchener Kommentar, 2판, 7권, Rn. 129 nach Art. 38.

으면 안 된다. 물권화체설은 바로 이러한 난점을 피하기 위해 나온 이론으로 이해
가 되지만, 결과적으로 제36조를 적용한 것과 동일한 결론(목적지법)에 이르게 되고,
도대체 화체된 물권의 내용이 무엇이며 어떻게 그런 물권이 화체되는지를 설명해
야 하는 숙제를 안고 있다. 요컨대 이 경우에도 제36조가 적용되고 따라서 운송중
인 물건의 처분에 물건의 인도가 필요한지 여부, 증서교부로 인도를 대신할 수 있
는지 여부 등의 문제를 목적지법에 따라 판단하는 것이 간명한 해결방법일 것이다.

정 리

1. 물건에 대한 물권관계
   - 원칙: 소재지법
   - 운송중인 물건: 목적지법
   - 단 운송증권이 발행된 경우에 대하여는 증권소재지법설, 화체된 권리의 준거법설
     대립
2. 증권 자체에 대한 물권관계: 증권소재지법
3. 화체된 권리의 문제: 그 권리 자체의 준거법
   - 화체된 권리에 대하여는 채권화체설과 물권화체설 대립

5) 채권 · 주식 등 권리에 대한 담보물권

> **제37조 (채권 등에 대한 약정담보물권)** 채권·주식, 그 밖의 권리 또는 이를 표창하는 유
> 가증권을 대상으로 하는 약정담보물권은 담보대상인 권리의 준거법에 따른다. 다만, 무기명증
> 권을 대상으로 하는 약정담보물권은 제21조의 규정에 의한다.

제37조에서는, 법문상으로만 보면, 권리를 대상으로 하는 약정담보물권의 준거
법 일반을 규정하고 있다. 그리고 권리에 대한 담보물권에는 원칙적으로 담보물권
의 객체인 권리의 준거법을 적용하도록 하고 있다. 그러나 지명채권에 대한 담보권
설정은 지명채권의 처분이고 지명채권의 처분에는 제54조가 적용되므로[13] 제37조
는 사실상 유통이 전제된 유가증권화된 권리를 담보로 제공하는 경우에 관한 규정
으로 해석되어야 할 것이다. 그러므로 유가증권에 화체된 권리의 준거법이 그 권리

---

13) 유럽연합의 ROM I(채권계약의 준거법에 관한 EU 규칙) 제14조에서는 이를 명문으로 밝히고 있다.

에 대한 담보물권의 준거법이 된다. 예컨대 주식에 대한 담보물권에는 당해 주식회사의 준거법이 적용되는 것이다. 다만 무기명증권의 경우에는 제21조를 따르도록 하고 있으므로 증권소재지법이 적용된다.

Ⅱ. 물권 준거법의 적용 범위

1. 원   칙

물권의 준거법은 건물이 독립된 물건인가 등 물권의 객체에 관한 문제, 동산과 부동산의 구별 등 물건의 분류에 적용된다. 다만 영국의 국제상속법에서처럼 국제사법 자체에서 물건을 구별하고 있는 경우에는 반정 여부의 판단을 위해 물건을 구별할 필요가 있는 경우가 있을 수 있는데, 이 범위에서는 소재지법이 아니라 당해 국가의 국제사법의 기준에 따라야 한다.

물권의 종류와 내용 및 효력에 물권의 준거법이 적용되는 것은 물론이며 여기에는 물권적 청구권도 포함된다.

물권변동에도 소재지법이 적용된다. 즉 물권변동의 원인, 원인행위와 물권행위의 구별 여부, 선의취득 인정 여부 및 요건 등은 모두 소재지법에 따른다. 예를 들어 프랑스에 소재하는 토지에 대해 우리나라에서 두 독일인 사이에 매매계약이 체결된 경우, 다시 물권행위를 해야 하나 아니면 매매계약만으로 소유권이 이전되나 문제는 소재지인 프랑스법에 따르는 것이다. 그러나 매매계약 자체의 성립 및 유효성은 독자적인 채권계약의 준거법에 따르는 것은 물론이다. 요컨대 매매계약의 준거법(예컨대 당사자가 선택한 독일법)에 따라 매매계약이 유효하면 소재지인 프랑스법에 따라 추가적인 물권행위 없이 소유권이 이전되는 것이다.

물권행위의 유인성·무인성 여부, 등기 및 인도에 대한 성립요건주의 또는 대항요건주의 문제도 소재지법에 따른다. 나아가 물권행위의 방식도 소재지법에 따라야 하며 행위지법상의 방식은 허용되지 않는다($^{제31조}_{5항}$).

서울중앙지방법원 2017. 8. 25. 선고 2017가합518187 판결   어보는 대한민국이 소유·관리하던 중 6·25 전쟁 당시 도난당한 다음 미국 등 해외로 반출되었다고 추인할 수 있으므로 도품에 해당하는데, 甲이 경매사이트에서 어보를 낙찰받을 당시 어보가 미국 버지니아 주에 있었고, 그 후 甲이 어보를 국내로 반입하였으므로, 甲이 어보에 관한 소유권을 취득하였는지 여부에 관한 준거법은 원인된 행위 또는 사실의 완성 당시 목적물의 소재지법인 미국 버지니아 주 법인바, 영미법에서는 도품에 관하여 '누구도 자신이 가지지 않는 것을 양도할 수 없다nemo dat quod non habet'는 원칙이 지배하고 있어 도품에 대한 선의취득을 인정하고 있지 않고, 버지니아 주 법 또한 도품에 대한 선의취득을 인정하지 않고 있어 甲이 비록 경매사이트에서 어보를 낙찰받았다고 하더라도 어보는 도품이어서 甲이 버지니아주법에 따라 어보에 관한 소유권을 취득하지 못하였으므로, 甲의 반환 청구는 이유 없고, 제반 사정 등에 비추어 보면 甲이 어보에 관하여 어떠한 재산권을 가진다고 볼 수 없으며, 대한민국 산하 국립고궁박물관이 甲에게 어보에 관한 대가를 지급하지 않은 채 반환을 거부하는 것이 불법행위를 구성한다고 보기 어렵다.

2. 개별적 준거법 우선의 원칙

상속과 혼인 등 포괄적인 물권변동의 원인에 대하여는 독자적인 저촉규정이 존재하는데, 이 저촉규정들은 물권관계의 준거법에 관한 원리에 따르지 않는다. 그리하여 포괄적 물권변동의 준거법과 개별적 재산 소재지의 물권법의 내용이 서로 충돌되는 경우가 발생할 수 있는데, 이 경우에 적용되는 것이 이른바 개별적 준거법 우선의 원칙이다.[14] 이 원칙은 소재지의 거래안전을 보호하기 위한 것이다. 예컨대 상속의 경우 누가 상속인이 되나, 상속개시(예컨대 피상속인의 사망)로 즉시 물권이 변동되나 아니면 특별절차(예컨대 미국법상의 administration 등)가 필요한가는 상속의 준거법에 따르게 된다. 그리고 공동상속인 사이의 관계도 원칙적으로 상속의 준거법에 따른다. 그런데 만약 포괄적 준거법인 상속 준거법에서는 공동상속인 사이의 관계가 합유로 되어 있는 데 비하여, 개별적 물건에 대한 물권관계의 준거법이 될 특정 상속재산의 소재지법에서는 합유제도가 없다고 할 때, 공동상속인 사이의 관계는 그 소재지법에 따라야 하는 것이다. 혹은 혼인의 효력의 준거법에 의하면 처가 혼인의 효력으로 부의 재산에 대해 법정저당권을 취득하는데(예컨대 프랑스법) 남편의 재산 중에 우리나라에 소재하는 부동산이 있어 그에 대한 법정저당권이 문제되는 경우, 우리나라에서는 이런 제도가 없으므로 법정저당권이 인정될 수 없다.[15]

---

14) Hoffmann/Thorn, IPR, S. 408, 522.

Ⅲ. 소재지변경과 물권변동

동산의 경우에는 소재지가 쉽게 변경될 수 있고 그러면 물권관계의 준거법도 달라진다. 이러한 준거법 변동은 특히 물권 등의 변동요건과 관련하여 의미가 크고, 그리하여 제33조 2항에서는 물권 등의 득실변경이 그 원인된 행위 또는 사실의 완성 당시 그 목적물의 소재지법에 따르는 것을 명확히 하고 있다. 그리고 이것이 의미하는 것은 현재의 소재지법에서 정한 물권변동의 원인이 존재하여 물권변동이 일어나면 이 물권변동 사실은 그 후 소재지가 변경되더라도 영향을 받지 않는다는 것이다. 다만 인정되는 물권의 내용은 새로운 소재지법에 따른다. 예컨대 소유권취득 사유로 무주물 선점을 인정하는 구소재지에서 그 요건을 갖추어 소유권을 취득한 자가 후에 물건을 무주물 선점을 인정하지 않는 나라로 옮긴 경우, 그는 여전히 소유자로 인정되며 단지 소유권의 내용과 범위 등만 신소재지법에 따르게 된다. 그리고 이는 물권변동을 위해 인도가 요구되지 않는 나라에서 의사표시만으로 물권변동이 완성된 후 인도가 요구되는 나라로 물건이 이동된 경우에도 마찬가지이다. 반면 구소재지에서는 인도가 물권변동의 요건이지만 어떤 사유로 인도를 받지 못하여 소유권을 취득하지 못한 상태에서[16] 뒤에 다른 사람에 의해 인도를 요구하지 않는 신소재지로 물건이 이동된 경우에는 신소재지에서도 소유권이 인정되지 않는다. 원인된 행위가 완성된 시점에서의 소재지법에 따른 요건이 충족되지 않은 것으로 최종적인 결론이 났기 때문이다.[17]

그러면 이러한 원칙은 요건사실이 특정의 시점에 일회적으로 완성될 수 있는 것이 아니라 일정한 상태가 일정한 기간 계속될 것을 요구하는 경우에도 그대로 적용되나? 예컨대 전소재지에서 동산물권의 시효취득에 3년이 요구되는데 2년 경과 후 4년이 요구되는 신소재지로 옮겨진 경우, 다시 4년이 경과해야 하나 아니면 2년만 경과하면 시효취득이 인정되나? 또 전소재지에서 5년이 요구되는 데 4년 경과 후 3년이 요구되는 신소재지로 옮겨진 경우 즉시 시효취득이 인정되나? 그러한 경

---

15) 부부재산제에 관한 제65조 3항은 이 원칙을 명문화한 예이다.
16) 예컨대 반환청구권만 양도받았는데 이것이 인도로 인정되지 않는 경우.
17) Hoffmann/Thorn, IPR, S. 525. 도품의 선의취득이 안 되는 나라에서 산 물건을 가지고 인정이 되는 나라로 온 경우에도 마찬가지이다.

우에는 구 소재지에서 이미 실현된 내용은 신소재지에서도 인정되어야 한다는 것이 지배적 견해이다.[18]

---

18) 서희원, 국제사법, 199-200면 참조.

제3장

지식재산권

I. 서 설

지식재산권은 창작적 저작물, 고도의 발명 등 정신적 산물을 배타적으로 지배하는 것을 핵심적 내용으로 하는 권리이다. 지식재산권법은 유럽의 여러 나라가 자국의 산업·교육·문화 정책상의 필요에 맞추어 서로 내용을 달리하는 독자적인 보호제도를 도입하면서 형성되어 세계적으로 전파되었다. 그 결과 현재 각 나라의 지식재산권법은 보호대상, 권리(특히 저작권)의 발생요건, 권리의 내용·범위·제한 및 소진, 존속기간, 특히 저작권의 경우 최초권리자와 권리의 이전 가능성 등에서 현저한 차이를 보이고 있다. 그리고 저촉법적으로는 크게 지식재산권 자체의 준거법, 침해 및 구제에 적용되는 법, 지식재산권 관련 (채권)계약의 준거법의 세 관점이 논의의 대상이 된다.

지적 산물의 이용행위는 각국의 영토 내로 국한될 것이고 그리하여 모든 나라가 각각 자국의 지식재산권법을 적용할 것이기(법정지법이 필연적으로 적용될 수밖에 없다는 생각) 때문에 이 분야에서는 사실상 저촉법이 불필요하다는 생각도 한때 있었다. 그리고 국경을 넘는 이용행위가 늘어나며 저촉법의 필요성을 인식하게 된 후에도 지식재산권의 속지성으로 인해 지식재산권의 연결원리는 이른바 '보호국법주의'가 불가피한 것으로 이해되었다.[1] 각 나라는 고유한 지식재산권 제도를 가지고

---

1) Ferid, IPR, S. 277.

각자의 기준에 따라 지적 산물을 보호하고 있기 때문에, 보호를 부여한 어떤 나라의 법을 떠나서는 지식재산권이라는 개념이 있을 수 없고 지식재산권의 준거법도 필연적으로 보호를 부여한 나라의 법이어야 한다는 것이다.

그러나 (위성)방송과 인터넷 등 국경의 제약을 받지 않는 전달매체가 발달하면서 지식재산권이 여러 나라에서 한 사람 또는 복수의 이용자에 의해 동시다발적으로 침해되는 상황(이하 편재적 침해라 한다)이 나타나면서 보호국법주의의 결과인 '수많은 준거법'이 가져오는 불편을 해소시키기 위해 보호국법주의를 대체 내지 보완하는 새로운 연결원리가 모색되고 있다. 이 새로운 접근방법은 이미 저작권의 준거법과 관련하여 주장된 바 있는 '보편적 보호주의' 원리를[2] 지식재산권 일반에 관하여 부분적으로 도입하자는 것이다. 하지만 보편적 보호주의에 입각한 새로운 연결원리가 주어진 현실로서의 지식재산권의 속지성과 조화될 수 있으며 관련 국가의 이해관계와 사적 이익을 국제사법적 정의에 합당하게 조절하고 있는 것인지에 대하여는 여전히 논란이 이어지고 있다.

우리 국제사법에서는 제40조에서 지식재산권의 침해에 대한 구제 문제에 적용될 법에 관한 규정을 두고 있을 뿐 지식재산권 자체의 준거법에 관한 규정은 없고, 지식재산권 관련 (채권)계약에 관하여도 별도의 규정은 두고 있지 않다.

Ⅱ. 지식재산권 자체의 준거법

1. 지식재산권에 대한 국제적 보호의 체계

지적 산물에 대한 국제적 보호를 실현하는 가장 효율적인 방법은 모든 나라에서 효력이 있는 실질법을 만드는 것일 것이다. 즉 어느 나라에서 보호를 청구하든 동일한 기준에 따라 동일한 내용의 지식재산권이 부여되고, 그 권리가 다른 모든 나라에서도 효력을 갖도록 하는 것이다. 그러나 이미 나라마다 자국의 실정에 맞는 국내적 보호체계를 가지고 있는 상황에서 이런 보호체계를 도입하는 것은 불가능한 것이었다. 그리하여 현실적 대안으로 모색된 것이 현재의 국제적 보호체계이고,

---

2) Zimmer, Till, Urheberrechtliche Verpflichtungen und Verfügungen im Internationalen Privatrecht, Nomos, 2006, S. 141 참조.

그 핵심적 내용은 ㉠ 나라마다 독자적인 보호제도를 갖는 것을 인정하면서, ㉡ 외국인에 대한 차별을 금지하는 것이다. 그러므로 현재의 국제적 보호체계하에서는 종래의 국가 단위의 보호체계가 유지되고 있다.

이러한 구조는 '공업소유권의 보호를 위한 파리 협약' 및 '문학·예술적 저작물의 보호를 위한 베른협약'에서도 동일하다.

2. 국제적 보호체계와 국제지식재산권법의 관계

현재의 국제적 보호체계하에서는 예컨대 동일한 대상에 대하여도 A국에서는 보호를 하지 않고, B국에서는 甲이 보호를 받고, C국에서는 乙이 보호를 받는 상황도 일어날 수 있고, 동일한 발명이나 저작물이 복수의 국가에서 같은 사람 또는 다수의 사람에 의해 무단히 이용되면 복수의 별개의 권리가 침해되는 것이 된다. 이처럼 동일한 지적 산물에 대해서도 국가 단위로 별개의 지식재산권이 병존하는 상황 아래서 한 나라에서 부여되는 권리가 다른 나라에서는 효력을 갖지 못한다고 생각하는 것은 어느 면 자연스러운 귀결이고, 이를 보통 속지주의 내지 지식재산권의 속지성이라고 부른다. 그러므로 지식재산권법에서 속지주의는 지적 산물에 관한 현재의 국제적·국내적 보호체계의 기초가 되어 있는 원리로, 속지성이라고 하는 것은 현재의 보호체계로 인해 지식재산권이 갖게 된 특성이라는 의미로 이해될 수 있다.

그러면 이러한 보호체계의 원리 내지 지식재산권의 특성은 국제지식재산권법의 관점에서 어떠한 의미를 갖는가? 이에 관하여는 ㉠ 속지주의에 직접 저촉법적 효력을 인정하거나 또는 속지주의에 저촉법적 연결원리, 즉 지식재산권은 지적 산물에 대한 보호가 청구된 국가의 법(보호국법: lex loci protectionis[3])의 지배를 받는다는 '보호국법주의'가 내재해 있는 것으로 이해하는 입장에서부터, ㉡ 속지성에 논리·필연적으로 보호국주의가 내재되어 있는 것은 아니지만 속지성은 보호국법원칙을 사실상 강제한다고 보는 견해, ㉢ 속지성으로 인하여 원칙적으로 보호국의 법이 지식재산권의 준거법이 되어야 하지만 부분적으로 예외를 인정할 수 있다는 견해,[4] ㉣ 속지성에 따른 보호국법 원칙의 타당 영역을 평가함에 있어 특허 등 등

---

3) 보다 상세한 보호국의 개념에 대해서는 후술한다.
4) Metzger, Axel, Zum anwendbaren Urheberrecht bei grenzüberschreitenden Rundfunk, IPRax,

록을 필요로 하는 산업재산권과 그러한 것이 필요 없는 저작권 등을 구별하려는 견해,[5] ⑩ 속지주의를 근거로 하는 보호국법 원칙을 전면적으로 부인하는 견해(법정지법주의)에 이르기까지 다양한 입장이 존재하고 있다.[6]

생각건대 지식재산권의 속지성 자체를 부인하는 것은 미래의 입법론으로서는 몰라도 현재의 법체계하에서는 불가능하다. 그러나 속지주의의 내용에 ㉠ 개념적으로 법정지법주의까지 내포되어 있는 것은 아니며(위 ⑩의 비판), ㉡ 준거법을 매개하는 연결점인 영토적 요소가 무엇인가에 대한 직접적인 답도 포함되어 있다고 할 수 없다(위 ㉠, ㉡의 비판).[7]

3. 소 결

한 나라에서 다른 나라의 법을 적용하여 지적 산물을 보호하는 것의 가능성을 전면적으로 부인하지 않는 경우(즉 필연적 법정지법 주의의 부인), 국제지식재산권법에 있어서도 준거법은 보통의 경우와 같이 국제사법적 정의에 입각하여 제반 이익을 비교·형량하는 것을 통해 지정되어야 하는 것은 물론이다. 그리고 보호체계의 특성 및 그에 따른 지식재산권의 속지성으로 인하여 제일 먼저 생각할 수 있는 것이 보호국법주의라는 것을 부인하기 어렵다. 다만 지식재산권의 속지성이 연결원리를 정하는 데 있어 중요한 고려사항인 것은 분명하지만 유일한 고려사항은 아니기 때문에 수정 내지 보완의 가능성을 배제할 수는 없다.

이런 관점에서 보면 종래의 보호국법주의 원칙을 대체할 수 있는 연결원리가 받아들여지기 위해서는 대안적으로 제시된 연결점이 지식재산권의 실체법적 특성으로서의 속지성과 모순되지 않아야 하고, 나아가 국제사법적 정의에 합당해야 할 것이다. 그러나 지금까지 대안적 연결점으로 제시된 침해행위지, 서버소재지, 기원국, 권리자의 속인법, 창작자의 속인법 등은 이러한 기준을 만족시키기에는 부족하다는

2006. 3, S. 242-246은 이 입장을 구체적 사안을 통하여 보여주고 있다.

5) Schack, Haimo, The Law Applicable to (Unregistered) IP Rights After Rome Ⅱ, in Intellectual Property and Private International Law, edited by Stefan Leible/Ansgar Ohly, Mohr Siebeck, 2009, pp. 90-91.

6) 자세한 것은 강영수, 국제지적재산권침해소송에 있어서 국제사법적 문제에 관한 연구 - 속지주의원칙의 한계 및 그 수정을 중심으로 -, 서울대학교 박사학위 논문, 2005, 22-25, 35-36; Drexl, MK, 11권, Internationales Immaterialgüterrecht, 6판, Rn. 6 ff.; Zimmer, 앞의 책, S. 135 ff. 참조.

7) 안춘수, 국제지식재산권법의 몇 가지 기초적 관점에 관하여, 법학연구(연세대학교 법학연구원), 제26권 제1호(2016. 3), 140-141면, 150-154면 참조.

것이 일반적인 평가이다. 그러므로 보호국법주의를 포기하는 것은 아직 생각하기 어렵고, 편의를 위해 현재 제안되고 있는 절충적 모델들의 성공 여부도 아직 확신할 수 없다. 요컨대 현재로서는 보호국법주의를 따르는 것이 불가피하다 하겠다.

4. 지식재산권 준거법의 적용 범위

지식재산권의 발생, 권리의 내용과 범위, 존속기간, 특히 저작권에서는 권리의 제한 및 소진의 문제가 지식재산권의 준거법에 따른다. 저작권에서의 이른바 추급권에 대해서는 다수의 견해가 이를 저작권의 내용으로 보지만 유사계약적 청구권으로 보는 견해도 있고, 후설에 따르면 추급권에는 계약관계의 준거법이 적용된다.

서울고등법원 2008. 7. 8. 선고 2007나80093 판결 저작권자의 결정 등의 문제를 본국법에 의할 경우에는 우선 본국법을 정하는 것 자체가 쉽지 않을 뿐만 아니라, 같은 영토 내에서도 저작물의 본국이 어디냐에 따라 저작권 침해 여부 판단이나 저작권자 결정의 결론이 달라져 저작물 이용자나 법원 등이 이를 판단, 적용하기가 쉽지 아니하다. 반면, 저작권자의 결정 문제는 저작권의 존부 및 내용과 밀접하게 결부되어 있어 각 보호국이 이를 통일적으로 해석 적용할 필요가 있고, 그렇게하는 것이 각 동맹국이 자국의 영토 내에서 통상 법정지와 일치하기 마련인 보호국법을 간편하게 적용함으로써 내국민대우에 의한 보호를 부여하기에도 용이하다. 이러한 점에 비추어 보면, 국제협약에서 명시적으로 본국법에 의하도록 규정하지 아니한 이상 저작권자의 결정이나 권리의 성립, 소멸, 양도성 등 지적재산권에 관한 일체의 문제를 보호국법에 따라 결정함이 타당하다. 우리나라 (구)국제사법 제24조(현행 제40조)가 지적재산권에 관한 모든 분야에 관하여 보호국법주의를 명시하는 대신 지적재산권 침해의 경우만을 규정하는 방식을 취하고 있다 하더라도, 이를 넓게 해석하여 지적재산권의 성립, 이전 등 전반에 관하여 보호국법주의 원칙을 채택한 것으로 해석함이 상당하다.

대법원 2015. 1. 15. 선고 2012다4763 판결 직무발명에서 특허를 받을 권리의 귀속과 승계, 사용자의 통상실시권의 취득 및 종업원의 보상금청구권에 관한 사항은 사용자와 종업원 사이의 고용관계를 기초로 한 권리의무 관계에 해당한다. 따라서 직무발명에 의하여 발생되는 권리의무는 비록 섭외적 법률관계에 관한 것이라도 그 성질상 등록이 필요한 특허권의 성립이나 유·무효 또는 취소 등에 관한 것이 아니어서, 속지주의의 원칙이나 이에 기초하여 지식재산권의 보호에 관하여 규정하고 있는 (구)국제사법 제24조(현행 제40조)의 적용대상이라 할 수 없다. 직무발명에 대하여 각국에서 특허를 받을 권리는 하나의 고용관계에 기초하여 실질적으로 하나의 사회적 사실로 평가되는 동일한 발명으로부터 발생한 것이며, 당사자들의 이익 보호 및 법적 안정성을 위하여 직무발명으로부터 비롯되는 법률관계에 대하여 고용관계 준거법 국가의 법률에 의한 통일적인 해석이 필요하다. 이러한 사정들을 종합하여 보면, 직무발명에 관한 섭외적 법률관계에 적용될 준거법은 그 발생의 기초가 된 근로계약에 관한 준거법으로서 (구)국제사법 제28조(현행제48조) 제1항, 제2항 등에 따라 정하여지는 법률이라고 봄이 타당하다.

Ⅲ. 지식재산권 관련 채권계약의 준거법

1. 서

지적 산물을 경제적으로 이용할 수 있는 권리는, 나라에 따라 차이가 없는 것은 아니지만, 기본적으로 지식재산권 보유자에게 배타적으로 귀속된다. 그러므로 타인이 지적 산물을 이용하기 위해서는 임차권에 비교될 수 있는 채권적 이용권을 확보하거나, 용익물권에 비교될 수 있는 (따라서 전체적으로나 부분적으로 권리자까지 구속하는) 배타적 이용권을 확보하거나, 지식재산권 자체를 획득하여야 한다. 그리고 지식재산권 관련 채권계약이란 이러한 거래의 당사자 사이의 채권법적 관계의 근거가 되는 계약을 말한다.

그러므로 지식재산권 관련 채권계약에 관하여는, 특별한 별도의 규정이 존재하지 않는 한, 채권계약의 준거법에 관한 국제사법 규정이 적용되는 것이 원칙이다. 그리고 우리 국제사법에 이러한 특별규정이 존재하지 않으므로 제45조, 제46조, 제49조가 적용되어야 하고 따라서 당사자가 준거법을 선택할 수 있다. 그런데 지식재산권의 경우에는 보호국법에 의해 권리 자체를 양도하는 것이 금지되기도 하고, 채권적 이용권 또는 배타적 이용권의 범위가 제한되기도 하는 등 지적 산물의 이용관계에 직접 영향을 미치는 규정들이 존재하는 경우가 있어 채권계약에 관한 저촉규정의 적용 범위 및 채권계약의 준거법의 적용범위(또는 지식재산권의 준거법과 채권계약의 준거법의 관계)에 관하여 다양한 논의가 이루어지고 있다.

2. 채권계약에 관한 일반 저촉규정의 적용

1) 적용 범위

(채권적 또는 물권적)이용권을 부여할 의무와 사용료를 지급할 의무 등 의무 발생의 근거가 되는 행위(이른바 의부담행위)에 채권계약에 관한 규정이 적용된다는 것에 관하여는 견해의 다툼이 없다. 그런데 일각에서는 이른바 일체이론에 입각하여 그 적용범위를 처분행위의 일부에까지 확장할 것을 주장하고 있다.[8] 이 문제는 기본적으로 의무부담행위와 처분행위를 개념적으로 구별할 것인지와 결부되고, 구별을 긍정하는 입장에서는 지식재산권의 처분은 지식재산권 자체의 준거법에 따라야 한다고 한다.

2) 당사자자치의 허용 여부

일부에서는 당사자자치를 인정하는 경우 이용권 계약에 있어서 새로운 종류의 이용권을 부여하는 합의를 무효로 하는 보호국법의 규정이 사실상 회피되는 결과를 초래한다는 것을 근거로 당사자자치를 제한해야 한다고 한다.[9]

그러나 다수의 견해는 지식재산권 관련 채권계약에 있어서도 당사자자치를 인정하는 것이 타당하다고 한다. 여기서도 외국법 적용에 대한 당사자의 이익은 원칙적으로 고려되어야 하고, 전설에서 지적하고 있는 것과 같은 문제는 그 규정을 간섭규정으로 보아 특별연결함으로써 해결될 수 있다는 것이다.[10] 생각건대 모든 유형의 지식재산권 관련 채권계약에서 당사자자치로 인한 보호국법 회피가 문제되는 것은 아니고, 그러한 경우에는 이른바 절대적 강행규정의 예에 따라 해결할 수 있으므로 당사자자치를 기본적으로 제한할 필요까지는 없을 것이다.

3) 객관적 연결

당사자가 준거법을 선택하지 않으면 당해 계약과 가장 밀접한 관련이 있는 국가의 법이 적용된다(제46조 1항). 그리고 채권계약의 최근접 관련국은 기본적으로 특징적

---

8) Zimmer, 앞의 책, 131, 142면 이하 참조.
9) 학설에 대한 소개로는 Zimmer, 앞의 책, 79면 참조.
10) 학설에 대한 소개로는 Zimmer, 앞의 책, 79-80면 참조.

급부를 하는 당사자가 소재하는 나라로서 양도계약의 경우에는 양도인의 일상거소지, 이용계약의 경우에는 물건 또는 권리를 이용하도록 하는 당사자(지식재산권 또는 사용권 보유자)의 일상거소지다($\frac{제2}{항}$). 그러나 지식재산권에 있어서는 특징적 급부를 무엇으로 볼 것인가에 대하여 사용권 부여자의 급부를 특징적 급부로 보는 입장, 사용권자의 급부를 특징적 급부로 보는 입장, 원칙적으로 사용권 부여가 특징적 급부이지만 예외적으로 사용권자가 지적 산물의 경제적 가치를 실현할 의무를 부담하는 경우에는 사용권자가 특징적 급부를 하는 것으로 보아야 한다는 견해가 있다.[11] 생각건대 언제나 사용권자가 단순히 사용대가를 지급하는 것 이상의 의무를 지는 것은 아니므로 이러한 경우를 위해 제46조 2항에 대한 예외를 인정할 필요는 없을 것이다.[12] 또한 사용권자가 부담하는 의무가 특별한 의미를 갖는 경우에는 제46조 2항의 추정이 깨지는 것으로 인정될 수 있으므로 첫 번째 견해와 와 세 번째 견해 사이에는 큰 차이가 없을 것이다.

3. 채권계약의 준거법의 적용 범위

원칙적으로 채권계약의 성립과 유효성, 계약의 해석, 급부의 계약 적합성, 손해배상을 포함하여 불이행의 효과, 채무의 소멸, 계약상 청구권의 시효 및 실효 등의 문제는 계약의 준거법에 따르는 사항이다. 이에 비해 양도(특히 저작권의 경우)와 배타적 사용권 부여 등 처분 가능성과 유형, 승계보호, 이용권의 재양도 등 지식재산권의 처분에 관한 사항은 지식재산권 자체의 준거법에 따른다.

4. 지식재산권 계약 사건에 관한 소의 국제관할

지식재산권의 양도, 담보권 설정, 사용허락 등을 내용으로 하는 채권계약에 관한 소는 객체인 지식재산권이 대한민국에서 보호, 사용 또는 행사되거나 지식재산권을 대상으로 하는 권리가 대한민국에서 등록되는 경우에 우리 법원에 관할이 인정된다(제38조. 자세한 것은 제4편 제2장 V. 3. 참조).

---

11) 학설에 대한 소개로는 Zimmer, 앞의 책, 88면 이하 참조.
12) 이에는 다국적 실시계약, 즉 동일인의 동일한 지적 산물을 대상으로 하여 여러 나라에서 부여된 지식재산권에 관하여 여러 나라에서 여러 개의 계약에 기해 실시권이 허여된 경우에 모든 계약이 동일한 법에 의해 규율되는 장점도 있다(지식재산권채권계약의 객관적 연결점으로 보호국을 취하게 되면 다국적 계약의 경우 계약마다 준거법이 다르게 되는 점이 문제로 지적된다).

IV. 지식재산권의 침해에 대한 구제의 준거법

1. 서

지식재산권의 성립 및 그 내용은 지식재산권 자체의 준거법에 따르고, 제40조
는 이미 성립한 권리를 전제로 그 권리의 침해에 대한 보호 문제에만 적용된다. 그
러므로 제40조가 국제사법 체계상 제4장의 물권에 이어 제5장에 별도로 규정되어
있지만 이는 편의적인 것일 뿐이며 실체적 관점에서 보면 이 규정은 오히려 불법
행위법의 특별규정에 가깝다.

2. 침해의 준거법에 관한 학설

지식재산권이 침해된 경우의 구제 문제에 적용될 법에 관하여는 크게 ⊙ 무엇
이(어떤 행위가) 지식재산권에 대한 침해인가는 지적 산물에 대한 보호를 부여한 나
라의 법을 떠나서는 논할 수 없으므로 지식재산권 자체의 준거법에 따라야 한다는
견해, ⓒ 지식재산권에 대한 침해는 불법행위가 되고 따라서 불법행위의 준거법에
관한 원리를 적용하면 된다는 견해가 대립하였다.[13] 그러므로 전설에 의하면 지식
재산권의 침해 및 그에 대한 구제도 보호국법에 따를 것이고, 후설에 따르면 (우리
나라 구국제사법 제32조에 대한 다수설의 견해를 기준으로 할 때) 원칙적으로 가해행동
지 또는 손해발생지의 법이 적용된다(현재는 제52조 1항). 한때 저작권의 경우에는
베른협약 제5조 2항 3문의 'the country where protection is claimed'를 저작권
의 보호를 목적으로 소송이 제기된 나라로 해석하여 보호국을 법정지로 이해하는
견해도 있었지만 현재 이러한 견해는 극복된 것으로 볼 수 있다.

> 대법원 2004. 7. 22. 선고 2003다62910 판결 국제사법 제24조(현행 제40조)에 의하면, 지
> 적재산권의 침해로 인한 불법행위의 준거법은 그 침해지법이 된다 할 것이므로 일
> 본 보따리상들의 일본에서의 일본 상표권 침해행위에 피고가 교사 또는 방조하였
> 음을 이유로 하는 이 부분 손해배상청구의 당부는 침해지법인 일본 상표법 제37조

---

13) Kropholler, IPR, S. 546.

등의 해석에 따라야 ……

서울중앙지방법원 2008. 6. 20. 선고 2007가합43936 판결 지적재산권의 침해를 원인으로 한 침해정지 및 손해배상청구는 모두 '지적재산권의 보호'에 관한 법률관계로서 원칙적으로 국제사법 제24조(현행 제40조)에 의해 그 준거법을 '침해지법'으로 정함이 상당하다.

대법원 2011. 5. 26. 선고 2009다15596 판결 사용금지청구권은 甲의 도메인이름 등록·사용행위가 乙 회사의 상표권을 침해하는 불법행위임을 원인으로 하므로, 준거법은 구 섭외사법 제13조에 따라 원인된 사실이 발생한 곳, 즉 상표권 침해행위가 행하여지고 권리 침해 결과가 발생한 미국법이고, 미국법에 의할 때 甲의 도메인이름 등록·사용행위는 사이버스쿼팅cybersquatting 방지에 관한 15 U.S.C. §1125 (d)(1)(A)에 해당하는 것으로서 미국에 등록된 乙 회사 상표권을 침해하는 위법한 행위이므로, 乙 회사는 금지명령구제injunctive relief에 관한 15 U.S.C. §1116 규정에 의하여 甲을 상대로 도메인이름 사용금지를 구할 실체법적 권리가 있다.

3. 국제사법 규정

> **제40조 (지식재산권의 보호)** 지식재산권의 보호는 그 침해지법에 의한다.

제40조에서는 지식재산권의 침해에 대한 보호 문제를 침해지법에 따르도록 하고 있다. 그러나 침해지의 해석에 관하여는 견해가 대립하고 있다. 또한 제40조에서는 일반 불법행위에 관한 제52조와의 관계도 문제된다.

1) 침해지의 개념

(1) 보호국설

이 견해에서는 제40조가 지식재산권의 보호에 관한 국제협약에서 채용하고 있는 보호국법주의를 성문화한 것이라는 것을 근거로 여기서 침해지란 보호국을 의미한다고 한다.[14] 그리고 보호국에서 침해결과가 발생해야 하는지 아니면 침해행위가 이루어졌어야 하는지라는 불법행위 분야에서의 고전적 문제와 관련하여서는, 지식재산권에 있어서는 보호국에서 침해의 결과가 발생한 것으로 보아야 한다는 것

---

14) 법무부, 앞의 책, 86면; 석광현, 앞의 책, 129-131면; 이성호, "사이버지식재산권분쟁에 관한 국제재판관할과 준거법", 『저스티스』 통권 제72호, 한국법학원(2003. 4), 189-190면.

을 근거로, 보호국과 행동지가 다른 이른바 격지적 침해의 경우 행동지는 침해지에 포함될 수 없다고 한다.[15]

이 견해에 따르면 제40조에서는 격지적 침해시 침해행동지법이 적용될 가능성이 부인된다는 점에서 일반불법행위의 경우와 차이가 있게 된다.

(2) 침해행동지 포함설

이 견해에서는 제40조의 침해지 개념과 보호국이 반드시 동일해야 하는 것은 아니며 따라서 결과발생지 외에 침해행동지도 본조에서 말하는 침해지에 포함된다고 한다.[16] 이는 주로 국제협약에 회원국을 구속하는 효력이 있는 저촉규정이 포함되어 있다는 것을 부인하는 입장에서 주장되고 있다.

(3) 평 가

우리나라에서 연결점으로서의 침해지에 대한 해석 문제는 결국 보호국만 침해지가 될 수 있는지 여부의 문제로 귀착된다. 그런데 이 문제를 이해하는 데는 다음과 같은 사례를 참고로 하면 도움이 된다: 甲이 A국에서 특허를 취득하였고, 乙이 우리나라에서 甲의 특허발명을 이용한 제품을 생산하여 A국에 수출하자 甲이 乙의 주소가 있는 우리나라에서 특허권침해를 이유로 소송을 제기하였다고 하자. 이 사안에는 제40조가 적용되고 따라서 침해지법이 준거법이 된다. 그러면 이 경우 침해지는 어디인가? 지식재산의 경우에는 침해된 권리를 부여한 나라, 즉 보호국(여기서는 A국)만 침해지가 될 수 있다고 해야 하나, 아니면 甲의 특허발명이 乙에 의해 실제로 이용된 우리나라가 침해지인가, 그것도 아니면 보호국과 함께 행동지인 우리나라도 침해지에 포함되는 것인가?

만약 행동지인 우리나라를 침해지로 보면 준거법은 우리나라의 법이 되는데 침해지를 이렇게 이해하게 되면 한 나라(사안에서는 A국)의 법이 부여한 특허권의 침해가 문제되는 사안에 다른 나라(여기서는 우리나라)의 법을 적용하게 되는 결과가 되고 따라서 제40조가 보호국법주의를 따른 것이라고 할 수 없게 된다. 그리고 A국 특허권의 침해 문제에 우리나라 법을 적용하게 되는 결과는 A국 지식재산권의 속지성 내지 우리나라 지식재산권법의 속지주의에 본질적으로 충돌되는 문제가 있다.

---

15) 서울중앙지방법원 2007. 8. 30. 선고 2006가합53066 판결(확정).

16) 강영수, 앞의 책, 235면; 손경한, "지적재산분쟁의 준거법", 『저스티스』 제37권 제2호 통권 제78호, 한국법학원(2004. 4), 189-190면.

반면에 지식재산권의 경우 침해지는 언제나 보호국이 되어야 한다고 하면 예컨대 A국의 특허법에서 乙의 수출행위가 甲의 A국법에 따른 특허권을 침해하는 것으로 인정하는[17] 경우에는 A국 밖에서 이루어진 행위에 대하여 A국법이 적용되는 것(이른바 역외적용)이 문제되고, 이를 피하기 위해서는 A국 밖에서의 행위에 대하여는 그 나라의 특허법에 따라 평가해야 하는 것이 아닌지 의문이 되는 것이다.

요컨대 보호국 외에서 행해진 행위와 관련해서 침해지에 행동지도 포함하는 경우에는 지식재산권의 속지성과 충돌되는 문제가 수반되고, 침해지를 보호국만으로 보는 경우에는 보호국법의 역외적용이 문제되는 것이다.

생각건대 X국의 법이 부여한 특허권의 침해 문제에 Y국법을 준거법으로 적용하는 것은 지식재산권의 속지성과 본질적으로 충돌되는 것인 반면, 지식재산권 자체의 준거법인 X국의 법에서 자국의 시장에 영향을 미치는 것을 이유로 다른 나라의 영토에서 수행된 행위를 자국법에 따른 특허권의 침해로 보는 것은 지식재산권의 속지성의 본질에 반한다고 하기는 어려울 것이다.[18] 많은 나라의 지식재산권법에서 일정한 요건 하에 간접침해 유형을 인정하고 있는바,[19] 다른 나라에서 수행된 행위도 침해에 포함되는 것으로 보는 것이 개념적으로 속지주의와 조화될 수 없는 것은 아니기 때문이다. 그러므로 지식재산권 침해 문제에는 보호국법을 적용하는 것이 타당하다 하겠다.

그러나 유의할 것은, 이러한 결론이 곧 제40조가 보호국법주의를 따른 국제협약을 성문화한 것이라는 견해에 찬동하는 것은 아니라는 점이다. 침해지를 보호국으로 해석을 하면 제40조가 보호국법주의를 입법화한 것이라고 해석을 해도 일응 모순이 생기지는 않는다. 그러나 지식재산권의 속지성과 조화되기 위해서는 지식재산권의 침해 문제에도 원칙적으로 보호국법을 적용하는 것이 타당하기 때문에 제24조에서 말하는 침해지를 보호국으로 해석해야 하는 것이지, 역으로 제40조가 보호국법주의를 따르고 있기 때문에 침해지가 필연적으로 보호국이어야 하는 것이 아니다.

---

17) 그러한 입법례가 없지 않다.
18) 안춘수, 국제지식재산권법의 몇 가지 기초적 관점에 관하여(각주 7)), 158면 이하 참조.
19) 특허법 제127조(침해로 보는 행위) 참조.

2) 제40조의 적용 범위

제40조는 존재에 다툼이 없거나 또는 존재한다고 주장되는 지식재산권의 침해 여부 및 손해배상 등 침해의 결과로 발생하는 효과 문제에만 적용된다.[20]

3) 제40조와 제52조의 관계

지식재산권에 대한 침해가 불법행위가 된다는 것을 부인하는 나라는 없는 것으로 보이며 이는 우리나라의 경우에도 마찬가지이다.[21] 그런데 우리 국제사법에서는 불법행위에 관한 저촉규정인 제52조와 별도로 지식재산권의 침해에 적용되는 별개의 규정을 제40조에 두고 있다.[22] 그리고 두 규정의 차이를 살펴보면 ㉠ 연결점이 제52조에서는 '행위가 행하여진 곳(행동지)과 결과가 발생하는 곳'인 것에 비해 제40조에서는 침해지이고, 침해지의 개념에 관하여는 앞서 본 것처럼 결과발생지설과 행동지도 포함될 수 있다는 견해가 대립하고 있다. ㉡ 일반불법행위의 경우에는 사후적 당사자자치가 허용되고, 종속적 연결이 인정되지만 제40조에는 이에 관한 언급이 없다.

여기서 제40조와 제52조의 관계가 문제되는데, 사견으로는 제40조와 함께 제52조도 당연히 그리고 제한 없이 적용된다고 해석하는 것은 무리가 있다 할 것이다. 지식재산권 자체의 관점에서나 권리침해의 관점에서나 보호국법을 적용해야 한다는 것의 중요한 논거 중 하나는 실체법상의 보호체계와의 조화인데, 만약 제52조를 제한 없이 적용하는 경우에는 보호국과 일치하지 않을 수도 있는 행동지법이 준거법이 되어 지식재산권의 실체법적 속지성과 본질적으로 충돌될 것이기 때문이다. 그렇다고 하여 지식재산권 침해의 경우에 사후적인 당사자자치와 종속적 연결이 전혀 허용될 수 없다고 단정할 것은 아니다. 불법행위에서 사후적 당사자자치와

---

20) 그러나 판례는 제24조가 지식재산권 자체의 준거법에 관하여도 보호국법주의를 구체화한 것으로 이해하려고 한다.

21) 서울중앙지방법원 2008. 6. 20. 선고 2007가합43936 판결도 제24조(현행 제40조)는 지적재산권의 침해가 갖는 특수성 때문에 두게 된 특별불법행위규정으로 보고 있다.

22) 유럽연합의 ROM Ⅱ(계약외적 채권관계의 준거법에 관한 EU 규칙)에서도 별도로 불법행위에 관한 일반규정(Art. 4)과 지식재산권의 침해에 관한 규정(Art. 8)을 두고 있는데 그 내용은 우리와 다르다. 일반불법행위의 경우에는 불법행위지에 행동지는 포함되지 않으며(이는 독일의 국제사법과 다른 점이다), 지식재산권침해의 경우에는 보호국법으로 명시하고 있다.

종속적 연결을 인정한 것은 경직적인 준거법 지정에서 오는 불합리를 해소시키기 위해 특별한 상황에 대한 예외를 인정한 것이고 그러므로 제40조의 특별규정성은 어디까지나 원칙적 연결에 국한되고 사후적 당사자자치와 종속적 연결까지 배제되는 것은 아니라는 논리구성도 가능할 것이다.

4. 지식재산권 침해사건에 관한 소의 국제관할

지식재산권의 침해로 인한 분쟁에 관하여는 원칙적으로 침해행위가 대한민국에서 행하여지거나 그 결과가 대한민국에서 발생하는 경우 및 대한민국을 향하여 침해행위를 한 경우에 우리 법원에 국제관할이 있다(제39조. 자세한 것은 제4편 제2장 Ⅳ. 3. 참조).

제 4 장

채 권 법

Ⅰ. 서   설

채권이라 함은 채권법상의 청구권을 말하며 채권과 그에 상응하는 의무를 중심으로 결합된 관계를 채권관계라 한다. 채권관계는 그 발생 원인에 따라 법률행위 채권관계와 법정채권관계로 구별하는 것이 세계적으로 보편적인 현상이다. 법률행위 채권관계의 가장 보편적이고 중요한 예는 (채권)계약이고 그리하여 계약관계와 동의어로 쓰기도 하지만 나라에 따라서는 단독행위로 인한 채권관계도 인정될 수 있다(예컨대 우리나라의 현상광고는 단독행위로 볼 수 있다). 많은 나라에서 법정채권관계로 불법행위, 사무관리, 부당이득이 있지만 사무관리와 부당이득을 독립적인 채권관계로 보지 않는 예도 있다.

법률행위 채권관계(이하 편의상 계약관계라 한다)와 법정채권관계는 그 준거법을 정하는 원리에 있어서도 현격한 차이가 있다.

Ⅱ. 채권계약

1. 저촉법상의 특수성

저촉법적 관점에서 본 채권계약의 특수성은 계약관계의 중점, 즉 계약과 가장 밀접한 관계가 있는 장소를 사전에 획일적으로 정하여 놓기가 어렵다는 것이다.

채권계약은 사적자치(법률행위자유의 원칙)에 대한 제한이 가장 적은 분야이고 사적자치의 원칙과 사실상 동의어로 쓰이는 계약자유의 원칙에서 말하는 계약도 채권계약을 의미한다. 그리하여 채권계약은 그 유형에 제한이 없고 따라서 채권계약 일반에 적용될 수 있는 하나의 중점을 말하기 어렵다. 나아가 같은 유형이라 하더라도 구체적 내용은 천차만별인 것이 현실이어서 유형별로 중점을 평가한다는 것도 의미가 없다.

그리고 다른 법률관계에서는 그 중점을 지시하는 것으로 평가될 수 있는 요소들이 채권계약의 경우에는 그 의미가 적거나 비합리적이다. 예컨대 당사자의 국적 및 일상거소(주소)를 연결점으로 하는 경우 국제적 계약에서는 준거법의 분열 가능성을 수반하고, 이런 결과를 피하려면 일방에게 특혜를 주는 결과가 된다. 이행지 또한 쌍무계약에서는 준거법의 분열 가능성을 피하기 어렵고, 특히 당사자가 자의적으로 이행지를 선택할 경우 실질적 관련성이 없는 장소로 연결될 수 있으며, 나아가 현대적 거래에서는 이행지가 우연한 사정에 의해 정해지는 경우가 많다. 마지막으로 행위지(계약 체결지)는 이행지보다도 더 우연에 좌우되는 경우가 많을 뿐 아니라 계약의 경우 어느 곳을 행위지로 볼 것인지 또한 쉬운 문제가 아니다.

이러한 사정으로 인해 채권계약에 대해서는 당사자가 준거법을 선택할 수 있도록 하는 것이 합리적이라는 생각이 일찍부터 통용되었으며 이러한 생각이 당사자자치의 원칙으로 발전하게 되었다.

> 대법원 1987. 6. 23. 선고 85다카2666 판결 화물의 운송인이고 선하증권의 발행인인 미국인이 그 선하증권의 최후소지인인 한국인에 대하여 채무불이행으로 인한 손해배상책임을 질 것인가의 여부는 미국해상물건운송법과 선하증권의 약관에 의하여 가려져야 한다.[1]
>
> 대법원 1991. 12. 10. 선고 90다9728 판결 주식의 변동으로 계약의 기초사정이 현저히 변경되었으며 나아가 이제는 소외 게로와 피고 레펠이 상호 협력하여 공동으로 원고를 위하여 시장조성을 할 것을 기대할 수 없게 되었다는 이유로 1987.1.16. 피고 레펠에 대하여 이 사건 계약을 해지한다고 통보한 사실…원고의 위 계약해지는 이 사건 계약의 준거법으로서 정한 독일법상의 행위기초론에 의거한 것으로서

---

1) 이 판례에는 결론만 제시되고 논거가 나타나 있지 않은 문제점이 있다.

적법하다.

대법원 1997. 5. 9. 선고 95다34385 판결 수입신용장 개설은행의 신용장에 따른 대금지급의무는 법률행위인 신용장상의 지급확약에 의하여 발생하는 것인바, 그 법률행위의 성립과 효력 등에 관하여는 섭외사법 제9조에 따라 당사자가 지정한 준거법에 의한다.

※ **기타판례** 서울고등법원 1994. 3. 4. 선고 92나61623 판결; 대법원 2011. 11. 24. 선고 2010다76290 판결

2. 당사자자치의 원칙

제45조 (당사자 자치) ① 계약은 당사자가 명시적 또는 묵시적으로 선택한 법에 따른다. 다만, 묵시적인 선택은 계약내용이나 그 밖의 모든 사정으로부터 합리적으로 인정할 수 있는 경우로 한정한다.
② 당사자는 계약의 일부에 관하여도 준거법을 선택할 수 있다.
③ 당사자는 합의에 의하여 이 조 또는 제46조에 따른 준거법을 변경할 수 있다. 다만, 계약 체결 후 이루어진 준거법의 변경은 계약 방식의 유효 여부와 제3자의 권리에 영향을 미치지 아니한다.
④ 모든 요소가 오로지 한 국가와 관련이 있음에도 불구하고 당사자가 그 외의 다른 국가의 법을 선택한 경우에 관련된 국가의 강행규정은 적용이 배제되지 아니한다.
⑤ 준거법 선택에 관한 당사자 간 합의의 성립 및 유효성에 관하여는 제49조를 준용한다.

1) 의 의

당사자자치라 함은 당사자가 국제적 계약에 적용될 준거법을 선택할 수 있다는 것으로, 실체법상의 사적자치에 대응되는 저촉법상의 개념이다. 역사적으로 볼 때 논란이 있기는 했지만, 현재에는 당사자자치의 원칙에 따라 당사자가 준거법을 선택한다는 것은 이른바 저촉법적 지정이라는 것에 이견이 없다. 즉 당사자에 의한 준거법의 선택은 국제사법의 독립적 저촉규정에 의해 준거법이 지정되는 것과 동일한 효력이 있다. 그러므로 임의규정은 물론 (상대적·국내적) 강행규정도 포함하여 원칙적으로 당사자가 선택한 나라의 법만이 적용되고 다른 나라의 법은 적용되지 않는다. 이 점에서 당사자자치는 이미 어떤 기준에 따라 정해진 준거법이 허용하는 범위에서 다른 나라의 법을 따른다는 의미의 이른바 실질법적 지정과 구별된다. 즉 당사자자치는 저촉법적 지정의 한 형태인 것에 비하여 실질법적 지정은 준거법상의 강행규정에 위반되지 않는 범위 내에서 계약내용을 당사자가 정하는 사

적자치의 한 형태에 불과하고, 저촉법적 지정(당사자자치)인가 실질법적 지정(사적자치)인가 여부에 따라 적용되는 국내적(상대적) 강행규정이 달라진다.[2] 그러므로 채권계약의 당사자가 특정한 나라의 법에 따르기로 한 경우, 특히 일부 문제에 대하여만 그런 합의를 한 경우에는, 그것이 저촉법적 지정인지 아니면 실질법적 지정인지를 먼저 검토해야 하고(대법원 2018. 3. 29. 선고 2014다41469 판결 참조: 의사표시의 해석 문제), 만약 후자라면 준거법이 객관적 연결에 관한 규정에 따라 판단되어야 한다.

2) 연 혁

당사자자치에 대하여는 Grotius의 자연법적 발상에서 기원한다는 견해, 부부재산제와 관련하여 Doumoulain에 의해 창시되었다는 견해, Doumoulain에 있어 부부재산제의 준거법은 실질적으로는 객관적으로 연결되고 단지 그러한 연결의 정당성만이 임의복종으로 설명되기 때문에 당사자가 선택할 수 있는 이행지를 계약의 중심지로 보아야 한다고 주장한 Savingy를 진정한 당사자자치의 창시자로 보아야 한다는 견해, 특정인을 창시자로 보는 것은 무리이며 19세기의 자유주의사상에 기초한 실무와 이론에서 기원하는 것으로 보아야 한다는 견해 등이 있다.[3] 현재 다수의 지지를 받는 마지막 견해에 찬동한다.

3) 이론적 쟁점

채권계약의 저촉법적 특수성으로 인해 불가피하게 당사자자치가 먼저 실무적으로 인정되기는 하였지만 이론적·법논리적으로 과연 저촉법적 지정으로서의 당사자자치가 허용될 수 있는지에 대하여는 극심한 견해대립이 있었다.[4] 먼저 당사자자치를 인정할 경우 개인의 의사가 모든 나라의 법 위에 군림하게 되는데 이는 법이론적으로 있을 수 없다는 비판이 있었다. 그러나 각국의 국내법인 국제사법에서 이를 허용한다는 것이 당사자자치의 실정법적 근거이기 때문에 이는 문제될 것이

---

2) 이와 관련하여 예컨대 계약의 당사자가 준거법으로 A국 법을 합의한 경우 A국의 상대적 강행규정과 절대적 강행규정, 관련이 있는 B국의 상대적 강행규정과 절대적 강행규정, 법정지인 우리나라의 상대적 강행규정과 절대적 강행규정 중 이 계약에 적용되는 것과 그 근거는 무엇인가를 정리하는 것은 국제거래에서 매우 의미 있는 공부가 된다(국제적 강행규정 참조).

3) 이에 관하여는 안춘수, 국제사법상 당사자자치, 김문환 선생 정년기념논문집 1권, 222면 이하 참조.

4) 안춘수, 국제사법상 당사자자치, 226면 이하 참조.

없다. 그리고 당사자자치를 인정하면 개인의 의사가 강행규범 위에 군림하는 결과가 되기 때문에 저촉법적 지정이라는 개념이 논리적 불가능하다는 지적이 있었다. 하지만 어떤 식으로든 준거법이 지정되기 전에는 그 자체로 적용될 법이란 없고 따라서 회피될 강행규정도 있을 수 없기 때문에 이 지적 자체가 논리적 모순을 포함하고 있다. 끝으로 준거법 선택은 그 자체로 하나의 계약이라 해야 하는데 합의의 성립 및 유효성 판단의 기준이 될 법이 존재하지 않는 논리적 모순이 있다는 지적이 있었다. 법정지 실질법을 준거법합의의 준거법으로 하는 것은 계약 당시에는 법정지를 전혀 알 수 없는 경우가 있다는 문제가 있고, 법정지 국제사법을 적용하는 것은 이론적으로는 타당하나 저촉법에 합의의 실질적 기준이 정해진 바 없다는 난점이 있었으며, 당사자가 적용되기를 원한 실질법을 적용하는 것은 논리적 순환론(대법원 1987. 3. 24. 선고 86다카715 판결 참조)이라는 것이다.

마지막 지적은 논리적으로 타당한 면이 있다. 그리하여 현재는 많은 나라에서 저촉법 자체에서 준거법합의의 준거법을 지정하는 방식으로 문제를 해결하고 있는데, 대개 당사자가 선택한 법이 준거법합의에도 적용되도록 하고 있고, 우리 국제사법도 그런 해결방법을 따르고 있다(제45조 5항, 제49조 1항).

4) 선택합의

(1) 형태 및 방식

준거법의 선택은 명시적으로도 할 수 있고 묵시적 합의도 가능하도록 되어 있는바(제45조 1항) 이는 일반적인 의사표시의 두 형태에 상응하는 것으로 기본적으로 타당한 태도이다. 그런데 국제적 사안의 경우에는 가능한 한 법정지법을 적용하려는 법원의 경향이 강하고, 과거에는 이른바 묵시적 자치 내지 추정적 자치라는 이름 아래 법정지법을 적용하는 예가 국내외적으로 많았다. 그리하여 준거법에 관한 당사자의 실제 의사가 존중되고 묵시적 합의를 구실삼아 실제 있지도 않은 당사자 의사가 의제되는 것을 막기 위해서는 묵시적 합의를 인정하는 데 신중할 것이 요구된다는 지적이 많았다. 우리 국제사법도 이를 반영하여 계약내용이나 그 밖에 모든 사정으로부터 합리적으로 인정할 수 있는 경우에만 묵시적 합의를 인정할 수 있음을 밝히고 있다(제45조 단서 1항).

서울고등법원 1972. 7. 14. 선고 71나3027 판결 외국에서의 근로를 목적으로 하는 근로계약에 있어서 취업중 재해를 당하였을 때 근로기준법에 의하여 처리하도록 하고, 소득세도 소득법에 의하여 부담하며, 우리나라법에 따른 저축도 하기로 한 외에 근로계약서도 순국한문으로 작성되었다면, 그러한 근로계약으로 인한 민사분쟁은 우리나라 법률을 준거법으로 하기로 하였다는 의사가 있었다고 할 것.

서울고등법원 1973. 6. 15. 선고 71나3068 판결 근로계약의 당사자가 모두 대한민국의 국민 또는 법인이고 최초의 근로계약이 대한민국 영역내에서 체결되었고 계약서가 국문인 한글과 한문으로 작성되어 있다면 위 근로계약에 관하여 적용한 법을 대한민국의 법률로 하기로 하는 묵시적인 합의가 있는 것으로 볼 것.

대법원 2008. 2. 1. 선고 2006다71724 판결 이 사건 합의 당시 시행되던 구 섭외사법 제9조에서는 … 준거법 선택에 관하여 명시적인 합의가 있는 경우에는 그에 의하여야 할 것이고, 그러한 명시적인 합의가 없는 경우에는 이 사건 합의에 포함되어 있는 준거법 이외의 다른 의사표시의 내용이나 소송행위를 통하여 나타난 당사자의 태도 등을 기초로 당사자의 묵시적 의사를 추정하여야 할 것이며, 그러한 묵시적 의사를 추정할 수 없는 경우에도 당사자의 국적, 주소 등 생활본거지, 이 사건 합의의 성립 배경과 그 경위, 기타 여러 가지 객관적 사정을 종합하여 볼 때 이 사건 합의 당시 당사자가 준거법을 지정하였더라면 선택하였을 것으로 판단되는 가정적 의사를 추정하여 준거법을 결정할 수 있다.

대법원 2012. 10. 25. 선고 2009다77754 판결 (구)국제사법 제25조($\frac{현행}{제45조}$) 제1항은 "계약은 당사자가 명시적 또는 묵시적으로 선택한 법에 의한다. 다만 묵시적인 선택은 계약 내용 그 밖에 모든 사정으로부터 합리적으로 인정할 수 있는 경우에 한한다."고 규정하여 계약의 준거법을 당사자가 자유롭게 선택할 수 있도록 하면서, 당사자의 준거법 선택은 명시적인 지정뿐만 아니라 묵시적인 지정도 가능하도록 하고, 다만 그것이 부당하게 확대되는 것을 방지하기 위하여 묵시적인 선택은 계약 내용 그 밖에 모든 사정으로부터 합리적으로 인정할 수 있는 경우로 제한…

※ **기타판례** 서울고등법원 1994. 3. 4. 선고 92나61623 판결; 대법원 2010. 8. 26. 선고 2010다28185 판결

(2) 일부지정 문제

계약의 일부에 대해서만 당사자가 준거법을 선택할 수 있는가는 오랜 논쟁의 대상이었다. 그리고 논의를 거치며 원칙적으로 일부지정을 허용하되 준거법의 분열에 따르는 문제를 방지하기 위해서는 일정한 요건을 충족하도록 할 필요가 있다는 것으로 의견이 모아졌다. 우리 국제사법 제45조 2항도 부분지정을 허용하고 있지

만 학설에서 주장하는 조건에 관하여는 언급이 없다.

학설상 제시되고 있는 이론적 조건을 살펴보면 ㉠ 부분지정된 부분이 내용적으로나 체계적으로나 독자적으로 평가되기에 충분한 독립성을 가지고 있어야 하고, ㉡ 부분지정의 경우 피할 수 없는 준거법 분열로 인해 논리적으로 해결할 수 없는 상호모순이 발생하지 않아야 한다고 한다. 요컨대 부분준거법이 논리적으로 병존할 수 있는 상황이어야 한다는 것이다. 그러한 경우의 예로는 주어진 상황으로 인해 특별히 취급할 필요가 있는 성립 또는 이행 등의 문제에 대해서만 준거법을 합의하고, 효력 등 다른 문제는 객관적 연결($^{제46}_조$)에 의해 준거법이 결정되도록 하는 사례를 들 수 있다.[5]

> **대법원 1998. 7. 14. 선고 96다39707 판결** 보험증권에 "이 보험증권에 포함되어 있거나 또는 이 보험증권에 첨부되는 어떠한 반대되는 규정이 있음에도 불구하고, 이 보험은 일체의 전보청구 및 결제에 관해서 영국의 법률과 관습에만 의한다"고 명기되어 있음을 알 수 있으나, 이와 같은 영국법 준조조항은 이 사건에서와 같이 보험계약의 보험목적물이 무엇인지 여부에 관한 사항, 즉 보험계약의 성립 여부에 관한 사항에까지 영국의 법률과 실무에 따르기로 하기로 한 것으로는 볼 수 없으므로, 이와 같은 사항은 우리나라의 법률이 적용되어야 할 것.[6]
>
> **대법원 2016. 6. 23. 선고 2015다5194 판결** 외국적 요소가 있는 계약에서 당사자가 계약의 일부에 관하여만 준거법을 선택한 경우에 해당 부분에 관하여는 당사자가 선택한 법이 준거법이 되지만, 준거법 선택이 없는 부분에 관하여는 계약과 가장 밀접한 관련이 있는 국가의 법이 준거법이 된다 … 준거법 약관은 이 사건 보험계약 전부에 대한 준거법을 지정한 것이 아니라 보험자의 '책임' 문제에 한정하여 영국의 법률과 관습에 따르기로 한 것이므로 보험자의 책임에 관한 것이 아닌 사항에 관하여는 이 사건 보험계약과 가장 밀접한 관련이 있는 우리나라의 법이 적용된다고 할 것인데, 약관의 설명의무에 관한 사항은 약관의 내용이 계약내용이 되는지 여부에 관한 문제로서 보험자의 책임에 관한 것이라고 볼 수 없으므로($^{대법원\ 2001.\ 7.\ 27.\ 선고}_{99다55533\ 판결\ 참조}$), 이에 관하여는 영국법이 아니라 우리나라의 약관규제법이 적용된다.
>
> **대법원 2018. 3. 29. 선고 2014다41469 판결** 선하증권에 일반적인 준거법에 대한 규정이 있음에도 운송인의 책임범위에 관하여 국제협약이나 그 국제협약을 입법화

---

5) An, Internationales Schuldvertragsrecht, S. 40 이하 참조.
6) 준거법 합의를 일부에 대한 것으로 본 근거와 합의가 안 된 부분에 한국법이 적용되는 근거에 대한 설명이 없는 것은 문제라 하겠다.

제1편 제2편 제3편 제4편 개별적 준거법의 지정

한 특정 국가의 법을 우선 적용하기로 하는 이른바 '지상약관Clause Paramount'이 준
거법의 부분지정(분할)인지 해당 국제협약이나 외국 법률규정의 계약 내용으로의
편입인지는 기본적으로 당사자의 의사표시 해석의 문제이다. 일반적 준거법 조항
이 있음에도 운송인의 책임범위에 관하여 국제협약을 입법화한 특정 국가의 법을
따르도록 규정하고, 그것이 해당 국가 법률의 적용요건을 구비하였다면, 특별한 사
정이 없는 한 운송인의 책임제한에는 그 국가의 법을 준거법으로 우선적으로 적용
하는 것이 당사자의 의사에 부합한다.

(3) 준거법의 사후 변경

원칙적으로 당사자가 준거법을 선택하는 데에는 시간적인 제한이 없다. 즉 많은
나라의 학설과 판례는 본계약을 체결하면서 준거법을 합의할 수도 있고, 사후에 다
툼이 발생하면 그때 법정지를 고려하여 선택할 수도 있으며, 소송 중에 선택하는
것도 허용된다는 입장을 견지하였다.[7] 또한 한번 선택한 준거법을 뒤에 바꾸는 것
도 가능하다.

우리 국제사법 제45조 3항도 합의된 준거법 또는 객관적으로 정해진 준거법이
모두 변경 가능하도록 하여 이러한 학설을 반영하고 있다.

준거법의 선택 및 변경에 이렇게 광범위한 자유를 인정할 경우에는 제3자의 이
익이 영향을 받을 수 있고 거래안전도 저해되는 문제가 발생할 수 있고, 이를 방지
하기 위해 준거법 변경의 효력에 대하여 일정한 제한을 두는 것이 보통이다. 국제
사법 제45조 3항에서도 단서를 두어 계약체결 후의 준거법 변경은 계약의 방식의
유효성에 영향을 미치지 않으며 또한 제3자의 권리에도 영향을 미치지 않는 것으
로 하고 있다.[8]

(4) 순수국내사건

순수국내사건에도 국제사법이 적용되는지는 근본적인 국제사법상 논점의 하나
인데, 특히 이 문제는 당사자자치가 인정되는 채권계약에서 흔히 문제된다. 그리고
제45조 4항은 이러한 학설상 다툼에 대해 당사자자치를 허용하는 쪽으로 해결한
것이라고[9] 해석되고 있지만, 이러한 해석이 타당한 것인지는 대단히 의문이다.

---

7) An, Internationales Schuldvertragsrecht, S. 90 이하 참조.
8) 그러나 방식은 법률행위의 준거법 외에 행위지법에 따를 수도 있는 점을 고려하면 영향을 받지 않는
   방식이 무엇을 의미하는지는 하나의 문제이다.
9) 법무부, 국제사법 해설, 91면.

제45조 4항에서는 '모든 요소가 오로지 한 국가와 관련이 있음에도 불구하고 당사자가 그 외의 다른 국가의 법을 선택한 경우에 관련된 국가의 강행규정은 그 적용이 배제되지 아니한다'고 되어 있다. 그리고 이를 근거로 순수 국내사건에 대해서도 당사자자치가 원칙적 허용된다고 해석한다. 그러나 이러한 이해가 타당한가 여부는 관련국의 강행규정이 무엇을 의미하는지가 먼저 밝혀지기 전에는 판단될 수 없다. 만약 여기서 말하는 강행규정이 국제적 강행규정을 의미하는 것이라면 이는 앞에서 살펴본 국제적 강행규정의 처리에 관한 이론에 따라 도출되는 당연한 결과를 반복한 것에 지나지 않고, 따라서 여기서 논의되는 문제와는 무관한 규정이 된다. 이에 비해 만약 국내적 강행규정을 의미라는 것이라고 하면 결과적으로 하나의 계약관계에 당사자가 선택한 나라의 임의규정 및 국내적 강행규정과 유일하게 관련된 나라의 국내적 강행규정이 함께 적용되는 결과가 되는데, 이 경우 해결할 수 없는 강행규정 사이의 충돌을 피할 수 없게 될 것이다. 그러므로 이러한 문제를 피하려면 순수국내사건의 경우에는 당사자가 선택한 나라의 법은 임의규정만 적용되고 국내적 강행규정은 관련국의 것이 적용된다고 해야 할 것인데, 이는 사실상 실질법적 지정으로 귀결된다. 따라서 이 규정도 순숙국내사건에 대하여는 실질법적 지정만 허용된다는 것을 밝힌 것으로 해석되어야 할 것이다.[10]

※ 참 고
  제45조 4항과 유사한 규정이 처음 등장한 것은 채권계약의 준거법에 관한 로마조약 제3조 3항인데, 이는 순수 국내사건에 대하여도 제한 없이 당사자자치를 인정하자는 영국과 당사자자치를 인정할 수 없다는 다른 나라 사이의 절충안으로 나온 것이라고 한다Deutscher Bundestag Drucksache 10/504, S. 77 참조.

5) 당사자자치의 한계[11]

(1) 선택범위 제한론

오래전부터 당사자자치를 허용하더라도 선택 가능한 범위를 당해 사안과 관련된 나라로 제한해야 한다는 주장이 있었다. 이에 따르면 예컨대 관련이 없는 중립국의 법을 선택하는 것은 불가능하다. 그러나 해상과 보험의 경우 오랜 전통을 가지고 있고 그리하여 세계적으로 통용되는 것으로 인식되고 있는 영국법을 선택하

---

10) 안춘수, 국제사법상의 당사자자치, 235-238면 참조.
11) 안춘수, 국제사법상의 당사자자치, 234면 이하 참조.

는 예가 많은 것에서 볼 수 있는 것처럼, 거래의 특성에 따른 현실적인 필요성을 부인할 수 없다. 이에 따라 현재의 지배적 견해는 선택범위를 관련국으로 제한하는 것에 관해 부정적이고, 우리 국제사법에서도 아무런 제한을 규정하고 있지 않다.

(2) 비국가법의 선택 문제

당사자는 특정한 나라의 법만을 선택할 수 있나 아니면 모델법, 일반적 법원리, 상관습lex mercatoria 등 국가의 법이 아닌 규범도 선택할 수 있는지가 문제되고, 우리나라에서도 제45조 1항에서는 단순히 '법'으로 되어 있는 것에 비해 객관적 연결에 관한 제46조 1항에서는 '국가의 법'으로 되어 있는 것과 관련하여 견해가 대립하고 있다.

국제중재의 경우에는 일반적으로 당사자가 비국가적 규범을 선택하는 것이 허용되고 있지만, 법의 흠결이 문제되지 않을 정도로 완전한 체계를 가지고 있는 비국가적 규범이 아직 없는 것을 고려할 때 엄격하게 법에 따라 판단을 하여야 하는 국가법원을 통한 분쟁해결에서는 비국가적 규범의 선택을 인정하는 것은 시기상조라고 생각된다. 유의할 것은 UN-통일매매법은 체약국의 국내법의 일부를 구성하므로 이 범위에서는 문제가 되지 않는다는 것이다.

> 대법원 1999. 12. 10. 선고 98다9038 판결 선하증권 이면약관이 분쟁에 관하여 관할권을 가지고 재판을 할 법원의 소재국에서 효력을 가지는 헤이그규칙을 운송계약에 따른 법률관계의 준거법으로 지정하고 있는 경우 …… 우리 나라는 그 헤이그규칙의 당사자로 가입하지 않았음은 공지의 사실이므로, 헤이그규칙은 우리 나라에서 법규범으로서의 효력을 갖지는 못한다고 할 것.
>
> 대법원 2013. 11. 28. 선고 2011다103977 판결 이 사건 계약의 준거법인 「국제물품매매계약에 관한 국제연합 협약」 …… 합의된 조건에 따른 신용장의 개설을 거절한 경우 이는 계약에서 매도인이 기대할 수 있는 바를 실질적으로 박탈하는 것으로서 협약 제25조가 규정한 본질적인 계약위반에 해당 ……

(3) 공서조항과의 관계

정해진 준거법의 적용이 공서조항(제23조)에 의해 거부되는 경우에 관하여는 여기서도 아무런 제한이 없고, 따라서 이러한 의미에서 당사자자치도 공서에 의한 제한을 받게 되는 것에는 의문이 없다. 그런데 (유효하게) 합의된 준거법이 우리나라의 공서에 반하여 적용이 배제되는 문제와 선택합의 자체가 공서위반으로 무효가 되는 것은 전혀 다른 별개의 문제로[12) 구별되어야 하고, 후자에 있어서는 준거법 선택의 준거법, 즉 당사자가 그 적용을 희망하고 있는 것으로 표시되어 있는 나라의 법과 법정지의 저촉법적 공서가 기준이 되어야 할 것이다.

> **대법원 1991. 5. 14. 선고 90다카25314 판결** 외국법 준거약관은 동 약관에 의하여 외국법이 적용되는 결과 우리 상법 보험편의 통칙의 규정보다 보험계약자에게 불리하게 된다고 하여 상법 제663조에 따라 곧 무효로 되는 것이 아니고 동 약관이 보험자의 면책을 기도하여 본래 적용되어야 할 공서법의 적용을 면하는 것을 목적으로 하거나 합리적인 범위를 초과하여 보험계약자에게 불리하게 된다고 판단되는 것에 한하여 무효로 된다고 할 것 … 영국법 준거약관은 오랜 기간 동안에 걸쳐 해상보험업계의 중심이 되어 온 영국의 법률과 관습에 따라 당사자간의 거래관계를 명확하게 하려는 것으로서 우리나라의 공익규정 또는 공서양속에 반하는 것이라거나 보험계약자의 이익을 부당하게 침해하는 것이라고 볼 수 없으므로 유효하다.

> **서울지방법원 1999. 7. 20. 선고 98가합48946 판결** 섭외사법 제5조에 의하여 당사자들이 합의한 준거법 규정의 적용을 배제하기 위하여는 당사자들이 합의한 준거법의 규정 그 자체가 대한민국의 강행법규에 위반되는지 여부뿐만 아니라, 위 규정이 적용된 결과가 대한민국의 사법질서에 미치는 영향과 위 규정의 적용을 배척하는 것이 국제사법질서를 현저하게 무시하게 되는 결과가 되는지 여부 등을 종합적으로 고려하여 판단하여야 할 것이다.

※ **기타판례** 대법원 2005. 11. 25. 선고 2002다59528,59535 판결

(4) 국제적(절대적·저촉법적) 강행규정에 의한 제한

현재의 이론적 발전상황에 비추어 볼 때, 국제적 강행규정은 정해진 준거법과 무관하게 독자적인 연결원리에 따라 그 적용 여부가 결정되고 따라서 그 범위에서 당사자자치가 제한될 수밖에 없다. 어떤 면에서 보면 국제적 강행규정은 실질적으로 당사자가 준거법을 선택하는 경우에 가장 큰 의미를 갖게 된다.

> **서울고등법원 1973. 2. 14. 선고 71나2764 판결** 근로기준법은 대한민국 국민사이에서의 고용계약에 기한 것인 이상 그 취업장소나 계약체결지가 국내, 외국임을 가리지 않고 적용될 성질의 법률…

---

12) 개념적으로 보면 전자는 실체법적 공서의 문제이고 후자는 저촉법적 공서의 문제이다.

(5) 소비자계약($\text{제47}_{\text{조}}$), 근로계약($\text{제48}_{\text{조}}$)의 경우의 문제

국제사법에서 사회적 약자의 보호가 제일 먼저 문제된 분야의 하나는 채권계약이고 이는 채권계약의 경우에는 당사자가 준거법을 선택할 수 있다는 것과 무관하지 않다. 그리하여 소비자계약과 근로계약의 경우에는 후술하는 바와 같이 당사자자치를 제한하는 특별한 저촉규정을 두는 나라가 많다.

※ 관련 판례: 서울지방법원 2003. 12. 5. 선고 2003가합43945 판결; 대법원 2005. 11. 25.
  선고 2002다59528,59535 판결

3. 객관적 연결

제46조 (준거법 결정시의 객관적 연결) ① 당사자가 준거법을 선택하지 아니한 경우에 계약은 그 계약과 가장 밀접한 관련이 있는 국가의 법에 따른다.
② 당사자가 계약에 따라 다음 각 호의 어느 하나에 해당하는 이행을 하여야 하는 경우에는 계약체결 당시 그의 일상거소가 있는 국가의 법(당사자가 법인 또는 단체인 경우에는 주된 사무소가 있는 국가의 법을 말한다)이 가장 밀접한 관련이 있는 것으로 추정한다. 다만, 계약이 당사자의 직업 또는 영업활동으로 체결된 경우에는 당사자의 영업소가 있는 국가의 법이 가장 밀접한 관련이 있는 것으로 추정한다.
  1. 양도계약의 경우에는 양도인의 이행
  2. 이용계약의 경우에는 물건 또는 권리를 이용하도록 하는 당사자의 이행
  3. 위임·도급계약 및 이와 유사한 용역제공계약의 경우에는 용역의 이행
③ 부동산에 대한 권리를 대상으로 하는 계약의 경우에는 부동산이 있는 국가의 법이 가장 밀접한 관련이 있는 것으로 추정한다.

1) 원 칙

당사자가 준거법을 선택하지 않은 경우에는 채권계약의 준거법도 객관적 기준에 따라 정해질 수밖에 없다. 그리고 그 객관적 기준이 가장 밀접하게 관련된 장소(중심지)인 것은 채권계약이라 하여 다르지 않다. 이는 제46조 1항에서 다시 확인되고 있다.

2) 가장 밀접한 관련이 있는 국가의 추정

앞에서 본 바와 같이 국제사법에서 전통적으로 채용되어 온 연결점들이 채권계약에서는 적합하지 않은 것으로 드러났고, 그리하여 대안으로 고려된 것이 당해 유

형의 계약에 특유한 이행의무를 부담하는 자의 주소지나 영업소의 법을 적용하는 것이다. 매매의 경우를 예로 들면 매수인의 채무는 일정액의 금전을 지급하는 것으로 다른 유형의 계약에서도 흔히 있을 수 있고 또한 그 내용이나 이행과 관련하여서 다툼이 발생할 여지가 상대적으로 적다. 이에 비해 매도인의 의무는 매매계약을 다른 종류의 계약으로부터 구별되게 하는 요소이면서 이 의무의 이행과 관련하여서는 다툼이 발생할 가능성이 크다. 그러므로 계약내용의 실현이라는 시각에서 볼 때 매매계약에서 중요한 사항은 매도인의 의무가 정상적으로 이행되는 것인바, 이러한 사정은 저촉법적으로도 고려되어야 한다는 것이다.[13]

그러나 채권계약의 다양성으로 인해 이러한 평가가 모든 경우에 타당할 것이라고 상정하는 것은 무리라는 것도 부인할 수 없다. 예컨대 소비자신용금융거래의 경우에는 당사자의 이해관계에 있어 매수인의 대금지급의무가 갖는 의미가 매도인의 권리이전의무의 의미보다 결코 적다고 할 수 없다. 즉 구체적 사정으로 인하여 어떤 채권계약이 당해 계약의 특징적 의무를 부담하는 당사자의 주소지나 영업소 외의 나라와 보다 더 밀접하게 관련되어 있다고 평가해야 할 가능성이 상존하고, 이 점은 저촉규범의 형성에서도 고려되어야 할 것이다.

이러한 상황을 고려하여 나온 타협적 연결원리가 특징적 의무를 부담하는 당사자의 주소나 영업소가 있는 곳을 가장 밀접한 관계가 있는 곳으로 확정하는 것이 아니라 일응 그러한 것으로 추정만 하는 것이다. 그리하여 구체적인 상황에서 그러한 추정이 합리적이지 못한 경우에는 추정은 깨지고 따라서 원칙에 따라 실제로 가장 밀접하게 관련된 곳의 법을 적용하게 된다.

이러한 발상은 먼저 유럽공동체의 '채권계약의 준거법에 관한 로마조약'에서 채용되었고, 우리 국제사법 제46조 2항도 기본적으로 이런 연결원리를 따르고 있다. 즉 양도계약의 경우에는 양도인, 이용계약의 경우에는 물건 또는 권리를 이용하도록 하는 당사자, 위임·도급계약 및 이와 유사한 용역제공계약의 경우에는 용역제공자의 계약체결 당시의 일상거소지 국가와 가장 밀접한 관련이 있는 것으로 추정되고, 한 당사자의 직업 또는 영업활동으로 인한 계약의 경우에는 그의 영업소가 있는 국가의 법이 가장 밀접한 관련이 있는 것으로 추정된다.

---

13) An, Internationales Schuldvertragsrecht, 93면 이하 참조.

제1편 제2편 제3편 제4편 개별적 준거법의 지정

여기서 제기되는 문제가 그러면 어떠한 경우 2항의 추정이 깨어져서 1항의 원칙으로 돌아가야 하며 그때 가장 밀접하게 관련된 나라를 판단하는 기준은 무엇인가 하는 것이다. 그러나 이 문제를 해결하기 위해 여러 가지 방안이 제안되었지만 어떤 획일적 기준을 제시하려는 시도는 아직 성공을 거두지 못하였다고 평가할 수 있다. 결국 개별 사안의 특수성을 종합적으로 고려하여 판단할 수밖에 없는데, 이때 국제사법상의 이익론이 하나의 방법론적 수단이 될 수 있을 것이다. 즉 우선 구체적 사안에 이익론의 관점에서 볼 때 2항의 추정을 불합리하게 만드는 특수한 사정이 있는가를 살펴야 할 것이다. 그리고 이것이 인정되면 각각의 특수한 사정이 (역시 이익론의 관점에서 볼 때) 사안으로 하여금 어떤 장소와 특별한 관계를 갖게 하는가를 평가하여야 할 것이다. 그 결과 여러 사정이 하나의 장소로 집중될 경우에는 그곳의 법을 적용하면 되겠지만, 복수의 특수성이 각각 다른 장소와의 관련성을 보이는 경우에는 법관의 종합적인 이익형량을 통해 가장 밀접한 관계가 있는 장소가 판단될 수밖에 없다. 그리고 이익론을 적용함에 있어서는 당사자이익·거래이익·질서이익 등 이른바 국제사법적 이익을 우선적으로 고려해야 하고, 실질사법적 이익은 원칙적으로 공서조항의 차원에서 고려되어야 하며, 국가이익은 국제적 강행규정의 처리에 관한 이론에 따라 고려하는 것이 현재의 국제사법의 체계와 가장 부합한다 하겠다.

> 대법원 2011. 1. 27. 선고 2009다10249 판결 신용장에 기한 환어음 등을 매입하는 매입은행은 신용장 개설은행의 수권에 의하여 매입하긴 하지만, 이는 어디까지나 자기의 계산에 따라 독자적인 영업행위로서 매입하는 것이고 신용장 개설은행을 위한 위임사무의 이행으로서 신용장을 매입하는 것은 아니므로, 신용장 개설은행과 매입은행 사이의 신용장대금 상환의 법률관계에 관한 준거법의 결정에는 위임사무의 이행에 관한 준거법의 추정 규정인 국제사법 제26조(현행제46조) 제2항 제3호를 적용할 수 없고, 환어음 등의 매입을 수권하고 신용장대금의 상환을 약정하여 신용장대금 상환의무를 이행하여야 하는 신용장 개설은행의 소재지법이 계약과 가장 밀접한 관련이 있는 국가의 법으로서 준거법 ……

> 대법원 2012. 7. 16. 자 2009마461 결정 외국 선적의 선박에 관하여 항해 등에 관한 사무의 처리를 위탁받아 그 사무를 처리하는 경우에, 선박대리점계약에 의하여 발생하는 채권 및 채무의 종류·내용과 효력, 그리고 변제 그 밖의 방법에 의한 소멸 등의 사항에 관하여 당사자가 준거법을 따로 선택하지 아니하였다면, 다른

특별한 사정이 없는 한 국제사법 제26조 제2항 단서에 의하여 계약과 가장 밀접한 관련이 있는 것으로 추정되는 선박대리점의 영업소가 있는 우리나라의 법이 준거법.

대법원 2016. 6. 23. 선고 2015다5194 판결 대한민국 법인인 원고 …… 미합중국 법인인 피고와 사이에, 이 사건 화물에 관하여 부보금액 미화 385만 달러로 하는 적하보험계약(이하 '이 사건 보험계약'이라고 한다)을 영국 런던 보험자협회Institute of London Underwriters의 적하약관Institute Cargo Clause(이하 '영국 적하약관'이라고 한다)에서 규정하고 있는 WAIOP 조건With Average Irrespective Of Percentage(일정한 해상고유의 위험을 해손의 종류나 규모와 상관없이 보상하는 조건)으로 체결 …… 피고는 대한민국에 영업소를 설치하고 따로 대표자를 두면서 이를 등기한 후 대한민국에서 영업행위를 하고 있고, 이 사건 보험계약도 대한민국에 있는 피고의 대리점을 통하여 대한민국에서 체결되었다 …… 이 사건 준거법 약관은 이 사건 보험계약 전부에 대한 준거법을 지정한 것이 아니라 보험자의 '책임' 문제에 한정하여 영국의 법률과 관습에 따르기로 한 것이므로 보험자의 책임에 관한 것이 아닌 사항에 관하여는 이 사건 보험계약과 가장 밀접한 관련이 있는 우리나라의 법이 적용된다.

대법원 2017. 10. 26. 선고 2015다42599 판결 외국적 요소가 있는 책임보험계약에서 제3자 직접청구권의 행사에 관한 법률관계에 대하여는 기초가 되는 책임보험계약에 적용되는 국가의 법이 가장 밀접한 관련이 있다고 보이므로, 그 국가의 법이 준거법으로 된다고 해석함이 타당하다.

3) 부동산 거래의 특칙

부동산에 대한 권리를 대상으로 하는 계약의 경우에는 부동산이 소재하는 국가의 법이 가장 밀접한 관련이 있는 것으로 추정하여 2항의 추정에 대한 예외를 인정하고 있다. 즉 부동산과 관련된 거래에 있어서는 채권계약도 원칙적으로 부동산 소재지와 가장 밀접한 관련이 있다고 본 것이다(대법원 2016. 12. 29. 선고 2013므4133 판결 참조).

4. 소비자계약

제47조 (소비자계약) ① 소비자계약의 당사자가 준거법을 선택하더라도 소비자의 일상거소가 있는 국가의 강행규정에 따라 소비자에게 부여되는 보호를 박탈할 수 없다.
② 소비자계약의 당사자가 준거법을 선택하지 아니한 경우에는 제46조에도 불구하고 소비자의 일상거소지법에 따른다.
③ 소비자계약의 방식은 제31조제1항부터 제3항까지의 규정에도 불구하고 소비자의 일상거소지법에 따른다.

1) 서

소비자계약은 많은 경우 사업자의 보통거래약관을 통하여 체결되며 보통 그 내용에는 준거법조항이 들어 있고, 따라서 당사자자치는 사실상 소비자에게 불리하게 작용할 수 있다. 또한 객관적 연결의 추정원리에 따르면 대부분의 경우 특징적 이행의무를 지는 사업자의 영업소 소재지법이 준거법이 되는 결과가 되어 역시 소비자에게 불리하게 된다. 그리하여 소비자계약에 대하여도 당사자자치를 인정하는 것이 과연 타당한 것인지에 대하여는 견해가 대립하여 왔으며, 객관적 연결에 대하여도 예외를 인정할 필요성이 제기되었고,[14] 우리 국제사법도 이러한 흐름을 반영하여 소비자계약에 대한 특칙을 두고 있다.

2) 당사자자치의 제한

소비자계약에 대하여는 당사자자치를 허용해서는 안 된다는 견해도 있지만, 우리 국제사법은 당사자자치 자체를 배제하지는 않고 있다. 즉 이 경우에도 당사자는 준거법을 선택할 수 있다. 다만 일정한 경우에는 소비자의 일상거소가 있는 국가의 강행규정에 의하여 소비자에게 부여되는 보호가 당사자자치에 의하여 박탈되지 않도록 하여 소비자를 보호하고 있다($^{제47조}_{1항}$).

이 규정이 적용되는 것은 소비자계약으로 국한되는데, 소비자계약의 개념에 대하여는 아직 확립된 정설이 없다. 다만 제42조 1항의 법문에 따를 때 구매자나 용역의 이용자가 자신의 직업 또는 영업활동 외의 목적에서 계약을 체결하는 경우에 본조가 적용되는 것은 분명하다.

또한 소비자계약의 특칙에 따른 보호는 이른바 수동적 소비자로 국한된다. 즉 제42조 1항 각호의 조건이 존재하는 경우에만 소비자의 일상거소지법에 따른 보호가 부여되는 것이다. 그런데 전자상거래의 경우에는 이 기준을 적용하여 수동적 소비자를 확정함에 어려움이 있어 보완이 요청된다.

끝으로 여기서 강행규정이라 함은 당사자자치에 의하여 원칙적으로 그 적용이 배제될 위치에 있는 강행규정, 즉 상대적 강행규정을 의미한다. 절대적 강행규정은

---

14) An, Internationales Schuldvertragsrecht, 73-74면 참조.

이 특별규정과 관계없이 독자적 원리에 따라 그 적용 여부와 적용 범위가 결정되기 때문이다.

3) 객관적 연결의 수정

소비자계약의 당사자가 준거법을 선택하지 않은 때에는 소비자의 일상거소지법이 적용된다. 여기서 소비자의 일상거소지법이 적용되는 것은 소비자계약의 특성상 이곳이 계약과 가장 밀접하게 관련된 것으로 평가되기 때문인 것은 물론이지만, 이는 제46조에 따른 추정 및 추정의 번복과는 무관하게 직접 제47조에 의해 정해진 것이다.

4) 방식의 준거법 수정

소비자계약에 대하여는 법률행위의 방식에 관한 일반규정인 제31조의 적용이 배제되고 오직 소비자의 일상거소지법만 적용된다($\frac{제47조}{3항}$). 제31조가 이 경우에도 적용된다고 하면 제45조 1항 및 제31조 1항과 연관되어 사업자의 일상거소 또는 영업소의 법이 방식의 준거법이 되는바, 이를 방지하고 소비자에게 가장 익숙한 법을 적용하기 위한 것이다.

5) 국제관할

소비자계약에 관련된 소의 국제재판관할에 관하여는 제42조의 특별규정이 적용되어 소비자는 일정한 경우 상대방의 주소지 외에 자신의 일상거소가 있는 곳에서도 소를 제기할 수 있는 반면, 사업자는 소비자의 일상거소지에서만 소를 제기할 수 있으며, 관할합의에 일정한 제한이 있다(자세한 것은 제4편 제2장 Ⅳ. 3. 참조).

5. 근로계약

> **제48조 (근로계약)** ① 근로계약의 당사자가 준거법을 선택하더라도 제2항에 따라 지정되는 준거법 소속 국가의 강행규정에 따라 근로자에게 부여되는 보호를 박탈할 수 없다.
> ② 근로계약의 당사자가 준거법을 선택하지 아니한 경우 근로계약은 제46조에도 불구하고 근로자가 일상적으로 노무를 제공하는 국가의 법에 따르며, 근로자가 일상적으로 어느 한 국가 안에서 노무를 제공하지 아니하는 경우에는 사용자가 근로자를 고용한 영업소가 있는 국가의 법에 따른다.

1) 서

근로계약이라 함은 널리 대가를 받고 노동력을 제공하는 것을 내용으로 하는 계약으로 전형적인 채권계약의 한 종류이다. 그런데 근로계약 관계에 민법의 고용계약 규정만 적용되는 경우는 많지 않고 대부분 이른바 노동관계법이 적용되는데, 노동관계법은 사회적 색채가 강한 강행규정이다. 그리하여 일찍부터 근로계약의 경우에도 당사자자치가 허용될 수 있는지, 허용된다면 어디까지 허용될 수 있는지에 대하여 다툼이 있었다. 하지만 절대적 강행규정 개념의 등장과 더불어 노동관계법을 계약의 준거법과는 별도로 처리할 수 있는 길이 열리며, 근로계약에도 원칙적으로 당사자자치가 인정된다는 것이 지배적인 견해가 되었다.[15]

우리 국제사법도 이러한 흐름에 따라 당사자자치를 인정하는 데서 출발하면서 일정한 제한을 하고, 객관적 연결에 관한 특칙을 두는 등 근로자 보호를 위한 조치를 취하고 있는데, 그 틀은 소비자계약의 경우와 동일하다.

2) 당사자자치의 제한($\frac{1}{항}$)

당사자는 근로계약의 준거법을 선택할 수 있다. 그러나 2항의 객관적 연결에 의할 경우 적용될 법의 강행규정에 따른 보호는 이로 인해 박탈되지 않는다.

3) 객관적 연결의 특칙($\frac{2}{항}$)

당사자가 준거법을 선택하지 않은 때에는 일상적으로 노무가 제공되는 장소의 법이 적용되고, 노무가 일상적으로 어느 한 국가 안에서 제공되지 않는 경우에는 근로자를 채용한 영업소 소재지의 법이 적용된다.

4) 국제관할

근로계약에 관련된 소의 국제재판관할에 관하여는 제43조의 특별규정이 적용되며(자세한 것은 제4편 제2장 IV. 3. 참조), 근로자는 상대방의 주소지 외에 일상적으로 노무를 제공하거나 또는 최후로 일상적 노무를 제공하였던 국가에서도 소를 제기

---

15) An, Internationales Schuldvertragsrecht, 73면 이하 참조.

할 수 있으며($\frac{1}{항}$), 사용자는 근로자의 일상거소지 또는 일상적 노무제공지에서만 소를 제기할 수 있고($\frac{2}{항}$), 관할합의에 일정한 제한이 있다($\frac{3}{항}$).

5) 제48조의 적용범위

제48조는 사용자와 각 근로자 사이의 개별적 근로계약관계에만 적용되고 단체적 근로계약관계에는 적용되지 않는다. 단체협약과 노동조합 등 단체적 근로계약관계를 규율하는 이른바 노동관계법은 국제적 강행규정으로서 독자적인 원리에 따른다.

> **대법원 2004. 6. 25. 선고 2002다56130,56147 판결** 섭외사법 제9조는 …… 묵시적 의사를 추정할 수 없는 경우에도 당사자의 국적, 주소 등 생활본거지, 사용자인 법인의 설립 준거법, 노무 급부지, 직무 내용 등 근로계약에 관한 여러 가지 객관적 사정을 종합하여 볼 때 근로계약 당시 당사자가 준거법을 지정하였더라면 선택하였을 것으로 판단되는 가정적 의사를 추정하여 준거법을 결정할 수 있다.

> **대법원 2006. 12. 7. 선고 2006다53627 판결** 근로계약의 당사자가 분쟁이 발생하기 전에 대한민국 법원의 국제재판관할권을 배제하기로 하는 내용의 합의를 하였다고 하더라도, 그러한 합의는 국제사법 제28조($\frac{현행}{제48조}$) 제5항에 위반하여 효력이 없다 …… 외국인 근로자에 대하여도 국내의 근로자들과 마찬가지로 근로기준법상의 퇴직금 지급에 관한 규정이나 최저임금법상의 최저임금의 보장에 관한 규정이 그대로 적용된다.

> **대법원 2007. 7. 12. 선고 2005다39617 판결** 선박우선특권에 의하여 담보되는 채권이 선원근로계약에 의하여 발생되는 임금채권인 경우 그 임금채권에 관한 사항은 선원근로계약의 준거법에 의하여야 하고, 선원근로계약에 관하여는 선적국을 선원이 일상적으로 노무를 제공하는 국가로 볼 수 있어 선원근로계약에 의하여 발생하는 임금채권에 관한 사항에 대하여는 특별한 사정이 없는 한 국제사법 제28조($\frac{현행}{제48조}$) 제2항에 의하여 선적국법이 준거법.

> **대법원 2007. 11. 15. 선고 2006다72567 판결** 우리나라 국적의 원·피고 사이의 근로계약이 일본국에서 체결되었고, 그 근로제공의 사업장 또한 일본국에 소재하고 있는 점 등을 고려할 때 근로계약의 효력에 관한 준거법은 일본국 법률로 봄이 상당하다.

6. 채권계약 준거법의 적용 범위

> **제50조 (계약의 성립 및 유효성)** ① 계약의 성립 및 유효성은 그 계약이 유효하게 성립
> 하였을 경우 이 법에 따라 적용되어야 하는 준거법에 따라 판단한다.
> ② 제1항에 따른 준거법에 따라 당사자의 행위의 효력을 판단하는 것이 모든 사정에 비추어
> 명백히 부당한 경우에는 그 당사자는 계약에 동의하지 아니하였음을 주장하기 위하여 그의 일
> 상거소지법을 원용할 수 있다.

1) 원 칙

국제사법에 의해 지정된 준거법의 적용 범위에 대한 원칙은 준거법이 연결대상
인 법률관계를 전면적으로 지배하는 것이다. 이에 따르면 채권계약의 준거법은 계
약의 성립, 유효성, 효력, 특히 많은 분쟁의 원인인 계약과 법의 해석의 기준이 된다.

> 대법원 2004. 6. 25. 선고 2002다56130,56147 판결 근로계약 당시 당사자가 준거
> 법을 지정하였더라면 선택하였을 것으로 판단되는 가정적 의사를 추정하여 준거법
> 을 결정할 수 있다 …… 외국의 근로자공급사업자와 국내 항공회사 간에 체결된 근
> 로자공급계약에 기하여 국내 항공회사에 파견되어 근무한 외국인 조종사들이 국내
> 항공회사를 상대로 퇴직금의 지급청구를 한 경우, 근로계약관계의 성립에 관한 준
> 거법은 우리나라 법률.
> 대법원 2010. 3. 25. 선고 2008다88375 판결 계약의 성립 및 유효성에 관한 준거법
> 이 영국법임을 인정하면서도, 영국법이 이 사건 보상장과 같은 '보상장'에 기한 계
> 약이 유효하게 성립하기 위한 요건에 관하여 어떻게 정하고 있는지, 또는 그에 관
> 한 영국법이 그 본국에서 현실적으로 어떠한 의미 또는 내용으로 해석·적용되고
> 있는지에 관하여 심리하거나 직권으로 조사하였다고 볼 만한 자료를 기록상 찾을
> 수 없다.
> 대법원 2015. 2. 26. 선고 2012다79866 판결 지연손해금은 채무의 이행지체에 대한
> 손해배상으로서 본래의 채무에 부수하여 지급되는 것이므로, 본래의 채권채무관계
> 를 규율하는 준거법에 의하여 결정되어야 한다.
> 대법원 2015. 5. 28. 선고 2012다104526,104533 판결 계약의 해제·해지로 인한
> 손해배상의 범위에 관한 문제는 계약 자체의 효력과 관련된 실체법적 사항으로서
> 도산전형적인 법률효과에 해당하지 아니하므로 국제사법에 따라 정해지는 계약의
> 준거법이 적용된다.

대법원 2019. 12. 27. 선고 2019다218462 판결 …피고가 원고들에 대한 잔존연료유 대금채권을 자동채권으로 하여 상계항변을 하고 있으므로, 상계의 요건과 효과에 관하여는 (준거법인) 영국 보통법상 상계legal set-off의 법리가 적용된다 … 피고는 각 유류공급업자들로부터 연료유를 공급받으면서 연료유 대금을 모두 지급할 때까지 소유권을 유보해 주기로 하였는데, 영국 법원의 판례에 의하면, 정기용선자가 잔존연료유에 대한 소유권을 가진 경우에 한하여 선박소유자에게 그 권리가 이전될 수 있으므로, 선박소유자가 잔존연료유에 대한 소유권을 가지지 못한 정기용선자로부터 선박을 인도받았다 하더라도 그로써 잔존연료유의 소유권을 이전받았다고 볼 수는 없다.

채권자취소권(actio Pauliana)의 준거법

1. 어려움의 소재
   1) 논리적인 측면: 취소권의 인정 여부는 채권의 효력의 일환으로서 피보전채권의 준거법에서 정할 문제
   2) 관련 이익의 측면: 피보전채권의 준거법에 따르는 것을 어렵게 만드는 사항
   − 채무자와 수익자 사이의 관계가 영향을 받는 점
   − 채무자의 처분의 자유에 대한 간섭: 채무자의 이익
   − 수익자의 이익이 최소한 채권자에 대한 관계에서는 영향을 받음
   − 수익자와 거래한 자의 이익이 사실상 영향을 받을 수 있음
   − 처분의 객체에 저당권을 갖는 경우 등: 소재지의 거래안전 문제
2. 준거법에 관한 결론: 취소권의 근거인 피보전채권의 준거법과 취소대상인 법률행위의 준거법이 누적적으로 적용되어야
   − 두 법이 요구하는 요건을 모두 갖춘 경우에 두 법이 공통적으로 인정하는 효과만 인정
3. 판례: 피보전채권의 준거법은 무시하고 취소대상인 사해행위의 준거법만 적용

대법원 2016. 12. 29. 선고 2013므4133 판결 외국적 요소가 있는 계약의 당사자가 거기에 적용할 준거법을 선택하지 아니한 경우에는 당해 계약과 가장 밀접한 관련이 있는 국가의 법이 준거법이 되고(국제사법 제26조(현행 제46조) 제1항), 특히 그 계약이 부동산에 관한 권리를 대상으로 하는 경우에는 부동산이 소재하는 국가의 법이 가장 밀접한 관련이 있는 것으로 추정하므로(국제사법 제26조(현행 제46조) 제3항), 결국 이 사건 아파트가 소재한 대한민국 법이 이 사건 매매계약과 가장 밀접한 관련이 있는 것으로 추정된다 …… 채권자취

소권의 행사에서 피보전권리는 단지 권리행사의 근거가 될 뿐이고 취소 및 원상회복의 대상이 되는 것은 사해행위이며, 사해행위 취소가 인정되면 채무자와 법률행위를 한 수익자 및 이를 기초로 다시 법률관계를 맺은 전득자 등이 가장 직접적으로 이해관계를 가지게 되므로 거래의 안전과 제3자의 신뢰를 보호할 필요도 있다. 이러한 요소 등을 감안하면, 외국적 요소가 있는 채권자취소권의 행사에서 가장 밀접한 관련이 있는 국가의 법은 취소대상인 사해행위에 적용되는 국가의 법이다.

2) 제49조 1항의 의의

준거법을 당사자가 선택하는 경우에는 전면적 지배 원칙을 따르게 되면 논리적인 문제가 발생한다. 준거법합의는 저촉법상의 계약으로서 본계약과는 다른 성질을 가지고 있으며 따라서 독자적인 준거법을 필요로 하고, 앞에서 본 바와 같이 이 문제를 해결하는 가장 현실적인 방법은 당사자가 선택한 법을 준거법선택 합의에도 적용하는 것이다. 그러나 한편에서 당사자가 선택한 법을 준거법선택의 준거법으로 하면서 다른 한편에서 당사자가 선택한 준거법이 선택합의의 성립 및 유효성 판단의 기준이 되도록 하는 것은 논리적 순환론(대법원 1987. 3. 24. 선고 86다카715 판결 참조)이 된다.[16]

이러한 문제를 입법적으로 해결한 것이 제45조 5항과 제49조 1항인데 그 핵심은 ㉠ 준거법선택합의 및 계약의 성립과 유효성 문제에도 당사자가 선택한 법이 적용되며 ㉡ 그 근거는 유효한 선택합의가 존재한다는 것이 아니라 법정지 국제사법에서 당사자에 의해 표시된 법을 이 문제의 준거법으로 지정하고 있기 때문이라는 것으로 요약될 수 있다. 이를 살펴보면, 먼저 제45조 5항은 당사자자치의 근거가 되는 법정지 국제사법 자체에서 준거법선택합의 성립과 유효성 문제를 규율함으로써 이 문제를 법리적으로 모순 없이 해결하는 의미를 갖는다. 그리고 거기서 채용된 입법기술은 준거법선택합의의 성립 및 유효성에 대한 실질적 기준을 제시하는 대신에 준거법을 지정하는 것이고, 그 내용은 이 문제에 대하여도 본계약의 성립 및 유효성에 관한 제49조를 준용하는 것이다. 다음으로 제49조 1항에서는 계약의 성립 및 유효성 문제에 대해 계약이 유효하게 성립하였다고 가정할 경우 우리 국제사법이 정하는 바에 따라 계약의 준거법이 되었을 법에 따르도록 하고 있다. 그런데 계약이 유효하게 성립하였다면 계약의 준거법이 될 법은 결국 당사자가

---

16) 안춘수, 국제사법상 당사자자치, 228, 231면 이하 참조.

선택한 법 또는 객관적 연결에 의해 정해지는 법이고, 결과적으로 준거법선택 합의의 성립 및 유효성도 동일한 법에 따르게 된다. 요컨대 준거법선택합의 및 계약의 성립과 유효성 문제의 연결점은 유효한 선택합의가 아니라 당사자에 의한 선택의 표시인 것이다.

3) 제49조 2항의 의의

법률행위와 관련하여 침묵에 대한 법적 평가와 청약에 대한 거절의무의 인정 여부 등은 나라마다 현저한 차이가 있고, 그리하여 계약의 성립 및 유효성을 당사자에 의해 표시된 계약준거법에 따라 판단할 경우에는 일방에게 예상하지 못한 불이익이 발생할 수 있다. 예를 들어 미국 국적의 B가 대한민국에 있는 대한민국 국적의 A에게 준거법은 미국의 어떤 주 법, 관할은 미국 어떤 주의 법원으로 한다는 조항이 포함되어 있는 청약을 하였는데 청약내용에는 일정 기간 내에 거절 통지를 하지 않을 경우에는 승낙을 한 것으로 본다는 문구가 들어 있었다. 그러나 계약에 관심이 없는 A가 그 기간이 지나도록 침묵으로 일관하였고, 그 후 B가 이행청구를 하자 A가 먼저 대한민국에서 채무부존재확인청구의 소를 제기하였다고 가정하자.

제49조 1항에 따르면 미국법이 포괄적 준거법이 된다. 그런데 미국에서는 이러한 경우 승낙을 한 것으로 간주하는 주가 많다. 이에 비해 우리나라에서는 일방적으로 거절의무를 부과하는 것은 인정되지 않고 침묵은 거절도 동의도 아닌 법적인 無일 뿐이다. 그러므로 만약 이런 경우에도 원칙을 고수한다면 A는 예상하지 못한 계약상 의무를 부담하게 된다.

이러한 경우를 대비하기 위하여 유럽의 학설과 판례에서는 오래전부터 일정한 예외를 인정해 왔고 우리 국제사법도 제49조 2항에서 이를 받아들이고 있다. 즉 당사자에 의해 표시된 법에 따라 계약의 성립과 유효성을 판단하는 것이 그 법의 특수성을 알지 못하는 일방 당사자에게 명백히 부당한 결과를 초래할 때, 그 일방 당사자는 자신의 일상거소지 법에 따르면 다른 결론에 도달하게 된다는 것을 주장하여 계약의 효력을 부인할 수 있게 한 것이다.

제1편 제2편 제3편 제4편 개별적 준거법의 지정

특수분야 판례

선하증권 대법원 1987. 6. 23. 선고 85다카2666 판결 운송인이고 선하증권의 발행인인 미국인이 그 선하증권의 최후소지인인 한국인에 대하여 채무불이행으로 인한 손해배상책임을 질 것인가의 여부는 미국해상물건운송법과 선하증권의 약관에 의하여 가려져야 한다.[17]

신용장거래 대법원 2004. 7. 22. 선고 2001다58269 판결; 대법원 2008. 9. 11. 선고 2007다74683 판결; 대법원 2011. 1. 27. 선고 2009다10249 판결

연대보증 대법원 1994. 12. 9. 선고 93다43873 판결 보증서발급신청서에 은행보증서의 내용이 될 모든 조항이 기재되어 있었던 관계로 "이 보증서의 준거법은 사우디아라비아 왕국의 법령이며 이 보증서의 해석은 동 법령에 따르기로 한다"라는 준거법 약정이 포함되어 있으나 지급보증약정서상에는 보증인과 보증의뢰인 사이의 법률관계에 관한 준거법에 대하여 아무런 정함이 없었다면, 지급보증약정서의 전면에 해당하는 보증서발급신청서에 기재된 준거법에 관한 약관은 은행보증서를 이러한 내용으로 발급하여 달라는 신청서에 기재된 것으로 보증의뢰인과 보증은행 사이의 지급보증약정을 규율할 의도로 기재된 것이 아닐 뿐만 아니라 보증의뢰계약의 당사자인 보증의뢰인이나 보증은행이 모두 다 같이 우리나라에 소재하는 법인이고 그 계약의 체결도 우리 나라에서 이루어진 것인 이상 그들 사이의 법률관계에 관한 준거법은 은행보증거래의 직접 당사자인 보증은행과 수익자 사이의 법률관계에 관한 준거법과는 달리 당연히 우리 나라의 법률이 된다고 보아야 할 것; **부산고등법원 2001. 2. 2. 선고 99나5033 판결** 주된 계약의 준거법이 그대로 보증계약의 준거법이 된다고 할 수는 없으며, 일반적으로 보증채무는 주채무에 대하여 어떤 의미에서든 부종성이 있다고 보아야 할 경우가 많겠지만, 그 부종성은 주채무와 관련하여 보증채무의 내용과 범위를 결정하는 것으로 먼저 보증계약의 준거법이 결정된 다음, 그 준거법에 따라 판단되어야(기타: 대법원 1982. 8. 24. 선고 81다684 판결; 서울고등법원 1994. 3. 4. 선고 92나61623 판결 참조).

보험계약 대법원 2005. 11. 25. 선고 2002다59528,59535 판결 영국 협회선박기간보험약관은 그 첫머리에 이 보험은 영국의 법률과 관습에 따른다고 규정하고 있는바, 이러한 영국법 준거약관은 오랜 기간에 걸쳐 해상보험업계의 중심이 되어 온 영국의 법률과 관습에 따라 당사자 사이의 거래관계를 명확하게 하려는 것으로서, 그것이 우리나라의 공익규정 또는 공서양속에 반하는 것이라거나 보험계약자의 이익을 부당하게 침해하는 것이라고 볼 수 없어 유효하다(기타: 대법원 1991. 5. 14. 선고 90다카25314 판결; 대법원 1996. 3. 8. 선고 95다28779 판결; 대법원 1998. 5. 15. 선고 96다27773 판결; 대법원 1998. 7. 14. 선고 96다39707 판결; 대법원 2010. 9. 9. 선고 2009다105383

---

17) 섭외사법 제32조(위탁 및 운송계약)를 적용한 사안으로 현재에는 국제사법 제45조 이하의 규정이 적용된다. 선하증권상의 의무의 불이행에 대한 책임은 선하증권에 화체된 권리의 준거법(Wertpapier-rechtsstatut)에 따라야 할 것이고, 화체된 권리는 운송계약상의 채권이라 할(이설 있음) 것이기 때문이다.

판결; 대법원 2013. 9. 13. 선고).
2011다81190,81206 판결 참조).

항공운송계약 대법원 1999. 7. 13. 선고 99다8711 판결; 대법원 2004. 7. 22. 선고 2001다58269 판결; 대법원 2006. 10. 13. 선고 2005다3724 판결

기타 특수형태 대법원 2001. 12. 24. 선고 2001다30469 판결(차관계약); 대법원 2010. 1. 28. 선고 2008다54587 판결(사채발행)

7. 채권계약에 관한 소의 국제관할

현행 국제사법은 제41조, 제42조, 제43조에서 채권계약 사건의 국제관할에 관한 특별규정을 두고 있다. 이 가운데 소비지계약과 근로계약에 관한 특칙은 앞서 살펴 보았고, 제41조에서는 계약일반에 관하여 특징적 급부가 실제로 제공되는 곳을 국제관할의 원칙으로 하고 있다(자세한 것은 제4편 제2장 Ⅳ. 3. 참조).

Ⅲ. 법정채권관계

1. 사무관리

1) 의의와 취지

사무관리는 권리와 의무 없이 타인의 사무를 처리하는 것을 말한다. 권리 없이 타인의 사무를 처리하는 것은 기본적으로 타인의 지배영역에 대한 간섭으로서 금지되어야 할 것이다. 그러나 서로 협조하며 살아가는 사회생활상의 분위기를 조장할 필요가 있다 하여 일정한 요건하에 위임계약관계에 유사한 효력을 인정하는 나라가 많고, 우리나라에서는 이를 사무관리라 하여 법정채권관계의 한 경우로 규정하고 있다.

2) 연결점

(1) 학 설

사무관리의 연결점에 관해서는 역사적으로 다양한 견해가 있었는데, 오래전부터 행위지(사무관리지)가 하나의 원칙으로 받아들여져 왔다.[18] 타인의 사무를 처리한다

---

18) 서희원, 국제사법, 238면 참조.

는 점에서 사무관리가 위임계약과 유사한 면이 없지 않지만 사안의 특성상 사전의 당사자자치는 논리적으로나 실제적으로나 생각하기 어렵고, 관계의 내용이 신분이나 인격과 무관하기 때문에 당사자의 속인법을 적용하는 것도 부적절하며, 사무관리는 대개 한 곳에서 시작되어 그곳에서 종료되고 그곳의 법질서 및 법감정과 관련이 크기 때문이다.

그러나 예컨대 여행사의 프로그램에 따른 관광여행 중 여행지에서 발생한 일에서 볼 수 있는 것처럼 사무관리지가 갖는 우연적 측면을 지적하는 목소리도 강하였다.

(2) 국제사법 규정

> **제50조 (사무관리)** ① 사무관리는 그 관리가 행하여진 곳의 법에 따른다. 다만, 사무관리가 당사자 간의 법률관계에 근거하여 행하여진 경우에는 그 법률관계의 준거법에 따른다.
> ② 다른 사람의 채무를 변제함으로써 발생하는 청구권은 그 채무의 준거법에 따른다.

① 1항

국제사법은 전통적인 사무관리지(행위지) 원칙을 채용하고 있다. 그러나 행위지가 갖는 우연성에 대한 지적을 고려하여 예외를 인정하고 있는데, 사무관리가 이미 존재하고 있는 법률관계에 기초하여 이루어진 경우에는 그 기존의 법률관계의 준거법에 따르도록 하고 있다(종속적 연결). 그러므로 예컨대 위임의 범위를 벗어나서 사무를 처리한 경우 또는 임치물에 대한 보존행위를 한 경우에는 실제 사무관리지와 관계없이 위임계약 또는 임치계약의 준거법이 적용된다. 나아가 여기서 말하는 법률관계는 유효인 것일 필요는 없고, 예컨대 무효인 위임계약에 기해 사무가 처리된 경우에도 만약 계약이 유효였다면 적용되었을 법에 따라야 할 것이다.

② 2항

2항에서는 타인 채무 변제의[19] 특칙을 두고 있으며 이때에는 변제된 채무의 준거법이 적용된다. 그러나 이 규정에서는 부당이득과의 관계와 관련하여 다른 사람 채무의 의미가 문제될 수 있다. 널리 다른 사람의 채무를 변제한 경우라 하면 예컨대 S의 G에 대한 채무를 D가 변제하는 상황을 말하지만, 그 구체적 내용은 상당

---

[19] 타인채무변제와 비채변제와의 차이는 변제자가 누구의 채무로 생각하며 변제했나에 있다. 즉 타인채무임을 알고 있으면 전자이고 타인채무를 자신의 채무로 오인하였으면 비채변제가 된다.

히 다를 수 있기 때문이다.

㉠ 착오로 인해 자신의 채무로 알고 변제한 경우에는 관리의사가 결여되어 있어 사무관리가 되기 어렵다. 그리하여 원칙적으로 선의의 비채변제로서 D가 G에 대해 부당이득반환청구권을 갖게 되지만, 예외적으로 변제로서 유효한 경우에는 S에 대해 구상권을 갖게 될 것인데(예컨대 우리 민법 제745조 참조) 이는 부당이득으로 처리되어야 할 것이다.

㉡ 타인채무로 변제한 경우에는 이른바 제3자 변제로서 그 유효 여부에 따라 법률관계가 달라진다. 먼저 변제가 유효한 경우에는 S에 대한 구상권과 변제자대위(예컨대 우리 민법 제480조, 제481조)가 문제될 것인데, 제50조 2항은 바로 이러한 경우를 염두에 둔 것으로 보인다. 그러나 이 경우에도 부당이득으로 성질결정하는 것이 불가능하지 않으며,[20] 특히 채무자 의사에 반하지만 변제에 정당한 이익이 있어 유효인 경우에는 사무관리는 성립되기 어렵다. 그리고 제3자 변제가 무효인 경우에는 목적달성불능으로 인한 급부부당이득이 된다.

결론적으로 제2항은 채무자의 의사에 반하지 않는 제3자 변제로서 유효한 경우에만 적용이 가능할 수 있는데, 그때에도 부당이득을 원용하는 것이 불가능하다고 하기는 어렵다.

(3) 사후 준거법합의

> **제53조 (준거법에 관한 사후적 합의)** 당사자는 제50조부터 제52조까지의 규정에도 불구하고 사무관리·부당이득·불법행위가 발생한 후 합의에 의하여 대한민국 법을 그 준거법으로 선택할 수 있다. 다만, 그로 인하여 제3자의 권리에 영향을 미치지 아니한다.

당사자는 사후에 대한민국법을 준거법으로 선택할 수 있다($^{제53}_{조}$). 즉 외국에서 행해진 사무관리와 관련하여 우리나라에서 제소가 된 경우에는 우리나라 법을 준거법으로 선택할 수 있는데, 특히 당사자의 소송상 행위가 의미를 가질 수 있을 것이다. 이 규정은 사무관리, 부당이득, 불법행위의 원칙적 연결점에 대하여 공통적으로 지적되는 우연성의 단점을 완화하기 위한 것으로 그 취지 자체는 타당하다. 그러나 우리나라의 법만을 선택할 수 있도록 한 것은 지나친 면이 있다.

---

20) 사무관리에 정당화 내지 적법화 효력을 인정하는 경우 부당이득은 성립하지 못하지만 이를 부인할 경우에는 사무관리와 부당이득의 관계가 문제되는데, 나라에 따라 취급에 차이가 있다.

2. 부당이득

1) 의 의

법적 근거 없이 이동된 이익을 마땅히 그 이익을 가져야 할 주체에게 되돌려 주는 제도가 부당이득이다. 근거 없이 이동된 이익을 환원시키는 것에 관한 독자적 이고 통일적인 제도가 없었던 영미법에서도 근래에 대륙법계의 부당이득 개념이 도입되면서 이제 부당이득이 하나의 보편적 제도가 되었지만, 법리구성·유형·요 건·반환 범위 등 효과에서 나라에 따른 차이가 가장 큰 분야의 하나이다.

2) 연결점

(1) 학 설

부당이득의 연결점에 대하여는 종래 법정지법주의, 채무자의 속인법(본국법 또는 주소지법)주의, 종속적 연결주의(기본관계의 준거법주의), 부당이득지법주의 등 다양한 견해가 주장되어 왔다.[21)]

① 법정지법주의

부당이득 제도는 법정지의 법감정 내지 공서와 관계가 있으며 부당이득의 요건 과 효과에 관한 규정은 강행규정으로 법원은 법정지의 강행규정을 간과할 수 없기 때문에 법정지법을 적용해야 한다는 견해이다. 그러나 지나치게 법정지의 질서이익 만 강조하는 난점이 있어 부당이득의 연결점에 관한 원칙으로서는 더 이상 많은 지지를 받지 못한다.

② 채무자의 속인법주의

부당이득의 연결점으로서 부당이득지가 갖는 우연성을 비판하며 그에 대한 대 안으로 나온 견해이다. 그러나 인격적 요소가 크지 않은 부당이득에 속인법주의를 적용하자는 것은 이질적이라는 근본적인 의문과 함께 일방적으로 채무자의 속인법 만을 적용하는 것의 정당성도 설명하기 어렵다는 문제가 있다. 다만 당사자가 동일 한 국적이나 일상거소를 가지고 있는 등 사안과 부당이득지 사이에 실질적 관련이

---

21) 황산덕/김용한, 국제사법, 232, 234-235면; 이호정, 국제사법, 292면 참조.

적을 때에는 속인법을 따르도록 하는 입법례가 지금도 있다.

③ 원인관계 준거법설

이득의 이전에는 (무효인) 매매 등 원인이 있는바, 이득의 반환도 그 원인관계의 준거법에 따라야 한다는 견해로서, 이득발생지에 대하여는 우연성의 난점이 있다는 것을 지적한다. 그러나 이득 이전의 원인이 법률행위가 아니라 사실행위 또는 사건인 경우(예컨대 첨부 등)에는 원인관계의 준거법이 있을 수 없다는 점이 난점으로 지적된다. 그리고 이런 경우에는 소유권의 취득 등 재산이동을 정한 법을 원인관계의 준거법으로 적용해야 한다고 한다면 그것은 결국 이득발생지와 동일한 결과가될 것이다.

④ 부당이득지법설

부당이득이 발생한 곳의 법을 적용해야 한다는 견해로, 부당이득의 개념과 처리는 부당이득 발생지의 법질서와 밀접한 관계가 있다는 것을 근거로 든다. 그러나예컨대 甲국 국적의 A와 乙국 국적의 B가 여행 중 통과지인 丙국에서 동산을 매매하고 인도하였는데 매매가 무효인 경우, 이득이 이전된 곳은 우연한 사정에 따른 것으로 丙국과는 실질적 관계가 없고 또한 이 경우의 부당이득의 처리는 丙국의 거래질서에 미치는 영향이 없다는 지적이 있다.

⑤ 2분설

급부 부당이득 등 이득의 이전이 일정한 법률관계에 기초한 경우에는 그 원인관계 준거법에 따르고 그러한 원인관계가 없는 경우에는 부당이득지법을 적용하자는 견해이다. 요컨대 앞의 두 견해를 결합함으로써 각 견해의 단점을 배제하자는 것이다.

(2) 국제사법 규정

제51조 (부당이득) 부당이득은 그 이득이 발생한 곳의 법에 따른다. 다만, 부당이득이 당사자 간의 법률관계에 근거한 이행으로부터 발생한 경우에는 그 법률관계의 준거법에 따른다.

① 국제사법의 기본 입장

국제사법은 부당이득이 발생한 곳의 법을 적용하는 것을 원칙으로 하면서 부당이득이 당사자 사이의 법률관계에 근거하여 행하여진 급부로부터 발생한 경우에는 그 법률관계의 준거법에 의하도록 하고 있다. 법무부의 해설에 의하면[22] '이득이 발생한 곳'은 섭외사법 제13조의 '원인된 사실이 발생한 곳'을 부당이득의 경우에 맞추어 보다 직접적으로 표현한 것일 뿐 이로 인해 섭외사법과 내용적으로 달라지는 것은 아니라고 한다(부당이득지법주의의 유지). 그리고 단서는 종속적 연결을 채용한 것이라고 한다. 그러므로 우리 국제사법은 기본적으로 2분설에 접근된 입장을 취하고 있다.

불법행위에 관한 제52조 제2항이나 부당이득에 관한 근래의 입법례들과[23] 달리 당사자가 공통의 국적이나 일상거소지를 가지고 있는 경우에 대한 명문 규정이 없다. 하지만 이러한 경우에는 필요에 따라서는 제21조를 통하여 동일한 결과에 이를 수 있을 것이다.[24]

② 부당이득지의 개념

예컨대 甲국에서 A가 송부한 물건을 乙국에서 B가 받는 경우에는 이익이전이 완성된 곳과 그 원인인 행위가 있었던 장소가 분리되고 그리하여 어디를 부당이득지로 보아야 하는지가 문제될 수 있다. 이에 관하여는 국제사법의 개정 전부터 견해가 대립하였는데, 섭외사법하의 판례는 이득의 직접 원인이 된 그 재화의 이전이 현실로 행하여진 곳을 기준으로 해야 한다고 하였다(서울고등법원 1976. 9. 10. 선고 73나1888 판결). 이렇게 볼 때 국제사법 제51조의 '이득이 발생한 곳'도 '이익이전이 일어난 곳'을 의미하는 것으로 해석되어야 할 것이다.[25]

③ 종속적 연결의 요건 및 범위

국제사법 제51조 단서의 법문에 따르면 종속적 연결을 위해서는 '부당이득이 당사자 간의 법률관계에 기하여 행하여진 이행으로부터 발생'한 것이어야 하며, 이것으로 족하다. 법률용어로서의 '이행'의 일반적인 의미를 기초로 할 때 '법률관계에 기하여 이행이 행하여진다'는 것은 '법률관계의 내용인 의무의 실현'을 의미한다. 그러므로 여기서 법률관계는 급부의 근거 내지 원인이 될 수 있는 것이어야 하고, 따라서 그 법률관계는 유효한 것이어야 할 것이다.[26] 그러나 계약이 무효이거

---

22) 법무부, 국제사법해설, 2001, 113-115면.
23) 예컨대 1999년 개정된 독일의 Art. 41 Abs. 2 Nr. 2 EGBGB, 비계약적 채권관계의 준거법에 관한 유럽연합 규정(이른바 ROM Ⅱ Verordnung. 이하 ROM-Ⅱ로 쓴다) Art. 10 Abs. 2 등.
24) 동지 석광현, 국제사법 해설, 제2판, 지산, 2003, 279면.
25) 대법원 2008. 4. 24. 선고 2005다75071 판결; 대법원 2011. 5. 26. 선고 2009다15596 판결 참조.

나 취소된 경우가 가장 중요한 부당이득의 유형인 이른바 급부부당이득이 문제되는 전형적인 경우이며, 종속적 연결이 이런 경우를 중심으로 논의되어 온 것임을 고려하면 법률관계에 대한 이러한 좁은 해석은 수긍하기 어렵다. 여기서 말하는 법률관계는 그 유효성 여부를 떠나 만약 그것이 존재한다면 출연의 법적 근거가 될 수 있는 관계로 이해되어야 할 것이다. 그리고 계약의 성립을 전제로 선이행이 행해졌으나 계약이 성립되지 않은 경우(의도되었던 계약)도 여기에 포함시킬 수 있을 것이다. 또한 급부의 법적 근거가 될 수 있으면 계약관계는 물론 불법행위, 부양의무 등 가족법상의 관계, 상속법상의 관계 등 법정채권관계도 여기에 해당된다 할 것이다.[27)]

기존의 법률관계는 부당이득관계의 당사자, 즉 반환청구자와 청구를 받는 자 사이에 존재하는 것이어야 한다. 이 문제는 특히 다수당사자 부당이득관계에서 의미가 있다.

예컨대 A → B → C로 이어진 연쇄급부의 상황에서 A와 B 사이의 계약과 B와 C 사이의 계약이 모두 무효이고 A가 C를 상대로 얻은 이익의 반환을 청구한다면[28)] A와 C 사이에는 직접적인 법률관계가 없고 따라서 종속적 연결은 할 수 없다. 이처럼 법률관계를 부당이득의 당사자 사이의 것으로 제한하는 것은 종속적 연결에 내재하는 요소로 보아야 할 것이다.

급부가 원인을 결여하게 되는 이유, 예컨대 급부의 기초가 된 계약의 무효원인이 계약의 준거법 밖에 존재하는 경우에도[29)] 종속적 연결이 인정되는가, 인정된다면 어느 법에 종속되어야 하는가도 문제가 된다. 생각건대 계약의 준거법에도 동일한 무효사유(여기서는 무능력)가 인정되고 그 경우의 이해관계조절(이행된 것의 정리)에 관한 규정이 있으면(우리 민법의 예를 들면 제141조) 그에 따르도록 하고, 그렇지 않은 경우에는 계약을 무효로 만드는 법(Vernichtungsstatut: 위 예에서는 乙국 법)을

---

26) 이 관점에 대한 ROM-Ⅱ 제정과정에서의 논의에 관하여는 Behrens, Tim, Bereicherungsrechtliche Mehrpersonenverhältnisse im Internationalen Privatrecht, Jenaer Wissenschaftliche Verlagsgesellschaft, Jena, 2011, S. 75-76 참조.

27) Junker, MK, 5판, 10권, Rn. 8 Art. 38 EGBGB. 종속적 연결에 관하여 ROM-Ⅱ Art. 1 Abs. 1에서는 계약과 불법행위를 들고 있으나 이는 예시적인 것으로 이해되고 있다(Behrnes, 앞의 책, 72-73 참조).

28) 실질법상으로 이러한 부당이득환청구가 인정되는가에 대하여는 많은 다툼이 있다.

29) 예컨대 당사자가 계약의 준거법으로 甲국 법을 합의하였는데 일방 당사자가 그의 본국인 乙국 법에 의하면 무능력자이고 그로 인해 계약이 무효인 경우.

적용하는 것이 타당할 것이다.

> **대법원 2011. 5. 26. 선고 2009다15596 판결** 섭외사법 제13조에 의하면, 외국적 요소가 있는 섭외사건에서 부당이득으로 인하여 생긴 채권의 성립 및 효력은 원인된 사실이 발생한 곳의 법에 의하여야 하는데, 여기서 부당이득의 원인된 사실이 발생한 곳은 이득이 발생한 곳을 말한다.

> **대법원 2015. 2. 26. 선고 2012다79866 판결** 가집행선고부 제1심판결에 기하여 금원을 지급하였다가 다시 상소심판결의 선고에 의해 그 가집행선고가 실효됨에 따라 금원의 수령자가 부담하게 되는 원상회복의무는 성질상 부당이득의 반환채무이지만(대법원 2005. 1. 14. 선고 2001다81320 판결 참조), 이러한 원상회복의무는 가집행선고의 실효가 기왕에 소급하는 것이 아니기 때문에 본래부터 가집행이 없었던 것과 같은 원상으로 회복시키려는 공평의 관념에서 민사소송법이 인정한 법정채무이므로, 국제사법 제31조(현행 제51조) 단서에 정한 '부당이득이 당사자 간의 법률관계에 기하여 행하여진 이행으로부터 발생한 경우'에 해당한다고 볼 수 없다.

④ 사후적 준거법합의 허용(제53조)

당사자는 사후에 법정지인 우리나라 법을 준거법으로 선택할 수 있다.

3) 준거법의 적용범위

원칙에 따라 부당이득관계는 준거법에 의해 전면적으로 지배된다. 즉 이득 및 손실의 개념, 원인 없음의 의미, 비채변제의 요건 등 부당이득의 성립에 관한 문제, 반환 대상과 범위 등 효과는 모두 하나의 준거법에 따른다.

3. 불법행위

1) 서 설

국제사법적 관점에서 불법행위는 널리 타인의 손해에 대한 계약외적 손해배상책임의 기초가 되는 행위를 총칭하는 것으로 정의할 수 있다.[30] 이러한 의미의 불법행위를 규율하는 규범은 한편에서 사회적 공동생활을 함에 있어 개인의 인격적·비인격적 완전성을 보호하기 위해 구성원이 지켜야 할 행위규범으로서의 성질

---

30) Hoffmann/Thorn, IPR, S. 485.

을 가지고 있으며, 이런 관점에서 보면 불법행위는 행위지의 법질서와 밀접하게 관련되어 있다고 할 수 있다.[31] 다른 한편 불법행위는 구조적으로 범죄행위와 유사하고, 손해를 공평하게 분배하는 기능과 관련하여 손해배상 제도는 고도의 공공성을 갖는다. 이러한 관점에서 보면 불법행위의 성립과 효력 문제는 법정지의 가치관과도 밀접한 관계가 있다.[32] 이와 같은 불법행위제도 내지 불법행위규범이 갖는 양면성은 준거법에 관하여 다양한 학설이 나오게 된 원인이 되었다.

2) 연결점

(1) 학　설[33]

불법행위의 준거법에 관하여는 역사적으로 다양한 견해가 주장되었지만 문제의 본질을 이해하는 데 있어 의미가 큰 견해는 불법행위지법설, 법정지법설, 누적적용설이다.

① 불법행위지법설

불법행위는 불법행위가 행해진 곳의 법에 따라야 한다는 입장으로, 불법행위는 질서유지와 사회방위적 기능을 가지고 있으며 그리하여 불법행위법은 행위규범성을 가지고 있다는 것을 근거로 한다. 또한 개인의 일반적 행위의 자유를 보호하는 관점에서 보더라도 행위가 행해진 곳의 법질서를 지켰으면 다른 어디서도 민·형사상 책임을 지지 않을 수 있어야 한다는 것도 중요한 논거가 된다.

그러나 이에 대하여는 사회적 공동생활에 있어 손해가 발생하는 상황은 다양하여 손해의 원인이 된 행위가 행하진 장소는 우연한 사정에 좌우되는 경우가 많고, 특히 손해가 기존의 특별결합관계와 연관되어 발생하는 경우에는 행위지와의 실질적 관련성이 적다는 지적이 있다. 또한 불법행위지법을 따를 경우 법정지의 가치질서 및 거래질서가 고려되지 않는 점도[34] 비판을 받았다.

② 법정지법설

법정지법설은 불법행위법의 강행규정성을 강조하는 입장에서 주장되고 있다. 즉

---

31) Kegel/Schurig, IPR, S. 720-721.
32) 특히 사비니는 이를 강조하였다(Ferid, IPR, S. 242 참조).
33) 종래의 학설 및 입법례에 관한 자세한 것은 서희원, 국제사법, 233-234면; 溜池良夫, 국제사법강의, 367면 이하 참조.
34) 예컨대 행위지의 법에서 법정지에서는 허용되지 않는 피해자구제제도를 두고 있는 경우 등.

불법행위법은 법정지의 가치질서와 밀접하게 관련되어 있는 강행규정이고 법원은 섭외사건의 경우에도 법정지의 강행규정 간과할 수 없으며, 특히 민사책임제도(손해배상제도)는 법정지의 공서와 관계가 있다는 것이다.

그러나 이 견해에 대하여는 일반적 행위의 자유에 대한 보장을 저해할 위험이 있으며, 외국에서 일어난 행위는 법정지의 질서보호와는 무관하다는 비판이 있다.

③ 누적적용설

불법행위지와 법정지의 법이 누적적으로 적용되어야 한다는 입장이다. 한편에서 불법행위법의 행위규범성은 부인할 수 없으며 이는 특히 일반적인 행위의 자유의 보호에 있어 의미가 크기 때문에 행위지법을 간과할 수 없다. 다른 한편 외국에서의 행위라 할지라도 불법행위의 효과인 손해배상의무는 그 범위 및 방법과 관련하여 법정지와도 관련이 될 수 있기 때문에 법정지법도 간과되어서는 안 된다는 것이다. 결과적으로 이 견해에 따르면 불법행위는 불법행위지법과 법정지법의 요건이 모두 충족되는 때에만 그 성립이 인정되고 효과도 두 법에 공통되는 범위에서만 인정된다. 섭외사법에서는 불법행위지법을 원칙으로 하면서도 한편에서 법정지인 우리나라 법의 요건이 모두 갖추어질 것을 요구하고 다른 한편에서 우리나라 법이 인정하는 구제수단만 인정하여 사실상 누적적용설과 다름이 없었다.

이 견해는 피해자구제의 관점에서 보면 제일 불리한 결론에 이르게 되고, 이 점이 난점으로 지적되었다.

④ 평 가

불법행위규범의 양면성은 부인할 수 없고 따라서 준거법을 정함에 있어서도 두 관점이 모두 고려되어야 할 것이다. 그러나 두 법을 기계적으로 누적적용하는 경우에는 피해자 구제에 부족함이 발생한다. 따라서 불법행위지법과 법정지법 중 하나를 원칙으로 하여야 할 것인데, 법정지법을 원칙으로 하는 경우에는 일반적 행위의 자유가 제한되는 근본적인 문제가 있기 때문에 불법행위지법을 원칙으로 하여야 할 것이다. 이 경우 법정지의 공적 질서는 공서조항에 의하여 보호될 것이지만 기타 필요한 조치를 취하는 것도 고려될 수 있을 것이다. 그러나 행위지가 갖는 우연성의 난점을 해결하기 위해서는 예외를 인정할 필요가 있다. 현재의 국제적 흐름도 이러한 방향으로 가고 있다.

대법원 1979. 11. 13. 선고 78다1343 판결 불법행위의 준거법을 그 원인된 사실이 발생한 곳의 법에 의하도록 규정한 취지는 불법행위가 행하여진 사회적 조건을 고려하여 그 곳에서의 법 의식을 기준으로 하여 판단해서 처리하는 것이 일반적으로 국내법을 적용해서 처리하는 것보다 형평의 견지에서 합리적이고 실제적이라고 할 수 있고 또 그리하는 것이 당사자의 기대에도 상응하는 것이라고 할 수 있기 때문이라고 할 것이므로 양 당사자가 모두 내국인인 경우에 있어서 원인사실의 발생지(불법행위지)가 단순히 우연적이고 형식적인 의미를 갖는데 그치는 경우에는 일반적으로 위 섭외사법을 적용해서 처리하여야 할 합리적인 이유는 없는 것이라고 봄이 상당하다.[35]

대법원 1985. 5. 28. 선고 84다카966 판결 공해를 항해중인 선박의 침몰로 인한 불법행위에 있어서는 행위지법이 존재하지 아니하므로 그 준거법은 같은법(섭외사법) 제44조, 제46조의 규정취지에 따라 그 선박의 선적국법이 준거법이 된다.

서울지방법원 동부지원 1995. 2. 10. 선고 93가합19069 판결 불법행위의 효과로 손해의 전보만을 인정하는 우리의 민사법 체계에서 인정되지 아니하는 형벌적 성질을 갖는 배상형태로서 우리나라의 공서양속에 반할 수 있다.

※ **기타판례** 대법원 1981. 2. 10. 선고 80다2236 판결; 대법원 1991. 4. 26. 선고 90다카8098 판결; 대법원 1994. 11. 4. 선고 94므1133 판결; 서울지방법원 1996. 2. 2. 선고 95가합31060 판결; 청주지방법원 충주지원 1997. 6. 27. 선고 96드1493,96드1608 판결

(2) 국제사법 규정

제52조 (불법행위) ① 불법행위는 그 행위를 하거나 그 결과가 발생하는 곳의 법에 따른다.
② 불법행위를 한 당시 동일한 국가 안에 가해자와 피해자의 일상거소가 있는 경우에는 제1항에도 불구하고 그 국가의 법에 따른다.
③ 가해자와 피해자 간에 존재하는 법률관계가 불법행위에 의하여 침해되는 경우에는 제1항 및 제2항에도 불구하고 그 법률관계의 준거법에 따른다.
④ 제1항부터 제3항까지의 규정에 따라 외국법이 적용되는 경우에 불법행위로 인한 손해배상청구권은 그 성질이 명백히 피해자의 적절한 배상을 위한 것이 아니거나 그 범위가 본질적으로 피해자의 적절한 배상을 위하여 필요한 정도를 넘을 때에는 인정하지 아니한다.

① 원 칙

㉮ 서

섭외사법에서는 '원인사실이 발생한 곳'을 세 유형의 법정채권관계에 공통되는

---

[35] 이 판례의 취지는 타당하지만 이론적으로 보면 사안의 국제성을 부인하고 있는 점에서 문제가 있다.

연결점으로 채용하고 있었다(섭외사법 제13조). 그리고 불법행위에 있어서 원인사실이 발생한 곳은 불법행위가 행해진 곳을 의미하기 때문에 섭외사법은 불법행위지법설을 따른 것이라고 이해되었다. 그런데 불법행위지의 개념에 관하여는 국내외적으로 손해의 원인인 행위(작위·부작위)가 취해진 곳이라는 견해(행동지설), 행위의 결과인 법익의 침해 내지 손해가 발생한 곳을 의미한다는 견해(결과발생지설), 두 장소 모두 원인 사실이 발생한 곳으로서 불법행위지가 된다는 견해 등이 주장되었다.[36] 이런 상황 에서 2001년의 국제사법 개정에서는 불법행위지법 원칙을 명확히 한다는 취지에서 '행위가 행하여진 곳'을 연결점으로 하였지만 불법행위지의 개념을 둘러싼 견해의 대립은 계속되었다. 그러다가 2022년 개정에서는 종래의 판례의 입장을 수용하여 행동지와 결과가 발생한 곳을 모두 대등한 연결점으로 인정하였다(1항 참조).

㉯ 행동지설: 협의의 불법행위지 개념

불법행위법의 행위규범적 측면을 강조하는 입장에서는 불법행위지는 논리적으 로 원인행위가 행하여진 곳으로 이해되어야 한다고 한다.

이 견해에 대하여는 부작위로 인한 불법행위의 경우에는 행동지를 정할 수 없 다는 비판이 있다. 하지만 부작위가 불법행위가 되는 것은 작위의무가 위반된 경우 이고 따라서 마땅히 손해방지를 위한 조치가 취해졌어야 할 곳을 부작위의 행위지 라 할 것이기 때문에 이러한 비판은 타당하지 않다.

㉰ 침해 또는 결과 발생지설

행위의 결과로 법익에 대한 (1차적)침해가 발생한 곳을 (불법)행위지로 보아야 한다는 견해로, 과실책임·무과실책임·위험책임 등 나라에 따라 책임원리에서 차 이가 있는 불법행위에서는 법으로 보호되는 이익에 대한 침해가 저촉법적으로 큰 의미를 갖는 것을 근거로 한다.

그러나 침해결과발생지가 우연에 좌우될 수 있으며 순수 재산상 손해의 경우에 는 적용이 어렵다는 지적이 있다.

㉱ 손해발생지설

추가적 손해 및 침해에 따른 경제적 손실이 실제 발생한 곳을 불법행위지로 보아 야 한다는 견해로, 공평한 손해의 분배의 관점을 강조하는 입장에서 주장하고 있다.

---

36) Kropholler, IPR, S. 522-523 참조.

그러나 이 견해에 대하여는 손해가 구체적으로 어디서 발생할 것인지를 행위자가 알 수 없는 경우가 있을 수 있으며, 이러한 경우에는 손해발생지법을 적용하면 책임이 예상할 수 없는 범위까지 확장되어 행위자의 일반적 행위의 자유가 부당하게 제한되는 결과가 발생할 수 있다는 점이 지적될 수 있다.

⑰ 피해자 선택권설

행동지와 결과발생지 내지 손해발생지가 일치하지 않는 경우 피해자로 하여금 둘 중의 하나를 선택할 수 있게 하자는 견해로 불법행위 제도의 피해자구제 기능을 강조하는 입장에서 주로 주장되었고, 법정채권관계에 관한 유럽연합 명령(ROM Ⅱ)이 제정되기 전의 독일 국제사법이 이 견해를 따르고 있었다.

이 견해는 결과적으로 피해자에게 가장 유리한데, 손해의 공평한 분담이 문제된 상황에서 피해자에게 유리하다는 것 자체는 타당한 논거가 될 수 없다는 비판과 함께 실질법적 정의와 저촉법적 정의를 혼동한 접근이라는 점도 지적되고 있다.

⑱ 판　례

섭외사법하에서부터 판례는 (불법)행위지에는 행동지와 손해발생지가 모두 포함되고 당사자가 선택할 수 있다는 입장을 취하였으며, 구국제사법하에서도 이러한 입장을 견지하고 있었다.

⑲ 평　가

연혁적으로 볼 때 불법행위제도에서는 피해자의 구제 못지않게 일반적 행위의 자유에 대한 보호가 중요한 관점이었고 이는 현재에도 마찬가지다. 그러므로 피해자에게 유리하다는 이유만으로 선택권을 부여하는 것은 지나치게 일방적인 면이 없지 않으며, 특히 정당한 이해관계의 조절을 위해 종속적 연결과 사후의 준거법선택 가능성이 인정되는 현재에는 설득력이 적다고 하겠다. 누구나 자기 행위에 따른 책임(불법행위의 성립 및 책임의 범위)에 대한 예견가능성을 가지고 사회적 활동을 계획할 수 있어야 하는바, 이런 관점에 가장 적합한 것은 행동지법을 적용하는 것이라 하겠다.

대법원 1983. 3. 22. 선고 82다카1533 전원합의체 판결　불법행위로 인하여 생긴 채권의 성립 및 효력은 그 원인된 사실이 발생한 곳의 법에 의한다고 규정하고 있는

바, 여기에서 원인된 사실이 발생한 곳이라 함은 불법행위를 한 행동지 뿐만 아니라 손해의 결과 발생지도 포함하므로 화물을 운송한 선박이 대한민국의 영역에 도착할 때까지도 손해발생이 계속되었다면 대한민국도 손해의 결과발생지에 포함된다 …… 대한민국의 영역에 이르기 전까지 발생한 손해와 그 영역에 이른 뒤에 발생한 손해는 일련의 계속된 과실행위에 기인한 것으로서 명확히 구분하기 어려우므로 통틀어 그 손해 전부에 대한 배상청구에 관하여 대한민국법을 그 준거법으로 정할 수 있다.

서울고등법원 2006. 1. 26. 선고 2002나32662 판결 불법행위의 행동지와 결과발생지가 상이한 경우에는 준거법으로 지정될 수 있는 행동지법과 결과발생지법은 각각 그 지정을 정당화하는 이익에 의하여 뒷받침되고 그 이익의 우열을 판단하기는 어렵다고 보아야 할 것이므로, 피해자인 원고는 다른 준거법을 적용할 때보다 더 유리한 판결을 받을 수 있다고 판단하는 준거법이 있다면 그 법률을 준거법으로 선택할 수 있다 …… 선택된 준거법은 불법행위채권의 성립과 효과 등 당해 채권에 관한 법률 관계에 전체적으로 적용되어야 하므로, 원고는 각 준거법으로부터 자신에게 유리한 일부 요건이나 효과만을 선택적으로 추출하여 그 적용을 주장할 수는 없다 …… 제조물책임 또는 일반불법행위책임에 기한 손해의 배상을 구하는 사안에 적용될 수 있는 준거법은 행동지법으로서 생산지법인 미국법과 사용지법인 베트남법, 결과발생지법으로서 대한민국법이라 할 것인데, 피해자인 원고들이 불법행위의 결과발생지인 대한민국의 법률에 근거하여 제조물책임 등에 기한 손해배상청구권의 성립과 효과를 주장하고 있으므로 대한민국법을 준거법으로 선택하였다.

※ **기타판례** 대법원 1994. 1. 28. 선고 93다18167 판결; 대법원 1995. 11. 21. 선고 93다39607 판결; 대법원 2010. 7. 15. 선고 2010다18355 판결; 대법원 2011. 5. 26. 선고 2009다15596 판결; 대법원 2012. 5. 24. 선고 2009다22549 판결; 대법원 2012. 5. 24. 선고 2009다68620 판결; 대법원 2013. 7. 12. 선고 2006다17539 판결

② 동일국 내 일상거소의 예외($\frac{2}{항}$)

불법행위 당시 가해자와 피해자가 동일한 국가 안에 일상거소를 가지고 있는 경우에는 행위지법이 아니라 일상거소가 있는 국가의 법에 의한다. 이는 행위지가 사안과 실질적 관련이 없는 경우를 고려하기 위한 것으로 2001년 국제사법 개정 시에 명문화되었다. 그러나 섭외사법하에서부터 판례는 이러한 예외를 인정하였는데(대법원 1981. 2. 10. 선고 80다2236 판결; 대법원 1979. 11. 13. 선고 78다1343 판결 참조), 다만 판례의 이론구성은 사건의 섭외성을 부인한 것이었다는 점에서 한계가 있었다.

③ 종속적 연결

3항에서는 '가해자와 피해자 간에 존재하는 법률관계가 불법행위에 의하여 침해되는 경우에는 제1항 및 제2항의 규정에 불구하고 그 법률관계의 준거법에 따른다'고 하고 있다. 그러므로 예컨대 유효한 임대차계약의 임차인이 목적을 멸실시킨 때에는 행위지의 법이 아니라 임대차계약의 준거법이 목적물 멸실로 인한 불법행위의 문제에도 적용된다. 사안의 경우 만약 예외규정이 없었다면 목적물 멸실이라는 하나의 사실관계에 대하여 채무불이행의 관점은 계약의 준거법에 따르고 불법행위의 관점에는 행위지법이 적용되어 그 결과 서로 상이한 결론에 이르는 상황이 발생할 수 있다. 그러므로 이 예외규정은 성질결정 여하에 따라 다른 결과가 나오는 문제를 피할 수 있는 효과도 가지고 있으며, 이를 통해 어려운 청구권경합의 문제도 해결된다.[37]

여기서 한 가지 문제가 되는 것은 피해자가 불법행위책임만을 묻는 경우에도 종속적 연결을 해야 하는가이다. 생각건대 이를 긍정하는 것이 타당할 것이다. 많은 경우 불법행위의 성립 여부를 판단하면서 기존의 법률관계가 드러날 것이고, 이런 경우에는 종속적 연결을 통하여 하나의 생활관계를 통일적으로 해결하는 것이 이 예외의 취지에 부합하기 때문이다.

> **대법원 2012. 10. 25. 선고 2009다77754 판결** 가해자와 피해자 간에 존재하는 법률관계가 불법행위에 의하여 침해되는 경우에 불법행위에 대한 준거법은 불법행위지법이 아니라 침해되는 법률관계의 준거법이 우선적으로 적용된다 …… 이 사건 연료공급계약에 따라 공급한 이 사건 연료가 선박의 연료유로 사용하기에 부적법하여 피고의 불법행위에 해당한다는 원고의 청구원인 주장에 관하여 이 사건 연료공급계약 법률관계의 준거법인 미국 해사법이 적용된다.
>
> **대법원 2018. 3. 29. 선고 2014다41469 판결** 甲 주식회사가 乙 외국법인과 매매계약을 체결하여 국내로 수입한 화물이 운송 중 상품성이 없을 정도로 사양이 이탈되는 사고가 발생하자, 위 화물에 관하여 甲 회사와 해상적하보험계약을 체결한

---

37) 법조경합설에 따르면 계약책임만 인정되고, 청구권경합설에 따르면 채권자가 계약책임과 불법행위책임 중 하나를 선택할 수 있다. 그런데 예컨대 불법행위지인 甲국의 법에서는 계약책임만 인정하는 데 비하여 계약 준거법인 乙국의 법에서는 청구권의 경합을 인정한다면, 법정지인 우리 법원은 어떤 나라의 법에 따라 이 문제를 판단하나 하는 문제가 제기된다. 그러나 이러한 경우에 불법행위에도 乙국 법을 적용함으로써 청구권경합문제가 성질결정 결과에 따라 달리 판단되는 문제점이 해결되는 것이다.

丙 보험회사 등이 甲 회사에 보험금을 지급하고 甲 회사가 소지하고 있던 선하증 권을 교부받아 화물을 운송한 丁 외국법인을 상대로 불법행위에 따른 손해배상책임 을 구한 사안에서, 선하증권 소지인인 丙 회사 등과 운송인인 丁 법인 사이의 법 률관계는 원칙적으로 선하증권의 준거법에 의하여야 하고, 그 법률관계가 丁 법인 의 불법행위에 의하여 침해된 경우에 적용할 준거법 역시 국제사법 제32조($^{현행}_{제52조}$) 제1항, 제3항에 따라 선하증권의 준거법.

④ 법정지 손해배상제도에 대한 배려

4항에 따르면 준거법인 외국법에서 인정하는 손해배상청구권이 성질상 손해의 적절한 배상이라는 목적에 부합하지 않는 것이 명백한 경우에는 우리나라 법원에 서 이를 인정할 수 없다. 이 규정은 불법행위 및 손해배상 제도가 많은 나라에서 공서와 관련되어 있다는 것을 고려한 것으로 법정지법설에서 주장하는 바를 제한 적으로 수용한 것이다. 그러므로 예컨대 미국법에 따른 징벌적 손해배상이 4항의 요건에 해당한다고 평가되는 경우에는 우리나라에서 인정될 수 없고, 이를 인정한 외국판결은 우리나라에서 승인과 집행이 거부된다. 이에 비해 손해의 적절한 배상 이라는 목적에서 볼 때 타당한 것이어서 4항에 위반되지 않는 한 그 방법이 우리 나라에서의 원칙인 금전배상과 다르더라도 허용된다.

⑤ 사후적 준거법합의($^{제53}_{조}$)

당사자는 사후적으로 법정지인 우리나라 법을 선택할 수 있다.

3) 준거법의 적용범위

불법행위의 준거법은 불법행위의 성립과 손해배상책임의 범위 등 효과는 물론 손해배상청구권의 소멸시효에도 적용되며, 손해배상청구권을 수동채권으로 하는 상 계도 불법행위의 준거법이 허용할 때만 가능하다.

> 대법원 1992. 10. 27. 선고 91다37140 판결 보험자대위의 법리에 따라 피해자가 불 법행위자에 대하여 가지는 손해배상청구권을 취득하였음을 들어 구상금청구를 하 는 경우 그 손해배상청구권이 시효로 소멸하였는지 여부는 섭외사법 제13조 제1항 의 규정에 따라 사고가 발생한 우리 나라 민법에 의하여 판단 ……

4) 불법행위에 관한 소의 국제관할

불법행위에 관한 소에 있어서는 원칙적으로 우리나라가 행동지 또는 결과발생지인 경우 및 대한민국을 향하여 행하여지는 경우에 우리 법원에 국제관할이 있다(제44조. 자세한 것은 제4편 제2장 IV. 3. 참조).

IV. 채권양도와 채무인수

1. 채권양도

1) 의 의

채권양도라 함은 법률행위를 통해 채권을 이전하는 것 또는 채권 이전을 내용으로 하는 법률행위를 말한다. 그러므로 채권양도는 처분행위이고, 단지 채권을 양도 또는 양수할 의무를 발생시키는 행위(의무부담행위·채권행위)는 여기에 포함되지 않는다. 채권양도를 하는 원인은 채권매매, factoring, 증여, 추심위임 등 다양하다.

제54조에서 의미하는 채권양도는 지명채권의 양도이며, 전전 유통될 것이 전제되어있는 증권화된 채권의 양도에는 본조가 적용되지 않는다. 즉 어음·수표에 대하여는 상사편에 특별한 규정이 있고, 무기명채권과 지시채권의 양도에 대하여도 별도의 규정과 이론이 있다(물권편의 해당 부분 참조).

지명채권 양도에서는 양도 가능성, 요건, 방식, 양도인과 양수인 사이의 관계, 대항요건 등의 기준이 될 법이 문제된다. 채권양도와 그 준거법 문제는 양도 대상인 채권의 근거가 되는 법률관계와 그 준거법 및 채권양도의 원인이 되는 법률관계와 그 준거법 문제와 개념적으로 엄격히 구별되어야 한다.

2) 준거법

(1) 학 설

채권양도의 준거법에 대하여는 크게 양도대상인 채권의 준거법설과 당사자 사이의 계약의 준거법(원인관계의 준거법)설이 대립하여 왔다.[38] 예를 들어 乙에 대해

---

38) Münchener Kommentar, 10권, 6판, Rn. 10 Art. 14 ROM I.

매매대금채권을 가지고 있는 甲이 丙에게 대금채권의 추심을 위임하면서 편의를 위해 대금채권을 이전한 경우, 전설에 의하면 대금채권의 양도에는 甲과 乙 사이의 매매계약의 준거법이 적용되고, 후설에 의하면 甲과 丙 사이의 위임계약의 준거법이 적용된다. 전설은 양도 대상인 채권의 존재 및 양도 가능성을 그 발생근거가 되는 법률관계를 떠나서 논하기 어렵다는 것과 채무자의 이익을 근거로 하고, 후설은 실제적으로 볼 때 채권양도와 그 원인관계는 하나의 거래로서 일체적 존재라는 것을 근거로 한다.

(2) 국제사법 규정

> **제54조 (채권의 양도 및 채무의 인수)** ① 채권의 양도인과 양수인 간의 법률관계는 당사자 간의 계약의 준거법에 따른다. 다만, 채권의 양도가능성, 채무자 및 제3자에 대한 채권양도의 효력은 양도되는 채권의 준거법에 따른다.

우리 국제사법은 한편에서 양도인과 양수인 사이의 내부관계와 다른 한편에서 양도가능성, 채무자 및 제3자에 대한 효력을 구분하여 결과적으로 절충적인 해결을 하고 있다.

① 양도인과 양수인의 사이의 관계

양도인과 양수인의 사이의 관계는 당사자 간의 계약의 준거법에 의한다($\frac{1항}{본문}$). 여기서 양도인과 양수인의 사이의 관계가 무엇을 의미하는지 불분명한 점이 있는데, 채권양도라는 처분행위 자체와 관련된 문제를 의미하는 것으로 해석해야 할 것이고, 예컨대 당사자 사이에 채권이 이전되기 위한 요건 등이 문제될 수 있을 것이다. 이에 비해 채권매도인의 담보책임 등은 매매의 효력의 문제가 된다. 그리고 당사자 간의 계약이란 채권을 이전하는 것의 원인이 되는 관계를 의미하고, 우리의 예에서는 甲과 丙 사이의 추심위임계약이 그것이다. 그러므로 결과적으로 채권양도의 당사자 사이에서는 처분행위와 의무부담행위가 동일한 법에 따르게 된다.[39]

② 양도 가능성, 채무자 및 제3자에 대한 효력(대항력 등)

이 문제는 양도의 대상인 채권의 준거법에 따르고($\frac{1항}{단서}$), 그러므로 앞의 예에서는 甲과 乙 사이의 매매계약의 준거법이 적용된다. 만약 양도 가능성, 채무자 및

---

39) 유럽연합의 ROM I에서도 동일한 입장을 취하고 있는데, 이는 많은 나라에서 처분행위와 의무부당행위가 개념적으로 구별되지 않는 것을 고려한 것이라고 한다.

제3자에 대한 대항력에 대하여도 甲과 丙 사이의 위임계약의 준거법을 적용한다면 채무자 乙이 자신의 채무의 근거가 되는 매매계약의 준거법과는 다른 법이 적용됨으로써 불이익을 입을 수 있기 때문에 이를 방지하기 위한 것이다.

요컨대 제34조는 양도 대상인 채권의 준거법이 양도를 허용하는 것을 전제로, 양도인과 양수인 사이의 내부관계의 준거법에 따라 채권이전의 요건이 정해지도록 하지만, 다만 그것으로 채무자 및 제3자에게 대항할 수 있는지에 대하여는 다시 대상인 채권의 준거법에 따르게 하여 관여된 세 당사자의 이익을 조절하고 있는 것이다.

> 대법원 2007. 7. 12. 선고 2005다47939 판결 특별한 사정이 없는 한 그 피담보채권의 양도가능성, 채무자 및 제3자에 대한 채권양도의 효력에 관한 사항은 국제사법 제34조(현행제54조) 제1항 단서에 의하여 그 피담보채권의 준거법에 의하여야 하고, 그 피담보채권의 임의대위에 관한 사항은 국제사법 제35조(현행제55조) 제2항에 의하여 그 피담보채권의 준거법에 의하여야 한다.

2. 채무인수

> **제54조 (채권의 양도 및 채무의 인수)** ② 채무인수에 관하여는 제1항을 준용한다.

1) 의의와 유형

채무인수란 법률행위를 통한 채무의 이전 내지 채무이전을 목적으로 하는 법률행위를 의미하며, 채권양도와 마찬가지로 처분행위의 하나이다. 채무인수의 경우 그 효력 여하에 따라서는 채무에 대해 궁극적으로 책임을 져야 할 재산(이른바 책임재산)의 변동이 수반되어 채권자와 보증인 등 제3자의 이익이 큰 영향을 받을 수 있고, 그리하여 보통 면책적 채무인수와 병존적 채무인수를 구별하여 규율하고 있다.

(1) 면책적 채무인수

면책적 채무인수란 전채무자는 채무관계에서 온전히 빠지고 인수인만 채무를 부담하는 효력을 갖는 채무인수로서 책임재산의 변동을 수반한다. 그리하여 원칙적으로 채권자, 채무자, 인수인 3자의 합의가 있을 것이 요구되며, 채무자와 인수인 사이의 인수합의를 인정하는 경우에는 채권자의 동의가 있을 것을 요구하여 결과

제1편 제2편 제3편 제4편 개별적 준거법의 지정

적으로 3자 합의의 틀을 유지하는 것이 보통이다. 그리고 채권자와 인수인 사이의 인수합의에 대하여도 채무자의 의사에 반하지 못하도록 하는 것이 원칙이다.

(2) 병존적 채무인수

제3자가 채무를 인수하더라도 원래의 채무자가 계속하여 채무를 부담하는 형태의 채무인수를 말한다. 그러므로 병존적 채무인수의 경우에는 그로 인해 채권자 및 보증인 등 이해관계인이 손해를 입을 염려가 없고, 그리하여 채무자와 인수인 사이 또는 채권자와 인수인 사이의 합의만으로도 가능하다고 하는 것이 보통이다.

(3) 제54조 2항의 적용범위

채무인수에 관한 제54조 2항은 면책적 채무인수에만 적용된다. 병존적 채무인수는 기존의 채권자와 채무자 및 제3자의 관계에 직접 영향을 미치지 않으므로 별도의 법적 규율이 필요한 사항도 채무인수로 인해 추가적으로 발생된 채권관계로 국한되며, 이에 대하여는 그 자체의 준거법에 따라 판단하는 것으로 충분하기 때문이다. 채무자와 인수인 사이의 병존적 채무인수는 그 성질을 제3자를 위한 계약으로 보는 것이 다수의 입장이고, 채권자와 인수인 사이의 인수합의의 경우에도 채권계약의 준거법에 관한 일반원리를 적용할 수 있다고 한다.[40] 다만 판례는 법정 병존적 채무인수의 경우에는 제54조가 하나의 기준이 되는 것으로 이해하고 있다 (대법원 2017. 10. 26. 선고 2015다42599 판결 참조).

2) 채무인수의 준거법

제54조 2항에서는 채권양도에 관한 1항을 채무인수에 준용하고 있다. 그러므로 먼저 채무인수에 관한 당사자 사이의 관계는 채무인수를 하게 된 원인관계의 준거법에 따른다. 그리고 면책적 채무인수가 허용되는지 여부, 형태, 제3자에 대한 관계에는 인수 대상인 채무 자체의 준거법이 적용되는데, 이는 채권자와 보증인 등 제3자의 보호를 위한 것이다.

> 대법원 2017. 10. 26. 선고 2015다42599 판결 제3자가 외국의 법률이 준거법인 책임보험계약의 피보험자에 대하여 대한민국 법률에 의하여 손해배상청구권을 갖게

---

40) Münchener Kommentar, 10권, 6판, Rn. 23-27 Art. 15 ROM I.

되어 우리나라에서 보험자에 대한 직접청구권을 행사할 경우의 준거법을 정하는 기준에 관하여 국제사법에는 직접적인 규정이 없다 …… 책임보험계약에서 보험자와 제3자 사이의 직접청구권에 관한 법률관계는 법적 성질이 법률에 의하여 보험자가 피보험자의 제3자인 피해자에 대한 손해배상채무를 병존적으로 인수한 관계에 해당한다 …… 국제사법 제34조($\frac{현행}{제54조}$) 및 제35조($\frac{현행}{제55조}$)의 기준은 법률에 의한 채무의 인수의 경우에도 참작함이 타당하다 …… 보험자가 피보험자의 손해배상채무를 병존적으로 인수하게 되는 원인은, 피보험자가 제3자에 대하여 손해배상채무를 부담하는 것과는 별개로, 기초가 되는 보험자와 피보험자 사이의 법률관계인 책임보험계약에 관하여 제3자의 보험자에 대한 직접청구권을 인정하는 법 규정이 존재하기 때문이다. 그리고 제3자 직접청구권이 인정되는 경우에 보험자가 제3자에 대하여 부담하는 구체적인 책임의 범위와 내용은 책임보험계약에 따라 정해질 수밖에 없고, 책임보험계약에 따라 보험자와 피보험자가 부담하는 권리의무도 변경된다.

3. 계약인수

계약인수는 계약당사자로서의 지위 자체를 이전하는 법률행위로서 계약이 인수되면 계약관계의 당사자가 변경된다. 이러한 계약인수의 허용성과 요건, 그리고 효과는 인수 대상인 계약관계 자체의 준거법에 따른다.

> 대법원 1991. 12. 10. 선고 90다9728 판결 계약상의 지위 인수가 허용되는지 또는 그 요건과 효과가 어떠한지에 대하여 인수된 계약 자체의 준거법인 독일 민법이 적용된다.

V. 법정채권이전

1. 의의와 예

법정채권이전이란 당사자의 의사와 관계없이 법률의 규정에 따라 채권이 이전되는 것을 말하며, 우리나라에서는 물상보증인의 법정대위, 보증인의 법정대위, 공동저당에서 후순위자의 법정대위, 제3자 변제에서의 법정대위(대위변제) 및 그 특수한 경우인 보험자의 법정대위 등이 그 예이다.

제 1 편 제 2 편 제 3 편 제 4 편 개별적 준거법의 지정

2. 준 거 법

1) 문제의 소재

법정채권이전은 한편으로 채권의 이전을 규정한 법, 예컨대 담보물권의 준거법, 보증계약의 준거법, 보험계약의 준거법 등을 떠나서는 논의될 수 없는 면이 있다 (대법원 2017. 10. 26. 선고 2015다42599 판결 참조). 그런데 다른 한편으로는 이 법과 이전의 대상인 채권의 준거법이 다를 수 있고, 이런 경우에는 대상인 채권의 준거법의 입장을 무시할 수도 없다. 예를 들어 보험회사 丙이 乙의 불법행위로 甲이 입은 손해에 대해 보험금을 지급하였는데 불법행위의 준거법과 보험계약의 준거법이 다른 경우에 보험계약의 준거법만 법정채권이전을 규정하고 있으면 족한가 아니면 불법행위의 준거법에서도 이를 허용해야 하는지가 문제될 수 있다. 그리고 여기서 과연 어떤 법을 법정 채권이전의 준거법으로 보아야 할 것인지에 대하여는 견해가 대립해 왔다.

2) 국제사법 규정

> **제55조 (법률에 따른 채권의 이전)** ① 법률에 따른 채권의 이전은 그 이전의 원인이 된 구(舊)채권자와 신(新)채권자 간의 법률관계의 준거법에 따른다. 다만, 이전되는 채권의 준거법에 채무자 보호를 위한 규정이 있는 경우에는 그 규정이 적용된다.
> ② 제1항과 같은 법률관계가 존재하지 아니하는 경우에는 이전되는 채권의 준거법에 따른다.

우리 국제사법은 신·구 채권자 사이에 법정채권이전의 근거가 되는 법률관계가 존재하고 있는지 여부에 따라 규율을 달리하고 있다. 먼저 예컨대 물상보증·보증·손해보험 등의 경우에는 물상보증인과 채권자, 보증인과 채권자, 손해보험의 경우 보험회사와 피해자 등 법정채권이전에서 신·구 채권자가 될 수 있는 자 사이에 법률관계가 존재하는바, 이러한 경우에는 그 법률관계의 준거법에 따라 법정채권이전 여부가 결정된다(1항 본문). 다만 이 경우에는 채무자가 예상하지 못한 자와 채권관계에 서게 되어 불이익을 받을 수 있기 때문에 이를 방지하기 위해 단서에서 이전대상인 채권(예컨대 대여금채권, 손해배상청구권 등)의 준거법(예컨대 대차계약의 준거법, 불법행위의 준거법 등)상의 채무자를 보호하기 위한 규정도 함께 적용하도록 하고 있다(1항 단서).

그리고 신·구채권자 사이에 법정채권이전의 원인이 된 법률관계가 없는 경우에는 이전 대상인 채권의 준거법이 적용된다($\frac{2}{\eta}$). 그런데 이 규정은 이해도 어렵고 내용상 문제도 없지 않다. 먼저 신·구채권자 사이에 법률관계가 없는 경우로는 제3자 변제와 가해자의 책임보험회사가 불법행위 피해자에게 보험금을 지급한 경우 등을 생각할 수 있다. 그리고 법문에 따르면 이때에는 이전되는 채권의 준거법이 법정채권이전의 준거법이 되고, 결국 제3자변제의 경우에는 변제 대상인 채권관계(예를 들어 소비대차, 매매 등)의 준거법이 적용되고 책임보험의 경우에는 불법행위법의 준거법이 적용된다. 그런데 이것이 의미하는 것은, 법정채권이전이 되는지 여부의 결정에 있어서 변제를 한 제3자와 채무자 사이의 관계(부탁을 받은 경우에는 위임, 부탁이 없는 경우에는 사무관리 또는 부당이득)의 준거법은 고려의 대상이 아니라는 것이다. 이는 가해자와 보험회사 사이의 보험계약의 준거법도 마찬가지다. 그러나 이것이 타당한지는 대단히 의문이다. 이러한 경우에는 부탁이 있으면 채무자와 변제자 사이의 위임계약, 부탁이 없었다면 채무자와 변제자 사이의 사무관리 또는 부당이득, 그리고 책임보험의 경우에는 가해자와 보험회사 사이의 보험계약의 준거법을 적용하는 것을 원칙으로 하면서 이전되는 채권의 준거법에 채권자를 보호하기 위한 규정이 있을 때에는 그 규정을 적용하는 것이 1항과의 균형 및 제도의 취지에 보다 합당할 것이다.

> 대법원 2007. 7. 12. 선고 2005다39617 판결 국제사법 제60조제95조 제1호, 제2호에서 선적국법에 의하도록 규정하고 있는 사항은 선박우선특권의 성립 여부, 일정한 채권이 선박우선특권에 의하여 담보되는지 여부, 선박우선특권이 미치는 대상의 범위, 선박우선특권의 순위 등으로서 선박우선특권에 의하여 담보되는 채권 자체의 대위에 관한 사항은 포함되어 있지 않다고 해석되므로, 그 피담보채권의 임의대위에 관한 사항은 특별한 사정이 없는 한 국제사법 제35조($\frac{현행}{제55조}$) 제2항에 의하여 그 피담보채권의 준거법에 의하여야 한다.

※ **참고판례** 대법원 2017. 10. 26. 선고 2015다42599 판결

제5장

친 족 법

Ⅰ. 총   설

혼인, 친자관계 등 사람 사이의 가족적 신분관계 문제는 능력 문제와 함께 각 나라의 종교·역사·문화와 관계가 깊어 전통성이 강하고 개인의 인격과 관계가 깊은 문제로서 전통적으로 속인법의 적용대상으로 인식되어 왔다. 또한 보편적 합리성보다 개인적인 감성이 지배하는 신분관계에 대한 규율은 나라마다 차이가 커서 공서조항의 적용 가능성이 큰 분야이기도 하다. 그리고 신분행위는 저촉법상 요건과 효과를 분리하여 취급하는 현상이 하나의 특징이어서 하나의 법이 성립과 효과 문제에 모두 적용되는 전면적 지배의 원칙이 적용되지 않는다.

Ⅱ. 약   혼

1. 의   의

약혼은 장래에 혼인을 할 것에 대한 약속으로, 효력의 면에서 볼 때 약혼은 의무부담행위로서 채권계약과 유사한 면이 있다. 그러나 의무의 내용이 혼인이라는 신분적 결합인 점에서 보통의 채권계약과 다르고, 약혼만으로도 일정한 가족법적 관계가 발생하도록 하는 나라가 있는 등 효력에 있어서 국가 사이에 차이가 크다.[1]

2. 준 거 법

1) 학 설

약혼의 준거법에 관하여는 약혼이라는 법률행위의 성질에 대한 이해에 따라 채권계약에 관한 규정을 적용해야 한다는 견해(채권계약설)와 당사자가 속하는 나라의 법을 적용해야 한다는 견해(속인법설)가 대립하여 왔다.[2] 생각건대 약혼이 의무부담 행위인 것은 틀림없지만 혼인의무는 성질상 강제할 수 없고, 약혼의 효력으로 일정한 신분관계가 발생하는 입법례도 있어 보통의 채권계약과는 다른 특성을 갖는다. 특히 채권계약에 관한 규정을 적용할 경우 당사자자치가 인정되는데 약혼의 효력의 특수성을 생각할 때 약혼에 당사자자치를 인정하는 것의 타당성에 관하여는 의문이 제기되었다. 그리하여 현재 다수의 학설은 속인법주의를 지지하고 있다.

2) 국제사법

우리 국제사법에는 약혼에 관한 규정이 없어 약혼의 준거법 문제는 학설과 판례에 맡겨져 있다. 그런데 약혼이 속인법을 따르는 것이 원칙이라고 하더라도 약혼과 관련된 사항 중 어떤 문제에 어느 당사자의 속인법이 적용되어야 하는지 문제는 여전히 남게 된다. 그리하여 약혼과 가장 밀접하게 관련되어 있다고 할 수 있는 혼인에 관한 규정을 유추적용하자는 견해와 보다 적절한 다른 규정을 적용하거나 그런 규정이 없으면 독자적인 저촉규범을 형성해야 한다는 견해 등이 대립하여 왔다.[3]

(1) 약혼의 실질적 성립요건

우리 국제사법의 해석으로서는 혼인에 관한 제63조 1항을 유추적용하는 것과 개별적 규정이 없는 기타 친족관계에 관한 제74조를 유추적용하는 것이 고려될 수 있다. 약혼은 혼인의 전단계로서 둘이 밀접하게 관련되어 있다는 점을 강조하는 경우에는 첫 해결방법이 선호될 수도 있으나, 아래에서 보는 바와 같이 약혼의 효력에는 혼인의 효력에 관한 규정이 적용될 수 없어 어차피 제74조로 돌아갈 수밖에

---

1) Ferid, IPR, S. 289 참조.
2) 서희원, 국제사법, 257면; Kegel/Schurig, IPR, S. 794 참조.
3) Ferid, IPR, S. 289-290; Kegel/Schurig, IPR, S. 794.

없는 상황임을 고려하면, 약혼의 실질적 요건에 대하여도 제74조를 적용하는 것이 간단명료한 해결방법이라고 생각된다. 다만 결과에 있어서는 어느 쪽을 따르더라도 각 당사자의 본국법이 적용되기 때문에 차이가 없다.

(2) 방 식

약혼의 방식에 관하여도 혼인의 방식에 관한 제63조 2항을 유추적용하는 것과 법률행위의 방식 일반에 관한 제31조를 적용하는 것을 고려할 수 있다. 제31조는 별도의 규정이 없는 한 모든 법률행위의 방식에 적용되는 규정이며 약혼의 방식은 거행지의 공서와의 관련성에 있어서 그 의미가 혼인의 경우와는 다르므로 제31조를 적용하는 것이 타당할 것으로 생각된다. 나아가 약혼의 경우에는 혼인에서와 같이 특별한 방식을 요구하는 예도 거의 없다고 한다.

(3) 효 력

효력 문제에 있어서도 혼인의 일반적 효력에 관한 제64조를 유추적용하는 것과 제74조를 적용하는 것이 문제된다. 혼인의 경우에는 효력 문제에 각 당사자의 본국법이 동시에 적용될 경우에는 지속적인 신분관계에 있어 해결하기 어려운 내용상 충돌이 발생할 가능성이 있기 때문에 이를 피하기 위해 하나의 준거법을 적용하는 것이 요망되고, 제64조도 이에 따르고 있다. 이에 비해 약혼의 경우에는 그 주된 효력이 일회적인 혼인의무이기 때문에 각 당사자의 본국법이 적용된다고 해도 이런 문제는 없다. 그리고 오히려 두 법이 모두 인정하는 의무만을 인정하는 것이 문제를 단순화하는 것일 수 있다.[4] 그러므로 약혼의 효력에 있어서도 각 당사자의 본국법이 함께 적용되도록 하고 있는 제74조를 적용하는 것이 타당할 것이다.

약혼에 따른 혼인의무의 이행을 강제하는 효력을 인정하는 외국법은 우리나라의 공서에 위반된다고 해석되어야 할 것이다.

---

4) Kegel/Schurig, IPR, S. 794.

Ⅲ. 혼　인

> **제63조 (혼인의 성립)** ① 혼인의 성립요건은 각 당사자에 관하여 그 본국법에 따른다.
> ② 혼인의 방식은 혼인을 한 곳의 법 또는 당사자 중 한쪽의 본국법에 따른다. 다만, 대한민국
> 에서 혼인을 하는 경우에 당사자 중 한쪽이 대한민국 국민인 때에는 대한민국 법에 따른다.

1. 실질적 성립요건

혼인의 실질적 요건에 대하여는 전통적으로 각 당사자에 대해 그 속인법을 적
용하여 왔고 우리 국제사법도 이를 따라 본국법을 적용하고 있다($^{제63조}_{1항}$). 혼인의 경
우에는 적극적 요건과 장애사유, 요건 흠결의 효과 등에서 나라마다 현저한 차이를
보이고 있고, 혼인의 당사자 중 어느 일방의 속인법만을 적용하는 것은 다른 일방
에 대한 부당한 차별이고 심각한 마찰을 초래하여 혼인관계의 안정성을 기할 수
없기 때문이다.

각 당사자에 대하여 그의 본국법이 적용되는 결과, 어느 한 당사자에 대해서라
도 그의 본국법에서 요구하는 요건이 충족되어 있지 않으면 혼인은 성립할 수 없
다. 그리고 각 당사자 모두에 관하여 요건을 갖추지 못하였고 요건 흠결의 효과가
서로 다른 경우에는 최소무리의 원칙에 따라 보다 엄격한 효과가 지배하게 된다.
즉 일방 당사자에 대하여는 취소사유가 있고 타방 당사자에 대하여는 무효사유가
존재하는 경우, 그 혼인은 무효가 된다.[5]

> 서울가정법원 1992. 10. 13. 선고 91드68018 판결　섭외사법 제15조 제1항에 혼인의
> 성립요건은 각 당사자에 대하여 그 본국법에 의하여야 한다고 되어 있고, 요건이
> 흠결된 혼인의 효과 역시 각 당사자의 본국법에 의한다고 해석되는바, 대한민국 국
> 민인 원고가 일본국 국민인 피고를 상대로 혼인무효확인청구를 함에 있어 자신이
> 혼인에 동의한 바 없음을 청구원인으로 내세우고 있다면 피고의 본국법을 고려할
> 필요 없이 우리 민법에 의하여 혼인의사의 합치가 있는지 여부를 판단하면 된다.

---

[5] Kegel/Schurig, IPR, S. 812. 예를 들어 17세의 남자와 15세의 여자가 부모의 동의 없이 혼인을 하
였는데 남자의 본국법에 의하면 취소사유가 되고 여자의 본국법에 의하면 혼인적령위반으로 무효가
되는 경우.

제 1 편　제 2 편　제 3 편　제 4 편　개별적 준거법의 지정

대법원 1996. 11. 22. 선고 96도2049 판결 섭외사법 제15조 제1항 본문은 혼인의 성립요건은 각 당사자에 관하여 그 본국법에 의하여 정한다고 규정하고 있고, 같은 법 제16조 제1항은 "혼인의 효력은 부(夫)의 본국법에 의한다."고 규정하고 있으므로, 대한민국 남자와 중국 여자 사이의 혼인이 중국에서 중국의 방식에 의하여 성립되었다 하더라도 혼인의 실질적 성립요건을 구비한 것으로서 유효한지 여부는 부(夫)의 본국법인 우리 나라 법에 의하여 정하여져야 한다.[6]

서울가정법원 2014. 6. 27. 선고 2013드단91378 판결 국제사법 제36조(현행 제63조) 제1항은 혼인 성립의 장해 요건인 혼인의 무효나 취소 사유를 포함한 혼인의 실질적 성립요건은 각 당사자에 관하여 그 본국법에 의하도록 정하고 있으므로, 피고 1에 대하여는 우리나라 민법을, 피고 2에 대하여는 미국 네바다 주 혼인관계법에 따라 청구취지 기재 혼인신고의 효력을 판단하여야 …… 중혼의 효력에 관하여 당사자의 본국법이 서로 다른 경우에는 일반적으로 혼인의 유효성을 보다 부정하는 나라의 법률을 적용함이 타당하다.

※ **기타판례** 청주지방법원 충주지원 1997. 6. 27. 선고 96드1493,96드1608 판결; 서울지방법원 2003. 7. 25. 선고 2001가합64849 판결; 서울가정법원 2014. 6. 27. 선고 2013드단91378 판결

2. 방   식

1) 학 설

혼인의 방식의 준거법과 관련하여서는 크게 세 견해가 치열하게 대립하여 왔다.[7]

(1) 절대적 속인법(우리나라의 경우 본국법)설

혼인의 방식에도 당사자의 속인법이 절대적으로 적용되어야 한다는 입장이다. 혼인에 관하여도 행위지법에 따른 방식을 허용하면 당사자의 속인법과 혼인 거행지법 사이에 파행적 관계가 발생할 여지가 있는바, 이는 포괄적이고 지속적인 신분관계인 혼인의 경우에는 허용될 수 없고 당사자의 의사 및 이익에도 부합되지 않는다는 것이다.

그러나 이 견해에 따르면 당사자 편의는 전혀 고려되지 않는데, 여전히 거행지의 방식이 강제되는 나라가 많은 점을 고려하면 이 역시 간과할 수 없는 문제점이

---

6) 이 판례에서는 섭외사법 제16조의 혼인의 효력을 (실질적)요건흠결의 효과와 혼동하고 있다.

7) 서희원, 국제사법, 262-263면 참조.

된다.

(2) 절대적 거행지법설

앞의 견해와 반대로 혼인은 절대적으로 거행지의 방식을 따르도록 해야 한다는 입장으로, 섭외사법도 이를 따르고 있었다. 혼인의 방식은 거행지의 전통 및 문화와 깊게 관련되어 있어 거행지의 사회질서 이익이 존중되어야 하고, 혼인에 있어서도 당사자의 편의가 우선적으로 고려되어야 한다는 것이다.

그러나 이에 따르면 당사자의 본국법과의 사이에 파행적 관계가 발생할 가능성이 커진다.

(3) 선택적 거행지법설

당사자의 본국법에서 요구하는 방식 외에 거행지의 방식에 따라서도 혼인을 할 수 있도록 하자는 견해이다.

이 견해는 일견 앞의 두 견해를 절충한 것으로 이해될 수 있다. 그러나 적용 결과를 놓고 보면 당사자의 편리가 극대화될 뿐 다른 두 견해의 단점을 보완하지는 못하고 오히려 사안별로 두 견해의 단점이 모두 발생할 수도 있어 과연 절충적 해법이라 할 수 있을지는 의문이다.

2) 국제사법 규정

우리나라 국제사법은 기본적으로 세 번째 견해를 따르고 있다(제63조 2항 본문). 그리고 실질적 요건과 달리 방식에는 각 당사자의 본국법이 모두 적용되지 않고 어느 일방 당사자의 본국법상의 방식요건만 갖추어도 되도록 하여 당사자의 편의를 높이고 있다. 그러나 거행지가 대한민국이고 당사자 일방이 대한민국 국민일 때에는 반드시 거행지인 우리나라 법에 따르도록 하여 부분적으로 절대적 거행지주의를 채용하고 있다.

3) 방식위반의 효과

혼인이 방식요건을 갖추지 못하고 있다고 하기 위해서는 하나 또는 두 개의 본국법과 거행지법의 방식규정 중 어느 하나도 충족시키지 못한 경우이어야 한다. 방식위반의 효과에 대하여는 일반법률행위와 마찬가지로 가장 약한 제재에 따라야 한다는 것이 독일에서의 다수설이다.[8] 그러나 최소무리의 원칙이라는 관점에서 보면 요건위반시 약한 효과를 인정하는 것은 어디까지나 예외라 할 것인데, 혼인의 경우에도 거래의 편의를 근거로 이런 예외를 인정하는 것이 과연 타당하다 할 것인지는 의문이며, 사견으로는 가장 엄격한 효과를 인정하는 것이 타당하다고 생각한다.

> 대법원 1983. 12. 13. 선고 83도41 판결 섭외사법 제15조 제1항 단서는 혼인의 방식은 그 혼인거행지의 법에 의한다고 규정하고 있으므로 외국에서 거행된 혼인이 그 외국법이 정하는 방식에 따라 거행된 경우는 그로써 혼인은 유효하게 성립된 것으로 인정되고, 호적법에 따른 신고가 없는 경우에도(이 경우의 호적법 제40조에 따른 신고는 일반의 경우의 신고와는 달리 창설적 성질을 띠는 것은 아니고 다만 보고적 의미를 갖는데 불과하다 할 것이다) 간통죄에 있어서의 "배우자"에 해당한다.

> ※ **기타판례** 대법원 1991. 12. 10. 선고 91므535 판결; 서울가정법원 1992. 3. 27. 선고 91드34886 판결; 대법원 1994. 6. 28. 선고 94므413 판결; 대법원 1994. 11. 4. 선고 94다35145 판결

3. 혼인의 효력

실체법에서와 마찬가지로 저촉법에서도 혼인의 효력은 일반적(신분적) 효력과 재산적 효력을 구별하여 규율하고 있다. 그리고 요건에서와 달리 복수의 법이 충돌하는 것을 피하기 위해 하나의 법만 적용되도록 하는 것을 원칙으로 하고 있다.

1) 일반적 효력

> **제64조 (혼인의 일반적 효력)** 혼인의 일반적 효력은 다음 각 호의 법의 순위에 따른다.
> 1. 부부의 동일한 본국법
> 2. 부부의 동일한 일상거소지법
> 3. 부부와 가장 밀접한 관련이 있는 곳의 법

(1) 학 설

혼인의 일반적 효력이란 혼인으로 인해 발생하는 가족적 신분관계를 말한다. 역

---

8) Hoffmann/Thorn, IPR, S. 310; Kegel/Schurig, IPR, S. 812 등.

사적으로 볼 때 혼인의 일반적 효력에 대하여는 오랜 시간 夫의 본국법을 적용하여 왔다. 그러나 국제사법에 채용된 연결점(즉 저촉법적 연결원리)도 헌법상의 평등의 원칙에 반할 수 없다는 인식이 확대되면서 부부 공통 국적설, 공통 일상거소(주소)설, 공통 관련국설 등이 주장되었다. 나아가 혼인은 한편에서 전형적인 속인법 사항이라는 점과 다른 한편에서 전통적으로 속인법 결정 기준의 하나인 국적이 현재와의 관련성이라는 면에서 보면 문제가 없지 않다는 것이 지적되면서[9] 이른바 단계적 연결방법이[10] 많은 지지를 받게 되었는데 그 구체적 내용은 다양하다.[11] 우리 국제사법도 단계적 연결방법을 취하고 있다.

(2) 국제사법 규정

① 연결점

혼인의 일반적 효력은 일차적으로 부부의 동일한 본국법에 따른다. 여기서 동일한 본국법이라 함은 국제사법 제16조에 따라 정해진 당사자의 본국법이 서로 같은 경우를 말한다. 그러므로 甲국 국적의 남자와 甲·乙 이중국적의 여자가 결혼한 경우 甲국이 반드시 동일한 본국이 되는 것은 아니다. 왜냐하면 제16조에 따를 때 乙국이 여자의 본국이 될 수 있기 때문이다. 이러한 의미의 동일한 본국이 존재하지 않을 때에는 이차적으로 동일한 일상거소지법이 적용되고 이것도 없을 경우에는 가장 밀접한 관련이 있는 곳의 법에 따른다.

② 기준시점

3단계의 연결점은 혼인 당시가 아니라 현재를 기준으로 확정된다(변경주의). 섭외사법에서는 법적 안정성(혼인관계의 안정성)을 중시하여 이른바 불변주의에 따라 혼인 시점을 기준으로 하였던 것을 현재의 상황에 맞는 규율을 위해 변경주의로 전환한 것이다.

(3) 적용범위

제64조는 별도의 규정이 있는 부부재산제(제65조)와 부양의무(제73조)를 제외한 모든 효과에 적용된다. 즉 친족관계의 발생 여부 및 범위, 일상가사대리권 여부 및 범위, 일상가사 연대채무 등은 모두 제64조에 따른다. 그러나 한때 혼인의 일반적 효력

---

9) Ferid, IPR, S. 83면 이하; Hoffmann/Thorn, IPR, S. 316면 참조.
10) 대표자는 Kegel 교수로 독일에서는 'Kegel식 사다리'로도 불린다.
11) 溜池良夫, 국제사법강의, 412-418면 참조.

의 하나로 보기도 하였던 성년의제는 국제사법에서 행위능력 문제로 성질이 결정되어 제28조 1항이 적용됨에 따라 여기서 제외된다. 그리고 부부의 성도 당사자의 본국법에 따른다는 것이 현재의 국제적 흐름이라 할 수 있다.

2) 부부재산제

> **제65조 (부부재산제)** ① 부부재산제에 관하여는 제64조를 준용한다.
> ② 부부가 합의에 의하여 다음 각 호의 어느 하나에 해당하는 법을 선택한 경우 부부재산제는 제1항에도 불구하고 그 법에 따른다. 다만, 그 합의는 날짜와 부부의 기명날인 또는 서명이 있는 서면으로 작성된 경우에만 그 효력이 있다.
> 1. 부부 중 한쪽이 국적을 가지는 법
> 2. 부부 중 한쪽의 일상거소지법
> 3. 부동산에 관한 부부재산제에 대해서는 그 부동산의 소재지법
> ③ 대한민국에서 행한 법률행위 및 대한민국에 있는 재산에 관하여는 외국법에 따른 부부재산제로써 선의의 제3자에게 대항할 수 없다. 이 경우 외국법에 따를 수 없을 때에 제3자와의 관계에서 부부재산제는 대한민국 법에 따른다.
> ④ 제3항에도 불구하고 외국법에 따라 체결된 부부재산계약을 대한민국에서 등기한 경우에는 제3자에게 대항할 수 있다.

(1) 학 설

부부재산제에 관하여는 종래 당사자자치를 인정하는 의사주의, 속인법주의, 부부재산의 재산법적 성질을 강조하면서 동산과 부동산을 구별하고 동산에 대하여는 당사자의 주소지법을 적용하고 부동산에는 소재지법을 적용하여야 한다는 등 여러 입장이 있었다.[12]

(2) 국제사법 규정
① 연결점

우리나라 국제사법 제65조는 의사주의와 속인주의를 절충하고 있다. 먼저 1항은 부부재산제에도 속인법주의에서 출발하고 있는 혼인의 일반적 효력에 관한 제64조를 준용하고 있다. 그리고 2항에서는 당사자가 준거법을 선택할 수 있도록 하고 있다. 다만 선택의 범위는 부부 중 일방의 본국법, 부부 중 일방의 일상거소지법, 부동산의 경우 그 소재지법으로 제한된다.

---

12) 서희원, 국제사법, 272면 참조.

② 당사자자치의 방식

준거법 선택의 합의는 일자, 쌍방의 기명날인 또는 서명이 있는 서면으로 하여야 효력이 있다.

③ 기준시점

부부재산제의 연결점은 혼인 당시가 아니라 현재를 기준으로 결정된다. 일반적 효력에 대해 변경주의를 택함에 따라 이것과의 조화를 위해 거래안전상의 문제점을 감수하면서 부부재산제에 있어서도 변경주의로 전환한 것이다.

④ 외국법에 따른 부부재산제의 적용

부부재산제 전반에 적용되는 법이 외국법인데 그 내용이 우리나라 법과 다른 경우는 쉽게 생각할 수 있다. 이 경우 부부재산제의 대상인 재산이 우리나라에 있거나 외국의 부부재산제에 근거한 법률행위가 우리나라에서 행하여졌음에도 불구하고 외국법을 제한 없이 적용하면 우리나라의 거래안전이 저해되고 제3자가 불측의 손해를 당할 수 있다. 예컨대 부부재산제의 준거법상 등기명의와 관계없이 부부 공유로 되어 있는 국내 소재 부동산을 등기명의자인 일방이 단독으로 처분한 경우, 이를 모르는 상대방은 나중에 손해를 입을 수 있는 것이다. 이를 방지하기 위해 제3항에서는 우리나라에서 행해진 법률행위 및 대한민국에 있는 재산에 관해서는 외국법에 따른 부부재산제로 선의의 제3자에게 대항할 수 없도록 하고 있다. 이 규정은 개별적 준거법이 포괄적 준거법에 우선한다는 원칙을 명문화한 예라 할 수 있다. 우리나라에서 선의의 제3자에게 대항할 수 없는 외국법상의 부부재산제의 예로는 우리나라와 다른 공동소유제도, 법정저당권이 대표적이며, 외국법에 따른 부부재산계약도 기본적으로 여기에 포함되지만 4항에서 특별한 대항요건을 요구하고 있다.

제3항에 따라 준거법의 적용이 제한됨으로 인해 발생하는 준거법상의 흠결은 공서조항에서와 동일한 이유로 인해 우리나라 법에 의해 보충된다. 그러므로 앞의 예에서 명의자인 일방에 의한 처분이 유효한지 여부는 우리나라 법에 따라 정해져야 한다.

⑤ 외국법에 따른 부부재산계약의 대항력

제4항에서는 외국법에 따라 체결된 부부재산계약으로 우리나라에서 제3자에 대

항하기 위해서는 등기가 될 것을(비송사건절차법 제 68조-제71조 참조) 요구하고 있다. 그러므로 일방의 타방 재산에 대한 관리권, 일상가사의 범위를 넘는 포괄적 대리권 부여, 공유합의, 생활비 부담 합의 등이 준거법인 외국법에 따라 허용되더라도 우리나라에서 그러한 계약이 등기되지 않으면 제3자에게 대항할 수 없다. 3항과의 관계를 고려하여 이를 달리 표현하면, 외국법이 부부재산제의 준거법이고, 그 법에 따라 체결된 부부재산계약은 3항에 불구하고 우리나라에서 등기하면 제3자에게 대항 가능하다는 것이다.

4. 혼인관계사건의 국제관할

혼인관계사건에 관한 국제관할에 대하여는 제56조의 특별규정이 있으며 기본적으로 양당사자가 대한민국 국적을 가지고 있거나 당사자 일방이 우리나라에 일상거소를 두고 있는 경우에 우리 법원의 국제관할이 인정된다(자세한 것은 제4편 제2장 Ⅳ. 3. 참조).

Ⅳ. 이   혼

이혼은 그 가부·요건·방법·효과에서 나라마다 차이가 가장 많은 분야의 하나로, 공서조항의 개입 가능성이 큰 분야 중의 하나이다.

1. 준거법에 관한 학설

이혼의 준거법에 대하여는 크게 법정지법주의와 속인법주의, 절충주의가 대립하여 왔다.[13] 이혼은 법정지의 공서양속과 관련이 크며 그리하여 이혼법은 강행규정으로 되어 있다는 점을 중시하는 견해에서는 이혼에 법정지법을 적용할 것을 주장한다.

이에 비해 이혼은 원래 속인법이 적용되는 혼인관계가 해소되는 경우의 하나일 뿐이라고 보는 입장에서는 이혼에도 속인법이 적용되어야 한다고 하는데, 이 견해는 다시 부(夫)의 국적주의, 쌍방의 본국법주의, 최후의 공동국적주의 등으로 구별

---

13) 溜池良夫, 국제사법강의, 434-435면 참조.

된다.[14]

절충주의에서는 법정지법과 속인법을 누적적으로 적용할 것을 주장한다.

2. 국제사법 규정

> **제66조 (이혼)** 이혼에 관하여는 제64조를 준용한다. 다만, 부부 중 한쪽이 대한민국에 일상거소가 있는 대한민국 국민인 경우에는 이혼은 대한민국 법에 따른다.

1) 원 칙

우리 국제사법은 이혼에 관하여 혼인의 일반적 효력에 관한 제64조를 준용하고 있다. 이는 한편으로 이혼에 있어서도 기본적으로 속인법주의를 따르면서 남녀평등을 실현하고, 다른 한편에서는 현재와의 관련성을 충분히 고려하자는 취지에 따른 것이다.

2) 예 외

당사자 일방이 국내에 일상거소가 있는 대한민국 국민일 경우에는 대한민국의 법이 적용된다. 제64조에 따르면 이러한 경우에도 외국법이 이혼의 준거법이 되는 경우가 발생할 수 있는데, 예외의 요건에 해당하는 경우는 우리나라와도 밀접한 관련이 있는 사안이기 때문에 우리나라 법원으로 하여금 공서양속으로서의 성질이 강한 우리의 이혼법을 적용하도록 하는 것이 타당하다고 판단한 것이다. 또한 이 예외 규정은 법적 불확실성을 해소하는 효과도 있다. 단서의 예외에 해당하는 때에는 제64조의 마지막 연결점인 '부부와 가장 밀접한 관련이 있는 곳'의 해석과 관련하여 논란이 있을 수 있는데, 이 예외 규정을 둠으로써 논란이 해소된 것이다.

3) 기준시점

혼인에서와 마찬가지로 이혼에 있어서도 변경주의가 채용되고 있다. 이혼에 있어서 학설과 입법례가 점차 유책주의에서 파탄주의로 나아가고 있고 현재와의 관련성이 고려될 수 없는 불변주의는 파탄주의와는 조화될 수 없는 바, 변경주의로 전환한 것은 파탄주의로의 흐름에 대한 대비로서의 의미도 갖는다 하겠다.

---

14) 서희원, 국제사법, 280면 참조.

대법원 2006. 5. 26. 선고 2005므884 판결 국제사법 제39조(현행/제67조), 제37조(현행/제66조) 제1호에 의하면 이혼에 관하여는 부부의 동일한 본국법이 제1차적으로 적용되는데 …… 종전 주소지를 관할하는 미주리 주의 법규정 등을 검토해야 할 것인데 …… 국제사법 제9조 제1항 등을 유추적용한 '숨은 반정'의 법리에 따라서 이 사건에 대해서는 이혼, 친권자 및 양육자지정 등을 규율하는 법정지법인 우리 민법을 적용하여야 ……

※ **기타판례** 서울가정법원 1985. 10. 31. 선고 84드7150 판결; 대구지방법원 1985. 12. 29. 선고 85드1879 판결; 서울가정법원 1986. 12. 30. 선고 85드6506 판결; 대전지방법원 천안지원 1989. 3. 14. 선고 88드2012 판결; 서울가정법원 1991. 5. 9. 선고 90드75828 판결; 대법원 1991. 12. 10. 선고 91므535 판결; 대법원 2006. 5. 26. 선고 2005므884 판결

3. 준거법의 적용 범위

이혼의 허용 여부가 준거법에 따르는 것은 물론이다. 다만 이혼을 절대적으로 금지하는 것은 우리나라의 공서에 반하는 것으로 그러한 외국법은 적용이 배제된다.

이혼사유도 준거법에 따른다. 준거법이 이혼을 절대적으로 금지하지 않는 한 이혼사유가 상대적으로 엄격하다는 것은 원칙적으로 공서위반에 해당하지 않는다.

이혼의 방법도 준거법에 따른다. 그러므로 협의이혼도 가능한지 아니면 재판을 통해서만 이혼할 수 있는지, 종교이혼이 허용되는지는 이혼의 준거법으로 지정된 법에 따른다.

신분관계의 해소와 그 후의 재산관계 등 이혼의 효과도 이혼의 준거법에 따른다. 부양에 관한 규정인 제73조 2항에서 이혼에 따른 부양의무에 관하여는 다른 경우와 달리 이혼의 준거법에 따르도록 하고 있는데, 이혼에 따른 부양의무에 대한 규율은 신분관계의 존재를 전제로 하는 다른 부양관계와 달라서 신분관계의 해소를 전제로 하고 이혼 후의 재산관계와 밀접하게 관련되기 때문이다.

서울가정법원 1996. 11. 1. 선고 95드27138,63979 판결 이혼에 따른 위자료에 대하여는 그 혼인 공동생활의 주된 근거지 및 그 파탄 원인의 발생지가 우리나라라면 섭외사법 제13조 제1항에 의하여 우리나라의 법률이 그 준거법이 되고, 재산분할은 이혼에 부수하여 부부간의 재산관계를 조정하는 것이므로 혼인의 효력에 관한 같은 법 제16조 및 제17조, 이혼에 관한 같은 법 제18조의 규정을 유추 적용하여

부(夫)인 피고의 본국법인 우리나라의 법률이 그 준거법이 되며, 양육비는 부양의무에 관한 사항으로서 같은 법 제23조에 따라 부양의무자인 피고의 본국법인 우리나라의 법률이, 면접교섭은 친자간의 법률관계에 관한 사항으로서 부(父)인 피고의 본국법인 우리나라의 법률이 각각 그 준거법이 된다.

4. 이혼의 국제관할 문제

국제재판관할에 있어서 이혼은 혼인사건에 포함되고 따라서 제56조가 적용된다 (자세한 것은 혼인 및 제4편 제2장 Ⅳ. 3. 참조).

> 서울고등법원 1985. 11. 4. 선고 84르285 판결 섭외사법 제18조에 이혼은 그 원인된 사실이 발생할 당시의 부의 본국법에 의한다고 규정하고 있고 인사소송법 제25조에 이혼에 관한 소는 부의 보통재판적 있는 지의 지방법원의 관할에 전속한다고 규정하고 있는 점 등을 고려할 때 섭외적 이혼등의 사건에 대한 관할권은 부의 본국법원에 인정함이 원칙.
>
> 서울가정법원 1989. 9. 20. 선고 88드65835 판결 일본국의 국적을 가진 부가 대한민국의 국적을 가진 처를 유기하였다는 이유로 처가 우리나라 법원에 이혼심판청구소송을 제기한 경우 우리나라 법원의 재판관할권을 인정하지 않는다면 이는 처에 대한 법의 보호를 거부하는 셈이 되어 국제사법생활관계에 있어서의 정의·공평의 원칙에 어긋나는 부당한 결과를 가져오게 되므로 이러한 경우에 있어서는 처의 본국이며 주소지국인 우리나라의 법원에 재판관할권이 있다고 보아야 한다.
>
> 대법원 2006. 5. 26. 선고 2005므884 판결 미합중국 미주리 주에 법률상 주소를 두고 있는 미합중국 국적의 남자(원고)가 대한민국 국적의 여자(피고)와 대한민국에서 혼인 후, 미합중국 국적을 취득한 피고와 거주기한을 정하지 아니하고 대한민국에 거주하다가 피고를 상대로 이혼, 친권자 및 양육자지정 등을 청구한 사안에서, 원·피고 모두 대한민국에 상거소(常居所)를 가지고 있고, 혼인이 대한민국에서 성립되었으며, 그 혼인생활의 대부분이 대한민국에서 형성된 점 등을 고려하면 위 청구는 대한민국과 실질적 관련이 있다고 볼 수 있으므로 국제사법 제2조 제1항의 규정에 의하여 대한민국 법원이 재판관할권을 가진다.

5. 외국 이혼판결의 승인

외국의 법원 또는 준거법에 따를 때 이혼결정을 할 수 있는 기관이 이혼결정을 한 경우에는 그 결정이 우리나라에서도 효력을 갖는지가 문제될 수 있고, 이 문제는 외국판결의 효력에 관한 일반원칙에 따라 판단된다(승인 가능성을 부인하는 견해도 있음).

외국의 이혼판결이 승인되는 경우, 우리나라 같으면 가족관계등록부 등 공적 장부의 기재를 위해 집행판결이 필요한지에 대하여 견해가 대립하는데, 공적 기재는 집행이 아니라 할 것이므로 이를 부인하는 것이 타당할 것이다.

V. 친자관계

1. 서   설

친자관계의 발생 요건과 내용은 나라마다 차이가 큰 사항의 하나이다. 여기서는 저촉법적 논의에 앞서 이해에 도움이 되는 범위에서 우리 민법을 기초로 실체법적 관점을 정리해 본다.

1) 친자관계의 분류

친자관계는 그 발생의 계기에 따라 여러 유형으로 분류할 수 있으며, 우리 민법을 기준으로 할 때 다음 표와 같이 정리할 수 있다.

친자 관계	친생(친)자	혼인중의 출생자	생래적 ~	친생추정 받는
				받지 못 하는
			준정에 의한 ~	
		혼인외의 출생자(인지)		
	양친자			

친자관계의 효력에 있어서는 유형에 따라 차별적 효력을 부여하는 입법례와 원칙적으로 차별을 두지 않는 입법례가 있고, 효력의 구체적 내용에 있어서도 나라마다 현저한 차이가 있다.

2) 생래적 혼인중의 출생자의 요건

생래적 혼인중의 출생자가 되기 위해서는 우선 자가 모의 혼인 후 출생하여야 한다. 그러나 혼인관계 해소 전에 출생할 필요는 없다.

자가 모의 夫에 의해 포태되었어야 한다. 포태 자체는 혼인 전이라도 무관하지만 이 경우에는 친생추정이 되지 않을 수 있다.[15]

2. 친자관계의 성립

친자관계의 성립에 있어서는 우선 실질법상 친생친자관계와 양친자관계가 전혀 다른 원리를 따르고 있고, 그에 따라 준거법을 정하는 문제에 있어서도 양자는 구별하여 다루어진다. 그리고 친생친자관계도 혼인중인 부부 사이에 태어났는지 여부에 따라 발생요건이 다르고 따라서 저촉법적으로도 두 경우가 구별되고 있다.

모와 자 사이에는 출생의 사실 자체만으로 친자관계가 인정될 수 있기 때문에 발생과 관련하여 주로 문제가 되는 것은 자와 부(父) 사이의 관계이다. 그리하여 종래에는 부자 사이의 친자관계만을 대상으로 하는 저촉규정을 두는 예가 많았지만 우리 국제사법은 원칙적으로 모자관계와 부자관계를 구별하지 않으면서 필요한 범위에서만 예외적으로 구별을 하고 있다.

1) 친생자관계

(1) 혼인중의 친자관계

> **제67조 (혼인 중의 부모·자녀관계)** ① 혼인 중의 부모·자녀관계의 성립은 자녀의 출생 당시 부부 중 한쪽의 본국법에 따른다.
> ② 제1항의 경우에 남편이 자녀의 출생 전에 사망한 때에는 남편의 사망 당시 본국법을 그의 본국법으로 본다.

혼인중의 친자관계는 혼인관계에 있는 모가 출생한 자와 모 및 모의 부(夫) 사이의 친생친자관계를 말한다.

① 학 설

혼인중의 친생친자관계의 성립에 관하여는 오랫동안 모의 부(夫)의 속인법을 적용하는 것이 지배적 입장이었다. 그러나 이러한 연결방식은 남녀평등에 반하고 자

---

15) 민법 제844조 1항에 따르면 친생추정이 되기 위해서는 처가 혼인 중 子를 포태했어야 하고, 2항에 따르면 혼인 성립 후 200일부터 혼인 종료 후 300일 사이에 출생한 子는 혼인 중에 포태한 자로 추정된다.

제1편 제2편 제3편 제4편 개별적 준거법의 지정

의 복리에도 해가 된다는 문제가 지적되면서 사실상 포기되고 대안을 모색하게 되었지만 그 내용은 다양하다.[16]

② 국제사법 규정

제67조 1항에서는 자(子)의 출생 당시 부부 중 일방의 본국법에 따르도록 규정하고 있는데, 이 규정은 모자관계와 부자관계 모두에 대하여 적용된다. 그러므로 모 또는 모의 부(夫)의 본국 중 어느 나라의 법이라도 친자관계의 발생을 인정하면 친자관계가 성립된다. 예컨대 모의 본국법에 따르면 모자 사이는 물론 부자 사이에도 친자관계가 인정되는 반면 모의 부의 본국법에 따르면 부자 사이의 친자관계가 인정되지 않는 경우에도 우리나라에서는 부자 사이의 친자관계가 인정되고, 그 반대의 경우에도 마찬가지이다. 이를 통해 우리 국제사법은 남녀평등을 실현하고 친자관계의 성립 가능성을 확대함으로써 자의 이익 증진을 꾀하고 있다.

모의 부가 자의 출생 전 사망한 때에는 사망 당시의 모의 부의 본국법이 적용된다.

③ 준거법의 적용 범위

제67조가 지정하는 법은 친자관계를 확정하는 문제에 적용되고, 여기에는 친생부인의 소나 친자관계 존부확인의 소 등 친자관계를 다투는 방법 문제도 포함된다.

> 서울가정법원 1992. 2. 18. 선고 91드82748 판결 일본국 국적을 가진 부가 일본국 국적을 가진 자를 상대로 제기한 친생부인을 구하는 소는 이른바 섭외적 법률관계에 속한 사건이고, 섭외사법 제19조에 의하면 친생부인은 그 출생 당시의 모의 부의 본국법에 의하게 되므로, 위 소는 일본국 민법이 그 준거법.

(2) 혼인외의 친자관계

제68조 (혼인 외의 부모 · 자녀관계) ① 혼인 외의 부모 · 자녀관계의 성립은 자녀의 출생 당시 어머니의 본국법에 따른다. 다만, 아버지와 자녀 간의 관계의 성립은 자녀의 출생 당시 아버지의 본국법 또는 현재 자녀의 일상거소지법에 따를 수 있다.
② 인지는 제1항에서 정하는 법 외에 인지 당시 인지자의 본국법에 따를 수 있다.
③ 제1항의 경우에 아버지가 자녀의 출생 전에 사망한 때에는 사망 당시 본국법을 그의 본국법으로 보고, 제2항의 경우에 인지자가 인지 전에 사망한 때에는 사망 당시 본국법을 그의 본국법으로 본다.

---

16) 溜池良夫, 국제사법강의, 460면 이하 참조.

① 서

혼인외의 자에 대한 실체법적 규율을 보면, 모자 사이에는 출산 사실을 기초로 친자관계를 인정하는 예가 있는가 하면 모의 인지를 요구는 예도 있다. 그리고 부자관계에 있어서는 많은 나라가 부의 인지를 요구하고 있지만(의사주의) 사실상의 혈연관계만 증명되면 친자관계를 인정하는 예도(혈연주의) 있다. 그리고 인지를 요구하는 경우에도 부의 인지만 있으면 친자관계를 인정하는 입법례도 있고 모의 동의를 요구하는 나라도 있다.

② 성립의 준거법에 관한 학설

종래 모자 사이의 관계는 모의 속인법을 따르게 하고 부자 사이의 관계에는 부의 속인법을 적용하는 것이 보통이었다. 다만 부자 사이의 관계에 부의 속인법 외에 모의 속인법도 적용되어야 하는지에 대하여는 견해가 나뉘어 있었다. 그러나 근래에는 자의 복리를 위해 저촉법적으로도 친자관계의 성립가능성이 확대될 수 있도록 연결점을 정하려는 경향이 대두되었고[17] 우리 국제사법은 이 흐름을 반영하고 있다.

③ 국제사법 규정

㉮ 원 칙

제68조 1항의 본문에 의하면 혼인외의 친자관계의 성립에 관하여는 자의 출생 당시 모의 본국법에 따른다. 그리고 이 규정은 혼인외의 친자관계 전반에 대한 원칙이며 따라서 모자관계는 물론 부자관계에도 적용된다. 그러므로 부의 본국법에 의하면 부자 사이의 친자관계가 인정되지 않지만 모의 본국법에 의하면 이것이 인정될 때에는 부와 자 사이의 친자관계가 성립한다.

㉯ 부자관계에 대한 예외

부자 사이의 친자관계에 대하여는 모의 본국법 외에 출생 당시 父의 본국법 또는 자의 일상거소지법도 적용할 수 있다. 그러므로 예컨대 모의 본국법에 의하면 부자관계가 인정되지 않는 경우에도 父의 본국법 또는 자의 일상거소지법에서 이를 인정하면 부자 사이의 친자관계가 인정된다. 결국 자와 부 사이에는 모의 본국

---

17) 溜池良夫, 국제사법강의, 468-469면 참조.

법, 부의 본국법, 자의 일상거소지법 중 어느 하나만 인정해도 친자관계가 성립하게 된다.

㉰ 인지에 관한 특칙

ⓐ 실질적 요건

인지의 실질적 요건에 관하여는 종래 법정지법주의와 속인법주의가 대립하였고, 후자는 다시 자의 속인법설, 부의 속인법설, 모의 속인법설, 부의 속인법과 모의 속인법의 누적적용설 등 다양한 견해가 있었다.[18] 그러나 국제사법은 종래의 학설에서 벗어나 인지의 가능성을 극대화하고 있다. 즉 제68조 2항에서는 인지의 실질적 요건은 출생 당시 모의 본국법, 출생시 父의 본국법, 자의 일상거소지법과 함께 인지 당시 인지자(父 또는 모)의 본국법에 따를 수 있도록 하고 있다.

제68조 2항에 따른 인지의 준거법은 인지의 가능성 여부, 강제인지의 허용 여부, 인지능력 등의 문제에 적용된다.

ⓑ 방 식

인지는 하나의 법률행위로 그 방식에는 일반원칙인 제31조가 적용된다.

> 대법원 1988. 2. 23. 선고 86다카737 판결 인지의 방식은 법률행위 방식에 관한 같은 법(섭외사법) 제10조에 따라야 ……

㉱ 준 정

ⓐ 의 의

혼인외의 출생자가 부모의 혼인 등 일정한 사유로 혼인중의 출생자가 되는 것을 준정이라 한다. 실체법적으로 준정은 적출성의 요건인 동시에 친생친자관계의 발생 및 확정 사유가 된다. 준정의 유형은 나라에 따라 차이가 있는데, 혼인 전의 인지를 전제로 한 혼인에 의한 준정, 혼인중의 준정(예컨대 혼인 중 부의 인지), 혼인 후의 준정(예컨대 혼인 해소 후 부의 인지), 국가기관 선고 등 종류가 다양하다. 또한 실체법상 혼인중의 출생자와 혼인외의 출생자를 구별 내지 차별하는 제도를 두지 않는 경우에는 준정에 관한 저촉규정을 별도로 두지 않는 경우(예컨대 독일)도 있다.

---

18) 서희원, 국제사법, 299-300면 참조.

ⓑ 준거법

2001년 개정에서 신설된 제42조($^{현행}_{제69조}$)에서는 준정에 있어서도 자의 복리를 위해 그 가능성을 높이는 선택적 연결방식을 채택하고 있다. 즉 요건사실 완성 당시의 부 또는 모의 본국법 또는 자의 일상거소지법을 적용하도록 하고($\frac{1}{9}$), 요건사실의 완성 전에 부모가 사망한 때에는 그들의 사망 당시의 본국법에 따른다.

(2) 친생자관계의 성립에 관한 국제관할

친생자관계의 성립 및 해소에 관한 사건에 관하여 우리 법원은 자녀의 일상거소가 대한민국에 있거나 자녀 및 피고가 되는 부모 중 한쪽이 대한민국 국민인 경우 국제재판관할이 있다(제57조. 자세한 것은 제4편 제2장 Ⅳ. 3. 참조).

2) 입양 및 파양

(1) 입양의 실질적 요건

입양의 실질적 요건에 관하여 전통적인 견해는 각 당사자의 본국법에 따른다는 것이었고, 그 근거로 어느 한 당사자의 본국법의 입장만을 특별히 취급할 수 없다는 것을 들었다.[19] 이에 따르면 입양은 각 당사자의 본국법이 요구하는 모든 조건을 충족시킨 경우에만 유효할 수 있어 국제입양이 쉽지 않았다.

그러나 우리 국제사법 제70조는 입양 당시 양친의 본국법 하나만을 적용하도록 하여 유효한 입양이 되기 위해 갖추어야 하는 요건을 완화함으로써 입양의 가능성을 제고하고, 누적적 적용을 피하여 준거법의 분열에 따른 문제점을 방지하고자 하였다. 나아가 이른바 불변주의를 택하여 양자의 지위의 안정화를 추구하고 있다.

그러나 이런 연결방법에도 문제점이 없지 않다. 한 사람을 부부가 같이 입양하는 경우에는 두 개의 입양이 되고 따라서 부모의 국적이 다른 경우에는 어느 하나는 무효인 반면 다른 하나는 유효인 상황이 발생할 수 있기 때문이다. 나아가 이런 문제는 친자 간의 법률관계에 관한 제72조의 해석방법 여하에 따라서는[20] 성립한 양친자관계의 내용에 있어서도 발생할 수 있다. 그러므로 부부가 공동으로 입양하는 경우에 대한 별도의 규정을 두는 것을 고려할 필요가 있다.

---

19) 서희원, 국제사법, 304면 이하 참조.
20) 입양을 하는 부부의 국적이 다른 경우 두 개의 양친자관계가 문제되고 따라서 제73조에서 말하는 부모도 각각 부와 모를 의미하는 것으로 해석하는 것이 논리적이다.

입양의 준거법은 나이의 차이, 부부 중 일방만의 입양의 허용 여부 등 입양에 관한 모든 사항에 적용되고, 요건 흠결의 효과에도 적용된다. 또한 양친과 양자 사이의 친자관계의 발생 여부 등 입양의 효과에도 제70조에 따라 양친의 본국법이 적용되고, 입양의 효과 중 친부모와의 관계가 어떠한 영향을 받는지에 대하여도 마찬가지이다.

그러나 양친의 본국법에 따라 친자관계가 인정될 경우, 그 내용(권리, 의무)에 대하여는 제72조가 적용된다.

(2) 입양의 방식

입양의 방식에는 일반규정인 제31조가 적용된다.

(3) 파 양

우리 국제사법은 입양과 파양을 구별하지 않고 입양 당시의 양친의 본국법을 적용하도록 하고 있다. 즉 파양의 허용여부, 요건, 효과는 모두 입양 당시의 양친의 본국법에 따르게 된다. 그러므로 현재의 양친의 본국법에 따르면 파양이 가능하더라도 입양 당시의 양친의 본국법에 따르면 파양이 불가능한 때에는 파양이 허용되지 않는데, 이는 양자의 지위의 안정성을 확보하기 위한 것이다.

> **서울가정법원 2013. 2. 22. 자 2012느합356 결정** 국제사법 규정에 의하면, 사건본인의 입양은 입양 당시 양친이 되고자 하는 소외 5, 6 부부의 본국법인 미국의 입양 관련법에 의하여야 하지만, 사건본인의 본국법인 한국의 입양 관련법에 따른 절차적 요건도 갖추어야 하므로, 사건본인의 본국법인 한국의 입양 관련법에서 요구하는 요건과 절차도 모두 준수하여야 ……

> ※ **기타판례** 서울가정법원 1985. 12. 24. 선고 85드2828 판결; 서울고등법원 1989. 7. 24. 선고 88르1028 판결; 서울가정법원 1989. 9. 22. 선고 89드16588 판결; 서울가정법원 1990. 11. 28. 선고 89드73468 판결; 서울가정법원 1992. 4. 23. 선고 91드63419 판결

(4) 양친자관계의 성립에 관한 국제관할

제58조에 입양의 성립, 양친자관계의 존부확인, 입양의 취소 또는 파양에 관한 특별관할규정이 있으며, 이에 따르면 양자가 될 자 또는 양친이 될 자의 일상거소가 우리나라에 있는 경우 국제관할이 인정된다(제4편 제2장 Ⅳ. 3. 참조).

3) 친자관계 발생 요건으로서의 동의의 특별연결

> **제71조 (동의)** 제68조부터 제70조까지의 규정에 따른 부모·자녀관계의 성립에 관하여 자녀의 본국법이 자녀 또는 제3자의 승낙이나 동의 등을 요건으로 할 때에는 그 요건도 갖추어야 한다.

혼인외의 자와 모 또는 부 사이의 친자관계의 발생, 특히 인지에 대하여는 자의 의사 내지 이익을 보호하기 위해 자 또는 제3자의 동의를 요구하는 경우가 있다. 이를 고려하여 제71조에서도 혼인외의 친자관계의 발생, 준정, 입양에 있어서 자의 본국법에 따를 때 자 또는 제3자의 동의가 필요한 경우에는 이 요건도 갖출 것을 요구하고 있다.

이 규정은 자의 특별한 보호를 위한 것으로 그 취지에서 볼 때 반정이 허용되지 않는 것으로 해석되어야 할 것이다. 즉 자의 본국의 국제사법이 법정지법인 우리나라 법을 지정하더라도 앞의 동의와 관련하여서는 우리나라 법을 적용할 수 없다.

3. 친자관계의 효력

1) 문제의 범위

친자관계의 효력은 친권, 양육 및 감호 등 친자의 신분관계에 기초하여 발생하는 미성년의 자녀와 부모 사이의 권리와 의무의 관계를 말한다. 여기에는 친권 등 신분적 효력과 자의 재산에 대한 관리 등 재산적 효력이 모두 포함된다. 자의 성과 본에 관하여는 친자관계의 효력의 문제로 보는 견해도 있고 친족관계 일반에 관한 섭외사법 제24조(국제사법 제74조)를 적용하여 당사자의 본국법을 적용한 하급심판결이 있지만(청주지방법원 영동지원 2001. 5. 26. 자 2001호파1 결정), 성 문제를 독자적인 연결대상으로 보면서 당사자의 본국법에 따른다고 하는 것이 현재의 국제적 흐름이다.

2) 준거법

> **제72조 (부모·자녀 간의 법률관계)** 부모·자녀 간의 법률관계는 부모와 자녀의 본국법이 모두 동일한 경우에는 그 법에 따르고, 그 외의 경우에는 자녀의 일상거소지법에 따른다.

친자관계의 효력의 준거법에 대하여는 친자관계의 유형에 따라 구별을 하는 것도 생각할 수 있으나, 특히 실체법에서 혼인외의 친생자에 대한 차별이 비판을 받으면서, 현재에는 단일한 기준에 따르는 것이 보통이고 우리 국제사법도 마찬가지이다.

연결점은 특히 혼인중의 친생자에서 문제가 되는데 부(父)의 속인법을 적용하고 모의 속인법은 부가 없는 때에만 적용하는 예, 모자관계와 부자관계를 구별하여 각각의 속인법을 적용하는 예, 부모의 속인법을 누적 적용하는 예 등이 있다.[21] 그러나 첫 번째 방법에 대하여는 평등의 원칙에 반한다는 비판이 있으며, 두 번째 견해에는 단일한 가족관계가 분열되는 문제점이 있고, 세 번째 견해에 따를 때에는 해결하기 어려운 적응문제가 발생할 수 있다.

그리하여 우리 국제사법은 종래의 견해 중 어느 것도 따르지 않았다. 즉 부모와 자의 본국이 모두 동일한 때에는 그 나라의 법에 따르고(동일한 본국법) 그 외의 경우에는 자의 상거소지법이 적용되도록 하고 있다. 다만 여기서 '부모와 자의 본국이 모두 동일한 때'의 해석이 문제될 수 있는데, 친자관계의 유형과 관계없이(특히 입양의 경우에도) 부와 모가 모두 있는 경우에는 세 사람의 국적이 같아야 할 것이다. 물론 부의 인지를 받지 않은 혼인외의 자의 경우에는 모와 자의 국적이 동일하면 된다.

연결점 확정의 기준시점은 친자관계가 문제될 당시이다.

> 서울지방법원 2003. 7. 25. 선고 2001가합64849 판결 모와 자의 국적이 서로 다를 경우 자의 상거소지법에 따라 이를 판단하여야 하는바, 대만 국적의 혼인외의 출생자가 우리 나라에서 출생하여 잠시 필리핀으로 이주하였던 때를 제외하고는 주로 우리 나라에서 거주하고 있을 경우 자의 상거소지법은 우리 나라 민법 ……

3) 친자관계에 관한 국제관할

미성년인 자녀와 부모 사이의 관계에 관한 사건에 대하여는 원칙적으로 자녀의 일상거소가 대한민국에 있는 경우 우리 법원에 국제재판관할이 인정된다(제59조. 자세한 것은 제 4편 제2장 Ⅳ. 3. 참조). 다만 대한민국에 일상거소가 있던 자녀가 불법적으로 외국으로 이동하거나 탈취를

---

21) 서희원, 국제사법, 310-311면 참조.

당한 날부터 1년이 경과하여 새로운 환경에 적응한 경우에는 그러하지 아니하다.

Ⅵ. 부   양

1. 서

부양의 권리·의무관계는 크게 배우자 사이의 부양, 미성년 자녀에 대한 부양, 기타의 친족 사이의 부양으로 구별할 수 있다. 그리고 부양의 준거법에 관하여는 저촉법적으로도 부양의 유형에 따라 별개의 규정을 두는 예, 유형과 관계없이 하나의 원칙을 적용하는 예(일반규정주의)가 있다.[22]

2. 준 거 법

1) 학 설

부양의 준거법에 관하여는 기본적으로 권리자 보호를 중시하는 견해와 의무자의 입장에 대한 고려를 중시하는 견해가 대립하고 있다.

2) 국제사법 규정

제73조 (부양) ① 부양의 의무는 부양권리자의 일상거소지법에 따른다. 다만, 그 법에 따르면 부양권리자가 부양의무자로부터 부양을 받을 수 없을 때에는 당사자의 공통 본국법에 따른다.
② 대한민국에서 이혼이 이루어지거나 승인된 경우에 이혼한 당사자 간의 부양의무는 제1항에도 불구하고 그 이혼에 관하여 적용된 법에 따른다.
③ 방계혈족 간 또는 인척 간의 부양의무와 관련하여 부양의무자는 부양권리자의 청구에 대하여 당사자의 공통 본국법에 따라 부양의무가 없다는 주장을 할 수 있으며, 그러한 법이 없을 때에는 부양의무자의 일상거소지법에 따라 부양의무가 없다는 주장을 할 수 있다.
④ 부양권리자와 부양의무자가 모두 대한민국 국민이고, 부양의무자가 대한민국에 일상거소가 있는 경우에는 대한민국 법에 따른다.

우리 국제사법은 기본적으로 일반규정주의를 취하면서 국제적 흐름을[23] 반영하

---

22) Hoffmann/Thorn, IPR, S. 357 이하; Kegel/Schurig, IPR, S. 893 참조.
23) Kegel/Schurig, IPR, S. 893면 이하 참조.

여 부양권리자 중심주의를 원칙으로 하고, 보완 내지 수정을 필요로 하는 사항에 관하여는 예외를 두고 있다.

(1) 원 칙

부양의 의무는 부양권리자의 일상거소지법에 의한다($\frac{1항}{본문}$). 법문에서는 부양권리자라 되어 있으나 엄밀히 말하면 부양권리를 주장하는 자라는 의미이다. 부양권리자 여부는 부양 문제의 준거법을 적용해야 비로소 정해질 수 있기 때문이다.

국제사법에서 일상거소는 속인법의 연결점인 국적을 대신하는 경우와 독립적인 연결점으로 쓰이는 경우가 있다. 그런데 여기서는 국적이 없거나 불분명할 것을 전제로 하지 않고 있는 점, 국제사법 해설서에서 부양은 재산법적 성질이 강한 분야임을 고려하여 본국법이 아니라 일상거소지법을 적용하도록 했다고 하고 있는 점을 고려할 때, 국적의 대체수단으로서가 아니라 독립적 연결점으로 쓰이고 있다고 해석하는 것이 타당할 것이다. 요컨대 부양문제에 있어서는 속인법주의에 대한 예외를 인정하고 있는 것이다.

(2) 예 외
① 1항 단서

1항 본문에 따른 원칙적 준거법(부양권리를 주장하는 자의 일상거소지법)에 의하면 부양을 받을 수 없는 경우라도 당사자의 공통의 본국법에 의하면 부양의무가 인정되는 때에는 부양청구권이 인정된다($\frac{1항}{단서}$). 이 예외의 취지는 부양을 필요로 하는 자에게 부양을 받을 기회를 확대해 주는 데 있다. 비록 권리자의 일상거소지법에 의할 때 부양의무가 인정되지 않더라도 의무자의 본국법에서 부양의무를 인정하는 경우에는 그에 따르더라도 의무자에게 가혹하다고 할 수는 없을 것이므로 타당한 입법이라고 하겠다.

여기서 유의할 것은, 혼인의 일반적 효력에 관한 제64조와 달리 '동일한 본국법'이라는 용어 대신에 '공통의 본국법'이라는 용어를 쓰고 있는 것이다. 그리하여 여기서는 예컨대 다중국적 중 하나가 당사자에게 공통되는 경우에도 그 나라의 법이 적용될 수 있다고 해석하는 것이 다수의 견해이다.[24]

---

24) 법무부, 국제사법 해설, 133면 참조.

② 2항

이혼에 따른 부양에 대하여는 이혼의 준거법이 적용되는데, 그 이유는 이혼의 항목에서 설명하였다. 여기서 이혼의 준거법이라 함은 실제로 적용된 법이지 우리나라 국제사법에 의할 때 이혼의 준거법이 될 법이 아니다. 예를 들어 외국에서 외국법에 따라 이혼을 한 전배우자 일방이 우리나라에서 상대방에게 부양을 청구하는 경우에는 외국에서 실제 적용된 이혼법을 적용하는 것이다.

③ 3항

방계혈족간 부양 또는 인척간 부양의 의무(이른바 친족적 부양)의 경우, 부양권리를 주장하는 자의 상거소지법에 따를 때 부양의무가 인정되는 경우라도 상대방은 당사자 공통의 본국법 및 그 공통의 본국법이 없을 때에는 의무자의 일상거소지법에 따르면 부양의무가 인정되지 않는다는 주장을 하여 의무를 면할 수 있다. 친족적 부양의 경우에는 당사자 사이의 관계가 상대적으로 멀다고 할 수 있기 때문에 의무자의 입장을 보다 더 배려할 필요가 있다는 것을 고려한 예외이다.

④ 4항

부양권리자와 부양의무자가 모두 대한민국 국민이고, 부양의무자가 대한민국에 일상거소가 있는 경우에는 대한민국 법에 따른다. 이러한 상황에서는 대한민국의 국민이고 현재 대한민국에 살고 있는 부양의무자의 입장에 대해 배려를 할 필요가 있다는 인식이 이 규정의 근거이다. 나아가 부양권리자의 지위를 보호하는 것이 하나의 흐름이고 이에 따라 부양권리자의 일상거소지를 원칙적 연결점으로 하더라도 4항과 같은 특수한 경우에는 사안이 부양권리자의 일상거소지와 가장 밀접하게 관련되어 있다고 평가하기도 어려울 것이다.

그런데 실체법의 차원에서는 이 예외가 반드시 부양의무자에게 유리한 것은 아니다. 부양을 요구하는 자의 일상거소지법에 의하면 부양의무가 없지만 우리나라 법에 의하면 부양의무가 인정되는 상황도 발생할 수 있기 때문이다. 이런 상황은 예컨대 이른바 기러기 아빠와 관련하여 생각해 볼 수 있다.

(3) 반정 배제

제73조에 따른 부양 준거법에 대하여는 반정이 인정되지 않는다(제22조 2항 3호).

3. 부양사건의 국제관할

부양사건에 관하여는 제60조에 특별관할 규정이 있으며, 부양권리자의 일상거소가 우리나라에 있는 경우 우리 법원에 국제재판관할이 인정되며($\frac{1}{8}$), 관할합의는 일정한 요건 하에서만 인정된다($\frac{2}{8}$). 자세한 것은 제4편 제2장 Ⅳ. 3. 참조.

Ⅶ. 친족관계 일반

> **제74조 (그 밖의 친족관계)** 친족관계의 성립 및 친족관계에서 발생하는 권리의무에 관하여 이 법에 특별한 규정이 없는 경우에는 각 당사자의 본국법에 따른다.

국제사법에서는 혼인과 친자관계에 관해서만 그 성립과 효력에 관하여 개별적인 규정을 두고 있다. 물론 가족적 결합관계가 이 두 경우로 국한되지는 않지만 그 범위는 나라마다 다르기 때문에 모든 경우에 대해 개별적 규정을 두는 것은 쉽지 않기 때문에 상대적으로 중요도가 높고 특별한 고려가 필요하다고 평가되는 두 경우만을 선별하여 규정한 것이다.

제74조에 따르면 결과적으로 국제사법에 특별한 규정이 없는 친족관계의 경우에는 성립과 효력 모두에 관하여 각 당사자의 본국법이 적용되게 된다. 그러므로 이 규정은 한편에서 친족관계의 성립과 효력에 대하여 별개의 준거법을 적용하는 것에 대한 예외가 되며, 다른 한편에서는 효력에 대하여는 하나의 법을 적용하는 원칙에 대한 예외가 된다. 그 결과 효력에 관하여도 각 당사자의 본국법이 누적적으로 적용되는 데서 오는 충돌을 피할 수 없는 문제가 남는다.

Ⅷ. 후   견

1. 서

연혁적으로 볼 때 후견은 기본적으로 법에 의해 재산을 관리하거나 거래에 참여하는 것이 금지되어 있는 자를 보조하는 제도이다. 그리고 특히 성년자에 대한 후견의 경우에는 후견을 필요로 하는 자 및 후견개시 사유, 후견인이 되는 자 등이 가족적 신분관계와 밀접하게 연관되어 있었기 때문에 친족법상의 제도로 발전되어 왔다. 이러한 후견제도는 각 나라의 문화적·사회적 전통과 밀접하게 연관되어 있어 고유성이 강하고, 그리하여 후견개시의 요건과 후견인이 되는 자, 후견인의 지위 등에 있어 나라에 따른 차이가 크다.

근대적 시각에서 보면 가족법상의 제도인 후견은 정상적인 판단능력을 갖지 못한 자를 보조하는 방법 내지 수단으로서 가장 큰 의미를 가지고 있다. 즉 후견인으로 하여금 이른바 무능력자의 보호기관이 되도록 한 것이다. 그런데 한정치산선고·금치산선고 등을 통해 당사자의 행위능력을 제한 내지 박탈한다는 생각에서 출발하였던 무능력자 제도는 인격권 보호의 관점에서 많은 비판을 받게 되었다. 그리하여 보호를 위해 필요한 최소한의 범위에서만 행위능력을 제한하여 당사자의 의사가 최대로 존중되는 가운데 조력자의 도움을 받을 수 있게 하는 방향으로 제도를 개선하는 나라가 증가하게 되었고, 이제 후견은 저촉법 분야에서도 많은 변화를 피할 수 없게 되었다.

2. 준 거 법

1) 학 설

후견의 준거법에 관하여는 크게 속인법주의와 재산소재지법주의가 대립하였다. 즉 후견제도가 개인의 능력을 보충하는 제도와 관련되어 있어 인격적 요소가 강하며 신분법적 효력을 갖는다는 것을 중시하는 견해에서는 당사자의 속인법(입장에 따라 본국법 또는 주소지 내지 일상거소지법)을 적용할 것을 주장한다. 이에 비해 후견인의 주된 임무가 당사자의 재산을 관리하고 재산상의 법률행위에 관여하는 것이라는 점을 강조하고 피후견인에 대한 본국 외에서의 후견의 필요성에 주목하는 입장에서는 대상인 재산의 소재지법을 적용하는 것이 타당하다고 한다.[25]

2) 국제사법 규정

제75조 (후견) ① 후견은 피후견인의 본국법에 따른다.

---

25) 서희원, 국제사법, 317면 이하; 溜池良夫, 국제사법강의, 460-461면 참조.

② 법원이 제61조에 따라 성년 또는 미성년자인 외국인의 후견사건에 관한 재판을 하는 때에는 제1항에도 불구하고 다음 각 호의 어느 하나에 해당하는 경우 대한민국 법에 따른다.
  1. 피후견인의 본국법에 따른 후견개시의 원인이 있더라도 그 후견사무를 수행할 사람이 없거나, 후견사무를 수행할 사람이 있더라도 후견사무를 수행할 수 없는 경우
  2. 대한민국에서 후견개시의 심판(임의후견감독인선임 심판을 포함한다)을 하였거나 하는 경우
  3. 피후견인의 재산이 대한민국에 있고 피후견인을 보호하여야 할 필요가 있는 경우

(1) 원 칙

우리 국제사법은 피후견인의 본국법을 적용하도록 함으로써 전통적인 속인법주의를 따르고 있고($\frac{1}{항}$), 이 원칙은 성년후견과 미성년후견 모두에 적용된다. 그러므로 미성년자에 있어서는 친권 문제(동일한 부모와 자녀의 본국법 또는 자녀의 일상거소지법)와 후견 문제의 준거법(피후견인의 본국법)에 대하여 각각 다른 연결원리가 적용되고 따라서 준거법도 다를 수 있는데, 이 경우 후견개시 요건에 있어서 두 준거법의 내용이 서로 다를 수 있다. 생각건대 우리 민법에서는 미성년자에게 친권자가 없거나 친권자가 법률행위의 대리권과 재산관리권을 행사할 수 없는 경우에는 미성년후견인을 두도록 하고 있는 바(민법 제928조: 미성년자에 대한 후견의 개시), 국제적 사안의 경우에도 친자관계의 준거법에 의할 때 친권을 갖는 자가 없거나 또는 있더라도 미성년자를 보조할 수 없는 경우 제75조가 적용되는 후견 문제가 제기되는 것으로 이해해야 할 것이다.

(2) 예 외

2항에서는 1항에도 불구하고 대한민국법이 후견의 준거법으로 적용되는 세 가지 예외를 규정하고 있다.

예외가 인정되기 위해서는 당사자가 국내에 일상거소를 가지고 있는 외국인이어야 한다($\frac{제61조}{참조}$). 그리고 ㉠ 원칙적 준거법인 당사자의 본국법에 따르면 후견개시의 원인이 존재하지만 그 법에 따른 후견인이 될 자가 없거나 있더라도 후견사무를 수행할 수 없는 경우($\frac{1}{호}$), ㉡ 대한민국에서 한정후견개시, 성년후견개시, 특정후견개시 및 임의후견감독인선임의 심판을 한 경우($\frac{2}{호}$), 그리고 ㉢ 피후견인의 재산이 우리나라에 있고 이와 관련하여 피후견인을 보호할 필요가 있어야($\frac{3}{호}$) 한다.

그런데 1호와 2호의 관계에 대하여는 해석상 문제가 있을 수 있다. 1호의 법문에 따르면 그의 본국법에 따를 때 후견개시의 원인이 있는 외국인이 국내에 일상

거소를 가지고 있더라도 그의 본국법에 따를 때 후견인이 될 자가 후견사무를 수행할 수 있을 때에는 대한민국의 법에 따를 수 없다. 그런데 2호에 따르면 국내에 일상거소를 가지고 있는 외국인에 대해 대한민국에서 한정후견개시, 성년후견개시, 특정후견개시 및 임의후견감독인선임의 심판을 하였거나 하는 경우에는($\binom{\text{제61조 1항}}{\text{1호 참조}}$) 그의 본국법에 따른 후견인이 될 자가 없거나 있더라도 후견사무를 수행할 수 없다는 조건 없이 대한민국법이 적용된다. 그러면 2호에 따른 예외 외에 어떤 경우에 1호의 예외가 문제될 수 있는가? 생각건대 1호는 어떤 외국에서 그 나라의 국제사법이 정하는 준거법에 따라 한정치산이나 금치산 선고 또는 한정후견개시, 성년후견개시 등의 심판이 내려졌고 그 효력이 우리나라에서도 인정되나 그의 본국법에 따라 후견이 되는 사람이 우리나라에서 후견사무를 수행할 수 없는 경우 등에나 인정될 수 있을 것이다. 이에 비해 2호는 우리나라에서 처음으로 한정후견개시, 성년후견개시 등의 심판을 하였거나 하는 경우 또는 앞선 외국에서의 한정후견개시, 성년후견개시 심판 등이 우리나라에서 효력을 가질 수 없는 경우가 해당할 것이다.

3) 준거법의 적용 범위

제75조에 따른 후견의 준거법은 후견의 개시 및 종료,[26] 후견인의 종류(예컨대 지정후견인, 현행 민법에서는 폐지되었지만 법정후견인, 선임후견인 등), 후견의 내용에 적용된다. 다만, 성년후견·한정후견 등에서는 후견개시 심판의 요건이 정상적인 판단능력의 결여 및 그에 따른 행위능력의 제한과 연관되기 때문에 후견개시 문제가 순수하게 후견의 준거법의 적용범위에 속한다고 하기 어려운 면이 있음을 유의할 필요가 있다.[27] 그리고 미성년후견의 경우에는 친자관계의 준거법에 따른 친권자가 없거나 미성년자를 보조할 수 없을 경우에 비로소 제75조에 따른 후견이 문제될 수 있다고 할 것이다.

나아가 후견개시 사유로서 후견계약이 문제되는 경우에는 성질결정의 문제가

---

26) 미성년후견의 경우 언제 후견이 개시되는지는 후견의 준거법에 따르지만, 예컨대 후견의 준거법에서 친권자가 있더라도 친권을 행사할 수 없으면 후견인을 두도록 하고 있다면 친권을 행사할 수 있는지 여부는 친자관계의 준거법에 따른다.

27) 후견개시의 요건은 행위능력의 준거법에 따라야 한다는 주장도 얼마든지 가능하다. 다만 어떻게 이해하든 당사자의 본국법이 적용되므로 결과에는 차이가 없다.

제기될 수 있다. 즉 후견계약의 채권계약적 성질과 위임과의 유사성 내지 관련성을 중시할 때에는 채권계약의 준거법에 관한 규정을 적용하는 것을 고려할 수 있는 것이다. 그러나 후견계약도 후견제도의 일환으로 구성된 개념이며 후견에 있어서는 그 특성상 당사자자치를 인정하기 어렵기 때문에 후견계약에도 후견에 관한 연결원리가 적용되어야 할 것이다.

3. 후견심판 등에 대한 국제관할

후견사건에 관한 국제관할에 관하여는 제61조에 특별규정이 있다. 이에 따르면 성년후견의 경우에는 피후견인이 우리나라 국민이거나, 피후견인의 일상거소가 우리나라에 있거나, 피후견인의 재산이 우리나라에 있는 경우에 우리 법원에 국제관할이 있다. 그리고 미성년후견의 경우에는 우리 법원에 친자간의 법률관계에 관한 국제관할이 인정되거나 당사자인 미성년자의 재산이 국내에 있는 경우에 국제관할이 인정된다. 자세한 것은 제4편 제2장 Ⅳ. 참조.

제 **6** 장

상 속 법

I. 상　　속

1. 상속의 준거법

1) 학　　설

실체법상 상속제도의 법적 성질에 대하여는 재산법적 요소를 강조하는 견해와 신분관계의 효력으로서의 면을 강조하는 견해가 있으며, 이에 따라 상속의 저촉법적 취급에 대한 견해도 나뉘어 있다.[1)]

(1) 재산소재지법주의

상속을 재산이 이전되는 원인의 하나로 보고 그리하여 상속제도가 갖는 재산법적 성질을 강조하는 입장에서는 상속에 재산소재지의 법을 적용할 것을 주장한다. 재산 이전의 요건과 효과는 그 소재지의 거래안전에 미치는 영향이 크기 때문에 그곳의 법을 적용하는 것이 타당하다는 것이다.

(2) 속인법주의

상속에 따른 재산의 이전을 신분관계의 효력의 일환으로 보고 상속제도의 문화적 전통성을 강조하는 입장에서는 신분관계 준거법의 대원칙인 속인법주의를 상속

---

1) 서희원, 국제사법, 324-325면; 溜池良夫, 국제사법강의, 501-502면 참조.

에도 적용하는 것이 마땅하다고 한다.

(3) 동산과 부동산 구별설

물권의 준거법에 관한 과거의 다수 견해와 유사하게 상속재산을 동산과 부동산으로 구별하려는 입장으로, 영미법계와 프랑스에서 채택되고 있다. 이에 따르면 동산에는 소유자의 주소지법을 적용하고 부동산에는 소재지법을 적용할 것을 주장한다.

2) 국제사법 규정

> **제77조 (상속)** ① 상속은 사망 당시 피상속인의 본국법에 따른다.
> ② 피상속인이 유언에 적용되는 방식에 의하여 명시적으로 다음 각 호의 어느 하나에 해당하는 법을 지정할 때에는 상속은 제1항에도 불구하고 그 법에 따른다.
>   1. 지정 당시 피상속인의 일상거소지 법. 다만, 그 지정은 피상속인이 사망 시까지 그 국가에 일상거소를 유지한 경우에만 효력이 있다.
>   2. 부동산에 관한 상속에 대해서는 그 부동산의 소재지법

우리 국제사법은 속인법주의를 원칙으로 하면서 일정한 요건하에 당사자자치를 인정하고 있다. 상속에는 원칙적으로 사망 당시 피상속인의 본국법이 적용된다($\frac{1}{9}$). 그러나 피상속인은 지정 당시 피상속인의 일상거소가 있는 국가의 법을 선택할 수 있고, 특히 부동산의 상속에 대하여는 그 소재지의 법을 선택할 수 있다($\frac{2}{9}$). 다만 일상거소지법을 선택할 때에는 선택된 일상거소가 사망시까지 유지되어야 한다.

상속의 준거법의 지정은 유언에 적용되는 방식을 따라야 한다.

2. 준거법의 적용 범위

상속개시에 관한 사항은 상속의 준거법에 따른다. 즉 상속의 원인, 상속의 장소 등에 상속의 준거법이 적용된다. 그러므로 예컨대 실종선고의 준거법에 따른 사망간주나 사망추정의 효과로 인해 상속이 개시되는지 여부도 상속의 준거법에 따른다.

유산의 범위도 상속의 준거법에 따른다. 그리고 누가 상속인이 되는가, 상속인사이의 순위, 상속분에도 상속의 준거법이 적용되는 것은 물론이고, 유언으로 법정상속분과 달리 정하는 것이 가능한지 여부도 상속의 준거법에 따른다.

상속의 승인 및 포기 문제, 상속인이 없는 경우의 유산처리도 상속의 준거법에

따른다. 다만 상속인이 없는 유산이 국고에 귀속되도록 하는 경우 그 성질에 대하여는 실체법상 상속설과 무주물선점설이 학설과 입법례에서 대립하고 있어 어려운 성질결정 문제가 제기된다(성질결정 부분 참조).

사인증여Schenkungsversprechen von Todes wegen에 대하여는 채권계약의 준거법 규정이 적용되어야 한다는 견해와 상속의 준거법에 따라야 한다는 견해가 대립하고 있다. 이것도 성질결정 문제의 한 예인데, 사인증여에 따른 상속인의 의무에 유증에 관한 규정이 준용되고 사인증여도 결국에는 증여자 사후의 재산에 대한 처리에 관계되는 점을 고려할 때 상속의 준거법을 적용하는 것이 타당할 것이다.

Ⅱ. 유   언

1. 서

유언은 각 나라의 사회적·문화적 전통과 관련이 깊으며 유언으로 정할 수 있는 사항 등 유언의 실질적 요건과 유언의 방식은 모두 강행규정으로 규율되고 있고 나라에 따른 편차도 큰 분야이다.

2. 준 거 법

1) 학   설

유언은 유언자 사후의 재산관계도 그 대상으로 할 수 있지만 신분관계와도 관련되는 포괄적인 효력을 갖기 때문에 종래 유언자의 속인법에 따라야 한다는 것이 지배적 견해이다.[2]

2) 국제사법 규정

제78조 (유언) ① 유언은 유언 당시 유언자의 본국법에 따른다.
② 유언의 변경 또는 철회는 그 당시 유언자의 본국법에 따른다.
③ 유언의 방식은 다음 각 호의 어느 하나의 법에 따른다.
  1. 유언자가 유언 당시 또는 사망 당시 국적을 가지는 국가의 법

---

2) 그 밖의 다양한 견해에 대하여는 서희원, 국제사법, 332면 참조.

2. 유언자의 유언 당시 또는 사망 당시 일상거소지법
3. 유언 당시 행위지법
4. 부동산에 관한 유언의 방식에 대하여는 그 부동산의 소재지법

(1) 실질적 요건

유언사항과 유언능력 등 유언의 실질적 요건은 유언 당시 유언자의 본국법에 따른다($\frac{1}{9}$). 그리고 유언을 변경하거나 철회할 수 있는지와 그 요건 등에는 그 당시의 유언자의 본국법이 적용된다($\frac{2}{9}$).

(2) 방식: 3항

유언의 방식의 준거법에 대하여는 역사적으로 다양한 견해가 주장되었다.[3] 그런데 유언은 한편에서는 혼인과 마찬가지로 당사자의 진의가 존중되어야 하는 법률행위이지만 다른 한편에서는 유언이 행해지는 장소는 우연에 좌우되는 경우가 많아 거행지가 갖는 의미가 혼인과 비교하여 아주 적다. 이러한 유언의 특성을 고려하여 국제사법은 유언의 방식에 대하여는 독자적인 규정을 두고 있는데, 그 기본적 방향은 국제사건에서 유언자의 진의가 형식적인 문제로 인해 존중되지 못하는 것을 방지하는 것이라 할 수 있다. 그리하여 제78조 3항에서는 ㉠ 유언 당시 또는 사망 당시 유언자가 국적을 가지고 있는 국가($\frac{1}{\Phi}$), ㉡ 유언 당시 또는 사망 당시 유언자가 일상거소를 가지고 있는 나라($\frac{2}{\Phi}$), ㉢ 유언 당시 행위지의 법($\frac{3}{\Phi}$)이 요구하는 방식 중 어느 한 가지 방식으로 할 수 있도록 하고 있다. 나아가 부동산에 관한 유언의 경우에는 부동산의 소재지법에 따른 방식으로도 할 수 있다($\frac{4}{\Phi}$).

국적이나 일상거소와 달리 행위지의 경우에는 유언 당시란 시간적 기준이 문제될 여지가 없음에도 불구하고 구태여 쓰고 있는 것은 유언행위가 행해질 당시의 행위지법이 요구하는 방식을 갖추었으면 그 후 행위지법이 개정된 경우에도 유언의 효력에 영향이 없음을 분명히 하기 위한 것으로 이해되어야 할 것이고, 이는 본국법과 일상거소지법이 방식의 준거법이 되는 경우에도 마찬가지이다.

---

3) 서희원, 국제사법, 334면 이하 참조.

3. 준거법의 적용 범위

유언의 준거법은 실질적 요건, 유효성 및 구속력 모두에 적용된다. 그러므로 유언능력, 의사의 하자, 유언의 구속력, 효력발생시기 등은 유언의 준거법에 따른다.

인지, 후견인 지정, 유증Verfuegung von Todes wegen 등이 유언사항에 포함되는지에 대하여는 그 각각의 준거법에 따라야 한다는 견해가 지배적이다.[4] 인지, 후견인 지정, 유증 등은 독자적인 기능과 목적을 갖는 독립된 제도로서 그 효력은 그 자체의 준거법에 따라야 하는 것은 물론이다. 그리고 그러한 행위를 유언이라는 형식을 통해서 할 수 있는지에 대하여도 그 자체의 준거법에서 정할 수 있는 것도 물론이다. 하지만 유언의 준거법에서도 유언사항에 제한을 두는 것은 얼마든지 가능하다. 그러므로 그것이 유언사항이 되기 위해서는 그 사항 자체의 준거법과 유언의 준거법이 모두 허용을 하고 있어야 할 것이다.

> 대법원 2004. 5. 14. 선고 2001가합5720 판결 섭외사법 제27조에 의하면, 대한민국 국민이 외국에서 한 유언의 성립 및 효력은 본국법인 대한민국법에 의하되, 유언의 방식은 행위지법에 의하여도 무방하다고 규정되어 있는 바 …… 본국법인 민법 제1065조 내지 제1070조에서 엄격하게 한정하고 있는 유언의 방식 어디에도 해당하지 아니하여 본국법 소정의 유언의 방식을 갖추지 못하였을 뿐만 아니라, 행위지법인 탄자니아 법에 의하더라도 배우자 또는 친척이 증인으로 되어 있지 않고, 공증인 사무실에서의 인증 당시 2명의 증인 중 1명이 직접 참석하지 아니하는 등 적법한 인증절차를 밟지 아니하여 탄자니아 법 소정의 유언 방식도 갖추지 못한 사실을 인정할 수 있다.

Ⅲ. 유언 및 상속 사건의 국제관할

상속과 유언에 관한 사건의 국제관할에 관하여는 제76조에 특별규정이 있다. 먼저 상속사건에 관하여는 원칙적으로 피상속인의 사망 당시 일상거소가 대한민국

---

4) 서희원, 국제사법, 331-332면; 溜池良夫, 국제사법강의, 510면 참조. 특히 법무부, 국제사법 해설, 173-174면에 의하면 이렇게 유언사항과 법률행위의 한 형식으로서의 유언을 구별하면 유언의 성립과 효력을 구별할 이유가 없기 때문에 현행법에서는 그냥 유언으로 표현하였다고 한다.

에 있는 경우와 대한민국에 상속재산이 있는 경우 우리 법원에 국제관할이 인정되고, 일정한 제한하에 관할합의를 할 수 있다. 그리고 유언사건에 관하여는 유언 당시 일상거소가 대한민국에 있거나 유언의 대상이 되는 재산이 대한민국에 있는 경우 우리 법원에 국제재판관할이 있다. 자세한 것은 제4편 제2장 Ⅳ. 3. 참조.

제 7 장

상 사 법

Ⅰ. 어음·수표

1. 서

어음(약속어음, 환어음 등)과 수표(자기앞수표, 당좌수표 등)는 국제거래에서 중요한 지불수단으로 이용되고 있다. 그러므로 국제거래가 원활하게 이루어지기 위해서는 어음과 수표에 관한 통일적인 규범이 절실하였고, 그에 따라 국제어음법에 관한 제네바 조약1930과 국제수표법에 관한 제네바 조약1931이 체결되었고, 실체법의 통일을 위해 어음법의 통일에 관한 제네바 조약1930과 수표법의 통일에 관한 제네바 조약1931이 체결되었다. 이 조약들은 모델법이기 때문에 회원국으로서 국제법상의 적용의무를 부담하지 않더라도 국내법으로 적용할 수 있다.

우리나라도 섭외사법에서부터 위 협약에 기초한 어음과 수표에 관한 저촉규정을 두고 있었으며, 국제사법에서도 이를 그대로 수용하고 있다. 다만 각각 별개의 조약에서 규정하고 있는 내용을 통합하여 능력, 방식, 효력 등으로 정리하여 묶는 과정에서 발생한 체계와 내용상의 혼란으로 인하여 이해에 어려움이 없지 않다.

2. 행위능력

1) 학   설

어음·수표행위를 할 수 있는 능력의 준거법에 관하여는 개인의 능력 문제의 하나임을 강조하는 속인법설과, 이 분야에서는 특히 거래의 안전성이 강하게 요구되는 점을 강조하는 행위지법설이 대립하여 왔다.[1]

2) 국제사법 규정

> **제80조 (행위능력)** ① 환어음, 약속어음 및 수표에 의하여 채무를 부담하는 자의 능력은 그의 본국법에 따른다. 다만, 그 국가의 법이 다른 국가의 법에 따르도록 정한 경우에는 그 다른 국가의 법에 따른다.
> ② 제1항에 따르면 능력이 없는 자라 할지라도 다른 국가에서 서명을 하고 그 국가의 법에 따라 능력이 있을 때에는 그 채무를 부담할 수 있는 능력이 있는 것으로 본다.

우리나라 국제사법은 속인법을 원칙으로 하면서 행위지의 거래안전을 고려하기 위해 예외를 두는 국제어음법에 관한 제네바 조약과 국제수표법에 관한 제네바 조약을 따르고 있다.

(1) 원   칙

어음 및 수표행위에 관한 능력 문제는 당사자의 본국법에 따른다($\frac{1항}{본문}$).

(2) 본국법의 적용 제한

제2항에서는 행위지의 거래안전을 보호하기 위해 본국법의 적용이 제한되고 대신에 행위지법이 적용되는 경우를 규정하고 있다. 즉 당사자의 본국법에 따르면 어음·수표행위를 할 수 있는 능력이 없는 경우라도 당사자의 본국 외에서 서명을 하였고 서명지의 법에 따르면 능력이 인정되는 때에는 서명에 따른 채무부담능력이 인정된다. 여기서 말하는 서명행위에는 발행, 배서, 인수, 보증 등이 있다.

(3) 반   정

제1항 본문에 따라 당사자의 본국법이 준거법으로 지정되는 경우 본국의 국제

---

1) 서희원, 국제사법, 353면 각주 8) 참조.

사법에서 제3국의 법을 지정하는 때에는 제3국의 법이 준거법이 된다. 즉 반정에 관하여 전정까지 인정된다($\frac{1항}{단서}$).

3. 방   식

1) 학   설[2]

(1) 행위지(서명지)설

어음·수표행위의 방식은 행위지의 거래안전에 영향을 미치기 때문에 행위지의 법을 적용해야 한다는 견해이다.

(2) 이행지설

방식 문제는 이행지의 법에 따라야 한다는 견해이다. 환어음의 인수에서 보는 바와 같이 이 분야에서는 발행보다도 이행이 중요하다 할 것인바, 이행지에서 행위 방식의 준수 여부를 어려움 없이 판단할 수 있어야 한다는 것이 이 견해의 중요한 논거이다.

2) 국제사법 규정

> **제82조 (방식)** ① 환어음·약속어음의 어음행위 및 수표행위의 방식은 서명지법에 따른다. 다만, 수표행위의 방식은 지급지법에 따를 수 있다.
> ② 제1항에서 정한 법에 따를 때 행위가 무효인 경우에도 그 후 행위지법에 따라 행위가 적법한 때에는 그 전 행위의 무효는 그 후 행위의 효력에 영향을 미치지 아니한다.
> ③ 대한민국 국민이 외국에서 한 환어음·약속어음의 어음행위 및 수표행위의 방식이 행위지법에 따르면 무효인 경우에도 대한민국 법에 따라 적법한 때에는 다른 대한민국 국민에 대하여 효력이 있다.

(1) 원   칙

어음·수표행위의 방식은 원칙적으로 서명지의 법에 따른다($\frac{1항}{본문}$). 서명지의 방식규정이 적용되는 행위에는 어음·수표의 발행과 그 외의 증서에 하는 서명 등이 있다.

---

2) 서희원, 국제사법, 354면 참조.

(2) 수표행위에 대한 특칙

수표에 관한 행위는 서명지법 외에 지급지법에 따른 방식도 가능하다($^{1항}_{단서}$). 수표의 경우에는 보통 은행 등 금융기관이 지급인이 되는데 국제거래에서 서명지법만을 적용하게 하면 거래마다 방식의 준거법이 달라지는 불편이 따르게 되는 것을 고려한 것이다.

(3) 후행행위에 대한 보완

어떤 행위가 그 서명지법에 의할 때 방식요건을 충족시키지 못하여 무효인 경우, 무효인 행위를 기초로 후행행위가 있었고 후행행위의 행위지법에 의하면 선행행위가 유효인 경우에는 선행행위가 그 행위지법에 따라 무효라는 것으로 인하여 후행행위가 무효로 되지 않는다($^2_항$). 요컨대 선행행위가 무효이더라도 후행행위의 효력이 인정되는 경우가 있는데, 이는 실체법에서 어음행위 독립의 원칙을 인정되고 있는 점과 후행행위지의 거래안전을 보호할 필요가 있다는 점을 고려한 것이다.

(4) 국내 거래안전의 고려

3항에 따르면 대한민국 국민이 외국에서 행한 환어음·약속어음·수표 행위가 방식에 관한 원칙인 행위지법이 요구하는 요건을 충족시키지 못하여 무효인 경우에도 만약 대한민국법에 따르면 방식요건을 갖추고 있는 경우에는 다른 대한민국 국민에 대한 관계에서는 유효한 행위로 인정된다. 국내의 거래안전을 특별히 보호하기 위한 특별규정이다.

> 대법원 2008. 9. 11. 선고 2007다74683 판결 국제사법 제53조($^{현행}_{제82조}$) 제1항 전문은 "환어음, 약속어음 및 수표행위의 방식은 서명지법에 의한다"라고 규정하는 한편 같은 조 제3항에서 "대한민국 국민이 외국에서 행한 환어음, 약속어음 및 수표행위의 방식이 행위지법에 의하면 무효인 경우에도 대한민국 법에 의하여 적법한 때에는 다른 대한민국 국민에 대하여 효력이 있다"라고 규정하고 있으므로, 대한민국 법인인 신용장 매입은행과 대한민국 법인인 신용장 개설은행 사이에서 외국에서 이루어진 환어음의 인수 방식에 대하여는 우리나라 어음법도 준거법이 될 수 있다.

4. 효   력

> **제83조 (효력)** ① 환어음의 인수인과 약속어음의 발행인의 채무는 지급지법에 따르고, 수표로부터 생긴 채무는 서명지법에 따른다.
> ② 제1항에 규정된 자 외의 자의 환어음·약속어음에 의한 채무는 서명지법에 따른다.
> ③ 환어음, 약속어음 및 수표의 상환청구권을 행사하는 기간은 모든 서명자에 대하여 발행지법에 따른다.

1) 환어음의 인수인과 약속어음의 발행인의 채무

환어음의 인수인과 약속어음의 발행인은 어음채무에 대하여 궁극적으로 책임을 져야 하는 사람으로, 그들의 채무는 지급지의 법에 따른다($\frac{1항}{전단}$). 이들의 채무에 대하여 행위지(서명지)의 법을 적용할 경우 거래마다 다른 나라의 법이 적용되는 불편이 환어음의 인수인과 약속어음의 발행인에게 발생하는 것을 고려한 것이다.

2) 수표로 인한 채무

수표발행인의 채무에 대하여는 서명지법이 적용된다($\frac{1항}{후단}$). 자기앞수표 등 금융기관이 발행한 수표의 경우에는 대개 서명지가 지급지이고, 당좌수표 등 개인이 발행한 수표의 경우에는 어디서 지급이 청구되고 지급이 될지 사전에 예측하는 것이 불가능하기 때문에 수표의 경우에는 지급지 대신 서명지를 연결점으로 한 것이다. 그러나 수표발행인의 채무 이외의 사항에 대하여는 수표에서도 지급지법이 강조되고 있다($\frac{제81조, 제}{88조 참조}$).

3) 기타 채무

환어음의 인수인과 약속어음의 발행인이 아닌 자가 환어음 및 약속어음에 관한 행위로 인하여 부담하는 채무에 대하여는 서명지법이 적용된다($\frac{2}{항}$). 2항에 따라 서명지법이 적용되는 채무의 전형적인 예로는 어음에 배서한 자의 구상채무와 보증채무 등이 있다.

4) 상환청구권(소구권) 행사기간

상환청구권의 행사기간에 대하여는 환어음, 약속어음 및 수표의 구별 없이 모든 서명자에 대한 관계에서 발행지법이 적용된다($\frac{3}{8}$). 상환청구권의 행사와 관련하여서는 불특정 다수의 장소에서 행해진 서명이 문제될 수 있어 각각의 서명지(행위지)법에 따를 경우 통일적으로 규율을 할 수 없기 때문에 최초의 서명이 행해진 발행지법에 따르도록 한 것이다.

5. 개별적 문제

1) 수표지급인의 자격

> **제81조 (수표지급인의 자격)** ① 수표지급인이 될 수 있는 자의 자격은 지급지법에 따른다. ② 지급지법에 따르면 지급인이 될 수 없는 자를 지급인으로 하여 수표가 무효인 경우에도 동일한 규정이 없는 다른 국가에서 한 서명으로부터 생긴 채무의 효력에는 영향을 미치지 아니한다.

누가 수표지급인이 될 수 있는가는 원칙적으로 지급지법에 따른다($\frac{1}{8}$). 수표거래의 안전성을 확보하기 위해 수표지급인의 자격을 제한 경우가 많은바, 그에 따른 지급지의 거래안전을 고려할 것이 요청되기 때문이다.

그러나 지급지법에 의하면 지급인이 될 수 없는 자를 지급인으로 함으로써 수표가 무효가 된 경우라도 지급지에서와 같은 지급인 자격에 대한 제한이 없는 다른 국가에서 행한 서명은 유효하다. 예컨대 지급지의 법에 따르면 수표지급인이 될 수 없는 자를 지급인으로 하여 발행된 수표가 그 후 다른 나라에서 배서에 의해 양도되었는데 배서를 한 곳의 법에 의하면 그러한 자격제한이 없는 경우에는 양수인을 보호할 필요가 있는바, 이를 위해 그 배서의 효력을 인정한 것이다.

2) 원인채권의 취득 여부

(1) 문제의 소재

어음은 대개 기존의 채무(예컨대 거래대금)를 지급하거나 또는 담보하기 위한 수단으로서 발행된다. 여기서 어음(따라서 어음채권)을 취득하면 어음발행의 원인이 된

채권도 취득하는지가 문제되고 이에 관한 규율은 나라에 따라 다른 경우가 많다.

(2) 준거법

> **제84조 (원인채권의 취득)** 어음의 소지인이 그 발행의 원인이 되는 채권을 취득하는지 여부는 어음의 발행지법에 따른다.

원인채권의 취득 여부는 발행지법에 따른다. 어음은 전전유통되는 것을 전제로 하기 때문에 이 문제를 통일적으로 규율할 필요가 있고 그 실현방법으로 발행지법에 따르도록 한 것이다. 다만 원인채권 자체의 준거법에 대한 고려가 전혀 없는 것은 논란의 여지가 있다(물권법편의 유가증권 참조).

3) 일부인수 및 일부지급의 허용성 등

> **제85조 (일부인수 및 일부지급)** ① 환어음의 인수를 어음 금액의 일부로 제한할 수 있는지 여부 및 소지인이 일부지급을 수락할 의무가 있는지 여부는 지급지법에 따른다.
> ② 약속어음의 지급에 관하여는 제1항을 준용한다.

환어음의 일부인수와 일부지급 및 약속어음의 일부지급이 허용되는지에 대하여는 지급지법이 적용되는바, 다양한 관여자 사이의 관계를 통일적으로 규율할 필요성에 따른 것이다.

4) 권리의 행사와 보전에 필요한 행위

> **제86조 (권리의 행사·보전을 위한 행위의 방식)** 환어음, 약속어음 및 수표에 관한 거절증서의 방식, 그 작성기간 및 환어음, 약속어음 및 수표상의 권리의 행사 또는 보전에 필요한 그 밖의 행위의 방식은 거절증서를 작성하여야 하는 곳 또는 그 밖의 행위를 행하여야 하는 곳의 법에 따른다.

환어음의 인수인, 약속어음의 발행인 및 수표지급인이 인수 또는 지급을 거절하거나 하지 못하는 때에는 그 소지인은 일정한 절차를 거쳐 권리구제를 받게 된다. 여기서 권리구제를 받기 위해 어떠한 행위가 필요한가는 기본적으로 어음·수표행위의 효력에 관한 문제로서 제54조의 효력의 준거법에 따야 할 사항이다. 그리고 제57조는 예컨대 효력의 준거법에 의할 때 어음인수인에 의한 거절증서의 작성,

상환청구 등의 행위가 필요한 경우 그 방식과 작성기간에 대하여 적용될 법을 지정하고 있다. 즉 거절증서의 방식과 작성기간 및 기타 행위의 방식은 거절증서가 작성되어야 하는 곳 및 그 행위가 행해져야 하는 곳의 법에 따른다. 거절증서 작성 및 기타 해위가 행해져야 할 곳은 어음·수표행위의 효력의 준거법에 따라야 할 것이다.

5) 상실 및 도난시 취하여야 할 조치

> **제87조 (상실 및 도난)** 환어음, 약속어음 및 수표의 상실 또는 도난의 경우에 행하여야 하는 절차는 지급지법에 따른다.

환어음 등을 상실하거나 도난당한 경우에는 이를 습득한 자가 지급을 받는 것을 방지하기 위하여 일정한 절차를 거치도록 하는 것이 보통이다. 제87조에 의하면 이러한 절차는 지급지의 법에 따른다. 진정한 권리자에게 지급되는 것에 대하여 가장 큰 이해관계를 갖는 것은 지급인이기 때문이다.

6) 수표에서 지급지법이 적용되는 사항

제88조에서는 수표에 관련된 법률관계 중 지급지법이 적용되어야 하는 경우를 열거하고 있는데 그 내용은 다음과 같다.

1. 수표가 일람출급을 요하는지 여부, 일람 후 정기출급으로 발행할 수 있는지 여부 및 선일자수표의 효력

2. 제시기간

3. 수표에 인수, 지급보증, 확인 또는 사증을 할 수 있는지 여부 및 그 기재의 효력

4. 소지인이 일부지급을 청구할 수 있는지 여부 및 일부지급을 수락할 의무가 있는지 여부

5. 수표에 횡선을 표시할 수 있는지 여부 및 수표에 "계산을 위하여"라는 문구 또는 이와 동일한 뜻이 있는 문구의 기재의 효력. 다만, 수표의 발행인 또는 소지인이 수표면에 "계산을 위하여"라는 문구 또는 이와 동일한 뜻이 있는 문구를 기재하여 현금의 지급을 금지한 경우에 그 수표가 외국에서 발행되고 대한민국에서

지급하여야 하는 것은 일반횡선수표의 효력이 있다.

6. 소지인이 수표자금에 대하여 특별한 권리를 가지는지 여부 및 그 권리의 성질

7. 발행인이 수표의 지급위탁을 취소할 수 있는지 여부 및 지급정지를 위한 절차를 취할 수 있는지 여부

8. 배서인, 발행인 그 밖의 채무자에 대한 소구권 보전을 위하여 거절증서 또는 이와 동일한 효력을 가지는 선언을 필요로 하는지 여부

6. 어음·수표 사건의 국제관할

어음·수표의 지급지가 우리나라에 있는 경우에 우리 법원에 어음·수표에 관한 소의 국제관할이 인정된다(제79조. 자세한 것은 제4편 제2장 Ⅳ. 3. 참조).

Ⅱ. 해   상

우리 국제사법은 선박의 물권관계 및 선적국법이 적용되는 법률관계($^{제94}_{조}$), 선박충돌로 인한 분쟁의 준거법($^{제95}_{조}$), 해난구조에 적용되는 법($^{제96}_{조}$)에 관한 규정과 함께 비교적 상세한 국제재판관할 규정($^{제89조-}_{제93조}$)을 두고 있다.

1. 해상 일반

1) 선박의 물권관계 등

> **제94조 (해상)** 해상에 관한 다음 각 호의 사항은 선적국법에 따른다.
> 1. 선박의 소유권 및 저당권, 선박우선특권 그 밖의 선박에 관한 물권
> 2. 선박에 관한 담보물권의 우선순위
> 3. 선장과 해원(海員)의 행위에 대한 선박소유자의 책임범위
> 4. 선박소유자등이 책임제한을 주장할 수 있는지 여부 및 그 책임제한의 범위
> 5. 공동해손
> 6. 선장의 대리권

(1) 소유권, 저당권, 우선특권, 기타 물권

선박의 소유권, 저당권, 우선특권, 기타 물권에 관한 사항은 선적국법에 따른다($^{1}_{호}$). 선적국법에 따르는 물권에 관한 사항으로는 허용되는 물권의 종류, 내용, 권

리변동 요건, 공시방법 등이 있다.

(2) 담보물권의 우선순위

선박을 대상으로 하는 담보물권의 우선순위도 선적국법에 따른다($\frac{2}{호}$). 선박의 경우에는 저당권 외의 담보물권이 여러 나라에서 서로 다른 법에 근거하여 성립할 수 있다. 예컨대 선적국법에 따라 저당권이 설정된 선박에 대해 다른 나라에서 그 나라의 법에 따른 유치권이 인정되거나 압류되는 경우가 있을 수 있는 것이다. 거기서 만약 저당권과 유치권 또는 압류의 효력 사이의 관계에 대해 두 나라의 법이 다른 입장을 취하고 있다면 어느 법에 따라 관계가 정해져야 하는지 문제가 되는데, 바로 선적국법에 따르도록 한 것이다.

2) 기타 선적국법이 적용되는 사항

제94조 3, 4, 5, 6호에서는 선적국법에 따라야 할 일련의 사항을 열거하고 있다.

선장과 해원의 행위에 대해 선박의 소유자가 부담하는 책임의 범위에 선적국법이 적용된다($\frac{3}{호}$). 이 규정에 따라 선적국법에 따르는 행위에는 법률행위와 사실행위가 모두 포함되며, 불법행위도 마찬가지이다(불법행위에 대하여는 이설 있음). 구체적으로는 법률행위 효과의 귀속, 이행보조자책임, 사용자책임이 문제될 수 있다. 단 선장의 대리권에 대하여는 6호에 별도 규정이 있다.

해상운송에서는 운송사업자의 보호를 위해 다양한 형태의 책임제한 제도를 두고 있는 것이 보통인데, 선박의 소유자와 기타 선박 사용자 및 관리인의 책임제한이 허용되는지 여부 및 범위는 선적국법에 따른다($\frac{4}{호}$).

비상상황을 피하기 위해 일부 화물을 포기하는 것이 불가피한 경우, 그로 인한 손실의 처리도 선적국법에 따른다($\frac{5}{호}$).

선장은 세계 방방곡곡에서 선주 또는 운송회사 등을 위해 법률행위를 하게 되고 그때에는 선장의 대리권이 문제될 수 있는데, 6호에서는 대리에 관한 특별규정으로 선적국법을 규정하고 있다.

선적의 개념

선적이라 함은 선박이 소속하는 나라를 말하며 자연인의 국적에 상응하는 개념이다. 선적을 정하는 기준에 관하여 내거는 국기를 기준으로 하는 기국주의, 등록·등기지주의,[3] 발항을 하고 귀항을 하는 영업의 중심지 법을 적용하자는 본적항주의가 대립하고 있다.

위의 세 연결점은 많은 경우 서로 일치하여 문제가 되지 않는다. 다만 이중등록의 경우에는 기국과 등록·등기국이 서로 다를 수 있고, 기국과 영업의 중심지도 편의치적의 경우에는 서로 일치하지 않을 수 있다. 사견으로는 확실성과 법적 안정성의 관점에서 가장 우수하다고 할 수 있는 등기국주의를 따르는 것이 타당하다고 본다. 이에 따를 때 이중의 등기·등록의 경우 문제가 발생할 수 있는데, 원칙적으로 문제된 선박에 관한 물권이 기재된 등기·등록이 기준이 되어야 할 것이다.[4]

대법원 1994. 1. 28. 선고 93다18167 판결 섭외사법 제44조 제5호($^{현행\ 제94}_{조\ 3호}$)에 의하면 선장과 해원의 행위에 대한 선박소유자의 책임범위는 선적국법에 의한다고 규정하고 있으나, 위 조항이 민법상의 불법행위를 원인으로 한 손해배상청구의 경우까지도 섭외사법 제13조를 배제하고 선적국법을 준거법으로 하라는 취지라고 볼 수는 없다.

대법원 1994. 6. 28. 자 93마1474 결정 외국선적의 선박이 화물을 운송하던 중 그 화물의 손상 또는 멸실로 인하여 화물소유자가 선박소유자에 대하여 손해배상채권을 취득하는 경우에 그 채권이 해상우선특권에 의하여 담보되는지의 여부 및 그 해상우선특권이 미치는 대상은 그 선적국법에 의하여 결정하여야 할 것이지만, 그러한 해상우선특권이 우리 나라에서 실행되는 경우에는 그 실행방법은 우리 나라의 절차법에 의하여 규율되어야 한다.

대법원 2007. 7. 12. 선고 2005다39617 판결 국제사법 제60조($^{현행\ 제}_{94조}$) 제1호, 제2호에서 선적국법에 의하도록 규정하고 있는 사항은 선박우선특권의 성립 여부, 일정한 채권이 선박우선특권에 의하여 담보되는지 여부, 선박우선특권이 미치는 대상의 범위, 선박우선특권의 순위 등으로서 선박우선특권에 의하여 담보되는 채권 자체의 대위에 관한 사항은 포함되어 있지 않다.

※ **기타판례** 대법원 1996. 12. 6. 선고 96다31611 판결; 대법원 2007. 7. 12. 선고 2005다47939 판결; 대법원 2011. 10. 13. 선고 2009다96625 판결; 대법원 2014. 7. 24. 선고 2013다34839 판결; 대법원 2014. 10. 2. 자 2013마1518 결정

---

3) 보통 한 나라에서 등기 및 등록을 한 후 선적증서를 교부받는다.
4) Kropholler, IPR, S. 566 참조.

3) 선적국법이 적용되지 않는 사항

㉠ 용선계약, 운송계약, 고용계약 등 채권계약 자체 및 그에 따른 법률관계에는 채권계약의 준거법에 관한 원칙(제45조)에 따라 정해지는 준거법이 적용된다. 다만 용선계약, 운송계약, 고용계약상의 의무위반과 관련하여 선박의 소유자가 선장과 해원의 행위에 대해 지는 책임의 범위 문제에는 제45조 이하에 따른 계약의 준거법이 아니라 제94조 3호에 따라 선적국법이 적용된다.

㉡ 운송 중에 발생한 통상적인 화물의 멸실 등에 대한 선주의 책임은 선적국법이 아니라 운송계약의 준거법에 따른다.

㉢ 선적국법에서 인정하는 해상우선특권에 기초해 담보권을 실행하는 방법, 절차에는 절차는 법정지법에 따른다는 원칙에 의해 실행지법이 적용된다.

> 대법원 2011. 10. 13. 선고 2009다96625 판결 국제사법 제60조(현행 제94조) 제1호는 해상에 관한 '선박의 소유권 및 저당권, 선박우선특권 그 밖의 선박에 관한 물권'은 선적국법에 의한다고 규정하고 있으므로 선박우선특권의 성립 여부는 선적국법에 의하여야 할 것이나, 선박우선특권이 우리나라에서 실행되는 경우에 실행기간을 포함한 실행방법은 우리나라의 절차법에 의하여야 한다.

4) 해상 사건의 국제관할[5]

(1) 선박소유자 등의 책임제한에 관한 사건의 특별관할

이에 관하여는 제89조에 특별규정이 있고, 해당 선박의 선적이 우리나라에 있는 경우(1호), 선박소유자 등에 관해 우리 법원이 제3조에 따른 일반관할을 갖는 경우(2호), 우리나라에서 사고가 발생한 경우(3호), 사고발생 후 첫 기항지가 우리나라인 경우(4호), 우리나라에서 선박소유자 등의 재산이 압류된 경우(5호), 우리나라에서 제한채권에 근거한 소가 제기된 경우(6호)에 관할이 인정된다.

(2) 선박 또는 항해에 관한 사건의 특별관할

이에 관하여는 우리나라에서 선박이 압류된 경우에 관할이 인정된다(제90조).

---

5) 자세한 것은 제4편 제2장 Ⅳ. 3. 참조.

(3) 공동해손 사건의 특별관할

공동해손에 관하여는 당해 선박이 우리나라에 있거나, 사고 후 최초의 기항지가 우리나라이거나, 우리나라에서 선박이 압류된 경우에 관할이 인정된다($\frac{제91}{조}$).

2. 선박충돌

1) 문제의 소재

선박이 충돌하여 손해가 발생하는 경우 그 법률관계의 본질은 불법행위이다. 그러나 선박충돌의 경우에는 공해에서의 충돌 등 불법행위에 관한 원칙적 연결점을 적용하는 것이 불가능한 경우가 있고, 행위지의 공서와도 큰 관계가 없는 등 특수성이 있어 특별한 취급을 하는 것이 보통이다.

그러나 당사자가 사후적으로 준거법을 선택하는 문제($\frac{제53}{조}$)나 책임범위의 제한 등 불법행위에 관한 일반규정($\frac{제52조}{4항}$)은 선박충돌에도 적용되어야 할 것이다.

2) 준거법

> **제95조 (선박충돌)** ① 개항(開港)·하천 또는 영해에서의 선박충돌에 관한 책임은 그 충돌지법에 따른다.
> ② 공해에서의 선박충돌에 관한 책임은 각 선박이 동일한 선적국에 속하는 때에는 그 선적국법에 따르고, 각 선박이 선적국을 달리하는 때에는 가해선박의 선적국법에 따른다.

(1) 개항, 하천, 영해에서의 충돌

충돌지의 법이 적용된다($\frac{1}{항}$). 이 경우 충돌지는 바로 불법행위지가 되고 따라서 불법행위의 원칙이 사실상 유지되고 있다. 다만 학설로는 동일 선적의 선박이 충돌한 때에는 선적국법에 따르는 것이 타당하다는 견해도 있다.

(2) 공해에서의 충돌

이 경우에는 행위지를 지배하는 법체계가 존재하지 않고 그리하여 선적을 연결점으로 하고 있다($\frac{2}{항}$). 그런데 충돌한 두 선박의 선적이 다른 경우에는 어느 선박의 선적국법에 따라야 하는지가 문제되고, 학설상으로는 법정지법, 피해선박 선적국법, 가해선박 선적국법, 선택가능설 등이 있다. 우리 국제사법은 가해선박의 선적국법에 따르도록 하고 있다. 이 연결점은 그 나라가 소송 상대방(피고)의 영업소소재지로서 법정지가 될 가능성이 크다는 장점이 있다.

3) 국제관할

선박충돌 사건에 관하여는 우리나라가 선적국 또는 소재지인 경우, 사고발생지인 경우, 피해선박의 최초 기항지인 경우, 가해선박의 압류지인 경우 특별관할이 인정된다(제92조. 자세한 것은 제4편 제2장 Ⅳ. 3. 참조).

3. 해난구조

1) 서

해난구조는 그 성질이 기본적으로 사무관리이다. 그러나 바다에서의 구조활동에 있어서는 선박충돌로 인한 불법행위에서와 유사한 특성이 있어 특별한 취급을 하고 있다.

2) 준거법

> **제96조 (해난구조)** 해난구조로 인한 보수청구권은 그 구조행위가 영해에서 있는 경우에는 행위지법에 따르고, 공해에서 있는 때에는 구조한 선박의 선적국법에 따른다.

영해상의 구조에 있어서는 행위지(사무관리지)법의 원칙이 유지된다. 그리고 공해상의 구조에 대하여는 구조한 선박의 선적국법이 적용된다. 구조한 선박에 유리하게 준거법을 지정함으로써 구조행위를 촉진시킬 수 있다는 것을 근거로 하지만, 법정지와 준거법의 동조화라는 관점에서는 피구조선박의 선적국법을 적용하는 것이 유리하다는 견해도 있다.

3) 국제관할

해난구조 사건에 관하여는 우리나라에서 해난구조가 행해진 경우, 구조된 선박의 최초 기항지가 우리나라인 경우, 구조된 선박이 우리나라에서 압류된 경우에 관할이 인정된다(제93조. 자세한 것은 제4편 제2장 Ⅳ. 3. 참조).

제**4**편

국제민사절차법

제 1 장

총 설

I. 개 념

국제민사소송법 내지 국제민사절차법이라.함은 섭외적 요소가 있는 민사사건에 대한 재판절차에 관한 사항을 규율하는 법규범의 집합 또는 그러한 법규범을 대상으로 하는 연구 분야를 말한다. 민사재판절차에 대하여는 '절차는 법정지법에 따른다'는 원칙이 국제적으로 확립되어 있다(대법원 1988. 12. 13. 선고 87다카1112 판결; 대법원 2015. 2. 26. 선고 2012다79866 판결; 대법원 2015. 5. 28. 선고 2012다104526,104533 판결 등. 제1편 제2장 Ⅶ. 1. 참조).

섭외적 요소가 있는 민사사건에 대한 재판절차를 규율하는 법 규정은 보통 여러 곳에 분산되어 있어 체계적으로 정리되어 있지 않은 경우가 많고, 그리하여 실제로 적용되는 경우가 많지 않았던 시기에는 이론적으로나 실무적으로나 크게 관심의 대상이 되지 못하였다. 그러나 국제교류의 증가와 더불어 실무적 중요성이 인식되면서 20세기 중반에 들어 독자적인 연구영역으로 자리를 잡았다.

Ⅱ. 범위와 관점

이처럼 역사가 길지 않은 국제민사소송법 내지 국제민사절차법의 범위에 관하여는 다양한 입장이 존재하는데, 크게 협의와 광의의 개념 둘로 나눌 수 있다. 먼저 국제(재판)관할(권)과 외국판결의 승인 및 집행에 관한 법규범만을 대상으로 삼고 있는 문헌이 있으며, 이러한 입장에서는 보통 국제민사소송법Internationales Zivilprozessrecht이라는 용어를 즐겨 사용한다. 이에 비해 일부 문헌에서는 국제중재도 포함시키고 있다. 그리고 영미법계와 달리 재판권과 국제재판관할을 개념적으로 구별하는 경우에는 원래 국제공법의 문제라 할 수 있는 재판권 문제도 함께 다루는 것이 일반적 경향이다.

생각건대 분쟁해결수단으로서 법원의 재판과 중재 사이에는 근본적인 차이가 있으므로 성질상 구별되어야 할 분야라 할 것이다. 다만 실무적 관점에서 함께 다루는 것은 별개의 문제로, 이 경우에는 국제민사소송법이라는 용어보다는 국제민사절차법Internationales Zivilverfahrensrecht이라는 표현이 적합할 것이다. 여기서는 협의설에 따라 국제민사소송법을 먼저 정리하고, 국제중재는 별도로 다루기로 한다.

국제민사소송법의 중요 논점은 국제재판관할(권)과 외국법원 판결의 승인·집행 문제이다. 국제재판관할의 문제는 섭외적 생활관계에 특유한 법적 관점 중 논리적으로나 실무적으로나 제일 먼저 제기되는데, 이 문제는 재판에서의 승패에 중대한 영향을 미칠 수 있다. 외국법원에서 소송이 진행되는 경우에는 언어·시간·비용 등 여러 가지 어려움이 따르게 되고, 이는 결국 소송 결과에도 영향을 미칠 수 있다. 그러나 문제는 이러한 사실적인 것에 그치지 않는다. 현재 각국 국제사법의 내용이 다름으로 인해서 어느 나라에서 소가 제기되느냐에 따라 준거법이 달라질 수 있고 그에 따라 재판의 결과가 달라질 수 있다. 그리고 소송절차의 형성 및 진행, 특히 증거규범의 차이도 재판 결과에 영향을 미치는 중요한 요소가 된다.

나아가 어느 나라에서 재판이 이루어지느냐는 재판을 통한 분쟁 해결의 실효성에도 영향을 미칠 수 있다. 원칙적으로 한 나라에서 내려진 판결은 국가주권의 원칙상 그 나라에서만 효력을 갖기 때문에, 그 판결이 다른 나라에서도 집행되기 위해서는 그 나라에서 승인이 되어야 한다. 그런데 거의 예외 없이 외국판결의 승인·집행 요건의 하나로서 승인국의 입장에서 볼 때 재판을 한 나라에 국제재판관할이 있을 것을 요구하고 있다. 그리하여 소를 제기할 나라를 잘못 선택함으로써 한 번의 재판으로 분쟁을 실질적으로 그리고 종국적으로 해결하지 못하는 경우가 생길 수 있는 것이다.

따라서 섭외적 분쟁의 당사자는 사실적 관점에서나 법적 관점에서나 국제관할의 문제에 깊은 주의를 기울일 필요가 있는데, 이때 고려하여야 할 사항은 자기가 어떤 입장에 서 있게 되는가, 즉 원고가 될 것인가 아니면 피고의 위치에 서게 되는가에 따라 달라진다. 소제기 여부와 소송개시의 시기를 결정하는 데 있어 주도권을 갖게 되는 원고는 대개 충분한 시간적 여유를 가지고 어느 나라에서의 소송이 자기에게 가장 유리한지를 분석·평가할 수 있다(그리하여 자기 나라와 외국 또는 수개의 외국에 국제재판관할이 인정되는 때에는 소위 forum shopping이 발생할 수 있다). 이때 고려되어야 할 요소로는 우선 사실적 문제로서 변호사 보수 등 소송비용을 들 수 있다. 나아가 법정지가 될 나라의 소송법의 내용을 살펴야 하는데, 특히 관할합의에 기초한 소제기 및 이른바 forum non convenience 이론이[1] 인정되는 나라의 경우에는 그 나라에서의 소제기가 적법한 것으로서 받아들여질 것인지 여부와 증거법규가 중요하다. 또한 그 나라의 국제사법 등 저촉규범에 관한 정보가 필요하며, 소송지 외의 나라에서의 강제집행이 예견되는 경우에는 집행이 이루어져야 할 나라에서 소가 제기될 곳의 판결이 승인을 받을 수 있는지도 고려하여야 하므로 승인국의 소송법 내용도 살펴야 한다.

소송과 관련하여 충분한 시간적 여유를 가질 수 있는 원고와 달리 피고가 된 자는 신속하게 충분한 준비를 하여 소에 대응하지 않으면 안 되는 경우가 많다. 따라서 자기를 상대로 한 소제기의 가능성이 있으면 그때부터 일정한 방어조치를 취하는 것이 바람직하다. 예컨대 자국과 어느 외국 사이에 국제재판관할이 적극적으로 충돌되는 경우, 그 외국의 소송법에서 자국에서의 소송계속의 항변을 인정한다면 미리 자국에서 소극적 확인판결을 구하는 소를 제기하여 외국에서의 소제기를 저지하는 것도 하나의 방법이다. 그리고 분쟁의 상대방에 의한 소제기가 예상되는 나라가 이른바 '자국에 현존하는 자에 대한 관할transient jurisdiction'을 인정하는 나라라면 그 나라에 입국·체류하지 않는 것이 바람직하다. 그러나 상대방이 외국에서 소제기를 한 경우에는 응소 여부가 중요한바, 여기서는 먼저 국제관할이 있는 나라에서 소가 제기된 것인가를 살펴야 하는데, 특히 국제관할이 없음을 항변하기 위하여 필요한 범위에서만 소에 응해도 응소에 의한 관할을 인정하는 예가 있다는 것에 유의하여야 한다. 그리고 소가 제기된 나라의 소송법에 의하면 관할이 인정되는 경우라도 집행이 예견되는 다른 나라의 소송법에 의하면 소제기가 이루어진 나라의 관할이 인정되지 않을 경우에는 응소 여부를 신중히 검토하여야 한다.

---

[1] 미국에서 주 사이의 재판관할과 관련하여 형성된 이론으로, 자기보다 사안과 보다 밀접하게 관련된 주가 있을 때에는 자기 주의 관할을 인정하지 않는다는 것으로 요약될 수 있다.

제 2 장

국제관할

I. 서   설

순수 국내사건과 달리 섭외적 분쟁의 경우에는 우선 어느 나라 법원에서 재판을 받을 수 있는지 내지는 받아야 하는지(재판을 받는 것이 유리한지)가 문제된다. 한 나라의 법원이 모든 국제적 사건에 대해 재판을 하는 것은 법적으로 가능하지도 않고 또 바람직하다고 할 수도 없어 모든 나라가 일정한 요건이 갖추어진 경우에만 자국 법원에서 재판을 받을 수 있도록 하고 있기 때문이다. 그런데 우리나라 법원에서 재판을 받을 수 없는 경우에는 크게 두 경우가 있다. 첫째는 우리 법원이 국제법상 재판할 수 없는 경우이고 둘째는 우리나라에서 재판을 하는 것이 국제법상 불허되는 것은 아니더라도 사건이 우리나라와 관련이 적어 우리 법원이 재판하는 것이 국가적 관점에서나[1] 당사자이익의 관점에서나[2] 적절하지 않다고 판단되어 재판을 하지 않는 경우이다. 대륙법계에서는 전자를 이른바 재판권 문제, 후자를 국제재판관할(권) 문제로 구별하고 있는 것에 비해, 영미법에서는 이러한 구분 없이 모두 jurisdiction의 일환으로 다루고 있다.

---

1) 헌법상의 재판청구권이 말해주는 것처럼 기본적으로 민사재판 제도는 국가의 국민에 대한 봉사의 면이 강한바, 우리나라와 관계가 없는 사안에 대하여 재판을 하는 것은 불필요한 국력의 낭비가 된다.
2) 예컨대 준거법, 비용 등 법적 · 사실적 요소로 인하여 우리나라에서의 재판이 양 당사자 모두에 대하여 공정하고 효율적인 분쟁 해결의 방법이 되지 못하는 경우.

Ⅱ. 재판권(Gerichtbarkeit)

1. 개   념

우리나라에서는 종래 재판권과 국제재판관할(권)을 개념적으로 엄격히 구별하여 사용하지 않았지만[3] 국제관할의 문제는 재판권과 구분할 필요가 있다.[4] 재판권이라 함은 국가주권으로부터 나오는 사법권능을 말한다. 그리고 이러한 의미의 재판권은 자국의 주권이 미치는 범위 내에서는 원칙적으로 무제한적이지만, 주권이 미치는 범위는 동시에 국제법상 재판권의 한계가 되어 있다. 즉 모든 국가는, 원하는 경우, 분쟁의 대상이나 관여된 당사자가 자국과 관련되어 있는지와 관계없이 재판을 할 수 있지만, 이러한 재판권능은 자국의 영토 내에서만 행사할 수 있는 것이다. 예컨대 우리나라 판사가 당사자가 우리 국민이라고 해서 외국에 가서 증거조사, 증인소환, 강제집행 등을 할 수는 없는 것이다.

그런데 국제법에서는 일정한 요건하에 자국 내에서도 재판권을 행사할 수 없는 예외를 두고 있다. 우선 국제법상 주권의 주체인 국가가 한 행위에 대하여는 다른 나라에서 재판을 할 수 없다. 이를 국제법에서는 국가면제 내지 주권면제라 하는데, 이 이론에 따르면 한 국가의 행위는 다른 나라에서의 재판의 대상이 될 수 없다. 문제는 재판 대상에서 제외되는 국가행위의 개념 내지 범위인데, 과거에는 국가의 행위는 모두 다른 나라에서 재판할 수 없다는 견해가 다수였다. 그러나 지금은 그 범위를 국가의 주권행사로서의 행위로 제한하여야 한다는 것이 지배적인 견해이고,[5] 하급심 판결이지만 우리 법원도 이러한 입장을 따르고 있다. 이에 따르면 외국의 사법적·경제적 행위에 대하여는 우리 법원도 재판을 할 수 있다(서울민사지방법원 1994. 6. 22. 선고 90가합4223 판결). 그리고 이른바 면책특권을 누리는 외국 원수, 외교관, 영사 등은 다른 나라의 재판권에 복종하지 않아도 되며, 외국의 공관 등 이른바 치외법권이 인정되는 장소도 재판권의 범위에서 제외된다(1961. 4. 18. Wiener UN-Übereinkommen über diplomatische Beziehungen; 1963. 4. 24. Wiener UN-Übereinkommen über konsularische Beziehungen 참조).

---

3) 현재는 민사소송법 제217조 등에서 재판권이라는 용어 대신에 국제재판관할권이라는 용어를 쓰고 있다.
4) 석광현, 국제민사소송법, 31면; Schütze, Rolf A., Rechtsverfolgung im Ausland, 4판, 2009, 27면 참조.
5) Schütze, 앞의 책, 32면 이하 참조.

끝으로, 국제기구 및 그 구성원에 대해 재판권을 제한하는 것에 관한 조약도 있다.

> 서울민사지방법원 1994. 6. 22. 선고 90가합4223 판결 외국국가 혹은 외국기관의 행
> 위는 언제나 국내법원의 재판권으로부터 면제되는 것은 아니고, 그 행위의 성질에
> 비추어 주권적, 공법적 행위가 아닌 사경제적 또는 상업활동적 행위에 관하여는
> 국내법원의 재판권으로부터 면제되지 아니하고 이에 복종하여야 한다.

2. 재판권의 소송법상 성질

우리나라 법원이 섭외적 사건을 재판하려면 우선 앞에서 본 바와 같은 예외에
해당하지 않아야 한다. 즉 재판권이 국제법상 제한되어 있지 않아야 하는데, 이는
소송요건으로서 법원이 직권으로 그 존부를 조사하여야 한다.

Ⅲ. 국제재판관할

1. 개 념

국제재판관할 내지 국제재판관할권이라 함은 재판권의 존재를 전제로, 역시 재
판권을 갖는 다른 나라와의 관계에서 볼 때 과연 우리 법원이 재판을 하는 것이
합리적인가 하는 관점에서 본 재판권의 행사범위를 말하는 것으로, 현대적인 이해
에 따르면 국가 사이의 재판업무의 분담이라고 할 수 있다.[6] 국제법상 재판권이
제한되는 경우에 해당하지 않으면 우리 법원이 재판을 해도 국제법적으로만 보면
아무런 문제가 없다. 하지만 그렇다고 하여 한 나라가 지구상의 모든 사적 분쟁에
대해 재판을 한다는 것은 사실상 불가능하고 또 바람직하지도 않기 때문에, 사건이
자국과 어느 정도 관련되어 있을 때만 재판을 하고 그렇지 않은 경우에는 보다 관
련이 깊은 다른 나라에서 재판을 하도록 하는 것이 합리적이다. 이렇게 볼 때 국제
재판관할은 국내토지관할 개념을 국제적으로 확장한 것과 유사하다. 따라서 국제재
판관할이 엄밀하게 말하여 국제법상의 문제는 아니지만 이에 관하여도 국제법에서
그 기준을 정하는 것이 가장 좋은 방법이라 할 수 있다. 그러나 현재 이에 관한 통

---

6) 동지 Schütze, 앞의 책, 38면.

일된 국제법상의 규범은 확립되어 있지 않으며, 그리하여 각 나라가 어떠한 경우 자국의 관할을 인정할 것인지를 거의 자유롭게 정할 수 있다.

요컨대 재판권은 국가의 진정한 권리로서 그 제한은 국제법의 문제인 반면, 국제재판관할은 현재로서는 재판권 행사의 자발적 제한으로서 국내법의 문제라 할 수 있다.

2. 소송법상 성질

국제재판관할도 재판권과 마찬가지로 소송요건으로서 직권조사사항이라는 데 이견이 없는 것으로 보인다.

3. 문제되는 관점: 심리관할과 승인관할

국제관할은 분쟁해결절차의 진행 과정상의 단계에 따라 전혀 다른 두 관점에서 문제가 될 수 있다. 국제관할 문제는 먼저 한 나라(우리나라) 법원이 본안에 대한 판단을 하는 것이 적절한지의 관점에서 제기될 수 있고, 이런 관점의 국제관할 문제를 가리켜 보통 심리관할·직접관할이라고 한다. 다음으로 국제관할 문제는 우리 법원이나 관청이 외국법원이나 관청의 행위를 존중해서 그 효력을 인정하기 위한 요건의 하나로서도 제기된다. 현재 거의 모든 나라가 원활한 국제거래를 위해 일정한 요건하에 외국판결의 효력을 인정하고 나아가 외국판결에 기초한 집행까지 인정하고 있는데, 그 요건의 하나로서 예외 없이 재판을 한 외국의 법원이나 관청에 국제관할이 인정될 것을 요구하고 있다(민사소송법 제217조 1호 참조). 이처럼 외국판결의 승인요건으로서 제기되는 국제관할 문제를 보통 승인관할·간접관할이라고 한다(외국판결의 승인 참조).

Ⅳ. 국제재판관할의 기준

1. 서 론

국제재판관할 문제는 재판권을 전제로 하므로 기본적으로 국제법상의 제한 밖에 있으며 따라서 '절차는 법정지 법에 따른다'는 보편적 원칙에는 관할결정 문제

제1편 제2편 제3편 제4편 국제민사절차법

도 포함된다. 즉 국제관할의 기준은 각 나라의 국내법(엄밀하게는 국제민사소송법)의 소관이다. 그런데 근래에 들어 국제재판관할을 명시적으로 규정하는 나라가 점차 늘어나고는 있지만 아직도 추상적·원칙적 규정만 있거나 그마저도 없는 나라가 많고, 2022년 개정 전의 구국제사법 제2조도 추상적 원칙만 선언한 예의 하나였다.

이러한 상황에서는 국제관할에 대한 세부사항은 학설과 판례에 맡겨져 있는데, 비교법적으로 보면 자국의 국제관할을 널리 인정하는(이른바 long arm politic) 나라가 있는가 하면 비교적 좁은 범위에서만, 즉 자국과의 관련성이 큰 분쟁에 대하여만 관할을 인정하는 나라도 있고, 그리하여 관할의 유무를 결정하는 기준에 있어서도 나라에 따른 편차가 적지 않다. 그러나 이러한 상황이 분쟁 해결에 대한 예견가능성을 저해하고 혼란의 원인이 되는 것은 물론이며 그리하여 국제관할에 대한 기준을 통일하기 위한 다양한 시도가 계속되고 있는데, 이러한 노력이 부분적으로는 성공을 거두기도 하였지만(예컨대 유럽지역의 브뤼셀협약과 루가노협약 등) 아직 미해결의 문제가 많이 남아 있다.

2. 관할기준에 관한 이론과 실무의 동향

1) 외국의 예

외국의 판례·학설 내지 입법례를 보면, 먼저 자국의 토지관할에 관한 규정에 준하여 국제관할을 판단하는 경우가 있다(예컨대 독일). 즉 자국의 토지관할 분배에 관한 규정에 의할 때 자국의 어느 한 법원에 관할이 인정되면 국제재판관할이 있다고 판단하는 것이다.[7] 그러므로 이에 따르면 국제관할과 토지관할 문제가 동시적으로 해결된다.[8] 단 사건의 국제성으로 인하여 국내토지관할기준을 적용하는 것이 타당치 않다고 평가되는 경우에는 예외적으로 국제관할을 인정하지 않는데, 이행지관할, 재산소재지관할 등에서 특히 이런 관점이 문제된다.

그러나 이러한 입장에 대하여는 판단의 논리적 순서에 역행하는 것이라는 지적이 있다. 즉 본안에 대한 심리가 가능하기 위해서는 재판권 - 국제재판관할(권) - 국내토지관할 분배의 순서로 판단하는 것이 논리적임에도 불구하고, 마지막 단계에

---

7) Schütze, 앞의 책, 38면.
8) 일본에서는 이러한 해결방식을 역추지설 등 어려운 명칭이 붙은 이론으로 설명하고 있다.

서의 평가 기준을 그 전단계에 적용하고 있다는 것이다.

이러한 난점으로 인하여 일부에서는 국제재판관할은 국내토지관할규정과는 상관없이 독자적으로 조리에 따라 결정할 것을 주장하기도 하는바(과거 일본의 다수설) 이를 조리설 또는 관할분배설이라고 한다.[9]

그러나 이 견해에서는 적극적으로 국제관할 문제에 있어서의 조리의 내용이 무엇인가를 밝히고 그것을 토대로 조리의 내용을 구체화할 수 있는 국제관할의 연결점을 체계적으로 제시하지는 못하였다. 그리하여 실제로는 국내토지관할의 연결점들이 – 그 기초에 놓여 있는 소송법적 정신 내지 합리성이라는 면에서 볼 때 – 섭외적 사건에 있어서 국제관할을 결정하는 기준으로서도 타당하다 할 것인가를 살펴나가는 소극적인 방법을 채용하는 것이 보통이었는데, 이를 수정된 역추지설이라 하여 조리설과 구별하기도 했다.

2) 우리나라

(1) 섭외사법 시절

당시에는 국제재판관할에 대한 일반규정은 없었고 섭외사법에 우리 법원의 관할권에 관한 몇 개의 특별규정[한정치산 및 금치산(제7조 제2항: 국내 주소·거소 외국인), 실종선고(제8조: 국내 재산 및 내 국법에 따를 법률관계), 후견(제25조 제2항: 국내 주소·거소 외국인)]이 있을 뿐이었다. 그리하여 국제관할의 기준에 관하여는 크게 조리설과 (수정)역추지설이 대립되고 있었다. 즉 일부에서는 국제관할을 국내토지관할규정과 무관하게 독자적 기준에 따라 결정할 것을 주장하였는데, 독자적 기준에 관한 세부사항에 관해서는 견해가 대립하였다. 이에 대해 기본적으로 국내토지관할규정을 출발점으로 하면서 사건의 국제성으로 인해 불합리한 결과가 발생하는 경우에만 국제관할을 부정하자는 입장도 있었다.

(2) 구국제사법

제2조 (국제재판관할) ① 법원은 당사자 또는 분쟁이 된 사안이 대한민국과 실질적 관련이 있는 경우에 국제재판관할권을 가진다. 이 경우 법원은 실질적 관련의 유무를 판단함에 있어 국제재판관할 배분의 이념에 부합하는 합리적인 원칙에 따라야 한다.
② 법원은 국내법의 관할 규정을 참작하여 국제재판관할권의 유무를 판단하되, 제1항의 규정의 취지에 비추어 국제재판관할의 특수성을 충분히 고려하여야 한다.

---

9) 이에 관한 보다 자세한 것은 석광현, 국제민사소송법, 71면 참조.

섭외사법을 국제사법이라는 명칭으로 바꾸는 등 전면적인 개정을 하면서 국제관할에 관한 규정으로 제2조를 신설하였다. 그러나 이 규정은 일반적 원리의 선언일 뿐이어서 세부적 기준은 여전히 학설과 판례에 맡기고 있다.

1항에서는 사건이 우리나라와 실질적으로 관련되어 있을 것, 즉 당사자 또는 사안과 우리나라 사이에 실질적 관련이 있을 것을 요구하면서, 실질적 관련성 유무를 판단함에 있어서는 국제관할배분의 이념에 부합하는 합리적 원칙(기준)을 적용해야 한다고 선언하였다. 그러므로 국제관할에 대한 판단의 기본원칙 내지 일차적 기준은 '실질적 관련성'인데, 이 기준은 종래 '국제관할에 관한 조리'로 칭해져 오던 것을 좀 더 구체화한 개념이라고 이해할 수 있다.[10]

그리고 2항에서는 국제재판권할(권)의 유무를 판단함에 있어 국내법의 관할규정을 참작할 것을 규정하면서, 국내법의 관할규정을 참작함에 있어서는 국제재판관할의 특수성이 충분히 고려되어야 한다는 것을 분명히 하고 있다. 1항에서 실질적 관련성을 일차적 기준으로 선언하고 있기 때문에 국제재판권할권 유무의 판단은 결국 실질적 관련성 유무의 판단으로 귀착된다. 그런데 실질적 관련성이라는 것은 하나의 불확정개념으로서 그 내용이 매우 불분명하고 관점에 따라 그 존부에 대한 판단이 달라질 수 있기 때문에 실제 적용에는 어려움이 따를 수밖에 없다. 그리하여 이런 난점을 해소시키기 위해 2항에서는 실무적으로 실질적 관련성 유무를 판단함에 있어 참작할 수 있는 보다 구체적인 기준을 제시하고 있는바, 국내법의 관할규정이 그것이다. 다만 국내의 관할배분에 관한 규정에서는 사안의 국제성은 고려되고 있지 않기 때문에 이를 기계적으로 적용할 경우에는 불합리한 결과에 도달할 수도 있는바, 이런 위험을 배제하기 위해 국제관할배분의 이념을 반드시 고려하도록 요구하고 있는 것이다.

그러므로 제2조 법문에 충실하게 국제관할을 판단할 경우에는 우선 국내의 관할규정에 따를 때 우리나라의 어느 한 법원에 관할이 인정되는지를 검토하게 되는데, 그때 원칙적으로 검토 순서는 전속관할 → 응소관할 → 보통재판적 → 특별재판적의 순서가 될 것이다. 그러나 최종적인 판단을 위해서는 국내 관할규정을 적용한 결과가 국제적 사건이라는 특수성을 고려할 때 불합리한 것이 아닌지를 다시 검토

---

10) 이 규정이 종래의 조리로부터의 결별을 선언하고 새로운 기준으로 실질적 관련성을 도입한 것이라고 보는 견해도 있다.

해야 한다. 그리고 그 과정에서 상황에 따라서는 우리나라와의 관련성이 희박하여 예외적으로 우리나라 법원의 국제재판관할이 부인될 수도 있고,[11] 재판을 받을 권리를 실질적으로 보장하기 위해 예외적으로 국제관할이 확장될 수도 있을 것이다 (이른바 비상관할의 인정).

구국제사법 제2조를 이렇게 이해한다면 이 규정은 사실상 종전의 판례와 크게 다르지 않다고 할 수 있다. 그러나 다음에 보는 바와 같이 판례는 국제사법의 개정을 전후하여 상당히 다른 접근방법을 취하고 있다.

판례는 구국제사법 제2조를 가사사건에도 적용하였다(대법원 2021. 2. 4. 선고 2017므12552 판결; 대법원 2021. 10. 28. 선고 2019므15425 판결).

(3) 판례의 변천

① 원칙론

섭외사법 시기의 판례는 '섭외사건에 관하여 국내의 재판관할을 인정할지의 여부는 국제재판관할에 관하여 조약이나 일반적으로 승인된 국제법상의 원칙이 아직 확립되어 있지 않고 이에 관한 우리나라의 성문법규도 없는 이상 결국 당사자간의 공평, 재판의 적정, 신속을 기한다는 기본이념에 따라 조리에 의하여 이를 결정함이 상당하다 할 것이고, 이 경우 우리나라의 민사소송법의 토지관할에 관한 규정 또한 위 기본이념에 따라 제정된 것이므로[12] 위 규정에 의한 재판적이 국내에 있을 때에는 섭외사건에 관한 소송에 관하여도 우리나라에 재판관할권이 있다고 인정함이 상당하다'는 입장을(서울가정법원 1991. 5. 9. 선고 90드75828 판결; 대법원 1992. 7. 28. 선고 91다41897 판결 등 참조) 견지하였다. 다만 판례도 사안의 국제성이라는 특성을 고려하여 예외가 있을 수 있음을 인정하였다(대법원 1994. 2. 21. 자 92스26 결정; 대법원 1995. 11. 21. 선고 93다39607 판결 참조). 그러므로 우리 판례가 역추지설을 따른 것인지 아니면 수정 역추지설을 따른 것인지에 대하여는 논란의 여지가 있다하더라도, 국내의 관할규정에서 출발하면서 이를 적용할 때 사안의 국제성이라는 특수한 사정으로 인한 불합리 여부를 검토하여 최종판단을 하는 구조를 가지고 있는 것은 분명하다.

그러나 국제사법 발효 후의 판례에서는 점차 일차적으로 국내의 관할규정을 검토하는 단계가 사실상 사라졌다고 평가할 수 있다. 우선 판례는 '국제재판관할을 결정함에 있어서는 당사자 간의 공평, 재판의 적정, 신속 및 경제를 기한다는 기본

---

11) 외국 판례를 보면 이행지관할과 재산소재지관할이 많이 문제되고 있다.

12) 예컨대 소송에서 수동적일 수밖에 없는 피고의 방어기회 확보를 위해 원칙적으로 피고의 주소지에 보통재판적을 인정하는 것은 특히 국제적 사안의 경우 그 의미가 더 크다.

이념에 따라야 할 것이고, 구체적으로는 소송당사자들의 공평, 편의 그리고 예측가능성과 같은 개인적인 이익뿐만 아니라 재판의 적정, 신속, 효율 및 판결의 실효성 등과 같은 법원 내지 국가의 이익도 함께 고려하여야 할 것이며, 이러한 다양한 이익 중 어떠한 이익을 보호할 필요가 있을지 여부는 개별 사건에서 법정지와 당사자와의 실질적 관련성 및 법정지와 분쟁이 된 사안과의 실질적 관련성을 객관적인 기준으로 삼아 합리적으로 판단하여야 할 것'(대법원 2005. 1. 27. 선고 2002다59788 판결; 대법원 2012. 5. 24. 선고 2009다22549 판결; 대법원 2012. 5. 24. 선고 2009다68620 판결; 대법원 2021. 2. 4. 선고 2017므12552 판결 등)이라는 원칙론에서 출발하는데, 여기까지는 종래의 판례와 비교하여 본질적인 차이가 없다. 그런데 근래의 판례는 사안에 국내 관할규정을 적용할 경우 어떤 중간결론이 나오며 그 중간결론이 사안의 국제성과의 관계에서 어떻게 평가될 수 있는지에 대한 검토를 생략하고, 바로 이러저러한 상황적 요소로 인해 실질적 관련성이 있다 또는 없다는 결론을 내리고 있는바, 이는 종래의 판례와는 물론 구국제사법 제2조의 출발점이 되어 있다고 할 수 있는 문제해결의 구조와도 현저한 차이가 있는 접근방법이다. 요컨대 근래의 판례는 국내토지관할규정의 취지를 진지하게 분석하기보다는 실질적 관련성을 포괄적으로 검토함으로써 사실상 국내 관할규정에 대한 참작 없이 바로 실질적 관계만을 판단하는 특성을 보이고 있다. 그리고 특히 실질적 관련성을 판단함에 있어서는 국내 관할규정에서는 고려되지 않는 사항도 많이 참작하고 있는데, 그중에는 당사자의 국적과 언어 등 과연 국제관할배분과 국내의 관할배분에서 고려되기에 적합한 것이라 할 수 있는지 의문인 사항도 포함되어 있다. 과연 이런 접근방법이 국제재판관할배분의 이념에 부합하는 판단을 요구하는 제2조의 취지와 부합하는 것인지 재고할 필요가 있다 하겠다.

② 판례에 나타난 개별적 기준

기본적으로 시간적 순서에 따라 중요 판례를 다음과 같이 정리할 수 있다.

대법원 1972. 4. 20. 선고 72다248 판결(이행지) 보수금 지급 약정의 행위지법으로서 이 사건에 적용될 일본국상법 제516조의 규정에 의하면 …… 채무이행은 채권자의 영업소에서 할 것 …… 이행지는 다른 사정이 없는 한 채권자인 원고의 영업소소재지인 서울특별시라 할 것이요, 따라서 이 이행지 관할 법원에 이 사건에 대한 재판 관할권이 있다.

대법원 1988. 10. 25. 선고 87다카1728 판결(재산소재지) 대한민국에 주소가 없는

자 또는 주소를 알 수 없는 자에 대한 재산권에 관한 소는 청구의 목적 또는 담보
의 목적이나 압류할 수 있는 재산이 대한민국 내에 있을 때에는 그가 외국인이라
할지라도 그 재산소재지의 법원에 제기할 수가 있다(구민사소송법 제9 조: 현행 제12조).

대법원 1992. 7. 28. 선고 91다41897 판결(사무소·영업소 소재지) 외국법인의 서울
사무소에서 근무하던 외국인 직원들이 부당해고 되었음을 이유로 손해배상을 청구
하는 소송에 관하여 민사소송법 제10조(현행 제12조) 소정의 재판적이 인정되므로 국내
에 재판관할권이 있다.

대법원 1994. 2. 21. 자 92스26 결정(보통재판적; 변론관할; 비상관할) 친권을 행사
할 자 및 양육자의 변경심판을 청구하고 있는 사건에 있어서, 우리나라의 법원이
재판권을 행사하기 위하여는, 상대방이 우리나라에 주소를 가지고 있을 것을 요하
는 것이 원칙이고, 그렇지 않는 한 상대방이 행방불명 또는 이에 준하는 사정이
있거나 상대방이 적극적으로 응소하고 있는 등의 예외적인 경우를 제외하고는, 우
리나라의 법원에 재판관할권이 없다고 해석하는 것이 상당하다.

※ **참고판례** 대법원 2021. 10. 28. 선고 2019므15425 판결(응소관할)

대법원 1995. 11. 21. 선고 93다39607 판결(불법행위지) 제조물책임 소송에 있어서
손해 발생지의 외국 법원에 국제재판관할권이 있는지 여부는 제조자가 당해 손해
발생지에서 사고가 발생하여 그 지역의 외국 법원에 제소될 것임을 합리적으로 예
견할 수 있을 정도로 제조자와 손해 발생지와의 사이에 실질적 관련이 있는지 여
부에 따라 결정함이 조리상 상당하고, 이와 같은 실질적 관련을 판단함에 있어서
는 예컨대 당해 손해 발생지의 시장을 위한 제품의 디자인, 그 지역에서의 상품광
고, 그 지역 고객들을 위한 정기적인 구매상담, 그 지역 내에서의 판매대리점 개설
등과 같이 당해 손해 발생지 내에서의 거래에 따른 이익을 향유하려는 제조자의
의도적인 행위가 있었는지 여부가 고려될 수 있다.

서울지방법원 1997. 1. 23. 선고 95가합39156 판결(수정 역추지설 반영) 이 경우 우
리나라 민사소송법의 토지관할에 관한 규정 또한 위 기본 이념에 따라 제정된 것
이므로 위 규정에 의한 재판적이 국내에 있을 때에는 섭외사건에 관한 소송에 관
하여도 우리나라에 재판관할권이 있다고 인정함이 상당하며, 다만 구체적인 제반
사정을 고려하여 위와 같은 국내재판적에 관한 규정을 유추적용하여 국제재판관할
권을 인정함이 위 민사소송의 제 이념에 비추어 보아 심히 부당한 결과에 이르게
되는 특별한 사정이 있는 때에는 그렇지 아니하다고 봄이 상당하다.

대법원 2000. 6. 9. 선고 98다35037 판결(법인 등의 보통재판적) 민사소송법 제4조에
의하면 외국법인 등이 대한민국 내에 사무소, 영업소 또는 업무담당자의 주소를

가지고 있는 경우에는 그 사무소 등에 보통재판적이 인정된다고 할 것이므로, 증거수집의 용이성이나 소송수행의 부담 정도 등 구체적인 제반 사정을 고려하여 그 응소를 강제하는 것이 민사소송의 이념에 비추어 보아 심히 부당한 결과에 이르게 되는 특별한 사정이 없는 한, 원칙적으로 그 분쟁이 외국법인의 대한민국 지점의 영업에 관한 것이 아니라 하더라도 우리 법원의 관할권을 인정하는 것이 조리에 맞는다.

대법원 2005. 1. 27. 선고 2002다59788 판결(실질적 관련성) 대한민국 내에 주소를 두고 영업을 영위하는 원고가 미국의 도메인 이름 등록기관에 등록·보유하고 있는 도메인 이름에 대한 미국의 국가중재위원회의 이전 판정에 불복하여 제기한 소송에 관하여, '도메인 이름의 선등록자인 원고는 행정패널의 판정이 내려져 집행되기 이전까지는 대한민국 내의 자신의 주소지를 사업 중심지로 삼아 회원들에게 이 사건 도메인 이름을 포함한 여러 도메인 이름들을 이메일 주소용으로 사용할 수 있도록 제공하는 서비스업을 영위하면서 도메인 이름을 사용하고 있었고, 그 웹사이트의 주된 이용언어는 한국어이었으며 그 주된 서비스권역 역시 대한민국이었던 것으로 보여지며, 도메인 이름에 대한 이전 판정으로 인하여 영업상의 손해가 발생한 곳 역시 원고의 사업본거지이므로, 과연 그러한 이용행위가 침해행위인지 여부 및 손해의 유무를 판정하기 위한 증거들은 모두 대한민국에 소재'한다는 것을 근거로 분쟁의 내용이 대한민국과 실질적 관련성이 있다 함.

서울고등법원 2006. 1. 26. 선고 2002나32662 판결(수정 역추지설 반영: 법인의 보통재판적; 이행지; 재산소재지; 불법행위지) (1) 피고들은 모두 미국법에 의하여 설립되어 그 본점 소재지를 미국에 두고 있는 법인으로서 대한민국 내에 지점, 사무소, 영업소 또는 업무담당자의 주소를 두고 있지 아니하고 …… 모회사와 자회사는 별개의 법인격을 가지므로 대한민국 법원이 대한민국법에 의하여 국내에 설립된 위 자회사들에 대하여 재판관할권을 가지고 있다고 하여 당연히 그 모회사인 피고들에 대하여도 재판관할권을 가진다고 볼 수 없다. (2) 민사소송법 제8조에 의하면, 재산권에 관한 소는 의무이행지의 법원에 제기할 수 있다고 규정하고 있는바, 불법행위채무는 지참채무이므로 이에 기한 손해배상 청구소송을 일률적으로 그 의무이행지에 해당하는 피해자의 주소지국에서 제기할 수 있다고 한다면 피고가 예측하지 못한 곳에서 응소를 강요받는 결과가 되어 공평에 반하게 되므로, 위 조항이 규정하고 있는 의무이행지에는 불법행위에 기한 손해배상채무의 이행지는 제외된다. (3) 민사소송법 제11조는 대한민국에 주소가 없는 자 또는 주소를 알 수 없는 자에 대한 재산권에 관한 소는 청구의 목적 또는 담보의 목적이나 압류할 수 있는 피고의 재산이 있는 곳의 법원에 제기할 수 있다고 규정하고 있는바, 재산소재지의 국제재판관할 유무를 판단함에 있어 이러한 국내법의 관할규정을 참작하되 당사자 또는 분쟁이 된 사안과 법정지인 대한민국 사이에 실질적 관련성이 존재하는지 여부도 고려하여야. (4) 민사소송법 제18조 제1항은 불법행위에 관한 소는 그 행위지의 법원에 제기할 수 있다고 규정하고 있는바, 관할을 발생시키는 불법행위지에는 가해행위지뿐만 아니라, 법익침해지로서의 결과발생지가 포함된다 할 것이다. 다만, 결과발생지가 가해자로서는 전혀 예측할 수 없는 원격지인 토지로서, 가해자가 그 토지에 제기된 소송에 응소하여야 함으로써 입게 되는 불이익이 그 토지를 불법행위지에 포함하여 그 토지에서 재판을 행함으로써 얻는 피해자의 이익과 비교하여 현저히 큰 경우에는 공평의 관점에서 그 결과발생지를 불법행위지에 포함하는 것은 상당하지 아니하다 할 것이고, 특히 물품을 제조하여 판매하는 제조자의 불법행위로 인한 손해배상책임에 관한 제조물책임 소송에 있어서 결과발생지의 법원에 국제재판관할권이 있는지 여부는 제조자가 당해 결과발생지에서 사고가 발생하여 그 지역의 법원에 제소될 것임을 합리적으로 예견할 수 있을 정도로 제조자와 결과발생지 사이에 실질적 관련이 있는지 여부에 따라 결정함이 조리상 상당……

대법원 2006. 5. 26. 선고 2005므884 판결(실질적 관련성) 미합중국 미주리 주에 법률상 주소를 두고 있는 미합중국 국적의 남자(원고)가 대한민국 국적의 여자(피고)와 대한민국에서 혼인 후, 미합중국 국적을 취득한 피고와 거주기한을 정하지 아니하고 대한민국에 거주하다가 피고를 상대로 이혼, 친권자 및 양육자지정 등을 청구한 사안에서, 원·피고 모두 대한민국에 상거소(常居所)를 가지고 있고, 혼인이 대한민국에서 성립되었으며, 그 혼인생활의 대부분이 대한민국에서 형성된 점 등을 고려하면 위 청구는 대한민국과 실질적 관련이 있다고 볼 수 있으므로 국제사법 제2조 제1항의 규정에 의하여 대한민국 법원이 재판관할권을 가진다.

대법원 2013. 7. 12. 선고 2006다17539 판결(실질적 관련성)[13] 선정자들은 제2차 베트남전쟁(이하 '베트남전'이라 한다) 동안 우리나라 군대의 구성원으로 베트남에 파병되어 복무한 베트남전 참전군인들 또는 그 유족들로서 모두 국내에 거주하는 우리나라 국민인 점, 선정자들은 베트남전 동안 복무지역에 살포된 고엽제에 노출되어 귀국한 후 우리나라에서 질병이 발생하였다고 주장하며 그 당시 고엽제를 제조·판매한 피고들을 상대로 제조물책임을 묻는 이 사건 소를 제기한 점, 피고들은 우리나라 군인들이 베트남전에 참전하는 사실을 알고 있었으므로 베트남에서 살포된 고엽제에 노출된 우리나라 군인들이 귀국한 후 질병이 발생할 경우 우리나라에서 피고들을 상대로 제조물책임을 묻는 소를 제기할 수 있음을 충분히 예견할

---

13) 위 고등법원판결의 상고심 판결.

수 있었던 점, 베트남전 참전군인들의 베트남전 복무 및 그 발생 질병에 관한 자료들이 모두 우리나라에 있고 피고들이 우리말로 번역하여야 한다고 주장하는 외국 자료의 분량에 비하여 월등히 많으며, 손해액 산정에 필요한 자료 또한 우리나라에서 수집하는 것이 편리한 점, 우리나라는 베트남전 참전국가로서 참전 중의 행위로 발생한 우리나라 군대 구성원의 질병에 관한 분쟁에 관하여 정당한 이익이 있는 점 등 여러 사정을 참작하여, 분쟁이 된 사안의 손해발생지 겸 당사자의 생활근거지인 우리나라는 이 사건의 사안 및 당사자와 실질적 관련성이 있으므로, 우리나라 법원은 이 사건 소에 관하여 국제재판관할권을 가진다.

대법원 2015. 1. 29. 선고 2012다108764 판결(실질적 관련성) (1) 이 사건 대여금 청구 중 2003. 9. 11. 자 5백만 엔은 피고가 공동대표이사인 주식회사 원우주택이 추진하던 순천시 문화테마파크 개발 등 사업과 관련하여 지급된 돈으로 채권의 발생 자체가 대한민국 내 개발사업과 직접 관련이 있고, 원고가 가압류집행한 피고 소유의 부동산 역시 위 개발사업의 부지로서 당해 재산과 분쟁의 사안 사이에 실질적 관련도 있다. (2) 이 사건 대여금 청구 중 2003. 10. 9. 자 2천만 원은 원고가 대한민국 내 거주인인 소외인명의의 계좌로 2천만 원에 해당하는 일본국 돈 1,938,699엔을 송금한 후 대한민국 수표로 인출된 돈인 사실을 알 수 있으므로, 돈의 수령 및 사용 장소가 대한민국이고 수령인도 대한민국 내 거주자라는 점에서 위 2천만 원 청구 역시 대한민국과 실질적 관련이 있다. (3) 이 사건 대여금 청구 중 4천만 엔은 그에 관한 분쟁의 합의관할이 일본국 내 원고 주소지 법원인 사실을 알 수 있고, 달리 당사자 또는 분쟁이 된 사안이 법정지인 대한민국과 어떠한 실질적 관련이 있다고 볼 만한 근거를 찾기가 어렵다 …… 피고는 제1심법원에서 국제재판관할권의 존부에 관한 관할위반 항변을 하지 아니한 채 본안에 관한 변론만을 하였고, 그 결과 본안에 관한 사항만을 쟁점으로 한 제1심판결이 선고되었으며, 피고는 원심에 이르러서야 국제재판관할권에 관한 관할위반 주장을 하였는바, 국제재판관할에서 민사소송법 제30조에 규정된 바와 같은 변론관할을 인정하더라도 당사자 사이의 공평을 해칠 우려가 없는 점, 오히려 같은 당사자 사이의 분쟁을 일거에 해결할 수 있고 효과적인 절차의 진행 및 소송경제에도 적합한 점 등에 비추어 보면, 이 부분 4천만 엔 청구에 관하여 비록 당사자 또는 분쟁이 된 사안과 법정지인 대한민국 사이에 실질적 관련성이 없다 하더라도 이에 관하여 제1심법원에 국제재판관할권이 생겼다고 봄이 상당하다.

대법원 2015. 2. 12. 선고 2012다21737 판결(실질적 관련성) 물품을 제조·판매하는 제조업자에 대한 제조물책임 소송에서 손해발생지의 외국 법원에 국제재판관할권이 있는지 여부를 판단하는 경우에는 제조업자가 그 손해발생지에서 사고가 발생하여 그 지역의 외국 법원에 제소될 것임을 합리적으로 예견할 수 있을 정도로 제조업자와 손해발생지 사이에 실질적 관련성이 있는지를 고려하여야 한다(대법원 1995. 11. 21. 선고 93다39607 판결 참조). 마찬가지로 제조물의 결함으로 인하여 발생한 손해를 배상한 제조물 공급자 등이 제조업자를 상대로 외국 법원에 구상금 청구 소송을 제기한 경우에도 제조업자가 그 외국 법원에 구상금 청구의 소를 제기당할 것임을 합리적으로 예견할 수 있을 정도로 제조업자와 그 법정지 사이에 실질적 관련성이 있는지를 고려하여야 한다 …… 미국 플로리다 주에 본점을 둔 갑 기업이 국내 기업인 을 주식회사가 미국 뉴욕 주에 본점을 둔 병 기업에 주문자상표부착방식으로 제작·수출한 전기압력밥솥을 다시 구매하여 미국 전역에 판매하였다가 위 밥솥의 하자로 피해를 입은 소비자들에게 손해배상금을 지급하고 합의한 다음 을 회사와 그로부터 분할·설립된 정 주식회사를 상대로 미국 뉴욕 남부 연방지방법원에 구상금 청구소송을 제기하여 정 회사로 하여금 구상금 지급을 명하는 판결을 선고받은 사안에서, 정 회사와 미국 뉴욕 주 사이에 실질적 관련성이 있다고 보기 어려워 위 법원에 국제재판관할권이 없다.

대법원 2021. 2. 4. 선고 2017므12552 판결 국제재판관할권에 관한 국제사법 제2조는 가사사건에도 마찬가지로 적용된다. 따라서 가사사건에 대하여 대한민국 법원이 재판관할권을 가지려면 대한민국이 해당 사건의 당사자 또는 분쟁이 된 사안과 실질적 관련이 있어야 한다(대법원 2014. 5. 16. 선고 2013므1196 판결 참조). 그런데 가사사건은 일반 민사사건과 달리 공동생활의 근간이 되는 가족과 친족이라는 신분관계에 관한 사건이거나 신분관계와 밀접하게 관련된재산, 권리, 그 밖의 법률관계에 관한 사건으로서 사회생활의 기본토대에 중대한 영향을 미친다. 가사사건에서는 피고의 방어권 보장뿐만 아니라 해당 쟁점에 대한 재판의 적정과 능률, 당사자의 정당한 이익 보호, 가족제도와 사회질서의 유지 등 공적 가치를 가지는 요소도 고려할 필요가 있다. 따라서 가사사건에서 '실질적 관련의 유무'는 국내법의 관할 규정뿐만 아니라 당사자의 국적이나 주소 또는 상거소(常居所), 분쟁의 원인이 되는 사실관계가 이루어진 장소(예를 들어 혼인의 취소나 이혼 사유가 발생한 장소, 자녀의 양육권이 문제되는 경우 자녀가 생활하는 곳, 재산분할이 주요 쟁점인 경우 해당 재산의 소재지 등), 해당 사건에 적용되는 준거법, 사건 관련자료(증인이나 물적 증거, 준거법 해석과 적용을 위한 자료, 그 밖의 소송자료 등) 수집의 용이성, 당사자들 소송 수행의 편의와 권익보호의 필요성, 판결의 실효성 등을 종합적으로 고려하여 판단하여야 한다. 가사소송법은 피고의 보통재판적이 있는 곳의 가정법원이 가사소송을 관할하는 것을 원칙으로 정하되(제13조 제1항), 혼인관계소송의 관할에 관한 특별규정(제22조)을 두고 있다. 이에 따르면 재판상 이혼의 소는 부부가 같은 가정법원의 관할 구역 내에 보

제1편 제2편 제3편 **제4편** 국제민사절차편

통재판적이 있을 때에는 그 가정법원, 부부가 마지막으로 같은 주소지를 가졌던 가정법원의 관할 구역 내에 부부 중 어느 한쪽의 보통재판적이 있을 때에는 그 가정법원의전속관할이 인정되고, 이에 해당하지 않는 경우에 상대방의 보통재판적이 있는 곳의 가정법원이 관할법원이 된다. 재판상 이혼에 따른 재산분할청구에 대해서는 상대방의 보통재판적이 있는 곳의 가정법원이 관할한다(제46조). 청구의 원인이 동일한 사실관계에 기초하거나 1개의 청구의 당부가 다른 청구의 당부의 전제가 되는 경우에는 이를 1개의 소로 제기할 수 있고, 가사소송사건과 가사비송사건이 다른 가정법원에 계속된 경우에는 가사소송사건의 수소법원이 가사비송사건을 병합할 수 있도록 하고 있다(제14조 제1항). 가사소송법에서 이와 같은 관할 규정을 둔 주된 취지는 부부의 공동생활이 이루어진 곳을 중심으로 혼인관계소송의 전속관할을 삼되, 피고의 응소 편의와 법원 심리의 효율성을 고려하여 당사자 간의 공평을 꾀하고 소송경제를 도모하기 위한 것이다. 이러한 국내법의 관할 규정을 참작할 때 재판상 이혼과 같은 혼인관계를 다투는 사건에서 대한민국에 당사자들의 국적이나 주소가 없어 대한민국 법원에 국내법의 관할 규정에 따른 관할이 인정되기 어려운 경우라도 이혼청구의 주요 원인이 된 사실관계가 대한민국에서 형성되었고(부부의 국적이나 주소가 해외에 있더라도 부부의 한 쪽이 대한민국에 상당 기간 체류함으로써 부부의 별거상태가 형성되는 경우 등) 이혼과 함께 청구된 재산분할사건에서 대한민국에 있는 재산이 재산분할대상인지 여부가 첨예하게 다투어지고 있다면, 피고의 예측가능성, 당사자의 권리구제, 해당 쟁점의 심리 편의와 판결의 실효성 차원에서 대한민국과 해당 사안 간의 실질적 관련성을 인정할 여지가 크다.

대법원 2021. 3. 25. 선고 2018다230588 판결 (구)국제사법 제2조 제2항은 "법원은 국내법의 관할 규정을 참작하여 국제재판관할권의 유무를 판단하되, 제1항의 규정의 취지에 비추어 국제재판관할의 특수성을 충분히 고려하여야 한다."라고 정하여 제1항에서 정한 실질적 관련성을 판단하는 구체적 기준 또는 방법으로 국내법의 관할 규정을 제시한다. 따라서 민사소송법 관할 규정은 국제재판관할권을 판단하는 데 가장 중요한 판단기준으로 작용한다. 다만 이러한 관할 규정은 국내적 관점에서 마련된 재판적에 관한 규정이므로 국제재판관할권을 판단할 때에는 국제재판관할의 특수성을 고려하여 국제재판관할 배분의 이념에 부합하도록 수정하여 적용해야 하는 경우도 있다 …… 국제재판관할에서 특별관할을 고려하는 것은 분쟁이 된 사안과 실질적 관련이 있는 국가의 관할권을 인정하기 위한 것이다. 가령 민사소송법 제11조에서 재산이 있는 곳의 특별재판적을 인정하는 것과 같이 원고가 소를 제기할 당시 피고의 재산이 대한민국에 있는 경우 대한민국 법원에 피고를 상대로 소를 제기하여 승소판결을 얻으면 바로 집행하여 재판의 실효를 거둘 수 있

으므로, 당사자의 권리구제나 판결의 실효성 측면에서 대한민국 법원의 국제재판
관할권을 인정할 수 있는 것이다. 나아가 예측가능성은 피고와 법정지 사이에 상
당한 관련이 있어서 법정지 법원에 소가 제기되는 것에 대하여 합리적으로 예견할
수 있었는지를 기준으로 판단해야 한다. 만일 법인인 피고가 대한민국에 주된 사
무소나 영업소를 두고 영업활동을 할 때에는 대한민국 법원에 피고를 상대로 재산
에 관한 소가 제기되리라는 점을 쉽게 예측할 수 있다.

※ **기타판례** 대법원 1975. 7. 22. 선고 74므22 판결; 대법원 1982. 12. 28. 선고 82므25
판결; 서울고등법원 1985. 11. 4. 선고 84르285 판결; 서울가정법원 1986. 12. 30. 선고
85드6506 판결; 대법원 1988. 4. 12. 선고 85므71 판결; 서울가정법원 1989. 9. 20. 선
고 88드65835 판결; 서울가정법원 1991. 5. 9. 선고 90드75828 판결; 서울가정법원
1992. 4. 23. 선고 91드63419 판결; 서울가정법원 1996. 7. 16. 선고 96드5333 판결;
서울가정법원 1996. 11. 1. 선고 95드27138,63979 판결; 서울가정법원 1997. 10. 24.
선고 96드73619 판결; 인천지방법원 2003. 7. 24. 선고 2003가합1768 판결; 대법원
2004. 3. 25. 선고 2001다53349 판결; 서울가정법원 2004. 8. 16. 자 2004즈단419 결
정; 서울가정법원 2005. 11. 10. 자 2004느합17 결정; 대법원 2008. 5. 29. 선고 2006
다71908,71915 판결; 대법원 2006. 12. 7. 선고 2006다53627 판결; 대법원 2010. 7.
15. 선고 2010다18355 판결; 대법원 2014. 4. 10. 선고 2012다7571 판결; 대법원
2014. 5. 16. 선고 2013므1196 판결

3. 현행 국제사법상의 규율

1) 서

2022년 국제사법 개정의 중요 내용은 지금까지 없었던 국제재판관할의 구체적
기준에 관한 명문의 규정을 두는 것으로 실질적으로 국제재판관할법의 제정을 목적
으로 한 개정이라 할 수 있다.[14] 입법 내용을 개관하면, 먼저 국제사법 제1장 총칙
편의 제2절에서 국제재판관할이라는 제목 아래 상당히 상세한 규정을 두고($\frac{제2조-}{제15조}$),
국제사법 각칙에 해당하는 제2장 이하의 각 장에서도 제1절에서[15] 국제재판관할을
규정하는 구조로 되어 있다. 요컨대 제1장 제2절에 국제재판관할에 관한 총칙적 일
반규정을 두면서, 일반규정만으로는 개별적 사안의 특성을 충분히 반영할 수 없다
고 평가되는 경우를 위해 사안별로 각 장에서 각칙적 규정(특별규정)을 둔 것이다.

---

14) 준거법에 관한 규정에 있어서는 몇 군데에서 위치조정 및 법문의 자구를 수정하는 것에 그치고 있을
뿐이다.
15) 제2절에서는 준거법을 규정하고 있다.

그런데 국제재판관할에 관한 일반규정의 성질을 갖는 제1장 제2절의 규정은 다시 국제관할의 원칙($^{제2}_{조}$), 일반적인 국제재판관할($^{제3}_{조}$), 특별관할 및 기타 특수 문제($^{제4조~}_{제15조}$)로 구성되어 있다. 이러한 구조하에서 제3조의 일반관할 규정과 제4조 이하의 특별관할 규정은 공히 입법자가 민사분쟁의 일반적인 경우를 대상으로 제2조에 선언된 원칙에 입각하여 내린 가치판단을 반영한 것이라 하겠다.

제1장의 총칙적 규정과 제2장 이하의 각칙적 특별규정 사이의 관계를 보면, 원칙적으로 각칙의 특별규정이 총칙적 규정을 보완하는 관계에 있다. 즉 우리 법원은 각칙의 특별규정에 따라 국제관할을 갖는 외에 총칙규정(예컨대 제3조 일반관할)에 따라 국제관할이 인정될 수도 있다. 다만 총칙규정 중 제8조(관할합의)와 제9조(변론관할)는 친족관계 사건, 상속 사건, 선박소유자의 책임제한에 관한 사건에는 적용이 배제되고($^{제13조}_{참조}$), 제39조 1항 단서 등 부분적으로 총칙적 규정의 적용을 배제하는 경우도 있다.

제2조에서는 구국제사법에서와 마찬가지로 실질적 관련성을 국제재판관할의 원칙으로 선언하고 있는데, 구국제사법과 다른 점은 실질적 관련성의 유무를 판단함에 있어 고려해야 할 국제재판관할 배분의 이념으로 종래 판례가 들고 있던 당사자 간의 공평, 재판의 적정·신속·경제성을 명시한 것이다. 즉 당사자 간의 공평, 재판의 적정·신속·경제성이라는 관점에서 볼 때 우리나라와 실질적으로 관련되어 있다고 할 것인지가 평가의 기준이 된다. 그리고 제3조의 일반국제재판관할은 민사소송법상의 보통재판적에 상응하는 것으로 그 기준에 있어서도 민사소송법 제3조 내지 제5조의 내용을 따르고 있다. 나아가 특별관할에 관한 국제사법 제4조 이하의 규정에서도 기본적으로 민사소송법의 관할배분 기준에 상응하는 기준을 채용하고 있다. 그러므로 현행 국제사법이 채택하고 있는 국제재판관할 기준 문제에 관한 해법을 방법론적 시각에서 보면 실질적으로 수정 역추지설에 매우 접근되어 있다고 평가할 수 있다. 이 점은 또한 명문규정이 없는 경우의 처리에 관한 제2조 2항에서도 나타나 있다.

현행법하에서도 종래 판례가 인정한 비상관할이 허용된다 할 것이다.

2) 국제재판관할에 관한 총칙적 규정

(1) 국제관할의 원칙

제2조 (일반원칙) ① 대한민국 법원(이하 "법원"이라 한다)은 당사자 또는 분쟁이 된 사안이 대한민국과 실질적 관련이 있는 경우에 국제재판관할권을 가진다. 이 경우 법원은 실질적 관련의 유무를 판단할 때에 당사자 간의 공평, 재판의 적정, 신속 및 경제를 꾀한다는 국제재판관할 배분의 이념에 부합하는 합리적인 원칙에 따라야 한다.
② 이 법이나 그 밖의 대한민국 법령 또는 조약에 국제재판관할에 관한 규정이 없는 경우 법원은 국내법의 관할 규정을 참작하여 국제재판관할권의 유무를 판단하되, 제1항의 취지에 비추어 국제재판관할의 특수성을 충분히 고려하여야 한다.

1항에서는 원칙적 기준으로 실질적 관련성을 선언하면서 실질적 관련성을 판단함에 있어 고려해야 할 국제재판관할 배분의 이념의 내용을 종래의 판례에 기초하여 구체적으로 제시하고 있다. 2항은 국내법과 조약에 명문의 규정이 없는 경우의 처리에 관한 규정인 점에서 일반적인 국제재판관할 판단의 방법을 규정하고 있던 구국제사법 제2조 2항과 다르지만, 제시된 접근방법의 내용에 있어서는 사실상 차이가 없다. 여기서 명문 규정이 없는 경우에는 법원이, 구국제사법하에서처럼, 구체적 사안에 등장하는 국내관할배분 기준을 적용하는 것이 사안의 국제성을 고려하더라도 무리가 없는가에 대한 검토 없이 바로 제반 사정을 포괄적으로 평가하여 실질적 관련성을 판단하는 것이 가능하다 할 것인지가 문제될 수 있다. 그러나 생각건대 현행 제3조 이하의 일반규정과 각칙의 규정이 구조적·방법론적으로 이른바 수정 역추지설에 입각한 것이라고 해석하는 것이 타당할 것이며, 이런 관점에서 보면 종래와 같은 접근방법은 더 이상 가능하지 않다고 해야 할 것이다.

(2) 일반관할

제3조 (일반관할) ① 대한민국에 일상거소(habitual residence)가 있는 사람에 대한 소(訴)에 관하여는 법원에 국제재판관할이 있다. 일상거소가 어느 국가에도 없거나 일상거소를 알 수 없는 사람의 거소가 대한민국에 있는 경우에도 또한 같다.
② 제1항에도 불구하고 대사(大使)·공사(公使), 그 밖에 외국의 재판권 행사대상에서 제외되는 대한민국 국민에 대한 소에 관하여는 법원에 국제재판관할이 있다.
③ 주된 사무소·영업소 또는 정관상의 본거지나 경영의 중심지가 대한민국에 있는 법인 또는 단체와 대한민국 법에 따라 설립된 법인 또는 단체에 대한 소에 관하여는 법원에 국제재판관할이 있다.

제3조는 민사소송법상의 보통재판적에 상응하는 규정으로 1항에서는 자연인을 상대로 하는 소의 경우 그의 일상거소를 국제재판관할의 원칙적 기준으로 선언하고, 어느 국가에도 일상거소가 없거나 일상거소를 알 수 없는 경우에는 그 거소를 보충적 기준으로 하였다.

2항에 의하면 국제법상 외국의 재판권에 복종하지 않는 우리나라 국민에 관한 소에 있어서는 그의 일상거소나 거소가 국내에 있는지와 무관하게 우리나라의 국제관할이 인정된다. 이런 국민의 경우에는 일상거소나 거소를 외국에 두고 있는 경우가 있을 수 있는 것을 고려한 것이다.

3항에서는 법인 기타 단체에[16] 관한 소의 국제관할을 규정하고 있는데, 이에 따르면 우리나라에 주된 사무소 또는 영업소, 정관상의 본거지 또는 경영의 중심지를 가지고 있는 법인 등에 관한 소에 대하여는 설립의 준거법이 어느 나라 법인지와 관계없이 우리 법원의 국제관할이 인정된다. 그리고 우리나라 법에 따라 설립된 법인 등에 대한 소에 관하여는 그들의 주된 사무소 등이 우리나라에 있는지와 무관하게 우리 법원에 국제재판관할이 인정된다.

문제는 민사소송법 제5조와의 관계이다. 이 규정에 따르면 외국법인과 그 밖의 사단 또는 재단의 경우, 국내 사무소·영업소, 이것이 없는 경우에는 업무담당자의 주소가 보통재판적의 기준이 되는바(민사소송법 제5조 1항, 2항 참조), 민사소송법에서는 국내의 사무소·영업소가 주된 것일 것을 명시적으로 요구하지 않고, 업무담당자의 주소도 기준이 된다는 점에서 국제사법 규정과 차이가 있기 때문이다. 물론 국제사법 제4조에서 사무소·영업소 소재지 등의 특별관할을 인정함으로써 관할범위에 있어서 차이가 좁아지기는 하였지만 제4조의 경우에는 국내 사무소 및 영업소와 관련된 소로 범위가 제한되어 있다. 나아가, 그 예가 많지는 않을 것으로 예상되지만, 업무담당자의 주소에 따른 관할 문제는 그대로 남아 있다.

(3) 특별관할

① 사무소·영업소 소재지 등

> **제4조 (사무소·영업소 소재지 등의 특별관할)** ① 대한민국에 사무소·영업소가 있는 사람·법인 또는 단체에 대한 대한민국에 있는 사무소 또는 영업소의 업무와 관련된 소는 법원에 제기할 수 있다.

---

16) 여기에는 권리능력 없는 재단도 포함되는 것으로 해석해야 할 것이다.

② 대한민국에서 또는 대한민국을 향하여 계속적이고 조직적인 사업 또는 영업활동을 하는 사람·법인 또는 단체에 대하여 그 사업 또는 영업활동과 관련이 있는 소는 법원에 제기할 수 있다.

자연인과 법인 등 단체가 우리나라에 사무소나 영업소를 두고 있는 경우나, 우리나라에서 또는 우리나라를 대상으로 계속적이고 조직적인 사업 또는 영업활동을 하는 경우, 그 사무소 또는 영업소 내지 그 사업 또는 영업활동에 관한 소에 대하여 우리나라의 국제관할이 인정된다. 그러므로 자연인의 경우에는 국내에 일상거소가 없어 일반관할이 인정되지 않더라도 사무소 또는 영업소를 가지고 있으면 그 범위에서 제4조에 따른 특별관할이 인정되고, 법인 등 단체의 경우에도 국내의 사무소 또는 영업소가 주된 것이 아니고 우리나라 법에 따라 설립된 것이 아닌 경우에도 제4조에 따른 특별관할이 인정된다.

② 재산소재지

제5조 (재산소재지의 특별관할) 재산권에 관한 소는 다음 각 호의 어느 하나에 해당하는 경우 법원에 제기할 수 있다.
1. 청구의 목적 또는 담보의 목적인 재산이 대한민국에 있는 경우
2. 압류할 수 있는 피고의 재산이 대한민국에 있는 경우. 다만, 분쟁이 된 사안이 대한민국과 아무런 관련이 없거나 근소한 관련만 있는 경우 또는 그 재산의 가액이 현저하게 적은 경우는 제외한다.

재산에 관한 소에 있어서는 많은 나라에서 재산소재지의 특별재판적을 인정하고 있다(민사소송법 제11조 참조). 그러나 단지 재산이 존재한다는 것만을 근거로 널리 국제재판관할을 인정하는 것은 당사자 사이의 공평성과 편의, 분쟁해결의 경제성·실효성이라는 관점에서 볼 때 타당하지 않고 일정한 사정이 추가된 경우에만 인정되어야 한다는 것이 종래 지배적인 견해였다. 우리 국제사법도 재산소재에 따른 특별관할을 청구의 목적 또는 담보의 목적인 재산이 대한민국에 있는 경우와 압류할 수 있는 피고의 재산이 대한민국에 있는 경우로 제한하고, 후자에 있어서는 다시 사안이 대한민국과 아무런 관련이 없거나 근소한 관련만 있는 경우 또는 그 재산의 가액이 현저하게 적은 경우가 아닐 것을 요구하고 있다.

제1편 제2편 제3편 제4편 국제민사절차법

③ 관련사건의 관할

> **제6조 (관련사건의 관할)** ① 상호 밀접한 관련이 있는 여러 개의 청구 가운데 하나에 대하여 법원에 국제재판관할이 있으면 그 여러 개의 청구를 하나의 소로 법원에 제기할 수 있다.
> ② 공동피고 가운데 1인의 피고에 대하여 법원이 제3조에 따른 일반관할을 가지는 때에는 그 피고에 대한 청구와 다른 공동피고에 대한 청구 사이에 밀접한 관련이 있어서 모순된 재판의 위험을 피할 필요가 있는 경우에만 공동피고에 대한 소를 하나의 소로 법원에 제기할 수 있다.
> ③ 다음 각 호의 사건의 주된 청구에 대하여 제56조부터 제61조까지의 규정에 따라 법원에 국제재판관할이 있는 경우에는 친권자·양육자 지정, 부양료 지급 등 해당 주된 청구에 부수되는 부수적 청구에 대해서도 법원에 소를 제기할 수 있다.
> 1. 혼인관계 사건
> 2. 친생자관계 사건
> 3. 입양관계 사건
> 4. 부모·자녀 간 관계 사건
> 5. 부양관계 사건
> 6. 후견관계 사건
> ④ 제3항 각 호에 따른 사건의 주된 청구에 부수되는 부수적 청구에 대해서만 법원에 국제재판관할이 있는 경우에는 그 주된 청구에 대한 소를 법원에 제기할 수 없다.

하나의 청구에 관한 판단이 다른 청구에 관한 판단의 논리적 전제가 되거나 그렇지는 않더라도 복수의 청구가 서로 밀접하게 관련되어 있는 경우에는, 실체적 정의의 관점에서 보았을 때, 관련된 사안에 대한 일관되고 통일적인 판단이 요구되고 그리하여 이른바 관련재판적(^{민사소송법}제25조 참조)을 인정하는 것이 보통이다. 그런데 이러한 관점은 법정지에 따라 판단이 달라질 수 있는 가능성이 큰 섭외사건에서는 더 큰 의미를 가지며, 국제사법 제6조는 이를 고려하여 이른바 관련사건 관할을 규정하고 있다.

④ 반소관할

> **제7조 (반소관할)** 본소(本訴)에 대하여 법원에 국제재판관할이 있고 소송절차를 현저히 지연시키지 아니하는 경우 피고는 본소의 청구 또는 방어방법과 밀접한 관련이 있는 청구를 목적으로 하는 반소(反訴)를 본소가 계속(係屬)된 법원에 제기할 수 있다.

반소관할은 민사소송법 제269조의 반소제도를 고려한 규정이지만 국제사법 제7조는 관련사건관할의 특수한 형태 내지 예로 이해할 수도 있을 것이다.

⑤ 합의관할

제8조 (합의관할) ① 당사자는 일정한 법률관계로 말미암은 소에 관하여 국제재판관할의 합의(이하 이 조에서 "합의"라 한다)를 할 수 있다. 다만, 합의가 다음 각 호의 어느 하나에 해당하는 경우에는 효력이 없다.

　1. 합의에 따라 국제재판관할을 가지는 국가의 법(준거법의 지정에 관한 법규를 포함한다)에 따를 때 그 합의가 효력이 없는 경우

　2. 합의를 한 당사자가 합의를 할 능력이 없었던 경우

　3. 대한민국의 법령 또는 조약에 따를 때 합의의 대상이 된 소가 합의로 정한 국가가 아닌 다른 국가의 국제재판관할에 전속하는 경우

　4. 합의의 효력을 인정하면 소가 계속된 국가의 선량한 풍속이나 그 밖의 사회질서에 명백히 위반되는 경우

② 합의는 서면[전보(電報), 전신(電信), 팩스, 전자우편 또는 그 밖의 통신수단에 의하여 교환된 전자적(電子的) 의사표시를 포함한다]으로 하여야 한다.

③ 합의로 정해진 관할은 전속적인 것으로 추정한다.

④ 합의가 당사자 간의 계약 조항의 형식으로 되어 있는 경우 계약 중 다른 조항의 효력은 합의 조항의 효력에 영향을 미치지 아니한다.

⑤ 당사자 간에 일정한 법률관계로 말미암은 소에 관하여 외국법원을 선택하는 전속적 합의가 있는 경우 법원에 그 소가 제기된 때에는 법원은 해당 소를 각하하여야 한다. 다만, 다음 각 호의 어느 하나에 해당하는 경우에는 그러하지 아니하다.

　1. 합의가 제1항 각 호의 사유로 효력이 없는 경우

　2. 제9조에 따라 변론관할이 발생하는 경우

　3. 합의에 따라 국제재판관할을 가지는 국가의 법원이 사건을 심리하지 아니하기로 하는 경우

　4. 합의가 제대로 이행될 수 없는 명백한 사정이 있는 경우

　　제8조는 민사소송법 제29조에 상응하는 것이다. 당사자가 관할을 합의하는 것은 당사자 이익의 측면에서 볼 때 (합의의 계기나 내용 자체가 불공정하지 않은 한) 문제가 될 것이 없어 공적 이익과 충돌되지 않는 한 이를 금지할 필요가 없고, 그리하여 국제적 사건에 관하여도 널리 인정되고 있다.

　　관할합의 자체에 관한 세부적인 사항에 대하여는 장을 바꾸어 자세히 설명한다.

⑥ 변론관할

제9조 (변론관할) 피고가 국제재판관할이 없음을 주장하지 아니하고 본안에 대하여 변론하거나 변론준비기일에서 진술하면 법원에 그 사건에 대한 국제재판관할이 있다.

종래 대부분의 나라에서는 법정관할이나 합의관할이 없는 경우에도 피고가 국제관할권에 대한 이의의 유보 없이 소송에 응한 때에는 법정지의 관할을 인정하여 왔는데(대법원 1992. 1. 21. 선고 91다14994 판결 참조), 피고가 자발적이고 적극적으로 소송에 응하는 경우에는 당사자 사이의 공평성이라는 관점에서 볼 때 아무런 문제가 없고 분쟁의 신속한 해결에도 도움이 되기 때문이다. 우리 국제사법에서도 이를 반영하여 제9조를 두고 있다.

변론관할과 관련된 특수 문제는 장을 달리하여 설명한다.

(4) 전속관할

> **제10조 (전속관할)** ① 다음 각 호의 소는 법원에만 제기할 수 있다.
> 1. 대한민국의 공적 장부의 등기 또는 등록에 관한 소. 다만, 당사자 간의 계약에 따른 이전이나 그 밖의 처분에 관한 소로서 등기 또는 등록의 이행을 청구하는 경우는 제외한다.
> 2. 대한민국 법령에 따라 설립된 법인 또는 단체의 설립 무효, 해산 또는 그 기관의 결의의 유효 또는 무효에 관한 소
> 3. 대한민국에 있는 부동산의 물권에 관한 소 또는 부동산의 사용을 목적으로 하는 권리로서 공적 장부에 등기나 등록이 된 것에 관한 소
> 4. 등록 또는 기탁에 의하여 창설되는 지식재산권이 대한민국에 등록되어 있거나 등록이 신청된 경우 그 지식재산권의 성립, 유효성 또는 소멸에 관한 소
> 5. 대한민국에서 재판의 집행을 하려는 경우 그 집행에 관한 소
> ② 대한민국의 법령 또는 조약에 따른 국제재판관할의 원칙상 외국법원의 국제재판관할에 전속하는 소에 대해서는 제3조부터 제7조까지 및 제9조를 적용하지 아니한다.
> ③ 제1항 각 호에 따라 법원의 전속관할에 속하는 사항이 다른 소의 선결문제가 되는 경우에는 제1항을 적용하지 아니한다.

국제재판관할의 관점에서 전속관할 개념은 실질적으로 한 나라의 시각에서 볼 때 다른 나라에서 재판이 이루어지는 것을 인정할 수 없는 경우를 의미한다. 즉 어떤 이유에서 자국의 법원에 의한 재판이 보장되어야 한다고 평가된 경우를 정하는 문제이다. 그런데 그런 사항의 범위에 관하여는 종래 다양한 견해와 입법례가 병존하여 왔으며 우리 국제사법도 이러한 논의를 고려하여 반드시 우리나라 법원에서 재판이 이루어져야 할 원칙적인 경우와 예외를 제10조에서 자세히 규정하고 있다. 이에 따르면 제10조 1항 1호 내지 5호에 정해진 다섯 가지 유형의 경우에는 우리나라의 전속관할이 인정되는 것이 원칙이다. 그러나 이에는 1항 단서에 따른 예외와, 해당 사항이 선결문제로서 제기된 경우의 예외($\frac{3}{항}$)가 인정된다.

우리 법에서 우리나라의 전속관할을 인정하고 있다는 것에는 부차적인 효력이 수반되는데, 첫째로 당사자가 이와 다른 관할합의를 할 수 없다는 것과, 둘째로 이 규정의 내용에 반하여 다른 나라에서 이루어진 재판의 효력이 우리나라에서는 인정되지 않을 수 있다는 것이 중요하다.

제10조 2항은 우리의 시각과 국제적 기준에서 볼 때 다른 나라가 자국의 전속관할을 주장하는 것이 부당하다고 할 수 없는 경우 그 외국의 입장을 존중하여 우리나라의 일반관할을 부인함으로써 비합리적인 관할경합의 상황이 발생하는 것을 방지하기 위한 규정이다.

(5) 보전처분의 관할

제14조 (보전처분의 관할) ① 보전처분에 대해서는 다음 각 호의 어느 하나에 해당하는 경우 법원에 국제재판관할이 있다.
  1. 법원에 본안에 관한 국제재판관할이 있는 경우
  2. 보전처분의 대상이 되는 재산이 대한민국에 있는 경우
② 제1항에도 불구하고 당사자는 긴급히 필요한 경우에는 대한민국에서만 효력을 가지는 보전처분을 법원에 신청할 수 있다.

민사소송법상의 보전처분제도에 대응하는 규정이다. 이에 따르면 본안에 관하여 우리나라에 국제관할이 있거나 대상 재산이 우리나라에 있을 경우 및 우리나라에서 긴급한 조치가 필요한 경우에 국제관할이 인정된다.

(6) 비송사건의 관할

제15조 (비송사건의 관할) ① 비송사건의 국제재판관할에 관하여는 성질에 반하지 아니하는 범위에서 제2조부터 제14조까지의 규정을 준용한다.
② 비송사건의 국제재판관할은 다음 각 호의 구분에 따라 해당 규정에서 정한 바에 따른다.
  1. 실종선고 등에 관한 사건: 제24조
  2. 친족관계에 관한 사건: 제56조부터 제61조까지
  3. 상속 및 유언에 관한 사건: 제76조
  4. 선박소유자 등의 책임제한에 관한 사건: 제89조
③ 제2항 각 호에서 규정하는 경우 외에 개별 비송사건의 관할에 관하여 이 법에 다른 규정이 없는 경우에는 제2조에 따른다.

비송사건에도 쟁송사건에 관한 국제재판관할 기준이 적용되는지에 관하여 종래 견해가 대립하여 왔는바, 제15조에 이에 관한 명문의 규정을 두고 있다. 1항에 따

르면 국제재판관할에 관한 총칙적 규정은 원칙적으로 비송사건에도 적용되고, 2항에 따르면 실종선고 등 인사 비송사건, 친족관계 관련 비송사건, 상속관련 비송사건, 선박소유자의 책임제한 관련 비송사건에 대하여는 각각 제24조, 제56조 내지 제62조, 제89조의 특별규정이 적용된다(제15조 2항). 그리고 2항에 규정된 사항 외의 비송사건으로 그에 관한 특별규정이 없는 경우에는 제2조의 원칙에 따라 실질적 관련성이 판단의 기준이 된다(제15조 3항).

그런데 1항과 2항 및 3항의 관계에는 애매한 면이 있다. 기본적으로 국제관할에 관한 각칙적 규정은 총칙적 규정의 적용을 배제하는 것이 아니라 보완하는 것인데, 2항은 이 범위에서 이 원칙을 배제하는 것인가(즉 이 경우에는 총칙적 규정은 적용되지 않는가)? 이를 긍정할 경우에는 총칙적 규정은 2항에 규정된 사항 외의 비송사건에 대하여만 적용되고 1항의 의미도 그만큼 축소된다. 또한 2항 소정의 사항이 아닌 비송사건의 경우에는 제2조에 앞서 제3조 이하의 일반관할과 특별관할 규정에 따라 관할이 인정되는 것이 불가능한 것인지도 문제될 수 있다. 사견으로는 국제관할에 관한 총칙적 규정과 각칙적 특별규정 사이의 관계에 관한 원칙은 비송사건에서도 유지되는 것으로 해석하는 것이 타당하다고 생각한다. 이렇게 볼 때 제15조에 있어서는 사실상 1항만 독자적·실질적 의미를 갖고 2항과 3항은 주의적 규정일 뿐이라 할 수 있다.

(7) 국제적 소송경합: 외국에서의 소송계속

제11조 (국제적 소송경합) ① 같은 당사자 간에 외국법원에 계속 중인 사건과 동일한 소가 법원에 다시 제기된 경우에 외국법원의 재판이 대한민국에서 승인될 것으로 예상되는 때에는 법원은 직권 또는 당사자의 신청에 의하여 결정으로 소송절차를 중지할 수 있다. 다만, 다음 각 호의 어느 하나에 해당하는 경우에는 그러하지 아니하다.
　1. 전속적 국제재판관할의 합의에 따라 법원에 국제재판관할이 있는 경우
　2. 법원에서 해당 사건을 재판하는 것이 외국법원에서 재판하는 것보다 더 적절함이 명백한 경우
② 당사자는 제1항에 따른 법원의 중지 결정에 대해서는 즉시항고를 할 수 있다.
③ 법원은 대한민국 법령 또는 조약에 따른 승인 요건을 갖춘 외국의 재판이 있는 경우 같은 당사자 간에 그 재판과 동일한 소가 법원에 제기된 때에는 그 소를 각하하여야 한다.
④ 외국법원이 본안에 대한 재판을 하기 위하여 필요한 조치를 하지 아니하는 경우 또는 외국법원이 합리적인 기간 내에 본안에 관하여 재판을 선고하지 아니하거나 선고하지 아니할 것으로 예상되는 경우에 당사자의 신청이 있으면 법원은 제1항에 따라 중지된 사건의 심리를 계속할 수 있다.

⑤ 제1항에 따라 소송절차의 중지 여부를 결정하는 경우 소의 선후(先後)는 소를 제기한 때를 기준으로 한다.

국제재판관할 문제를 국가 주권의 제한이라는 시각이 아니라 국제적인 재판업무의 분담이라는 시각에서 보면, 우리나라의 법에 의할 때 국제재판관할이 인정된다고 하여 다른 나라에서 이미 소송계속중인 사건에 대해 다시 재판절차를 진행하는 것은 부당한 면이 없지 않다. 그러나 우선 국제재판관할의 기준이 나라에 따라 다름으로 인하여 우리의 기준에서 볼 때 외국에서의 재판이 국제재판관할 배분의 이념에 반하는 경우가 있을 수 있으며, 그렇지 않더라도 소송이 계속중인 나라의 판결이 우리나라에서 승인될 수 있기 위한 요건을 갖추지 못하여 분쟁의 종국적 해결을 위해서는 우리나라에서의 재판이 불가피한 경우도 있을 수 있는바, 이는 다른 나라에서의 소송계속에 대한 고려를 어렵게 하는 사유가 된다.

이 문제에 관하여는 다양한 견해가 제시되어 왔지만 근래에는 일정한 범위에서 고려를 하는 것이 타당하다는 것이 다수의 견해라 할 수 있고, 우리 국제사법 제11조도 이러한 흐름을 반영한 규정이다. 이에 따르면 외국에서의 소제기가 국내에서의 소제기보다 앞서 있고 외국법원이 내릴 재판이 대한민국에서 승인될 것으로 예상되는 때에는 원칙적으로 법원은 국내의 소송절차를 중지할 수 있다($^{1항, 5항}_{참조}$). 그러나 4항의 예외가 인정되어 심리를 계속할 수도 있다. 그리고 승인요건을 갖춘 외국의 재판이 제출된 때에는 법원은 소를 각하하여야 한다($^{3}_{항}$).

(8) 국제재판관할권의 불행사

제12조 (국제재판관할권의 불행사) ① 이 법에 따라 법원에 국제재판관할이 있는 경우에도 법원이 국제재판관할권을 행사하기에 부적절하고 국제재판관할이 있는 외국법원이 분쟁을 해결하기에 더 적절하다는 예외적인 사정이 명백히 존재할 때에는 피고의 신청에 의하여 법원은 본안에 관한 최초의 변론기일 또는 변론준비기일까지 소송절차를 결정으로 중지하거나 소를 각하할 수 있다. 다만, 당사자가 합의한 국제재판관할이 법원에 있는 경우에는 그러하지 아니하다.
② 제1항 본문의 경우 법원은 소송절차를 중지하거나 소를 각하하기 전에 원고에게 진술할 기회를 주어야 한다.
③ 당사자는 제1항에 따른 법원의 중지 결정에 대해서는 즉시항고를 할 수 있다.

현재의 국제민사소송법 구조하에서는 동일한 사안에 대해 다수의 국가가 자국의 국제재판관할을 인정할 수 있고, 이 경우 당사자가 재판을 받고자 하는 나라를 선택할 수 있는 것이 원칙이다(아래 Ⅴ. 관할권의 경합 참조). 그리고 제12조는 우리나라 법에 따라 우리 법원에 국제재판관할이 인정되고 그리하여 당사자가 우리나라에서 제소를 하였지만 다른 나라의 법원에서 재판을 할 수 있도록 하기 위해 우리 법원이 재판을 자제하는 경우를 규정하고 있다. 그 요건은 국제재판관할의 이념이라는 관점에서 볼 때 사안이 우리나라보다 다른 나라와 보다 밀접하게 관련되어 있어 그 외국에서 재판을 하는 것이 보다 적절하다는 것이다.

(9) 적용 제외

> **제13조 (적용 제외)** 제24조, 제56조부터 제59조까지, 제61조, 제62조, 제76조제4항 및 제89조에 따라 국제재판관할이 정하여지는 사건에는 제8조 및 제9조를 적용하지 아니한다.

제13조에서는 일반적인 국제재판관할 기준의 하나인 합의관할($^{제8}_{조}$)과 자발적 응소($^{변론관할:}_{제9조}$)의 적용범위를 제한하고 있다. 가사사건의 경우 당사자의 의사와 무관하게 법원이 개입할 필요가 있으며, 선박소유자의 책임 문제에는 특별한 정책적 고려가 필요하다는 특성이 있는바, 친족 및 상속관련 소송과 선박소유자의 책임제한과 관련된 소송에서는 당사자의 의사를 기초로 하는 합의관할과 변론관할이 적합하지 않다고 본 것이다.

3) 사안별 개별적 관할규정

(1) 실종선고 등 사건의 특별관할

> **제24조 (실종선고 등 사건의 특별관할)** ① 실종선고에 관한 사건에 대해서는 다음 각 호의 어느 하나에 해당하는 경우 법원에 국제재판관할이 있다.
> 1. 부재자가 대한민국 국민인 경우
> 2. 부재자의 마지막 일상거소가 대한민국에 있는 경우
> 3. 부재자의 재산이 대한민국에 있거나 대한민국 법에 따라야 하는 법률관계가 있는 경우. 다만, 그 재산 및 법률관계에 관한 부분으로 한정한다.
> 4. 그 밖에 정당한 사유가 있는 경우
> ② 부재자 재산관리에 관한 사건에 대해서는 부재자의 마지막 일상거소 또는 재산이 대한민국에 있는 경우 법원에 국제재판관할이 있다.

종래 실종선고에 관한 국제관할에 있어서는 많은 견해가 대립하여 왔으며 섭외사법과 구국제사법에는 이에 관한 원칙적 규정 없이 우리 법원이 우리 법을 적용하여 실종선고를 할 수 있는 예외적인 경우만 정해져 있었다. 그러나 이번 국제사법 개정에서 실종선고 외에 부재자의 재산관리에 관한 규정을 신설하였다.

① 학설 및 입법례

실종선고를 할 수 있는 나라에 관하여는 종래 본국관할, 주소지관할, 비상관할 등이 논의되어 왔다.

㉮ 본국관할

실종선고제도는 인격 및 신분, 재산관계가 관련된 포괄적 문제로서 안정적이고 통일적인 해결의 필요성이 크기 때문에 비교적 큰 항구성을 갖는 본국에 관할을 인정하여야 한다고 한다.[17]

㉯ 주소지(일상거소지)관할

실종선고는 종래의 주소를 중심으로 한 법률관계의 정리하기 위한 제도로서 그 필요성이 가장 큰 곳도 종래의 주소지이기 때문에 거기에 관할을 인정해야 한다고 한다.[18]

㉰ 비상관할

당사자의 본국 또는 일상거소지가 아니더라도 실종선고를 하는 것에 대해 특별한 이해관계가 있을 경우에는 국제관할이 인정된다고 한다.[19]

생각건대 본국의 관할권을 부인하기 어렵고, 주소지의 현실적 필요성을 부인하기도 어렵기 때문에 본국관할과 일상거소지(주소지)에 관할을 인정하는 것은 어느면 당연하다고 하겠다. 그리고 이른바 비상관할도 많은 나라에서 실정법으로 인정하고 있는 실정이다.

② 구국제사법 규정과 문제점

구국제사법 제12조(실종선고)에서는 외국인의 생사가 분명하지 아니한 경우에 대한민국에 그의 재산이 있거나 대한민국 법에 의하여야 하는 법률관계가 있는 때,

---

17) 서희원, 국제사법, 145-146면 참조.
18) 서희원, 국제사법, 145-146면 참조.
19) Kegel/Schurig, IPR, S. 556.

그 밖에 정당한 사유가 있는 때에는 우리 법원이 실종선고를 할 수 있으며 그 때 대한민국 법이 준거법이 되도록 하고 있었다. 즉 민사소송법에는 실종선고의 국제 관할에 대한 규정이 없고, 구국제사법 제12조에 불완전한 형태의 국제관할규정이 포함되어 있었을 뿐이었다. 그런데 이에 따르면 대한민국에 재산을 가지고 있거나 대한민국 법에 의하여야 하는 법률관계의 당사자인 외국인의 생사가 불분명한 경우, 또는 기타 정당한 사유가 있는 때에는 우리나라 법원이 (우리나라 법에 따라)실종선고를 할 수 있다고 하여 크게 세 경우에 우리나라 법원의 관할을 인정하였다. 그러면 이에 해당하지 않는 경우에는 관할이 인정될 수 없다는 것인가? 예컨대 외국에 주소가 있는 우리 국민에 대하여 우리나라에서 실종선고를 할 수 있는지에 대한 규정이 빠져 있다. 또한 우리나라에 재산이 있거나 우리나라 법이 적용될 법률관계의 당사자가 아니면 우리나라에 주소나 일상거소를 가지고 있더라도 (본국법에 따라) 실종선고를 할 수 없다는 것인지도 해석상 문제가 될 수 있다.

그런데 앞에서 본 바와 같이 문제가 되는 두 경우는 학설상 국제관할이 인정되는 전형적인 경우이다. 이러한 점을 종합할 때 요컨대 구국제사법 제12조에 들어 있는 국제관할에 관한 규정의 내용은 원칙적 규정이라고 보기 어렵다. 오히려 이 규정은 법원이 외국인에 대해서도 우리나라 법을 적용하여 실종선고를 할 수 있는 특별한 경우를 정한 것으로 보고, 국제관할 및 준거법의 원칙에 관하여는 학설과 판례에 맡기고 있다고 해석될 수밖에 없었다. 즉 이 규정은 일방적 저촉규정 형식과 함께 예외규정의 성격을 가진 일종의 비상관할에 관한 규정일 뿐인 것이다. 이렇게 이해할 때 외국인의 주소가 국내에 있으면 원칙에 따라 우리 법원의 관할은 인정되고, 이 경우 준거법도 원칙적으로 본국법이 되어야 하지만(후술) 이 규정에 정해진 사유가 있으면 예외적으로 우리나라 법에 따라 실종선고를 할 수 있다고 해석되었다.

③ 현행 국제사법

제24조는 종래의 다수 학설에서 출발하여 실종선고에 관한 국제관할을 일반적으로 규정하고 있다. 즉 한편에서 1항 1호와 2호에서 각각 부재자(실종자)가 우리나라 국민이거나 우리나라에 마지막 일상거소가 있는 경우 우리나라의 관할을 인정하고(본국관할과 주소 내지 일상거소지 관할의 인정), 나아가 3호에서 구국제사법에

서 예외적으로 국제관할이 인정되었던 경우까지 우리 법원의 국제관할을 인정하여, 원칙과 예외를 모두 포괄하고 있다. 다만 3호를 계속 예외적인 것으로 평가해야 하는지는 논란의 여지가 있다.

그런데 현행법하에서도 '우리나라에 재산이 있는 경우'의 해석은 여전히 문제될 수 있다. 먼저 동산의 경우에는 기준 시점이 문제되어 청구시설, 선고시설, 청구시와 선고시 모두 국내에 있어야 한다는 설이 대립하고 있다.[20) 생각건대 국제관할은 소송요건이라는 점과 재산소재지에 예외적 관할을 인정하는 것이 재산소재지에서의 현실적 필요성을 고려한 것임을 고려할 때 마지막 견해가 타당하다 하겠다. 채권의 경우에는 채무자의 주소가 국내에 있어야 한다는 것이 다수의 견해이다. 채권은 채무자 개인을 향한 권리이며 그 가치의 기초는 채무자의 재산이기 때문이다. 지식재산권의 경우, 특허권 등 등록을 필요로 하는 경우에는 우리나라에 등록이 되어 있어야 하는 것이 분명하지만, 저작권 등 등록을 요하지 않는 권리의 경우에는 논란이 있을 수 있다. 우리나라에서 저작물의 보호요건이 충족되어 있다는 것만으로 관할권을 인정하는 경우 저작권의 특성상 우리나라 법에 따라 실종선고를 할 수 있는 경우가 사실상 무제한적으로 확장되는 결과가 될 것이다. 그러므로 저작권자인 외국인이 우리나라에 일상거소를 두고 있을 것이 요구된다고 해석하여야 할 것이다.

이 밖에 당사자의 본국 또는 일상거소지가 있는 나라의 법이 우리나라 또는 다른 외국의 관할을 인정하고 있는 때에는 이른바 반정관할이 인정된다는 견해를[21) 받아들일 수 있을지도 검토의 대상이 될 수 있으며, 사견으로는 이를 인정하는 것에 찬동한다.

제24조 2항에서는 새로이 부재자의 재산관리에 관한 국제관할 규정을 두고 있는데, 우리나라에 마지막 일상거소가 있었거나 재산이 있는 경우 우리 법원의 국제관할이 인정된다.

(2) 사원 등에 대한 소의 특별관할

제25조 (사원 등에 대한 소의 특별관할) 법원이 제3조제3항에 따른 국제재판관할을 가지는 경우 다음 각 호의 소는 법원에 제기할 수 있다.

---

20) 서희원, 국제사법, 147면 참조.
21) Kegel/Schurig, IPR, S. 557.

1. 법인 또는 단체가 그 사원 또는 사원이었던 사람에 대하여 소를 제기하는 경우로서 그 소가 사원의 자격으로 말미암은 것인 경우
2. 법인 또는 단체의 사원이 다른 사원 또는 사원이었던 사람에 대하여 소를 제기하는 경우로서 그 소가 사원의 자격으로 말미암은 것인 경우
3. 법인 또는 단체의 사원이었던 사람이 법인·단체의 사원에 대하여 소를 제기하는 경우로서 그 소가 사원의 자격으로 말미암은 것인 경우

　　법인 등 단체에 있어서는 크게 법인 등의 외부적 활동과 관련되는 대외관계와, 법인과 그 구성원 및 구성원 상호간의 관계가 구별된다. 전자에서는 내용적으로 법인의 법률행위와 불법행위 등 주로 법인(단체)의 책임이 문제되고, 이는 법인의 준거법에 관한 견해 대립의 중요 원인이 되어 있다. 그리고 이에 관한 소송의 국제재판관할은 제3조 3항에 따른다. 이에 비해 후자에서는 단체에 대한 사원의 권리와 의무, 출자와 이익분배 등 구성원 사이의 관계가 중요 내용이 되는데, 제25조는 민사소송법 제15조－제17조에 상응하여 이에 관한 국제재판관할을 규정하고 있다.[22] 이에 따르면 우리 법원은, 문제의 법인 등에 관하여 제3조 3항에 따른 일반관할이 인정되는 것을 전제로, ㉠ 법인 등이 현재나 과거의 사원을 상대로 하거나, ㉡ 현재의 사원이 현재나 과거의 다른 사원을 상대로 하거나, ㉢ 과거의 사원이 현재의 사원을 상대로 하여 사원의 자격과 관련된 소를 제기하는 경우 국제관할을 갖는다.

(3) 지식재산권 계약사건에 관한 소의 특별관할

제38조 (지식재산권 계약에 관한 소의 특별관할) ① 지식재산권의 양도, 담보권 설정, 사용허락 등의 계약에 관한 소는 다음 각 호의 어느 하나에 해당하는 경우 법원에 제기할 수 있다.
　1. 지식재산권이 대한민국에서 보호되거나 사용 또는 행사되는 경우
　2. 지식재산권에 관한 권리가 대한민국에서 등록되는 경우
② 제1항에 따른 국제재판관할이 적용되는 소에는 제41조를 적용하지 아니한다.

　　지식재산권에 있어서는 국제사법의 관점에서 볼 때 지식재산권 자체의 성립과 효력 및 존속에 관한 문제, 지식재산권의 양도·이용 등과 관련된 (채권)계약관계, 지식재산권의 침해에 대한 민사책임의 세 관점이 구별된다(국제사법 각론 지식재산권 부분 참조). 그리고 우리 국제사법은 국제재판관할 문제에 있어서도 이러한 구별을

---

22) 준거법의 관점에서는 이 문제에도 법인의 준거법이 적용되어야 한다는 것이 지배적 견해이다.

유지하고 있는데, 지식재산권 자체의 성립과 효력 등에 관한 소에 관하여는 제10조 1항 4호에서 규정하고 있으며(지식재산권이 대한민국에 등록되어 있거나 그 등록이 신청된 때 우리 법원의 전속관할에 속한다), 제38조는 지식재산권에 관한 채권계약상의 분쟁에 관한 규정으로, 문제의 지식재산권이 대한민국에서 보호, 사용 또는 행사되는 경우 및 우리나라에서 등록되는 경우에 우리 법원에 국제관할이 인정된다.

(4) 지식재산권 침해에 관한 소의 특별관할

제39조 (지식재산권 침해에 관한 소의 특별관할) ① 지식재산권 침해에 관한 소는 다음 각 호의 어느 하나에 해당하는 경우 법원에 제기할 수 있다. 다만, 이 경우 대한민국에서 발생한 결과에 한정한다.

　1. 침해행위를 대한민국에서 한 경우

　2. 침해의 결과가 대한민국에서 발생한 경우

　3. 침해행위를 대한민국을 향하여 한 경우

② 제1항에 따라 소를 제기하는 경우 제6조제1항을 적용하지 아니한다.

③ 제1항 및 제2항에도 불구하고 지식재산권에 대한 주된 침해행위가 대한민국에서 일어난 경우에는 외국에서 발생하는 결과를 포함하여 침해행위로 인한 모든 결과에 관한 소를 법원에 제기할 수 있다.

④ 제1항 및 제3항에 따라 소를 제기하는 경우 제44조를 적용하지 아니한다.

지식재산권에 대한 침해는 기본적으로 불법행위가 된다. 그러나 제39조에서는 일반불법행위에 관한 제44조의 적용을 배제하고 특별한 규정을 두고 있다. 이에 따르면 원칙적으로 우리 법원은 침해행위가 대한민국에서 행하여지거나 그 결과가 대한민국에서 발생하는 경우 및 침해행위가 대한민국을 향한 것인 경우에 관할권을 갖는다. 여기서 관할권이 미치는 범위는 원칙적으로 우리나라에서 발생한 손해로 제한되며, 제6조의 관련사건 관할은 인정되지 않는다.

(5) 계약에 관한 소의 특별관할

제41조 (계약에 관한 소의 특별관할) ① 계약에 관한 소는 다음 각 호의 어느 하나에 해당하는 곳이 대한민국에 있는 경우 법원에 제기할 수 있다.

　1. 물품공급계약의 경우에는 물품인도지

　2. 용역제공계약의 경우에는 용역제공지

　3. 물품인도지와 용역제공지가 복수이거나 물품공급과 용역제공을 함께 목적으로 하는 계약의 경우에는 의무의 주된 부분의 이행지

② 제1항에서 정한 계약 외의 계약에 관한 소는 청구의 근거인 의무가 이행된 곳 또는 그 의무가 이행되어야 할 곳으로 계약당사자가 합의한 곳이 대한민국에 있는 경우 법원에 제기할 수 있다.

국내토지관할의 분배에 있어서는 의무이행지의 특별관할이 널리 인정되고 있다. 그러나 국제적 사건의 경우에는 이행지의 개념을 어느 나라 법에 따라 결정할 것인지,[23] 의무를 청구의 기초가 되는 의무로 이해할 것인지 아니면 당해 계약유형에 특유한 의무를 기준으로 할 것인지, 의무이행지에 따른 관할을 계약 자체의 존부에 관한 소송이나 부당이득 등 계약과 관련된 청구에 관한 소송에도 인정할 것인지 등 많은 논란이 있다. 그리고 제41조는 이런 논의를 정리하는 의미를 갖는 규정인데, 제1항에 따르면 의무이행지는 원칙적으로 이른바 특징적 급부가 실제로 제공되는 곳을 의미한다. 즉 우리나라에서 물품의 인도와 용역의 제공이 이루어지는 경우에 우리 법원의 특별관할이 인정된다. 그리고 1항에 따른 특징적 급부가 존재하지 않는 경우에는 청구의 기초가 되는 의무가 우리나라에서 이행되도록 합의되었거나 이행된 경우에 우리 법원의 국제관할이 인정된다($\frac{2}{\eth}$).

(6) 소비자계약의 관할

제42조 (소비자계약의 관할) ① 소비자가 자신의 직업 또는 영업활동 외의 목적으로 체결하는 계약으로서 다음 각 호의 어느 하나에 해당하는 경우 대한민국에 일상거소가 있는 소비자는 계약의 상대방(직업 또는 영업활동으로 계약을 체결하는 자를 말한다. 이하 "사업자"라 한다)에 대하여 법원에 소를 제기할 수 있다.
  1. 사업자가 계약체결에 앞서 소비자의 일상거소가 있는 국가(이하 "일상거소지국"이라 한다)에서 광고에 의한 거래 권유 등 직업 또는 영업활동을 행하거나 소비자의 일상거소지국 외의 지역에서 소비자의 일상거소지국을 향하여 광고에 의한 거래의 권유 등 직업 또는 영업활동을 행하고 그 계약이 사업자의 직업 또는 영업활동의 범위에 속하는 경우
  2. 사업자가 소비자의 일상거소지국에서 소비자의 주문을 받은 경우
  3. 사업자가 소비자로 하여금 소비자의 일상거소지국이 아닌 국가에 가서 주문을 하도록 유도한 경우
② 제1항에 따른 계약(이하 "소비자계약"이라 한다)의 경우에 소비자의 일상거소가 대한민국에 있는 경우에는 사업자가 소비자에 대하여 제기하는 소는 법원에만 제기할 수 있다.
③ 소비자계약의 당사자 간에 제8조에 따른 국제재판관할의 합의가 있을 때 그 합의는 다음 각 호의 어느 하나에 해당하는 경우에만 효력이 있다.

---

23) 법정지법에 따르나 아니면 계약 준거법의 이행지 개념에 따르나?

1. 분쟁이 이미 발생한 후 국제재판관할의 합의를 한 경우
2. 국제재판관할의 합의에서 법원 외에 외국법원에도 소비자가 소를 제기할 수 있도록 한 경우

　제42조 1항에서는 특별히 취급되는 소비자계약의 요건을 규정하고, 2항 이하에는 소비자계약에 관한 소송의 국제재판관할에 관한 특별규정을, 제47조에서는 소비자계약의 준거법에 관한 특별 규정을 두고 있다. 제42조 1항에 따르면 소비자계약이란 일응 '소비자가 자신의 직업 또는 영업활동 외의 목적으로 체결하는 계약'이라 정의할 수 있다. 하지만, 이러한 계약 중 국제사법적으로 특별한 취급을 받는 것은 1항 각호 중 어느 하나에 해당하는 이른바 수동적 소비자의 경우로 국한된다.

　우리나라에 일상거소가 있는 소비자에 대한 제소는 우리나라에서만 가능하도록 하고 있는데($\frac{2}{\vartheta}$) 이는 상대방 주소지 원칙을 절대화하는 점에서 의미가 있다.[24]

　나아가 3항에는 소비자에게 불리한 관할합의를 방지하기 위한 조치가 들어 있는데, 이에 따르면 제8조에 따른 국제관할합의도 사후적 또는 추가적으로만 가능하다. 즉 전속관할합의는 분쟁이 발생한 후에만 가능하며 미리 관할합의를 하는 경우에는 기존의 법정관할을 그대로 둔 채 관할권이 있는 나라를 확장하는 것만 가능하다.

(7) 근로계약의 관할

　제43조 (근로계약의 관할) ① 근로자가 대한민국에서 일상적으로 노무를 제공하거나 최후로 일상적 노무를 제공한 경우에는 사용자에 대한 근로계약에 관한 소를 법원에 제기할 수 있다. 근로자가 일상적으로 대한민국에서 노무를 제공하지 아니하거나 아니하였던 경우에 사용자가 그를 고용한 영업소가 대한민국에 있거나 있었을 때에도 또한 같다.
② 사용자가 근로자에 대하여 제기하는 근로계약에 관한 소는 근로자의 일상거소가 대한민국에 있거나 근로자가 대한민국에서 일상적으로 노무를 제공하는 경우에는 법원에만 제기할 수 있다.
③ 근로계약의 당사자 간에 제8조에 따른 국제재판관할의 합의가 있을 때 그 합의는 다음 각호의 어느 하나에 해당하는 경우에만 효력이 있다.

---

24) 소비자계약과 관련된 분쟁에서 우리나라에 일상거소를 두고 있는 소비자는 우리나라에서도 제소할 수 있다는 내용의 구법 제27조 4항은 삭제되었다. 이 규정은 널리 재판관할에 있어서의 대원칙은 상대방의 주소지이며(민사소송법 제3조, 국제사법 제3조 참조) 국제재판관할에 있어서도 원고의 일상거소지는 일반적인 기준이 아니라는 점에서 볼 때 논란의 여지가 있었다.

1. 분쟁이 이미 발생한 경우
2. 국제재판관할의 합의에서 법원 외에 외국법원에도 근로자가 소를 제기할 수 있도록 한 경우

근로계약에 관한 국제관할에 관하여도 소비자계약에서와 유사한 특칙을 두고 있다.

① 근로자 제소시

근로자가 우리나라에서 일상적으로 노무를 제공하거나 또는 최후로 일상적 노무를 제공하였던 경우에 우리나라에서 소를 제기할 수 있으며, 노무가 우리나라에서 일상적으로 제공되지 않거나 않았던 경우라도 그를 고용한 영업소가 우리나라에 있거나 있었던 경우에는 우리나라에서 소를 제기할 수 있다($\frac{1}{항}$).

② 상대방 제소시

근로자의 일상거소가 우리나라에 있는 경우 또는 근로자가 대한민국에서 일상적으로 노무를 제공하는 경우에는 우리나라에서만 소를 제기할 수 있다.

③ 관할합의($\frac{3}{항}$)

제8조에 따른 관할합의는 사후합의 또는 추가적 관할합의만 허용된다.

(8) 불법행위에 관한 소의 특별관할

제44조 (불법행위에 관한 소의 특별관할) 불법행위에 관한 소는 대한민국에서 그 행위가 행하여지거나 대한민국을 향하여 행하여지는 경우 또는 대한민국에서 그 결과가 발생하는 경우 법원에 제기할 수 있다. 다만, 그 결과가 대한민국에서 발생할 것을 예견할 수 없었던 경우에는 그러하지 아니하다.

민사소송법 제18조의 불법행위지 특별재판적에 대응하는 규정으로, 불법행위지는 국제재판관할의 기준으로도 널리 받아들여지고 있다. 그런데 불법행위지 개념에 관하여는 견해의 대립이 있는바, 국제사건에서 우리 법원과 국제사법은 종래 행동지와 결과발생지 모두를 불법행위지로 인정하여 왔고, 이에 따라 제44조에서도 국제재판관할을 정함에 있어서도 양자를 모두 포함하고 있다. 다만 행위가 외국에서 행해진 경우, 우리나라에서 결과가 발생할 것을 예견할 없었던 때에는 우리나라의 국제관할을 부인하는 예외를 두고 있다.

본조는 지식재산권 침해에 관한 사건에는 적용되지 않는다(제39조).

(9) 혼인관계사건의 특별관할

> **제56조 (혼인관계사건의 특별관할)** ① 혼인관계에 관한 사건에 대해서는 다음 각 호의 어느 하나에 해당하는 경우 법원에 국제재판관할이 있다.
> 1. 부부 중 한쪽의 일상거소가 대한민국에 있고 부부의 마지막 공동 일상거소가 대한민국에 있었던 경우
> 2. 원고와 미성년 자녀 전부 또는 일부의 일상거소가 대한민국에 있는 경우
> 3. 부부 모두가 대한민국 국민인 경우
> 4. 대한민국 국민으로서 대한민국에 일상거소를 둔 원고가 혼인관계 해소만을 목적으로 제기하는 사건의 경우
> ② 부부 모두를 상대로 하는 혼인관계에 관한 사건에 대해서는 다음 각 호의 어느 하나에 해당하는 경우 법원에 국제재판관할이 있다.
> 1. 부부 중 한쪽의 일상거소가 대한민국에 있는 경우
> 2. 부부 중 한쪽이 사망한 때에는 생존한 다른 한쪽의 일상거소가 대한민국에 있는 경우
> 3. 부부 모두가 사망한 때에는 부부 중 한쪽의 마지막 일상거소가 대한민국에 있었던 경우
> 4. 부부 모두가 대한민국 국민인 경우

혼인에 관한 사건, 특히 이혼에 있어서 준거법에 따를 때 법원 등 국가기관이나 교회 등 국가기관을 대신하는 기관이 관여되는 경우에는 어느 나라가 관할권을 갖는지가 문제되고, 이에 관하여는 종래 다양한 견해가 주장되어 왔다.[25]

① 본국관할설

당사자의 본국이 관할권을 갖는다는 견해로, 준거법에 관하여 속인법주의를 따르는 입장에서 주로 주장된다. 당사자는 본국을 가장 신뢰하고, 본국의 관할과 속인법을 원칙으로 할 경우 관할권을 갖는 나라와 준거법국이 일치하게 되는 장점이 있다는 것이다. 다만 본국관할의 원칙이 당사자의 국적이 동일한 경우에만 적용되는지 아니면 당사자의 국적이 다른 경우에도 적용되는지에 대하여는 견해가 대립한다.

본국관할설에 대하여는 당사자의 본국이 실제 생활의 중심지가 아닌 경우가 있을 수 있고 이 경우 본국관할은 당사자에게도 불리할 수 있다는 비판이 있다.

---

25) 서희원, 국제사법, 290면 이하 참조.

② 주소지(일상거소지) 관할설

현재와의 관련성을 중시하는 입장에서는 주소지(지금은 대개 일상거소지)에 관할권이 있다고 한다. 이 견해에 따를 경우, 양 당사자가 동일한 국가에 일상거소를 가지고 있거나 그렇지 않더라도 피고(피청구인)의 주소지 내지 일상거소지에서 소가 제기되는 경우에는 아무런 문제가 없다. 문제는 청구인(원고)의 일상거소지도 관할권이 있는가인데, 이를 일반적으로 인정하는 견해와 상대방이 도피한 경우 등 원고를 보호할 특별한 필요가 있는 경우에만 예외적으로 인정된다는(비상관할) 견해가 있다.

③ 평 가

기본적으로 본국과 주소지 내지 일상거소지 모두 관할권을 부인하기 곤란한 요소가 있다 할 것이다. 문제는 양 당사자의 국적 또는 일상거소가 다른 경우, 원고의 본국 또는 일상거소지에도 국제관할을 인정할 것인지인데, 본국의 관할에 있어서는, 국적이 다른 경우에는 본국관할의 원칙이 배제된다고 하지 않는 한, 두 나라모두 관할권을 인정해야 할 것이다. 본국관할을 인정하는 근거를 고려할 때 어느한 나라를 차별하는 것은 부당하기 때문이다. 이에 비해 현재와의 관련성을 근거로하는 일상거소지(주소지) 관할에 있어서는 원고의 편의성과 함께 상대방의 방어기회의 보장도 고려되어야 할 것이기 때문에 원고가 자기의 일상거소지에서 소를 제기하는 것에는 일정한 제한을 두는 것이 타당할 것이다.

④ 국제사법 규정

제56조에서는 이혼을 포함하여 혼인과 관련된 제반 사건에 관한 국제관할 규정을 두고 있는데, 그 핵심적 내용은 일정한 요건하에 본국과 일상거소의 국제관할을 인정하는 것이다. 그리고 혼인관계 당사자 사이의 분쟁($\frac{1}{항}$)과 부부 모두를 상대로하는 혼인관계에 관한 사건($\frac{2}{항}$)을 구별하고 있다.

혼인관계 당사자 사이의 다툼에 관하여 ㉠ 우리나라가 본국으로서 (그러므로 일상거소가 어디인지 묻지 않고) 국제관할을 갖는 것은 부부 모두가 대한민국 국민인경우뿐이다($\frac{3}{호}$). 그러므로 일방 당사자만 우리나라 국적을 가진 경우에는 그 일방이 피고인 경우에도 우리나라가 본국으로서는 혼인사건의 국제관할을 갖지는 못한다. ㉡ 1호, 2호에서는 당사자 일방만이 우리나라에 일상거소를 가지고 있지만 우리나라가 일상거소지로서 국제관할을 갖는 경우를 규정하고 있다. 1호의 경우, 법문만 보면 국내에 일상거소를 가진 당사자를 상대로 소를 제기하는 경우도 여기에 포함된다 할 것이나 이는 1호가 아니어도 당연히 인정되는 것이고($^{제3}_{조}$), 1호가 의미를 갖는 것은 국내에 일상거소를 가진 당사자가 소를 제기하는 경우이다. 단 이를 위해서는 부부의 마지막 공동 일상거소가 대한민국에 있었어야 한다. 2호는 부모 사이의 혼인사건의 결과에 영향을 받는 미성년 자녀의 전부나 일부가 국내에 일상거소를 가지고 있으면 피고가 국내에 일상거소를 가지고 있지 않은 경우에도 원고가 우리나라에서 소를 제기할 수 있도록 하는 데 의미가 있다. ⓒ 4호는 대한민국 국민이고 국내에 일상거소가 있음으로 인해 우리 법원에 혼인관계의 해소를 목적으로 하는 소를 제기할 수 있는 경우이다.

혼인의 쌍방 당사자를 상대로 하는 혼인의 무효확인 및 취소 등의 소에 있어서는 ㉠ 부부 모두가 대한민국 국민인 경우, ㉡ 부부 중 한쪽이라도 대한민국에 일상거소를 두고 있는 경우, ㉢ 부부 일방이 사망하였고 생존중인 일방의 일상거소가 대한민국에 있는 경우, ㉣ 사망한 부부 중 한쪽의 마지막 일상거소가 대한민국에 있었던 경우에 우리 법원의 국제관할이 인정된다.

이 규정은 혼인의 성립 및 유효성, 부양의무를 제외한 혼인관계상의 권리·의무에 관한 사건, 이혼 및 이혼의 효과에 관한 사건의 국제관할에 적용된다.

(10) 친생자관계에 관한 사건의 특별관할

제57조 (친생자관계에 관한 사건의 특별관할) 친생자관계의 성립 및 해소에 관한 사건에 대해서는 다음 각 호의 어느 하나에 해당하는 경우 법원에 국제재판관할이 있다.
1. 자녀의 일상거소가 대한민국에 있는 경우
2. 자녀와 피고가 되는 부모 중 한쪽이 대한민국 국민인 경우

제57조는 친생자관계의 성립 및 해소에 관한 사건의 국제재판관할을 규정하고 있다. 즉 친생자관계의 존부에 관한 다툼에 있어서만 본조가 적용되고 존재하는 친생자관계상의 권리·의무 등 효력에 관한 다툼에 관하여는 제59조가 적용된다. 제57조에 따르면 친생자관계의 성립 및 해소에 관한 소에 있어서는 자녀의 일상거소가 대한민국에 있거나 자녀 및 피고가 되는 부모 중 한쪽이 대한민국 국민인 경우 우리 법원에 국제재판관할이 인정된다.

제1편　제2편　제3편　제4편　국제민사절차법

(11) 양친자관계에 관한 사건의 특별관할

> **제58조 (입양관계에 관한 사건의 특별관할)** ① 입양의 성립에 관한 사건에 대해서는 양자가 되려는 사람 또는 양친이 되려는 사람의 일상거소가 대한민국에 있는 경우 법원에 국제재판관할이 있다.
> ② 양친자관계의 존부확인, 입양의 취소 또는 파양(罷養)에 관한 사건에 관하여는 제57조를 준용한다.

제58조 역시 입양의 성립 및 양친자관계의 존부, 입양의 취소 및 파양 등에 관한 분쟁의 국제재판관할을 정한 규정이다. 여기서 입양의 성립에 관한 사건($\frac{1}{8}$)과 양친자관계의 존부확인, 입양의 취소 또는 파양에 관한 사건($\frac{2}{8}$)을 구별하고 있는데, 이는 입양의 성립에 관하여는 우리나라가 비준을 준비하고 있는 헤이그 아동입양협약과의 관계를 고려할 필요가 있다는 것에 따른 것으로 이해된다.

(12) 친자간의 법률관계 등에 관한 사건의 특별관할

> **제59조 (부모·자녀 간의 법률관계 등에 관한 사건의 특별관할)** 미성년인 자녀 등에 대한 친권, 양육권 및 면접교섭권에 관한 사건에 대해서는 다음 각 호의 어느 하나에 해당하는 경우 법원에 국제재판관할이 있다.
> 1. 자녀의 일상거소가 대한민국에 있는 경우
> 2. 부모 중 한쪽과 자녀가 대한민국 국민인 경우

제59조는 성립하여 존재가 인정되는 친자관계에서 인정되는 권리·의무 관계에 관한 사건의 국제재판관할에 관한 규정으로 자녀의 일상거소가 대한민국에 있거나 부모 중 한쪽과 자녀가 대한민국 국민인 경우에 관할이 인정되고, 이는 친생자관계와 양친자관계 모두에 적용된다. 국제적인 흐름에서 볼 때 친자관계의 효력의 문제에서 핵심이 되는 관점은 미성년자의 복리이며 제59조에서 자녀의 일상거소가 우리나라에 있을 것을 국제재판관할의 기준으로 한 것도 이를 고려한 것이며, 또한 이는 우리나라가 가입하고 있는 헤이그 아동탈취협약에 상응하는 것이다.

(13) 부양사건의 관할

> **제60조 (부양에 관한 관할)** ① 부양에 관한 사건에 대해서는 부양권리자의 일상거소가 대한민국에 있는 경우 법원에 국제재판관할이 있다.
> ② 당사자가 부양에 관한 사건에 대하여 제8조에 따라 국제재판관할의 합의를 하는 경우 다음 각 호의 어느 하나에 해당하면 합의의 효력이 없다.

1. 부양권리자가 미성년자이거나 피후견인인 경우. 다만, 해당 합의에서 미성년자이거나 피후견인인 부양권리자에게 법원 외에 외국법원에도 소를 제기할 수 있도록 한 경우는 제외한다.
2. 합의로 지정된 국가가 사안과 아무런 관련이 없거나 근소한 관련만 있는 경우
③ 부양에 관한 사건이 다음 각 호의 어느 하나에 해당하는 경우에는 제9조를 적용하지 아니한다.
1. 부양권리자가 미성년자이거나 피후견인인 경우
2. 대한민국이 사안과 아무런 관련이 없거나 근소한 관련만 있는 경우

부양의 법률관계는 재산법적 성격이 강하고 부양권리자와 부양의무자의 이해관계가 첨예하게 대립하는 특성이 있으며, 이런 관점은 부양의 준거법 지정과 국제재판관할에 관한 논의에서 결정적인 의미를 갖다. 우리 국제사법은 제60조에 기본적으로 부양권리자의 보호를 중시하는 특별규정을 두고 있다. 즉 부양권리자가 우리나라에 일상거소를 두고 있는 경우 우리 법원의 국제관할을 인정하고($\frac{1}{8}$), 원칙적으로 관할합의를 허용하지만 부양권리자가 미성년자이거나 피성년후견인인 경우에는 1항에 따른 법정국제관할을 배제하지 않는 추가적 관할합의만 허용하면서 다른 경우와 달리 합의로 지정된 국가와 사안이 밀접하게 관련되어 있을 것도 요구하고 있다. 그리고 2항에 따른 관할합의가 허용되는 범위에서는 제9조의 변론관할이 인정된다.

(14) 후견사건의 특별관할

제61조 (후견에 관한 사건의 특별관할) ① 성년인 사람의 후견에 관한 사건에 대해서는 다음 각 호의 어느 하나에 해당하는 경우 법원에 국제재판관할이 있다.
1. 피후견인(피후견인이 될 사람을 포함한다. 이하 같다)의 일상거소가 대한민국에 있는 경우
2. 피후견인이 대한민국 국민인 경우
3. 피후견인의 재산이 대한민국에 있고 피후견인을 보호하여야 할 필요가 있는 경우
② 미성년자의 후견에 관한 사건에 대해서는 다음 각 호의 어느 하나에 해당하는 경우 법원에 국제재판관할이 있다.
1. 미성년자의 일상거소가 대한민국에 있는 경우
2. 미성년자의 재산이 대한민국에 있고 미성년자를 보호하여야 할 필요가 있는 경우

① 서

아직 외국에는 남아 있는 무능력자 제도의 경우는 물론이고 현재 우리나라의 후견제도는 당사자의 이익과 거래안전에 미치는 영향이 매우 크고, 그리하여 많은

나라에서 국가가 이에 관여하도록 하는 것이 보통이다. 여기서 후견개시 및 후견인 선임 등에 관하여 어느 나라에 국제관할이 인정되는지가 문제된다.

② 학 설

이에 대하여는 전통적으로 피후견인의 본국에 관할권이 있다는 견해가 우세하였으며, 현재와의 관련성과 거래안전을 중시하여 피후견인의 일상거소(주소) 및 거소지에 관할을 인정해야 한다는 입장, 절충적으로 원칙적으로 본국이 관할권을 갖지만 거래안전 등 필요성이 인정될 때에는 일상거소 및 거소지도 관할권을 갖는다는 견해 등이 있다.[26]

생각건대 한편에서 지금까지의 관행만 보더라도 피후견인의 본국의 관할을 부인하기 어려울 것이다. 그러나 국가가 관여하여 필요한 조치를 취할 현실적인 필요성이 가장 큰 것은 피후견인이 될 자가 일상거소(주소) 및 거소를 두고 있는 곳이라는 것도 부인할 수 없다. 요컨대 피후견인의 본국과 주소 내지 일상거소가 있는 나라의 관할을 모두 인정하는 것이 타당할 것이다.

③ 국제사법 규정

구국제사법에는 예외규정인 제14조를 제외하면 후견의 국제관할권에 관한 것으로 볼 수 있는 규정이 없었고 따라서 국재관할권에 관한 일반원칙에 따를 수밖에 없었다. 그러나 현행 국제사법에서는 기본적으로 앞의 다수 학설과 궤를 같이하는 규정을 신설하였다.

실체법상 후견은 크게 미성년후견과 성년후견으로 구별할 수 있고, 현대의 후견제도에서 중요한 관점은 가능한 한 피후견인의 인격과 정당한 의견을 존중하면서 (특히 재산적)이익을 보호하는 것이다. 이에 따라 국제사법도 후견사건의 국제관할에 관해 미성년후견과 성년후견으로 구별하고, 피후견인의 이익보호를 중시하는 규율을 하고 있다. 성년후견의 경우, 피후견인이 우리나라 국민이거나, 피후견인의 일상거소가 우리나라에 있거나, 피후견인의 재산이 우리나라에 있는 경우에 우리 법원에 국제관할이 있다. 미성년후견의 경우에는 미성년자의 일상거소가 대한민국에 있거나 당사자인 미성년자의 재산이 국내에 있는 경우에 우리 법원에 국제관할이 있다.

---

26) 서희원, 국제사법, 322면; Hoffmann/Thorn, IPR, S. 398; Kegel/Schurig, IPR, S. 988 참조.

(15) 가사조정사건의 관할

> **제62조 (가사조정사건의 관할)** 제56조부터 제61조까지의 규정에 따라 법원에 국제재판관할이 있는 사건의 경우에는 그 조정사건에 대해서도 법원에 국제재판관할이 있다.

제62조에서는 우리 법원에 국제재판관할이 있는 가사사건의 가사조정절차에 대하여도 우리 법원의 국제관할을 인정하고 있다.

(16) 상속 및 유언 사건의 관할

> **제76조 (상속 및 유언에 관한 사건의 관할)** ① 상속에 관한 사건에 대해서는 다음 각 호의 어느 하나에 해당하는 경우 법원에 국제재판관할이 있다.
>   1. 피상속인의 사망 당시 일상거소가 대한민국에 있는 경우. 피상속인의 일상거소가 어느 국가에도 없거나 이를 알 수 없고 그의 마지막 일상거소가 대한민국에 있었던 경우에도 또한 같다.
>   2. 대한민국에 상속재산이 있는 경우. 다만, 그 상속재산의 가액이 현저하게 적은 경우에는 그러하지 아니하다.
> ② 당사자가 상속에 관한 사건에 대하여 제8조에 따라 국제재판관할의 합의를 하는 경우에 다음 각 호의 어느 하나에 해당하면 합의의 효력이 없다.
>   1. 당사자가 미성년자이거나 피후견인인 경우. 다만, 해당 합의에서 미성년자이거나 피후견인인 당사자에게 법원 외에 외국법원에도 소를 제기하는 것을 허용하는 경우는 제외한다.
>   2. 합의로 지정된 국가가 사안과 아무런 관련이 없거나 근소한 관련만 있는 경우
> ③ 상속에 관한 사건이 다음 각 호의 어느 하나에 해당하는 경우에는 제9조를 적용하지 아니한다.
>   1. 당사자가 미성년자이거나 피후견인인 경우
>   2. 대한민국이 사안과 아무런 관련이 없거나 근소한 관련만 있는 경우
> ④ 유언에 관한 사건은 유언자의 유언 당시 일상거소가 대한민국에 있거나 유언의 대상이 되는 재산이 대한민국에 있는 경우 법원에 국제재판관할이 있다.
> ⑤ 제1항에 따라 법원에 국제재판관할이 있는 사건의 경우에는 그 조정사건에 관하여도 법원에 국제재판관할이 있다.

상속과 유언 사건은 다수의 이해관계자가 존재하고 재산적 성격이 강한 특성을 갖는바, 제76조에서는 상속과 유언을 구별하면서 이러한 특성을 고려한 국제재판관할 규정을 두고 있다. 상속사건의 경우, 기본적으로 우리나라 법원은 피상속인이 사망 당시 우리나라에 일상거소를 가지고 있었거나 우리나라에 상속재산이 있는 경우에 국재재판관할을 가지며($\frac{1}{8}$), 부양사건에서와 동일한 제한하에 제8조에 따른

관할합의도 인정된다($\frac{2}{항}$). 그리고 관할합의가 인정되는 범위에서 응소관할이 인정된다($\frac{3}{항}$).

유언사건의 경우 유언 당시 유언자가 우리나라에 일상거소를 가지고 있거나 유언의 대상이 되는 재산이 우리나라에 있는 경우 우리 법원에 국제재판관할이 있다.

(17) 어음·수표에 관한 소의 특별관할

제79조 (어음·수표에 관한 소의 특별관할) 어음·수표에 관한 소는 어음·수표의 지급지가 대한민국에 있는 경우 법원에 제기할 수 있다.

어음·수표의 지급지가 우리나라에 있는 경우 우리 법원에 특별관할이 인정되는바, 이는 민사소송법 제9조에 상응하는 규정이다. 이를 통해 어음·수표의 유통에 관여된 다양한 이해관계자 사이의 분쟁을 통일적으로 해결하는 것이 가능하게 되었다.

(18) 선박소유자등의 책임제한사건의 관할

제89조 (선박소유자등의 책임제한사건의 관할) 선박소유자·용선자(傭船者)·선박관리인·선박운항자, 그 밖의 선박사용인(이하 "선박소유자등"이라 한다)의 책임제한사건에 대해서는 다음 각 호의 어느 하나에 해당하는 곳이 대한민국에 있는 경우에만 법원에 국제재판관할이 있다.
1. 선박소유자등의 책임제한을 할 수 있는 채권(이하 "제한채권"이라 한다)이 발생한 선박의 선적(船籍)이 있는 곳
2. 신청인인 선박소유자등에 대하여 제3조에 따른 일반관할이 인정되는 곳
3. 사고발생지(사고로 인한 결과 발생지를 포함한다)
4. 사고 후 사고선박이 최초로 도착한 곳
5. 제한채권에 의하여 선박소유자등의 재산이 압류 또는 가압류된 곳(압류에 갈음하여 담보가 제공된 곳을 포함한다. 이하 "압류등이 된 곳"이라 한다)
6. 선박소유자등에 대하여 제한채권에 근거한 소가 제기된 곳

안정적인 국제상품거래를 위해서는 건전한 해상운송기업의 존재가 필수적인 사항이며, 그리하여 건전한 해상운송기업의 유지를 위해 선박소유자·용선자·선박운항자 등의 책임을 일정한 한도로 제한하는 제도가 보편화되어 있다.[27] 그리고 선박소유자 등의 책임제한 문제에서는 다양한 이해관계자 사이의 분쟁을 통일적·효

---

27) 상법 및 선박소유자 등의 책임제한절차에 관한 법률 참조.

율적으로 해결하는 것이 중요한 관점이 된다. 제89조에서 선박소유자 등의 책임제한 사건에 관해 우리 법원의 국제재판관할이 인정되는 기준으로 채택된 사항도 이러한 평가에 기초한 것이다.

(19) 선박 또는 항해에 관한 소의 특별관할

제90조 (선박 또는 항해에 관한 소의 특별관할) 선박소유자등에 대한 선박 또는 항해에 관한 소는 선박이 압류된 곳이 대한민국에 있는 경우 법원에 제기할 수 있다.

여기서 선박에 관한 소란 선박을 대상 내지 목적으로 하는 법률관계 또는 선박으로 인해 발생한 법률관계에 관한 소를 말하며, 항해에 관한 소란 선박을 항해에 제공함으로써 발생하는 제반 법률관계를 말한다. 그리고 이러한 소에 관하여는 우리나라에서 선박이 압류된 경우에 우리 법원에 국제관할이 있다.

(20) 공동해손에 관한 소의 특별관할

제91조 (공동해손에 관한 소의 특별관할) 공동해손(共同海損)에 관한 소는 다음 각 호의 어느 하나에 해당하는 곳이 대한민국에 있는 경우 법원에 제기할 수 있다.
1. 선박의 소재지
2. 사고 후 선박이 최초로 도착한 곳
3. 선박이 압류등이 된 곳

본조에서는 해상운송에서 전체의 이익을 위해 일부가 손해를 입은 경우에 이익을 얻은 전체가 발생한 손해를 분담하는 법률관계인 공동해손에 관한 소에 관해 우리 법원에 국제재판관할이 있는 경우를 규정하고 있다.

(21) 선박충돌에 관한 소의 특별관할

제92조 (선박충돌에 관한 소의 특별관할) 선박의 충돌이나 그 밖의 사고에 관한 소는 다음 각 호의 어느 하나에 해당하는 곳이 대한민국에 있는 경우 법원에 제기할 수 있다.
1. 가해 선박의 선적지 또는 소재지
2. 사고 발생지
3. 피해 선박이 사고 후 최초로 도착한 곳
4. 가해 선박이 압류등이 된 곳

선박의 충돌이나 그 밖의 선박 사이의 사고는 불법행위가 되는 것이 보통이고 그러므로 이에 관하여는 불법행위지 관할이 인정되는 것은 물론이다. 그러나 불법행위지 관할은 공해상의 충돌의 경우에는 기능을 하지 못하며 그 밖에도 분쟁의 합리적 해결의 관점에서도 늘 타당한 것은 아니다. 제92조는 이러한 특성을 고려하여 우리나라에 국제관할이 인정되는 경우를 정하고 있다.

(22) 해난구조에 관한 소의 특별관할

제93조 (해난구조에 관한 소의 특별관할) 해난구조에 관한 소는 다음 각 호의 어느 하나에 해당하는 곳이 대한민국에 있는 경우 법원에 제기할 수 있다.
1. 해난구조가 있었던 곳
2. 구조된 선박이 최초로 도착한 곳
3. 구조된 선박이 압류등이 된 곳

제93조는 민사소송법 제19조에 대응하는 규정으로 통일적이고 효율적인 재판을 통한 분쟁해결을 고려하여 우리 법원에 국제관할이 인정되는 경우를 규정한 것이다.

4. 승인관할: 거울 이론

승인관할의 판단기준은 승인국에서 적용되는 국제재판관할 기준이라는 것에 이견이 없다. 즉 승인국의 국제관할 기준에 비추어 볼 때(다시 말하여 판결국에서 승인국의 국제관할 기준이 적용된다고 가정할 때) 판결국에 관할권이 인정되면 승인에 관한 국제관할 요건이 충족된 것이 된다. 우리 판례도 동일한 입장이다.

> 대법원 1988. 4. 12. 선고 85므71 판결 (구)민사소송법 제203조 제1호의 규정취지는 우리나라에서 외국판결을 승인하기 위하여는 그 판결을 한 외국법원이 당해사건에 관하여 우리나라의 법률 또는 조약 등에 의한 국제재판관할원칙에 따라 국제재판관할권을 가지고 있음이 인정되어야 한다는 것으로 풀이되고 위 법조항은 외국법원의 이혼판결에도 적용된다.

> 대법원 1995. 11. 21. 선고 93다39607 판결 제조자의 불법행위로 인한 손해배상 책임에 관한 제조물책임 소송에 있어서 손해 발생지의 외국 법원에 국제재판관할권이 있는지 여부는 제조자가 당해 손해 발생지에서 사고가 발생하여 그 지역의 외국 법원에 제소될 것임을 합리적으로 예견할 수 있을 정도로 제조자와 손해 발생지와의 사이에 실질적 관련이 있는지 여부에 따라 결정함이 조리상 상당하다 ……
> 피고 회사는 미합중국 플로리다주에 주소나 영업소를 두지 아니하고 단지 같은 주에 본점이 있는 원고 메츠사에게 1981년 이후 수년간 무선전화기를 판매하여 왔을

뿐임이 명백한바, 이러한 사정만으로는 피고가 자신이 제조한 상품의 하자로 인한 사고가 위 플로리다주에서 발생하여 이에 관한 소송이 그 지역의 외국법원에 제소될 것임을 합리적으로 예견할 수 있을 정도로 피고 회사와 위 플로리다주와의 사이에 실질적 관련이 있다고 보기 어렵다(즉 우리나라에서는 피고에게 손해발생지에서 피소될 것에 대한 합리적 예견가능성이 있을 것이 요구되는 데 본 사안에서는 예견가증성이 없다하여 승인관한 부인).

서울가정법원 1996. 11. 1. 선고 95드27138,63979 판결　미국법원의 이혼 확정판결이 우리나라에 거주하고 있는 대한민국 국민을 피고로 한 것이고 그 피고가 이에 적극적으로 응소한 것이 아니라면, 그 판결은 재판관할권이 없는 채 이루어진 것이어서 (구)민사소송법 제203조 제1호의 요건을 구비하였다고 할 수 없어 그 효력이 없다.[28]

Ⅴ. 관할권의 경합

1. 문제의 소재

법정지에 따라 다른 기준이 적용되고 일반관할과 특별관할이 병존하는 것 등으로 인하여 한 사안에 대해 여러 나라가 각각 자국의 국제재판관할을 인정하는 상황이 발생할 수 있다. 예를 들어 일본에 일상거소를 둔 일본 국적의 피상속인이 우리나라와 일본에 부동산을 남기고 사망하였고 국내 거주 한국인과 일본 거주 일본인이 상속인인 사안에서, 일본의 국제관할과 별개로 국내 소재 유산의 분할에 관해 소재지인 우리나라의 국제관할이 인정된다(국제사법 제76조, 인천지방법원 2003. 7. 24. 선고 2003가합1768 판결 참조). 그런데 이런 경우 어떤 나라에서 소송이 진행되는지에 따라 당사자의 이해관계에 차이가 있을 수 있고,[29] 국제재판관할과 관련하여 두 가지 관점에서 문제가 제기된다. 첫째로 당사자(특히 원고)는 가장 유리한 곳을 선택할 수 있는지가 문제되는데, 이것이 이른바 forum shopping의 문제이다. 둘째로 한 나라에서 이미 소송이 계속중인 것이 다른 나라에서 자국의 국제재판관할을 판단함에 있어 고려되어야 하는지가 문제되고, 이는 일정부분 다시 외국판결의 승인 문제와도(후술) 관련되는바 이에 관하여는 제

---

28) 즉 당시 우리나라에서 적용되었던 기준인 상대방 주소지 원칙과 응소 및 행방불명의 예외에 해당하지 않아 미국법원의 관할이 인정되지 않는다(대법원 1994. 2. 21. 자 92스26 결정 참조).

29) 이런 관점에서 중요한 사항으로는 준거법, 절차상의 유불리, 배상액, 특히 위자료의 대소, 승인·집행의 용이성 등을 들 수 있다.

11조를 설명하면서 살펴보았다.

2. forum shopping 허용 여부

많은 나라에서 forum shopping을 원칙적으로 허용하고 있다.[30] 다만 특정한 나라의 국제관할요건을 인위적으로 작출해 내고 그에 근거하여 그 나라에서 소송을 제기한 경우에는 그 나라의 법원이 심리관할을 인정하지 않을 수 있다. 이 경우, 원래 국제관할이 인정되지 않던 나라의 관할권을 인위적으로 만들어 냄으로써 원래 관할권을 갖던 나라를 사실상 회피하는 결과가 되기 때문이다(관할의 회피 이론). 나아가 국제관할이 인위적으로 작출된 나라가 자국의 심리관할을 인정하여 재판을 하더라도 다른 나라에서 승인관할의 결여를 이유로 승인과 집행이 거부될 수 있다.

미국과 관련된 국제적 사안에서는 미국 특유의 이른바 forum non convenience 이론을 주목할 필요가 있다. 원래 이 이론은 미국 내 주 사이의 관할충돌을 해결하기 위한 것이지만 미국과 다른 나라 사이에 국제관할이 경합하는 경우에도 적용될 수 있다. 이에 따르면 어느 주(국가)에 원칙적으로 관할이 인정되는 경우라도 보다 밀접한 관련이 있는 주(나라)가 있는 경우에는 관할이 부인된다. 즉 보다 큰 관련이 있는 주(나라)로 하여금 재판을 하게 하는 것이다. 다만 진정한 국제사건에서는 이른바 long arm politic으로 인하여 forum non convenience 이론이 뒷전으로 밀리거나 불확정개념인 보다 밀접한 관계를 미국에 기울게 해석하는 경향이 있다고 한다.[31]

3. 방지수단

forum shopping의 경우 사실상 수익자는 원고로 한정되고 그렇지 않아도 수동적인 위치에 있을 수밖에 없는 피고는 불리함을 감수할 수밖에 없다. 그리하여 이에 대한 대비수단으로 영미법계 국가에서는 일정한 요건 아래 외국에서의 소송진행에 대한 중지청구소송을 인정하고 있고, 독일에서도 관할을 인위적으로 작출한 경우에는 중지청구소송이 허용된다고 한다.[32] 그러나 당사자가 사전에 부당한 forum

---

30) Schütze, 앞의 책, 47-48면.
31) Schütze, 앞의 책, 48면 이하 참조.

shopping을 방지할 수 있는 가장 좋은 제도는 사전의 관할합의이다. 즉 미리 전속 관할합의를 해둠으로써 후에 예기치 못했던 다른 나라에서 제소되는 것을 방지하는 것인데, 이 외에도 관할합의는 널리 분쟁해결의 결과에 대한 예견가능성을 제고할 수 있는 장점이 있다.

Ⅵ. 관할합의

1. 의   의

관할합의란 사건의 당사자가 분쟁의 해결을 위해 소송을 제기할 법원에 관해 사전 또는 사후에 합의하는 것이다. 관할합의는 많은 나라에서 국제사건의 경우에도 일정한 요건하에 인정하고 있고(국제관할합의), 우리 국제사법도 마찬가지이다 (제8조 참조). 국제관할의 기준이 각 나라의 국내법에 맡겨져 있기 때문에 국제관할합의의 허용범위와 요건도 각 나라가 정할 수 있는 것은 당연하다.

2. 종   류

국제관할합의는 관련된 국가의 법정관할을 배제하거나 관할을 새로이 창설하는 효력과 관련하여 여러 유형으로 구별할 수 있다.

1) 창설적 합의(Prorogation)

해당 국가의 국제관할기준에 의하면 관할이 인정되지 않는 나라에서 소를 제기할 것을 합의하는 경우를 말한다.

2) 배제적 합의(Derogation)

어떤 나라의 법정국제관할을 배제하는 내용의 관할합의를 하는 경우이다. 다음에 볼 전속관할합의의 경우에는 늘 배제합의가 수반된다.

---

32) Schütze, 앞의 책, 51-52면 참조.

3) 병존적 관할합의와 전속관할합의

창설적 관할합의는 다시 병존적 관할합의와 전속관할합의로 구별할 수 있다. 병존적 관할합의란 존재하는 법정관할 외에 합의된 나라에서도 소를 제기할 수 있다는 내용의 합의를 말한다. 그러므로 병존적 관할합의의 경우에는 기존의 법정관할은 아무런 영향을 받지 않고, 분쟁발생시 당사자는 법정관할을 가지는 나라와 추가적으로 관할이 합의된 국가 중 어디서나 재판을 받을 수 있게 된다. 이런 결과로 인하여 병존적 관할합의는 상대방에 의한 forum shopping을 방지하면서 자신의 forum shopping을 준비하는 효과가 있다. 이에 비해 전속관할합의는 원칙적으로 모든 법정관할을 배제하고 합의된 나라에서만 재판을 받을 수 있도록 하는 합의이다. 그러므로 전속관할합의는 필연적으로 내용상 배제적 합의가 포함된다.

우리 국제사법에서는 특별한 사정이 없는 한 관할합의는 전속관할합의로 추정하고 있다(제8조 3항).

병존적 관할합의에 대하여는 특별한 제한을 두지 않는 것이 보통이지만 전속관할합의에 대하여는 대개 일정한 제한을 두고 있다.

> 대법원 2008. 3. 13. 선고 2006다68209 판결   당사자들이 법정 관할법원에 속하는 여러 관할법원 중 어느 하나를 관할법원으로 하기로 약정한 경우, 그와 같은 약정은 그 약정이 이루어진 국가 내에서 재판이 이루어질 경우를 예상하여 그 국가 내에서의 전속적 관할법원을 정하는 취지의 합의라고 해석될 수 있지만, 특별한 사정이 없는 한 다른 국가의 재판관할권을 완전히 배제하거나 다른 국가에서의 전속적인 관할법원까지 정하는 합의를 한 것으로 볼 수는 없다.

3. 효   과

유효한 국제관할합의가 존재하면 앞에서 본 유형에 따라 법정국제관할(권)에 변경이 일어나고, 전속관할합의의 경우 당사자는 합의에서 정해진 나라에서만 재판을 받을 수 있다. 그러므로 합의에 반하는 소의 제기는 소송요건을 결여하는 것이고 따라서 소가 각하된다.

대법원 1992. 1. 21. 선고 91다14994 판결 선하증권에 이 선하증권으로 인한 소송
은 운송인의 주소지인 특정의 외국법원의 전속관할에 속한다는 규정이 있다고 하
여도 운송인의 국내 선박대리점이 국내에서 불법행위를 하여 그 선하증권의 소지
인인 국내의 은행이 이들을 상대로 손해배상청구를 하는 경우까지 이 규정을 적용
키로 한 취지라고 볼 수는 없다.

서울지방법원 2003. 12. 5. 선고 2003가합43945 판결 계약당사자가 계약체결 시 준
거법을 미국 캘리포니아 주 법으로 지정하고, 동 계약으로부터 발생하는 일체의
분쟁에 관하여 전속적 재판관할의 합의를 하였고, 한편으로 계약 일방당사자의 책
임한도를 계약·불법행위 또는 기타 책임과 관련된 다른 어떠한 논리나 주장에도
불구하고 그 청구의 원인이 발생하기 직전 12개월 동안 본 계약에 따라 타방 당사
자로부터 실제로 지급받은 작동 수수료 금액을 초과할 수 없는 것으로 약정한 경
우, 이 관할합의의 효력은 동 계약과 관련하여 발생하는 채무불이행을 원인으로
한 손해배상책임뿐 아니라 그와 사실관계를 같이 하는 민사상 불법행위를 원인으
로 한 손해배상책임에도 미친다.

※ **기타판례** 서울지방법원 1996. 2. 2. 선고 95가합31060 판결

4. 성질과 준거법

이처럼 국제관할합의는 소송법적 효력을 가지고 있고 따라서 그 성질은 소송법
상 계약이다. 그리하여 국제관할합의의 허용 여부와 허용범위, 소송법적 효력의 내
용은 각 나라의 소송법에 따라야 하는 것이 분명하다. 그러나 국제관할합의도 하나
의 계약이며 따라서 계약의 실체적 성립 여부 문제(합의의 요건, 방식 등), 성립된 계
약의 실체적 유효 여부 문제가 제기될 수 있고, 거기서는 다시 이러한 실체적 사항
에 대한 판단의 기준은 무엇인지(국제관할합의의 실체적 준거법)라는 문제가 제기되
는바 이에 관하여는 다양한 견해가 주장되고 있다.[33]

1) 법정지 소송법설

국제관할합의에 관한 실체적 사항도 법정지의 소송법에 따라 판단되어야 한다
는 견해가 있다. 즉 국제관할합의는 그 효력에서 볼 때 소송법상의 계약임이 분명
하고, 절차의 문제는 법정지의 소송법에 따르기 때문에 국제관할합의도 그에 따라

---

33) 자세한 것은 An, Internationales Schuldvertragsrecht, 160면 이하, 165면 이하 참조.

야 한다는 것이다. 그러나 소송법에서 계약의 성립 및 유효성에 관한 실체적 기준을 두고 있는 예는 거의 없고, 대부분의 경우에 관할합의가 하나의 포괄적 계약의[34] 일부로 되어 있어 관할합의만 인위적으로 분리하여 처리하기가 어렵다는 지적이 있다.

2) 법정지 실체법설

국제관할합의의 실체적 성립과 유효 여부를 법정지의 실체법에 따라 판단해야 한다는 견해이다. 논리적으로 보면 법정지의 소송법이 적용되어야 하지만, 대부분의 나라에서 법정지법에 따라야 하는 절차 문제라도 실체법적 사항에 대하여는 법정지 실체법에 따르도록 하는 것이 원칙으로 되어 있다는 것이다. 국제관할합의의 허용성 및 효력과 달리 실체적 성립과 유효성 문제는 법정지 소송절차와 직접 관련 없어 구태여 형식적 논리를 고집할 필요가 없는 점과 소송법상 계약의 실체적 성립 및 유효성에 관한 규정이 없는 것이 현실이라는 관점에서 보면 이 견해는 합리적인 면이 없지 않다. 그러나 관할합의가 들어 있는 전체 계약의 준거법이 법정지의 법이 아닌 경우에는 계약의 준거법에 분열이 발생하는 것을 피할 수 없다는 점이 지적되고 있다.

3) 계약의 준거법설

관할조항이 들어 있는 기본계약의 준거법을 관할합의의 실체적 문제에도 적용하여야 한다는 견해이다. 사전 관할합의는 대개 특정 거래(실체법상의 계약)와 관련하여 준거법 합의(국제사법상 계약)와 함께 그 거래계약의 한 조항으로 이루어지므로 현실적으로 단일체를 형성하는 세 계약을 하나의 기준에 따라 판단할 필요가 있다는 것이다. 이 견해가 현재의 대세적 흐름에 부합하고 있다.

4) 우리 국제사법

우리 국제사법에 관할합의의 실체적 요건의 준거법에 관한 일반규정이 있는지는 제8조 1항 1호를 어떻게 해석할 것인지에 따라 견해가 나뉠 수 있을 것으로 보

---

34) 하나의 국제거래 계약에는 실체법적 사항 외에 관할조항이나 중재조항 등 절차법적 사항, 준거법조항 등 저촉법적 사항도 포함되는 경우가 많다.

인다. 이를 살펴보면, 이 규정에 따르면 '합의로 지정된 국가의 법(준거법의 지정에 관한 법규를 포함한다)에 따르면 그 합의가 효력이 없는 경우'에는 관할합의는 효력이 없다. 만약 이 규정이 전속재판관할합의의 소송법적 요건으로 보편적으로 요구되고 있는 '관할이 합의된 나라에서 합의에 따른 자국의 국제재판관할을 인정할 것'만을 규정한 것이라고 해석하면 관할합의의 실체적 준거법과는 관련이 없다.[35] 그러나 합의의 유효성 판단의 기준에 합의된 나라의 준거법 지정에 관한 법도 포함시키고 있는 것을 근거로 계약의 준거법에 관한 합의도 여기서 말하는 '합의로 지정된 것'에 포함된다고 하면 이는 결국 학설상의 계약의 준거법설을 채택한 것으로 해석할 수 있다. 개인적으로는 목적론적 관점에서 본 1호 규정에 두 기능을 모두 인정하는 것이 타당하다고 생각한다.

그리고 우리 국제사법은 방식에 관하여는 자체에서 서면방식을 요구하고($\frac{제8조}{2항}$), 나아가 제8조 1항 2호에 행위능력(또는 소송능력)에[36] 관한 특별연결을 간접적으로 표현하는 것으로 해석되는 규정을 두고 있다. 이에 따르면 당사자에게 관할합의의 능력이 없는 경우에는 관할합의가 효력이 없는바, 이는 보통의 법률행위에서와 마찬가지로 능력문제에 관하여는 그 자체의 준거법에 따른다는 것을 분명히 한 규정으로 이해되어야 할 것이다.

유의할 것을 제8조 4항이다. 이 조항에 따르면 관할합의가 전체 계약의 일부 조항의 형태로 되어 있는 경우, 계약 중 다른 조항이 효력이 없더라도 이로 인해 관할합의조항이 영향을 받지 않는다. 그러므로 다른 조항이 무효가 됨으로 인해 발생하는 분쟁에 관하여는 합의에 따른 국제재판관할이 인정된다.

5. 관할합의의 소송법상 요건

국제관할 자체와 마찬가지로 국제관할합의에 대하여 구체적인 규정을 두고 있

---

35) 논리적으로 그 나라에서 합의에 따른 국제관할이 인정되기 위해서는 관할합의가 그 나라의 저촉법이 지정하는 준거법에 따를 때 유효요건을 갖추고 있어야 하는 것은 당연한 것인바. 이 문제는 우리나라에서 관할합의의 실체적 유효성을 판단하는 것과는 별개의 문제이다. 요건대 합의에 따라 전속관할이 인정되기 위해서는 관할이 합의된 나라에서도 합의의 효력을 인정하고 지급 관할합의의 효력이 문제되고 있는 우리나라에서도 합의의 효력이 인정되어야 하고, 그 기준은 관할합의의 실체적 요건의 준거법에 대한 견해에 따라 같을 수도 있고 다를 수도 있다.

36) 행위능력과 소송능력 중 어느 것을 의미하는지 불분명한 바가 있다. 그러나 어느 것이든 당사자의 속인법에 따르게 되므로 차이는 없다.

는 경우는 많지 않으며 대개 관할합의의 소송법적 요건은 학설 판례에 맡겨져 있다. 그런데 많은 나라의 학설과 판례는 병존적 관할합의는 특별한 조건 없이 허용하는 반면 전속관할합의, 특히 자국의 법정관할을 배제하는 외국법원의 전속관할합의의 허용성 및 요건에 대하여는 일정한 조건을 부과하는 공통적인 양상을 보이고 있으며[37] 기본적으로 우리 국제사법도 이런 흐름을 따르고 있다. 외국법원의 전속관할합의가 허용되기 위해 요구되는 요건으로 논의되는 주요 내용은 다음과 같다.

1) 자국 전속관할의 부존재

관할합의의 효력에 관해 판단하는 나라의 법정전속관할이 인정되는 경우에는 다른 나라의 전속관할합의는 허용되지 않는다. 다만 외국의 전속관할이 관할합의로 인하여 영향을 받게 되는 경우에 대하여는 논란이 있을 수 있는데, 우리 국제사법은 이 경우에도 일정한 요건하에 관할합의를 허용하지 않고 있다($\frac{제8조 1}{항 3호}$).

2) 관할합의된 나라가 관할합의를 인정할 것

합의로 지정된 국가의 법에 따를 때 그 합의가 효력이 없는 경우에는 우리나라에서도 합의관할은 인정되지 않는다($\frac{제8조 1}{항 1호}$). 이 요건은 만약 그 나라가 관할합의를 인정하지 않음에도 다른 나라에서 합의의 효력을 인정하면 경우에 따라서는 관할권을 갖는 국가가 없게 되는 상황이 발생할 수 있기 때문에 이런 상황을 방지하기 위한 것이다.

3) 합리적인 관련

사건과 관할이 합의된 나라 사이에 합리적인 관련성이 있어야 한다는 것이다. 그러나 이런 요건을 요구할 것인가, 요구한다면 여기서 말하는 합리적 관련성이 무엇을 의미하는가에 관하여는 실무적으로나 학설상으로나 견해가 일치되어 있지 않다. 그리하여 이를 넓게 이해하여 다른 실질적인 관련이 없더라도 단지 그 나라의 법을 준거법으로 합의한 것만으로 충분하다고 보는 견해가 있는가 하면, 사안과 실질적인 관련성이 있어야 한다는 입장도 있다. 생각건대 합의관할은 어디서 재판을

---

37) 국가별 예에 관하여는 Schütze, 앞의 책, 71면 참조.

받을 것인지에 관한 당사자의 의사를 존중하는 데 그 의미가 있으며 원칙적으로 일방적으로 한 당사자의 의견만 반영될 위험이 크지 않다는 점을 고려할 때, 합리적 관련성을 엄격하게 해석할 필요는 없을 것이다. 그리고 첫 견해를 따를 경우 관할과 준거법이 일치라는 장점도 있기 때문에 다수의 나라에서 현재 많은 지지를 받고 있는 첫 견해에 찬동한다.

우리 국제사법에서는 이 요건은 명시되어 있지 않다.

4) 관할합의 자체가 현저하게 불공정하거나 불합리하지 않을 것

관할합의를 인정하는 것은 국제관할에 관한 사적자치를 인정하는 것이기 때문에, 여기서도 사적자치의 한계에 관한 논리는 그대로 타당하고, 따라서 현저하게 불공정하거나 불합리한 관할합의의 효력은 인정될 수 없다(대법원 1997. 9. 9. 선고 96다20093 판결 등 참조). 이를 소송법상의 공서라 할 수 있는데, 소송법상의 공서는 외국판결과 외국 중재판정의 승인에서도 문제된다.

국제사법 제8조 1항 4호도 이를 명확히 하고 있다.

> **대법원 1997. 9. 9. 선고 96다20093 판결** 대한민국 법원의 관할을 배제하고 외국의 법원을 관할법원으로 하는 전속적인 국제관할의 합의가 유효하기 위하여는, 당해 사건이 대한민국 법원의 전속관할에 속하지 아니하고, 지정된 외국법원이 그 외국법상 당해 사건에 대하여 관할권을 가져야 하는 외에, 당해 사건이 그 외국법원에 대하여 합리적인 관련성을 가질 것이 요구된다고 할 것이고, 한편 전속적인 관할합의가 현저하게 불합리하고 불공정한 경우에는 그 관할 합의는 공서양속에 반하는 법률행위에 해당하는 점에서도 무효이다.

> ※ **기타판례** 대법원 2004. 3. 25. 선고 2001다53349 판결; 대법원 2010. 8. 26. 선고 2010다28185 판결

6. 입 법 례

주요 국가에서의 국제관할에 관한 입장을 자국의 관할을 합의하는 경우를 중심으로 간단히 소개한다.

1) 스위스

칸톤에 따라 차이가 있지만 대개 관할합의에 대하여 관대하다. 즉 어느 나라의 전속관할이 없는 한 재산적 분쟁에서 널리 허용하고 있으며, 스위스의 관할을 합의하는 경우 스위스와의 실질적 관련성을 요구하지 않는 것이 원칙이지만 예외적으로 스위스의 국제관할을 거부할 수 있다고 한다.

2) 오스트리아

오스트리아 역시 국제관할합의에 대해 관대한 입장을 취하고 있다. 요건으로 분쟁이 특정될 것과 명시적 합의를 요구하고 있는데, 명시적이기만 하면 되고 반드시 서면합의가 필요한 것은 아니다.

3) 영 국

영국도 관할합의에 대해 관대한데, 이에는 종래 보험 및 해상 사건에서 중립적인 영국의 법원을 이용하는 경우가 많았던 것에서 오는 영향이 크다고 한다. 묵시적 합의도 허용되지만 이 경우에는 예외적으로 거절도 가능하다.

4) 스웨덴

외국판결의 승인에 있어 엄격한 것과 달리 스웨덴의 법정관할을 배제하는 합의도 허용하는 등 비교적 관대한 입장을 보이고 있다. 요건으로 서면합의, 법률관계의 특정성, 전속관할 위반이 없을 것만을 요구하고 있다.

5) 미 국

애초에는 배제적 합의에 대해 엄격한 규제를 하여 배제적 합의는 공서위반이 될 가능성이 컸지만 forum non convenience 이론이 채용되면서 점차 관할합의에 관한 제한이 완화되었다고 한다. 그리하여 지금은 외국법원에 관한 창설적 합의forum prorogatum가 비합리적이지만 않으면 미국의 법정관할을 배제하는 것도 허용된다고 한다. 요건을 보면 ㉠ 일방에 의한 우월적 지위의 이용, 사기·강박이 없을 것, ㉡

예기하지 못한 소송수행상의 어려움이 수반되지 않을 것, ㉢ forum prorogatum과 합리적인 관계가 있을 것, ㉣ forum prorogatum에서 합의관할을 인정할 것이 요구된다. 그리고 관할합의는 제3자에 대하여는 효력이 없다고 한다. 문제점으로는 소송수행상의 어려움, 합리적인 관계 등 불명확한 개념으로 인해 법적 안정성이 저해될 위험이 있다는 것이 지적되고 있다.

7. 유의할 점

국제관할합의의 장점은 원하지 않고 예견하지 못한 외국에서의 소송을 예방하는 효과와 함께, 원하는 외국에서의 소송을 가능케 하는 수단이 될 수 있다는 것이다. 그러나 실무적으로 유의할 점도 있다. ㉠ 그 관할이 합의된 나라의 판결이 다른 나라에서 승인·집행될 수 있는지 여부를 참작하여야 한다. 이 관점은 실효성 있는 재판의 관점에서 주로 문제되지만, 일부 자국에서 그 판결이 승인될 수 있는 나라의 관할합의만 허용하는 나라도 있어 관할합의의 효력 자체와도 관련이 있다. ㉡ 합의로 법정관할이 배제될 나라의 소송법이 그러한 합의를 허용하는지를 검토할 필요가 있다. 자국의 관할을 합의하는 것은 대개 관대하게 인정하지만 자국의 법정관할을 배제하는 것은 엄격하게 제한하는 나라가 있기 때문에, 사전에 이를 고려하지 않을 경우 뒤에 예기치 못한 나라에서 소송이 진행될 수 있다. ㉢ 관할합의는 본계약과 동일한 언어로 하는 것이 권고된다. 두 언어가 다른 경우 약관규제와 관련하여 관할합의가 계약내용이 되었는지의 문제가 발생할 가능성이 있기 때문이다. 해당 법원은 합의된 나라의 언어로 표시하는 것이 원칙이다.

Ⅶ. 변론관할(응소관할)의 특수문제

대부분의 나라에서는 우리 국제사법에서와 마찬가지로 법정관할이나 합의관할이 없는 경우에도 피고가 국제관할에 대한 이의의 유보 없이 소송에 응한 경우에는 법정지의 관할을 인정하고 있고, 변론관할이 인정되기 위해서는 피고가 본안에 응소할 것이 요구된다고 한다. 그러므로 제소된 나라의 국제관할만을 다툰 경우에는 보통은 응소관할이 인정되지 않는다. 그러나 미국 일부 주에서는 지금도 과거의 영국에서처럼 법원에 출두하는 것 자체를 관할을 인정하는 것으로 보기도 하므로[38] 국제관할을 다툼에 있어서도 주의를 할 필요가 있고, 그런 주에서 소송이 진행되는 것을 원하지 않는 경우에는 일체 응대를 하지 않아야 할 것이다.

> 대법원 1992. 1. 21. 선고 91다14994 판결 선하증권에 이 선하증권으로 인한 소송은 운송인의 주소지인 특정의 외국법원의 전속관할에 속한다는 규정이 있다고 하여도 …… 피고들은 관할위반을 주장한 바 없이 응소하여 본안에 관하여 변론을 한 것이므로 상고심에 이르러 뒤늦게 관할위반의 주장을 할 수도 없다.

※ **기타판례** 대법원 1994. 2. 21. 자 92스26 결정

※ 고려해야 할 기타 소송요건
  – 외국인 또는 외국법인의 당사자능력, 소송능력 등
  – 외국거주 당사자의 담보제공(독 §110 ZPO)
※ 고려해야 할 기타 절차법적 문제
  – 송달
  – 외국에서의 증거조사 등

---

38) 물론 이렇게 인정된 국제관할에 기초한 판결에 대해서는 다른 나라에서 승인 및 집행이 거부될 것이다.

제 3 장

외국판결의 승인과 집행

Ⅰ. 총   설

국내사건의 경우 법원에 의한 재판이 확정되면 분쟁은 궁극적으로 해결되는 데 비해 국제사건의 경우에는 한 나라의 재판이 분쟁에 대한 종국적 해결이 되기 위해서는 그 판결이 다른 나라에서도 효력을 가질 수 있어야 하는 경우가 있고, 이것이 외국법원의 판결의 승인·집행 문제라는 것은 앞에서 설명하였다. 판결의 효력은 원칙적으로 판결국의 주권이 미치는 범위로 제한되고, 효력 범위의 확장을 일반적으로 인정하는 국제규범이 없다. 그러나 이 원칙을 그대로 따르는 것은 국제적 거래 및 교류를 저해하는 요소가 되기 때문에 대부분의 나라에서는 일정한 요건 하에 외국판결의 효력을 인정하고 그에 기초하여 집행도 할 수 있는 길을 열어 주고 있다. 우리나라도 민사소송법 제217조에서 승인에 관한 요건을 규정하고 제217조의2에서 손해배상에 관한 재판의 특칙을 두고 있으며, 민사집행법 제26조와 제27조에서 외국판결의 집행에 관한 규정을 두고 있다.

서울지방법원 1997. 1. 23. 선고 95가합39156 판결 외국법원의 책임제한절차에서의 명령은 그 국가 내에서만 효력을 미치는 것이고, 그 국가와 대한민국 사이에 그에 관한 조약이 체결되었거나 양국이 국제적인 협약에 공동으로 가입하고 있지 아니한 이상, 그 국가의 주권이 미치지 아니하는 대한민국에 대하여까지 그 명령의 효력이 당연히 미치는 것은 아니다.

대법원 2010. 4. 29. 선고 2009다68910 판결 민사집행법 제26조 제1항은 "외국법원의 판결에 기초한 강제집행은 대한민국 법원에서 집행판결로 그 적법함을 선고하여야 한다"라고 규정하고 있다. 여기서 정하여진 집행판결의 제도는, 재판권이 있는 외국의 법원에서 행하여진 판결에서 확인된 당사자의 권리를 우리나라에서 강제적으로 실현하고자 하는 경우에 다시 소를 제기하는 등 이중의 절차를 강요할 필요 없이 그 외국의 판결을 기초로 하되 단지 우리나라에서 그 판결의 강제실현이 허용되는지 여부만을 심사하여 이를 승인하는 집행판결을 얻도록 함으로써 당사자의 원활한 권리실현의 요구를 국가의 독점적·배타적 강제집행권 행사와 조화시켜 그 사이에 적절한 균형을 도모하려는 취지에서 나온 것 ……

Ⅱ. 승인·집행의 일반원칙

1. 승   인

1) 자동적 효력확장의 원칙

외국판결의 승인이란 기판력 등 판결국 소송법이 인정하는 효력이 우리나라에서도 인정되는 것을 말한다. 즉 판결의 효력이 우리나라까지 확장되는 것이다.[1]

그리고 자동승인의 원칙이란 일정한 요건이 갖추어지면 특별한 절차 없이 자동으로 외국판결의 효력이 승인국에도 확장되는 체계를 말한다. 외국판결의 집행과 달리 승인에 관하여는 민사소송법 제217조에서 그 요건을 규정하고 있을 뿐 특별한 절차를 요구하고 있지 않다.

2) ad hoc 심리의 원칙

승인국의 모든 국가기관이 필요에 따라 그때그때 요건의 충족 여부를 심사하도록 하는 것을 ad hoc 심리의 원칙이라고 한다. 예컨대 법원은 소송요건으로서의 중복재판 여부에 관한 판단의 일환으로 승인요건의 존부를 판단할 수 있으며 (민소법 제217조 2항), 기타 국가기관은 예컨대 외국에서의 재판상 이혼에 기초해서 이혼신고가

---

1) 이를 효력확장설이라고 하는데, 이에 따를 경우 외국판결의 기판력이 우리나라 판결의 기판력보다 넓은 경우가 발생할 수 있어 이에 반대하는 견해도 있다.

제출된 경우 그 수리 여부를 판단하기 위해 승인요건을 판단하는 것이다. 이에 비해 통일적 판단을 위해 특정 기관에서 일회적으로 요건 충족 여부를 심사한 후 승인등록을 하는 나라도 있다.

3) 사실상 재심 금지의 원칙

승인요건의 충족 여부를 심사한다는 명목하에 사실상 본안에 대해 다시 판단을 하는 것을 금지하는 원칙이다. 우리나라에서는 민사집행법 제27조 1항에서 외국판결의 집행과 관련하여서만 명문으로 이 원칙을 천명하고 있지만, 승인의 경우에도 이 원칙이 적용된다는 데 대하여 별다른 이론이 없다.

2. 집   행

> **제26조 (외국재판의 강제집행)** ① 외국법원의 확정판결 또는 이와 동일한 효력이 인정되는 재판(이하 "확정재판등"이라 한다)에 기초한 강제집행은 대한민국 법원에서 집행판결로 그 강제집행을 허가하여야 할 수 있다.
> ② 집행판결을 청구하는 소(訴)는 채무자의 보통재판적이 있는 곳의 지방법원이 관할하며, 보통재판적이 없는 때에는 민사소송법 제11조의 규정에 따라 채무자에 대한 소를 관할하는 법원이 관할한다.

1) 집행판결의 필요성

효력의 자동적 확장을 의미하는 승인과 달리 외국판결에 대한 집행을 위해서는 집행국에서의 집행판결을 요구하는 것이 보통이며, 우리 민사집행법 제26조 1항도 이를 따르고 있다. 즉 우리나라에서 외국판결의 집행을 원하는 자는 집행판결청구소송을 제기하여 집행판결로 허가를 얻어야 한다. 집행판결을 청구하는 소는 채무자의 보통재판적이 있는 곳(결국 피고의 주소지 등)의 지방법원에 제기하여야 하고, 보통재판적이 없는 경우에는 민사소송법 제11조의 규정에 따라 채무자에 대한 소를 관할하는 법원이 관할한다(민집법 제26조 2항).

> 대법원 1982. 12. 28. 선고 82므25 판결 집행판결을 청구하는 대상이 된 외국판결이 가사심판법 제2조에 정한 가정법원의 심판사항을 내용으로 한 것이라 하여 그 소가 반드시 가정법원의 관할에 속하는 것으로 해석하여야만 할 이유도 없다.

2) 사실상 재심 금지

집행판결소송에서는 본안을 사실상 다시 심사하여 외국재판의 당부를 판단해서는 안 된다(민집법 제27조 1항). 단 외국에서 판결이 내려진 이후에 발생한 사유(변제 등)는 집행판결청구소송에서 주장할 수 있고 그런 주장이 있을 경우 이를 고려할 수 있다(대법원 2003. 4. 11. 선고 2001다20134 판결 참조).

> **대법원 2020. 7. 23. 선고 2017다224906 판결**   민사집행법 제26조, 제27조에서 규정하는 집행판결은 외국판결의 옳고 그름을 조사하지 않은 채 민사소송법에서 정하는 승인?집행의 요건을 갖추고 있는지 여부만을 심사하여 집행력을 부여하는 것으로서, 그 소송물은 외국판결을 근거로 우리나라에서 집행력의 부여를 구하는 청구권이고, 외국판결의 기초가 되는 실체적 청구권이 아니다. 미합중국 캘리포니아주 법원에서 2009. 7. 30. 선고된 외국판결에 대한 확정된 집행판결의 기판력은 위 외국판결을 국내에서 강제집행할 수 있다는 판단에 관하여만 발생하므로, 위 외국판결 중 재산분할 부분이 취소되었음을 이유로 하여 이 사건 부동산에 관한 소유권이전등기의 말소를 구하는 이 사건 청구가 위 집행판결의 기판력에 저촉되지 않는다.

Ⅲ. 승인의 요건

제217조 (외국재판의 승인) ① 외국법원의 확정판결 또는 이와 동일한 효력이 인정되는 재판(이하 "확정재판등"이라 한다)은 다음 각호의 요건을 모두 갖추어야 승인된다.
1. 대한민국의 법령 또는 조약에 따른 국제재판관할의 원칙상 그 외국법원의 국제재판관할권이 인정될 것
2. 패소한 피고가 소장 또는 이에 준하는 서면 및 기일통지서나 명령을 적법한 방식에 따라 방어에 필요한 시간여유를 두고 송달받았거나(공시송달이나 이와 비슷한 송달에 의한 경우를 제외한다) 송달받지 아니하였더라도 소송에 응하였을 것
3. 그 확정재판등의 내용 및 소송절차에 비추어 그 확정재판등의 승인이 대한민국의 선량한 풍속이나 그 밖의 사회질서에 어긋나지 아니할 것
4. 상호보증이 있거나 대한민국과 그 외국법원이 속하는 국가에 있어 확정재판등의 승인요건이 현저히 균형을 상실하지 아니하고 중요한 점에서 실질적으로 차이가 없을 것
② 법원은 제1항의 요건이 충족되었는지에 관하여 직권으로 조사하여야 한다.

제217조의2 (손해배상에 관한 확정재판등의 승인) ① 법원은 손해배상에 관한 확정재판등이 대한민국의 법률 또는 대한민국이 체결한 국제조약의 기본질서에 현저히 반하는 결과를

초래할 경우에는 해당 확정재판등의 전부 또는 일부를 승인할 수 없다.

② 법원은 제1항의 요건을 심리할 때에는 외국법원이 인정한 손해배상의 범위에 변호사보수를 비롯한 소송과 관련된 비용과 경비가 포함되는지와 그 범위를 고려하여야 한다.

외국판결의 일반적 승인요건은 민사소송법 제217조에 규정되어 있다. 그러나 거기서 명시적으로 언급된 사항 외에도 이론적으로나 논리적으로 요구되는 사항도 있다.

1. 판결국에 국제관할이 있을 것

판결국이 우리나라의 법이나 또는 우리나라에서 효력이 있는 국제조약의 국제관할에 관한 원칙상 사안에 대해 국제관할을 가지고 있어야 한다(민소법 제217조 제1항 1호). 이것이 이른바 승인관할의 문제이며, 판단의 기준은 국제관할에 관한 우리나라의 법령과 조약이다. 그러므로 만약 판결국에서 우리나라의 국제관할에 관한 기준이 적용된다고 가정한다면 국제관할의 결여로 재판을 하지 않았어야 했을 사안이라는 평가가 나오는 경우에는 판결국의 승인관할이 부인되고 따라서 우리나라에서의 승인도 불가능하다.

> 대법원 1988. 4. 12. 선고 85므71 판결 (구)민사소송법 제203조 제1호의 규정취지는 우리나라에서 외국판결을 승인하기 위하여는 그 판결을 한 외국법원이 당해사건에 관하여 우리나라의 법률 또는 조약 등에 의한 국제재판관할원칙에 따라 국제재판관할권을 가지고 있음이 인정되어야 한다는 것으로 풀이되고 위 법조항은 외국법원의 이혼판결에도 적용된다.

> 서울가정법원 1996. 7. 16. 선고 96드5333 판결 외국법원의 이혼판결을 승인하기 위하여는 그 판결을 한 외국법원이 당해 사건에 관하여 우리나라에서 인정될 수 있는 국제재판관할권을 가지고 있어야 하고, 섭외이혼 사건의 국제재판관할권은 원칙적으로 피고 주소지주의에 의한다.

※ **기타판례** 대법원 1995. 11. 21. 선고 93다39607 판결

2. 민·상사 사건

여기서 승인의 대상으로 문제되는 외국판결은 민사와 상사 사건으로 국한된다. 명시적으로 언급된 요건은 아니지만 당연한 것으로 이해되고 있다.

3. 외국법원의 확정판결

승인 대상은 외국법원의 확정판결 및 확정판결과 동일한 효력이 있는 재판이다. 여기서 외국법원이라 함은 그 나라의 법에 의할 때 사법권을 행사하는 기관을 의미한다. 그러므로 대안적 분쟁해결수단인 중재판정은 여기에 포함되지 않지만, 교회의 이혼판결은 여기서의 승인대상이 될 수도 있다.

확정판결은 그 나라의 법에 의할 때 정상적인 방법으로는 더 이상 다툴 수 없는 상태에 있는 것을 말한다. 재판상 화해 등 확정판결과 동일한 효력이 있는 사항도 승인의 대상이 되는지가 한때 문제되었으나 지금은 민소법 제217조 1항에서 이를 명문으로 밝히고 있다.

> **제주지방법원 1998. 5. 28. 선고 97가합2982 판결** 일본 민사소송법 제267조에 의하면 인낙조서는 확정판결과 동일한 효력을 가지고 있으므로 일본국 재판소의 인낙조서를 외국법원의 확정판결에 준하여 집행판결의 대상으로 볼 수 있다.
>
> **대법원 2010. 4. 29. 선고 2009다68910 판결** '외국법원의 판결'이라고 함은 재판권을 가지는 외국의 사법기관이 그 권한에 기하여 사법상(私法上)의 법률관계에 관하여 대립적 당사자에 대한 상호간의 심문이 보장된 절차에서 종국적으로 한 재판으로서 구체적 급부의 이행 등 그 강제적 실현에 적합한 내용을 가지는 것을 의미하고, 그 재판의 명칭이나 형식 등이 어떠한지는 문제되지 아니한다 …… 캘리포니아주 구 민사소송법 제1132조 내지 제1134조에서 규정하는 이른바 승인판결(confession judgment 또는 judgment by confession)은 법원이 당사자 상호간의 심문이 보장된 사법절차에서 종국적으로 한 재판이라고 할 수 없다.

4. 상호적 보증이 있을 것

여기서 상호보증이 있을 것이라 함은 지금 승인이 문제되고 있는 재판이 행해진 나라가 우리 법원의 판결을 우리와 실질적으로 동일하거나 보다 완화된 조건으로 승인하는 것을 말한다. 이를 위해 그 나라에서 우리나라 판결이 승인된 전례까지 있어야 하는 것은 아니며, 판결국의 관련 규정을 볼 때 승인될 가능성이 있으면 된다. 다만 그 나라의 승인요건이 우리보다 본질적으로 엄격해서는 안 된다.

상호보증 요건에 관하여 우리 판례는 이를 제한적으로만 인정하던 입장에서 점차 인정되는 범위를 확대해나가는 경향을 보이고 있다.

대법원 2004. 10. 28. 선고 2002다74213 판결 우리나라와 외국 사이에 동종 판결의 승인요건이 현저히 균형을 상실하지 아니하고 외국에서 정한 요건이 우리나라에서 정한 그것보다 전체로서 과중하지 아니하며 중요한 점에서 실질적으로 거의 차이가 없는 정도라면 민사소송법 제217조 제4호에서 정하는 상호보증의 요건을 구비하였다고 봄이 상당하고, 또한 이와 같은 상호의 보증은 외국의 법령, 판례 및 관례 등에 의하여 승인요건을 비교하여 인정되면 충분하고 반드시 당사국과의 조약이 체결되어 있을 필요는 없으며, 당해 외국에서 구체적으로 우리 나라의 동종 판결을 승인한 사례가 없더라도 실제로 승인할 것이라고 기대할 수 있는 상태이면 충분하다 할 것이고, 이와 같은 상호의 보증이 있다는 사실은 법원이 직권으로 조사하여야 하는 사항(미합중국 자치령인 북마리아나 제도 사이에 상호보증이 존재하는지 여부에 대한 심리미진을 이유로 원심판결을 파기한 사례).

대법원 2017. 5. 30. 선고 2012다23832 판결 민사소송법 제217조 제1항 제4호는 외국법원의 확정재판 등의 승인요건으로 '상호보증이 있거나 대한민국과 그 외국법원이 속하는 국가에 있어 확정재판 등의 승인요건이 현저히 균형을 상실하지 아니하고 중요한 점에서 실질적으로 차이가 없을 것'을 규정하고 있다. 이에 의하면 우리나라와 외국 사이에 동종 판결의 승인요건이 현저히 균형을 상실하지 아니하고 외국에서 정한 요건이 우리나라에서 정한 그것보다 전체로서 과중하지 아니하며 중요한 점에서 실질적으로 거의 차이가 없는 정도라면 민사소송법 제217조 제1항 제4호에서 정하는 상호보증의 요건을 갖춘 것으로 보아야 한다. 이러한 상호보증은 외국의 법령, 판례 및 관례 등에 의하여 승인요건을 비교하여 인정되면 충분하고 반드시 당사국과 조약이 체결되어 있을 필요는 없으며, 해당 외국에서 구체적으로 우리나라의 같은 종류의 판결을 승인한 사례가 없다고 하더라도 실제로 승인할 것이라고 기대할 수 있을 정도이면 충분하다.

※ 상호보증 요건을 부인한 판례: 대법원 1971. 10. 22. 선고 71다1393 판결(미국 전반에 대해 상호보증 부인); 대법원 1987. 4. 28. 85다카1767 판결(호주의 제정법과 보통법상의 상호보증 부인)

※ 상호보증 요건을 인정한 판례: 대법원 1989. 3. 14. 선고 88므184,88므191 판결(미국 뉴욕 주); 제주지방법원 1998. 5. 28. 선고 97가합2982 판결(일본); 대법원 2009. 6. 25. 선고 2009다22952 판결(캐나다 온타리오 주); 대법원 2013. 2. 15. 선고 2012므66,73 판결(미국 오레곤 주); 대법원 2016. 1. 28. 선고 2015다207747 판결(미국 켄터키 주); 대법원 2017. 5. 30. 선고 2012다23832 판결(미국 캘리포니아 주)

5. 소극적 승인요건

1) 패소한 피고에게 소장 등이 공시송달 외의 방법으로 송달되었을 것

이는 소송에서 수동적인 위치에 있는 피고의 방어기회를 확보하기 위한 요건이다. 그러므로 정상적으로 소장을 송달받지 않았더라고 피고가 응소를 한 경우에는 방어기회가 확보되어 있으므로 승인의 장애사유가 되지 않는다. 또한 피고가 도피 등의 방법으로 정상적인 송달을 불가능하게 한 때에는 예외적으로 승인이 인정될 수 있다는 판례도 있다(유아인도사건).

외국에서의 송달은 간접송달을 원칙으로 한다. 즉 외교경로를 통해 송달을 받아야 할 자가 있는 나라의 관련 기관에 의뢰를 해서 송달을 해야 한다. 이에 대해 예컨대 송달되어야 할 나라에 주재해 있는 우리나라의 외교관을 통해 전달이 되는 경우를 직접송달이라고 하는 데, 직접송달은 승인거부사유가 될 수 있고 실제로 우리 법원에 의해 승인이 거부된 예가 있다.

> 대법원 1989. 3. 14. 선고 88므184,88므191 판결 뉴욕 주 법원의 판결절차가 공시 송달에 의하지 않고 청구인이 소송대리인을 선임하여 진행된 것이며 …… (구)민사 소송법 제203조 제2호의 요건을 구비하지 아니하였다.

> 대법원 1992. 7. 14. 선고 92다2585 판결 이때의 송달이란 보충송달이나 우편송달 이 아닌 통상의 송달방법에 의한 송달을 의미하며, 그 송달은 적법한 것이라야 한 다 …… 영사관계에관한비엔나협약 제5조 제이(j)항에는 파견국 영사는 파견국 법 원을 위하여 소송서류 또는 소송 이외의 서류를 송달할 수 있도록 되어 있으나, 이는 자국민에 대하여서만 가능한 것이고, 우리나라와 영사관계가 있더라도 송달 을 받을 자가 자국민이 아닌 경우에는 영사에 의한 직접실시방식을 취하지 않는 것이 국제예양이며, 위 협약에 가입하고 있는 국가라 할지라도 명시적으로 위 방 식에 대한 이의를 표시하고 있는 경우에는 이에 의할 수없는 것.

> 대법원 2010. 7. 22. 선고 2008다31089 판결 패소한 피고가 이러한 소환장 등을 적 법한 방식에 따라 송달받았을 것을 요구하는 것은 소송에서 방어의 기회를 얻지 못하고 패소한 피고를 보호하려는 것에 그 목적이 있는 것이므로 법정지인 판결국 에서 피고에게 방어할 기회를 부여하기 위하여 규정한 송달에 관한 방식, 절차를 따르지 아니한 경우에는 여기에서 말하는 적법한 방식에 따른 송달이 이루어졌다 고 할 수 없다.

※ **기타판례** 서울가정법원 1993. 12. 9. 선고 92드68848 판결; 대법원 1997. 9. 9. 선고 96다47517 판결; 서울가정법원 1997. 10. 24. 선고 96드73619 판결; 대법원 2016. 1. 28. 선고 2015다207747 판결

2) 외국판결이 우리의 공서에 위반되지 않을 것

우리의 공서에 반하는 결과를 가져오는 외국법의 적용이 거부되는 것과 궤를 같이하여, 우리의 공서에 반하는 외국판결은 승인이 되지 않는다. 여기서 공서라 함은 실체법적 공서와 절차법적 공서를 모두 포함한다. 그러므로 우리나라 민사절차법의 기본원리에 반하는 절차에 따라 내려진 외국판결이나, 판단의 근거나 결과가 우리 실체법의 공서에 반하는 외국의 판결은 승인을 받을 수 없다.

공서위반 여부를 판단하기 위하여 검토되어야 할 대상에 대하여는 판결주문만이 대상이라는 견해와 판결이유도 포함된다는 견해가 있다. 예컨대 미국의 손해배상 판결의 경우 판결이유를 보지 않으면 이른바 3배 소송으로서 승인이 거부되어야 할지 여부를 알 수 없는바, 판결이유도 심사대상에 포함된다는 견해가 타당할 것이다.

그런데 판결이유까지 검토하는 경우에는 사후재심 금지의 원칙과의 충돌이 문제될 수 있다. 생각건대 절차의 합법성, 증거채택의 당부, 사실인정과 법해석의 당부 등 판결에 대한 전반적 당부를 심사하는 것이 아니라 공서위반 여부를 판단하는 데 필요한 범위에서 판결이유를 고려하는 것은 이 금지에 위반되지 않는다고 하여야 할 것이다.

공서위반과 관련되는 특수한 사항으로, 한 나라에서 다른 나라에서의 소송계속 내지 판결을 무시하고 판결이 내려진 경우의 취급이라는 문제가 있다. 이 문제를 경우에 따라 구별하여 살펴보면, ㉠ 먼저 어떤 사유로 국내외에서 서로 충돌하는 판결이 내려져 확정된 경우,[2] 다수의 견해는 외국판결이 우리의 공서에 위반되는 것이라고 하며 특히 이때 소송계속 또는 판결의 선후는 문제되지 않는다고 한다. 이에 대해 우리나라에서 재심사유가 있는 것이 된다는 견해, 시간에서 앞선 소송계속을 존중해야 한다는 견해가 있다. 마지막 견해에 따르면 우리나라 판결이 시간적

---

2) 국제사법 제11조 1항과 3항이 신설됨으로써 이런 상황이 발생할 가능성이 줄어들기는 하였지만 외국의 태도에 따라서는 여전히 있을 수 있다.

순서에서 앞서면 외국판결의 승인이 거부되고, 둘 이상의 외국판결이 충돌하는 때에는 시간적으로 앞서는 판결이 승인되는데, 여기까지는 문제가 없다. 그런데 이 견해에서도 시간적으로 앞서는 외국판결과 뒤지는 우리나라 판결이 충돌되는 때에도 외국판결은 승인될 수 없다고 한다. 그러나 국제사법 제11조 1항, 3항의 취지를 고려할 때 무조건 우리 판결을 우선시키는 것에는 문제가 있다고 생각된다. ⓛ 우리나라에서 소송계속중인 사건에 대해 외국에서 먼저 판결이 내려진 경우에는 국제사법 제11조 1항의 취지를 고려할 때 다시 경우를 나누어야 할 것이다. 즉 외국에서 먼저 소가 제기된 경우에는 외국판결의 승인에 아무런 문제가 없지만, 우리나라에서 재판절차가 진행중임에도 불구하고 외국에서 다시 소가 제기되고 먼저 판결이 내려진 경우에는 승인이 거부될 수도 있으며, 그 근거로는 승인관할의 부존재 또는 절차법상의 공서위반이 고려될 수 있을 것이다.

■ 절차법적 공서에 관한 판례

　　대법원 1997. 9. 9. 선고 96다47517 판결　외국판결의 성립절차가 대한민국 국민인 피고의 방어권을 현저히 침해한 경우에는 절차에 관한 선량한 풍속 기타 사회질서 위반으로 우리 나라에서 승인 또는 집행될 수 없다고 할 것 …… 원고가 처음부터 한국에 있는 피고를 상대로 소송을 제기한 것이 아니라 미국에 거주하는 피고에게 소장 및 소환장을 송달하였는데 피고가 특별한 사정　없이 응소하지 않고 한국으로 귀국한 것이므로 원격지 법원에의 제소로 인한 방어권 침해가 있었음을 주장할 수가 없고 …… 미국판결은 미국법상 결석판결에 의하여 불확정손해의 배상을 구함에 있어 요구되는 제반 절차를 제대로 거쳐 성립된 것.

　　대법원 2004. 10. 28. 선고 2002다74213 판결　외국판결의 내용 자체가 선량한 풍속이나 그 밖의 사회질서에 어긋나는 경우뿐만 아니라 그 외국판결의 성립절차에 있어서 선량한 풍속이나 그 밖의 사회질서에 어긋나는 경우도 승인 및 집행을 거부할 사유에 포함된다 …… 사기적인 방법으로 편취한 판결인지 여부를 심리한다는 명목으로 실질적으로 외국판결의 옳고 그름을 전면적으로 재심사하는 것은 외국판결에 대하여 별도의 집행판결제도를 둔 취지에도 반하는 것이어서 허용할 수 없으므로, 위조·변조 내지는 폐기된 서류를 사용하였다거나 위증을 이용하는 것과 같은 사기적인 방법으로 외국판결을 얻었다는 사유는 원칙적으로 승인 및 집행을 거부할 사유가 될 수 없고 다만 …… 피고가 판결국 법정에서 위와 같은 사기적인 사유를 주장할 수 없었고 또한 처벌받을 사기적인 행위에 대하여 유죄의 판결과 같은 고도의 증명이 있는 경우에 한하여 승인 또는 집행을 구하는 외국판결을 무효화하는 별도의 절차를 당해 판결국에서 거치지 아니하였다 할지라도 바로 우리 나라에서 승인 내지 집행을 거부할 수는 있다.

대법원 2012. 5. 24. 선고 2009다68620 판결　외국판결의 승인이 대한민국의 국내법질서가 보호하려는 기본적인 도덕적 신념과 사회질서에 미치는 영향을 외국판결이 다룬 사안과 대한민국과의 관련성의 정도에 비추어 판단하여야 하고, 이때 그 외국판결의 주문뿐 아니라 이유 및 외국판결을 승인할 경우 발생할 결과까지 종합하여 검토하여야.

■ **실체법상 공서에 관한 판례**

서울지방법원 동부지원 1995. 2. 10. 선고 93가합19069 판결　불법행위의 효과로 손해의 전보만을 인정하는 우리의 민사법 체계에서 인정되지 아니하는 형벌적 성질을 갖는 배상형태로서 우리 나라의 공서양속에 반할 수 있다.

대법원 2016. 1. 28. 선고 2015다207747 판결　민사소송법 제217조의2 제1항은 …… 징벌적 손해배상과 같이 손해전보의 범위를 초과하는 배상액의 지급을 명한 외국법원의 확정재판 등의 승인을 적정범위로 제한하기 위하여 마련된 규정이다. 따라서 외국법원의 확정재판 등이 당사자가 실제로 입은 손해를 전보하는 손해배상을 명하는 경우에는 민사소송법 제217조의2 제1항을 근거로 승인을 제한할 수 없다.

대법원 2022. 3. 11. 선고 2018다231550 판결　우리나라 손해배상제도가 손해전보를 원칙으로 하면서도 개별 법률을 통해 특정 영역에서 그에 해당하는 특수한 사정에 맞게 손해전보의 범위를 초과하는 손해배상을 허용하고 있는 점에 비추어 보면, 손해전보의 범위를 초과하는 손해배상을 명하는 외국재판이 손해배상의 원인으로 삼은 행위가 적어도 우리나라에서 손해전보의 범위를 초과하는 손해배상을 허용하는 개별 법률의 규율 영역에 속하는 경우에는 그 외국재판을 승인하는 것이 손해배상 관련 법률의 기본질서에 현저히 위배되어 허용될 수 없는 정도라고 보기 어렵다.

■ **내외판결충돌과 외국에서의 소송에 관한 판례**

대법원 1987. 4. 14. 선고 86므57,86므58 판결　외국의 확정판결이 우리나라에서 승인의 요건이 구비되어 그 판결의 효력이 인정됨으로써 청구인의 이 사건 심판청구가 그 판결의 기판력에 저촉되는지 여부에 관하여 심리, 판단했어야 할텐데 이에 이르지 아니하고 그 판단마저 빠뜨린 것은 잘못이라 할 것.

대법원 1994. 5. 10. 선고 93므1051,1068 판결　동일 사건에 관하여 대한민국에서 판결이 확정된 후에 다시 외국에서 판결이 선고되어 확정되었다면 그 외국판결은 대한민국판결의 기판력에 저촉되는 것으로서 대한민국의 선량한 풍속 기타 사회질서에 위반되어 민사소송법 제203조 제3호에 정해진 외국판결의 승인요건을 흠결한 경우에 해당.

대법원 2012. 5. 24. 선고 2009다22549 판결 동일한 청구원인으로 일본국에서 제기한 소송의 패소확정판결 …… 일본판결을 그대로 승인하는 결과는 그 자체로 대한민국의 선량한 풍속이나 그 밖의 사회질서에 어긋나는 것임이 분명하므로 우리나라에서 일본판결을 승인하여 효력을 인정할 수 없는데도, 이와 달리 본 원심판결에 법리오해의 위법이 있다.

※ **기타판례** 서울가정법원 1996. 11. 1. 선고 95드27138,63979 판결; 서울가정법원 1997. 10. 24. 선고 96드73619 판결; 부산지방법원 2007. 2. 2. 선고 2000가합7960 판결; 부산고등법원 2009. 2. 3. 선고 2007나4288 판결; 서울가정법원 2014. 6. 27. 선고 2013드단91378 판결; 대법원 2015. 10. 15. 선고 2015다1284 판결

Ⅳ. 집행의 요건

> **제27조 (집행판결)** ① 집행판결은 재판의 옳고 그름을 조사하지 아니하고 하여야한다.
> ② 집행판결을 청구하는 소는 다음 각호 가운데 어느 하나에 해당하면 각하하여야 한다.
> 1. 외국법원의 확정재판등이 확정된 것을 증명하지 아니한 때
> 2. 외국법원의 확정재판등이 민사소송법 제217조의 조건을 갖추지 아니한 때

외국판결이 우리나라에서 집행될 수 있기 위해서는(집행판결 청구의 소가 인용되기 위한 요건은) 기본적으로 승인의 요건이 갖추어져 있는 것이다(민집법 제27조 2항 2호). 민사집행법 제27조 2항 1호에서 소극적 요건으로 외국법원의 확정재판 등이 확정된 것이 증명되지 아니한 경우를 들고 있지만 승인의 대상이 되기 위해서는 외국판결이 확정되어야 하므로 이 요건이 특별한 의미를 갖는 것은 아니다.

대법원 2017. 5. 30. 선고 2012다23832 판결 '외국법원의 확정재판 등'이라고 함은 재판권을 가지는 외국의 사법기관이 그 권한에 기하여 사법상의 법률관계에 관하여 대립적 당사자에 대한 상호 간의 심문이 보장된 절차에서 종국적으로 한 재판으로서 구체적 급부의 이행 등 강제적 실현에 적합한 내용을 가지는 것을 의미 …… 미국법원은 손해배상Damages이 채권자에게 적절한 구제수단이 될 수 없는 경

우에 형평법equity에 따라 법원의 재량에 의하여 계약에서 정한 의무 자체의 이행을 명하는 특정이행 명령decree of specific performance을 할 수 있는데, 특정이행 명령을 집행하기 위해서는 그 대상이 되는 계약상 의무가 충분히 구체적이고 명확하지 않으면 아니 된다(캘리포니아주 민법 제 3390조 제5호 참조). 이러한 특정이행 명령의 법적 성격과 우리나라의 민사소송법 및 민사집행법에 규정된 외국판결의 승인과 집행에 관한 입법 취지를 함께 살펴보면, 확정판결 또는 이와 동일한 효력이 인정되는 재판(이하 '확정재판 등'이라고 한다) 등에 표시된 특정이행 명령의 형식 및 기재 방식이 우리나라 판결의 주문 형식이나 기재 방식과 상이하다 하더라도, 집행국인 우리나라 법원으로서는 민사집행법에 따라 외국법원의 확정재판 등에 의한 집행과 같거나 비슷한 정도의 법적구제를 제공하는 것이 원칙이라고 할 것이다. 그러나 특정이행 명령의 대상이 되는 계약상 의무가 충분히 특정되지 못하여 판결국인 미국에서도 곧바로 강제적으로 실현하기가 어렵다면, 우리나라 법원에서도 강제집행을 허가하여서는 아니 된다.

제 4 장

외국에서의 소송

Ⅰ. 외국에서 하는 소송의 특수성

외국에서 소송을 수행하는 데는 여러 어려움이 따른다. 우선 외국에서의 소송은 국내에서의 소송보다 많은 시간과 비용이 들 수 있다. 그리고 익숙하지 않은 재판 절차로 인하여 소송에서 불리한 위치에 놓일 가능성이 있다. 또한 언어적인 어려움과 함께 변호사 선임 등 전문가의 조력을 받는 데도 장애가 있을 수 있다. 끝으로 외국에서 소송이 진행되는 경우 현실적으로 피하기 어려운 법정지법 경향으로 인해 외국법이 준거법이 될 가능성도 커진다.

Ⅱ. 외국에서의 소송을 방지하기 위한 수단

이처럼 여러 가지 어려움이 수반될 수 있는 외국에서의 소송을 사전에 방지하는 방법으로는 첫째 우리나라 법원에 대한 전속관할합의를 통하여 외국법원의 관할을 배제하는 것을 검토할 수 있다. 그리고 우리나라 법원의 전속관할합의를 하지 못하더라도 관할합의를 통하여 최소한 자신에게 불리한 나라에서의 소송은 피할 수 있다.

다음으로 국내 또는 외국에서의 중재합의를 통하여 외국법원에서의 소송을 피하는 것도 하나의 방법이 될 수 있다. 중재합의의 경우에는 중재만이 갖는 장점을 살릴 수 있다는 장점도 있다.

영미법계 등 몇몇 나라에서는 외국에서의 소송을 중지할 것을 청구하는 소를 인정하기도 한다. 그러나 이런 제도가 없더라도 먼저 국내에서 소를 제기함으로써 외국의 소송을 방지하는 효과를 거둘 수도 있다.

Ⅲ. 내국에서의 소제기

1. 서

자신을 상대로 하는 소가 외국에서 제기될 염려가 있는 경우에는 채무 또는 법률관계의 부존재의 확인을 구하는 소를 국내에서 먼저 제기하는 것을 고려할 수 있다. 이 경우 외국에서의 반응은 두 가지가 예상되는데, 만약 외국에서 우리나라에서의 소송계속을 존중하는 입장을 취하고 있다면 시간적으로 뒤에 제기된 외국에서의 소는 각하될 것이다. 그러나 만약 외국에서 국내의 소송절차를 무시하는 경우에는[1] 사실상 이중의 소송절차는 불가피하다. 다만 외국판결과 내국판결이 충돌하는 경우에 판결이나 제소 시점의 선후와 관계없이 자국의 판결을 우선시하는 것이 대부분의 나라에서 취하고 있는 태도이므로 외국의 소송에서 패소하더라도 외국판결이 국내에서 승인·집행되는 것을 방지할 수는 있다.[2]

2. 국내에서의 소송계속이 외국에서 소송요건 결여의 사유가 되는 경우

국내에서의 이중 소송과 달리 외국에서 소송이 진행 중인 경우에는, 상호주의에 입각하여 시간적으로 앞선 자국에서의 소송계속을 존중하는 나라에 대한 관계에서만 그 외국에서의 앞선 소송을 존중해 주는 나라가 있는데, 이러한 상호주의가 적용되는 나라 사이에는 국내에서 먼저 소송을 제기하는 것이 외국에서의 소송을 방지하는 수단이 될 수 있다.

---

1) 외국판결을 승인하지 않는 나라에서는 외국에서의 소송계속도 존중하지 않는 것이 당연히 예상되지만, 외국판결의 승인은 인정하면서도 소송계속은 고려하지 않는 나라도 있다고 한다(Schütze, 앞의 책, 195면 참조).

2) An, Internationales Schuldvertragsrecht, 187-188면. 여러 학설의 소개로는 석광현, 국제민사소송법, 192면 이하 참조. 비교법에 관하여는 Schütze, 앞의 책, 195면 이하(고려하지 않는 나라), 200면 이하(고려하는 나라) 참조.

그리고 외국에서의 소송계속을 존중할 의무를 부과하는 조약도 있는데 우리나라와의 관계에서 적용되는 조약은 현재까지 없다.

그런데 많은 나라에서는 이 문제를 법규범보다는 학설과 판례를 통해 해결하고 있다. 먼저 외국에서의 소송계속을 원칙적으로 존중하는 나라를 보면, 외국에서 내려질 판결이 자국에서 승인될 가능성이 인정되는 경우에 외국의 소송계속을 존중한다(독일, 스위스, 오스트리아, 대법원 2012. 5. 24. 선고 2009다22549 판결). 이에 비해 외국판결의 승인은 인정하지만 외국에서의 소송계속을 존중하는 데는 소극적인 나라가 있는데, 예컨대 프랑스에서는 피고가 국내에서의 특권을 포기한 때에만 예외적으로 외국에서의 소송계속을 존중한다. 그리고 영국에서는 영국에서의 두 번째 소송이 억압적이고 그로 인해 회복 불가능한 손해의 위험이 있는 때에만 예외적으로 앞선 외국의 소송을 존중하고, 미국의 경우에는 미국에서의 두 번째 소송이 부당하거나 form non convenience에 해당하는 경우에 예외적으로 외국의 소송을 존중한다.

제 5 장

국제중재

Ⅰ. 총 설

1. 의 의

중재는 재산권상의 분쟁 및 당사자가 화해에 의하여 해결할 수 있는 비재산권상의 분쟁을 중립적인 제3자의 판단에 맡겨 해결하는 것을 말한다(중재법 제 3조 1호). 즉 제3자(중재인)가 중립적인 입장에서 합당하다고 판단한 바에 따라 분쟁을 종결하는 것이다. 국가법원에 의한 재판이 엄격한 규범적 판단을 기초로 하여 분쟁을 해결하는 것에 비하여 중재의 경우에는 분쟁의 해결에 있어 반드시 규범적 판단에만 따라야 하는 것은 아니다. 그리고 화해의 경우에는 쌍방 당사자가 서로 양보하는 것이 분쟁해결에 있어서의 핵심적 내용이지만 중재의 경우에는 이런 요소가 없다.

2. 장 점

분쟁해결 수단으로서 중재는 재판이 갖지 못하는 여러 장점이 있다고 평가된다.[1] ㉠ 판사가 기본적으로 법률만의 전문가인 것에 비하여 중재의 경우에는 관련 전문가도 중재인이 될 수 있어 분야별 특성을 고려한 합리적 판단을 분쟁해결의 기준으로 삼을 수 있다. ㉡ 절차가 재판의 경우보다 유연하다. 예컨대 재판과 같이

---

1) 국제사건에서 중재를 선호하는 이유에 대하여는 Schütze, 앞의 책, 214면 이하 참조.

엄격한 절차가 지켜져야 하는 것이 아니며 절차에 사용될 언어도 합의에 의해 정할 수 있다(중재법 제20조 이하, 제23조 참조). ㉢ 외국중재판정에 대한 승인·집행의 가능성이 크다. 중재는 당사자가 재판권청구권을 포기한 경우에 해당하여 국가주권의 충돌이라는 관점이 끼어들 여지가 적고, 승인·집행에 관한 조약이 확립되어 있다. ㉣ 법원에 의한 재판이 공정하기 위해서는 그 국가에서 공정한 민사소송절차가 보장되어 있어야 하는바, 이러한 조건이 갖추어지지 않은 나라에서의 재판을 회피함으로써 법치국가적 권리보장을 실현할 수 있다.[2]

나아가 오늘날에는 중재제도가 넓은 범위에서 통일되어가고 있다는 점도 의미가 있다. 1985년 UN이 회원국에게 국제중재에 관한 UNCITRAL 모델법을 채용할 것을 권고한 이후 많은 나라가 직·간접적으로 이 모델법을 받아들이고 있고, 우리나라도 한 예이다.

Ⅱ. 중재합의

1. 의의·종류·효과

1) 의　의

중재합의란 일정한 법률관계에 관하여 당사자 간에 이미 발생하였거나 앞으로 발생할 수 있는 분쟁의 전부 또는 일부를 중재에 의하여 해결하도록 하는 당사자 간의 합의를(중재법 제3조 2호) 말하며, 중재합의는 계약상의 분쟁이 아닌 경우에도 가능하다.

> 대법원 1990. 4. 10. 선고 89다카20252 판결　계약서 뒷면의 조건 중 제13조에는 '본 계약의 효력, 해석 및 이행은 영국법에 따라 규율되며, 그 효력, 해석 및 이행을 포함하여 본 계약 하에서 또는 그와 관련하여 발생하는 모든 분쟁은 본 계약일의 런던중재 법원규칙에 따라 중재에 의하여 결정된다……'라고 기재되어 있고, 병이 그 조항의 내용을 충분히 이해하고서 위 매매계약서에 서명한 경우 위 뉴욕협약 제2조 제2항 소정의 '계약문 중의 중재조항'으로서 같은 조 제1항 소정의 '분쟁을 중재에 부탁하기로 하는 취지'의 서면에 의한 중재합의에 해당한다고 할 것.

---

2) 과거에는 신속한 절차진행과 저렴한 비용도 장점으로 언급되었으나 현재에는 오히려 많은 시간과 비용이 문제점으로 지적되기도 한다.

대법원 2003. 8. 22. 선고 2003다318 판결 중재계약은 사법상의 법률관계에 관하여
당사자 간에 발생하고 있거나 장래에 발생할 분쟁의 전부 또는 일부를 법원의 판
결에 의하지 아니하고 중재에 의하여 해결하도록 서면에 의하여 합의를 함으로써
효력이 생기는 것.

2) 종 류

(1) 전속적 중재합의

국가법원에 의한 재판을 모두 배제하고 특정 중재기구의 중재만으로 분쟁을 해
결한다는 합의이다.

(2) 병존적 중재합의

국가법원의 관할은 그대로 둔 채로 추가적으로 중재를 통해서도 분쟁을 해결할
수 있도록 하는 내용의 합의를 말한다.

3) 효 과

유효한 중재합의가 있으면 당사자는 중재로 분쟁을 해결할 의무를 진다. 전속중
재합의의 경우에는 법정국제관할권이 배제되고, 그럼에도 일방이 법원에 제소를 하
는 경우 상대방은 중재합의가 있다는 항변을 할 수 있고 항변이 있으면 소는 각하
된다(중재법 제 9조 1항).

대법원 2005. 5. 13. 선고 2004다67264,67271 판결 중재합의는 중재조항이 명기되
어 있는 계약 자체뿐만 아니라, 그 계약의 성립과 이행 및 효력의 존부에 직접 관
련되거나 밀접하게 관련된 분쟁에까지 그 효력이 미친다.
대법원 2011. 12. 22. 선고 2010다76573 판결 중재합의의 대상인 분쟁의 범위를 명
확하게 특정하여 한정하였다는 등의 특별한 사정이 없는 한 당사자들 사이의 특정
한 법률관계에서 비롯되는 모든 분쟁을 중재에 의하여 해결하기로 정한 것으로 봄
이 상당하다.

2. 성질과 준거법

전속적 중재합의의 경우 당사자가 중재합의를 원용하면 국가법원의 관할이 배
제되는 효력을 갖기 때문에 그 성질이 문제되고, 이에 관하여는 소송법상 계약설과

채권계약설이 대립하고 있다.[3] 그러나 이러한 다툼과 관계없이 중재의 허용 여부와 소송법적 효력은 각 나라의 소송법 및 중재법에서 정해져야 하는 사항이다. 이에 비해 실체적 성립 여부(합의의 요건, 방식 등)의 판단기준에 관해서는 관할합의의 경우와 유사한 형태로 견해가(중재지법설과 계약준거법설 등) 대립하고 있다.[4]

중재합의의 방식에 대하여는 대개 각국의 중재법에서 정하고 있고 우리 중재법도 제8조 2항에서 서면방식을 요구하고 있다. 중재합의는 독립된 합의 또는 본 계약에 중재조항을 포함하는 형식으로 할 수 있다(동조 1항).

우리나라도 가입한 외국중재판정의 승인과 집행에 관한 뉴욕협약이 적용되는 범위에서는 중재합의의 준거법과 방식도 협약(제2조 2항: 방식; 제 5조 1항 a: 준거법)에 따르는 것은 물론이다.

> **대법원 1990. 2. 13. 선고 88다카23735 판결** 중재계약이 유효한지의 여부나 그 효력은 중재가 행하여지는 국가의 법이나 중재조항상의 준거법에 따라 판단되어져야 한다.
>
> **대법원 2016. 3. 24. 선고 2012다84004 판결** 중재합의가 무효인지에 관하여 1차적으로 당사자들이 지정한 법령에 의하고, 지정이 없는 경우에는 중재판정을 내린 국가의 법령에 의하여 판단하도록 규정 …… 상사관계의 분쟁에 관하여 외국중재판정의 승인 및 집행에 관한 유엔협약(이하 '뉴욕협약'이라고 한다)의 체약국인 미국에서 이루어진 외국중재판정에 해당하므로 승인·집행에 뉴욕협약이 적용되고, 병이 갑 회사와 분쟁에 관한 준거법을 따로 지정하지 아니한 이상 중재합의의 존부 및 효력은 중재판정이 내려진 미국 캘리포니아주법에 의하여 판단하여야 …… 분쟁을 중재에 의하여 처리하자는 중재제안을 담은 甲 회사의 서면은 승낙기간을 정하지 않은 중재합의의 청약에 해당하고, 丙의 서면은 丙이 甲 회사의 서면을 중재합의의 청약으로 보고 이를 승낙하는 취지이며, 丙의 승낙이 미국 캘리포니아 주 민법에서 말하는 합리적인 기간 내에 갑 회사에 도달한 것이 아니더라도 甲 회사가 승낙의 지연에 대하여 이의를 제기하지 않은 채 중재합의가 존재함을 전제로 중재에 임하여 중재판정을 받은 이상, 甲 회사는 승낙의 지연에 대하여 이의를 제기할 권리를 포기한 것이어서 丙의 승낙은 적시에 도달된 것으로 보아야 하므로, 甲 회사의 서면과 丙의 서면의 교환에 의하여 뉴욕협약 제2조 제2항에 정한 '서면에 의한 중재합의'가 유효하게 성립.

---

3) An, Internationales Schuldvertragsrecht, 158면 참조.
4) An, Internationales Schuldvertragsrecht, 163면 이하, 169면 이하 참조.

3. 중재합의의 요건

1) 사안의 중재적격성

대상이 중재가 가능한 법률관계이어야 한다. 우리 중재법에서는 재산권상의 분쟁 및 당사자가 화해에 의하여 해결할 수 있는 비재산권상의 분쟁을 중재대상으로 규정하고 있다.

2) 중재합의의 유효성

당사자 사이에 유효한 중재합의가 있어야 한다. 즉 중재적격성이 있는 분쟁을 중재를 통해 해결한다는 것에 대한 의사의 합치가 있어야 하고, 요구되는 방식이 갖추어져야 한다. 유효한 중재합의가 있는지 여부에 대하여는 해당 중재판정부가 스스로 결정할 수 있다(이른바 Kompetenz Kompetenz: 권한결정권. 중재법 제17조 1항).

> **대법원 1990. 2. 13. 선고 88다카23735 판결** 선하증권에 소위 센트로콘CeNtRoCoN 중재조항이 삽입되어 있으나 중재준거법에 의하면 유효한 중재계약이 있었음을 주장할 수 없게 된 경우에는 유효한 중재계약이 존재한다고 볼 수 없거나 그 이행이 불능하다고 보아야 한다.
>
> **대법원 1997. 2. 25. 선고 96다24385 판결** 중재계약은 당해 계약서 자체에 중재조항이 명기되어 있는 경우에 한하지 아니하고 중재조항을 포함하는 일반거래약관 등 다른 문서를 인용하는 경우에도 당사자가 이를 계약의 내용으로 삼은 이상 허용된다.
>
> **대법원 2003. 8. 22. 선고 2003다318 판결** 중재계약으로서 효력이 있는 것으로 보기 위하여는 위와 같은 중재법이 규정하는 중재의 개념, 중재계약의 성질이나 방식 등을 기초로 당해 중재조항의 내용, 당사자가 중재조항을 두게 된 경위 등 구체적 사정을 종합하여 판단하여야 한다.

> ※ **기타판례** 대법원 1990. 4. 10. 선고 89다카20252 판결; 대법원 2001. 10. 12. 선고 99다45543,45550 판결; 대법원 2004. 11. 11. 선고 2004다42166 판결; 대법원 2007. 5. 31. 선고 2005다74344 판결

제1편 제2편 제3편 **제4편 국제민사절차법**

Ⅲ. 중재절차

중재절차는 각 중재기구에서 정한 절차에 따르는 것이 원칙이고, 모든 중재기구는 자체적인 절차규정을 가지고 있다. 우리 중재법에서도 제3장(임시적 처분: 제18조~제18조의8), 제4장(중재절차: 제19조~제28조)에서 일정한 절차를 규정하고 있다. 이런 중재절차에서 나타나는 일반적 특성은 유연성 등 중재의 장점을 해하지 않기 위해 노력하고 있다는 것이다.

Ⅳ. 준 거 법

중재에 있어 준거법의 문제란 중재판정의 실체적 기준을 정하는 방법에 관한 논의를 말하며, 이에 관하여는 크게 어느 한 나라의 국제사법을 적용해서 준거법을 결정해야 한다는 견해와 중재기구의 자율적 규범에 따른다는 견해가 있다. 그리고 전자에 있어서는 다시 중재절차가 진행되는 곳(절차지)의 국제사법을 적용해야 한다는 견해, 중재기구 소재지의 국제사법에 따라야 한다는 견해가 대립하고 있다.

그러나 실무적으로는 대부분의 중재기구에서 당사자자치를 허용하고 있고, 거기서는 비국가규범을 선택하는 것도 가능하다고 해석된다. 또한 중재의 경우에는 조리 및 일반적 법원리도 직접적인 판정의 기준으로 삼을 수 있다고 해석되기 때문에 중재에서 준거법 결정은 현실적으로 크게 문제되지 않는다.

〈준거법에 있어서 중재와 재판의 차이〉

	법 원	중 재
판단기준	법	법 외에 관습(lexmercatoria), 일반원칙도 기준이 될 수 있음
판단기준의 결정	법정지국제사법에 따라야	자체의 준거법 결정 규범
당사자자치허용여부	대부분 나라가 허용	준거법선택 권유
당사자자치의 범위	국가의 법만 선택가능(이설 있음)	모델법, 유럽계약법원칙 등도 가능

우리나라 중재법 제29조에서는 당사자자치를 허용하고($\frac{1}{8}$),[5] 당사자가 지정을 하지 않을 때에는 사안과 가장 밀접한 곳의 법을 적용하도록 하고 있으며($\frac{2}{8}$), 당사자의 명시적 동의를 전제로 하여 형평과 선에 따른 판정도 할 수 있도록($\frac{3}{8}$) 하고 있다.

Ⅴ. 중재판정의 효력

1. 당사자 사이

중재판정은 당사자 사이에서 법원의 확정판결과 같은 효력이 있는데(중재법 제35조 본문), 그러한 효력이 인정되기 위한 요건은 국내 중재판정과 외국 중재판정에서 차이가 있다. 국내 중재판정은 중재법 제38조에 따라 중재판정의 승인 또는 집행이 거부되지 않는 한 당사자 사이에서 법원의 확정판결과 같은 효력이 있지만(중재법 제35조 단서), 외국 중재판정은 중재법 제39조에 따른 승인이 필요하다(중재법 제35조 본문, 제37조 1항 본문).

> 대법원 2005. 12. 23. 선고 2004다8814 판결 중재판정이 있으면 기판력에 의하여 대상이 된 청구권의 존재가 확정되고, 그에 대한 집행판결이 확정됨에 따라 현실적 집행력이 발생 …… 중재판정에 기한 강제집행이 불법행위로 되는 것은 당사자의 절차적 기본권이 근본적으로 침해된 상태에서 중재판정이 내려졌거나 중재판정에 취소사유가 존재하는 등 중재판정의 효력을 존중하는 것이 정의에 반함이 명백하여 이를 묵과할 수 없는 경우로 한정하여야 ……
> 대법원 2009. 5. 28. 선고 2006다20290 판결 외국중재판정의 승인 및 집행에 관한 협약이 적용되는 외국중재판정의 일방 당사자에 대하여 외국중재판정 후에 구 회사정리법(2005. 3. 31. 법률 제7428호 채무자 회생 및 파산에 관한 법률 부칙 제2조로 폐지)에 의한 회사정리절차가 개시되고 채권조사기일에서 그 외국중재판정에 기하여 신고한 정리채권에 대하여 이의가 제기되어 정리채권확정소송이 제기된 경우 정리채권확정소송의 관할 법원은 위 협약 제5조에서 정한 승인 및 집행의 거부사유가 인정되지 않는 한 외국중재판정의 판정주문에 따라 정리채권 및 의결권을 확정하는 판결을 하여야 한다.

---

5) 실질법 지정이 원칙이다.

2. 불 복

중재판정에 대하여는 법원에 그 취소를 요구하는 소를 제기할 수 있고(중재법 제36조 1항), 동조 2항에 열거된 사유가 있는 때에는 중재판정이 취소될 수 있다. 중재판정의 취소는 중재판정취소의 소를 통해서만 가능하다.

3. 승인·집행

중재판정은 법원의 승인을 받아야 효력이 있고(중재법 제35조, 제37조 1항), 집행을 위해서는 법원의 집행결정으로 허가를 받아야 한다(중재법 제37조 2항). 중재판정의 승인과 집행결정에 대하여는 중재합의에서 지정한 법원, 중재지를 관할하는 법원, 피고 소유의 재산이 있는 곳을 관할하는 법원, 피고의 주소 또는 영업소, 주소 또는 영업소를 알 수 없는 경우에는 거소, 거소도 알 수 없는 경우에는 최후로 알려진 주소 또는 영업소를 관할하는 법원이 관할권을 갖는다(중재법 제7조 4항). 중재판정이 승인·집행되기 위해서는 중재법 제36조 2항의 취소사유가 없고 중재판정의 구속력이 당사자에 대하여 아직 발생하지 아니하였다는 사실과 중재판정이 법원에 의하여 취소되었다는 사실이 없어야 한다(중재법 제38조).

Ⅵ. 외국중재판정의 승인과 집행

1. 승인과 집행의 가능성

외국법원의 판결과 마찬가지로 외국의 중재판정도 승인을 받아야 우리나라에서 효력이 있다. 중재판정에 대한 승인·집행은 다자간 조약에 따른 경우, 쌍무조약에 따른 경우, 국내법에 따른 경우(중재법 제39조)로 구별할 수 있는데, 다자간 조약으로는 1958. 6. 10. UN 조약(이른바 뉴욕협약)이 있고 우리나라도 이에 가입하고 있다. UN 조약과 국내법에 의한 승인의 관계에 대해서는 동 조약 Art. 7에서 당사자가 선택할 수 있도록 규정하고 있다.

대법원 1990. 4. 10. 선고 89다카20252 판결 뉴욕협약에 따른 외국중재판정의 집행을 위한 적극적 요건으로서 위 중재판정의 승인 및 집행을 신청하는 당사자가 그 입증책임을 부담한다.

2. 외국중재판정이 되는 기준

어떤 것이 외국의 중재판정이 되는가에 대한 기준에 대하여는 중재인 국적설, 준거법설, 중재기구 소재지설, 중재절차지설, 중재절차준거법설 등이 대립하고 있다. 그러나 우리나라의 경우에는 중재지로 해석되어야 할 것이다(중재법 제2조, 제37조, 제39조 참조).

3. 외국중재판정이 그 나라에서 법원의 판결로 집행력을 부여받은 경우

외국중재판정이 그 나라에서 법원의 판결로 집행력을 부여받은 경우, 당사자는 중재판정의 승인·집행과 외국법원 판결의 승인·집행 중 선택을 할 수 있다.

4. 승인·집행의 요건

승인·집행의 요건은 ㉠ 유효한 중재계약이 존재하고, ㉡ 민사소송법과 민사집행법의 외국판결의 승인 및 집행의 요건이 갖추어져야 한다(중재법 제39조). 승인과 집행의 절차는 국내중재판정과 동일하다.

승인 및 집행결정에 있어 사실상의 재심은 허용되지 않는다.

대법원 1988. 2. 9. 선고 84다카1003 판결 외국중재판정이 위 협약에 의하여 승인, 집행될 수 있으려면 중재판정이 위 협약의 적용대상인 동 협약 제1조 제1호 소정의 중재판정이어야 하고 …… 신청인이 제출한 중재판정서와 중재합의서를 검토하여 당해 중재판정이 위의 조건에 들어 맞는 것이 아니라고 판단되면 집행거부사유의 유무에 대한 판단에 나아갈 것도 없이 이 점에서 당해 중재판정의 승인 및 집행을 거부하여야 한다.

서울고등법원 2001. 2. 27. 선고 2000나23725 판결 외국중재판정에 적용된 외국법이 우리 나라의 실정법상 강행법규에 위반된다고 하여 바로 승인거부의 사유가 되는 것은 아니고, 해당 중재판정을 인정할 경우 그 구체적 결과가 우리 나라의 선량한 풍속 기타 사회질서에 반할 때에 한하여 승인 및 집행을 거부 할 수 있다고 할 것으로서 결국 외국판결의 집행청구에 관한 민사소송법 제203조 소정 공공질서의 개념보다는 좁게 해석되어야 할 것이며 …… 비록 확정된 외국에서의 중재판정이라고 하더라도 그 권리의 행사는 신의에 좇아 성실히 행사되어야 하고 그 판정에 기한 집행이 권리남용이 되는 경우에는 허용되지 않는다.

대법원 2003. 4. 11. 선고 2001다20134 판결 외국중재판정의승인및집행에관한협약(뉴욕협약) 제5조 제2항 (나)호에 의하면 중재판정의 승인이나 집행이 그 국가의 공공의 질서에 반하는 경우에는 집행국 법원은 중재판정의 승인이나 집행을 거부할 수 있는 바 …… 그 판단에 있어서는 국내적인 사정뿐만 아니라 국제적 거래질서의 안정이라는 측면도 함께 고려하여 제한적으로 해석하여야 할 것이고, 해당 중재판정을 인정할 경우 그 구체적 결과가 집행국의 선량한 풍속 기타 사회질서에 반할 때에 승인이나 집행을 거부할 수 있다 …… 중재판정의 성립 이후 채무의 소멸과 같은 집행법상 청구이의의 사유가 발생하여 중재판정문에 터잡아 강제집행절차를 밟아 나가도록 허용하는 것이 우리 법의 기본적 원리에 반한다는 사정이 집행재판의 변론과정에서 드러난 경우에는 공공질서 위반에 해당하는 것으로 보아 그 중재판정의 집행을 거부할 수 있다.

대법원 2009. 5. 28. 선고 2006다20290 판결 협약 제5조의 집행 거부사유의 유무를 판단하기 위하여 필요한 범위 내에서는 본안에서 판단된 사항에 관하여도 독자적으로 심리·판단할 수 있고, 위 협약 제5조 제2항 (나)호의 집행 거부사유에는 중재판정이 사기적 방법에 의하여 편취된 경우가 포함될 수 있다 …… 외국중재판정의 편취 여부를 심리한다는 명목으로 실질적으로 중재인의 사실인정과 법률적용 등 실체적 판단의 옳고 그름을 전면적으로 재심사한 후 그 외국중재판정이 사기적 방법에 의하여 편취되었다고 보아 집행을 거부하는 것은 허용되지 않는다 …… 집행을 신청하는 당사자가 중재절차에서 처벌받을 만한 사기적 행위를 하였다는 점이 명확한 증명력을 가진 객관적인 증거에 의하여 명백히 인정되고, 그 반대당사자가 과실 없이 신청당사자의 사기적인 행위를 알지 못하여 중재절차에서 이에 대하여 공격방어를 할 수 없었으며, 신청당사자의 사기적 행위가 중재판정의 쟁점과 중요한 관련이 있다는 요건이 모두 충족되는 경우에 한하여, 외국중재판정을 취소·정지하는 별도의 절차를 거치지 않더라도 바로 당해 외국중재판정의 집행을 거부할 수 있다.

※ **기타판결** 대법원 1995. 2. 14. 선고 93다53054 판결; 대법원 2010. 4. 29. 선고 2010다3148 판결

판례색인

[대 법 원]

[하 급 심]

사항색인

[저자 약력]

연세대학교 정법대학 법학과 졸업(법학사)
연세대학교 대학원 법학과 석사과정 수료(법학석사)
독일 Münster 대학교 법학부 박사과정 수료(법학박사: Doktor der Rechte)
사법시험・행정고시・외무고시・입법고시 시험위원
연세대학교 법과대학・법학전문대학원 교수
현재 연세대학교 명예교수

Das Internationale Schuldvertragsrecht Südkoreas im Vergleich zum
  deutschen Internationalen Schuldvertragsrecht(Dissertation, 1989)
주석 물권법(上), 한국사법행정학회, 1991(공저)
주석 민법 제3판, 채권총칙(3), 채권각칙(1), 한국사법행정학회, 2000(공저)
객관식 민법 제4판, 홍문사, 2003(공저)
EU법 강의 제2판, 박영사, 2012(공저)
법학개론 전정 2판, 박영사, 2013(공저)
계약법, 동방문화사, 2018
불법행위, 부당이득, 사무관리, 동방문화사, 2018

국제사법 [제2판]

2017년 1월 25일 초판 발행
2023년 1월 5일 제2판 1쇄 발행

저 자 안 춘 수
발 행 인 배 효 선
발행처 도서출판 法 文 社

주 소 10881 경기도 파주시 회동길 37-29
등 록 1957년 12월 12일 / 제2-76호 (윤)
전 화 (031)955-6500~6 FAX (031)955-6525
E-mail (영업) bms@bobmunsa.co.kr
       (편집) edit66@bobmunsa.co.kr
홈페이지 http://www.bobmunsa.co.kr
조 판 법 문 사 전 산 실

정가 30,000원   ISBN 978-89-18-91359-9